Ihre Arbeitshilfen zum Download:

Die folgenden Arbeitshilfen stehen für Sie zum Download bereit:

- Rechner
- Checklisten
- Datenblätter

Den Link sowie Ihren Zugangscode finden Sie am Buchende.

Lohn- und Gehaltsabrechnung 2018

Claus-Jürgen Conrad

Lohn- und Gehalts-abrechnung 2018

20. Auflage

Haufe Gruppe
Freiburg · München · Stuttgart

Bibliografische Information der Deutschen Nationalbibliothek
Die Deutsche Nationalbibliothek verzeichnet diese Publikation in der Deutschen Nationalbibliografie; detaillierte bibliografische Daten sind im Internet über http://dnb.dnb.de abrufbar.

Print: ISBN 978-3-648-10726-3 Bestell-Nr. 01138-0020
ePub: ISBN 978-3-648-10727-0 Bestell-Nr. 01138-0106
ePDF: ISBN 978-3-648-10728-7 Bestell-Nr. 01138-0156

Claus-Jürgen Conrad
Lohn- und Gehaltsabrechnung 2018
20. Auflage 2018

www.haufe.de
info@haufe.de
Produktmanagement: Bernhard Landkammer

Lektorat: Peter Böke, Berlin
Umschlag: RED GmbH, Krailling
Satz: Reemers Publishing Services GmbH, Krefeld

Inhaltsverzeichnis

Die wichtigsten Änderungen in 2018

Zum 1. Januar 2018 und im Verlauf des Jahres 2018 treten wieder einige Änderungen im Steuer- und Sozialversicherungsrecht in Kraft. Neben der Neuregelung der betrieblichen Altersvorsorge durch das Betriebsrentenstärkungsgesetz hat sich auch der Beitrag zur Rentenversicherung um 0,1 Prozentpunkte ermäßigt. Auch die Insolvenzumlage und der Beitrag zur Künstlersozialkasse sind leicht gesunken. Im Laufe des Jahres 2017 hat die Finanzverwaltung die Bemessungsgrundlage für den Restwert von Dienstfahrrädern (Jobrad) neu geregelt. Alle bis Ende 2017 bekannten wesentlichen Änderungen sind in dieser neuen Auflage berücksichtigt. Weiterhin wurden alle Beispiele überarbeitet, ergänzt und mit den geänderten Steuer- und Sozialversicherungsrechengrößen versehen.

In den letzten Jahren liegt ein Schwerpunkt der Sozialgesetzgebung im Aufbau des elektronischen Meldewesens. Jedes Jahr entstehen neue Meldepflichten und elektronische Rückmeldungen der Sozialversicherungsträger. In dieser Auflage wurden deshalb zahlreiche Anlässe für elektronische Meldungen und Rückmeldungen aufgenommen.

Die Details zu den Änderungen finden Sie in den folgenden Kapiteln.

Änderung zum 01.01.2018	siehe Kapitel
▪ Änderung bei den Nutzungsbedingungen der Software sv.net	2.1
▪ Neue Meldepflichten für Saisonarbeitnehmer und Syndikusanwälte	3.1.2
▪ Einführung des Bestandsprüfverfahren im DEÜV-Meldewesen der Sozialversicherungen zum 01.01.2018	3.3.3
▪ Auswirkungen des Flexi-Rentengesetzes	3.4.2
▪ Senkung der Insolvenzgeldumlage von 0,09% auf 0,06% des Arbeitsentgelts	4.3.6
▪ Wichtige Änderung der Finanzverwaltung bei der Einschätzung von Dienstfahrräder bzw. des Jobrads	5.12.2
▪ Senkung des durchschnittlichen Zusatzbeitrags in der Krankenversicherung von 1,1% auf 1,0%	4.3 und 5.3
▪ Betriebsrentenstärkungsgesetz mit umfangreichen Neuregelungen zur betrieblichen Altersvorsorge	5.9
▪ DEÜV-Bestandsmeldeverfahren	8.2.11

Änderung zum 01.01.2018	siehe Kapitel
▪ Gesetz zur Neuregelung des Mutterschutzes	11.2
▪ Digitaler Lohnnachweis	12.5

Leser, die zum ersten Mal mit dem Werk »Lohn- und Gehaltsabrechnung« arbeiten, erhalten eine aktuelle Orientierungshilfe u.a. zum Meldewesen, zu steuer- und sozialversicherungsrechtlichen Abzügen sowie deren Berechnungsvorschriften. Die Kapitel sind chronologisch so aufgebaut, dass sie einen roten Faden für die Durchführung der Entgeltabrechnung bilden. Das Buch orientiert sich an der Reihenfolge der Aufgaben in einer Personalabteilung bzw. einem Lohnbüro. Ausgehend von der Zusammenstellung der Abrechnungsunterlagen wird zunächst auf das Meldewesen für neu eingetretene Mitarbeiter eingegangen. Daran anschließend sind die wichtigsten steuer- und sozialversicherungsrechtlichen Regelungen für die Durchführung einer Lohnabrechnung erklärt. Im darauf folgenden Kapitel sind Beispiele für die wesentlichen Fälle der Lohnabrechnung Schritt für Schritt dargestellt. Neben der reinen Abrechnung – also der Ermittlung der steuerlichen Abzüge und der Beiträge zu den Sozialversicherungen – umfasst die Lohnabrechnung Meldungen an die Sozialversicherungsträger und an das Finanzamt. Art, Umfang und Zeitpunkt der Meldungen werden ausführlich aufgezeigt. Die erforderlichen Aktivitäten zum Jahresende und beim Austritt eines Arbeitnehmers sind am Ende des Buches in eigenen Kapiteln umfassend beschrieben.

Viele Fragen und Informationen lassen sich auch über das Internet oder Lohnlexika herausfinden. Der wesentliche Vorteil dieses Buches ist, dass Sie den Prozess der Entgeltabrechnung mit seinen vielen Besonderheiten durchgehend kennenlernen und einen Leitfaden für die Durchführung der gesamten Entgeltabrechnung zur Hand haben.

Mein besonderer Dank gilt wieder Marion Klank für die vielen Anregungen zu inhaltlichen Änderungen in der neuen Auflage.

Freiburg, im Januar 2018

Claus-Jürgen Conrad

Die Internetseite zum Buch

!

Hinweise zu weiteren Änderungen, die sich im Laufe des Jahres 2018 ergeben sollten, finden Sie auf der Internetseite zum Buch. Gehen Sie einfach auf www.haufe.de/mybook und geben Sie dort den **Buchcode** ein, den Sie auf der letzten Buchseite finden.

Aus Gründen der besseren Lesbarkeit haben wir überwiegend darauf verzichtet, geschlechtsspezifische Formulierungen zu verwenden. Soweit personenbezogene Bezeichnungen wie z.B. »Mitarbeiter« oder »Beschäftigter« nur in männlicher Form angeführt sind, beziehen sie sich selbstverständlich auf Frauen und Männer in gleicher Weise.

1 Die sechs zentralen Aufgaben der Personalabrechnung

Die Lohn- und Gehaltsabrechnung ist ein komplexes und zum Teil unübersichtliches Themengebiet. Jährliche »Reformen« im Steuer- und Sozialversicherungsrecht machen es selbst Profis in Lohnbüros und Steuerkanzleien schwer, immer den aktuellen Gesetzesstand umzusetzen. Bei Stichworten wie Nullzone, Mindestkirchensteuer, Progressionsvorbehalt oder die Beurteilung einer geringfügigen Beschäftigung müssen auch geübte Lohnabrechnende zum Nachschlagewerk greifen. Umso verwirrender stellt sich die Materie demjenigen dar, der erstmals die Lohnabrechnung für eine Firma oder einen Mitarbeiterbereich umsetzen soll. Der Blick in eines der Lohn- und Gehaltslexika ist dann für erste Orientierungsfragen oft wenig hilfreich.

Mit der »Lohn- und Gehaltsabrechnung 2018« soll dem Einsteiger ein Hilfsmittel zur Seite gestellt werden, das auf einfache und systematische Weise durch die Entgeltabrechnung führt. Alle wichtigen Punkte, von der Einstellung eines Arbeitnehmers bis zu dessen Ausscheiden aus dem Unternehmen, sind chronologisch zusammengestellt. Ergänzend sind die Ausführungen mit aktuellen Beispielen verdeutlicht. Die Beispiele sind zum Teil recht einfach gehalten, unterstreichen jedoch die wesentlichen Details und machen die Systematik deutlich.

Reduziert auf den Kern lassen sich die Personalabrechnung und das Meldewesen in sechs zentrale Aufgaben zusammenfassen:

- Vorbereitende Tätigkeiten beim Eintritt neuer Mitarbeiter mit dem Einrichten der Lohnunterlagen und der Anmeldung bei den Sozialversicherungsträgern. Abhängig vom Status des Arbeitnehmers (z.B. Angestellter oder geringfügig Beschäftigter) entstehen unterschiedliche Dokumentations- und Meldepflichten.
- Neu eingetretene steuerpflichtige Mitarbeiter sind bei der Finanzverwaltung anzumelden und anschließend sind die Besteuerungsmerkmale mit dem **E**lektronischen **L**ohn**St**euer**A**bzugs**M**erkmalen – ELStAM – aus der zentralen Datenbank abzurufen.
- Abrechnung der Bezüge, d.h. Ermittlung der Gesamtbezüge, der Lohn- und Lohnnebensteuern sowie der Abzüge für die Sozialversicherungen und Erstellen der Entgeltabrechnung.
- Meldung und Überweisung der Lohnabzüge an die Sozialversicherungsträger, das Finanzamt und die externen Zahlungsempfänger, z.B. Bausparkassen.

- Monatsabschlussarbeiten mit Mitarbeiteraustritten, Meldungen an die Sozialversicherungsträger, die Finanzverwaltung sowie die Erstellung von Personalstatistiken.
- Jahresabschlussarbeiten mit dem Abschluss der Lohnkonten, Meldungen an die Sozialversicherungsträger, die Unfallversicherung, die Agentur für Arbeit und an Statistikämter.

Entsprechend sind diese Aufgaben in Kapitel aufgeteilt und bilden eine abgeschlossene Einheit.

Die Grundlagen der Lohnabrechnung

Grundlage jeder Lohnabrechnung sind tagesgenaue Abrechnungsunterlagen. Dazu zählen u.a. aktuelle Beitragssätze zu den Sozialversicherungen, Angaben zur Steuerklasse, Kinderfreibeträge, Religionszugehörigkeit und viele weitere Steuer- und Sozialversicherungsangaben. Um alle wesentlichen Abrechnungsdaten für die Lohnabrechnung verfügbar zu haben, sollten Sie sogenannte Lohnkonten für die Mitarbeiter, Krankenkassen und die Firma führen. Die Vollständigkeit der Mitarbeiterdaten stellen Sie am einfachsten sicher, wenn der Arbeitnehmer zu Beginn der Beschäftigung einen »Personalfragebogen« ausfüllt. Ein vollständiges Stammblatt erleichtert Ihnen nicht nur die Neuanlage des Mitarbeiters in einem Abrechnungssystem, sondern ist auch eine nützliche Unterlage für alle Melde- und Dokumentationspflichten. In Kapitel 2 sind deshalb zunächst alle wichtigen Daten zur Firma, zur Krankenkasse und zum Mitarbeiter zusammengestellt, die für das Meldewesen und die Lohnabrechnung benötigt werden. Kapitel 3 zeigt anschließend, wie neu eingestellte Vollzeitbeschäftigte (Kapitel 3.1) bzw. Aushilfen (Kapitel 3.2) beim zuständigen Sozialversicherungsträger anzumelden sind.

Die vorbereitenden Tätigkeiten

Neben der Durchsicht und Aktualisierung der Lohnkonten gehört die Zusammenstellung der Belege zu den vorbereitenden Tätigkeiten. Stundenzettel, Angaben zu Lohn- bzw. Gehaltsänderungen, Krankmeldungen, Antritt des Mutterschutzes, einer Pflegezeit oder Elternzeit müssen vor der Lohnabrechnung bekannt sein. Anschließend können Sie mit der Durchführung der Lohnabrechnung beginnen.

! **Tipp**

Häufig werden in Lohnbüros alle Änderungen des Monats in einem Ordner gesammelt und vor der Lohnabrechnung die erforderlichen Änderungen in das Abrechnungssystem eingepflegt. Die Datenpflege erfolgt in der Regel um den 20. des laufenden Monats.

Die korrekte Lohnabrechnung

Die Durchführung der Lohnabrechnung und die Abrechnung von besonderen Lohnbestandteilen sind ausführlich in Kapitel 4 dargestellt. Ausgehend vom Beispiel einer einfachen Gehaltszahlung werden Ihnen der Steuerabzug und die Abzüge für die Sozialversicherung erklärt. In Variationen des Ausgangsbeispiels werden dann Besonderheiten wie Fahrgeld, Feiertagsarbeit, Beihilfen, Zuschläge, Direktversicherungen oder Firmenwagen erläutert.

Die Bestandteile des Bruttolohnes

Die Deutsche Rentenversicherung hat mitgeteilt, dass es im Rahmen von Betriebsprüfungen bei mehr als 25% der Betriebe zu Nachforderungen von Sozialversicherungsabgaben kommt. Im Jahr 2014 waren die häufigsten Gründe für eine Nachforderung:

- Beurteilung der geringfügigen Beschäftigung ist fehlerhaft (12,6%).
- Umlagesätze nach dem Aufwendungsausgleichsgesetz sind fehlerhaft (8,0%).
- Beurteilung der Umlagepflicht nach dem Aufwendungsausgleichsgesetz ist fehlerhaft (7,6%).
- Beitragsgruppen zu einzelnen Zweigen der Sozialversicherung sind fehlerhaft (7,4%).
- Berücksichtigung von SV-Tagen ist fehlerhaft (6,2%).
- Anwendung der Gleitzonenregelung ist fehlerhaft (5,5%).

Für eine korrekte Lohnabrechnung müssen Sie die steuerliche und sozialversicherungsrechtliche Behandlung der unterschiedlichen Personengruppen und Entlohnungsbestandteile kennen. Kapitel 5 gibt Ihnen einen Überblick über mögliche Bestandteile des Bruttolohnes und deren steuerliche und beitragsrechtliche Abrechnung.

Unregelmäßige oder einmalige Zahlungen sind steuerlich und sozialversicherungsrechtlich gesondert zu behandeln. Kapitel 6 zeigt, wie beispielsweise Weihnachtsgeld, Abfindungen oder Arbeitslohn für mehrere Jahre abzurechnen sind.

Umfang und Inhalt der Meldungen

Ergebnis der Lohnabrechnung sind Beiträge zur Kranken-, Pflege-, Renten- und Arbeitslosenversicherung, die steuerlichen Abzüge vom Bruttolohn sowie die Auszahlung an den Arbeitnehmer. Die steuerlichen und sozialversicherungsrechtlichen Abzüge müssen Sie periodisch dem Finanzamt bzw. den Annahmestellen der Krankenkassen melden. In der sogenannten Lohnsteueranmeldung melden Sie die Summe der einbehaltenen Lohnsteuer, Kirchensteuer und des Solidaritätszuschlags von allen Arbeitnehmern des Unternehmens. In der Lohnsteueranmeldung sind auch vom Arbeitgeber zu tragende pauschale Steuern zu melden. Mit dem »Beitragsnachweis« melden Sie getrennt an jede Krankenkasse die Summe der Beiträge zur Kranken-, Pflege-, Renten- und Arbeitslosenversicherung, den Zusatzbeitrag zur Krankenversicherung sowie die sogenannten Umlagen für Entgeltfortzahlung bei Krankheit und Mutterschutz bzw. Insolvenz. Für bestimmte Personengruppen wie z.B. Mehrfachbeschäftigte oder Mitglieder von Versorgungswerken müssen zusätzliche Sozialversicherungsmeldungen monatlich übermittelt werden. Umfang und Inhalt der Meldungen sind in Kapitel 7 zusammengestellt.

Die Dokumentation der Lohnzahlung

Wie die meisten betrieblichen Abläufe, so ist auch die Lohnzahlung zu dokumentieren. Der Gesetzgeber hat in zahlreichen Gesetzen den Umfang der Dokumentationspflicht geregelt. Um den gesetzlichen Bestimmungen zu entsprechen, müssen Sie für jeden Arbeitnehmer ein Lohnkonto führen. Die gesetzlichen Bestandteile und der Inhalt eines Lohnkontos sind in Kapitel 8 beschrieben. Außerdem hat der Arbeitnehmer einen Anspruch auf eine Lohnabrechnung. Deren Inhalt ist seit dem Jahr 2013 in einer Verordnung geregelt.

Zu den abschließenden Arbeiten gehört das Fortschreiben von Urlaubslisten, Stundenkonten, Fehlzeitenlisten und weiteren von Ihnen geführten Dokumentationen. Außerdem müssen die Zahlungen an die Mitarbeiter, das Finanzamt, die Krankenkassen, die Träger der Vermögensbildung und ggf. weitere Zahlungsempfänger veranlasst werden. Den Umfang dieser Zahlungen müssen Sie in der Finanzbuchhaltung dokumentieren. Maschinelle Abrechnungssysteme stellen Ihnen dafür in der Regel eine sogenannte »Buchungsliste« zur Verfügung.

Jahresende und Ausscheiden eines Mitarbeiters

Zum Jahresende und beim Ausscheiden eines Mitarbeiters sind weitere Meldungen und Bescheinigungen erforderlich. So ist unter anderem das aufgelaufene Arbeitsentgelt für jeden Mitarbeiter in einer Jahresentgeltmeldung der Krankenkasse mitzuteilen. Außerdem sind der steuerpflichtige Bruttoarbeitslohn und die steuerlichen Abzüge des Arbeitnehmers der Annahmestelle des Finanzamts zu melden sowie dem Mitarbeiter über die gemeldeten Beträge eine Lohnsteuerbescheinigung auszustellen. In Kapitel 10 sind alle Tätigkeiten zusammengestellt, die beim Austritt eines Arbeitnehmers durchgeführt werden müssen, in Kapitel 12 dann diejenigen zum Jahreswechsel.

Stichwortverzeichnis

Mit dem Stichwortverzeichnis am Schluss des Buches können Sie bei Einzelfragen gezielt in ein Thema einsteigen und die wichtigsten Antworten nachlesen.

2 Abrechnungsunterlagen zusammenstellen

In diesem Abschnitt sind die wichtigsten Unterlagen, welche Sie für Meldungen an die Krankenkassen, das Finanzamt und die Bundesagentur für Arbeit benötigen, zusammengestellt. Diese Informationen pflegen Sie in der Regel einmalig in ihr Entgeltabrechnungssystem ein und überprüfen diese einmal jährlich. Eine entsprechende Checkliste kann Sie bei den Jahresabschluss- bzw. Jahreswechselarbeiten unterstützen.

Bevor mit der eigentlichen Lohnabrechnung begonnen werden kann, sind zunächst die wichtigsten Daten zur Firma sowie aller an der Lohnabrechnung beteiligten Institutionen zusammenzustellen.

In den folgenden fünf Abschnitten sind Inhalt und Aufbau der benötigten Lohnunterlagen beispielhaft beschrieben.

Zur Prüfung der Vollständigkeit Ihrer Abrechnungsunterlagen empfiehlt es sich, eine Checkliste zusammenzustellen. Die folgende Tabelle zeigt beispielhaft den Aufbau einer solchen Liste.

Firmendaten vollständig gepflegt?	
▪ Betriebsnummer vorhanden/Betriebsnummer geändert	
▪ Neue Betriebsstätte mit eigener Betriebsnummer	
▪ Kostenstellen/Kontierung für Lohnarten geändert	
▪ Bankverbindung neu oder geändert	
▪ Steuernummer/Steueridentifikationsnummer vorhanden/geändert	
Sozialversicherungsdaten aktuell?	
▪ Beitragssätze zu den Sozialversicherungen gepflegt	
▪ Zusatzbeiträge der Krankenkassen aktualisiert	
▪ Umlagesätze der Krankenkassen und Minijob-Zentrale aktualisiert	
▪ Krankenkassenfusionen aktualisiert (Betriebsnummer prüfen)	
▪ Bankverbindung der Krankenkassen aktuell oder hat sie sich geändert	
▪ Zahlstellennummer gepflegt	
▪ Betriebsdaten (Telefon, Mail etc.), Firmenadresse (bei Umzug), Ansprechpartner (bei Personalwechsel) gepflegt	

▪ Zertifikat für Datenübermittlung an Sozialversicherungsträger (dakota- / ITSG-Zertifikat) aktuell	
Steuerdaten aktuell?	
▪ Fristen für die Lohnsteueranmeldung geprüft	
▪ E-Mail-Adresse und Zugangsdaten für Elster gepflegt	
▪ Zertifikat für Lohnsteueranmeldung und ELStAM vorhanden	
Unterlagen für die Berufsgenossenschaftsmeldung aktuell?	
▪ Mitgliedsnummer gepflegt (auch bei Krankenkassen)	
▪ Entgelthöchstgrenze für den Lohnnachweis gepflegt	
▪ Gefahrentarif/Gefahrentarifstellen der Firma gepflegt bzw. aktuell	

Tab. 1: Checkliste Abrechnungsunterlagen

2.1 Abrechnungsrelevante Firmendaten

Für die Lohnabrechnung benötigen Sie zahlreiche firmenbezogene Daten, wie zum Beispiel die Bankverbindungen oder die Steuer- und Betriebsnummer. Auch wenn Sie schon länger mit einem Abrechnungssystem arbeiten, bietet es sich an, für eine schnelle und vollständige Erfassung zunächst alle relevanten Daten zusammenzustellen. Bevor Sie die Abrechnung starten, sollten mögliche Änderungen mithilfe einer Checkliste überprüft werden. Die meisten Informationen lassen sich bei Durchsicht der Unterlagen ermitteln. Identifikationsmerkmale wie Steuer- oder Betriebsnummer können beim Finanzamt bzw. der örtlichen Arbeitsagentur erfragt werden. Ein Muster für ein Firmendatenblatt finden Sie auf www.haufe.de/mybook.

Betriebsnummer

Nach der Anmeldung eines Gewerbes erhält der Arbeitgeber von der örtlichen Arbeitsagentur eine achtstellige Betriebsnummer. Sollte die Betriebsnummer nicht bekannt oder nicht zugeteilt worden sein, wenden Sie sich an die nächstgelegene Zweigstelle der Bundesarbeitsagentur für Arbeit (Arbeitsamt). Die Betriebsnummer wird zentral von dem in Saarbrücken ansässigen Betriebsnummern-Service der Bundesagentur für Arbeit (BNS) vergeben. Seit dem Jahr 2017 kann neben einer Beantragung der Betriebsnummer via Telefon oder E-Mail auch eine elektronische Beantragung über die Internetseite der Arbeitsagentur erfolgen. Unter www.arbeitsagentur.de steht unter dem Stichwort »Betriebsnummer« ein Online-Fragebogen zur Beantragung zur Verfügung. Die Antragsdaten werden direkt in der Betriebsnummern-Datenbank der BA gespeichert, ohne dass eine zusätzliche Übermittlung eines

Antragsformulars erforderlich ist. Zudem stehen sämtliche Eingaben als PDF-Zusammenfassung am Ende des Vorgangs zur Verfügung. Die neue Version der Software sv.net/comfort biete auch die Möglichkeit einer Beantragung direkt aus der Ausfüllhilfe heraus.

Die Betriebsnummer ist für die Finanzverwaltung und die Sozialversicherungen das zentrale Identifikationsmerkmal des Unternehmens und für die elektronische Datenübermittlung relevant. Alle Änderungen, die keine Neuvergabe einer Betriebsnummer erforderten, wurden bis 2011 von der Betriebsnummernstelle nicht erfasst. Zur Verbesserung der Datenqualität müssen seit dem Jahr 2012 alle Veränderungen der Betriebsdaten elektronisch gemeldet werden. Folgende Änderungen der Betriebsdaten sind mit einem speziellen Datensatz als Bestandteil der Sozialversicherungsmeldung an die Annahmestelle einer beliebigen Krankenkasse zu melden:

- Änderung einer Betriebsnummer oder einer Betriebsstätte
- Änderung von Name, Straße, Postleitzahl, Ort, Postfach des Betriebes oder einer Betriebsstätte
- Einstellung der Betriebstätigkeit
- geänderter Ansprechpartner im Betrieb
- geänderte Korrespondenzanschrift des Betriebes

Seit Mitte 2012 muss zusätzlich der Grund für die Abgabe einer Betriebsdaten-Meldung angegeben werden. Aus folgenden Gründen ist eine Meldung zu übermitteln:

Meldegrund	Grund der Abgabe
11	Änderung der Betriebsbezeichnung
12	Änderung der Anschrift des Betriebes
13	Änderung des Status/Kennzeichen ruhender Betrieb
14	Änderung des Ansprechpartners
15	Änderung in der abweichenden Korrespondenzanschrift
16	Änderung der meldenden Stelle (wenn z. B. Steuerberater die Meldung übernimmt)
17	Kombination aus den Gründen 12 – 16 (mehrere Gründe)
18	Kombination aus Grund 11 mit mindestens einem weiteren Grund aus 12 – 16

Tab. 2: Abgabegründe für eine Betriebsdatenmeldung

Änderungen an den Betriebsdaten sind monatlich im Rahmen der Entgeltabrechnung bzw. Sozialversicherungsmeldungen an die Krankenkassen zu melden. Die Meldung ist in elektronischer Form zu übermitteln. In der Regel stellen die Entgeltabrechnungsprogramme ein Übertragungsmodul für die Sozialversicherungsmeldungen zur Verfügung (z. B. DAKOTA-Modul). Die Meldung des geänderten Datenbausteins »Betriebsdaten« kann an eine frei wählbare Krankenkasse gesendet werden. Die gesetzliche Regelung verpflichtet jede Annahmestelle der Krankenkassen zur Datenannahme und Weiterleitung an die Bundesagentur für Arbeit. Alternativ nimmt die Servicestelle aber auch Mitteilungen telefonisch, per Post oder per E-Mail entgegen. Die Online-Option ist nicht möglich, sofern eine von der Betriebsanschrift abweichende Korrespondenzanschrift hinterlegt wurde und die Änderung deren Löschung beinhaltet. In diesem Fall ist zwingend eine schriftliche Mitteilung an den Betriebsnummernservice der Bundesagentur für Arbeit erforderlich.

! **Tipp**

Die **I**nformations**t**echnische **S**ervicestelle der **g**esetzlichen Krankenversicherung (ITSG) bietet über das Internet auch ein kostenloses Programm zum Erstellen und Versenden der Meldungen an (www.itsg.de – Stichwort sv.net). Seit Mitte Juni 2017 gibt es zwei Varianten des Programms: sv.net/standard und sv.net/comfort. Die Version comfort kann auf den Rechner heruntergeladen werden, die Version standard steht nur als Online-Lösung zur Verfügung. Im Zuge der Einführung von sv.net/comfort wird sowohl für sv.net/comfort als auch für sv.net/standard künftig immer zwischen kostenlosem »Normal-Benutzer« und kostenpflichtigem »Premium-Benutzer« unterschieden. Für normale Nutzer mit bis zu 100 Sozialversicherungsmeldungen pro Kalenderjahr, die nur eine registrierte Betriebsnummer haben, bleibt das Programm sv.net auch im Jahr 2018 kostenfrei. Für Nutzer, die mehr als 100 Meldungen abgeben oder für mehrere Betriebsnummern melden oder mehr als einen Nutzer haben, ist nur noch die kostenpflichte Version verfügbar. Die lizenzpflichtige Version steht zwar schon seit Juni 2017 zur Verfügung, die Lizenzkosten werden jedoch erst ab Januar 2018 erhoben.

Steuernummer

Sobald Arbeitnehmer mehr als geringfügig gegen Entgelt beschäftigt werden, besteht die Pflicht zum Abzug von Lohnsteuer im Quellenabzug. Der Arbeitgeber ist verpflichtet, aus dem Bruttolohn der Arbeitnehmer die Lohnsteuer zu ermitteln und diese an das für die Betriebsstätte zuständige Finanzamt abzuführen. Jeder Betrieb benötigt für die Lohnsteueranmeldung eine Steuernummer. Bei Einzelunternehmern ist diese identisch mit der Steuernummer des Inhabers. Bei Gesellschaften, wie zum Beispiel einer GmbH, ist für den Betrieb eine eigene Steuernummer erforderlich. Sobald beim Gewerbeamt ein Gewerbe angemeldet wird, sendet das zuständige Finanzamt automatisch einen Steuernummernantrag dem neuen Unternehmen zu. Der »Fragebogen zur steuerlichen Erfassung« kann auch direkt beim zuständigen Finanzamt ausgefüllt werden. Es empfiehlt sich, auch die Bankverbindung des Finanzamtes zu notieren.

2.2 Unterlagen für Meldungen an die Krankenkassen

Der überwiegende Teil der Arbeitnehmer, die gegen Entgelt beschäftigt werden, sind Pflichtmitglieder in den »vier Säulen« der Sozialversicherung. Zur Sozialversicherung gehören die Kranken- und Pflegeversicherung, die Arbeitslosenversicherung und die Rentenversicherung. Träger der Kranken- und Pflegeversicherung sind die gesetzlichen Krankenkassen und die privatwirtschaftlichen Krankenversicherungen. Die Zahl der gesetzlichen Krankenkassen ist in den vergangenen Jahren deutlich rückläufig. Im Jahr 2000 gab es noch mehr als 420, am 1. Januar 2018 nur noch 112. Zuständig für die Arbeitslosenversicherung bzw. -förderung ist die Bundesagentur für Arbeit (BA). Die Rentenversicherung ist seit dem Jahr 2005 einheitlich in der »Deutschen Rentenversicherung« zusammengefasst. Viele Standesvereinigungen von freien Berufen, wie z.B. Ärztekammer, Architektenkammer, Ingenieurkammer oder Steuerberaterkammer, haben ein berufsständisches Versorgungswerk. Arbeitnehmer dieser Berufsgruppen können sich im Versorgungswerk der Standesorganisation rentenversichern.

Daten der Sozialversicherungsträger
Für die Kommunikation mit den Krankenkassen werden zahlreiche Informationen benötigt. Sinnvollerweise stellen Sie diese in einem Krankenkassendatenblatt zusammen. Auch bei einer Entgeltabrechnung mit einem Lohnabrechnungssystem empfiehlt es sich, die Kommunikationsdaten wie Anschrift, Telefon-Nr., E-Mail-Adresse und Ansprechpartner für Nachfragen griffbereit zu haben. Unter www.haufe.de/mybook finden Sie ein Muster einer Krankenkassendatenliste.

Beachten Sie: Jeder Arbeitnehmer kann im Prinzip die für ihn günstigste Krankenkasse wählen. Für die Lohnabrechnung bedeutet dies im Extremfall, dass für jeden Arbeitnehmer mit einer anderen Krankenkasse abzurechnen ist. Damit die jeweiligen Umlagesätze, Anschriften, Bankverbindungen etc. für die Lohnabrechnung griffbereit und aktuell sind, empfiehlt sich die Anlage einer Krankenkassenliste und ein regelmäßiges Update der Krankenkassen in Ihrem Entgeltabrechnungsprogramm. Durch jährlich wiederkehrende Krankenkassenfusionen gewinnt eine Kassenliste mit den aktuellen Anschrifteninformationen und Betriebsnummern an Bedeutung.

! **Tipp**

Einen guten Überblick über alle Krankenkassen, deren Beitragssätze und deren Satzung finden Sie im Internet unter: www.krankenkassen.de.

Wesentliche Angaben zu den Krankenkassen, die in die Lohnunterlagen aufgenommen werden sollten, sind:

Betriebsnummern der Krankenkassen

Jede Krankenkasse hat eine eigene Betriebsnummer, die Sie im elektronischen Meldeverfahren benötigen. Mit der Betriebsnummer werden die Krankenkassen eindeutig identifiziert. Diese Nummer hat nichts mit der Betriebsnummer ihres Unternehmens zu tun. Die Nummern erfahren Sie von der jeweiligen Krankenkasse bzw. sie sind in den Modulen zur elektronischen Beitragsmeldung (sv.net) hinterlegt. Seit dem 01.07.2017 gibt es keine Trennung mehr zwischen Ost- und West-Betriebsnummern. Beide Betriebsstätten einer Krankenkasse haben seit diesem Zeitpunkt die gleiche Betriebsnummer.

Beachten Sie: Alle Meldungen an die Krankenkassen müssen in elektronischer Form an wenige zentrale Annahmestellen übermittelt werden. Für die Weiterleitung durch die Annahmestelle ist die Betriebsnummer der zuständigen Krankenkasse zwingend erforderlich. Ohne die Angabe der Betriebsnummer kann die Meldung oder der Beitragsnachweis nicht verarbeitet werden. Für die Meldung stellt die Informationstechnische Servicestelle der gesetzlichen Krankenversicherung (ITSG) das Programm sv.net zur Verfügung. Das Programm kann kostenlos über das Internet unter www.itsg.de bezogen werden. In den Meldungen zur Sozialversicherung und in den Beitragsnachweisen ist zwar keine getrennte Betriebsnummer für Ost- und West-Kassen anzugeben, jedoch das Kennzeichen für Ost bzw. West der Betriebsstätte des Betriebes ist weiterhin zu melden.

Zahlstellennummer

Unternehmen, die eine Betriebsrente oder Versorgungsbezüge an ihre ehemaligen Mitarbeiter auszahlen, sind sogenannte Zahlstellen. Die Zahlstellen sind nach §256 Abs. 1 SGB V verpflichtet, von den Versorgungsbezügen die Beiträge zur Kranken- und Pflegeversicherung einzubehalten und an die zuständige Krankenkasse abzuführen. Die zu zahlenden Beiträge werden fällig mit der Auszahlung der Versorgungsbezüge. Die Beiträge aus den Versorgungsbezügen trägt der Arbeitnehmer alleine (§250 SGB V). Als Zahlstelle hat das Unternehmen eine Zahlstellennummer, die bei der Abführung der einbehaltenen Beiträge anzugeben ist. Die Zahlstellen müssen den Krankenkassen die einbehaltenen Beiträge nachweisen.

Angaben zu den Umlagen U1/U2

Erkranken Arbeitnehmer, ist der Arbeitgeber in der Regel verpflichtet, den Arbeitslohn für 6 Wochen bzw. 42 Kalendertage fortzuzahlen. Für die Kosten der Lohnfortzahlung bieten alle gesetzlichen Krankenkassen eine Art Versicherung – die U1-Umlagekasse – an. Ein zweites Versicherungsverfahren – die U2-Umlagekasse – deckt die Kosten für eine Lohnfortzahlung an Arbeitnehmerinnen während der Mutterschutzfrist bzw. während eines Beschäftigungsverbots bei einer Schwangerschaft. Die Beiträge zu den Umlagekassen unterscheiden sich von Krankenkasse zu Krankenkasse. Zusätzlich ist die Höhe der U1-Umlage vom Umfang der Erstattungsleistung der Krankenkasse abhängig.

Tipp !

Es empfiehlt sich, eine Übersicht der Umlagen bzw. deren Erstattungssätze für jede Krankenkasse bei der Entgeltabrechnung zur Verfügung zu haben. Der Spitzenverband der gesetzlichen Krankenkassen stellt im Internet eine Übersicht der Beitragssätze und Anschriften aller Krankenkassen zur Verfügung: https://beitragssatz.itsg.de/.

Angaben zur Insolvenzgeldumlage

Die Bundesagentur für Arbeit gewährt Arbeitnehmern Insolvenzgeld, wenn bei der Eröffnung eines Insolvenzverfahrens auf das Vermögen des Arbeitgebers noch Ansprüche aus Arbeitsentgelt bestehen. An dem Insolvenzgeldumlageverfahren müssen alle Unternehmen, die insolvent gehen können, teilnehmen. Eine Ausnahme besteht für öffentliche Arbeitgeber und Privathaushalte. Als Arbeitgeber der öffentlichen Hand gelten:

- der Bund, die Länder und die Gemeinden
- Körperschaften, Stiftungen und Anstalten des öffentlichen Rechts, über deren Vermögen ein Insolvenzverfahren nicht zulässig ist
- juristische Personen des öffentlichen Rechts, bei denen der Bund, ein Land oder eine Gemeinde kraft Gesetzes die Zahlungsfähigkeit sichert
- als Körperschaften des öffentlichen Rechts organisierte Religionsgemeinschaften und ihre gleiche Rechtsstellung genießenden Untergliederungen
- öffentlich-rechtliche Rundfunkanstalten; juristische Personen des öffentlichen Rechts, für deren Personalkosten der Bund haftet

Zuständig für den Beitragseinzug des Insolvenzgelds sind die Krankenkassen. Bei der Meldung der Insolvenzgeldumlage muss die Betriebsnummer des Unternehmens mit gemeldet werden. Außerdem ist die Insolvenzgeldumlage monatlich im sogenannten Beitragsnachweis zu dokumentieren.

2.3 Unterlagen für Meldungen an das Finanzamt

Zertifikat für die Authentifizierung

Jeder Arbeitgeber ist gesetzlich verpflichtet, vom Bruttoarbeitslohn seiner Arbeitnehmer die Lohn- und Kirchensteuer sowie den Solidaritätszuschlag zu ermitteln, einzubehalten und an das für die Betriebsstätte zuständige Finanzamt abzuführen. Darüber hinaus muss der Arbeitgeber regelmäßig dem Finanzamt die einbehaltene Lohn- und Kirchensteuer, den einbehaltenen Solidaritätszuschlag sowie vom Arbeitgeber zu zahlende Pauschalsteuern melden. Bei jeder Datenübermittlung hat sich der Datenübermittler zu authentifizieren. Bei der authentifizierten Übertragung wird mit der Meldung ein zuvor vereinbartes Zertifikat übertragen. Das Zertifikat identifiziert den Absender und stellt dessen Authentizität sicher.

Das für die **Authentifizierung** erforderliche Zertifikat muss vom Datenübermittler einmalig – möglichst frühzeitig über das ELSTER-Online-Portal – beantragt werden (www.elsteronline.de). Ohne die Authentifizierung ist eine elektronische Übermittlung von Lohnsteuerdaten nicht möglich.

! **Tipp**

Über das Internet kann unter www.elsterformular.de ein Programm zur elektronischen Erstellung und Versendung der Lohnsteueranmeldung heruntergeladen werden. Das ELSTER-Programm ist kostenlos und ermöglicht die Erstellung, Verschlüsselung, Authentifizierung und das Versenden des Anmeldeformulars. Für die authentifizierte Datenübermittlung sollten Sie ein sogenanntes Organisationszertifikat, welches auf das Unternehmen ausgestellt ist, verwenden. Gegebenenfalls muss beim Wechsel der Steuernummer oder der Betriebsnummer ein neues Zertifikat beantragt werden, da diese beiden Daten immer in Kombination den Datenübermittler identifizieren. Der Datenübermittler muss nicht zwingend das Unternehmen sein. Auch ein Dienstleister (z.B. Steuerberater oder Lohnbüro) kann mit einem auf ihn ausgestelltes Zertifikat die Daten für alle seine Kunden bzw. Mandanten übermitteln.

Zertifikat für ELStAM-Meldungen

Die Besteuerungsmerkmale der Arbeitnehmer können nur noch direkt von der Finanzverwaltung elektronisch abgerufen werden. Voraussetzung ist, dass der Arbeitnehmer bzw. die Beschäftigung beim Bundeszentralamt für Steuern angemeldet wurde. Alle Meldungen mit persönlichen Daten von Arbeitnehmern müssen verschlüsselt und authentifiziert an die Annahmestellen übertragen werden. Vor der Datenübermittlung ist eine initiale Anmeldung mit dem sogenannten ELSTER-Modul vorzunehmen. Nach einer initialen Anmeldung können Besteuerungsmerkmale über das sogenannte ELStAM-Verfahren elektronisch abgerufen werden. Die Authentifizierung des Arbeitgebers erfolgt mit dem gleichen Zertifikat, welches auch für die Übermittlung der Lohnsteuermeldungen verwendet wird.

Werden die Daten von einem Lohnbüro oder einem Steuerbüro übermittelt, ist nur ein Zertifikat pro Datenübermittler erforderlich.

Finanzamtsnummer
Die vom Arbeitnehmer einbehaltene Lohn- und Kirchensteuer sowie der Solidaritätszuschlag sind bei einem Austritt, spätestens jedoch zum Jahresende auf der sogenannten Lohnsteuerbescheinigung für den Mitarbeiter zu dokumentieren. Auf der Lohnsteuerbescheinigung sind u.a. der Name des Finanzamts und dessen vierstellige Identifikationsnummer, an welches die Steuer abgeführt wurde anzugeben. Die Finanzamtsnummer kann beim örtlich zuständigen Finanzamt erfragt werden.

Lohnsteuerbescheinigungen können nur per Internet über das Elster-Modul an die Finanzverwaltung übermittelt werden. Das Elster-Modul ist in der Regel in allen Entgeltabrechnungsprogrammen enthalten. Die Finanzämter halten jedoch eine CD-ROM mit dem Programm Elster-Formular und dem Übermittlungsmodul bereit. Alternativ kann das Programm kostenlos über das Internet unter www.elsterformular.de auf den Rechner heruntergeladen werden.

2.4 Unterlagen für Meldungen an die Bundesagentur für Arbeit

Arbeitgeber, die mindestens 20 Arbeitnehmer beschäftigen, sind nach dem Schwerbehindertengesetz verpflichtet, mindestens 5% der Arbeitsplätze mit behinderten Menschen zu besetzen. Für die Berechnung der Grenze ist der Durchschnitt aus 12 Monaten maßgebend. Können die Arbeitsplätze nicht anteilig mit behinderten Arbeitnehmern besetzt werden, muss das Unternehmen eine sogenannte Ausgleichsabgabe leisten. Es ist keine Beschäftigungspflicht bzw. keine Ausgleichsabgabe zu leisten, wenn die Grenze von 19,5 Mitarbeitern im Jahresdurchschnitt unterschritten wird. Für die Ermittlung der durchschnittlichen Mitarbeiterzahl werden Bruchteile ab 0,5 Mitarbeiter aufgerundet. Außerdem sind für die Betriebsgröße nach §73 SGB IX nicht zu berücksichtigen:

- Arbeitnehmer, die aufgrund einer Befristung nur für die Dauer von höchstens 8 Wochen beschäftigt sind
- Arbeitnehmer mit einer Beschäftigung von weniger als 18 Stunden pro Woche
- behinderte Arbeitnehmer

- Ordensangehörige, Rot-Kreuz-Schwestern, Diakonissen
- Mitarbeiter in Beschäftigungstherapie oder Belastungserprobung
- ABM Kräfte
- Personen, die bei Vereinen, Verbänden, politischen Parteien oder Kommunen in ihre Stelle gewählt werden, wie beispielsweise Bürgermeister
- Personen, deren Arbeitsverhältnis ruht, weil sie sich in Elternzeit, im Wehr- oder Zivildienst, im unbezahlten Urlaub oder im Rahmen der Altersteilzeit in der Freistellungsphase befinden, bzw. die Rente auf Zeit beziehen und für die eine Ersatzkraft eingestellt wurde

Für die Berechnung der durchschnittlichen Mitarbeiterzahl sind alle Beschäftigten (ohne die oben genannten Ausnahmen) pro Beschäftigungsmonat zu addieren und die Summe der Monate durch 12 zu dividieren. Entstehen im Ergebnis 19,4 oder weniger Mitarbeiter, besteht keine Besetzungspflicht und somit auch keine Pflicht zur Ausgleichsabgabe. Liegt das Ergebnis der durchschnittlichen Mitarbeiterzahl bei 19,5 oder höher, besteht die Pflicht zur Mindestbesetzung oder zur Leistung der Ausgleichsabgabe. Zur Erstellung der Schwerbehindertenmeldung empfiehlt es sich, die Mitarbeiterzahl im Sinne des Schwerbehinderten-Gesetzes monatlich zu erfassen und mit den Abrechnungsdaten zu speichern.

2.5 Unterlagen für Meldungen an die Berufsgenossenschaft

Die Berufsgenossenschaft ist Träger der gesetzlichen betrieblichen Unfallversicherung (UV). Es gibt 9 verschiedene Berufsgenossenschaften (BG), die von ihren Mitgliedern einmal jährlich einen sogenannten Lohnnachweis verlangen. Der Lohnnachweis ist ein Formular und eine elektronische Meldung (beides), mit dem die im Vorjahr abgerechnete Entgeltsumme zu melden ist. Die Mitgliedschaft in einer der neun Berufsgenossenschaften hängt ab vom Gewerbezweig des Unternehmens und ist verpflichtend.

Zur Erstellung der Meldung an die Berufsgenossenschaft werden folgende Firmenangaben benötigt:

Mitgliedsnummer

Die Mitgliedschaft beginnt mit den vorbereitenden Arbeiten für die Eröffnung eines Unternehmens oder bei der erstmaligen Beschäftigung von Arbeitnehmern. Die Anmeldung des Unternehmens muss nach § 192 SGB VII binnen einer Woche nach Eintragung im Handelsregister vorgenommen werden. Die zuständige Berufsgenossenschaft nimmt das Unternehmen nach der Anmeldung in ihr Unternehmerverzeichnis auf und vergibt eine Mitgliedsnummer.

Die Mitgliedsnummer ist bei allen Meldungen an die Berufsgenossenschaft mitzuteilen, insbesondere bei der jährlich für alle Arbeitnehmer zu erstellenden Jahresmeldung.

Tipp

Bei Unklarheiten über die Zuständigkeit der Berufsgenossenschaft können Sie sich die Deutsche Unfallversicherung wenden: DGUV Berlin, Glinkastraße 40, 10117 Berlin, Tel.: 030 288763800.

!

Gefahrklasse/Gefahrentarifstelle

Die Tätigkeiten der Arbeitnehmer beinhalten unterschiedliche Unfallgefahren. Aus diesem Grund werden die Mitarbeiter, abhängig von ihren Aufgaben, in Gefahrenklassen eingeteilt. Die Gefahrenklasse ist Bestandteil der Beitragsberechnung für den Berufsgenossenschaftsbeitrag. Gewerbezweige mit hohen Unfallrisiken werden somit stärker belastet als Branchen mit relativ sicheren Arbeitsplätzen. Die Gefahrenklasse wird von der Berufsgenossenschaft in dem sogenannten Punktwert ausgedrückt. Dabei ist 1.0 eine sehr niedrige Gefahrenklasse und beispielsweise 14.8 eine Gefahrenklasse für sehr unfallträchtige Arbeiten.

Die einzelnen Gefahrenklassen werden zu einem Gefahrentarif zusammengefasst, der in der Regel alle fünf Jahre überprüft und gegebenenfalls angepasst wird. Für die Meldung an die Berufsgenossenschaft müssen die für das Unternehmen relevanten Gefahrenklassen aus dem Gefahrentarif ermittelt und jedem Mitarbeiter entsprechend zugeordnet werden. Aus diesem Grund hat die Unfallversicherung seit dem Meldezeitraum 2016 einen sogenannten Stammdatenabruf eingeführt. Bei dem BG-Stammdatenabruf sendet das Unternehmen ab November des laufenden Jahres eine elektronische Stammdatenanfrage an die zuständige Berufsgenossenschaft. In der Rückmeldung erhält das Unternehmen alle für das Unternehmen gültigen Gefahrenstellen gemeldet. Vor dem Erstellen und Versenden des Lohnnachweises müssen die zurückgemeldeten Gefahrenstellen den Mitarbeitern des Unternehmens zugeordnet werden.

Beachten Sie: Sollten Sie im gesamten Jahr 2017 keine Mitarbeiter gegen Entgelt beschäftigt haben, müssen Sie dennoch einen Lohnnachweis mit dem Vermerk »Fehlanzeige« erstellen. Waren im Laufe des Jahres 2017 Mitarbeiter beschäftigt (auch Aushilfen zählen), sind diese im Lohnnachweis entsprechend anzugeben. Wird der Lohnnachweis nicht eingereicht, erfolgt eine Schätzung der beitragspflichtigen Entgelte und gegebenenfalls ein Bußgeldverfahren, sofern der Betrieb im Jahr 2017 bereits bestanden hat.

Das Vorgehen für die Meldungen an die Berufsgenossenschaft finden Sie in Kapitel 12.5 beschrieben.

3 Ein Arbeitnehmer wird neu eingestellt

Mit der Einstellung eines Arbeitnehmers entstehen noch vor der ersten Lohnabrechnung sozialversicherungsrechtliche und steuerrechtliche Meldepflichten. Neben der Kontrolle des Sozialversicherungsausweises müssen neu eingestellte Arbeitnehmer innerhalb von sechs Wochen nach Beginn der Beschäftigung bei der zuständigen Krankenkasse angemeldet werden. Für die Anmeldung benötigt der Arbeitgeber neben den persönlichen Angaben zahlreiche weitere Daten. So muss er beispielsweise die Krankenkasse kennen, bei der der Arbeitnehmer zuletzt krankenversichert war oder zukünftig versichert sein will, die Rentenversicherungsnummer seines Sozialversicherungsausweises, Nebentätigkeiten und vieles mehr. Für die Zuständigkeit der Anmeldung ist außerdem wichtig, ob es sich bei dem neuen Mitarbeiter um eine Aushilfe (geringfügig/kurzfristig Beschäftigte) oder um einen sozialversicherungspflichtigen Arbeitnehmer handelt. Steuerpflichtige Arbeitnehmer sind auch bei der Finanzverwaltung (Bundeszentralamt für Steuern) anzumelden und deren Besteuerungsmerkmale abzurufen. Die Anmeldung und der Datenabruf laufen über das sogenannte ELStAM-Verfahren. Um die Vollständigkeit aller abrechnungsrelevanten Einstellungsaktivitäten zu gewährleisten, bietet sich die Erstellung einer »Checkliste Eintritt« an. Das untenstehende Beispiel gibt eine Anregung, wie eine entsprechende Checkliste aufgebaut sein kann.

Wurde zum aktuellen Abrechnungszeitraum kein Mitarbeiter neu eingestellt, besteht die erste Aufgabe für die Durchführung der Lohnabrechnung darin, die Abrechnungsunterlagen mit Veränderung der Bezüge, zusätzliche Zahlungen oder die Änderung von persönlichen Daten (Anschrift/Bankverbindung) in das Lohnabrechnungssystem einzupflegen.

Checkliste: Eintritt neuer Mitarbeiter	**Erledigt**
Personalstammblatt/Einstellungsfragebogen ausgefüllt	
Prüfung, ob eine besondere Personengruppe (Schüler, Student, geringfügige Beschäftigung, Rentner, Praktikant, kurzfristige Beschäftigung etc.) vorliegt	
Vorlage/Kopie des Sozialversicherungsausweises zu den Lohnunterlagen	
Ggf. Sofortmeldung erstellen (z.B. Hotel/Gastgewerbe, Baugewerbe, Spedition)	
Prüfung auf Mehrfachbeschäftigung	
Prüfung auf KV-Pflicht/freiwillige KV/private KV	
Mitgliedsbescheinigung einer privaten Krankenversicherung oder der gesetzlichen Krankenkasse zu den Lohnunterlagen	

Checkliste: Eintritt neuer Mitarbeiter	Erledigt
Prüfung auf Mitgliedschaft in einem Versorgungswerk (Steuerberater, Ärzte, Apotheker, Architekten etc.)	
Anmeldung bei der Krankenkasse	
Prüfung der allgemeinen Beitragspflicht bei Aushilfen und Information des Mitarbeiters über die Möglichkeit zum Verzicht auf die Rentenversicherungspflicht (nur 15% Pauschalbeitrag)	
Anmeldung bei der Finanzverwaltung mit Steueridentifikationsnummer und Geburtsdatum und Abruf der ELStAM (nicht für Aushilfen)	
Lohnsteuerbescheinigung vom Vorarbeitgeber ggf. zu den Lohnunterlagen	
Anlegen eines Lohnkontos bzw. einer Personalakte	
Prüfung, ob die Gleitzonenregelung angewendet werden kann und ggf. Information an den Mitarbeiter	
Prüfung, ob pauschale Versteuerung für Aushilfsbezüge möglich ist (2% oder 20%)	
Prüfung auf Schwerbehinderung und ggf. Kopie des Ausweises zu den Unterlagen	
Nachweis der Elterneigenschaft zu den Lohnunterlagen	
Veranlassung der Statusfeststellung für GmbH-Geschäftsführer bzw. Ehegatten oder Lebensgefährten des Geschäftsführers oder seiner Kinder	
Prüfung der Übernahme einer betrieblichen Altersvorsorge wie Direktversicherung, Pensionskasse etc. und Zuschussberechtigung	
Bescheinigungen über Bildungsurlaub, Elternzeit, Urlaubsanspruch (Vorarbeitgeber) ggf. zu den Lohnunterlagen nehmen	
Überprüfung, ob VL-Vertrag vorliegt	
Überprüfung, ob Pfändungen vorliegen	

Tab. 3: Checkliste Eintritt

3.1 Was ist bei Eintritt eines vollzeitbeschäftigten Arbeitnehmers zu tun?

Mit dem Eintritt eines Arbeitnehmers sind für die Entgeltabrechnung zahlreiche Unterlagen, Dokumente und persönliche Angaben erforderlich. Bei der Datenerhebung sind Angaben für die

- Erstellung der Meldungen zu den Sozialversicherungen,
- die Ermittlung der Beiträge zu den Sozialversicherungen,
- die Ermittlung des Lohnsteuerabzugs

erforderlich. Neben den persönlichen Daten wie Anschrift, Geburtsdatum und Bankverbindung, sind Angaben für das Meldewesen zu den Sozialversicherungen, Steuerdaten und weiteren betriebsinternen Daten, wie die Teilnahme an einer betrieblichen Altersvorsorge, erforderlich.

Tipp !

Es empfiehlt sich, bei jeder Einstellung zusammen mit dem neuen Arbeitnehmer ein Personaldatenblatt zu erstellen. Eine korrekte Anmeldung zu den Sozialversicherungen und die richtige steuerliche Behandlung sind nur möglich, wenn Ihnen weitere Haupt- oder Nebenbeschäftigungen bekannt sind. Häufig stellen Softwarelösungen Personaldatenblätter zur Verfügung. Alternativ können Sie sich ein Muster mit einem Textverarbeitungsprogramm erstellen oder die mit diesem Buch gelieferte Vorlage verwenden. Die Vorlage befindet sich auf www.haufe.de/mybook. Einige Krankenkassen stellen ebenfalls einen Vordruck »Fragebogen Mitarbeiterdaten« zur Verfügung.

3.1.1 Zusammenstellen der Unterlagen für die Lohnsteuerberechnung

ELStAM-Daten/Ersatzbescheinigung

ELStAM ist die Abkürzung für **E**lektronische **L**ohn**St**euer**A**bzugs**M**erkmale (elektronische Lohnsteuerkarte). Seit dem Jahr 2013 erhalten Arbeitgeber über das sogenannte ELStAM-Verfahren direkt die steuerrechtlichen Angaben des Arbeitnehmers elektronisch von der Finanzverwaltung übermittelt. Steuerliche Änderungen, wie zum Beispiel die Höhe von Freibeträgen, ein Steuerklassenwechsel oder ähnliches werden vom Mitarbeiter mit einem Antragsformular beim Finanzamt beantragt und dem Arbeitgeber in regelmäßigen monatlichen Änderungslisten übermittelt. Nach dem Eintrag von Änderungen in die ELStAM-Datenbank erhält der Arbeitnehmer von seinem Finanzamt ggf. eine Ersatzbescheinigung oder einen Ausdruck aus der ELStAM-Datenbank mit den geänderten steuerrechtlichen Merkmalen.

Zum Abruf der ELStAM-Daten ist zunächst eine Anmeldung des neuen Arbeitnehmers erforderlich. Die elektronische Anmeldung des Arbeitnehmers bei der ELStAM-Datenbank kann in der Regel direkt aus dem Entgeltabrechnungsprogramm erstellt und versendet werden. Die Anmeldung enthält folgende Angaben zum Arbeitnehmer:

- die Steueridentifikationsnummer (Steuer-IdNr.)
- das Geburtsdatum
- den Beginn der Beschäftigung

- Kennzeichnung Hauptarbeitgeber/Nebenarbeitgeber
- Art der Meldung (Anmeldung, Abmeldung, Ummeldung)

Alternativ zur Anmeldung aus dem Entgeltabrechnungsprogramm besteht die Möglichkeit, den Arbeitnehmer über ein Programm der Finanzverwaltung bei der ELStAM-Datenbank anzumelden. Das kostenlose Programm »Elster-Formular« lässt sich über das Internet (www.elster.de) auf einen Computer herunterladen. Zusätzlich benötigen Sie ein sogenanntes »Organisationszertifikat«, das auf die Firma (Datenlieferanten) ausgestellt wurde. Das Zertifikat kann online beantragt werden über: https://www.elster.de/eportal/registrierung-auswahl

Nach der Anmeldung erhält der Arbeitgeber eine Bestätigung über die Anforderung der Daten (Anmeldebestätigung). Die steuerrechtlichen Daten des Arbeitnehmers werden innerhalb von 1 bis 3 Tage zum Abruf bereitgestellt. Scheidet ein Arbeitnehmer aus dem Unternehmen aus, hat der Arbeitgeber den Austritt bei der ELStAM-Datenbank unter Mitteilung des Beschäftigungsende-Datums abzumelden. Der Arbeitgeber erhält dann eine Abmeldebestätigung. Erst nach erfolgter Abmeldung kann bei einem Arbeitgeberwechsel der neue Arbeitgeber als Hauptarbeitgeber die Daten abrufen. Hat der Arbeitgeber zusätzlich eine Ersatzbescheinigung mit aktuelleren Daten vorliegen, so sind für die Lohnabrechnung die Angaben der Ersatzbescheinigung zu verwenden. Erhält der Arbeitgeber bei seinem regelmäßigen Datenabruf neuere Steuermerkmale für den Arbeitnehmer, so sind diese ggf. zu berücksichtigen.

! **Tipp**

Ergeben sich beim Datenabruf der ELStAM-Daten technische Probleme oder sind die abgerufenen Daten offensichtlich unrichtig, hat der Arbeitgeber die Möglichkeit, bis zu drei Kalendermonate der Beschäftigung die Lohnabrechnung auf Basis der Angaben des Mitarbeiters durchzuführen (ELStAM auf Zuruf). Nach Ablauf dieser Frist müssen dem Arbeitgeber die elektronischen Daten oder ggf. eine Ersatzbescheinigung vorliegen.

Steueridentifikationsnummer

Bei Eintritt eines Arbeitnehmers ist die Steueridentifikationsnummer für die Anmeldung des Arbeitnehmers bei der Finanzverwaltung (ELStAM-Datenbank) zwingend erforderlich. Die Steueridentifikationsnummer erhält dieser von seinem zuständigen Finanzamt mitgeteilt. Ist noch keine Steueridentifikationsnummer vergeben, kann der Mitarbeiter diese beim örtlichen Finanzamt beantragen (auch eine Online Beantragung durch den Mitarbeiter ist möglich unter www.elster.de).

Beachten Sie: Fehlt die Steueridentifikationsnummer, kann keine Anmeldung des Mitarbeiters bei der ELStAM-Datenbank durchgeführt werden und somit kein Datenabruf der Besteuerungsmerkmale erfolgen. Der Mitarbeiter ist selbst für die Beantragung und die Vergabe der Steuer-ID verantwortlich. Wurde die Steuer-ID beantragt, darf der Arbeitgeber die Entgeltabrechnung drei Monate nach den Angaben des Mitarbeiters durchführen. Liegt nach diesem Zeitraum die Steuer-ID noch nicht vor, ist die Lohnabrechnung mit Steuerklasse 6 vorzunehmen.

a) Grenzpendler
Für Mitarbeiter mit einem ausländischen Wohnsitz (z.B. Grenzpendler) gilt das Formularverfahren des Finanzamtes weiter. Für Grenzgänger wird eine Bescheinigung für den Lohnsteuerabzug nach §39 Abs. 3 EStG (z.B. Bescheinigung für beschränkt einkommensteuerpflichtige Arbeitnehmer) vom Betriebsstättenfinanzamt ausgestellt, um die Lohnsteuer mit den zutreffenden Merkmalen (und nicht Steuerklasse VI) berechnen zu können.

b) Flüchtlinge
Personen, die in Deutschland einen Wohnsitz oder ihren gewöhnlichen Aufenthalt haben, sind unbeschränkt steuerpflichtig. Das gilt auch für Flüchtlinge oder Asylsuchende, die in Erstaufnahmeeinrichtungen, Turnhallen oder Wohncontainern untergebracht sind. Die Vergabe der Identifikationsnummer wird durch die Anmeldung bei der zuständigen Meldebehörde am Unterbringungsort angestoßen. Sobald die Personaldaten in das Melderegister aufgenommen sind, erfolgt eine Mitteilung an das Bundeszentralamt für Steuern, welches die Steuer-ID vergibt. Die Vergabe einer Identifikationsnummer ist unabhängig vom aufenthaltsrechtlichen Status einer Person oder der Erlaubnis zur Ausübung einer Erwerbstätigkeit. Sie erfolgt ausschließlich aufgrund steuerrechtlicher Bestimmungen. Der Abruf der ELStAM durch den Arbeitgeber erfolgt zur Wahrnehmung und Sicherstellung der steuerlichen Pflichten.

Sofern die Identifikationsnummer dem Mitarbeiter nicht oder noch nicht bekannt ist, kann eine erneute Mitteilung durch das Finanzamt beim Bundeszentralamt für Steuern beantragt werden. Dabei sollten möglichst Unterlagen zur Feststellung der Identität des Arbeitnehmers beigefügt werden. Bis zur Übermittlung der ELStAM erstellt das Finanzamt eine Ersatzbescheinigung mit den erforderlichen Angaben zum Lohnsteuerabzug. Fehlt die Id-Nr. unverschuldet, darf der Arbeitgeber bis zu drei Monate die voraussichtlichen familiengerechten Lohnsteuerabzugsmerkmale anwenden und nach dem Abruf der ELStAM den Lohnsteuerabzug ggf. korrigieren.

Geburtsdatum

Für die Anmeldung eines neu eingestellten Arbeitnehmers bei der Finanzverwaltung ist neben der Steueridentifikationsnummer das Geburtsdatum des Mitarbeiters erforderlich. Eine Steuer-ID wird von der Finanzverwaltung nur vergeben, wenn mit offiziellen Dokumenten (z.B. Ausweis) das Geburtsdatum nachgewiesen werden kann. Eine Anmeldung des Arbeitnehmers an der ELStAM-Datenbank kann nur mit dem bei der Finanzverwaltung gespeicherten Datum erfolgen. Dies kann gegebenenfalls auch ein nur teilweise bekanntes oder vollständig unbekanntes Geburtsdatum sein, zum Beispiel 00.MM.JJJJ, wenn der Tag der Geburt nicht genau feststeht.

! **Tipp**

Das Geburtsdatum des Mitarbeiters entsprechend seiner Ausweispapiere lautet 00.00.JJJJ oder 00.MM.JJJJ. Bei der Anmeldung im ELStAM-Verfahren kann es vorkommen, dass Sie den Fehlerhinweis »552020202 Arbeitnehmer unbekannt: Die IdNr. des Arbeitnehmers kann nicht verifiziert werden« erhalten. Dies bedeutet, die ELStAM-Erfassung der Finanzverwaltung wurde mit einem anderen Datum als das Ihnen vorliegende Geburtsdatum vorgenommen. Eine Klärung des Geburtsdatums mit der Finanzverwaltung ist erforderlich.

Haupt-/Nebenarbeitgeber

In der ELStAM-Datenbank wird zwischen dem Hauptarbeitgeber und einem Nebenarbeitgeber – bei zwei oder mehr Beschäftigungsverhältnissen – unterschieden.

Nur der Hauptarbeitgeber ist berechtigt, den Arbeitslohn des Arbeitnehmers mit der Steuerklasse 1 bis 5 zu berechnen. Entsprechend wird diesem bei einem Datenabruf aus der ELStAM-Datenbank die entsprechende Steuerklasse übermittelt. Ist der Arbeitnehmer mehrfach beschäftigt, handelt es sich für die Finanzverwaltung bei der zweiten oder dritten Beschäftigung um ein Nebenarbeitsverhältnis. Der daraus erzielte Arbeitslohn ist immer mit der Steuerklasse 6 zu versteuern. Aus diesem Grund wird bei der Anmeldung als Nebenarbeitgeber aus der ELStAM-Datenbank immer die Steuerklasse 6 übermittelt. Für einen Arbeitnehmer kann jeweils nur ein Arbeitgeber mit dem ersten Arbeitsverhältnis – Hauptarbeitgeber – gemeldet werden. Die Anmeldung eines weiteren Arbeitgebers mit der Kennzeichnung »Hauptarbeitgeber« bewirkt, dass ein eventuell bereits angemeldeter Hauptarbeitgeber als Nebenarbeitgeber eingestuft wird und so beim nächsten Datenabruf einen geänderten ELStAM-Datensatz für seinen Arbeitnehmer erhält, mit der Steuerklasse 6.

Es kann vorkommen, dass der Arbeitgeber bei der Anmeldung des Mitarbeiters irrtümlich nicht das Kennzeichen ›Hauptarbeitgeber‹ gesetzt hat. In der Rückmeldung der Besteuerungsmerkmale für den Arbeitnehmer aus der ELStAM-Datenbank erhält der Arbeitgeber anstelle der eigentlich zutreffenden Steuerklasse 1 bis 5 die Steuerklasse 6 gemeldet. Diese wird auch dann gemeldet, wenn neben dem Arbeitgeber kein weiterer Arbeitgeber für diesen Arbeitnehmer in der ELStAM-Datenbank erfasst ist. In diesem Fall muss der Arbeitgeber den Arbeitnehmer mit dem ursprünglichen Referenzdatum bei der ELStAM-Datenbank abmelden und als »Hauptarbeitgeber« mit dem ursprünglichen Beschäftigungsbeginn + einen Tag wieder neu anmelden. Das Finanzamt kann keine entsprechenden Korrekturen vornehmen.

Tipp !

Der Arbeitgeber sollte neu eintretende Arbeitnehmer vor der Anmeldung an der ELStAM-Datenbank befragen, ob weitere Arbeitsverhältnis bestehen. Ist dies der Fall, kann der Mitarbeiter festlegen, welches das Haupt- bzw. das Nebenarbeitsverhältnis sein soll. Unterbleibt die Festlegung, meldet der zweite Arbeitgeber den Mitarbeiter als »Nebenarbeitgeber« an und erhält die Steuerklasse 6 von der ELStAM-Datenbank zurückgemeldet.

3.1.2 Zusammenstellen der Unterlagen für die Sozialversicherungsmeldungen

Neu eingestellte Mitarbeiter müssen bei einer gesetzlichen Krankenkasse angemeldet werden. Die Anmeldung ist in elektronischer Form mit einer sogenannten »DEÜV-Meldung« (**D**aten**E**rfassungs- und **Ü**bermittlungs**V**erordnung) vorzunehmen. Die DEÜV-Meldung erfordert zahlreiche Angaben, die teilweise als Freitext und zum Teil in Form von Schlüsseln an die Annahmestelle zu übertragen sind. Seit der Einführung des Unfallversicherungsmodernisierungsgesetzes (UVMG) sind auch zahlreiche Angaben zur Unfallversicherung der Annahmestelle zu melden. Um alle Meldungen an die Sozialversicherungsträger durchführen zu können, benötigen Sie neben den persönlichen Angaben wie Vorname und Name noch folgende Daten:

- Sozialversicherungsnummer
- Personalnummer (wahlweise)
- Grund der Abgabe der Sozialversicherungsmeldung
- Entgelt in Gleitzone
- Sofortmeldung erforderlich
- Beginn der Beschäftigung
- Betriebsnummer des Arbeitgebers
- Personengruppe
- Mehrfachbeschäftigung
- Betriebsstätte

- Beitragsgruppe
- Angaben zur Tätigkeit
- Schlüssel der Staatsangehörigkeit
- Statuskennzeichen
- Bereich »Wenn keine Versicherungs-Nr. angegeben werden kann«

Beachten Sie: Auch Arbeitnehmer, die bei einer privatwirtschaftlichen Versicherungsgesellschaft kranken- und pflegeversichert sind (z. B. DKV), müssen bei einer gesetzlichen Krankenkasse angemeldet werden. Die Anmeldung ist an die letzte gesetzliche Krankenkasse zu richten. Ist diese nicht bekannt oder kann sie nicht ermittelt werden, kann der Arbeitgeber die Kasse für die Anmeldung bestimmen.

Sozialversicherungsnummer

Wesentlicher Bestandteil einer Anmeldung ist die Sozialversicherungsnummer. Jeder Arbeitnehmer hat, sofern er schon einmal rentenversicherungspflichtig beschäftigt war, einen Sozialversicherungsausweis von der gesetzlichen Rentenversicherung erhalten. Auf der Rückseite des Ausweises ist die Sozialversicherungsnummer (Versicherungsnummer) eingetragen. War der Arbeitnehmer noch nicht berufstätig oder in der Bundesrepublik nicht versicherungspflichtig, ist in die Anmeldung bei der Krankenkasse der Geburtsname, der Geburtsort, das Geburtsdatum, das Geschlecht und die Staatsangehörigkeit aufzunehmen. Der Arbeitnehmer erhält dann automatisch vom Rentenversicherungsträger einen Sozialversicherungsausweis mit einer Sozialversicherungsnummer zugestellt. Zusätzlich erhält der Arbeitgeber nach der Anmeldung von der Rentenversicherung als Rückmeldung die Nummer elektronisch übermittelt.

Für die Rückmeldung setzen die Sozialversicherungsträger einen sogenannten Kommunikationsserver ein. Die Rückmeldung der Sozialversicherungsnummer an den Arbeitgeber erfolgt über einen Datenabruf bzw. mit einem Übertragungsprotokoll. Das Protokoll muss aktiv per Programm von der Übertragungsstelle abgeholt werden. Erfolgt keine Abholung, wird das Protokoll mit der Sozialversicherungsnummer nach 40 Tagen Liegezeit gelöscht.

Personalnummer

Die Angabe einer Personalnummer erfolgt freiwillig. Wird die Personalnummer jedoch bei der Anmeldung vermerkt, ist sie für künftige Meldungen immer anzugeben.

Grund der Abgabe

Die Anlässe zur Abgabe der »Meldung zur Sozialversicherung« sind in Meldeschlüsseln verschlüsselt. Für eine Anmeldung wegen »Beginn der Beschäftigung« ist beispielsweise der **Meldegrund 10** der zuständigen Krankenkasse zu melden.

Neben dem Beginn der Beschäftigung ist der Krankenkasse eine Anmeldung einzureichen, wenn der Arbeitnehmer die Krankenkasse wechselt. In diesem Fall muss er bei seiner bisherigen Kasse abgemeldet und mit dem »Grund der Abgabe« **11** bei seiner neuen Krankenkasse angemeldet werden.

Ändert sich bei Fortbestand der Beschäftigung der Beitragsgruppenschlüssel, muss eine Abmeldung mit dem Meldegrund **32** und eine Anmeldung mit dem Meldegrund **12** an die Krankenkasse übermittelt werden. Eine Änderung der Beitragsgruppe kann beispielsweise eintreten, wenn der Mitarbeiter aus der gesetzlichen Krankenversicherung austritt und sich privat krankenversichert.

Wird ein Auszubildender nach Abschluss der Ausbildung übernommen, hatte der Arbeitnehmer mehr als einen vollen Kalendermonat unbezahlten Urlaub oder Elternzeit, wechselt der Beschäftigungsort eines Arbeitnehmers in einen anderen Rechtskreis (Ost nach West bzw. West nach Ost) oder beginnt die Altersteilzeit, so muss der Arbeitnehmer erneut bei seiner Krankenkasse angemeldet werden. In diesen Fällen ist eine »Meldung zur Sozialversicherung« mit dem Meldeschlüssel **13** im Feld »Grund der Abgabe« einzureichen. In Branchen, die von Schwarzarbeit bedroht sind, ist vor dem Tag des Beginns eines Beschäftigungsverhältnisses, spätestens jedoch bei Beschäftigungsaufnahme, der Krankenkasse eine sogenannte Sofortmeldung (Grund der Abgabe: 20) zu übermitteln. Zusätzlich ist innerhalb von 6 Wochen nach der Beschäftigungsaufnahme eine Anmeldung für diesen Arbeitnehmer (Grund der Abgabe: 10) an die zuständige Krankenkasse zu senden. Im Einzelnen gibt es folgende Meldegründe nach DEÜV[1] für eine Anmeldung:

Grund der Abgabe	Schlüssel
Anmeldung wegen Beginn einer Beschäftigung	10
Anmeldung wegen Krankenkassenwechsel	11
Anmeldung wegen Beitragsgruppenwechsel	12
Anmeldung wegen sonstiger Gründe	13
Sofortmeldung	20

Tab. 4: Meldegründe zur Abgabe einer Anmeldung

1 Datenerfassungs- und Übermittlungsverordnung.

Beschäftigungszeit

Bei einer Anmeldung ist das Datum des Beschäftigungsbeginns einzutragen. Es ist der vertragliche Beginn der Beschäftigung zu vermerken, nicht der Tag der Arbeitsaufnahme, wenn diese Tage auseinanderfallen – zum Beispiel am 1. Januar (Feiertag).

Betriebsnummer des Arbeitgebers

In allen Sozialversicherungsmeldungen ist die Betriebsnummer des Arbeitgebers als Identifikationskriterium zu melden. Diese achtstellige Nummer wird von der Agentur für Arbeit schriftlich mitgeteilt. Ist eine Betriebsnummer noch nicht zugeteilt, muss unverzüglich bei der für den Betrieb zuständigen Agentur für Arbeit eine Betriebsnummer beantragt werden. Ohne die Angabe der Betriebsnummer können Sozialversicherungsmeldungen von der Annahmestelle der Krankenkasse nicht verarbeitet werden. Für die Vergabe der Betriebsnummer ist die zentrale Betriebsnummernstelle (BNS) der Bundesagentur für Arbeit zuständig (E-Mail: betriebsnummernservice@arbeitsagentur.de).

Beachten Sie: Arbeitet der Arbeitnehmer in einer Niederlassung oder Zweigstelle mit eigener Betriebsnummer, ist diese in der Meldung zur Sozialversicherung (Anmeldung/Abmeldung etc.) anzugeben. Keinesfalls dürfen Arbeitnehmer aus Vereinfachungsgründen nur unter der Betriebsnummer des Hauptsitzes gemeldet werden.

Aber: Für die Meldung der Sozialversicherungsbeiträge des Mitarbeiters mit dem Beitragsnachweis darf nur die Betriebsnummer des Hauptsitzes (Hauptbetriebsnummer) verwendet werden.

Betriebsnummer der Krankenkasse

Wie die Arbeitgeber so hat auch jede Krankenkasse eine Betriebsnummer. In den vergangenen Jahren haben viele Krankenkassen fusioniert oder die West- und Ost-Kasse der gleichen Krankenkasse wurden zusammengelegt. Bei der Fusion oder dem Zusammenlegen bleibt nur noch eine Betriebsnummer der Krankenkasse erhalten. Entstehen Änderungen, die eine Korrektur einer Sozialversicherungsmeldung erforderlich machen, ist die neue (korrigierte) Meldung auch für zurückliegende Zeiträume ausschließlich mit der aktuell gültigen Betriebsnummer der Krankenkasse zu übermitteln.

Personengruppen

Mit der zweiten Datenerfassungs- und Übermittlungsverordnung (DEÜV) wurde ein dreistelliger Personengruppenschlüssel eingeführt, der die Arbeitnehmer in 22 Personengruppen einteilt. Abhängig von der Art und dem Umfang der Beschäftigung muss der Arbeitnehmer einer Personengruppe zugewiesen werden. Eine der folgenden Personengruppen bzw. Personengruppenschlüssel ist in der Meldung zur Sozialversicherung bzw. in Ihrem Entgeltabrechnungsprogramm zu hinterlegen (siehe Tabelle unten).

Im Regelfall ist der **Gruppenschlüssel 101** einzutragen. Der Schlüssel steht für Beschäftigte, die kranken-, pflege-, renten- und arbeitslosenversicherungspflichtig sind. Dazu zählen alle Arbeiter und Angestellte, die nicht geringfügig beschäftigt werden (Aushilfen). Der Gruppenschlüssel gibt keine Auskunft über die Versicherungspflicht in den einzelnen Sozialversicherungen. Somit sind Arbeitnehmer, die freiwillig oder privat kranken- und pflegeversichert sind, mit 101 zu schlüsseln, sofern sie nicht einer Personengruppe mit höherem Gruppenschlüssel zuzuordnen sind. Auch wenn der Arbeitnehmer nicht bei der Deutschen Rentenversicherung, sondern bei einer berufsständischen Vereinigung (z. B. Ärzteversorgung) rentenversichert ist, wird für ihn der Schlüssel 101 in den Sozialversicherungsmeldungen gemeldet. Erfüllt der Arbeitnehmer jedoch eine der Eigenschaften eines höheren Schlüssels, ist er diesem zuzuordnen.

Beginnt der Arbeitnehmer beispielsweise eine Berufsausbildung in einem staatlich anerkannten Ausbildungsberuf, ist dieser nicht mit dem Schlüssel 101, sondern mit dem **Gruppenschlüssel 102** zu melden. Dies gilt, obwohl auch Auszubildende kranken-, pflege-, renten- und arbeitslosenversicherungspflichtige Beschäftigte sind.

Eine Ausnahme besteht dann, wenn die Ausbildungsvergütung innerhalb der Geringverdienergrenze von monatlich 325 EUR liegt. In diesem Fall muss der **Personengruppenschlüssel 121** gemeldet werden. Liegt das laufende Gesamtentgelt über 3.900 EUR pro Jahr oder kommt es aufgrund einer Lohnerhöhung zur Überschreitung des jährlichen Höchstbetrags, ist nicht mehr der Personengruppenschlüssel 121, sondern der Schlüssel 102 für den Auszubildenden zu melden. Gegebenenfalls müssen eine Abmeldung und eine Neuanmeldung mit dem geänderten Personengruppenschlüssel erfolgen. Für Auszubildende in einer außerbetrieblichen Einrichtung gilt die **Personengruppe 122**. Eine außerbetriebliche Berufsausbildung liegt vor, wenn die Ausbildung von selbstständigen, nicht dem Betrieb angegliederten Bildungseinrichtungen durchgeführt wird. Als Berufsausbildung ist die Ausbildung im Rahmen rechtsverbindlicher Ausbildungsrichtlinien für einen staatlich anerkannten Ausbildungsberuf definiert. Die Ausbildung für einen Beruf, für den es zwar noch keine rechtsverbindlichen Ausbildungsrichtlinien gibt, die vorgesehene Ausbildung jedoch üblich und allgemein anerkannt ist, wird auch als Berufsausbildung angesehen. Von einer Berufsausbildung ist auszugehen, wenn Ausbildungsverträge abgeschlossen und von der zuständigen Stelle oder der

Handwerkskammer in das Verzeichnis der Ausbildungsverhältnisse eingetragen worden sind.

Schüler oder Studierende, die ein in der Prüfungs- oder Studienordnung vorgeschriebenes Praktikum durchführen, zählen zur **Personengruppe 105**. Der Umfang der Versicherungspflicht ist davon abhängig, ob es sich um ein Vor-, Zwischen- oder Nachpraktikum handelt. Immatrikulierte Studenten, die während des Semesters oder in den Semesterferien mehr als geringfügig beschäftigt werden, sind nur rentenversicherungspflichtig. Immatrikulierte Studierende mit einer mehr als geringfügigen Beschäftigung gehören der **Personengruppe 106** an.

Die nachfolgende Tabelle gibt eine Übersicht über die Personengruppen mit den zugehörigen Schlüsseln.

Personengruppe	Personengruppenschlüssel
Sozialversicherungspflichtig Beschäftigte ohne besondere Merkmale	101
Auszubildende	102
Beschäftigte in Altersteilzeit	103
Hausgewerbetreibende	104
Praktikanten	105
Werkstudenten	106
Behinderte Menschen in anerkannten Werkstätten oder gleichartigen Einrichtungen	107
Bezieher von Vorruhestandsgeld	108
Geringfügig entlohnte Beschäftigte (Aushilfe)	109
Kurzfristig Beschäftigte (Aushilfe)	110
Personen in Einrichtungen der Jugendhilfe, Berufsbildungswerken oder ähnlichen Einrichtungen	111
Mitarbeitende Familienangehörige in der Landwirtschaft	112
Nebenerwerbslandwirte	113
Nebenerwerbslandwirte – saisonal beschäftigt	114
Ausgleichsgeldempfänger nach dem FELEG*	116
Unständig Beschäftigte	118
Versicherungsfreie Altersvollrentner und Versorgungsbezieher wegen Alters	119

Personengruppe	Personengruppenschlüssel
Versicherungspflichtiger Altersvollrentner	120
Auszubildende, deren Arbeitsentgelt die Geringverdienergrenze nach §20 Absatz 3 Satz 1 Nummer 1 SGB IV nicht übersteigt	121
Auszubildende in einer außerbetrieblichen Einrichtung	122
Personen, die ein freiwilliges soziales/ökologisches Jahr oder einen Bundesfreiwilligendienst leisten	123
Heimarbeiter ohne Anspruch auf Entgeltfortzahlung im Krankheitsfall	124
Schwerbehinderte in Integrationsprojekten	127
Seeleute	140
Auszubildende in der Seeschifffahrt	141
Seeleute in Altersteilzeit	142
Seelotsen	143
Auszubildende in der Seefahrt, deren Arbeitsentgelt die Geringverdienergrenze nicht übersteigt	144
In der Seefahrt beschäftigte versicherungsfreie Altersvollrentner und Versorgungsbezieher wegen Alters	149
Nur gesetzlich Unfallversicherte**	190

Tab. 5: Personengruppenschlüssel

* FELEG: Gesetz zur Förderung der Einstellung von landwirtschaftlichen Erwerbstätigen

** Beschäftigte, die ausschließlich nach §2 Abs. 1 Nr. 1 SGB VII als Beschäftigte gelten

Sofern der Arbeitnehmer mehreren Personengruppen zugeordnet werden kann, ist die niedrigste mögliche Schlüsselzahl zu verwenden (Ausnahme 109 und 110). Die **Schlüssel 109** und **110** haben immer Vorrang, d.h. sind auch dann einzutragen, wenn ein Nebenerwerbslandwirt auf 450-Euro-Basis aushilft oder ein Altersvollrentner (119) als geringfügig Beschäftigter arbeitet. Eine **unständige Beschäftigung** ist ein Arbeitsverhältnis, das aus der Natur der Sache oder arbeitsvertraglich auf weniger als eine Woche befristet ist. Diese Beschäftigung ist mit dem **Personengruppenschlüssel 118** der zuständigen Krankenkasse zu melden.

Im Rahmen des Meldeverfahrens sind auch die ausschließlich in der gesetzlichen Unfallversicherung pflichtversicherten Arbeitnehmer anzumelden. Zu diesem Personenkreis gehören beispielsweise:

- beurlaubte Beamte, die in der gesetzlichen Sozialversicherung versicherungsfrei sind (z.B. ein beurlaubter verbeamteter Lehrer, der in einer Privatschule als Dozent tätig ist)
- Praktikanten (Studenten) in einem vorgeschriebenen Zwischenpraktikum, die sozialversicherungsfrei sind
- privat Krankenversicherte in einer geringfügigen Beschäftigung, wenn auf die Rentenversicherungsfreiheit verzichtet wurde und wenn eine Befreiung der Rentenversicherungspflicht zugunsten einer Mitgliedschaft in einer berufsständischen Versorgungseinrichtung vorliegt (z.B. eine Apothekerin, die als geringfügig Beschäftigte und als Mitglied einer berufsständischen Versorgungseinrichtung auf die Rentenversicherungsfreiheit verzichtet hat und privat krankenversichert ist)
- Studenten, für die eine Befreiung von der Rentenversicherungspflicht zugunsten einer Mitgliedschaft in einer berufsständischen Versorgungseinrichtung vorliegt (z.B. ein Tierarzt im Zweitstudium ist Mitglied bei einer berufsständischen Versorgungskasse und übt als Werkstudent eine Tätigkeit als Tierarzt aus)

Für diesen Personenkreis wurde der **Personengruppenschlüssel 190** geschaffen.

In der Sozialversicherung ist der Bundesfreiwilligendienst dem freiwilligen sozialen/ökologischen Jahr gleichgestellt. Das heißt, dass die Teilnehmer des Bundesfreiwilligendienstes sozialversicherungspflichtige Beschäftigte sind. Die Einsatzstellen müssen den Teilnehmer anmelden und die Sozialversicherungsbeiträge übernehmen. Teilnehmer des Bundesfreiwilligendienstes können mit dem **Personengruppenschlüssel 123** in den Sozialversicherungsmeldungen gemeldet werden.

Wichtig: Wird zwischen der Schulausbildung und dem BFD eine Beschäftigung ausgeübt, ist die Berufsmäßigkeit zu prüfen. Zeiten zwischen der Schulentlassung und der Aufnahme eines BFD gelten nach Auffassung der Spitzenverbände der Sozialversicherungen als berufsmäßige Beschäftigung. Dementsprechend ist für diesen Zeitraum eine kurzfristige Beschäftigung nicht möglich, selbst dann nicht, wenn das Beschäftigungsverhältnis weniger als 70 Arbeitstage ausgeübt wird.

Arbeitnehmer, die ab Januar 2017 neben dem Bezug einer vorgezogenen Altersvollrente eine sozialversicherungspflichtige Beschäftigung aufnehmen, unterliegen der Rentenversicherungspflicht. Im Unterschied zu Altersvollrentnern nach dem Erreichen der Regelaltersgrenze haben Arbeitgeber den **vollen Beitrag** zur Rentenversicherung abzuführen. Diese volle Beitragspflicht gilt bis zum Erreichen der Regelaltersgrenze. Für diesen Personenkreis ist in der

Meldung zur Sozialversicherung der **Personengruppenschlüssel 120** zu melden (siehe auch Abschnitt Rentenversicherung (RV) unten).

Für die Prüfung des richtigen Personengruppenschlüssels empfiehlt sich die Anwendung des Ablaufschemas »Wahl des Personengruppenschlüssels«. Für die Einordnung von Aushilfen in eine geringfügige Beschäftigung bzw. kurzfristige Beschäftigung muss das voraussichtliche Entgelt bekannt sein. Außerdem spielen die Dauer der Beschäftigung, weitere Nebenbeschäftigungen und die Branche eine Rolle. Aus diesem Grund sind die Besonderheiten für Aushilfen in Kapitel 3.2 getrennt zusammengestellt.

<table>
<tr><th colspan="4">Ablaufschema für die Ermittlung des Personengruppenschlüssels</th></tr>
<tr><th colspan="4">Arbeitnehmer</th></tr>
<tr><th colspan="2">Vollzeitbeschäftigter</th><th colspan="2">Aushilfe</th></tr>
<tr><td>Auszubildender und gleichzeitig Geringverdiener (Ja) →</td><td>(121)</td><td rowspan="7">Geringfügig entlohnte Beschäftigung</td><td rowspan="7">Kurzfristig entlohnte Beschäftigung</td></tr>
<tr><td>↓ (Nein)</td><td></td></tr>
<tr><td>Auszubildender in außerbetrieblicher Einrichtung (Ja) →</td><td>(122)</td></tr>
<tr><td>↓ (Nein)</td><td></td></tr>
<tr><td>Auszubildender (Ja) →</td><td>(102)</td></tr>
<tr><td>↓ (Nein)</td><td></td></tr>
<tr><td>Beschäftigt in Altersteilzeit (Ja) →</td><td>(103)</td></tr>
<tr><td>↓ (Nein)</td><td></td><td>↓</td><td>↓</td></tr>
<tr><td>Hausgewerbetreibender (Ja) →</td><td>(104)</td><td>(109)</td><td>(110)</td></tr>
<tr><td>↓ (Nein)</td><td></td><td colspan="2"></td></tr>
<tr><td>Praktikant (Ja) →</td><td>(105)</td><td colspan="2"></td></tr>
<tr><td>↓ (Nein)</td><td></td><td colspan="2"></td></tr>
<tr><td>Werkstudent (Ja) →</td><td>(106)</td><td colspan="2"></td></tr>
<tr><td>↓ (Nein)</td><td></td><td colspan="2"></td></tr>
<tr><td>Erwerbstätiger in Behindertenstätte (Ja) →</td><td>(107)</td><td colspan="2"></td></tr>
<tr><td>↓ (Nein)</td><td></td><td colspan="2"></td></tr>
<tr><td>Bezieher von Vorruhestandsgeld (Ja) →</td><td>(108)</td><td colspan="2"></td></tr>
<tr><td>↓ (Nein)</td><td></td><td colspan="2"></td></tr>
<tr><td>Erwerbstätiger in Reha-Maßnahme (Ja) →</td><td>(111)</td><td colspan="2"></td></tr>
</table>

Ablaufschema für die Ermittlung des Personengruppenschlüssels		
Arbeitnehmer		
Vollzeitbeschäftigter		Aushilfe
↓ (Nein)		
Mitarbeitender Familienangehörig. i. d. Landwirt. (Ja) →	(112)	
↓ (Nein)		
Nebenerwerbslandwirt (Ja) →	(113)	
↓ (Nein)		
Saisonal beschäftigter Nebenerwerbslandwirt (Ja) →	(114)	
↓ (Nein)		
Ausgleichsgeldempfänger nach FELEG[2] (Ja) →	(116)	
↓ (Nein)		
Unständig Beschäftigter (Ja) →	(118)	
↓ (Nein)		
Altersvollrentner m. Regelaltersgrenze (Ja) →	(119)	
↓ (Nein)		
Vorgezogene Altersrente (Ja) →	(120)	
↓ (Nein)		
Bundesfreiwilligendienst (Ja) →	(123)	
↓ (Nein)		
Schwerbehinderter (Ja) →	(127)	
↓ (Nein)		
Nur in der Unfallversicherung beitragspflichtig (Ja) →	(190)	
↓ (Nein)		
Wenn alles nicht zutrifft (Ja) →	(101)	

2 FELEG: Gesetz zur Förderung der Einstellung von landwirtschaftlichen Erwerbstätigen.

Mehrfachbeschäftigung

Hat der neue Arbeitnehmer bereits eine sozialversicherungspflichtige Erstbeschäftigung in einem anderen Unternehmen (Mehrfachbeschäftigung), ist die »Mehrfachbeschäftigung« in der Anmeldung zur Sozialversicherung zu markieren. Die Meldung einer Mehrfachbeschäftigung dient den Sozialversicherungsträgern zur Beurteilung, ob das jeweils erzielte Arbeitsentgelt der Sozialversicherungspflicht unterliegt. Dazu werden von den Krankenkassen die Arbeitsentgelte aus allen Beschäftigungen zusammengerechnet und ggf. eine Sozialversicherungspflicht an alle Arbeitgeber zurückgemeldet. Bei einer Mehrfachbeschäftigung werden auch Arbeitsentgelte aus einer **zweiten** geringfügigen Nebenbeschäftigung angerechnet. Die erste geringfügige Nebenbeschäftigung bleibt sozialversicherungsfrei, wird also nicht zum Entgelt aus einer Hauptbeschäftigung addiert (siehe auch Mehrfachbeschäftigung in Kapitel 3.2). Besondere Bedeutung kommt einer Zweitbeschäftigung zu, wenn die Summe der Arbeitsentgelte zu einer Überschreitung der Beitragsbemessungsgrenze in der Kranken- und Pflegeversicherung führt. In diesem Fall entsteht für alle Arbeitgeber nur eine anteilige Beitragspflicht. Ist dem Arbeitgeber die Mehrfachbeschäftigung bekannt, muss das Feld bereits bei der Anmeldung elektronisch übermittelt werden. Wird die Mehrfachbeschäftigung erst durch die Sozialversicherungsträger festgestellt, erhält der Arbeitgeber eine entsprechende Rückmeldung und ggf. die Aufforderung zur Abgabe einer geänderten Sozialversicherungsmeldung. Eine Mehrfachbeschäftigung ist, außer bei den Meldungen für eine Namensänderung und die Änderung der Staatsangehörigkeit, immer anzugeben.

Wichtig: Eine Mehrfachbeschäftigung ist nur bei verschiedenen Arbeitgebern möglich. Wenn ein Arbeitnehmer bei einem Arbeitgeber gleichzeitig mehrere Beschäftigungen ausübt, wird für die Sozialversicherungsträger immer von einem einheitlichen Beschäftigungsverhältnis ausgegangen.

Betriebsstätte Ost/West

Die Angabe des Beschäftigungsortes dient der Rentenversicherung zur Kontrolle der Beitragsbemessungsgrenze. Der Eintrag richtet sich nach dem Beschäftigungsort des Arbeitnehmers. Liegt der Betrieb oder die Niederlassung in einem alten Bundesland, ist das Feld »West« in der Meldung zu übertragen. Wird die Beschäftigung in den neuen Bundesländern einschließlich Ost-Berlin ausgeübt, ist das Feld »Ost« in der elektronischen Meldung anzugeben. Wird ein Arbeitnehmer zeitlich befristet in einen anderen Rechtskreis »entsandt« (Ost/West), ist der Rechtskreis der entsendenden Betriebsstätte zu melden. Die Betriebsstätte unterscheidet sich nur dann vom Hauptsitz, wenn diese eine eigene Betriebsnummer hat. Nur in diesem Fall hat der Ort der Betriebsstätte Melderelevanz.

Beitragsgruppen

In den Meldungen an die Sozialversicherungen ist die Beitragspflicht zur Kranken- (KV), Renten- (RV), Arbeitslosen- (ALV) und Pflegeversicherung (PV) des Arbeitnehmers mit Schlüsselziffern anzugeben. Für jeden Bestandteil des sogenannten Beitragsgruppenschlüssels sind mehrere Schlüsselziffern möglich, so dass sich der vierstellige Schlüssel aus zahlreichen Kombinationen zusammensetzen kann. Die folgende Tabelle zeigt, welche Schlüsselziffern zur Meldung der Beitragspflicht zur Verfügung stehen.

Übersicht der Beitragsgruppenschlüssel für die Sozialversicherungen				
Beitragspflicht	**1. Stelle im Beitragsschlüssel**	**2. Stelle im Beitragsschlüssel**	**3. Stelle im Beitragsschlüssel**	**4. Stelle im Beitragsschlüssel**
Krankenversicherung (KV)				
keine Beitragspflicht zur KV	0			
allgemeiner Beitrag zur KV	1			
ermäßigter Beitrag zur KV	3			
Beitrag zur landwirtschaftlichen KV	4			
Arbeitgeberbeitrag zur landwirtschaftlichen KV	5			
pauschaler Beitrag zur KV	6			
freiwillige Krankenversicherung	9			
Rentenversicherung (RV)				
keine Beitragspflicht zur RV		0		
voller Beitrag zur RV		1		
halber Beitrag zur RV		3		
pauschaler Beitrag zur RV		5		
Arbeitslosenversicherung (ALV)				
keine Beitragspflicht zur ALV			0	
voller Beitrag zur ALV			1	
halber Beitrag zur ALV			2	

Übersicht der Beitragsgruppenschlüssel für die Sozialversicherungen				
Beitragspflicht	**1. Stelle im Beitragsschlüssel**	**2. Stelle im Beitragsschlüssel**	**3. Stelle im Beitragsschlüssel**	**4. Stelle im Beitragsschlüssel**
Pflegeversicherung				
keine Beitragspflicht zur PV				0
voller Beitrag zur PV				1
halber Beitrag zur PV				2

Tab. 6: Beitragsgruppenschlüssel

Die Schlüsselziffern für KV, RV, AV und PV haben im Einzelnen folgende Bedeutung bzw. sind für folgende Personengruppen anzuwenden.

Krankenversicherung (KV)
Im ersten Feld des Beitragsgruppenschlüssels ist die Versicherungspflicht zur gesetzlichen Krankenversicherung mit einer Schlüsselziffer anzugeben. Grundsätzlich besteht für angestellte Arbeitnehmer eine Pflichtmitgliedschaft zur gesetzlichen Krankenversicherung. Von der allgemeinen Versicherungspflicht zur gesetzlichen KV gibt es jedoch zahlreiche Ausnahmeregelungen, die von der Höhe des Arbeitsentgelts abhängen oder für bestimmte Personengruppen gelten. Der Beitragsgruppenschlüssel ist vom Arbeitgeber zu ermitteln und in der Meldung zur Sozialversicherung anzugeben.

Die **Beitragsgruppenschlüssel 1 und 3** gelten für in der gesetzlichen Krankenversicherung pflichtversicherte Arbeitnehmer. Eine Pflichtversicherung besteht immer dann, wenn das jährliche beitragspflichtige Arbeitsentgelt des Vorjahres unter der für dieses Jahr geltenden Versicherungspflichtgrenze lag. Die Pflichtversicherungsgrenze wird jährlich zum 1. Januar neu festgesetzt.

Der allgemeine Beitrag **(Schlüsselziffer 1)** gilt für alle Arbeitnehmer, die bei Arbeitsunfähigkeit Anspruch auf Entgeltfortzahlung durch den Arbeitgeber für mindestens 42 Kalendertage haben und bei fortbestehender Krankheit Anspruch auf Krankengeld von der Krankenkasse.

Der ermäßigte Beitrag **(Schlüsselziffer 3)** gilt für versicherungspflichtige Arbeitnehmer **ohne** Anspruch auf Krankengeld. Nach dem Ende der Lohnfortzahlung durch den Arbeitgeber (42 Tage) erhalten diese Arbeitnehmer keine Leistung von ihrer Krankenkasse. Dies sind zum Beispiel beschäftigte Erwerbsunfähigkeitsrentner oder beschäftigte Bezieher von Vorruhestandsgeld. In der Krankenversicherung wirkt sich das Erreichen des Renteneintrittsalters auf den Beitragssatz aus. Für Arbeitnehmer über der Regelaltersgrenze ist ab dem Zeitpunkt des Überschreitens der Grenze der ermäßigte Beitragssatz (Beitragsgruppenschlüssel 3) zu melden. Siehe auch »Beitragsgruppen zur Rentenversicherung« in diesem Kapitel.

Von der allgemeinen Beitragspflicht zur Krankenversicherung gelten in folgenden Fällen Ausnahmeregelungen:

a) Höherer laufender Arbeitslohn
Die **Schlüsselziffer 0** im Feld KV steht für »keine Beitragspflicht« zur gesetzlichen Krankenversicherung. Die Versicherungspflicht zur gesetzlichen Krankenversicherung endet, wenn das jährliche Arbeitsentgelt über der Versicherungspflichtgrenze liegt. Folgende Versicherungspflichtgrenzen sind zu prüfen.

Jahr	Jahresarbeitsentgelt
2017	57.600 EUR
2018	59.400 EUR

Hat das jährliche Arbeitsentgelt im abgelaufenen Kalenderjahr die **Versicherungspflichtgrenze** überschritten und wird voraussichtlich im nächsten Kalenderjahr das Arbeitsentgelt wieder über der Versicherungspflichtgrenze liegen, wird der Mitarbeiter zum Jahreswechsel versicherungsfrei in der gesetzlichen Krankenversicherung und kann in eine private Krankenversicherung (PKV) wechseln.

Seit der Neuregelung des GKV-Finanzierungsgesetzes kann der Arbeitnehmer in eine private Krankenversicherung wechseln, sofern sein Arbeitsentgelt im Jahr 2017 über 57.600 EUR lag und im Jahr 2018 voraussichtlich über 59.400 EUR liegen wird. Übersteigt das Arbeitsentgelt im Jahr 2018 erstmals die Versicherungspflichtgrenze, kann der Arbeitnehmer frühestens im Jahr 2019 in die PKV wechseln. Eine Ausnahme besteht für Berufsanfänger und beim Wechsel des Arbeitgebers. Arbeitnehmer, die erstmals eine Beschäftigung aufnehmen und deren Arbeitsentgelt die Versicherungspflichtgrenze voraussichtlich übersteigt, können sich mit Beginn der Beschäftigung privat krankenversichern. Besteht zum Zeitpunkt der Beschäftigungsaufnahme noch keine private Krankenversicherung, ist der Arbeitnehmer zunächst als freiwilliges Mitglied in der gesetzlichen Krankenversicherung anzumelden. Der Mitarbeiter kann dann innerhalb von 3 Monaten in eine private Krankenversicherung wechseln. Bei einem Eintritt während des Kalenderjahres ist die jährliche Versicherungspflichtgrenze anteilig auf die verbleibenden Kalendermonate des Jahres umzurechnen. Für privat krankenversicherte Arbeitnehmer ist der Beitragsgruppenschlüssel 0 im Feld KV zu melden (beachten Sie die Bestandsschutzregel unter dem Abschnitt d).

Beachten Sie: Auch privat krankenversicherte Arbeitnehmer müssen angemeldet werden. Zuständig für die Anmeldung ist die Krankenkasse, bei der der Mitarbeiter zuletzt pflichtversichert war. Lässt sich diese nicht ermitteln, kann die für die Sozialversicherungsmeldung zuständige Krankenkasse vom Arbeitgeber gewählt werden.

Die Versicherungspflichtgrenze wird von den Sozialversicherungsträgern jährlich überprüft und ggf. gesenkt oder angehoben. Wechselt der Arbeitnehmer beim Überschreiten der Versicherungspflichtgrenze **nicht in die private Krankenversicherung**, wird er freiwilliges Mitglied in der gesetzlichen Krankenkasse. Es ist eine Meldung zur Sozialversicherung mit einem geänderten Beitragsgruppenschlüssel erforderlich.

Die Möglichkeit zur privaten oder freiwilligen Versicherung ist dann gegeben, wenn die regelmäßigen Bezüge über der Versicherungspflichtgrenze liegen. Von regelmäßigem Arbeitsentgelt wird dann ausgegangen, wenn das Arbeitsentgelt mit hinreichender Sicherheit gezahlt wird und die Höhe bekannt ist. Entgelt, das unter Berücksichtigung des Familienstandes gezahlt wird, zum Beispiel bei Beamten, darf bei der Ermittlung des regelmäßigen Jahresarbeitsentgeltes nicht eingerechnet werden. Bei der Ermittlung des beitragspflichtigen Arbeitsentgelts ist nur das laufende Arbeitsentgelt **ohne Einmalzahlungen** oder Überstundenvergütungen zu berücksichtigen.

Beispiel !

Ein Arbeitnehmer verdiente seit 01.01.2017 monatlich 4.980 EUR (brutto). Zum 01.01.2018 möchte er in die private Krankenversicherung wechseln.

Beurteilung

Das regelmäßige monatliche Arbeitsentgelt überschreitet sowohl die Versicherungspflichtgrenze des vergangenen Jahres (2017) wie auch die Versicherungsgrenzen in der Zukunft (2018). Somit ist für diesen Arbeitnehmer zum 01.01.2018 ein Wechsel in eine private Krankenversicherung möglich.

Beachten Sie: Berufsanfänger können sich bei einem voraussichtlichen jährlichen Arbeitsentgelt von über 59.400 EUR sofort privat krankenversichern. Es muss keine rückwirkende Betrachtung des letzten Jahres angestellt werden.

b) Wechsel der Beschäftigung

Wechselt der Arbeitnehmer das Beschäftigungsverhältnis, kann die Versicherungsfreiheit und somit die Wechselmöglichkeit zur privaten Krankenversicherung nur dann entstehen, wenn der Arbeitnehmer nachweist, dass sein Verdienst im vergangenen Kalenderjahr über der Versicherungspflichtgrenze lag und er voraussichtlich beim neuen Arbeitgeber ein Arbeitsentgelt erhält, das über der aktuellen Versicherungspflichtgrenze liegt. Wurde die Versicherungsfreiheit durch Eintreten einer Versicherungspflicht unterbrochen, beginnt die Jahresfrist ab dem nächsten Kalenderjahr erneut zu laufen.

!

Beispiel

Ein Arbeitnehmer verdiente im Jahr 2016 regelmäßig monatlich 4.850 EUR (brutto). Durch den Wechsel der Stelle sinkt sein monatlicher Verdienst im Jahr 2017 auf 4.400 EUR (52.800 EUR/Jahr). Ab 01.01.2018 erhält er wieder monatlich 5.000 EUR. Der Arbeitnehmer möchte zum 01.01.2018 in die private Krankenversicherung wechseln.

Beurteilung

Für die Beurteilung sind das vorangegangene Kalenderjahr und das aktuelle Kalenderjahr maßgeblich (Rückblick und Ausblick). Die Voraussetzung für den Wechsel in die private Krankenversicherung ist zwar für das Jahr 2018 erfüllt, jedoch nicht für das Jahr 2017. Das jährliche Arbeitsentgelt liegt mit 52.800 EUR unter der Versicherungspflichtgrenze für das Jahr 2017 (57.600 EUR). Somit muss er für das gesamte Jahr 2018 in der gesetzlichen Krankenversicherung verbleiben. Für das Jahr 2019 kann die Prüfung erneut angestellt werden und bei voraussichtlicher Überschreitung der dann geltenden Versicherungspflichtgrenze kann der Arbeitnehmer in die PKV wechseln.

Wichtig: Erkennt der Arbeitgeber im Laufe des Kalenderjahres, dass der Arbeitnehmer mit seinem Bruttolohn nicht mehr die jährliche Versicherungspflichtgrenze erreichen wird, ist er zum Zeitpunkt des Erkennens bereits wieder Pflichtmitglied in der gesetzlichen Krankenversicherung und entsprechend umzumelden. Beispiele können sein, dass der Mitarbeiter von Vollzeit in Teilzeit wechselt oder einen Aufgabenwechsel mit einem geringeren Arbeitsentgelt erhält.

c) Unterbrechung der Beschäftigung

Keine Unterbrechung der Versicherungszeiten entsteht in Fällen

- des Bezugs von Erziehungsgeld oder Elterngeld,
- des Bezugs von Mutterschaftsgeld, Krankengeld, Übergangsgeld, Verletztengeld oder Kurzarbeitergeld,
- der Inanspruchnahme von Elternzeit,
- einer Pflegezeit nach dem Pflegezeitgesetz oder
- in denen als Entwicklungshelfer Entwicklungsdienst geleistet worden ist.

Auch wenn in diesen Zeiten kein Arbeitsentgelt durch den Arbeitgeber gezahlt wird, bleibt die Überschreitung der Versicherungspflichtgrenze erhalten. Der Arbeitnehmer muss jedoch einen Antrag auf private Weiterversicherung stellen.

d) Bestandsschutzregel

Eine Sonderregelung gilt für Arbeitnehmer, die bereits vor dem 31.12.2002 privat krankenversichert waren (Bestandsschutzregel). Für diesen Personenkreis ist die Versicherungspflichtgrenze mit der Beitragsbemessungsgrenze von **53.100 EUR** (im Jahr 2018) beitragspflichtigem Arbeitsentgelt identisch. Für Arbeitnehmer, deren Arbeitsentgelt seit 2002 über der jeweils geltenden jährlichen **Beitragsbemessungsgrenze** lag und voraussichtlich in 2018 wieder über der Grenze liegen wird, besteht weiterhin KV-Freiheit bzw. das Recht, in der privaten Krankenversicherung zu verbleiben. Übersteigt das voraussichtliche Arbeitsentgelt die Beitragsbemessungsgrenze nicht mehr, wird der Arbeitnehmer wieder pflichtversichert und muss in eine gesetzliche Krankenkasse wechseln.[3] Nach der Rückkehr in die Pflichtversicherung muss dann das Arbeitsentgelt die **Versicherungspflichtgrenze** für ein Jahr übersteigen, bevor eine erneute private Krankenversicherung möglich ist. Die untenstehende Abbildung verdeutlicht nochmals den Entscheidungsweg für die gesetzliche Krankenversicherungspflicht eines Arbeitnehmers.

Beachten Sie: Die Versicherungspflichtgrenze ist von der Beitragsbemessungsgrenze (BBG) zu unterscheiden. Die BBG ist der monatliche Höchstbetrag, bis zu dem Beiträge zur Krankenversicherung zu berechnen sind.

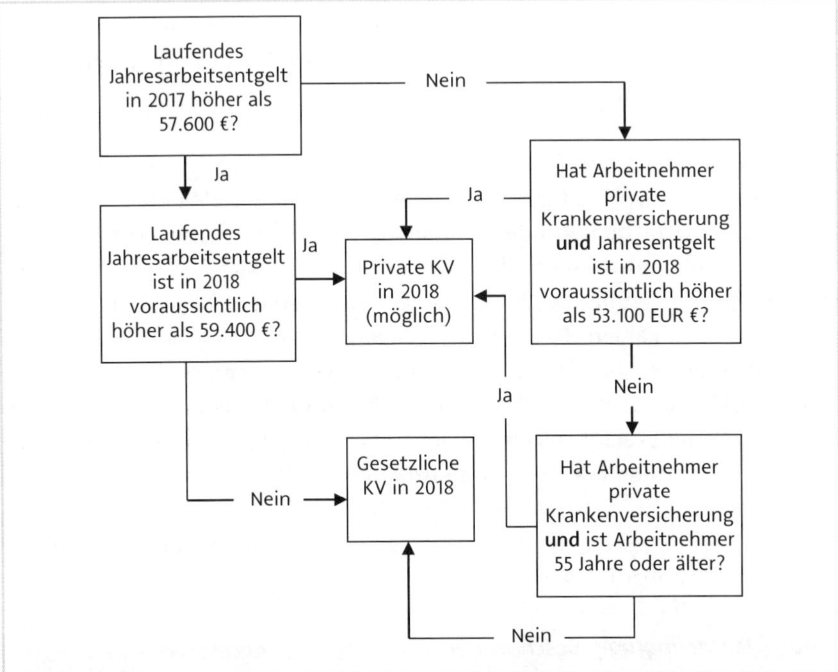

Abb. 1: Beurteilungsschema private Krankenversicherung

3 Auf Antrag kann der Arbeitnehmer unter gewissen Voraussetzungen in der PKV verbleiben, auch wenn das Arbeitsentgelt nicht die Beitragsbemessungsgrenze übersteigt. Beispiele sind Antritt einer Teilzeitstelle oder der Übergang in die Altersteilzeit oder Arbeitnehmer, die über 55 Jahre alt sind.

Eine weitere Ausnahme besteht für Arbeitnehmer, die **55 Jahre** oder älter sind und in den letzten 5 Jahren vor Eintritt der Versicherungspflicht privat krankenversichert waren. Diese Arbeitnehmer müssen in der privaten Krankenversicherung verbleiben, auch wenn das jährliche Entgelt nicht die Pflichtversicherungsgrenze übersteigt bzw. die Regelung für 2002 (Bestandsschutzregel) nicht greifen würde.

e) Selbstzahler
Ist der Arbeitnehmer privat bei einem Versicherungsunternehmen oder als freiwilliges Mitglied in einer gesetzlichen Krankenkasse versichert und überweist seine Beiträge selbst, ist im Feld KV die **Schlüsselziffer 0** zu melden. Die Schlüsselziffer 0 ist auch anzugeben, wenn es sich um eine kurzfristige Beschäftigung handelt oder der Arbeitnehmer nicht krankenversicherungspflichtig ist, wie zum Beispiel ein beherrschender Gesellschafter-Geschäftsführer einer GmbH (mindestens 50,01% der Geschäftsanteile).

f) Krankenversicherung für landwirtschaftliche Berufe
Hauptberuflich mitarbeitende Familienangehörige in einem landwirtschaftlichen Unternehmen werden mit dem **KV-Schlüssel 4** angemeldet. Die Höhe des Krankenkassenbeitrages richtet sich nach der Höhe des Unternehmerbeitrags des landwirtschaftlichen Unternehmers.

Selbstständige Landwirte, die eine auf höchstens 26 Wochen befristete nebenberufliche, unselbstständige Tätigkeit aufnehmen, bleiben unabhängig von der wöchentlichen Stundenzahl und dem erzielten Bruttoarbeitsentgelt Mitglieder der Landwirtschaftlichen Krankenkasse (LKK). Beiträge zur Krankenversicherung hat der Landwirt aus dem Nebenerwerbsbeschäftigungsverhältnis nicht zu zahlen. Der Arbeitgeber muss jedoch Beiträge in Höhe der Hälfte des durchschnittlichen Beitragssatzes aller Kassen entrichten. Dieser beträgt **7,3%** des beitragspflichtigen Arbeitsentgelts. Entsprechend ist im Feld KV die **Schlüsselziffer 5** einzutragen, wenn nur der Arbeitgeberanteil zur Landwirtschaftlichen Krankenkasse entrichtet wird.

Beachten Sie: Pflegeversicherungsbeiträge sind aus diesem Beschäftigungsverhältnis nicht abzuführen.

g) Aushilfen/geringfügig Beschäftigte
Seit der Neuregelung der geringfügigen Beschäftigung sind auch für Aushilfen Beiträge zur Krankenversicherung zu entrichten. Für Beschäftigte, deren Arbeitsentgelt **450 EUR** im Monat nicht übersteigt, muss der Arbeitgeber einen pauschalen Beitrag von **13%** des Arbeitsentgeltes entrichten. Ausgenommen von der pauschalen Beitragspflicht des Arbeitgebers sind Beschäftigte, die pri-

vat krankenversichert sind (Schlüsselziffer 0). Bei pauschaler Beitragspflicht des Arbeitgebers ist die **Schlüsselziffer 6** im Feld KV zu melden. Besondere Regelungen sind bei Mehrfachbeschäftigung zu beachten (siehe Kapitel 3.2).

Beachten Sie: Meldungen für geringfügig Beschäftigte sind nicht an die Krankenkasse des Mitarbeiters, sondern an die Bundesknappschaft in Essen (Minijob-Zentrale) zu richten. Die Meldung kann nur in elektronischer Form übermittelt werden. In der Regel steht für die Übermittlung ein Modul im Abrechnungsprogramm zur Verfügung. Alternativ kann die Meldung mit sv.net/comfort oder sv.net/premium vorgenommen werden.

h) Freiwillig in der gesetzlichen Krankversicherung versicherte Arbeitnehmer
Ist der Arbeitnehmer freiwilliges Mitglied in einer gesetzlichen Krankenkasse und führt der Arbeitgeber die Beiträge an die Krankenkasse ab, so ist die **Schlüsselziffer 9** im Feld KV zu melden (Firmenzahler). Die Ziffer 9 signalisiert, dass nicht der Arbeitnehmer die Beiträge für die freiwillige Krankenversicherung überweist, sondern der Arbeitgeber. Freiwilliges Mitglied in einer gesetzlichen Krankenkasse sind Mitarbeiter, deren Arbeitsentgelt im vorhergehenden Kalenderjahr über der Versicherungspflichtgrenze lag (2017: 57.600 EUR laufendes Arbeitsentgelt) und voraussichtlich im Kalenderjahr 2018 erneut über der Jahresgrenze liegen wird (2018: 59.400 EUR). Wechselt der Arbeitnehmer nach dem Überschreiten der Versicherungspflichtgrenze nicht in eine private Krankenversicherung, wird er freiwilliges Mitglied in seiner gesetzlichen Krankenkasse.

Rentenversicherung (RV)
Die Rentenversicherung ist eine gesetzliche Pflichtversicherung für alle abhängig beschäftigten Arbeitnehmer. Für versicherungspflichtige Arbeitnehmer ist in der Meldung zur Sozialversicherung im Feld RV der **Beitragsschlüssel 1** – Allgemeine Beitragspflicht – zu melden. Für bestimmte Personengruppen gibt es jedoch Ausnahmeregelungen von der allgemeinen Beitragspflicht bzw. von der Halbteilung des Gesamtbeitrags zur Rentenversicherung. Für diese Personengruppen gelten andere Beitragsschlüssel.

a) Rentenanspruch/Regelaltersgrenze
Für Arbeitnehmer, die die Regelaltersgrenze[4] erreicht haben, besteht keine Beitragspflicht zur Rentenversicherung. Wird ein sozialversicherungspflichtiger Mitarbeiter (nicht Minijobber) über den 65. Geburtstag hinaus weiter beschäftigt oder neu beschäftigt, ist der **Arbeitnehmer** von den Beiträgen zur Rentenversicherung befreit, der Arbeitgeber bleibt jedoch mit seiner Beitragshälfte beitragspflichtig. In diesem Fall muss der Arbeitgeber alleine den

4 Seit 2005 wird die Regelaltersgrenze sukzessive von 65 Jahren auf 67 Jahre angehoben.

halben Beitrag (**9,3%** des sozialversicherungspflichtigen Bruttoarbeitsentgeltes) zur Rentenversicherung entrichten. In diesem Fall ist der **Beitragsgruppenschlüssel** 3 im Feld RV zu melden. Diese Regelung gilt nicht für geringfügig beschäftigte Arbeitnehmer über 65 Jahre.

Beachten Sie: Seit 2012 wird die Regelaltersgrenze für den Renteneintritt stufenweise von 65 auf 67 Jahre angehoben. Bis zum Jahr 2028 steigt das Alter für den Renteneintritt jährlich um einen Monat an. Dies bedeutet, für folgende Jahrgänge wird die **Regelaltersgrenze** erreicht mit:

Jahrgang	Renteneintritt nach
1947	65 Jahren + 1 Monat
1948	65 Jahren + 2 Monate
1949	65 Jahren + 3 Monate
1950	65 Jahren + 4 Monate
...	65 Jahren + 5 Monate

Bei der Fortschreibung dieser Tabelle gilt: Für die Jahrgänge 1959 bis 1964 wird die Altersgrenze jeweils um zwei Monate angehoben. Die schrittweise Anhebung der Regelaltersgrenze wird 2028 abgeschlossen sein. Ab 2029 werden Angehörige der Geburtsjahrgänge ab 1964 eine Altersrente mit 67 Jahren ohne Abschläge in Anspruch nehmen können.

Eine Ausnahme von dieser Regelung besteht, wenn der Versicherte 45 Jahre Pflichtbeiträge zur gesetzlichen Rentenversicherung geleistet hat. Seit 1. Juli 2014 können Arbeitnehmer mit 63 Jahren abschlagsfrei in Altersrente gehen. Wer vor 1953 geboren wurde und mindestens **45 Jahre Pflichtbeiträge** zur Deutschen Rentenversicherung geleistet hat, kann die abschlagsfreie Altersrente erhalten. Für Arbeitnehmer, die ab 1953 geboren wurden, liegt die Altersgrenze pro Jahrgang um zwei Monate höher. Dies bedeutet: Für folgende Jahrgänge wird bei 45 Beschäftigungsjahren die Regelaltersgrenze erreicht mit:

Jahrgang	Renteneintritt nach
1952	63 Jahren
1953	63 Jahren + 2 Monate
1954	63 Jahren + 4 Monate
1955	63 Jahren + 6 Monate
...	...

Für die Jahrgänge ab 1964 beträgt in diesem Fall die Altersgrenze für den Rentenbeginn 65 Jahre.

Entsprechend dem verschobenen Rentenbeginn setzt bei beschäftigten Rentenanwärtern auch die Versicherungsfreiheit des Arbeitnehmers zur Rentenversicherung (Beitragsgruppe 3) später ein.

Die Zahlung des halben Arbeitgeberanteils zur Rentenversicherung erhöhte bisher die Rentenleistung nicht. Bis zum Jahr 2017 hatten sozialversicherungspflichte Arbeitnehmer, die neben der vorgezogenen Altersrente (mit Abschlägen) eine Beschäftigung ausübten, keine Möglichkeit, über die Beschäftigung ihre Rentenleistung zu erhöhen. Mit der Umsetzung des Flexi-Rentengesetzes wurde dies geändert.

Künftig ist zwischen Bestandsfällen bis 31.12.2016 und Neufällen zu unterscheiden. Bei **Bestandsfällen** kann der Arbeitnehmer seit dem Jahr 2017 durch eine schriftliche Erklärung gegenüber dem Arbeitgeber auf seine Versicherungsfreiheit in der Rentenversicherung verzichten. Der Verzicht gilt für die gesamte Dauer des weiteren Beschäftigungsverhältnisses. Er kann nicht widerrufen werden. Durch den Verzicht muss der Arbeitgeber den vollen Rentenversicherungsbeitrag ermitteln und abführen (Beitragsgruppe 1 in der RV). In der Meldung zur Sozialversicherung ist die **Personengruppe 120** anzugeben. Wird der Arbeitnehmer über die Regelaltersgrenze hinaus weiter beschäftigt, gilt die Beitragspflicht zur Rentenversicherung auch für den Arbeitnehmer fort (Beitragsgruppe 1). Ohne Verzichtserklärung bleibt es auch im Jahr 2018 für Bestandsfälle bei der Rentenversicherungsfreiheit des Arbeitnehmers (Personengruppe 119, Beitragsgruppe 3-3-2-1 bzw. 3-3-0-1 nach Erreichen der Regelaltersgrenze).

Für Arbeitnehmer, die ab dem Jahr 2017 eine vorgezogene Rente beziehen **(Neufälle)**, gilt die Versicherungspflicht in der Rentenversicherung. Die sozialversicherungspflichtigen Arbeitnehmer müssen mit der vollen Beitragspflicht zur Rentenversicherung (Beitragsgruppe 1) angemeldet werden. Mit Erreichen der Regelaltersgrenze gilt dann die Beitragsfreiheit in der Rentenversicherung für den Arbeitnehmer (Beitragsgruppe 3, Personengruppe 119). Der Beitragsanteil des Arbeitgebers bleibt bestehen. Der Arbeitnehmer kann jedoch auch in diesem Fall den Verzicht auf die Rentenversicherungsfreiheit seinem Arbeitgeber schriftlich erklären. In diesem Fall bleiben die Beitragsgruppe 1 und die Personengruppe 120 weiter bestehen. Die volle Beitragspflicht erhöht die Rentenleistung der Deutschen Rentenversicherung.

b) Gesellschafter-Geschäftsführer
Der Geschäftsführer einer GmbH ist eigentlich per Satzung Angestellter und wäre somit rentenversicherungspflichtig. In vielen Familien-GmbHs ist der oder sind die Geschäftsführer gleichzeitig Gesellschafter mit einem mehr oder weniger hohen Anteil am Firmenkapital (Gesellschafter-Geschäftsführer). Gesellschafter-Geschäftsführer mit einem Anteil von mehr als 50% des Stammkapitals haben einen so großen Einfluss auf das Unternehmen, dass diese im Sozialversicherungsrecht als Unternehmer und nicht als Angestellte gelten. Aus diesem Grund sind Gesellschafter-Geschäftsführer von Pflichtbeiträgen zur Rentenversicherung befreit. Der Gesellschafter-Geschäftsführer wäre somit mit dem **Beitragsgruppenschlüssel 0** – kein Beitrag – im Feld RV zu melden.

!

Tipp

Für die Klärung der versicherungsrechtlichen Beurteilung eines Gesellschafter-Geschäftsführers wurde das Meldewesen erweitert. Mit dem »Statuskennzeichen 2« in der Anmeldung zur Sozialversicherung nimmt die Clearingstelle der Rentenversicherung automatisch eine verbindliche Prüfung der Versicherungspflicht vor. Ergibt die Prüfung eine Sozialversicherungspflicht, ist der Beitragsgruppenschlüssel 1 im Feld RV zu melden.

c) Vorstand einer AG
Vorstandsmitglieder einer Aktiengesellschaft sind nicht sozialversicherungspflichtig in der Rentenversicherung. Dies gilt auch für Vorstände von Konzernunternehmen im Sinne des §18 Aktiengesetz. Die Sozialversicherungsfreiheit gilt sowohl für ordentliche wie für stellvertretende Vorstandsmitglieder der AG oder des Konzernunternehmens. Mitglieder des Vorstands einer AG unterliegen auch nicht der gesetzlichen Unfallversicherung. Somit sind diese bei Eintritt in das Unternehmen nicht bei einer Krankenkasse anzumelden.

d) Ärzte, Apotheker, Architekten, Steuerberater, Ingenieure
Berufsständische Vereinigungen wie die Architektenkammer, die Ärzte- oder Apothekerkammer, haben ein eigenes Versorgungswerk für ihre Mitglieder. In diesen Versorgungswerken können sich Mitglieder des Berufsstandes rentenversichern. Ist der Arbeitnehmer in einem Versorgungswerk rentenversichert, ist dies mit der **Schlüsselziffer 0** als RV-Kennzeichen in den Meldungen zur Sozialversicherung zu melden. Gleichwohl sind die Beiträge entsprechend dem Rentenversicherungssatz (18,6%) vom Arbeitsentgelt zu ermitteln und hälftig von Arbeitnehmer und Arbeitgeber zu tragen. Die Beiträge werden je-

doch nicht der Krankenkasse überwiesen, sondern direkt dem zuständigen Versicherungsträger (siehe auch Kapitel 3.4.5).[5]

Das Meldewesen der Versorgungswerke ist in das allgemeine Meldewesen nach DEÜV eingegliedert. Um die Teilnahme der berufsständischen Versorgungswerke am gemeinsamen Meldeverfahren zu gewährleisten, wurde eine zentrale Annahmestelle für Arbeitgeberdaten gegründet, die sogenannte »Datenservice für berufsständische Versorgungseinrichtungen GmbH« (DASBV). Diese zentrale Annahmestelle sammelt die Daten der Arbeitgeber und leitet diese an die entsprechenden Versorgungseinrichtungen weiter. Zur eindeutigen Identifikation des jeweiligen Mitgliedes bzw. um es der richtigen berufsständischen Versorgungseinrichtung zuordnen zu können, wird eine spezielle **Mitgliedsnummer** verwendet. Die Mitgliedsnummer ist in der Anmeldung des Arbeitnehmers mitzuteilen.

e) Syndikusanwälte
Rechtsanwälte, die bei einem nichtanwaltlichen Arbeitgeber angestellt sind, haben die Möglichkeit, sich nach der Zulassung als sogenannter Syndikusrechtsanwalt von der Rentenversicherungspflicht befreien zu lassen. Das Befreiungsrecht kann auch für die Vergangenheit bestehen. Eine Befreiung von der Rentenversicherungspflicht erfolgt auf Antrag, wenn der angestellte Rechtsanwalt als Syndikusanwalt zugelassen und aufgrund dessen Pflichtmitglied in einer Rechtsanwaltskammer und berufsständischen Versorgungseinrichtung ist. Die Entscheidung über die Befreiung von der Rentenversicherungspflicht erfolgt durch die Deutsche Rentenversicherung Bund. Von der Rentenversicherungspflicht befreite Syndikusanwälte sind mit der **Schlüsselziffer 0** im Betragsgruppenschlüssel RV zu melden.

f) Praktikanten
Viele Studienordnungen, insbesondere an Fachhochschulen, schreiben für ihre Studiengänge berufspraktische Tätigkeiten (Praktika) vor. Umfang und zeitliche Lage der Praktika sind verschieden, teilweise müssen sie vor Studienbeginn abgeleistet werden (Vorpraktikum), zum Teil während des Studiums (Zwischenpraktikum) oder in einigen Fällen nach dem Studium zur Erlangung des Berufsabschlusses (Nachpraktikum). Sozialversicherungsrechtlich ist nur das Zwischenpraktikum begünstigt. Wird das Praktikum im Verlauf der Ausbildung durchgeführt (Zwischenpraktikum), ist die Beschäftigung sozialversicherungsfrei – unabhängig von der Höhe der Bezüge. Es besteht auch keine pauschale Beitragspflicht des Arbeitgebers, selbst dann nicht, wenn die Gren-

5 Unter www.haufe.de/mybook finden Sie die aktuellen Anschriften der Versorgungswerke.

zen einer geringfügigen Beschäftigung eingehalten sind. Für einen Arbeitnehmer, der ein vorgeschriebenes Praktikum während des Studiums ausübt und immatrikuliert ist, muss die **Schlüsselziffer 0** im Feld RV des Beitragsgruppenschlüssels gemeldet werden (siehe auch Kapitel 3.4.4).

g) Schüler
Für die Beschäftigung von Schülern gelten prinzipiell keine Ausnahmen zu Arbeitnehmern für die Rentenversicherung. Arbeiten Schüler jedoch während der Schulferien, greifen in der Regel die Bestimmungen für die kurzfristige bzw. geringfügige Beschäftigung. Überschreitet die Beschäftigung eines Schülers nicht die Grenze von 3 Monaten bzw. 70 Arbeitstagen (pro Kalenderjahr), handelt es sich um eine kurzfristige Beschäftigung und ist in der Rentenversicherung beitragsfrei. Entsprechend ist die Beschäftigung mit dem Beitragsgruppenschlüssel 0 in der Anmeldung zu melden.

Arbeitslosenversicherung (ALV)
Wie die Rentenversicherung ist auch die Arbeitslosenversicherung eine gesetzliche Pflichtversicherung für alle Arbeitnehmer. Die Versicherungspflicht zur Arbeitslosenversicherung wird in der Meldung zur Sozialversicherung mit dem **Beitragsgruppenschlüssel 1** gemeldet.

Die Bundesagentur für Arbeit (BA) unterscheidet nur zwischen geringfügig Beschäftigten und mehr als geringfügigen Arbeitnehmern. Für alle mehr als geringfügigen Arbeitnehmer, die nicht unter eine Ausnahmeregelung fallen, ist bei den Meldungen zur Sozialversicherung die Ziffer 1 als Schlüssel für die Beitragspflicht zur Arbeitslosenversicherung zu melden.

a) Bundesfreiwilligendienst
Mit der Einführung des Bundesfreiwilligendienstes ist eine Besonderheit im Melderecht entstanden. Arbeitnehmer, die in der Regel zwischen 6 und 24 Monate im Bundesfreiwilligendienst beschäftigt werden, erhalten von den Trägern ein Entgelt bzw. Taschengeld von bis zu 390 EUR pro Monat (2018). Das Taschengeld bemisst sich aus 6 % der monatlichen Beitragsbemessungsgrenze der Rentenversicherung. Das Arbeitsentgelt ist grundsätzlich beitragspflichtig in allen Teilen der Sozialversicherung, auch dann, wenn es die Grenze der geringfügigen Beschäftigung (450 EUR) nicht übersteigt. Somit sind Mitarbeiter im Bundesfreiwilligendienst mit dem **Beitragsgruppenschlüssel 1** zu melden, auch wenn nur das Taschengeld gezahlt wird. Eine Anmeldung als kurzfristige oder geringfügige Beschäftigung haben die Spitzenverbände der Sozialversicherungen ausgeschlossen (siehe auch besondere Personengruppe für BFD in diesem Abschnitt).

Auch in der Arbeitslosenversicherung gibt es für spezielle Personengruppen Ausnahmeregelungen, die über den Beitragsgruppenschlüssel zu melden sind. Für die folgenden Personengruppen ist der **Beitragsgruppenschlüssel 0** zu melden.

b) Studenten

Ein Studierender, der während seines Studiums oder in den Semesterferien arbeitet, ist grundsätzlich beitragsfrei in der Kranken-, Pflege- und Arbeitslosenversicherung. Voraussetzung für die Versicherungsfreiheit ist, dass der Studierende außerhalb der Semesterferien regelmäßig nicht mehr als **20 Stunden pro Woche** arbeitet. Versicherungsfreiheit (außer in der RV) besteht auch dann, wenn das Arbeitsverhältnis von vornherein auf **maximal drei Monate** beschränkt ist. In diesem Fall spielt die wöchentliche Arbeitszeit keine Rolle. Ist der Studierende im Laufe eines Kalenderjahres jedoch mehr als 26 Wochen mit **mehr als 20 Stunden** pro Woche beschäftigt, wird er nach dem Sozialversicherungsrecht nicht mehr als ordentlich Studierender angesehen und ist somit beitragspflichtig in allen Sozialversicherungszweigen. Während der Semesterferien bestehen keine Stunden- oder Entgeltgrenzen. In dieser Zeit ist der Studierende grundsätzlich beitragsfrei in der Kranken-, Pflege- und Arbeitslosenversicherung. Wird der Studierende voraussichtlich bis maximal 20 Stunden pro Woche oder kürzer als drei Monate arbeiten oder liegt seine Beschäftigung in den Semesterferien, ist bei den Meldungen zur Sozialversicherung die **Schlüsselziffer 0** für die Arbeitslosenversicherung zu melden.

Tipp !

Eine Liste mit Anfangs- und Enddaten der Semesterferien ist bei vielen Krankenkassen erhältlich oder Sie finden eine Übersicht über jede deutsche Uni oder Fachhochschule im Internet unter www.ferienzeitweb.de.

c) Schüler

Schüler, die an einer allgemein bildenden Schule lernen und neben der Schule oder in den Schulferien eine Beschäftigung ausüben, unterliegen nicht der Arbeitslosenversicherung. Zu den allgemein bildenden Schulen gehören Hauptschule, Realschule, Gymnasium, Gesamtschule sowie Aufbauschulen, die an die Hochschulreife heranführen. Übt ein Schüler eine mehr als geringfügige Beschäftigung aus, so ist er bei allen Meldungen mit der **Schlüsselziffer 0** in der Arbeitslosenversicherung zu melden. Die Ziffer 0 ist auch dann zu melden, wenn der Schüler im Rahmen der Schulzeit ein Berufspraktikum durchführt und dafür Entgelt erhält (siehe auch Kapitel 3.4.2).

Beachten Sie: in der Unfallversicherung besteht für Schüler jedoch grundsätzlich Beitragspflicht. Schüler in Meisterschulen, Technikerschulen oder sozialpflegerischen Schulen werden für die Sozialversicherungen wie Studenten behandelt, mit den entsprechenden Ausnahmeregelungen.

d) Praktikanten

Führt der Student ein von der Studienordnung vorgeschriebenes Zwischenpraktikum durch und ist er während des Praktikums immatrikuliert, so unterliegt er nicht den Beiträgen zur Arbeitslosenversicherung. Die Beitragsfreiheit ist unabhängig von der Höhe der Bezüge, selbst dann, wenn die Grenzen einer geringfügigen Beschäftigung eingehalten sind. Für Praktikanten, die ein Zwischenpraktikum durchführen, ist bei allen Meldungen die **Schlüsselziffer 0** als Beitragspflicht zur Arbeitslosenversicherung zu melden (siehe auch Kapitel 3.4.4).

e) Rentner

Arbeitnehmer, die Erwerbsunfähigkeitsrente beziehen oder die Regelaltersgrenze erreicht haben (65 Jahre oder älter), sind von Beiträgen zur Arbeitslosenversicherung befreit. Wird der Arbeitnehmer über die Regelaltersgrenze (65 + x Jahre) hinaus weiter beschäftigt, muss der **Arbeitgeber** seit dem Jahr 2017 den bis dahin geltenden Arbeitgeberanteil zur Arbeitslosenversicherung nicht mehr entrichten. Diese Regelung gilt jedoch nur, wenn der Arbeitnehmer die Regelaltersgrenze erreicht hat. Da nicht gewiss ist, wie die Resonanz ausfällt, ist die Beitragsfreiheit bis Ende 2021 begrenzt.

Vor Erreichen der Regelaltersgrenze ist der Arbeitgeber weiterhin beitragspflichtig zur Arbeitslosenversicherung, aber nur mit dem Arbeitgeberanteil. Dieser Sachverhalt ist mit der **Schlüsselziffer 2** (halber Beitrag – nur Arbeitgeber) im Feld ALV des Beitragsgruppenschlüssels zu melden.[6]

Beachten Sie: Die Beitragspflicht des Arbeitgebers (kein Arbeitnehmeranteil) gilt nur für **versicherungspflichtig** beschäftigte Arbeitnehmer vor Erreichen der Regelaltersgrenze. Wird der Rentner als geringfügig Beschäftigter (Minijobber) eingestellt, gelten die pauschalen Beitragspflichten. Außerdem ist für die Beurteilung der Versicherungspflicht die Anhebung des Renteneintrittsalters zu berücksichtigen. Siehe auch »Schlüssel für die Rentenversicherung« in diesem Abschnitt.

Die Regelaltersgrenze steigt seit dem Jahr 2012 bis zum Jahr 2029 schrittweise von 65 Jahre auf 67 Jahre. Maßgeblich für die Beitragsberechnung ist die persönliche Regelaltersgrenze des Arbeitnehmers.

6 Ab dem Geburtsjahrgang 1947 steigt das Rentenalter für jeden Jahrgang an (siehe Schlüssel für Rentenversicherung).

f) Neueinstellung mit 55 Jahren oder älter

Mit dem Beschäftigungsförderungsgesetz für ältere Arbeitnehmer wurde der §421k in das Sozialgesetzbuch III (SGB III) aufgenommen. Nach dieser Regelung ist für Arbeitnehmer, die 55 Jahre oder älter sind und aus Arbeitslosigkeit eingestellt wurden, **kein Arbeitgeberanteil** zur Arbeitslosenversicherung zu entrichten. Der Arbeitnehmeranteil in Höhe des halben normalen Beitrags (1,5% des beitragspflichtigen Arbeitsentgeltes) ist jedoch zu berechnen und der Krankenkasse des Arbeitnehmers zu melden. Für diese Arbeitnehmer ist auf der Anmeldung die **Schlüsselziffer 2** im Feld ALV zu melden. Diese Regelung gilt jedoch nur für Arbeitnehmer, die **vor dem 01.01.2008** neu eingestellt wurden und 55 Jahre oder älter waren – Bestandsschutz. Seit 2008 ist die Regelung für alle Neueintritte weggefallen.

Pflegeversicherung (PV)

Die Pflegeversicherung ist seit 1995 eine gesetzliche Pflichtversicherung. Arbeitnehmer, die in der gesetzlichen Krankenversicherung pflichtversichert sind, sind nach §20 Abs. 3 Sozialgesetzbuch XI (SGB XI) auch versicherungspflichtig in der Pflegeversicherung. Die Versicherungspflicht in der gesetzlichen Krankenversicherung besteht so lange, bis das regelmäßige jährliche Arbeitsentgelt die Versicherungsfreigrenze in einem Kalenderjahr (57.600 EUR im Jahr 2017 bzw. 59.400 EUR im Jahr 2018) übersteigt und voraussichtlich im nächsten Jahr ebenfalls übersteigen wird **(1 Jahr Rückschau und 1 Jahr Vorschau)**. Ist der Arbeitnehmer in der gesetzlichen Pflegeversicherung versicherungspflichtig, ist in den Meldungen zur Sozialversicherung die Beitragspflicht zur Pflegeversicherung mit der **Schlüsselziffer 1** zu melden. Der Beitragsgruppenschlüssel 1 gilt auch, wenn der Arbeitnehmer freiwilliges Mitglied bei einer der gesetzlichen Krankenversicherungen ist. Im Gegensatz zur Krankenversicherung gibt es bei der Pflegeversicherung keinen eigenen Schlüssel, wenn der Arbeitgeber die Beiträge für den Mitarbeiter überweist.

Wie bei den anderen Versicherungszweigen teilen sich Arbeitnehmer und Arbeitgeber den Beitrag je zur Hälfte. Aber auch bei der Pflegeversicherung gibt es einige Ausnahmen von der Versicherungspflicht und/oder dem Halbteilungsgrundsatz. Für diese Ausnahmefälle ist ein gesonderter Beitragsgruppenschlüssel für die Pflegeversicherung zu melden.

a) Höheres laufendes Einkommen

Arbeitnehmer mit einem laufenden Bruttoarbeitsentgelt von monatlich mehr als **4.950 EUR** unterliegen in 2018 nicht mehr der Versicherungspflicht in der gesetzlichen Krankenversicherung, können aber als freiwilliges Mitglied in einer gesetzlichen Krankenkasse verbleiben oder sich bei einer privaten Krankenversicherung absichern. Verbleibt der Arbeitnehmer nach der Überschreitung der Arbeitsentgeltgrenze als freiwilliges Mitglied in der gesetzlichen Krankenkasse, muss er sich bei dieser Kasse auch pflegeversichern. Ist der Arbeitnehmer privat krankenversichert, muss er bei seiner Versicherung eine private Pflegeversicherung abschließen. Bei privat pflegeversicherten Arbeitnehmern ist als Beitragsschlüssel für die Pflegeversicherung die **Schlüsselziffer 0** zu melden, bei freiwillig versicherten hingegen die **Schlüsselziffer 1**.

b) Studenten
Eine weitere Ausnahme von der Beitragspflicht zur Pflegeversicherung besteht für Studierende. Unter welchen Voraussetzungen ein Studierender von den Beiträgen zur Pflegeversicherung befreit ist, finden Sie bereits bei den Erläuterungen zur Arbeitslosenversicherung unter dem Stichwort »Studenten«. Bei der Anmeldung von Studierenden ohne Beitragspflicht zur Pflegeversicherung ist die **Schlüsselziffer 0** – kein Beitrag – als Beitragsschlüssel zu melden. Studenten im Sinne des Sozialversicherungsrechts sind auch Schüler, die eine Meister- oder Technikerschule oder sozialpflegerische Schulen besuchen. Keine Studenten sind hingegen Studierende an privaten nicht staatlich anerkannten Hochschulen oder Gasthörer bei Universitäten.

c) Landwirte
Landwirte, die nebenberuflich eine unselbstständige Tätigkeit aufnehmen, die nicht länger als 26 Wochen pro Kalenderjahr andauert, sind von Beiträgen zur Pflegeversicherung befreit. Für nebenberufliche Landwirte ist bei der PV die **Schlüsselziffer 0** zu melden, wenn es sich um eine befristete Beschäftigung handelt, unabhängig von der Stundenzahl und der Höhe des monatlichen Arbeitsentgeltes.

d) Beamte
Arbeitnehmer, die nach den beamtenrechtlichen Vorschriften Anspruch auf Beihilfe oder Heilfürsorge haben, müssen nur den »halben normalen« Beitrag zur Pflegeversicherung entrichten. Hierzu zählen nach §20 Abs. 3 Sozialgesetzbuch XI (SGB XI) Beamte, Richter, Soldaten, Bezieher von Vorruhestandsgeld und Beamtenwitwen bzw. Beamtenwitwer. Für diese Personenkreise ist in der Meldung zur Sozialversicherung die **Schlüsselziffer 2** – halber Beitrag – als Beitragspflicht zur Pflegeversicherung zu melden, sofern sie sozialversicherungspflichtig beschäftigt werden.

Übersicht der Beitragsgruppen
In der nachstehenden Tabelle sind beispielhaft die vollständigen Beitragsgruppenschlüssel unterschiedlicher Personenkreise zusammengestellt.

	KV	RV	ALV	PV
Arbeiter/Angestellter	1	1	1	1
Auszubildender	1	1	1	1
Arbeiter/Angestellter, freiwilliges KV-Mitglied (Firmenzahler)	9	1	1	1
Arbeiter/Angestellter, freiwilliges KV-Mitglied (Selbstzahler)	0	1	1	1
Arbeiter oder Angestellter, privat KV/PV-versichert	0	1	1	0
Schüler (kein Minijobber)	1	1	0	1
Student (kein Minijobber)	0	1	0	0
Zwischenpraktikant	0	0	0	0
Vorpraktikant ohne Entgelt	0	1	1	0
Gesellschafter-Geschäftsführer (beherrschend)	0	0	0	0
Gesellschafter-Geschäftsführer (angestellt, freiwillig KV-versichert)	9	1	1	1
Rentner (Altersvollrentner vor Erreichen der Regelaltersgrenze, Bestandsfall)	3	3	2	1
Rentner (Neufall) nach Erreichen der Regelaltersgrenze, mit Verzicht auf Rentenversicherungsfreiheit	3	1	0	1
Rentner (Bestandsfall) vor Erreichen der Regelaltersgrenze, mit Verzicht auf Rentenversicherungsfreiheit	3	1	2	1
Rentner (Bestandsfall) nach Erreichen der Regelaltersgrenze mit Sozialversicherungspflicht	3	3	0	1
Rentner (Neufall) vor Erreichen der Regelaltersgrenze	3	1	1	1
Nebenerwerbslandwirt	4	1	1	0

Die Beitragsgruppenschlüssel für Aushilfen (geringfügig/kurzfristig Beschäftigte) sind im nachfolgenden Kapitel 3.2 nochmals genauer erläutert.

Angaben zur Tätigkeit

Die Meldung zur Sozialversicherung enthält auch eine Angabe zur Art der Tätigkeit des Mitarbeiters im Unternehmen. In diesem Feld ist eine fünfstellige Schlüsselziffer anzugeben. Die Schüsselziffer kann aus einem Katalog, welcher von der Bundesagentur für Arbeit veröffentlicht wird, entnommen werden. Weiterer Bestandteil des sogenannten **Tätigkeitsschlüssels** sind die bisherige Ausbildung des Mitarbeiters, die Form des Arbeitsvertrags, der Schulabschluss und ein Kennzeichen, ob es sich um eine Leiharbeit handelt. Der gesamte 9-stellige Schlüssel wird als Tätigkeitsschlüssel bezeichnet.

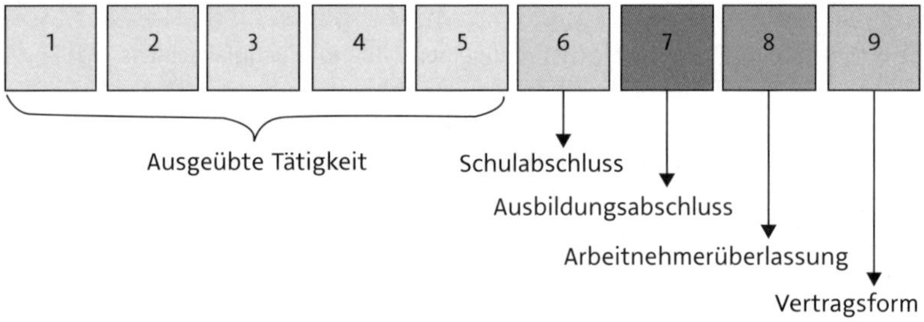

Abb. 2: Aufbau des Tätigkeitsschlüssels

a) Ausgeübte Tätigkeit

Mit diesem Schlüssel ist die im Unternehmen ausgeübte Tätigkeit in einem 5-stelligen Nummerncode verschlüsselt zu melden. Das »alphabetische Verzeichnis der Tätigkeiten zur Klassifikation der Berufe 2010« kann von der Arbeitsagentur bezogen oder über das Internet auf der Seite der Arbeitsagentur heruntergeladen werden. Maßgebend ist allein die Tätigkeit, die der Beschäftigte aktuell im Betrieb ausübt, auch wenn diese Tätigkeit nicht dem erlernten Beruf entspricht. Wenn der Beschäftigte z. B. eine Ausbildung zum Industriemechaniker abgeschlossen hat, im Betrieb aber als Berufskraftfahrer tätig ist, ist er mit dem Schlüssel 52122 »Berufskraftfahrer« zu melden.

! **Tipp**

Das Schlüsselverzeichnis finden Sie auf der Internetseite der Arbeitsagentur (https://www.arbeitsagentur.de/unternehmen/download-center-unternehmen) unter »Unternehmen« bei der Überschrift »Merkblätter und Formulare«. Suchen Sie nach dem Stichwort »Schlüsselverzeichnis 2010«.

Treffen mehrere Tätigkeitsbezeichnungen für einen Beschäftigten zu, ist die Bezeichnung zu melden, die für die überwiegend ausgeübte Tätigkeit gilt. Wird die gesuchte Bezeichnung nicht gefunden, so ist eine artverwandte zutreffende Bezeichnung zu melden. Auszubildende, Praktikanten usw. werden mit der Tätigkeit verschlüsselt, die sie mit ihrer Ausbildung anstreben bzw. in der sie das Praktikum absolvieren.

b) Schulabschluss

Für den höchsten erreichten Schulabschluss gelten folgende Schlüsselziffern.

Stelle im Schlüssel	Inhalt
Stelle 6	Höchster allgemeinbildender Schulabschluss 1 = Ohne Schulabschluss 2 = Haupt-/Volksschulabschluss 3 = Mittlere Reife oder gleichwertiger Abschluss 4 = Abitur/Fachabitur 9 = Abschluss unbekannt

Als Schulabschluss gilt der Besuch einer allgemeinbildenden Schule in der vorgeschriebenen Zeit bis zum erfolgreichen Abschluss der Prüfungen. Der Schulbesuch alleine reicht somit nicht aus. Ohne Schulabschluss gelten somit z.B.

- wenn die Hauptschule vorzeitig abgebrochen bzw.
- ohne erfolgreichen Abschluss beendet wurde.

Bei ausländischen Abschlüssen wird ein vergleichbarer deutscher Abschluss gemeldet.

Die **Schlüsselzahl 9** ist möglichst zu vermeiden und sollte nur gewählt werden, wenn überhaupt keine Informationen zum Schulabschluss vorliegen. In den Fällen, in denen Unsicherheit zwischen zwei Alternativen besteht, ist auf jeden Fall eine der Alternativen zu wählen. Ist es beispielsweise unklar, ob der Beschäftigte einen Hauptschulabschluss oder die Mittlere Reife besitzt, wird die wahrscheinlichere der beiden Alternativen gewählt. Bei ausländischen Schulabschlüssen ist eine vergleichbare deutsche Schulbildung zu melden. Die gemeldete Schulbildung wird jedoch nur für statistische Zwecke verwendet.

c) Berufsausbildung

Für die berufliche Ausbildung sind folgende Schlüsselziffern an der Stelle 7 zu melden.

Stelle im Schlüssel	Inhalt
Stelle 7	Höchster beruflicher Ausbildungsabschluss 1 = ohne berufliche Ausbildung 2 = Abschluss einer anerkannten Berufsausbildung 3 = Meister-/Techniker- oder gleichwertiger Fachschulabschluss 4 = Bachelor 5 = Diplom/Magister/Master/Staatsexamen 6 = Promotion 9 = Abschluss unbekannt

Beruflicher Ausbildungsabschluss ist jede Form der betrieblichen und schulischen Berufsausbildung, die mit Zertifikat (Zeugnis, Diplom etc.) abgeschlossen wird. Bei **ausländischen Abschlüssen** ist ein vergleichbarer deutscher Abschluss zu melden. Kein Ausbildungsabschluss liegt vor bei:

- vorzeitigem Abbruch der Ausbildung
- bisher nur betrieblicher Anlerntätigkeiten
- Abschluss eines Berufsgrundbildungsjahres (BGJ)
- Weiterbildungskursen, die die bisherige Ausbildung lediglich ergänzen, wie z.B. IT-Kenntnisse, Fremdsprachen, Controlling, Marketing etc.

Eine **anerkannte Berufsausbildung** ist eine betriebliche oder überbetriebliche Ausbildung nach dem Berufsbildungsgesetz oder der Handwerksordnung sowie auch eine Berufsausbildung an einer vollqualifizierenden Berufsfachschule (z.B. Altenpflege, Assistenten in unterschiedlichen Bereichen) bzw. an einem entsprechenden Berufskolleg.

Für die Auswahl der Schlüsselzahl ist der höchste erreichte Berufsabschluss des Arbeitnehmers maßgebend, auch wenn für die Tätigkeit im Unternehmen üblicherweise eine andere Ausbildung vorgesehen ist.

Das Melden der **Schlüsselzahl 9** sollte möglichst vermieden werden. Der Schlüssel ist zu melden, wenn überhaupt keine Informationen zu einem Ausbildungsabschluss vorliegen. In Fällen, bei denen Unsicherheit zwischen zwei Alternativen besteht, ist auf jeden Fall eine der Alternativen zu wählen. Ist beispielsweise unklar, ob es sich bei dem Abschluss um ein Diplom oder um den Bachelor handelt, ist die wahrscheinlichere Alternative zu melden.

d) Leiharbeitsverhältnis

An der Stelle 8 sind Angaben zur Arbeitnehmerüberlassung zu machen.

Stelle im Schlüssel	Inhalt
Stelle 8	Arbeitnehmerüberlassung (Leiharbeiter) 1 = nein 2 = ja

In der Regel ist die Option 1 zu melden. Nur Zeitarbeitsunternehmen mit einer Erlaubnis zur gewerbsmäßigen Arbeitnehmerüberlassung unterscheiden hier, ob ihre Arbeitnehmer als Zeitarbeiter eingesetzt werden oder nicht. Alle anderen – und somit die Mehrzahl der Betriebe – melden ihre Beschäftigten mit der Schlüsselzahl 1.

e) Vollzeit/Teilzeitbeschäftigung

Die 9. Stelle des Tätigkeitsschlüssels macht Angaben zur Art des Arbeitsvertrages bzw. zum Umfang der Beschäftigung.

Stelle im Schlüssel	Inhalt
Stelle 9	Vertragsform 1 = Vollzeit, unbefristet 2 = Teilzeit, unbefristet 3 = Vollzeit, befristet 4 = Teilzeit, befristet

Ausschlaggebend für die Beurteilung des Umfangs der Beschäftigung ist die im Arbeitsvertrag individuell vereinbarte Arbeitszeit.

Vollzeit

Unter Vollzeit ist die tariflich bzw. betrieblich festgelegte Regelarbeitszeit zu verstehen. Gelten mehrere Regelarbeitszeiten – z.B. 38 und 40 Stunden pro Woche – gelten alle Mitarbeiter, die mindestens die geringste der Regelarbeitszeiten erreichen, als in Vollzeit beschäftigt.

Teilzeit

Teilzeit ist jede vertraglich festgelegte Arbeitszeit, die geringer als die tariflich/betrieblich festgelegte Regelarbeitszeit ist. Dies kann auch der Fall sein, wenn für vergleichbare Personen im Unternehmen die Regelarbeitszeit bei beispielsweise 40 Stunden liegt und der Mitarbeiter nur 38 Stunden pro Woche arbeitet.

Befristet/unbefristet

Ein unbefristeter Arbeitsvertrag wurde auf unbestimmte Zeit abgeschlossen. Wurde der Arbeitsvertrag auf eine bestimmte Zeit abgeschlossen (kalendermäßig befristete Arbeitsverträge oder zweckbefristete Arbeitsverträge), handelt es sich um eine befristete Beschäftigung.

Besondere Personengruppen

Bei Mitarbeitern in **Altersteilzeit** mit Blockmodell gilt die Beschäftigung in der Beschäftigungsphase und Freistellungsphase durchgängig als Vollzeit. Bei Mitarbeitern, die Altersteilzeit in einem Teilzeitmodell durchführen, ist die Arbeitszeit durchgängig als Teilzeit zu melden.

Behinderte Menschen müssen ebenfalls mit einem Tätigkeitsschlüssel gemeldet werden. Die Meldepflicht gilt auch für die Einrichtungen der Jugendhilfe, Berufsbildungswerke und ähnliche Einrichtungen. In den Meldungen zur Sozialversicherung für die Personengruppen 107 (behinderte Menschen in Werkstätten) und 111 (Personen in Einrichtungen der Jugendhilfe) die Angaben zur Tätigkeit (Tätigkeitsschlüssel) zu melden. Dies bedeutet, dass auch in der Jahresmeldung für das Jahr 2017, die bis zum 15. Februar 2018 abzugeben ist, der Tätigkeitsschlüssel gemeldet werden muss.

Die Bundesagentur für Arbeit (BA) verwendet diese Angaben für Statistiken über die sozialversicherungspflichtige Beschäftigung im Bundesgebiet. Sie ist verpflichtet, Art und Umfang der Beschäftigung im Bundesgebiet zu ermitteln, um künftige Entwicklungen am Arbeitsmarkt einschätzen zu können.

Beachten Sie: Weil für behinderte Menschen die individuelle Förderung im Vordergrund steht, ist die Übermittlung der Angaben zur Tätigkeit (Stellen 1 bis 5) nicht immer möglich. Besonders bei behinderten Menschen, die sich im Berufsbildungsbereich einer anerkannten Werkstatt für behinderte Menschen bzw. im Eingangsverfahren befinden, können die Stellen 1 bis 5 leer bleiben, wenn tatsächlich keine Angaben zur Tätigkeit möglich sind. Werden mehrere Tätigkeiten ausgeübt, ist diejenige anzugeben, die vom zeitlichen Umfang her überwiegt.

Bei **Aushilfen** (Minijobbern) handelt es sich in der Regel um eine Teilzeitbeschäftigung, auch wenn dies die einzige Beschäftigung des Arbeitnehmers ist und an einzelnen Tagen die Vollzeit-Arbeitszeit (z.B. 8 Stunden) erreicht wird. Bei kurzfristig beschäftigten Aushilfen bzw. bei einer Befristung kann auch eine Vollzeittätigkeit vorliegen.

Beachten Sie: Der Meldeschlüssel ist bei jeder Meldung zur Sozialversicherung zu melden. Aber: In Fällen, in denen sich durch Umwandlung einer Vollzeit- in eine Teilzeitbeschäftigung keine sozialversicherungsrechtlichen Auswirkungen ergeben, ist der veränderte Tätigkeitsschlüssel alleine kein Meldegrund. Diese Änderung ist erst mit der nächsten fälligen Meldung (z.B. Jahresmeldung, Abmeldung) zu berücksichtigen.

Schlüssel der Staatsangehörigkeit

Die Staatsangehörigkeit des Arbeitnehmers wird in einem Länderschlüssel verschlüsselt. Der »Schlüssel der Staatsangehörigkeit« ist als dreistellige Zahl anzugeben. Für die Bundesrepublik Deutschland ist der Länderschlüssel »000« zu melden. Kommt der Arbeitnehmer aus einem Land, welches nicht im Schlüsselverzeichnis aufgeführt ist, ist der Länderschlüssel 996 (unbekanntes Ausland) in der Meldung zu übermitteln. Ist der Arbeitnehmer staatenlos oder ist seine Herkunft ungeklärt, muss der Schlüssel 997 (staatenlos) bzw. 998 (ungeklärt) gemeldet werden. Können aus anderen Gründen keine Angaben über die Herkunft des Arbeitnehmers gemacht werden, zum Beispiel, weil das

Land nicht mehr existiert, ist der Schlüssel 999 – ohne Angaben – im Staatenschlüssel zu melden.

!

Tipp

Eine Liste der Staaten mit den zugehörenden Länderschlüsseln ist bei jeder Krankenkasse erhältlich. In der Regel sind die Länderschlüssel in ihrem Abrechnungssystem hinterlegt. Bei Meldungen mit sv.net finden Sie die Liste in der Wertehilfe zum Länderschlüssel.

Statuskennzeichen für Geschäftsführer

Das Feld »Statuskennzeichen« dient zur versicherungsrechtlichen Klärung, ob eine beitragspflichtige Beschäftigung vorliegt. Dazu muss im Leistungsfall die Agentur für Arbeit nicht mehr prüfen, ob die Voraussetzungen für den Bezug von Arbeitslosengeld gegeben sind. Das Statuskennzeichen ist nur für folgende Personen zu markieren:

- Ehegatte, Lebenspartner, Kinder (Abkömmling), Verwandte oder Verschwägerte des Geschäftsführers
- Gesellschafter-Geschäftsführer einer GmbH

Die Spitzenverbände der Sozialversicherungen haben sich auch darauf verständigt, dass das Statuskennzeichen nur bei **Beginn der Beschäftigung** (Anmeldung) zu übermitteln ist. Bei allen weiteren Meldungen hat das Kennzeichen zu unterbleiben.

Durch die Kennzeichnung erfolgt eine Weiterleitung der Anmeldung an die Clearingstelle der Deutschen Rentenversicherung. Diese nimmt eine Prüfung der Versicherungspflicht vor und meldet den Status an alle anderen Sozialversicherungsträger und den Arbeitgeber weiter. Der Status ist für alle späteren Leistungsfälle bindend.

Geschäftsführer einer GmbH sind nicht per se sozialversicherungsfrei, auch dann nicht, wenn sie mehr als 50% der Kapitalanteile besitzen. Damit der Geschäftsführer als beitragspflichtig anerkannt wird, genügt es auch nicht, eine Anmeldung bei einer gesetzlichen Krankenkasse vorzunehmen und die Beiträge zu entrichten. Die Beurteilung wird von den Einzugsstellen (Krankenkasse/Berufsgenossenschaft/Minijob-Zentrale) vorgenommen. Um das Feststellungsverfahren zu vereinfachen, können die Feststellungsanträge bei den Einzugsstellen angefordert werden. Für eine Freistellungsentscheidung sind zusätzlich folgende Unterlagen erforderlich:

- Gesellschaftsvertrag
- Anstellungsvertrag
- Auszug aus dem Handelsregister

!

Tipp

Gerade bei GmbH-Geschäftsführern, die auch GmbH-Gesellschafter sind, lehnt das Arbeitsamt oft Leistungen ab, obwohl Arbeitslosenversicherungsbeiträge entrichtet wurden. Um hier Rechtssicherheit zu erlangen, sollte bei der Krankenkasse ein Antrag nach §7a SGB IV gestellt werden. Die Statusentscheidung der Rentenversicherung ist jedoch nicht bindend für die Unfallversicherung. Für die Beitragspflicht zur Berufsgenossenschaft ist eine gesonderte Statusprüfung bei der zuständigen BG zu beantragen.

Wenn keine Versicherungsnummer angegeben werden kann

Die Felder Geburtsname, -ort, -datum, Geschlecht und Schlüssel der Staatsangehörigkeit sind nur dann in der Meldung zur Sozialversicherung zu ergänzen, wenn der Arbeitnehmer erstmalig eine rentenversicherungspflichtige Beschäftigung aufnimmt. Hat der Arbeitnehmer bereits einen Sozialversicherungsausweis mit einer SV-Nummer, dürfen diese Felder **nicht** übermittelt werden.

Schlüssel für Saisonarbeiternehmer

In der Besprechung der Spitzenorganisationen der Sozialversicherung zu Fragen des gemeinsamen Meldeverfahrens am 8. März 2017 ist die Erweiterung des Meldeverfahrens um das Kennzeichen »Saisonarbeitnehmer« zum 1. Januar 2018 beschlossen worden. Diese Angabe ist nur bei gesetzlich krankenversicherten Beschäftigten erforderlich. Zudem wurde festgehalten, dass bei Meldungen für geringfügig oder kurzfristig Beschäftigten sowie für Beschäftigte, die ausschließlich in der gesetzlichen Unfallversicherung versichert sind (Personengruppe 190), keine Angabe erforderlich ist.

Ein Saisonarbeitnehmer im Sinne des Gesetzes ist, wer vorübergehend für eine versicherungspflichtige auf bis zu acht Monate befristete Beschäftigung nach Deutschland gekommen ist, um einen

- jahreszeitlich bedingten,
- jährlich wiederkehrenden,
- erhöhten Arbeitskräftebedarf abzudecken.

Saisonarbeitnehmer im Sinne der Sozialversicherungen zeichnen sich dadurch aus, dass sie keinen ständigen Wohnsitz in Deutschland haben. Die Spitzenverbände der Sozialversicherungen haben klargestellt, dass der Arbeitgeber nicht prüfen muss, ob der Arbeitnehmer nach der Beschäftigung wieder in sein Heimatland zurückkehrt oder in Deutschland bleibt.

Beachten Sie: Saisonarbeitnehmer sind nur in der Anmeldung (Meldegrund: 10) und bei einer gleichzeitigen An- und Abmeldung (Meldegrund: 40) mit dem Saisonarbeitnehmerkennzeichen zu melden.

Hintergrund der Erweiterung im Meldeverfahren ist, dass bei einer Beendigung der Versicherungspflicht (Beschäftigung) für die gesetzlich krankenversicherten Arbeitnehmer die Verpflichtung besteht, sich über eine obligatorische Anschlusskrankenversicherung für einen Monat nach Abmeldung weiter abzusichern. Die Anschlussversicherung besteht nicht für Saisonkräfte die in ihr Heimatland zurückkehren. Der Aufwand zur Klärung des Versicherungsverhältnisses seitens der Krankenkassen kann durch die Kennzeichnung verringert werden.

Mitgliedsnummer bei einem Versorgungswerk

Jedes Mitglied eines berufsständischen Versorgungswerkes erhält von diesem eine Mitgliedsnummer. Diese Mitgliedsnummer wird für die Entgeltabrechnung und das Meldewesen benötigt. Die 17-stellige Mitgliedsnummer setzt sich zusammen aus

- einer internen Nummer (bis zu 13 Ziffern mit den Sonderzeichen Punkt, Schrägstrich oder Bindestrich), bei einigen Versorgungswerken sind die Buchstaben V oder W vorangestellt,
- der 3-stelligen Nummer der Versorgungseinrichtung (zwischen 001 und 199)
- und einer 1-stelligen Prüfziffer.

Wurde zum Zeitpunkt der Abrechnung dem Versicherten die Mitgliedsnummer noch nicht zugeteilt, ist mit einer sogenannten Dummy-Mitgliedsnummer zu melden. In diesem Fall sind zusätzliche Angaben zur Person zu machen. Die Mitgliedsnummer ist nicht für die Anmeldung des Arbeitnehmers erforderlich, aber für die Meldung des Arbeitsentgelts bei der regelmäßig zu erstellenden »Meldung zur Beitragserhebung für berufsständische Versorgungseinrichtungen nach §28a (11) SGB IV«.

Tipp !

Die Arbeitsgemeinschaft berufsständischer Versorgungseinrichtungen (ABV) stellt zwei elektronische Verzeichnisse zur Verfügung. Aus den Verzeichnissen lassen sich für jedes Versorgungswerk die Betriebsnummer und die Dummy-Mitgliedsnummer entnehmen. Die BV-Datei steht über das Internet unter www.dasbv.de/fileadmin/download/bvdatei zur Verfügung.

3.1.3 Erstellen der Anmeldung zur Sozialversicherungsmeldung

Der Beginn einer sozialversicherungspflichtigen Beschäftigung ist den Sozialversicherungsträgern mitzuteilen. Die Mitteilung erfolgt mit der **»Meldung zur Sozialversicherung«**. Die Meldung kann nur in elektronischer Form bei den Annahmestellen der Krankenkassen eingereicht werden. Für die Erstellung und Übermittlung stellt die ITSG (Informationstechnische Servicestelle der gesetzlichen Krankenversicherung) ein kostenloses Programm (**sv.net**) zur Verfügung. Enthält das Entgeltabrechnungssystem ein Datenübermittlungsmodul, kann die Meldung auch über das Abrechnungsprogramm durchgeführt werden. Die Frist für die Abgabe der Anmeldung endet **sechs Wochen** nach Eintritt des neuen Arbeitnehmers.

Erstellen einer Sofortmeldung

Eine Besonderheit besteht für Betriebe mit vermeintlich hoher Fluktuation bzw. einer hohen Gefahr von Schwarzarbeit. Für Betriebe

- im Baugewerbe,
- im Hotel- und Gaststättengewerbe,
- im Personenbeförderungsgewerbe,
- im Speditions-, Transport- und Logistikgewerbe,
- im Schaustellergewerbe,
- bei Unternehmen der Forstwirtschaft,
- im Gebäudereinigungsgewerbe,
- im Messebau- und Ausstellungsgewerbe und
- in der Fleischwirtschaft.

ist spätestens mit dem Beginn der Beschäftigungsaufnahme eine vorgezogene Anmeldung des Mitarbeiters vorzunehmen, die sogenannte Sofortmeldung. Da diese Meldung zu Beginn der Beschäftigung bei den Sozialversicherungsträgern vorliegen muss, ist der Arbeitnehmer in der Regel einen Tag vor der Beschäftigungsaufnahme mit folgenden Daten zu melden:

- Vorname, Familienname
- Versicherungsnummer (soweit bekannt, sonst mit der Anmeldung bzw. Geburtstag, -ort, Anschrift)
- Betriebsnummer des Arbeitgebers
- Tag der Beschäftigungsaufnahme
- Grund der Abgabe: 20 – Sofortmeldung

Die Sofortmeldung ist, unabhängig von der Krankenkasse des Arbeitnehmers, an die Datenstelle der Träger der Rentenversicherung (DSRV) mit der Betriebsnummer 66667777 zu übermitteln. Die Sofortmeldung ersetzt die ausführlichere SV-Meldung (Anmeldung) nicht. Eine Sofortmeldung ist auch für

Auszubildende bei Ausbildungsbeginn in den oben genannten Branchen zu übermitteln.

Wurde die Sofortmeldung erstellt, kann die Anmeldung im Rahmen der ersten Lohnabrechnung durchgeführt werden. Die Meldefrist beträgt sechs Wochen ab Beschäftigungsaufnahme.

Beachten Sie: Die Sofortmeldung kann nicht nachgeholt werden. Das bedeutet: Findet eine Prüfung am ersten Arbeitstag statt und liegt den Sozialversicherungen keine Sofortmeldung vor, geht die Prüfung von Schwarzarbeit aus. Die Sofortmeldung kann jedoch vor Beschäftigungsbeginn über sv.net mit einem Online-Formular erstellt werden (https://www.gkvnet-ag.de/svnet). Beim erstmaligen Aufruf ist eine Registrierung erforderlich.

Zuständige Krankenkasse für die Meldung
War der Arbeitnehmer bisher in der Familienversicherung mitversichert oder nicht krankenversicherungspflichtig, kann er die Krankenkasse, bei der er künftig versichert sein will, frei wählen. Bei dieser Krankenkasse ist dann für ihn eine Anmeldung auszuführen. Wählt der Arbeitnehmer innerhalb der Anmeldefrist keine Krankenkasse, ist die Meldung bei der Krankenkasse einzureichen, bei der er zuletzt versichert war. Ist diese nicht bekannt oder nicht gegeben, kann die Meldung an eine vom Arbeitgeber gewählte Krankenkasse übermittelt werden. Gleiches gilt für Arbeitnehmer, die bei einer Krankenversicherung privat krankenversichert sind.

Tipp !

Programme, die das maschinelle Meldeverfahren ermöglichen, sollten über die ITSG-Zertifizierung für »systemgeprüfte Standardsoftware« verfügen. Eine Liste der geprüften Programme ist über das Internet unter www.itsg.de abrufbar. Das Programm sv.net kann über das Internet heruntergeladen werden. Den Aufruf finden Sie ebenfalls unter http://www.itsg.de/oeffentliche-services/sv-net/ unter »Downloads«.

Tipp !

Wählt der Arbeitgeber die Krankenkasse für die Anmeldung, sollte er ggf. eine Krankenkasse mit niedrigen Umlagesätzen in der U1/U2-Umlage wählen, da diese der Arbeitgeber trägt. Außerdem unterscheiden sich die Krankenkassen wesentlich in der Höhe des Zusatzbeitrags, der vom Mitarbeiter zu tragen ist. Eine Übersicht der Umlagen und Zusatzbeiträge finden Sie unter https://beitragssatz.itsg.de/.

Rückmeldung der Krankenkasse
Stellt die Annahmestelle der Krankenkasse einen Fehler in der Meldung zur Sozialversicherung fest, ist diese berechtigt, die Daten zu korrigierten und dem Arbeitgeber eine Rückmeldung zur entsprechenden Korrektur auf elektronischem Wege zurückzusenden. Mögliche rückgemeldete Änderungen können den Meldezeitraum, die Personengruppe, den Staats- oder Tätigkeitsschlüssel oder die Kennzeichen für Gleitzone oder Mehrfachbeschäftigung betreffen. Falsche Adressen werden hingegen ohne eine Rückmeldung korrigiert. Die Rückmeldung erfolgt über den regelmäßigen Datenabruf von dem Kommunikationsserver der Sozialversicherung.

3.2 Was ist bei Eintritt einer geringfügig beschäftigten Aushilfe zu tun?

Bei geringfügigen Beschäftigungen sind grundsätzlich drei Arten von Beschäftigungsverhältnissen möglich:

- geringfügige Beschäftigung in einem Gewerbebetrieb
- geringfügige Beschäftigung in einem privaten Haushalt
- kurzfristige Beschäftigung

In diesem Abschnitt sind die Voraussetzungen für eine geringfügige Beschäftigung und die erforderlichen Meldungen in einem gewerblichen Unternehmen dargestellt. In Kapitel 3.3 werden die Voraussetzungen für eine kurzfristige Beschäftigung erläutert.

Mit der Neuregelung der geringfügigen Beschäftigung 2013 wurden die Kriterien für eine geringfügige Beschäftigung (Minijobber) grundlegend geändert. Außerdem gibt es wesentliche Unterschiede zu einem voll sozialversicherungspflichtigen Beschäftigten. Diese liegen

- im Meldewesen,
- in der Beitragspflicht zur Kranken-, Pflege-, Renten- und Arbeitslosenversicherung,
- in der Steuerpflicht.

Bei der Einstellung eines Minijobbers ist zunächst zu prüfen, ob die Voraussetzungen für eine geringfügige Beschäftigung im sozialversicherungsrechtlichen Sinne gegeben sind. Ist dies der Fall, muss die Beitragspflicht zu den Sozialversicherungen geprüft werden. Anschließend ist die Aushilfe beim zuständigen Sozialversicherungsträger anzumelden.

3.2.1 Prüfung der Voraussetzungen für eine geringfügige Beschäftigung

Für die Beurteilung der Geringfügigkeit einer Beschäftigung muss der Arbeitgeber vorausschauend das zukünftige Arbeitsentgelt und die Arbeitszeit betrachten und prüfen, inwieweit eine Beitragspflicht zu den Sozialversicherungen besteht. Bei der Einstellung einer Aushilfe empfiehlt es sich deshalb, einen Personalfragebogen auszufüllen. Mit der Erstellung des Datenblattes sind zum Zeitpunkt der Einstellung alle beurteilungs- und melderelevanten Daten bekannt und ermöglichen die Überprüfung der Geringfügigkeitskriterien und die korrekte Anmeldung bei den Sozialversicherungsträgern.

Neben der Höhe des Arbeitsentgelts ist für die Beurteilung der Geringfügigkeit relevant, ob die Aushilfstätigkeit nebenberuflich oder als einzige Beschäftigung ausgeübt wird. Eine geringfügige Beschäftigung ist nach §8 SGB IV sozialversicherungsfrei, wenn

- das durchschnittliche monatliche Arbeitsentgelt **450 EUR** nicht übersteigt und
- es sich um ein **erstes** Beschäftigungsverhältnis handelt oder die Beschäftigung neben einer sozialversicherungspflichtigen Hauptbeschäftigung ausgeübt wird.

Aus den beiden Bedingungen wird deutlich, dass es im Sozialversicherungsrecht zwei Arten von geringfügigen Beschäftigungen gibt:

- die geringfügige(n) Beschäftigung(en) ist (sind) die Hauptbeschäftigung
- die geringfügige Beschäftigung wird als Nebenbeschäftigung neben einer sozialversicherungspflichtigen Hauptbeschäftigung ausgeübt.

Die Unterscheidung ist von Bedeutung, wenn der Arbeitnehmer mehrere Beschäftigungen gleichzeitig ausübt. In diesem Fall ist zu prüfen, ob die Arbeitsentgelte aus allen Beschäftigungen zusammen betrachtet werden müssen oder nicht.

Arbeitsentgeltgrenze

Im einfachsten Fall darf für eine geringfügige Beschäftigung der monatlich gezahlte Lohn die Grenze von **450 EUR** nicht übersteigen (450 EUR ist noch zulässig). Hat der Arbeitnehmer durch vertragliche Regelungen, aus betrieblicher Übung (wiederholte freiwillige Zahlung des Arbeitgebers) oder aus dem Gleichbehandlungsgrundsatz Anspruch auf Urlaubs- und/oder Weihnachtsgeld, sind diese Zahlungen für die 450-EUR-Grenze zu berücksichtigen. Das heißt, der monatliche Verdienst darf für eine Sozialversicherungsfreiheit des Arbeitnehmers nicht mehr als **durchschnittlich** 450 EUR betragen und muss zusätzlich um den anteiligen Wert des Urlaubs- oder Weihnachtsgeldes darunter liegen. Bei der Prüfung, ob die 450-EUR-Grenze eingehalten wird, müssen alle Zahlungen, auf die der Arbeitnehmer einen Rechtsanspruch hat, einbezogen werden. Der Rechtsanspruch kann sich aus

- einem Arbeitsvertrag,
- einem Tarifvertrag,
- einer betrieblichen Vereinbarung oder
- einer betrieblichen Übung

ergeben.

Nicht zum Arbeitsentgelt im Sinne der geringfügigen Beschäftigung gehören unter anderem steuerfreie Entgeltbestandteile wie Zuschläge für Sonntags-, Feiertags- und Nachtarbeit oder steuerfreie Aufwandsentschädigungen für Übungsleiter im Sportverein oder für Ausbilder bis zu einer Höhe von 2.400 EUR pro Jahr. Ebenfalls steuer- und sozialversicherungsfrei sind nebenberufliche Einnahmen bis zu 720 EUR im Kalenderjahr, die im Dienst oder Auftrag einer inländischen juristischen Person des öffentlichen Rechts oder einer Einrichtung zur Förderung gemeinnütziger, mildtätiger und kirchlicher Zwecke bezahlt werden. Diese Aufwandsentschädigung wird auch **Ehrenamtspauschale** genannt.

Beachten Sie: Verzichtet der Arbeitnehmer auf einen Teil seines Arbeitsentgeltes (z.B. Weihnachtsgeld), bleibt dieses für die Ermittlung der Jahresarbeitsentgeltgrenze unberücksichtigt. Voraussetzung ist jedoch, dass der Mitarbeiter schriftlich den Verzicht beantragt und dass der Verzicht arbeitsrechtlich zulässig ist.

Ebenfalls nicht zum Arbeitsentgelt gehören sozialversicherungsfreie Lohnbestandteile. So werden beispielsweise ein Zuschuss des Arbeitgebers zu einer betrieblichen Altersvorsorge oder ein durch den Arbeitgeber pauschal versteuertes Fahrgeld nicht in die Grenze von 450 EUR einbezogen (siehe auch die Kapitel 5.1, 5.4 und 5.9).

Schwankt bei einer **stundenweisen** Beschäftigung das monatliche Arbeitsentgelt, ist das geschätzte Jahresarbeitsentgelt maßgebend. Dies bedeutet, wenn das Arbeitsentgelt in einem Monat die 450-EUR-Grenze übersteigt, tritt nicht sofort Versicherungspflicht ein. Vielmehr darf das gesamte beitragspflichtige Jahresarbeitsentgelt bei durchgängiger Beschäftigung 5.400 EUR voraussichtlich nicht übersteigen. Erkennt der Arbeitgeber im Laufe des Jahres jedoch, dass die Jahresgrenze überschritten wird, tritt sofort eine Sozialversicherungspflicht ein und die geringfügige Beschäftigung endet.

Beispiel !

Ein Arbeitnehmer erzielt in den Monaten Januar bis April 390 EUR monatliches Arbeitsentgelt. In den Monaten Mai bis August liegt der Aushilfslohn saisonbedingt bei 480 EUR, ab September bis Dezember wird er voraussichtlich wieder bei 390 EUR liegen. Das für die versicherungsrechtliche Beurteilung maßgebende regelmäßige Arbeitsentgelt ist wie folgt zu ermitteln:

Januar bis April (4 × 390 EUR)	1.560 EUR
Mai bis August (4 × 480 EUR)	1.920 EUR
September bis Dezember (4 × 390 EUR)	1.560 EUR
Summe	**5.040 EUR**

Ein Zwölftel dieses Betrages beläuft sich auf 420 EUR und übersteigt somit nicht die Arbeitsentgeltgrenze von durchschnittlich 450 EUR pro Monat. Der Arbeitnehmer kann sozialversicherungsfrei beschäftigt werden.

Beginnt oder endet eine geringfügige Beschäftigung im Laufe eines Monats, ist der anteilige Monatswert **nicht** mehr zu ermitteln. Somit gilt auch dann, wenn eine Beschäftigung während des laufenden Monats beginnt oder endet, die 450-EUR-Grenze. Lediglich wenn die Beschäftigung auf **weniger als einen Zeitmonat** befristet ist, muss die anteilige Geringfügigkeitsgrenze ermittelt werden. In diesem Fall ist die Geringfügigkeitsgrenze nach folgender Formel umzurechnen.

$$\text{Anteiliges Monatsentgelt} = \frac{450}{30} \times \text{Anzahl Kalendertage}$$

Liegt bei einem vertraglich vereinbarten Teillohnzahlungszeitraum (z. B. 01.06. – 15.06.) das vereinbarte Arbeitsentgelt über dem anteiligen Monatsentgelt, besteht Sozialversicherungspflicht in der Kranken-, Pflege- und Rentenversicherung. Es kann jedoch geprüft werden, ob die Kriterien für eine kurzfristige Beschäftigung erfüllt sind.

Beispiel !

Ein geringfügig beschäftigter Arbeitnehmer tritt zum 15. Januar in das Unternehmen ein. Sein Arbeitsentgelt für den Teilmonat Januar wird mit 260 EUR vereinbart. Für die folgenden Monate wird ein Arbeitsentgelt von 450 EUR vereinbart. Die wöchentliche Arbeitszeit soll 12 Stunden betragen. Die Beschäftigung endet wegen Kündigung des Mitarbeiters bereits wieder am 31.01. des Jahres.

Beurteilung

Das anteilige monatliche Arbeitsentgelt ergibt sich nach der Formel:

$$\text{Anteiliges Monatsentgelt} = \frac{450}{30} \times 17$$

Anteiliges Arbeitsentgelt = 255,00 EUR

Das tatsächliche Arbeitsentgelt (260 EUR) liegt über dem anteiligen monatlichen sozialversicherungsfreien Arbeitsentgelt. Somit besteht volle Beitragspflicht in der Kranken-, Pflege- und Rentenversicherung. In der Arbeitslosenversicherung besteht keine Beitragspflicht, da die Stundengrenze (< 15 Stunden pro Woche) eingehalten ist.

Beachten Sie: Wird der Arbeitnehmer im oben genannten Beispiel über die Monatsgrenze hinaus beschäftigt, ist die Einhaltung der anteiligen jährlichen Sozialversicherungsgrenze (5.400 EUR) zu prüfen. Liegt das gesamte Arbeitsentgelt unter der auf die Beschäftigungsmonate bezogenen Grenze, besteht Sozialversicherungsfreiheit für den Arbeitnehmer. Wird der Arbeitnehmer im Beispiel bis Ende Februar beschäftigt, darf das gesamte Entgelt 900 EUR nicht übersteigen.

Eine weitere Ausnahme von der Arbeitsentgeltgrenze von 450 EUR besteht, wenn es zu einer **gelegentlichen und nicht vorhersehbaren** Überschreitung der monatlichen Arbeitsentgeltgrenze kommt. Als gelegentlich ist dabei ein Zeitraum von bis zu drei Kalendermonaten innerhalb eines Zeitjahres anzusehen. Als unvorhersehbar wäre beispielsweise ein erhöhter Arbeitseinsatz wegen des krankheitsbedingten Ausfalls eines anderen Arbeitnehmers zu bewerten. Im Ergebnis kann dies zu einer Überschreitung der monatlichen und auch der jährlichen Arbeitsentgeltgrenze von 5.400 EUR führen. Dabei ist die Höhe des Arbeitsentgelts in dem Monat, in dem die Entgeltgrenze unvorhersehbar überschritten wird, unerheblich.

! **Beispiel**

Ein Minijobber arbeitet seit dem 1. Januar gegen ein Entgelt von 450 EUR im Monat. In den Monaten Februar und Juni muss er eine Krankheitsvertretung übernehmen, da kurzfristig keine Vertretung gefunden wird. Sein monatliches Arbeitsentgelt steigt in den Monaten auf 900 EUR.

Beurteilung

Das Überschreiten der Entgeltgrenze in den Monaten Februar und Juni bleibt ohne Auswirkung auf den Minijob, da die Krankheitsvertretungen als unvorhersehbar zu bewerten sind. Der Mitarbeiter bleibt geringfügig beschäftigt und das gesamte Arbeitsentgelt kann pauschal verbeitragt werden.

Wird innerhalb eines Kalenderjahres (1. Januar bis 31. Dezember) die Arbeitsentgeltgrenze von 450 EUR in mehr als drei Monaten unvorhergesehen überschritten, bleibt die Beschäftigung nur dann geringfügig, wenn die jährliche Verdienstgrenze von 5.400 EUR eingehalten wird. Außerdem ist zu beachten, dass diese Ausnahmeregelung nur dann angewendet werden darf, wenn unvorhersehbare Umstände eintreffen. Die Zahlung eines jährlichen Weihnachts- oder Urlaubsgeldes gilt dabei nicht als unvorhersehbar.

Mindestlohn

Durch die Einführung des gesetzlichen Mindestlohns zum 01.01.2015 ist eine weitere Prüfung bei der Arbeitsentgeltgrenze erforderlich. Die Höhe des Mindestlohns liegt ab dem Jahr 2017 bei 8,84 EUR je Zeitstunde (60 Minuten). Bei der Vereinbarung einer wöchentlichen Arbeitszeit ist darauf zu achten, dass die Mindestlohngrenze nicht unterschritten wird bzw. dass bei Einhaltung der Mindestlohngrenze die monatliche Höchstgrenze von 450 EUR nicht überschritten wird. Dies bedeutet, dass die vertragliche Arbeitszeit ca. 50,90 Stunden im Monat nicht überschreiten darf. Vereinbarungen, die den Anspruch auf Mindestlohn unterschreiten oder seine Geltendmachung beschränken oder ausschließen, sind unwirksam. Höhere Branchenmindestlöhne haben ebenfalls Vorrang vor dem allgemeinen Mindestlohn. Das Mindestlohngesetzt sieht jedoch Ausnahmeregelungen vor für:

a) Praktikanten

Sofern die Praktikantinnen oder Praktikanten ein verpflichtendes Praktikum aufgrund einer hochschulrechtlichen Bestimmung, einer Ausbildungsordnung oder im Rahmen einer Ausbildung an einer gesetzlich geregelten Berufsakademie leisten, darf eine Vergütung unter dem Mindestlohn gezahlt werden. Es handelt sich um ein Praktikum von bis zu drei Monaten zur Orientierung für eine Berufsausbildung oder für die Aufnahme eines Studiums oder leistet der Praktikant / die Praktikantin ein Berufs- oder Hochschulausbildung begleitendes Praktikum bis zu 3 Monaten Dauer, besteht auch keine Verpflichtung für den Mindestlohn. Wenn es sich bei dem Praktikum um eine Einstiegsqualifizierung oder um eine Berufsausbildungsvorbereitung nach dem Berufsbildungsgesetz handelt, darf ebenfalls eine niedrigere Vergütung gezahlt werden.

b) Arbeitnehmer ohne Berufsausbildung

Kinder und Jugendliche unter 18 Jahren ohne abgeschlossene Berufsausbildung, dürfen nach dem Mindestlohngesetz auch unter dem Mindestlohn bezahlt werden.

c) Auszubildende

Zur Berufsausbildung beschäftigte Personen sind explizit vom Mindestlohngesetz ausgenommen, weil sie keinen Arbeitsvertrag, sondern einen Ausbildungsvertrag abgeschlossen haben.

d) Ehrenamtlich Tätige
Personen in einem Freiwilligendienst oder in einem Ehrenamt dürfen unter dem Mindestlohn bezahlt werden.

e) Langzeitarbeitslose
Dazu zählen Arbeitnehmerinnen und Arbeitnehmer, die unmittelbar vor der Beschäftigung ein Jahr oder länger arbeitslos gemeldet waren. Für diese gilt der gesetzliche Mindestlohn in den ersten sechs Monaten der neuen Beschäftigung nicht.

Beachten Sie: Die Höhe des Mindestlohns wird durch eine Mindestlohnkommission alle zwei Jahre überprüft und durch eine Rechtsverordnung der Bundesregierung geändert.

Das Mindestlohngesetz sieht umfangreiche Aufzeichnungspflichten für geringfügige und kurzfristige Beschäftigungen vor. Aus den Aufzeichnungen müssen die tatsächlich geleisteten Arbeitsstunden hervorgehen. Übersteigen die monatlich geleisteten Arbeitsstunden die Grenze von knapp 51 Stunden, wird der Mindestlohn unterschritten. Dies hat zur Folge, dass ggf. ein zusätzlicher Lohnanspruch entsteht und dass damit voraussichtlich die Verdienstgrenze von durchschnittlich 450 EUR pro Monat überschritten wird. Somit wird die Beschäftigung nachträglich sozialversicherungspflichtig in allen Zweigen der Sozialversicherung.

Beachten Sie: Der Arbeitgeber trägt die Beweislast für die tatsächlich geleisteten Arbeitsstunden. Es müssen **Beginn und Ende sowie die Dauer** der geleisteten Arbeitsstunden dokumentiert werden. Die Aufzeichnungen müssen spätestens nach 7 Tagen für den jeweiligen Arbeitstag verfügbar sein. Kommt eine Sozialversicherungsprüfung bei der Prüfung der realen Verhältnisse zum Ergebnis, dass die Arbeitsleistung nicht in der Arbeitszeit erbracht werden kann, entsteht eine Unterschreitung des Mindestlohns und ggf. eine Lohnnachzahlung und eine Sozialversicherungspflicht. Zusätzlich kann ggf. eine Strafe bis zu 500.000 EUR verhängt werden.

3.2.2 Sozialversicherungsrechtliche Beurteilung einer Aushilfstätigkeit (hauptberuflich)

Bei einer hauptberuflich geringfügigen Beschäftigung hat der Arbeitnehmer neben dem Minijob keine weitere Beschäftigung. Die nachfolgend aufgeführten Regelungen gelten auch, wenn die Aushilfe mehrere geringfügige Beschäftigungen hat, jedoch das Arbeitsentgelt aus allen Beschäftigungen zusammen nicht die Grenze von durchschnittlich 450 EUR pro Monat übersteigt. Ist die Voraussetzung der Höhe des monatlichen Arbeitsentgelts eingehalten, muss im nächsten Schritt die Beitragspflicht zu den Sozialversicherungen geprüft werden.

1. Beitragspflicht zur Rentenversicherung

Ist die sozialversicherungsrechtliche Grenze (450 EUR monatliches Arbeitsentgelt) eingehalten, besteht Sozialversicherungspflicht in der Rentenversicherung. Der Arbeitgeber muss **vom Arbeitsentgelt** den allgemeinen Beitrag von **18,6%** ermitteln. Davon übernimmt der Arbeitgeber 15% und der Arbeitnehmer 3,6%.

Ausnahmen von der Beitragspflicht zur Rentenversicherung

Von der allgemeinen Versicherungs- und Beitragspflicht zur Rentenversicherung für geringfügig Beschäftigte gibt es einige Ausnahmen.

a) Befreiungsantrag des Arbeitnehmers

Seit dem Jahr 2013 sind geringfügig beschäftigte Arbeitnehmer **versicherungspflichtig** in der Rentenversicherung. Der Arbeitnehmer kann sich jedoch auf Antrag von der Rentenversicherungspflicht befreien lassen. Diesen Antrag muss er schriftlich beim Arbeitgeber stellen. Ein Formular ist für den Antrag nicht vorgeschrieben, es reicht ein Formblatt des Arbeitgebers oder die Unterschrift unter einem entsprechenden Personalfragebogen aus. Wurde der Befreiungsantrag gestellt, gilt dieser für die gesamte Dauer der Beschäftigung. Ein Wechsel zurück in die Rentenversicherungspflicht ist nur durch eine Auflösung der Beschäftigung möglich.

Beachten Sie: Stellt der Mitarbeiter den Befreiungsantrag entfällt nur dessen Anteil (3,6%) am Rentenversicherungsbeitrag. Der Arbeitgeberanteil von 15% des Arbeitsentgelts bleibt bestehen. Entsprechend ist die Beschäftigung mit dem Beitragsgruppenschlüssel 5 in der Rentenversicherung zu melden.

Der Arbeitgeber muss bereits bei der Anmeldung der Minijob-Zentrale mitteilen, dass ein Befreiungsantrag zur Rentenversicherung vom Mitarbeiter vorliegt. Die Anmeldung muss spätestens 6 Wochen nach Aufnahme der Beschäftigung bei der Minijob-Zentrale eingegangen sein. Die Befreiung von der Beitragspflicht zur Rentenversicherung wird jedoch erst dann wirksam, wenn die Minijob-Zentrale nicht innerhalb eines Monats (4 Wochen) nach Zugang der Anmeldung widerspricht. Ein Widerspruch der Minijob-Zentrale ist beispielsweise möglich, wenn diese das Überschreiten der monatlichen Entgeltgrenze wegen mehrerer Beschäftigungen feststellt oder eine weitere geringfügige Beschäftigung mit einer Rentenversicherungspflicht für den gleichen Mitarbeiter besteht. Die Versicherungspflicht besteht sowohl im Gewerbebetrieb wie auch für Privathaushalte (Haushaltsscheck Verfahren). Liegt kein formloser Befreiungsantrag vom Mitarbeiter vor, ist der allgemeine Rentenversicherungsbeitrag von 18,6% auf das geringfügige Arbeitsentgelt anzuwenden.

Beachten Sie: Der Arbeitgeber sollte den Arbeitnehmer auf die Befreiungsmöglichkeit zur Rentenversicherung aufmerksam machen. Ein Befreiungsantrag kann jederzeit durchgeführt werden. Die Wirksamkeit der Befreiung entsteht jedoch erst ab dem Monat des Zugangs bei der Minijob-Zentrale bzw. nach Ablauf der Widerspruchsfrist von 4 Wochen. Wird die Befreiung durch den Arbeitgeber vor Ablauf der Widerspruchsfrist gewährt, trägt dieser das Risiko für die Beitragsnachforderung. Wird der Befreiungsantrag erst nach Ablauf der 6-Wochen-Frist gestellt, kann die Befreiung frühestens ab dem Folgemonat der Antragsstellung wirksam werden.

Hat der Arbeitnehmer mehrere geringfügige Beschäftigungen, kann eine Befreiung von der Versicherungspflicht in der Rentenversicherung nur gesamthaft für alle geringfügigen Beschäftigungen ausgesprochen werden. In diesem Fall muss der Arbeitnehmer bei allen Arbeitgebern einen Befreiungsantrag stellen und ggf. auf eine Korrektur von zurückliegenden Lohnabrechnungen hinwirken. Ein Bescheid der Minijob-Zentrale über die Befreiung wird jedoch nicht erteilt. Der Antrag gilt als genehmigt, sobald die Widerspruchsfrist abgelaufen ist.

Für Bezieher von Anpassungsgeld (Bergbau) oder einer Knappschaftsausgleichsleistung bringt der Arbeitnehmerbeitrag zur gesetzlichen Rentenversicherung keine zusätzlichen Leistungen im Rentenalter. Vielmehr können sich nachteilige Auswirkungen bei der Berechnung einer späteren Rentenleistung ergeben. Um dies zu vermeiden, sollten sich Bezieher von Anpassungsgeld oder Ausgleichsleistungen von der Rentenversicherungspflicht befreien lassen.

Auch Bezieher von Erwerbsminderungsrenten oder Berufs- bzw. Erwerbsunfähigkeitsrenten sollten sich vor Aufnahme einer geringfügigen Beschäftigung beraten lassen und ggf. schon bei der Anmeldung von der Rentenversicherungspflicht befreien lassen.

!

Tipp

Sollte dem Arbeitgeber die Übermittlung der Meldung noch nicht möglich sein, weil das Arbeitsentgelt noch nicht bekannt ist oder das Lohnabrechnungsprogramm eine Meldung in die Zukunft nicht ermöglicht, kann das Formular »Vorabmeldung zur verfristeten Anzeige des Eingangs eines RV-Befreiungsantrages« verwendet werden. Dieses steht auf der Internetseite der Minijob-Zentrale zur Verfügung (www.minijob-zentrale.de).

Beachten Sie: Befreiungsanträge zur Rentenversicherung für minderjährige Arbeitnehmer müssen deren gesetzliche Vertreter stellen. Anträge, die nur von einem minderjährigen Arbeitnehmer unterschrieben sind, sind rechtsunwirksam und führen zu einer Rentenversicherungspflicht des Minijobbers.

b) Praktikanten

Die Regelung der Versicherungs- und Beitragspflicht für geringfügige Arbeitsentgelte gilt nur bedingt für Praktikanten. Bei Praktikanten ist zu unterscheiden, ob es sich um ein Vor- bzw. Nachpraktikum oder um ein vorgeschriebenes Zwischenpraktikum handelt. Nur das in der Prüfungsordnung **vorgeschriebene** Zwischenpraktikum ist von Beiträgen zu den Sozialversicherungen befreit. Wird für ein vorgeschriebenes Zwischenpraktikum eine Vergütung in Höhe des geringfügigen Arbeitsentgeltes (bis 450 EUR monatlich) bezahlt, unterliegt dieses Arbeitsentgelt nicht der Beitragspflicht zur Kranken- und Rentenversicherung (auch keine pauschalen Arbeitgeberbeiträge). Handelt es sich bei dem Zwischenpraktikum um ein **nicht** in der Studienordnung **vorgeschriebenes** Zwischenpraktikum, besteht die pauschale Beitragspflicht in der Krankenversicherung. Die Pflicht zur Ermittlung von pauschalen Beiträgen zur Krankenversicherung besteht jedoch nur dann, wenn die Beschäftigung geringfügig und der Studierende in einer gesetzlichen Krankenkasse krankenversichert ist. Die sozialversicherungsrechtlichen Regelungen für Praktikanten sind sehr komplex. Eine genaue Erläuterung finden Sie in Kapitel 3.4.4.

c) Mehrere geringfügige Beschäftigungen

Hat der Minijobber mehrere geringfügige Beschäftigungen (ohne eine sozialversicherungspflichtige Hauptbeschäftigung), besteht zunächst in jeder Beschäftigung Beitragspflicht zur Rentenversicherung. Der geringfügig Beschäftigte kann jedoch für **alle Beschäftigungen** die Befreiung von der Beitragspflicht beantragen (bei jedem Arbeitgeber gesondert). Liegt der Befreiungsantrag vor, meldet ihn der Arbeitgeber mit der Pauschalbeitragspflicht zur Rentenversicherung (15%) beim Sozialversicherungsträger an. Für bereits bestehende Minijobs muss der Mitarbeiter eine Änderung der Versicherungspflicht bei allen weiteren Arbeitgebern beantragen. Die Minijob-Zentrale entscheidet bei der Anmeldung, ob die Befreiung von der Rentenversicherung zulässig ist. Dabei prüft sie, ob mit den gemeldeten Arbeitsentgelten eine Überschreitung der Entgeltgrenze stattfindet und ob weitere rentenversicherungspflichtige geringfügige Beschäftigungen bestehen (ohne Befreiungsantrag). Ist dies der Fall, wird die Minijob-Zentrale einer Anmeldung mit einer pauschalen Beitragspflicht des Arbeitgebers und einer Beitragsfreiheit des Arbeitnehmers widersprechen.

Beachten Sie: Die volle Beitragspflicht zur Rentenversicherung tritt mit der Mitteilung durch die zuständige Minijob-Zentrale ein. Bestehen mehrere geringfügige Beschäftigungen, von denen der Arbeitgeber keine Kenntnis hat, entsteht die volle Beitragspflicht mit dem Widerspruch der Minijob-Zentrale. Allerdings kann der Widerspruch rückwirkend zum Beschäftigungsbeginn ausgesprochen werden. Die Minijob-Zentrale muss innerhalb von 4 Wochen der Rentenversicherungsfreiheit des Arbeitnehmers widersprechen. Der Arbeitgeber erhält eine entsprechende Mitteilung.

d) Auszubildende

Auszubildende sind grundsätzlich sozialversicherungspflichtig in allen vier Zweigen der Sozialversicherung. Ein pauschaler Beitrag zur Rentenversicherung kommt nicht in Betracht, auch dann nicht, wenn die Ausbildungsvergütung unter 450 EUR pro Monat liegt. Für Auszubildende sind jedoch die Sonderregelungen für »Geringverdiener« zu beachten (siehe Kapitel 3.4.3).

e) Sonderregelungen aus der Umstellung der geringfügigen Beschäftigung

Aus der Neuregelung der geringfügigen Beschäftigung per 01.01.2013 sind weitere Sonderfälle entstanden. Der Übergang von altem zu neuem Recht ist mit einem Bestandsschutz versehen. Die sich daraus ergebenden Sonderfälle sind in Kapitel 3.5 erläutert. Geringfügig Beschäftigte, die keine eigenen Beiträge zur Rentenversicherung bezahlen möchten, können sich jederzeit, also auch während des laufenden Beschäftigungsverhältnisses, von der Versicherungspflicht in der Rentenversicherung befreien lassen. Ausgenommen von dieser Möglichkeit sind geringfügig Beschäftigte, die bereits vor dem 1. Januar 2013 eigene Rentenversicherungsbeiträge gezahlt haben. In diesem Fall ist der sogenannte »Verzicht auf die Rentenversicherungspflicht« für den Arbeitnehmer nicht möglich. Arbeitgeber und Arbeitnehmer müssen auch nach dem Jahr 2013 zusammen den vollen Beitrag zur Rentenversicherung entrichten (AG 15%/AN 3,6%).

f) Rentner

Arbeitnehmer, die bereits eine Altersvollrente beziehen und eine geringfügige Beschäftigung aufnehmen, unterliegen in dieser Beschäftigung nicht mehr der allgemeinen Beitragspflicht zur Rentenversicherung. Entsprechend können Rentner mit dem Beitragsgruppenschlüssel 6-5-0-0 bei der Minijob-Zentrale angemeldet werden, ohne dass ein Befreiungsantrag des Mitarbeiters vorliegt. **Beachten Sie:** diese Regelung gilt jedoch nur für Bezieher einer Altersvollrente.

g) Bezieher von Arbeitslosengeld (ALG I)

Für geringfügig beschäftigte Arbeitnehmer, die neben dem Bezug von Arbeitslosengeld I eine geringfügige Beschäftigung aufnehmen, wird die Arbeitsagentur monatliche Arbeitsentgelte über 165 EUR auf das Arbeitslosengeld I anrechnen. Zusätzlich ist zu beachten, dass auch für geringfügig beschäftigte Arbeitnehmer der Mindestlohn von 8,84 EUR pro Stunde gilt.

2. Beitragspflicht zur Krankenversicherung

Zusätzlich zum Rentenversicherungsbeitrag ist vom Arbeitgeber für Minijobber, die in einer gesetzlichen Krankenkasse krankenversichert sind, ein Beitrag von **13%** des Arbeitsentgelts als Krankenversicherungsbeitrag zu leisten. Ein Arbeitnehmeranteil besteht für geringfügig Beschäftigte nicht. Die Beitragspflicht besteht jedoch nur, wenn der Arbeitnehmer in einer gesetzlichen Krankenkasse selbst oder familienversichert ist. Die pauschale Beitragspflicht gilt auch für gesetzlich versicherte Beamte oder Studenten, die selbst in einer gesetzlichen Krankenkasse versichert oder familienversichert sind.

Beachten Sie: Aus den Pauschalbeiträgen zur Krankenversicherung entstehen grundsätzlich keine Leistungsansprüche. Das heißt, der Arbeitnehmer muss noch anderweitig krankenversichert sein. Der pauschale Arbeitgeberbeitrag zur Rentenversicherung erhöht hingegen den Rentenanspruch, nicht jedoch die Pflichtversichertenzeit.

Ausnahmen von der Beitragspflicht zur Krankenversicherung

Von der pauschalen Beitragspflicht des Arbeitgebers zur Krankenversicherung gibt es ebenfalls Ausnahmen:

a) Privat Krankenversicherte

Für geringfügig Beschäftigte (Minijobber), die privat krankenversichert sind oder die keine Krankenversicherung haben, ist der pauschale Beitrag von 13% bzw. 5% (in privaten Haushalten) nicht zu entrichten. Es entsteht auch kein Beitrag zu einer privaten Krankenversicherung. In der Meldung zur Sozialversicherung ist der **Beitragsgruppenschlüssel 0** für die Krankenversicherung (KV) zu melden.

b) Kurzfristig Beschäftigte

Wird die Beschäftigung kürzer als drei Monate (70 Arbeitstage) ausgeübt, sind die Voraussetzungen einer kurzfristigen Beschäftigung zu prüfen. Kurzfristig Beschäftigte unterliegen nicht der Sozialversicherungspflicht und somit auch nicht der Beitragspflicht zur Krankenversicherung. Es entsteht auch kein pauschaler Beitrag zur Krankenversicherung für den Arbeitgeber. Die Voraussetzungen für eine kurzfristige Beschäftigung finden Sie in Kapitel 3.3. Kurzfristig Beschäftigte sind mit dem Beitragsgruppenschlüssel 0 zur Krankenversicherung bei der Minijob-Zentrale zu melden.

3.2.3 Sozialversicherungsrechtliche Beurteilung einer nebenberuflichen Aushilfstätigkeit

Für die Beurteilung der Sozialversicherungspflicht einer Aushilfstätigkeit neben einem Hauptberuf ist, wie bei einer hauptberuflichen Aushilfstätigkeit, die Höhe des Arbeitsentgelts entscheidend. Zusätzlich muss vom Arbeitgeber geprüft werden, ob es sich um eine **erste oder eine weitere** (zweite, dritte etc.) geringfügige Nebenbeschäftigung handelt.

1. Beitragspflicht zur Rentenversicherung

Ist die sozialversicherungsrechtliche Grenze (450 EUR monatliches Arbeitsentgelt) für eine geringfügige Nebenbeschäftigung eingehalten, besteht nur die Sozialversicherungspflicht zur Rentenversicherung. Der Arbeitgeber muss 15% des Arbeitsentgelts als Beitrag zur Rentenversicherung entrichten. Für den Arbeitnehmer besteht eine Beitragspflicht zur Rentenversicherung in Höhe von 3,6% des Arbeitsentgelts (Differenz des Arbeitgeberbeitrags zum allgemeinen Beitrag). Auch bei geringfügigen Nebenbeschäftigungen gibt es zu dieser Grundsatzregelung zahlreiche Ausnahmefall-Regelungen.

Ausnahmen von der Beitragspflicht zur Rentenversicherung

a) Befreiungsantrag des Arbeitnehmers

Der **Arbeitnehmer** kann beitragsfrei in der Rentenversicherung bleiben. Voraussetzung ist jedoch, dass der Minijobber beim Arbeitgeber einen formlosen Befreiungsantrag von der Rentenversicherungspflicht stellt. Beantragt der Mitarbeiter **nicht die Befreiung** von der Versicherungspflicht, entsteht automatisch volle Beitragspflicht zur Rentenversicherung für die geringfügige (Neben-)Beschäftigung. Das heißt: Hat der Arbeitnehmer eine sozialversicherungspflichtige Hauptbeschäftigung und nimmt er zusätzlich eine geringfügige Nebenbeschäftigung auf, wird der Minijob so behandelt, als wäre sie seine einzige Tätigkeit (vgl. Kapitel 3.2.2).

b) Mehrfach geringfügig Beschäftigte

Nimmt der Arbeitnehmer zusätzlich zu einem ersten Minijob eine zweite geringfügige Nebenbeschäftigung auf, ist diese mit der Hauptbeschäftigung zusammenzurechnen. Die zweite und jede weitere geringfügige Nebenbeschäftigung unterliegt vollständig den Beiträgen zu allen Zweigen der Sozialversicherung. Die vollständige Beitragspflicht für die zweite Nebenbeschäftigung entsteht selbst dann, wenn die Arbeitsentgelte aus der ersten und der zweiten geringfügigen Beschäftigung zusammen die Grenze von 450 EUR im Monat nicht überschreiten.

!

Beispiel

Ein Arbeitnehmer hat eine sozialversicherungspflichtige Hauptbeschäftigung und eine geringfügige Nebenbeschäftigung. Am 01.04. nimmt er eine weitere geringfügige Nebenbeschäftigung auf. Der Arbeitnehmer ist in einer gesetzlichen Krankenkasse versichert und erhält aus den Beschäftigungen folgende monatliche Entgelte.

Beschäftigung	Stunden pro Woche	Entgelt pro Monat
A	37,5	1.960 EUR
B	6	250 EUR
C	3	150 EUR
Summe		2.360 EUR

Die Hauptbeschäftigung (A) ist sozialversicherungspflichtig und bei der Krankenkasse mit der Personengruppe 101 anzumelden. Die erste geringfügige Nebenbeschäftigung B ist nur in der Rentenversicherung voll beitragspflichtig, in der Krankenversicherung besteht pauschale Beitragspflicht des Arbeitgebers. In der Rentenversicherung kann sich der Minijobber von der Beitragspflicht befreien lassen. In diesem Fall sind nur noch pauschale Beiträge in Höhe von 15% des Arbeitsentgelts vom Arbeitgeber zu leisten (Personengruppe 109). Die per 01.04. aufgenommene geringfügige Beschäftigung C wird mit der Hauptbeschäftigung A zusammengerechnet. Das Arbeitsentgelt liegt für die Beschäftigungen A und C über der Geringfügigkeitsgrenze (450 EUR) und somit ist die Beschäftigung C bei der Krankenkasse als sozialversicherungspflichtige Beschäftigung mit der Personengruppe 101 und der Beitragsgruppe 1-1-0-1 anzumelden. Die Sozialversicherungspflicht aus einer **zweiten** geringfügigen Nebenbeschäftigung entsteht auch dann, wenn die Arbeitsentgelte aus der ersten und der zweiten geringfügigen Nebenbeschäftigung zusammen nicht die Grenze von 450 EUR pro Monat übersteigen. Ist dem Arbeitgeber die erste geringfügige Nebenbeschäftigung nicht bekannt, wird die Minijob-Zentrale der Anmeldung der zweiten geringfügigen Nebenbeschäftigung widersprechen. Der Arbeitgeber erhält die Mitteilung, dass die Beschäftigung bei der zuständigen Krankenkasse anzumelden ist.

Beachten Sie: Wird neben der ersten geringfügigen Beschäftigung eine **zweite** geringfügige Beschäftigung aufgenommen, ist diese grundsätzlich mit der Hauptbeschäftigung zusammenzurechnen. Sie unterliegt damit den Beiträgen zur Kranken-, Pflege- und Rentenversicherung. In der **Arbeitslosenversicherung** ist jede geringfügige Beschäftigung einzeln zu betrachten und somit in der Regel beitragsfrei. Im Unterschied zu mehreren geringfügigen Beschäftigungen **ohne** eine sozialversicherungspflichtige Hauptbeschäftigung besteht bei Nebenbeschäftigungen **keine** Beitragspflicht zur Arbeitslosenversicherung.

Keine Zusammenrechnung findet statt, wenn neben einer geringfügigen Nebenbeschäftigung eine kurzfristige Beschäftigung ausgeübt wird. Diese Regelung gilt auch, wenn eine sozialversicherungspflichtige Hauptbeschäftigung neben der geringfügigen und der kurzfristigen Beschäftigung besteht.

! **Beispiel**

Ein Arbeitnehmer hat eine sozialversicherungspflichtige Hauptbeschäftigung und eine kurzfristige Nebenbeschäftigung vom 15.03. – 30.04. Am 01.04. nimmt er eine geringfügige Nebenbeschäftigung auf. Der Arbeitnehmer ist in einer gesetzlichen Krankenkasse versichert und erhält aus den Beschäftigungen folgende monatliche Entgelte.

Beschäftigung	Stunden pro Woche	Entgelt pro Monat
A	37,5	1.960 EUR
B	6	600 EUR
C	4	350 EUR
Summe		2.910 EUR

Die Hauptbeschäftigung (A) ist eine sozialversicherungspflichtige Beschäftigung und bei der Krankenkasse mit der Personengruppe 101 und der Beitragsgruppe 1-1-1-1 anzumelden. Die kurzfristige Nebenbeschäftigung B ist sozialversicherungsfrei, aber bei der Minijob-Zentrale mit der Personengruppe 110 und der Beitragsgruppe 0-0-0-0 anzumelden. Die Beschäftigung C ist die erste geringfügige Nebenbeschäftigung und kann mit der Personengruppe 109 und der Beitragsgruppe 6-1-0-0 bei der Minijob-Zentrale angemeldet werden. Ohne einen Befreiungsantrag des Arbeitnehmers entstehen der volle Rentenversicherungsbeitrag und der pauschale Krankenversicherungsbeitrag. Stellt der Mitarbeiter den Befreiungsantrag in der Rentenversicherung, ist die Anmeldung mit dem Beitragsgruppenschlüssel 6-5-0-0 zu melden.

c) Rentenversicherung bei einem berufsständischen Versorgungswerk

Besondere Regelungen bestehen für geringfügige Nebenbeschäftigungen, bei denen der Arbeitnehmer in der Hauptbeschäftigung in einem berufsständischen Versorgungswerk rentenversichert ist. Grundsätzlich besteht auch für die geringfügige Nebenbeschäftigung eines freien Berufes (Arzt, Apotheker etc.) die allgemeine Beitragspflicht zur Rentenversicherung. Allerdings ist bei dieser geringfügigen Nebenbeschäftigung zu unterscheiden, ob es sich um eine »berufsfremde« oder »berufsgleiche« Nebenbeschäftigung handelt. Übt der geringfügig Beschäftigte eine **berufsgleiche** Nebenbeschäftigung aus, ist das Versorgungswerk der zuständige Rentenversicherungsträger für die geringfügige Beschäftigung. (Beispiel: Arzt ist geringfügig im medizinischen Bereich nebenbeschäftigt). Wird die geringfügige Nebenbeschäftigung in einem **berufsfremden** Bereich ausgeübt, ist die Deutsche Rentenversicherung zuständiger Versicherungsträger. Dementsprechend ist die Anmeldung an die Minijob-Zentrale als dem zuständigen Versicherungsträger zu richten.

Sowohl bei berufsgleichen, wie bei berufsfremden Nebenbeschäftigungen kann sich der Mitarbeiter von der Beitragspflicht zur Rentenversicherung befreien lassen. Wird die Befreiung von den Rentenversicherungsbeiträgen beantragt, besteht nur noch eine pauschale Beitragspflicht des Arbeitgebers (15% des Arbeitsentgelts). Dies führt jedoch dazu, dass dann sowohl für berufsgleiche, wie auch für berufsfremde geringfügige Nebenbeschäftigungen die Minijob-Zentrale der zuständige Rentenversicherungsträger ist. Die Anmeldung ist bei einer vorliegenden Befreiung an die Minijob-Zentrale zu richten. Ohne Befreiung muss die Berufsgleichheit mit der Hauptbeschäftigung zunächst geprüft werden und die Anmeldung an den zuständigen Rentenversicherungsträger gerichtet werden.

Die detaillierte Regelung für Mehrfachbeschäftigte mit einer Rentenversicherung bei einem Versorgungswerk ist in Kapitel 3.4.5 dargestellt.

2. Beitragspflicht zur Krankenversicherung

Ist der Mitarbeiter in einer gesetzlichen Krankenkasse krankenversichert, entsteht zusätzlich zum Rentenversicherungsbeitrag ein Beitrag von 13% des Arbeitsentgeltes zur Krankenversicherung. Der pauschale Beitrag ist vom Arbeitgeber zusätzlich zum Arbeitsentgelt zu tragen. Der pauschale Krankenversicherungsbeitrag ist unabhängig davon, ob der Mitarbeiter sich von der Rentenversicherungspflicht befreien lässt oder nicht.

Ausnahmen von der Beitragspflicht zur Krankenversicherung für geringfügig Nebenbeschäftigte

a) Private Krankenversicherung

Minijobber, die in ihrer Hauptbeschäftigung in eine private Krankenversicherung gewechselt sind, unterliegen nicht der Beitragspflicht zur gesetzlichen Krankenversicherung in der Nebenbeschäftigung. Es entsteht auch keine pauschale Beitragspflicht für den Arbeitgeber.

b) Kurzfristig Beschäftigte

Wird die Beschäftigung kürzer als drei Monate (70 Arbeitstage) ausgeübt, sind die Voraussetzungen einer kurzfristigen Beschäftigung zu prüfen. Kurzfristig Beschäftigte unterliegen nicht der Sozialversicherungspflicht und somit auch nicht der Beitragspflicht zur Krankenversicherung. Es entsteht auch kein pauschaler Beitrag zur Krankenversicherung für den Arbeitgeber. Die Voraussetzungen für eine kurzfristige Beschäftigung finden Sie in Kapitel 3.3.

c) Bezieher von Arbeitslosengeld / Arbeitssuchende

Geringfügig Beschäftigte, die bei der Arbeitsagentur als in Ausbildung oder als Arbeitsuchende gemeldet sind, dürfen nur bis zur anteiligen Geringfügigkeitsgrenze monatlich hinzuverdienen. Wird die anteilige Minijob-Grenze überschritten, besteht volle Sozialversicherungspflicht. Auch eine kurzfristige Beschäftigung ist nicht möglich, da Beschäftigungen von Arbeitssuchenden grundsätzlich als »berufsmäßig« gelten. Die anteilige Geringfügigkeitsgrenze ist auf die Dauer der Beschäftigung herunter zu rechnen. Zusätzlich werden Arbeitsentgelte von monatlich über 165 EUR vollständig auf das Arbeitslosengeld 1 (ALG I) angerechnet.

! **Beispiel**

Ein Arbeitnehmer bezieht Arbeitslosengeld I und wird für 2 Tage am Wochenende (Samstag und Sonntag) befristet beschäftigt. Die tägliche Arbeitszeit beträgt 5 Stunden. Das Arbeitsentgelt beträgt 110 EUR für beide Tage.

Beurteilung

Die geringfügige Beschäftigung ist vollständig Sozialversicherungspflichtig, weil der Arbeitnehmer als Bezieher von Arbeitslosengeld als berufsmäßig Beschäftigter anzusehen ist und das Arbeitsentgelt die anteilige Arbeitsentgeltgrenze überschreitet. Im Beispiel liegt die Grenze für 2 Beschäftigungstage bei 450 EUR / 30 × = 15 EUR/ Tag. Für 2 Tage ergibt sich 30 EUR als anteilige Geringfügigkeitsgrenze. Es besteht Sozialversicherungspflicht in der Kranken-, Renten- und Pflegeversicherung. In der Arbeitslosenversicherung besteht Versicherungsfreiheit, weil die wöchentliche Arbeitszeit weniger als 15 Stunden beträgt. Die Beschäftigung ist mit dem Beitragsgruppenschlüssel 3-1-0-1 und der Personengruppe 101 bei der Krankenkasse anzumelden. Für die Dauer der Arbeitslosigkeit besteht kein Krankengeldanspruch durch die Krankenkasse. Aus diesem Grund ist nur der ermäßigte Beitrag zur Krankenversicherung (Schlüssel 3) zu melden.

3.2.4 Erstellen der Anmeldung zur Sozialversicherung

Wird im umgangssprachlichen Gebrauch von Aushilfen oder Minijobbern gesprochen, sind in der Regel geringfügig Beschäftigte gemeint. Die geringfügige Beschäftigung ist beim Sozialversicherungsträger anzumelden. Empfänger aller Meldungen ist die Bundesknappschaft-Bahn-See in 45115 Essen (Minijob-Zentrale). Die Meldung kann mit dem Hilfsprogramm »sv.net/comfort«[7] oder aus dem jeweiligen Entgeltabrechnungsprogramm erstellt und versendet werden. Wie bei Vollzeitbeschäftigten ist bei der Anmeldung die Sozialversicherungsnummer des Arbeitnehmers anzugeben. Auch sozialversicherungsfreie gering-

7 Das Programm sv.net/comfort kann kostenlos über das Internet von der Seite der ITSG (www.itsg.de) heruntergeladen werden.

fügig beschäftigte Arbeitnehmer benötigen einen Sozialversicherungsausweis mit einer Sozialversicherungsnummer. Für eine korrekte Anmeldung ist eine sozialversicherungsrechtliche Einstufung in geringfügige oder kurzfristige Beschäftigung erforderlich. Die sozialversicherungsrechtliche Einstufung nimmt der Arbeitgeber vor und teilt diese mit dem Beitragsgruppenschlüssel und der Personengruppe in der Meldung zur Sozialversicherung der Minijob-Zentrale mit.

Beitragsgruppen für eine geringfügige Hauptbeschäftigung

Hat der Arbeitnehmer eine (oder mehrere) geringfügige Beschäftigungen ohne eine sozialversicherungspflichte Hauptbeschäftigung, ist der Minijob die Hauptbeschäftigung. Für Minijobber, die in einer gesetzlichen Krankenkasse selbst- oder familienversichert sind, ist in der Meldung zur Sozialversicherung der **Beitragsgruppenschlüssel 6-1-0-0** (KV-RV-ALV-PV) zu melden. Hat der Mitarbeiter beim Arbeitgeber die Befreiung von der Versicherungspflicht in der Rentenversicherung beantragt, ist der Mitarbeiter mit dem **Beitragsgruppenschlüssel 6-5-0-0** bei der Minijob-Zentrale zu melden. Als **Personengruppe** ist in beiden Fällen die Gruppe **109** (geringfügig entlohnte Beschäftigung) in der Meldung anzugeben. Ist der Arbeitnehmer privat krankenversichert, lautet der Beitragsgruppenschlüssel 0-1-0-0 bzw. 0-5-0-0, abhängig davon, ob eine Befreiung in der Rentenversicherung beantragt wurde. Für Ausnahmeregelungen bei besonderen Personengruppen beachten Sie bitte den Abschnitt in Kapitel 3.2.3.

Tipp !

Durch die allgemeine Beitragspflicht zur Rentenversicherung kann der Mitarbeiter einen Anspruch auf Übergangsgeld erwerben. Nimmt der Arbeitnehmer nach Ablauf der 6-wöchigen Lohnfortzahlung an einer Maßnahme zur medizinischen Vorsorge oder Rehabilitation teil, kann er für diese Zeit das sogenannte Übergangsgeld von der Deutschen Rentenversicherung erhalten. Voraussetzung für den Anspruch auf Übergangsgeld aus einem Minijob ist unter anderem, dass unmittelbar vor der medizinischen Maßnahme Pflichtbeiträge zur gesetzlichen Rentenversicherung entrichtet wurden, also nicht nur der Pauschalbeitrag des Arbeitgebers.

Beitragsgruppenschlüssel				Personenkreis/Personengruppe 109
KV	RV	ALV	PV	
6	1	0	0	Geringfügig beschäftigt, in einer gesetzlichen Krankenkasse versichert
0	1	0	0	Geringfügig beschäftigt, privat krankenversichert
6	5	0	0	Geringfügig beschäftigt, in einer gesetzlichen Krankenkasse versichert, Versicherungsfreiheit in der Rentenversicherung beantragt
0	5	0	0	Geringfügig beschäftigt, privat krankenversichert, Versicherungsfreiheit in der Rentenversicherung beantragt

Beitragsgruppen für eine geringfügige Nebenbeschäftigung

Auch die geringfügige Nebenbeschäftigung ist beim Sozialversicherungsträger anzumelden. Empfänger ist die Minijob-Zentrale. Als Beitragsgruppenschlüssel ist für die **erste** geringfügige Nebenbeschäftigung der Schlüssel 6-1-0-0 (KV-RV-ALV-PV) zu melden. Hat der Arbeitnehmer schriftlich beim Arbeitgeber die Befreiung von der Rentenversicherungspflicht beantragt, muss die Beitragsgruppe 6-5-0-0 gemeldet werden. Ist der Arbeitnehmer privat krankenversichert lautet der Beitragsgruppenschlüssel 0-1-0-0 bzw. 0-5-0-0, abhängig davon, ob die Befreiung in der Rentenversicherung beantragt wurde. Arbeitnehmer, die in einem Versorgungswerk rentenversichert sind und bei der geringfügigen Nebenbeschäftigung in einer berufsgleichen Beschäftigung zur Hauptbeschäftigung arbeiten, sind mit der Beitragsgruppe 6-0-0-0 zu melden. In diesem Fall ist das berufsständische Versorgungswerk der zuständige Versicherungsträger. Die Meldung ist an die Annahmestelle des Versorgungswerkes, die DASBV (Datenservice für berufsständische Versorgungseinrichtungen GmbH) zur richten. Die Annahmestelle der berufsständischen Versorgungseinrichtungen hat die Betriebsnummer 17625773. Zusätzlich ist eine Anmeldung mit dem Beitragsgruppenschlüssel 6-0-0-0 an die Minijob-Zentrale zu richten (2 Anmeldungen). Hat der Arbeitnehmer für die berufsgleiche Nebenbeschäftigung einen Befreiungsantrag für die Rentenversicherung gestellt, ist nur noch der pauschale Beitrag zur Rentenversicherung vom Arbeitgeber zu entrichten und nur noch eine Meldung an die Minijob-Zentrale zu versenden. Als Beitragsgruppe ist der Schlüssel 6-5-0-0 zu melden. In allen Fällen ist der Mitarbeiter mit der Personengruppe 109 zu melden.

Wird zusätzlich zu einer ersten eine weitere geringfügige Nebenbeschäftigung aufgenommen, ist diese mit der Hauptbeschäftigung zusammenzurechnen. Eine weitere Besonderheit ist zu berücksichtigen, wenn die Hauptbeschäftigung sozialversicherungsfrei ist – z. B. bei Beamten. Nimmt ein Beamter eine zweite geringfügige Nebenbeschäftigung auf, kann diese nicht mit der Hauptbeschäftigung zusammengerechnet werden. In diesem Fall wird die zweite geringfügige Nebenbeschäftigung mit der ersten geringfügigen Beschäftigung zusammengerechnet. Es ist dann zu prüfen ob die beiden geringfügigen Beschäftigungen die Entgeltgrenze von 450 EUR pro Monat übersteigen. Liegt das Arbeitsentgelt beider geringfügiger Beschäftigungen bei maximal 450 EUR, kann der Arbeitnehmer die Versicherungsfreiheit in der Rentenversicherung für beide Beschäftigungen beantragen. Entsprechend sind beide Beschäftigungen mit dem Beitragsgruppenschlüssel 6-5-0-0 bei der Minijob-Zentrale anzumelden. Wird die Versicherungsfreiheit nicht beantragt, sind beide Beschäftigungen mit der Personengruppe 109 und der Beitragsgruppe 6-1-0-0 anzumelden.

Die nachfolgende Tabelle gibt einen Überblick über die wichtigsten Beitragsgruppenschlüssel von geringfügig **Nebenbeschäftigten**.

Beitragsgruppenschlüssel				Personenkreis	Empfänger der Meldung
KV	RV	ALV	PV		
6	1	0	0	Geringfügig nebenbeschäftigt, in einer gesetzlichen Krankenkasse versichert (1. Beschäftigung)	Minijob-Zentrale
0	1	0	0	Geringfügig nebenbeschäftigt, privat krankenversichert	Minijob-Zentrale
6	5	0	0	Geringfügig nebenbeschäftigt, in einer gesetzlichen Krankenkasse versichert, Versicherungsfreiheit in der Rentenversicherung beantragt	Minijob-Zentrale
0	5	0	0	Geringfügig nebenbeschäftigt, privat krankenversichert, Versicherungsfreiheit in der Rentenversicherung beantragt	Minijob-Zentrale
6	0	0	0	Berufsgleiche geringfügige Nebenbeschäftigung, gesetzlich krankenversichert, in Versorgungswerk rentenversichert	Minijob-Zentrale + Meldung an das Versorgungswerk
6	1	0	0	Berufsfremde geringfügige Nebenbeschäftigung, gesetzlich krankenversichert	Minijob-Zentrale
0	0	0	0	Berufsgleiche geringfügige Nebenbeschäftigung, privat krankenversichert, in Versorgungswerk rentenversichert	Minijob-Zentrale + Meldung an das Versorgungswerk
1	1	0	1	Zweite geringfügige Nebenbeschäftigung, gesetzlich krankenversichert	Krankenkasse des Arbeitnehmers (Personengruppe 101)
6	5	0	0	Zweite geringfügige Nebenbeschäftigung eines Beamten, freiwillig krankenversichert, Versicherungsfreiheit in RV beantragt, bis 450 EUR Entgelt aus beiden Beschäftigungen	Minijob-Zentrale
6	1	0	0	Zweite geringfügige Nebenbeschäftigung eines Beamten, freiwillig krankenversichert, keine Versicherungsfreiheit in RV beantragt, bis 450 EUR Entgelt aus beiden Beschäftigungen	Minijob-Zentrale
0	5	0	0	Zweite geringfügige Nebenbeschäftigung eines Beamten, privat krankenversichert, Versicherungsfreiheit in RV beantragt, bis 450 EUR Entgelt aus beiden Beschäftigungen	Minijob-Zentrale

Für spezielle Personengruppen wie Arbeitnehmer mit Anspruch auf eine gesetzliche Altersrente, Grenzpendler, Studenten oder Praktikanten sind weitere Besonderheiten bei den Beitragsgruppen zu beachten. Diese sind in Kapitel 3.4 zusammengestellt.

Personengruppe

Sind beide Bedingungen für die Geringfügigkeit erfüllt (Verdienstgrenze und erste geringfügige Nebenbeschäftigung), kann der Arbeitnehmer mit dem Personengruppenschlüssel 109 angemeldet werden. Wird die jährliche Entgeltgrenze für eine geringfügige Beschäftigung (5.400 EUR) voraussichtlich überschritten, besteht volle Sozialversicherungspflicht. Entsprechend ist die Beschäftigung mit dem Personengruppenschlüssel 101 zu melden. Der Personengruppenschlüssel 101 ist auch anzugeben, wenn es sich bei der Beschäftigung um eine zweite oder dritte geringfügige Nebenbeschäftigung handelt. Zuständig für die Anmeldung von Arbeitnehmern mit dem Personengruppenschlüssel 109 ist die Minijob-Zentrale (Bundesknappschaft-Bahn-See). Empfänger von Meldungen mit dem Personengruppenschlüssel 101 ist die zuständige Krankenkasse (siehe Kapitel 3.1.3).

Mehrfachbeschäftigung

Hat der Arbeitnehmer mehrere geringfügige (Haupt-)Beschäftigungsverhältnisse, werden diese für die Beurteilung der Sozialversicherungspflicht zusammengefasst. Ist die Grenze von maximal 5.400 EUR Arbeitsentgelt pro Jahr aus allen Beschäftigungen eingehalten, kann der Minijob als geringfügige Beschäftigung angemeldet werden. Für weitere Beschäftigungen ist das Feld »Mehrfachbeschäftigung« zu melden.

Die Prüfung auf eine mögliche Überschreitung der durchschnittlichen monatlichen Entgeltgrenze bzw. der Jahresentgeltgrenze (5.400 EUR) übernimmt die Minijob-Zentrale. Gegebenenfalls wird die Anmeldung der geringfügigen Beschäftigung abgelehnt und Sie erhalten den Hinweis, dass die Beschäftigung bei der zuständigen Krankenkasse anzumelden ist. Die Abweisung und Rückmeldung erfolgt elektronisch per Datenabruf vom sogenannten Kommunikationsserver. Der Datenabruf kann mit dem Programm sv.net oder direkt über das Entgeltabrechnungsprogramm vorgenommen werden.

Sowohl bei mehreren geringfügigen Beschäftigungen als auch bei einer Hauptbeschäftigung und einer gleichzeitigen geringfügigen Nebenbeschäftigung ist die »Mehrfachbeschäftigung« bei der Meldung zur Sozialversicherung anzugeben.

3.3 Was ist bei Eintritt einer kurzfristig beschäftigten Aushilfe zu tun?

Bei kurzzeitigen Arbeitsspitzen werden oft Aushilfen für einen absehbaren Zeitraum benötigt. Steht die Dauer der Aushilfstätigkeit im Voraus schon fest, kann die Aushilfe als »kurzfristig Beschäftigte(r)« eingestellt werden. Im Unterschied zur geringfügigen Beschäftigung ist die kurzfristige Beschäftigung immer als ein befristeter Arbeitseinsatz angelegt. Kurzfristige Aushilfen haben den Vorteil, dass sie nicht an die starren Zeit- und Verdienstgrenzen der geringfügig Beschäftigten gebunden sind. Ein zweiter Vorteil ist, dass kurzfristige Beschäftigungen in der Regel von Beiträgen zu den Sozialversicherungen befreit sind. Jedoch gibt es auch für kurzfristig Beschäftigte einige Voraussetzungen für eine Befreiung von der Sozialversicherungspflicht. Eine Beschäftigung gilt im Sozialversicherungsrecht als kurzfristig, wenn:

- die Tätigkeit auf 70 Arbeitstage oder 3 Monate (90 Kalendertage) innerhalb eines Kalenderjahres begrenzt ist und
- die Aushilfstätigkeit nicht berufsmäßig ausgeübt wird.

Bei der kurzfristigen Beschäftigung spielen die Höhe des Arbeitsentgeltes und die Zahl der wöchentlichen Arbeitsstunden für die Sozialversicherungsfreiheit keine Rolle. Wichtig ist jedoch die Begrenzung auf 70 Arbeitstage innerhalb eines Kalenderjahres.

Beachten Sie: Im Zusammenhang mit der Einführung des Mindestlohns kommt es seit 1. Januar 2015 zu einer befristeten Ausweitung der kurzfristigen Beschäftigung. Begrenzt bis 31.12.2018 wird die Möglichkeit der sozialversicherungsfreien kurzfristigen Beschäftigung von 50 auf 70 Arbeitstage pro Kalenderjahr ausgeweitet.

3.3.1 Prüfen der Beschäftigungszeit und der Berufsmäßigkeit

Wesentliches Kriterium für eine kurzfristige Beschäftigung ist die Einhaltung der Beschäftigungsdauer von maximal 70 Arbeitstagen in einem Kalenderjahr. Vor der Anmeldung einer kurzfristigen Beschäftigung gilt es zu prüfen, ob und wie lange ein neuer Mitarbeiter im laufenden Jahr bereits kurzfristig beschäftigt war. Entsprechend kann dann bereits bei der Einstellung die Dauer der Beschäftigung auf die verbleibenden Arbeitstage begrenzt werden. Bei der Prüfung, ob die zeitlichen Grenzen überschritten werden, sind bei mehreren aufeinanderfolgenden kurzfristigen Beschäftigungen die Beschäftigungszeiten zu addieren. Die Zeitgrenzen gelten auch dann, wenn die Beschäftigungen bei unterschiedlichen Arbeitgebern ausgeübt wurden. Das gilt unabhängig davon, ob das Entgelt für die kurzfristige Beschäftigung innerhalb der 450-EUR-Grenze liegt oder darüber.

Anzahl Arbeitstage pro Kalenderjahr

Eine Beschäftigung kann nur dann als kurzfristig bei der Minijob-Zentrale angemeldet werden, wenn der kurzfristige Beschäftigungszeitraum voraussichtlich eingehalten wird. Wird die Beschäftigung an mindestens **5 Tagen** in der Kalenderwoche (Montag bis Sonntag) ausgeübt, ist die Grenze von max. **3 Monaten** maßgeblich. Bei einer Beschäftigung mit **weniger** als 5 Tagen in der Kalenderwoche ist die Grenze von **70 Arbeitstagen** maßgebend. Bei durchgehender Beschäftigung geht diese dann über die 3 Monate hinaus. Werden in einem Kalenderjahr **mehrere** kurzfristige Beschäftigungen ausgeübt, treten an die Stelle des Dreimonatszeitraums **90 Kalendertage**. Die 90 Kalendertage sind jedoch nur dann maßgeblich, wenn die einzelnen Beschäftigungen (in der Vergangenheit) an weniger als einem **vollen** Kalendermonat ausgeübt wurden. In diesem Fall gilt die Grenze von 3 Monaten. Gibt es bei der Beschäftigung voraussichtlich Zeiten, zu denen die Beschäftigung an fünf Tagen in der Woche ausgeübt wird und Zeiten, in der die Beschäftigung an weniger als fünf Tagen in der Woche besteht, dann ist für die Berechnung der Arbeitstage einheitlich die 70-Arbeitstage-Regelung anzusetzen. Dabei ist eine Nachtarbeit, die sich über zwei Kalendertage erstreckt, als ein Arbeitstag anzusehen. Werden an einem Kalendertag mehrere kurzfristige Beschäftigungen gleichzeitig ausgeübt, gilt dieser Kalendertag ebenfalls als ein Arbeitstag. Bei der Prüfung, ob die Zeiträume von drei Monaten, 70 Arbeitstagen oder 90 Kalendertagen überschritten werden, sind die Zeiten mehrerer aufeinanderfolgender kurzfristiger Beschäftigungen zusammenzurechnen, unabhängig davon, ob sie geringfügig oder mehr als geringfügig entlohnt sind. Dies gilt auch dann, wenn die einzelnen Beschäftigungen bei verschiedenen Arbeitgebern ausgeübt werden.

!

Beispiel

Mit einem Arbeitnehmer wurde eine Rahmenvereinbarung für das Kalenderjahr 2018 (01.01.2018 – 31.12.2018) über kurzfristige Arbeitseinsätze getroffen. Es wurde nicht definiert, ob die Einsätze immer eine ganze Woche oder nur wenige Tage sein sollen.

Beurteilung

Es sind unregelmäßige Einsätze mit ein bis sieben Tagen pro Woche vereinbart.
In diesem Fall gelten die 70 Arbeitstage innerhalb des Jahreszeitraums, weil auch Arbeitseinsätze unter fünf Tagen in der Woche erfolgen können.
Soll die Tätigkeit jeden Kalendermonat jeweils sieben Tage am Stück (Montag bis Sonntag) erfolgen, also innerhalb von 12 Monaten an 84 Tagen, gelten die 90 Kalendertage innerhalb des Jahreszeitraums.

Sobald nur ein Arbeitseinsatz innerhalb der vereinbarten Rahmenzeit unter fünf Tagen in der Woche dauert, darf der Arbeitnehmer nur insgesamt 70 Arbeitstage pro Kalenderjahr eingesetzt werden. Sofern die Rahmenvereinbarung für 90 Kalendertage läuft, führt eine zwischenzeitliche kurzfristige Beschäftigung bei einem anderen Arbeitgeber mit einem Arbeitseinsatz unter 5 Tagen sogar dazu, dass einheitlich 70 Arbeitstage für alle Arbeitgeber maßgebend werden.
Eine Rahmenvereinbarung wird in der Regel für längstens 12 Monate geschlossen. Idealerweise bietet sich hier ein Kalenderjahr an, weil dann anrechenbare Vorbeschäftigungszeiten nicht zu berücksichtigen sind.

Beachten Sie: Bei den Regeln für die kurzfristige Beschäftigung wird auf das Kalenderjahr abgestellt. Dabei gelten aber Arbeitsverhältnisse, die über die Jahresgrenze hinweg laufen, als zusammenhängend. Wenn eine Aushilfe beispielsweise innerhalb des laufenden Jahres bereits 40 Arbeitstage kurzfristig beschäftigt war, kann sie nur noch 30 Arbeitstage als kurzfristig Beschäftigte aushelfen, um sozialversicherungsfrei zu bleiben. Dies ist unabhängig davon, ob die kurzfristigen Beschäftigungen beim gleichen oder bei unterschiedlichen Arbeitgebern ausgeübt werden. Der Arbeitgeber muss sich vom Arbeitnehmer zu Beschäftigungsbeginn für die Entgeltunterlagen schriftlich bestätigen lassen, dass ihm die Aufnahme weiterer Beschäftigungen schriftlich mitgeteilt werden. Durch diese Dokumentation kann sich der Arbeitgeber vor eventuellen Beitragsnachforderungen durch die Sozialversicherung schützen. Dies ist insbesondere dann wichtig, wenn nachträglich festgestellt wird, dass die Aushilfe zusammen mit anderen Beschäftigungen die maßgebende Zeitgrenze überschritten hat.

Beispiel !

Eine Aushilfe übernimmt eine Urlaubsvertretung vom 18. Juli bis 10. September. Während dieser Zeit arbeitet sie 40 Stunden pro Woche und erhält ein Arbeitsentgelt von 1.600 EUR im Monat. Der Betrieb hat eine 5-Tage-Woche und die Vertretung ist zeitlich begrenzt. Die Aushilfe war im laufenden Jahr noch nicht kurzfristig beschäftigt.

Beurteilung

Beschäftigungsdauer: 55 Kalendertage

Arbeitsdauer: 39 Arbeitstage

Die Zeitgrenze (drei Monate) wird bei dieser Aushilfe nicht überschritten. Von einer berufsmäßigen Tätigkeit ist auch nicht auszugehen, da die Aushilfe im laufenden Jahr noch nicht kurzfristig beschäftigt war. Die Aushilfe bleibt somit von Beiträgen zu den Sozialversicherungen befreit und kann als kurzfristig Beschäftigte bei der Minijob-Zentrale angemeldet werden. Die Ausnahmeregelung für arbeitslos gemeldete Arbeitnehmer ist zu beachten (siehe Kapitel 3.2.3 – KV).

Wiederholt sich die Beschäftigung innerhalb eines Kalenderjahres und wird dabei die Grenze von 70 Arbeitstagen überschritten, geht die Minijob-Zentrale von einer »berufsmäßigen Erwerbstätigkeit« aus und somit wird die Aushilfe vom Tag der Feststellung an sozialversicherungspflichtig.

Wird die kurzfristige Beschäftigung über den Jahreswechsel fortgeführt, so zählen die Tage im neuen Kalenderjahr zu der Beschäftigungszeit des Vorjahres.

Eine Beschäftigung kann nicht kurzfristig sein, wenn zwar die Zeitdauer von 70 Arbeitstagen im Laufe eines Kalenderjahres eingehalten wird, jedoch die Beschäftigung im Rahmen eines Dauerarbeitsverhältnisses mit regelmäßig wiederkehrenden Arbeitsverhältnissen ausgeübt wird. Es besteht allerdings die Möglichkeit, eine Beschäftigung auf maximal **ein Kalenderjahr** zu befristen und damit die Voraussetzungen für eine kurzfristige Beschäftigung zu erfüllen. Dabei ist dann zu beachten, dass die Anzahl der Arbeitstage die Grenze von 70 Tagen nicht überschreitet. Außerdem ist zu beachten, dass bei unterjährigem Beginn eines Rahmenvertrags auch bereits kurzfristig erbrachte Arbeitszeiten (in anderen Unternehmen) berücksichtig werden müssen. Schließt sich an einen auf 1 Jahr befristeten Rahmenarbeitsvertrag nach dessen Ende innerhalb von 2 Monaten erneut ein Rahmenarbeitsvertrag an, geht die Sozialversicherung von Beginn des neuen Rahmenvertrags an von einer regelmäßig ausgeübten Beschäftigung aus. In diesem Fall besteht Sozialversicherungspflicht. Eine kurzfristige Beschäftigung kann nicht angemeldet werden, wenn diese bei vorausschauender Betrachtung von vornherein auf ständige Wiederholung gerichtet ist und über mehrere Jahre hinweg ausgeübt werden soll. In diesem Falle besteht eine hinreichende Vorhersehbarkeit von Dauer und Zeitpunkt der einzelnen Arbeitseinsätze.

! **Beispiel**

Mit einem Arbeitnehmer wird ein Rahmenvertrag für ein Kalenderjahr geschlossen und festgelegt, dass nur an den letzten drei Arbeitstagen im Kalendermonat und am ersten Arbeitstag des Folgemonats der Arbeitseinsatz erfolgt. Der Arbeitnehmer erhält dafür ein monatliches Entgelt von 460 EUR. An Weihnachten und Feiertagen soll nicht gearbeitet werden.

Beurteilung

Das Arbeitsverhältnis kann nicht als kurzfristig angemeldet werden, obwohl die Anzahl der Arbeitstage im Kalenderjahr nicht überschritten wird. Weil die Beschäftigung regelmäßig ausgeübt wird und die Arbeitseinsätze vorhersehbar über einen Zeitraum von mehreren Monaten erfolgen sollen, sieht die Sozialversicherung die Beschäftigung als berufsmäßig an. Wegen der Höhe des monatlichen Arbeitsentgelts ist auch eine geringfügige Beschäftigung nicht möglich. Wären die Arbeitstage in dem Rahmenvertrag nicht geregelt, könnte die Beschäftigung als kurzfristige Beschäftigung angemeldet werden. Arbeitseinsätze in einem Rahmenvertrag sollten

- keine Abrufbereitschaft haben,
- unvorhersehbar und zu unterschiedlichen Anlässen erfolgen,
- keinem erkennbaren Rhythmus unterliegen und
- der Betrieb sollte nicht strukturell auf solche Arbeitskräfte ausgerichtet sein.

Beurteilung der Berufsmäßigkeit

Berufsmäßig wird eine Beschäftigung dann ausgeübt, wenn sie für die in Betracht kommende Person nicht von untergeordneter wirtschaftlicher Bedeutung ist. Beschäftigungen, die nur gelegentlich, z.B. zwischen Schulabschluss und Fachschulausbildung bzw. Studium ausgeübt werden, sind grundsätzlich von untergeordneter wirtschaftlicher Bedeutung und daher als nicht berufsmäßig anzusehen. Dies gilt sinngemäß auch für kurzfristige Beschäftigungen, die neben einer Beschäftigung mit einem Arbeitsentgelt über 450 EUR und einer Hauptbeschäftigung ausgeübt werden.

Kurzfristige Beschäftigungen **zwischen Schulentlassung** und Ableistung eines **freiwilligen sozialen/ökologischen Jahres** werden dagegen per Definition **berufsmäßig** ausgeübt. Dies gilt auch, wenn nach der Ableistung des freiwilligen sozialen/ökologischen Jahres voraussichtlich ein Studium aufgenommen wird. Folgt eine kurzfristige Beschäftigung auf bereits ausgeübte sozialversicherungspflichtige Beschäftigungen, ist Berufsmäßigkeit ohne weitere Prüfung anzunehmen, wenn die Beschäftigungszeiten im Laufe eines Kalenderjahres insgesamt mehr als drei Monate oder 70 Arbeitstage betragen. Dabei können nur solche Beschäftigungen berücksichtigt werden, in denen die monatliche Arbeitsentgeltgrenze von 450 EUR überschritten wird. Bei Personen, die aus dem Berufsleben ausgeschieden sind (z.B. Bezieher einer Altersvollrente), können nur Beschäftigungszeiten nach dem Ausscheiden angerechnet werden.

Aushilfstätigkeiten während des Erziehungsurlaubs oder von Arbeitslosen mit Anspruch auf Arbeitslosengeld I werden grundsätzlich als berufsmäßige Erwerbstätigkeit angesehen.

Höhe des Arbeitsentgelts

Die Höhe des täglichen oder monatlichen Arbeitsentgelts hat keinen Einfluss darauf, ob die Beschäftigung kurzfristig ist oder nicht. Somit kann eine Beschäftigung mit einem monatlichen Arbeitsentgelt von 1.000 EUR als kurzfristige Beschäftigung angemeldet werden, wenn diese vertraglich auf maximal drei Monate beschränkt wird. Die Beschäftigung ist beitrags- und sozialversicherungsfrei für Arbeitgeber und Arbeitnehmer.

Eine kurzfristige Beschäftigung mit einem Arbeitsentgelt, welches die Geringfügigkeitsgrenze (450 EUR im Monat) nicht überschreitet, kann sowohl als kurzfristige als auch als geringfügig entlohnte Beschäftigung behandelt werden. Auch bei einer kurzfristigen Beschäftigung ist der seit 2017 geltende Mindestlohn von 8,84 EUR pro Stunde zu berücksichtigen. Die geltenden Ausnahmeregelungen werden in Kapitel 4.1 erläutert.

3.3.2 Erstellen der Anmeldung zur Sozialversicherung

Die kurzfristige Beschäftigung ist bei der Minijob-Zentrale an- und abzumelden. Für kurzfristige Beschäftigungen sind auch Unterbrechungsmeldungen und/oder Jahresmeldungen erforderlich. Die Anmeldung kann ggf. direkt aus dem Entgeltabrechnungsprogramm erfolgen oder ist mit dem Programm »sv.net/comfort« der ITSG vorzunehmen. Neben den allgemeinen Angaben zu Name, Anschrift etc. sind die Beschäftigungszeit, der Personengruppenschlüssel und der Beitragsgruppenschlüssel wichtige Bestandteile der Meldung.

Personengruppe

Werden die Grenzen der kurzfristigen Beschäftigung (max. 70 Arbeitstage / 3 Monate) für die Beschäftigung voraussichtlich eingehalten, ist der Arbeitnehmer mit dem Personengruppenschlüssel **110** der Minijob-Zentrale zu melden. Als »Grund der Abgabe« ist bei einer Anmeldung der Schlüssel 10 (Anmeldung) anzugeben. Überschreitet eine kurzfristige Beschäftigung entgegen der ursprünglichen Erwartung drei Monate oder 70 Arbeitstage im Kalenderjahr, so tritt vom Tage des Erkennens, spätestes beim Überschreiten die Sozialversicherungspflicht ein. Stellt sich bereits vor Erreichen der Grenze heraus, dass die Beschäftigung länger dauern wird, so beginnt die Versicherungspflicht bereits mit dem Tage, an dem das Überschreiten erkennbar wird. Bei einer Überschreitung der kurzfristigen Beschäftigung ist der Arbeitnehmer sozialversicherungspflichtig und entsprechend mit dem Personengruppenschlüssel 101 bei der Krankenkasse anzumelden. Zuständig ist die gesetzliche Krankenkasse, bei der der Arbeitnehmer krankenversichert ist. Für privat krankenversicherte Arbeitnehmer kann der Arbeitgeber die Krankenkasse wählen.

Beachten Sie: Bei Eintritt der Sozialversicherungspflicht ist der Arbeitnehmer bei der Minijob-Zentrale ab- und bei der zuständigen Krankenkasse anzumelden.

Beitragsgruppe

Sind die Voraussetzungen für eine kurzfristige Beschäftigung gegeben (Tagesgrenze und keine Berufsmäßigkeit), ist die Beschäftigung beitragsfrei in der Kranken-, Renten-, Arbeitslosen- und Pflegeversicherung. Für kurzfristig beschäftigte Arbeitnehmer entstehen auch für den Arbeitgeber keine pauschalen Beiträge zur Kranken- und Rentenversicherung. Als Beitragsgruppenschlüssel sind die Schlüsselziffern 0-0-0-0 zu melden.

Beachten Sie: Eine kurzfristige Beschäftigung darf für die Prüfung der Zeit- und Entgeltgrenzen nicht mit einer geringfügigen Beschäftigung oder einer sozialversicherungspflichtigen Hauptbeschäftigung zusammengerechnet werden. Zusätzlich ist immer das Kriterium der Berufsmäßigkeit zu prüfen.

Beispiel !

Eine Aushilfe arbeitet bereits bei einer Gebäudereinigung (Arbeitgeber A) regelmäßig 10 Stunden in der Woche gegen ein monatliches Arbeitsentgelt von 450 EUR. In einer Firma C soll der Arbeitnehmer eine Urlaubsvertretung für 4 Wochen übernehmen. Der Betrieb hat eine 5-Tage-Woche und der Arbeitslohn für diesen Monat beläuft sich auf 1.500 EUR. Die Aushilfe hatte bereits im laufenden Kalenderjahr eine Urlaubsvertretung für 25 Arbeitstage in einer anderen Firma B übernommen die jedoch beendet ist.

Beurteilung

Beide Beschäftigungen sind sozialversicherungsfrei. Die Tätigkeit in der Gebäudereinigung liegt innerhalb der Entgeltgrenze von 450 EUR pro Monat. Damit ist die geringfügige Beschäftigung für den Mitarbeiter beitragsfrei (ggf. Beitrag zur Rentenversicherung 3,6% ohne Verzichtserklärung). Die Urlaubsvertretung in der Firma C ist auf 20 Arbeitstage begrenzt und erfüllt somit die Grenze für eine kurzfristige Beschäftigung. Von einer berufsmäßigen Beschäftigung ist nicht auszugehen, da die Summe der Arbeitstage mit der Beschäftigung in der Firma B zusammen unter 70 Arbeitstagen liegt. Somit ist auch diese kurzfristige Beschäftigung sozialversicherungsfrei. Da beide Aushilfstätigkeiten nicht addiert werden dürfen, kann die Aushilfe als kurzfristig Beschäftigte(r) angemeldet werden, auch wenn gleichzeitig eine geringfügige Beschäftigung oder eine sozialversicherungspflichtige Hauptbeschäftigung besteht.

3.3.3 Meldungsprüfung durch die Krankenkasse

Ab dem 01.01.2018 wird für das DEÜV-Meldeverfahren das sogenannte Bestandsprüfungsverfahren eingeführt. Die Krankenkassen können, nach Rücksprache mit dem Arbeitgeber, fehlerhafte DEÜV-Meldungen verändern bzw. korrigieren. Die so abgestimmten Meldedaten sind von der Krankenkasse einerseits an die Rentenversicherung weiterzuleiten und andererseits auch den Arbeitgebern mit dem neuen Datenbaustein (DBBM) elektronisch zu übermitteln. In diesen Fällen erhält der Arbeitgeber von der Krankenkasse die Originalmeldung zurück und zusätzlich einen Datenbaustein, in dem die Änderungen enthalten sind. Wenn die Krankenkasse (und nicht der Arbeitgeber) die

Meldung ändert, wird dies in der Praxis Probleme hervorrufen, da aufgrund der geänderten Meldung vom Arbeitgeber keine Stornierung und Neumeldung der ursprünglichen Meldung erfolgen darf. Deshalb wird auch ausdrücklich geregelt, dass die durch die Krankenkasse veränderte Meldung nicht in den Bestand des Arbeitgebers übernommen werden muss — sie kann jedoch übernommen werden. Die meisten Software-Hersteller raten ihren Kunden von einer Übernahme der Rückmeldungen ab. Wurde die Meldung mit dem Programm »sv.net/comfort« erstellt und gesendet, kann die Rückmeldung problemlos angenommen werden. Es ist jedoch zu beachten, dass nur mit sv.net erstellte Meldungen auch durch sv.net abgerufen werden können. Mit einem Entgeltabrechnungssystem erstellte Meldungen können nur mit diesem System abgerufen werden. Das Bestandsprüfungsverfahren bezieht sich auf folgende Meldeverfahren:

- Anmeldungen
- Jahresmeldungen
- Unterbrechungsmeldungen
- Abmeldungen
- GKV-Monatsmeldung
- sonstige Meldungen

Die Krankenkassen haben die Möglichkeit, Änderungen am Meldezeitraum oder ggf. an gemeldetem Arbeitsentgelt vorzunehmen. Außerdem kann die Krankenkasse den Abgabegrund ändern, die Versicherungsnummer, die Personengruppe, den Staatsangehörigkeitsschlüssel, den Beitragsgruppenschlüssel, die Angaben zur Tätigkeit, den Rechtskreis oder das Kennzeichen für Gleitzone und Mehrfachbeschäftigung. Ausgenommen von dem Rückmeldeverfahren der Bestandsprüfungen sind die Sofortmeldungen (Grund der Abgabe: 20) und die UV-Jahresmeldungen (Grund der Abgabe: 92).

Beachten Sie: Ist eine Änderung der Daten im Bestandsprüfungsverfahren nicht möglich, muss der Arbeitgeber weiterhin die Meldung stornieren und neu erstatten. Außerdem muss der Arbeitnehmer über die geänderte Rückmeldung informiert und ggf. eine geänderte Meldebescheinigung erstellt werden.

3.4 Sozialversicherungsmeldungen für besondere Personengruppen

3.4.1 Studierende

Die Neuregelung der geringfügigen Beschäftigung aus dem Jahr 2013 hatte, wenn auch nur geringe, Auswirkungen auf die versicherungsrechtliche Beurteilung von Studierenden. Um die Beitragspflicht feststellen zu können, muss der Arbeitgeber zunächst entscheiden, wann und in welchem Umfang der Studierende beschäftigt werden soll. Abhängig davon, ob der oder die Studierende in den Semesterferien oder während des Semesters mit mehr oder weniger als 20 Stunden pro Woche und gegen ein geringfügiges oder mehr als geringfügiges Entgelt beschäftigt wird, ergeben sich unterschiedliche Beitragspflichten. Bei Studierenden lassen sich folgende Beschäftigungen unterscheiden:

- geringfügige Beschäftigung (bis 450 EUR Entgelt pro Monat)
- kurzfristige Beschäftigung (bis max. 70 Arbeitstage / 3 Monate pro Jahr)
- Beschäftigung während des Semesters bis zu 20 Stunden pro Woche
- Beschäftigung während des Semesters für mehr als 20 Stunden pro Woche
- Beschäftigung während der Semesterferien
- Diplomanden, Bachelor- und Masterstudenten
- Studierende an Dualen Hochschulen

a) Geringfügige Beschäftigung

Wird ein Studierender für ein geringes Arbeitsentgelt (bis 450 EUR durchschnittlich pro Monat) beschäftigt, erfüllt der Arbeitnehmer die Voraussetzungen für eine geringfügige Beschäftigung. Wie für alle anderen Arbeitnehmer ist diese Beschäftigung (außer in der Rentenversicherung) für den Arbeitnehmer sozialversicherungsfrei. Der Arbeitgeber entrichtet die pauschalen Beiträge zur Rentenversicherung, der Studierende muss die Differenz zum allgemeinen Beitrag (3,6% des Arbeitsentgelts) als Beitrag leisten. Für Studierende, die in der gesetzlichen Krankenkasse versichert sind, muss der Arbeitgeber neben dem pauschalen Beitrag zur Rentenversicherung den Pauschalbeitrag von 13% zur Krankenversicherung leisten. Ist der Studierende privat versichert, entfällt der pauschale Krankenkassenbeitrag für den Arbeitgeber. Außerdem kann der Studierende auf die Rentenversicherungspflicht verzichten und dies dem Arbeitgeber schriftlich erklären. Die geringfügige Beschäftigung von Studierenden ist bei der Minijob-Zentrale mit dem Beitragsgruppenschlüssel 6-1-0-0 (0-1-0-0 privat versichert) und dem Personengruppenschlüssel 109 anzumelden. Verzichtet der Studierende auf die Rentenversicherungspflicht, ist er mit dem Beitragsgruppenschlüssel 6-5-0-0 bzw. 0-5-0-0 bei der Minijob-Zentrale anzumelden (vgl. Kapitel 3.2.3).

b) Kurzfristige Beschäftigung

Studierende, deren Beschäftigungsverhältnis von vornherein auf max. 3 Monate oder 70 Arbeitstage befristet wird, sind in allen Sozialversicherungszweigen versicherungsfrei (kurzfristige Beschäftigung). Es ist jedoch die Grenze der Arbeitstage im Kalenderjahr und die Berufsmäßigkeit zu prüfen. Die kurzfristige Beschäftigung ist bei der Minijob-Zentrale mit dem Beitragsgruppenschlüssel 0-0-0-0 und der Personengruppe 110 anzumelden (vgl. Kapitel 3.3.2).

Beachten Sie: auch für geringfügig oder kurzfristig beschäftigte Studierende gelten die Regelungen des Mindestlohns.

c) Beschäftigung während des Semesters bis max. 20 Stunden pro Woche
Wird ein Studierender während des laufenden Semesters mehr als geringfügig, aber nicht mehr als 20 Stunden pro Woche beschäftigt, besteht Sozialversicherungspflicht. Immatrikulierte Studenten haben jedoch das sogenannte Werksstudentenprivileg. Werksstudenten unterliegen nur in der Rentenversicherung der Beitragspflicht. Vom beitragspflichtigen Arbeitsentgelt ist der normale Beitrag (18,6%) zur Rentenversicherung zu ermitteln und **hälftig** von Arbeitgeber und Arbeitnehmer zu tragen. Die Beitragspflicht ist auf die Beitragsbemessungsgrenze in der Rentenversicherung begrenzt. Außerdem gilt für Arbeitsentgelte bis 850 EUR pro Monat die sogenannte Gleitzonenregelung. In der Kranken-, Pflege- und Arbeitslosenversicherung bleibt er versicherungsfrei. Auch wenn der Arbeitnehmer in der gesetzlichen Krankenversicherung versichert ist, entsteht für den Arbeitgeber **kein** pauschaler Beitrag zur Krankenversicherung. In diesem Fall ist der Studierende mit dem Beitragsgruppenschlüssel 0-1-0-0 bei der **Krankenkasse** anzumelden. Als Personengruppe ist der **Schlüssel 106** zu melden. Die Sozialversicherungen sehen ein ordentliches Studium auf maximal 25 Semester begrenzt. Wer mehr als 25 Fachsemester studiert und nicht belegt, dass das Studium weiterhin im Vordergrund steht, kann nicht sozialversicherungsfrei beschäftigt werden. Ab dem 26. Fachsemester ist davon auszugehen, dass das Studium nicht mehr im Vordergrund steht.

Beachten Sie: diese Form der studentischen Beschäftigung ist in der Regel dann relevant, wenn der Studierende über 450 EUR pro Monat verdient. Auch bei diesem Beschäftigungsverhältnis ist der Mindestlohn einzuhalten. Ausgeschlossen von dieser Regelung sind Studierende, die an dualen Hochschulen immatrikuliert sind, sowie Promotionsstudenten und Studierende, die ihr Studium unterbrochen haben.

! **Beachten Sie:**

Für Studierende mit einem regelmäßigen monatlichen Arbeitslohn von über 504 EUR besteht kein Anspruch mehr auf eine Familienversicherung in der gesetzlichen Krankenversicherung. Die Familienversicherung endet somit, auch wenn die Grenze von 27 Jahren des Studierenden noch nicht erreicht ist. Außerdem endet das Werkstudentenprivileg nicht mit der Übergabe der Bachelor- oder Master-Urkunde, sondern mit dem Monat, in dem die Prüfungsergebnisse der letzten Prüfungen mitgeteilt werden.

d) Beschäftigung mit mehr als 20 Stunden pro Woche

Geht die Beschäftigung des Studierenden während des laufenden Semesters über 20 Wochenstunden hinaus, unterliegt sie der vollen Beitragspflicht in allen vier Zweigen der Sozialversicherung. Die Beitragspflicht teilen sich Arbeitgeber und Arbeitnehmer je zur Hälfte. Der Mitarbeiter ist bei der **Krankenkasse** mit dem Beitragsgruppenschlüssel 1-1-1-1 und der Personengruppe 101 anzumelden. Zuständig ist die Krankenkasse, an die der Studierende seinen studentischen Krankenkassenbeitrag entrichtet bzw. bei der er familienversichert ist.

Das Bundessozialgericht hat für die 20-Wochenstunden-Grenze folgende Ausnahmesituationen definiert:

- Die Beschäftigung ist von vornherein auf nicht mehr als drei Monate befristet (kurzfristige Beschäftigung).
- Die Überschreitung der wöchentlichen 20-Stunden-Grenze kommt durch Beschäftigungszeiten in den Abend- und Nachtstunden oder am Wochenende zustande. Zusätzlich muss die Beschäftigung auf einen Zeitraum von max. 26 Wochen begrenzt sein.

Beispiel !

Eine Studentin wird vom 10.02. – 31.05. in einem Unternehmen beschäftigt. Die wöchentliche Arbeitszeit beträgt 24 Stunden. Es wurde geregelt, dass die Studentin 6 Stunden an Samstagen und 4 Stunden an Sonntagen arbeitet. Die restlichen 14 Stunden verteilen sich auf Nachmittage in der Woche. Mit der Studentin wurde ein Stundenlohn von 11,50 EUR vereinbart.

Beurteilung

Die Beschäftigung wird länger als 3 Monate ausgeübt, somit ist eine Anmeldung als kurzfristige Beschäftigung ausgeschlossen. Das monatliche Arbeitsentgelt liegt über 450 EUR, was zum Ausschluss der geringfügigen Beschäftigung führt. Die Nutzung des Werkstudentenprivilegs ist möglich, weil wöchentlich nur 14 Stunden während der üblichen Vorlesungszeiten gearbeitet werden. 10 Stunden fallen in vorlesungsfreie Zeiten (Wochenende und Nachtstunden). Somit ist die 20-Stundengrenze pro Woche eingehalten und die Studentin kann mit der Personengruppe 106 und der Beitragsgruppe 0-1-0-0 bei der Krankenkasse angemeldet werden.

e) Beschäftigung während der Semesterferien

Während der Semesterferien ist die Begrenzung der Arbeitszeit auf max. 20 Stunden pro Woche für die Sozialversicherungsfreiheit aufgehoben. Wird ein Studierender während der Semesterferien für 40 Stunden pro Woche gegen ein Arbeitsentgelt von 2.000 EUR beschäftigt, so besteht lediglich Beitragspflicht zur Rentenversicherung. Den Rentenversicherungsbeitrag von 18,6 % teilen sich Arbeitgeber und Studierender je zur Hälfte. In der Kranken-,

Pflege- und Arbeitslosenversicherung ist das Arbeitsverhältnis versicherungsfrei. Unabhängig davon, ob der Studierende gesetzlich oder privat krankenversichert ist, besteht auch keine pauschale Beitragspflicht zur Krankenversicherung. Die Befreiung in der Kranken-, Arbeitslosen- und Pflegeversicherung ist jedoch nur dann gegeben, wenn die Beschäftigung mehr als geringfügig ist und der Studierende an einer Hochschule immatrikuliert ist. In diesem Fall ist die studentische Tätigkeit mit dem Beitragsgruppenschlüssel 0-1-0-0 und der Personengruppe 106 bei seiner **Krankenkasse** anzumelden. Der Arbeitgeber muss jedoch prüfen, ob die Grenze von 26 Wochen pro Zeitjahr durch die studentische Tätigkeit nicht überschritten wird.

f) Diplomanden, Bachelor- und Masterstudenten

Diplomanden sind Studierende, die im Rahmen einer Tätigkeit im Unternehmen ihre Diplom-, Bachelor- oder Masterarbeit erstellen. Bei diesem Personenkreis handelt es sich in der Regel nicht um ein sozialversicherungspflichtiges Beschäftigungsverhältnis. Personen, die ausschließlich zum Zwecke der Erstellung einer Abschlussarbeit im Unternehmen tätig sind, gelten nicht als in das Unternehmen eingegliedert und sind somit keine Arbeitnehmer im sozialversicherungsrechtlichen Sinne. In diesem Fall bestehen wegen des fehlenden versicherungsrechtlichen Beschäftigungsverhältnisses keine Versicherungspflicht und keine Meldepflicht bei einer Krankenkasse oder der Minijob-Zentrale. Um die Personen dennoch in das Entgeltabrechnungssystem aufnehmen zu können, werden sie häufig mit dem Personengruppenschlüssel 0 oder 9xx und der Beitragsgruppe 0-0-0-0 geschlüsselt. Wird die Beschäftigung hingegen ohne das Vorliegen einer Diplom-, Bachelor- oder Masterarbeit ausgeübt, so gilt für immatrikulierte Studenten die Werkstudentenregelung mit der Unterscheidung zwischen mehr oder bis zu 20 Wochenstunden.

Die nachfolgende Tabelle zeigt die Beitragsgruppen- und Personengruppenschlüssel für Studenten.

Personengruppe	Beitragsgruppenschlüssel				Personenkreis
	KV	RV	ALV	PV	
106	0	1	0	0	Immatrikulierter Student, mehr als 450 EUR pro Monat, bis maximal 20 Stunden pro Woche beschäftigt, während des Semesters beschäftigt
106	0	1	0	0	Immatrikulierter Student, mehr als 450 EUR pro Monat, mehr als 20 Stunden pro Woche, während der Semesterferien beschäftigt

Personengruppe	Beitragsgruppenschlüssel				Personenkreis
	KV	RV	ALV	PV	
101	1	1	1	1	Immatrikulierter Student, mehr als 20 Stunden pro Woche, während des Semesters beschäftigt
109	6	1	0	0	Immatrikulierter Student, geringfügig beschäftigt (bis 450 EUR), gesetzlich krankenversichert
109	6	5	0	0	Immatrikulierter Student, geringfügig beschäftigt, mit Verzicht auf die Rentenversicherungspflicht
109	0	1	0	0	Immatrikulierter Student, geringfügig beschäftigt, privat krankenversichert (Minijob-Zentrale)
109	0	5	0	0	Immatrikulierter Student, geringfügig beschäftigt, privat krankenversichert, Verzicht auf die Rentenversicherungspflicht (Minijob-Zentrale)
110	0	0	0	0	Immatrikulierter Student, kurzfristig beschäftigt, ohne weitere kurzfristige Beschäftigung im laufenden Kalenderjahr
997[8]	–	–	–	–	Diplomand/Bachelor-/Master-Thesis

g) Studierende an Dualen Hochschulen

Die versicherungsrechtliche Beurteilung von Studierenden in sogenannten dualen Studiengängen (Berufsakademie-Studium) entspricht im Wesentlichen derer für Auszubildende. Das bedeutet, diese Studierende unterliegen grundsätzlich der Sozialversicherungspflicht in allen Versicherungszweigen (Beitragsgruppenschlüssel 1-1-1-1). Es wird auch nicht zwischen der Praxisphase und der Phase an der Hochschule unterschieden. Die Sozialversicherungspflicht gilt auch dann, wenn das monatliche Arbeitsentgelt unter der Grenze von 450 EUR liegt. Allerdings ist, wie bei Auszubildenden auch, die Geringverdienergrenze von 325 EUR zu beachten. Liegt das monatliche sozialversicherungspflichtige Arbeitsentgelt bis 325 EUR, muss der Arbeitgeber die Beiträge zu den Sozialversicherungen vollständig übernehmen. In diesem Fall ist der Student mit dem Personengruppenschlüssel 121 zu melden. Damit ergeben sich für Meldungen zu den Sozialversicherungen folgende Schlüsselkombinationen:

8 Die Personengruppe ist abhängig vom Entgeltabrechnungsprogramm. Für sozialversicherungsfreie Beschäftigungen kann dies auch die Personengruppe 0 oder 900 sein.

Personengruppe	Beitragsgruppenschlüssel				Personenkreis
	KV	RV	ALV	PV	
121	1	1	1	1	Monatliches Arbeitsentgelt **bis** 325 EUR; Arbeitgeber trägt die Sozialversicherungsbeiträge alleine.
102	1	1	1	1	Monatliches Arbeitsentgelt **über** 325 EUR; Sozialversicherungsbeiträge werden zwischen Arbeitgeber und Arbeitnehmer geteilt.
102	0	1	1	0	Ohne Arbeitsentgelt; es besteht eine Beitragspflicht des Arbeitgebers; Die Beiträge ergeben sich aus 1% der monatlichen Bezugsgröße und sind für die Renten- und Arbeitslosenversicherung zu leisten.

Außerdem gilt es eine Besonderheit für die Beitragspflicht zur Unfallversicherung (Berufsgenossenschaft) zu beachten. Das während der Theoriephase an der Hochschule erzielte Entgelt unterliegt nicht den Beiträgen zur Berufsgenossenschaft. Da die Beitragspflicht zur BG jedoch nicht melderelevant ist, müssen keine Meldungen zur Sozialversicherung beim Wechsel zwischen Praxis- und Theoriephase erstellt werden.

3.4.2 Schüler

Die Beschäftigung von Kindern ist grundsätzlich verboten. Als Kind im Sinne des Jugendarbeitsschutzgesetzes gilt, wer entweder noch nicht 15 Jahre alt ist oder noch der Vollzeitschulpflicht unterliegt. Das Verbot der Kinderarbeit gilt **nicht** für die Beschäftigung von Kindern **über 13 Jahren** mit Einwilligung der Sorgeberechtigten bei leichten und für sie geeigneten Arbeiten (z.B. Austragen von Zeitungen), bis zwei Stunden täglich (in der Landwirtschaft bis 3 Stunden), nicht jedoch zwischen 18 und 8 Uhr und nicht vor oder während des Schulunterrichts. Ab 15 Jahren dürfen Schüler für maximal 20 Arbeitstage bzw. 4 Wochen pro Jahr in den Ferien beschäftigt werden. Die Arbeitstage können frei verteilt werden. Schüler ab 18 Jahren unterliegen nicht mehr dem Jugendschutz. Sie dürfen auch außerhalb der Ferien beschäftigt werden.

Schüler einer Hauptschule, Realschule oder eines Gymnasiums, die neben der Schule oder während der Schulferien eine Beschäftigung ausüben, sind versicherungspflichtig in der Kranken-, Pflege- und Rentenversicherung. **Keine** Versicherungspflicht besteht hingegen in der **Arbeitslosenversicherung**. Pauschale Beitragspflicht des Arbeitgebers bzw. vollständige Versicherungsfreiheit ist dann gegeben, wenn die Beschäftigung nur geringfügig (nicht mehr als 450 EUR Entgelt pro Monat) oder kurzfristig (weniger als 70 Arbeitstage pro

Jahr) ist. Da Schüler häufig während der Schulferien arbeiten, sind besonders die Voraussetzungen der kurzfristigen Beschäftigung zu prüfen. Bei einer kurzfristigen Beschäftigung spielt die Höhe des monatlichen Arbeitsentgelts für die Sozialversicherungen keine Rolle. Sind diese nicht gegeben, kann die Geringfügigkeit der Beschäftigung geprüft werden. Sind auch diese Voraussetzungen nicht erfüllt, ist ein Schüler mit dem Beitragsgruppenschlüssel **1-1-0-1** bei der zuständigen Krankenkasse anzumelden. Als Personengruppe ist der Schlüssel 101 zu melden.

Die zuständige Krankenkasse ist in aller Regel die Kasse, in der der Schüler familienmitversichert ist. Ist der Schüler privat krankenversichert, besteht Beitragspflicht zur privaten Versicherung. Im Beitragsgruppenschlüssel muss unter KV dann eine 0 gemeldet werden. Sind die Bedingungen der geringfügigen Beschäftigung erfüllt, entsteht für den Arbeitgeber der pauschale Beitrag in der Rentenversicherung und bei gesetzlich versicherten Schülern in der Krankenversicherung. Für den Schüler entsteht der Differenzbeitrag in Höhe von 3,6% des Arbeitsentgelts (18,6% – 15%) als Beitragspflicht zur Rentenversicherung. Dementsprechend ist ein geringfügig beschäftigter Schüler mit dem Beitragsgruppenschlüssel 6-1-0-0 bei der Minijob-Zentrale anzumelden. Auch Schüler können bei einer geringfügigen Beschäftigung die Versicherungsfreiheit in der Rentenversicherung beim Arbeitgeber beantragen. In diesem Fall ist der Beitragsgruppenschlüssel 6-5-0-0 der Minijob-Zentrale zu melden. Als Personengruppenschlüssel ist die Gruppe 109 – geringfügig Beschäftigter – anzugeben. Die nachfolgende Tabelle gibt einen Überblick über die möglichen versicherungsrechtlichen Beurteilungen von Schülern – nicht jedoch von Schülern während der Berufsausbildung.

Personen-gruppe	Beitragsgruppenschlüssel				Personenkreis (Meldung an ...)
	KV	RV	ALV	PV	
101	1	1	0	1	Schüler, mehr als geringfügig beschäftigt (Krankenkasse)
101	0	1	0	0	Schüler, mehr als geringfügig beschäftigt, privat krankenversichert (Krankenkasse)
109	6	1	0	0	Schüler, geringfügig beschäftigt (Minijob-Zentrale)
109	6	5	0	0	Schüler, geringfügig beschäftigt, mit Verzicht auf die Versicherungspflicht in der Rentenversicherung (Minijob-Zentrale)
109	0	1	0	0	Schüler, geringfügig beschäftigt, privat krankenversichert (Minijob-Zentrale)

Personen-gruppe	Beitragsgruppenschlüssel				Personenkreis (Meldung an ...)
	KV	RV	ALV	PV	
109	0	5	0	0	Schüler, geringfügig beschäftigt, privat krankenversichert, mit Verzicht auf die Versicherungspflicht in der Rentenversicherung (Minijob-Zentrale)
110	0	0	0	0	Schüler, kurzfristig beschäftigt bis 70 Arbeitstage pro Kalenderjahr (Minijob-Zentrale)

Beachten Sie: zum Nachweis des Schüler Status sollte der Arbeitgeber eine Bescheinigung, aus welcher der Status »Schüler« hervorgeht, zu den Lohnunterlagen nehmen. Zu beachten ist auch die Beitragspflicht zur Unfallversicherung für den Arbeitgeber.

3.4.3 Geringverdiener

Von dem geringfügig Beschäftigten (Minijobber) ist der Geringverdiener zu unterscheiden. Geringverdiener sind **Auszubildende**, deren Arbeitsentgelt zwar innerhalb der Geringfügigkeitsgrenze von 450 EUR pro Monat liegt, die jedoch in allen Sozialversicherungen beitragspflichtig sind. Die Regelung des §8 SGB III schließt Auszubildende mit einer geringen Ausbildungsvergütung explizit von der Geringfügigkeitsregelung aus. Die Verdienstgrenze für Geringverdiener liegt bei **325 EUR Arbeitsentgelt pro Monat**. Bis zu dieser Grenze muss der Arbeitgeber die Beiträge zur Kranken-, Pflege-, Renten- und Arbeitslosenversicherung vollständig übernehmen. Ein Auszubildender mit einer Ausbildungsvergütung von beispielsweise 310 EUR ist mit der Personengruppe **121** und dem Beitragsgruppenschlüssel **1-1-1-1** bei seiner Krankenkasse anzumelden.

Beachten Sie: Für Auszubildende, deren Arbeitsentgelt die Geringverdienergrenze nicht übersteigt, gilt die Personengruppe 121. Der Personengruppenschlüssel 121 ist selbst dann anzuwenden, wenn die Geringverdienergrenze infolge einer Sonderzahlung einmalig überschritten wird. Für Auszubildende in der Seefahrt, deren Arbeitsentgelt die Geringverdienergrenze nicht übersteigt, gilt die Personengruppe 144 (siehe auch Kapitel 5.3.3).

Die Geringverdienergrenze gilt für einen vollständigen Beschäftigungsmonat (30 SV-Tage). Liegt das Arbeitsentgelt aufgrund eines Teilmonats (z.B. Eintritt zum 10. des Monats) unter 325 EUR, ist das Arbeitsentgelt für einen vollen Beschäftigungsmonat für die Prüfung der Geringverdienergrenze maßgeblich.

3.4.4 Praktikanten

Praktikanten schließen in der Regel mit der Ausbildungsstätte keinen Ausbildungsvertrag ab. Es kommt durch die Einstellung lediglich zu einem vertraglichen Arbeitsverhältnis. So bedarf es im Gegensatz zum Ausbildungsverhältnis auch keiner schriftlichen Vertragsform. Trotzdem empfiehlt es sich, einen schriftlichen Praktikantenvertrag abzuschließen. Die besonderen Regelungen des Sozialversicherungs- und Melderechts beziehen sich auf Praktikumstätigkeiten im **Rahmen eines Studiums** oder in Vorbereitung auf ein Studium. Von den sozialversicherungsrechtlichen Regelungen sind Schulpraktika ausgenommen. Durch ein Schulpraktikum kommt kein Arbeitsverhältnis zustande. Während dieser »Schnupperwochen« werden keine beruflichen Kenntnisse, Fertigkeiten oder Erfahrungen erworben, sondern lediglich ein erster Eindruck der Arbeitswelt gewonnen. Dieses Praktikum wird als Gegenstand des schulischen Unterrichts gesehen und ist nicht vom Sozialversicherungsrecht berührt.

Für die versicherungsrechtliche Beurteilung von studentischen Praktikanten ist zu unterscheiden, ob es sich bei dem Praktikum um ein **Vor-, Zwischen- oder Nachpraktikum** handelt. Außerdem ist relevant, ob es sich um ein **vorgeschriebenes oder freiwilliges** Praktikum handelt und ob eine **Praktikumsvergütung** gezahlt wird oder nicht. Wesentlich ist, dass, wenn ein vorgeschriebenes Praktikum durchgeführt wird, der Arbeitnehmer »zur Berufsausbildung« beschäftigt ist. Ist das Praktikum nicht vorgeschrieben, handelt es sich in der Regel um ein ganz »normales« Arbeitsverhältnis mit entsprechenden Geringfügigkeitsgrenzen.

Vorpraktikum

a) Vorgeschriebenes Vorpraktikum

In einigen Studienordnungen gibt es ein verpflichtendes Vorpraktikum, damit das Studium aufgenommen werden kann. In diesen Fällen ist nach der Studienordnung ein Praktikum im Anschluss an die Schulzeit zu leisten. In der Regel liegt eine Immatrikulation noch nicht vor.

Entgelt wird gezahlt:

Durch die Studien- oder Prüfungsordnung **vorgeschriebene** Vorpraktika unterliegen der Versicherungspflicht in der Kranken- und Pflegeversicherung nach §5 Abs. 1 SGB V. Die Vorschriften über die geringfügigen Beschäftigungen sowie bezüglich der Gleitzone finden **keine** Anwendung, da das Praktikum der Berufsausbildung dient. In der Renten- und Arbeitslosenversicherung sind vorgeschriebene Vorpraktika beitragspflichtige Beschäftigungen, auch wenn nur ein geringfügiges Entgelt gezahlt wird. Das heißt, auch wenn die Grenze für eine geringfügige Beschäftigung eingehalten ist (450 EUR Entgelt pro Monat), besteht volle Beitragspflicht in der Renten- und Arbeitslosenversicherung. Die volle Beitragspflicht gilt auch, wenn das Vorpraktikum nur kurzfristig ist, also weniger als drei Monate oder 70 Arbeitstage dauert. Beträgt das Entgelt für das Praktikum bis 325 EUR pro Monat, muss der Arbeitgeber den Gesamtsozialversicherungsbeitrag alleine übernehmen (Geringverdienerregelung). Über 325 EUR Entgelt pro Monat teilen sich Arbeitgeber und Arbeitnehmer die Beiträge nach den Regelungen der Sozialversicherungen.

Beachten Sie: Der seit 01.01.2017 vorgeschriebene Mindestlohn von 8,84 EUR pro Stunde gilt nicht für Praktikanten, die ein in der Studien- oder Prüfungsordnung vorgeschriebenes Praktikum durchführen.

Es wird kein Entgelt gezahlt:
Wird für das vorgeschriebene Vorpraktikum **kein Entgelt** gezahlt, sind dennoch Beiträge zur Renten- und Arbeitslosenversicherung zu berechnen und abzuführen. Die Beiträge zur Renten- und Arbeitslosenversicherung müssen aus einem »fiktiven Entgelt« berechnet werden. Die Bemessungsgrundlage ist die monatliche Bezugsgröße (im Jahr 2018: **3.045 EUR West** bzw. **2.695 EUR Ost**), aus der die Beiträge zu ermitteln sind. Die Beiträge zur Renten- und Arbeitslosenversicherung sind aus 1% der Bezugsgröße zu berechnen. Somit ergeben sich als Beiträge 5,66 EUR (18,6% von 30,45 EUR) zur Rentenversicherung und 0,91 EUR (3,0% von 30,45 EUR) zur Arbeitslosenversicherung. Der Gesamtbeitrag (6,57 EUR) ist alleine vom Arbeitgeber zu tragen.

Meldewesen:
Ein Praktikant, der **ein vorgeschriebenes** Vorpraktikum ausübt und **kein Entgelt** erhält, ist mit dem Personengruppenschlüssel **121** und mit dem Beitragsgruppenschlüssel **0-1-1-0** bei seiner Krankenkasse anzumelden. Wird für das Vorpraktikum **Entgelt bezahlt**, ist der Beitragsgruppenschlüssel **1-1-1-1** der zuständigen Krankenkasse zu melden. Liegt das monatliche Arbeitsentgelt unter **der Geringverdienergrenze** (bis 325 EUR), ist als Personengruppenschlüssel auch **121** und als Beitragsgruppe **1-1-1-1** zu melden; liegt die Praktikantenvergütung monatlich über durchschnittlich 325 EUR, ist die Personengruppe **105** anzugeben. Der Personengruppenschlüssel 121 ist selbst dann zu melden, wenn das monatliche Entgelt durch ein Urlaubs- oder Weihnachtsgeld einmalig über 325 EUR liegt. Maßgeblich ist die Jahresgrenze von 3.900 EUR, diese darf für die Geringverdienereigenschaft nicht überschritten werden.

b) Nicht vorgeschriebenes Vorpraktikum
Übt die/der immatrikulierte Studierende ein in der Studienordnung **nicht vorgeschriebenes** Vorpraktikum aus, besteht zunächst volle Sozialversicherungspflicht in allen Versicherungszweigen. Der Arbeitnehmer hat **nicht** den

Status »zur Berufsausbildung beschäftigt« und das Studentenprivileg kann auch nicht angewendet werden.

Entgelt wird gezahlt:
Ein Vorpraktikum, bei dem Entgelt gezahlt wird, ist in allen Zweigen der Sozialversicherung versicherungspflichtig. Der Praktikant ist wie ein angestellter Arbeitnehmer zu behandeln. Die Geringverdienerregelung kann nicht angewendet werden, auch dann nicht, wenn das monatliche Arbeitsentgelt unter 325 EUR liegt, weil es sich nicht um ein Ausbildungsverhältnis handelt. Liegt das Arbeitsentgelt bis 450 EUR kann die Beschäftigung als geringfügige Beschäftigung behandelt werden. In diesem Fall bestehen die allgemeine Beitragspflicht zur Rentenversicherung und der Pauschalbeitrag zur Krankenversicherung. Als Beitragsgruppenschlüssel ist der Schlüssel 6-1-0-0 und als Personengruppenschlüssel die 109 der Minijob-Zentrale zu melden. Verzichtet der Praktikant auf die Rentenversicherungspflicht, kann die Beschäftigung mit dem Beitragsgruppenschlüssel 6-5-0-0 bei der Minijob-Zentrale angemeldet werden. Ist das Praktikum kürzer als 3 Monate bzw. 70 Arbeitstage, kann es als kurzfristige Beschäftigung beitragsfrei bleiben. In diesem Fall ist der Personengruppenschlüssel **110** und der Beitragsgruppenschlüssel 0-0-0-0 der Minijob-Zentrale zu melden.[9]

Beachten Sie: Bei einem freiwilligen, nicht vorgeschriebenen Praktikum gilt eine Ausnahmeregelung für den Mindestlohn von 8,84 EUR/Stunde. Während einer Dauer von maximal drei Monaten muss die Mindestlohngrenze für Praktikanten nicht eingehalten werden. Dauert das Praktikum länger als 3 Monate, ist die gesetzliche Lohnuntergrenze zu beachten. Außerdem gilt der Mindestlohn erst für Arbeitnehmer ab dem 18. Geburtstag, sofern der Praktikant noch keine abgeschlossene Berufsausbildung hat.

Es wird kein Entgelt gezahlt:
Wird ein nicht vorgeschriebenes Vorpraktikum **ohne Entgelt** ausgeübt, besteht keine Meldepflicht gegenüber der Krankenkasse oder der Minijob-Zentrale.

Zwischenpraktikum

a) Vorgeschriebenes Zwischenpraktikum

Wird im Verlauf des Studiums ein von der Studien- oder Prüfungsordnung **vorgeschriebenes Praktikum** durchgeführt (Zwischenpraktikum), ist die Beschäftigung **sozialversicherungsfrei,** unabhängig von der Höhe der Bezüge. Es besteht auch keine pauschale Beitragspflicht des Arbeitgebers, selbst dann

9 Die ab 01.01.2015 geltenden Grenzen von 3 Monaten bzw. 70 Arbeitstagen für eine kurzfristige Beschäftigung sind bis zum 31.12.2018 befristet.

nicht, wenn die Entgeltgrenze einer geringfügigen Beschäftigung eingehalten ist. Im Unterschied zu den Sozialversicherungen besteht jedoch eine Beitragspflicht zur Unfallversicherung, sofern der Praktikant ein Arbeitsentgelt erhält; ohne Arbeitsentgelt besteht keine Beitragspflicht. Das Zwischenpraktikum **ohne Entgelt** muss nicht der Krankenkasse gemeldet werden. Es hat auch keine Meldung an die Minijob-Zentrale zu erfolgen. Erhält der Studierende **jedoch ein Entgelt** (egal in welcher Höhe), ist eine Anmeldung, Abmeldung und Jahresmeldung erforderlich. Da keine Beitragspflicht besteht, ist der Student mit dem Beitragsgruppenschlüssel 0-0-0-0 und dem Personengruppenschlüssel **190** zu melden.

Beachten Sie: Wird neben dem Zwischenpraktikum beim gleichen oder einem anderen Arbeitgeber zusätzlich eine geringfügige Beschäftigung ausgeübt, ist diese so zu behandeln, als wäre sie die einzige Beschäftigung. Entsprechend sind für eine geringfügige Beschäftigung neben einem vorgeschriebenen Zwischenpraktikum der pauschale Beitrag zur Krankenversicherung und der allgemeine Beitrag zur Rentenversicherung zu entrichten. Es besteht auch die Möglichkeit des Verzichts auf die Rentenversicherungspflicht für den geringfügig Beschäftigten.

b) Nicht vorgeschriebenes Zwischenpraktikum

Wird während des Studiums ein **nicht vorgeschriebenes** Zwischenpraktikum durchgeführt, handelt es sich um ein studentisches Arbeitsverhältnis. Ein Zwischenpraktikum setzt voraus, dass eine gültige Immatrikulation bei einer Hochschule oder Fachhochschule besteht. Ein nicht vorgeschriebenes Zwischenpraktikum unterliegt den Beträgen zur Kranken- und Pflegeversicherung sowie der Renten- und Arbeitslosenversicherung. Sofern die Grenze von 20 Stunden pro Woche eingehalten ist, greift das Studentenprivileg und es besteht nur eine Beitragspflicht zur Rentenversicherung – Beitragsgruppe 0-1-0-0 und Personengruppe 106. Ist die Entgeltgrenze von 450 EUR eingehalten, kann die Beschäftigung als geringfügig bei der Minijob-Zentrale angemeldet werden. Wird die 20-Stunden-Grenze überschritten, ist die kurzfristige Beschäftigung zu prüfen.

Entgelt wird gezahlt:

Wird für das **nicht vorgeschriebene** Zwischenpraktikum ein geringfügiges Arbeitsentgelt (bis 450 EUR pro Monat) bezahlt, besteht Beitragspflicht zur Rentenversicherung, Beitragsgruppe 6-1-0-0. Verzichtet der Praktikant auf die Rentenversicherungspflicht, entfällt der Pauschalbeitrag von 15% für den Arbeitgeber nach § 172 Abs. 3 SGB VI. Praktikanten sind in der Geringfügigkeitsregelung der Rentenversicherung explizit ausgenommen. Gegebenenfalls ist der pauschale Beitrag zur Krankenversicherung (13%) vom Arbeitgeber zu entrichten. Der Krankenversicherungsbeitrag ist abhängig davon, ob der Studierende gesetzlich oder privat krankenversichert ist. Die Beschäftigung ist bei einem Verzicht auf die Rentenversicherungspflicht mit dem Beitragsgruppenschlüssel 6-0-0-0 bzw. 0-0-0-0 (privatversichert) und dem Personengruppenschlüssel **109** bei der **Minijob-Zentrale** anzumelden.

Liegt das Arbeitsentgelt über 450 EUR pro Monat und wird die Grenze von **20 Stunden pro Woche eingehalten**, besteht volle Beitragspflicht zur Rentenversicherung. In der Kranken- und Pflegeversicherung sowie in der Arbeitslosenversicherung besteht Sozialversicherungsfreiheit. Bei einem Arbeitsentgelt über 450 EUR ist der Praktikant bei der **Krankenkasse** mit der Personengruppe 106 und dem Beitragsgruppenschlüssel 0-1-0-0 anzumelden. Ist die Stundengrenze von **20 Stunden überschritten**, muss das nicht vorgeschriebene Zwischenpraktikum mit dem Beitragsgruppenschlüssel 1-1-1-1 gemeldet werden. Als Personengruppenschlüssel ist der Schlüssel 101 anzugeben. Ist die Stundengrenze überschritten und dauert das nicht vorgeschriebene Zwischenpraktikum nicht länger als 3 Monate, kann die Regelung der kurzfristigen Beschäftigung greifen. In diesem Fall ist der Praktikant mit dem Personengruppenschlüssel **110** und dem Beitragsgruppenschlüssel 0-0-0-0 der Minijob-Zentrale zu melden.

Beachten Sie: Pauschalbeiträge zur Rentenversicherung (15%) sind für geringfügig entlohnte Zwischenpraktikanten nicht zu zahlen. Die Beitragsfreiheit in der Rentenversicherung für den Arbeitgeber verhindert jedoch eine pauschale Versteuerung des geringfügigen Arbeitsentgelts mit 2%. In diesem Fall muss eine pauschale Steuer von 20% und der darauf entfallende Solidaritätszuschlag entrichtet werden.

Es wird kein Entgelt gezahlt:
Wird ein nicht vorgeschriebenes Zwischenpraktikum **ohne Entgelt** ausgeübt, besteht keine Meldepflicht bei der Krankenkasse oder der Minijob-Zentrale.

Beachten Sie: Wird neben dem nicht vorgeschriebenen Zwischenpraktikum eine (erste) geringfügige Beschäftigung ausgeübt, ist für die Beurteilung der Rentenversicherungspflicht diese mit dem Praktikum nicht zusammenzurechnen. Es kann somit neben dem Praktikum eine geringfügige Nebenbeschäftigung ausgeübt werden, ohne dass eine Rentenversicherungspflicht eintritt.

Nachpraktikum

a) Vorgeschriebenes Nachpraktikum

Arbeitnehmer, die im Anschluss an ihr Studium ein **vorgeschriebenes** Praktikum zur Erlangung von Berufserfahrung absolvieren (Nachpraktikum), unterliegen in allen Zweigen der Sozialversicherung einer Versicherungspflicht.

Entgelt wird gezahlt:
In der Kranken- und Pflegeversicherung besteht Beitragspflicht, sofern für das Praktikum ein **Entgelt gezahlt** wird. Die allgemeine Beitragspflicht in der Renten- und Arbeitslosenversicherung gilt auch dann, wenn das Arbeitsentgelt die Geringfügigkeitsgrenze (450 EUR pro Monat) einhält. Die volle Beitragspflicht gilt auch, wenn das Nachpraktikum nur kurzfristig ist, also bis max. 3 Monate oder 70 Arbeitstage dauert. Zu beachten ist jedoch, dass, wenn die Praktikumsvergütung innerhalb der Geringverdienergrenze (325 EUR pro Monat) liegt, der Arbeitgeber die Beiträge aus dem Arbeitsentgelt vollständig alleine trägt – Geringverdiener-Regelung. Zusätzlich ist zu beachten, dass für diesen Personenkreis die seit 01.01.2017 vorgeschriebene Lohnuntergrenze von 8,84 EUR pro Stunde nicht gilt.

Es wird kein Entgelt gezahlt:
Wird für das vorgeschriebene Nachpraktikum **kein Entgelt** gezahlt, sind wie bei einem Vorpraktikum die Beträge aus der Bezugsgröße (im Jahr 2018: **3.045 EUR West** bzw. **2.695 EUR Ost**) zu ermitteln. Somit ergeben sich für einen beispielsweise in Hamburg beschäftigten Praktikanten Beiträge von 5,66 EUR (18,6% von 30.45 EUR) zur Rentenversicherung und 0,91 EUR (3,0% von 30.45 EUR) zur Arbeitslosenversicherung. Der Gesamtbeitrag (6,57 EUR) ist alleine vom Arbeitgeber zu tragen. Für Praktikanten in einem Unternehmen in den neuen Bundesländern (z.B. Sachsen) ergeben sich 5,01 EUR (RV) und 0,81 EUR (AV) als Sozialversicherungsbeiträge (Basis: 26,95 EUR).

Meldewesen:
Ein Praktikant, der ein vorgeschriebenes Nachpraktikum ausübt und **kein Entgelt** erhält, ist mit dem Personengruppenschlüssel **121** und mit dem Beitragsgruppenschlüssel **0-1-1-0** seiner Krankenkasse zu melden. Wird für das Nachpraktikum Entgelt bezahlt, ist der Beitragsgruppenschlüssel 1-1-1-1 der zuständigen Krankenkasse zu melden. Als Personengruppenschlüssel ist der Schlüssel 121 (bis 325 EUR) oder 105 (über 325 EUR pro Monat) anzugeben.

Beachten Sie: Liegt die Praktikumsvergütung innerhalb der Geringverdienergrenze von 325 EUR, muss der Arbeitgeber die Beiträge für »zur Berufsausbildung beschäftigte Arbeitnehmer« vollständig übernehmen – Geringverdiener-Regelung. Diese Regelung trifft nur für Praktikanten zu, die ein vorgeschriebenes Nachpraktikum ausüben, sofern sie sozialversicherungspflichtig sind.

b) Nicht vorgeschriebenes Nachpraktikum
Übt die/der immatrikulierte Student(in) ein in der Studienordnung **nicht vorgeschriebenes** Nachpraktikum aus, ist für die Sozialversicherungspflicht in

der Kranken- und Pflegeversicherung zu prüfen, ob die Beschäftigung berufsmäßig durchgeführt wird (vgl. nicht vorgeschriebenes Vorpraktikum). Von Berufsmäßigkeit ist auszugehen, wenn die Grenze von 20 Stunden pro Woche überschritten wird. In der Renten- und Arbeitslosenversicherung gelten die gleichen Sozialversicherungspflichten wie für nicht vorgeschriebene Vorpraktika. Der Arbeitnehmer hat **nicht** den Status »zur Berufsausbildung beschäftigt«, somit ist die Geringverdiener-Regelung nicht möglich. Der Praktikant ist zu behandeln wie ein angestellter Arbeitnehmer oder ein geringfügig oder kurzfristig Beschäftigter.

Entgelt wird gezahlt:
Ein Nachpraktikum, bei dem Entgelt gezahlt wird, ist in allen Zweigen der Sozialversicherung versicherungspflichtig. Das nicht vorgeschriebene Nachpraktikum ist mit dem Personengruppenschlüssel **101** und der Beitragsgruppe **1-1-1-1** der zuständigen Krankenkasse zu melden.

Ist die Beschäftigung geringfügig (bis durchschnittlich 450 EUR Arbeitsentgelt pro Monat), kann der Praktikant als geringfügig Beschäftigter behandelt werden. In diesem Fall besteht pauschale Beitragspflicht zur Krankenversicherung und allgemeine Beitragspflicht zur Rentenversicherung. Als Beitragsgruppenschlüssel ist der Schlüssel 6-1-0-0 und als Personengruppenschlüssel die **109** der Minijob-Zentrale zu melden. Verzichtet der Praktikant auf die Rentenversicherungspflicht, kann bei einem Arbeitsentgelt bis 450 EUR pro Monat der pauschale Beitrag zur Rentenversicherung vom Arbeitgeber entrichtet werden. In diesem Fall ist der Praktikant der Minijob-Zentrale mit dem Beitragsgruppenschlüssel 6-5-0-0 zu melden. Ist das Praktikum kürzer als 3 Monate bzw. 70 Arbeitstage, kann es als kurzfristige Beschäftigung beitragsfrei bleiben. In diesem Fall ist der Personengruppenschlüssel **110** und der Beitragsgruppenschlüssel 0-0-0-0 der Minijob-Zentrale zu melden.

Es wird kein Entgelt gezahlt:
Wird ein nicht vorgeschriebenes Nachpraktikum **ohne Entgelt** ausgeübt, besteht keine Meldepflicht gegenüber der Krankenkasse oder der Minijob-Zentrale.

Meldewesen:
Ein Praktikant, der ein nicht vorgeschriebenes Nachpraktikum ausübt, ist bei seiner Krankenkasse oder bei geringfügiger oder kurzfristiger Beschäftigung bei der Minijob-Zentrale anzumelden.

Die folgende Tabelle gibt einen Überblick über die zu meldenden Personengruppen und Beitragsgruppenschlüssel für Praktikanten-Beschäftigungsverhältnisse.

Personen-gruppe	Beitragsgruppenschlüssel				Personenkreis
	KV	RV	ALV	PV	
121	0	1	1	0	**Vorpraktikum,** vorgeschrieben in der Studienordnung, ohne Entgelt
121	1	1	1	1	Vorpraktikum, vorgeschrieben in der Studienordnung, mit Entgelt innerhalb der Geringverdienergrenze (325 EUR pro Monat)
105	1	1	1	1	Vorpraktikum, vorgeschrieben in der Studienordnung, mit Entgelt über der Geringverdienergrenze
109	6	1	0	0	Vorpraktikum, nicht vorgeschrieben in der Studienordnung, Entgelt bis 450 EUR
101	1	1	1	1	Vorpraktikum, nicht vorgeschrieben in der Studienordnung, mit Entgelt über 450 EUR
110	0	0	0	0	Vorpraktikum, nicht vorgeschrieben in der Studienordnung, bis 3 Monate, mit Entgelt (unter oder über 450 EUR)
--	--	--	--	--	**Zwischenpraktikum**, vorgeschrieben in der Studienordnung, ohne Entgelt
190	0	0	0	0	Zwischenpraktikum, vorgeschrieben in der Studienordnung, mit Entgelt
109	6	0	0	0	Zwischenpraktikum, nicht vorgeschrieben in der Studienordnung, Entgelt bis 450 EUR mit Verzicht auf Rentenversicherungspflicht
109	6	1	0	0	Zwischenpraktikum, nicht vorgeschrieben in der Studienordnung, Entgelt bis 450 EUR ohne Verzicht auf Rentenversicherungsfreiheit
106	0	1	0	0	Zwischenpraktikum, nicht vorgeschrieben in der Studienordnung, mit Entgelt über 450 EUR, aber 20-Stunden-Grenze eingehalten
101	1	1	1	1	Zwischenpraktikum, nicht vorgeschrieben in der Studienordnung, 20-Stundengrenze überschritten
110	0	0	0	0	Zwischenpraktikum, nicht vorgeschrieben in der Studienordnung, bis max. 3 Monate, mit Entgelt
109	6	1	0	0	Geringfügige Nebenbeschäftigung neben einem Zwischenpraktikum, in der gesetzlichen Krankenkasse krankenversichert

Personengruppe	Beitragsgruppenschlüssel				Personenkreis
	KV	RV	ALV	PV	
109	0	1	0	0	Geringfügige Nebenbeschäftigung neben einem Zwischenpraktikum, privat krankenversichert
121	0	1	1	0	**Nachpraktikum**, vorgeschrieben in der Studienordnung, ohne Entgelt
121	1	1	1	1	Nachpraktikum, vorgeschrieben in der Studienordnung, mit Entgelt innerhalb der Geringverdienergrenze (325 EUR pro Monat)
105	1	1	1	1	Nachpraktikum, vorgeschrieben in der Studienordnung, mit Entgelt über der Geringverdienergrenze
109	6	1	0	0	Nachpraktikum, nicht vorgeschrieben in der Studienordnung, Entgelt bis 450 EUR
109	6	5	0	0	Nachpraktikum, nicht vorgeschrieben in der Studienordnung, Entgelt bis 450 EUR, Verzicht auf Rentenversicherungspflicht
101	1	1	1	1	Nachpraktikum, nicht vorgeschrieben in der Studienordnung, mit Entgelt über 450 EUR
110	0	0	0	0	Nachpraktikum, nicht vorgeschrieben in der Studienordnung, bis max. 3 Monate, mit Entgelt (unter oder über 450 EUR)

3.4.5 Freie Berufe

Auf eine besondere Regelung für geringfügig Nebenbeschäftigte, die in der Hauptbeschäftigung in einem berufsständischen Versorgungswerk rentenversichert sind, haben sich die Spitzenverbände der Sozialversicherungsträger verständigt. Für geringfügige **Nebenbeschäftigungen** von Ärzten, Apothekern, Architekten u.a. (alle freien Berufe), die in der Hauptbeschäftigung von Beiträgen zur gesetzlichen Rentenversicherung nach §6 Abs. 1 SGB VI befreit wurden, gilt zunächst die allgemeine Beitragspflicht zur gesetzlichen Rentenversicherung. Der Arbeitnehmer kann die Befreiung in der Rentenversicherung auch für die geringfügige Nebenbeschäftigung beantragen. Wurde die Befreiung nicht beantragt, besteht eine allgemeine Beitragspflicht in der Rentenversicherung. Die Befreiung ist im Übrigen für jede Beschäftigung einzeln zu beantragen, selbst dann, wenn sie schon für eine andere Beschäftigung erteilt war oder die Beschäftigung gewechselt wird. Ohne die Vorlage der Befreiung ist der Arbeitnehmer zunächst zur gesetzlichen Rentenversicherung anzumelden. Wird der Befreiungsantrag gestellt, so kann die Befreiung frühestens zum 1. des Antragsmonats beginnen. Wurden bereits Beiträge im befreiten Monat bezahlt, werden diese im Erstattungsverfahren ggf. zurückerstattet.

Für den Empfänger der Rentenversicherungsbeiträge ist zu unterscheiden, ob es sich um eine berufsfremde oder um eine berufsgleiche Nebenbeschäftigung handelt. Ist die Nebenbeschäftigung eine **berufsgleiche**, ist der volle Rentenversicherungsbeitrag dem berufsständischen Versorgungswerk zu melden. Die Beiträge zur Rentenversicherung sind auch an das Versorgungswerk abzuführen. Abhängig von der Krankenversicherungspflicht ergibt sich der Beitragsgruppenschlüssel **6-0-0-0** oder bei privat krankenversicherten geringfügig Nebenbeschäftigten **0-0-0-0**. Als Personengruppenschlüssel ist die Schlüsselziffer **109** – geringfügige Beschäftigung – zu wählen. Es ist eine Anmeldung an die Minijob-Zentrale **und** zusätzlich an das Versorgungswerk erforderlich. Der Personengruppenschlüssel und der Beitragsgruppenschlüssel gelten für beide Anmeldungen. Hat der Arbeitnehmer beim Versorgungswerk die Befreiung von der Rentenversicherungspflicht beantragt, sind pauschale Beiträge des Arbeitgebers zu leisten. Empfänger der pauschalen Rentenversicherungsbeiträge ist die Minijob-Zentrale. Entsprechend ist bei einer Befreiung der Meldeschlüssel **6-5-0-0** bzw. **0-5-0-0** bei privater Krankenversicherung an die Minijob-Zentrale zu melden. Eine Meldung an das Versorgungswerk ist nicht erforderlich bzw. es ist eine Abmeldung erforderlich, sobald der Verzicht auf die Rentenversicherung beantragt wurde.

Ist die geringfügige Beschäftigung eine **berufsfremde**, erhält die Minijob-Zentrale den vollen Beitrag zur Rentenversicherung. Auch in der berufsfremden Nebenbeschäftigung kann die Befreiung von der Rentenversicherungspflicht beantragt werden. Der Antrag ist beim Arbeitgeber formlos zu stellen. Bei einer Versicherungspflicht zur gesetzlichen Krankenversicherung ist der Minijob-Zentrale der Beitragsgruppenschlüssel **6-1-0-0**, für privat Krankenversicherte der Schlüssel **0-1-0-0** zu melden. Die Minijob-Zentrale ist auch dann für die Meldung zuständig, wenn keine pauschalen Beiträge zur Krankenversicherung abzuführen sind. Bei Vorliegen eines Befreiungsantrags ist der Arbeitnehmer mit dem Beitragsgruppenschlüssel **6-5-0-0** bzw. **0-5-0-0** (privat krankenversichert) und der Personengruppe **109** bei der Minijob-Zentrale anzumelden.

Beachten Sie: Nur wenn es sich um eine berufsgleiche geringfügige Nebenbeschäftigung handelt und der Arbeitnehmer nicht die Befreiung in der Rentenversicherung beim Arbeitgeber beantragt hat, sind die Beiträge an das berufsständische Versorgungswerk abzuführen. Hat der Arbeitnehmer die Befreiung beantragt, sind die pauschalen Beiträge an die Minijob-Zentrale abzuführen.

!

Beispiel

Ein sozialversicherungspflichtiger Arzt übernimmt beim DRK zweimalig im Monat eine Bereitschaft und erhält dafür 450 EUR Entgelt. Der Arzt ist in einem berufsständischen Versorgungswerk rentenversichert und hat für die geringfügige Nebenbeschäftigung nicht die Befreiung in der Rentenversicherung beantragt. Der Arzt ist in einer gesetzlichen Krankenkasse freiwillig versichert.

Beurteilung

Der Arzt ist in seiner ersten Hauptbeschäftigung versicherungspflichtig in der Kranken-, Renten-, Arbeitslosen- und Pflegeversicherung. In der Rentenversicherung werden die Beiträge an das Versorgungswerk abgeführt. Die Beschäftigung beim DRK ist eine geringfügig entlohnte Nebenbeschäftigung. Die Befreiung von der gesetzlichen Rentenversicherungspflicht zugunsten der Pflichtmitgliedschaft im Versorgungswerk in der Hauptbeschäftigung gilt auch für die berufsgleiche geringfügige Beschäftigung. Da keine Befreiung von der Beitragspflicht zur Rentenversicherung im Minijob beantragt wurde, ist der allgemeine Beitrag zu entrichten (15% + 3,6%). Damit ist auch das Versorgungswerk und nicht die Minijob-Zentrale der zuständige Rentenversicherungsträger.

Die geringfügige Beschäftigung ist jedoch wegen der gesetzlichen Krankenversicherung mit dem Personengruppenschlüssel 109 und dem Beitragsgruppenschlüssel 6-0-0-0 auch der Minijob-Zentrale zu melden. Eine zweite Meldung ist an das Versorgungswerk zu richten.

Die folgende Tabelle gibt nochmals einen Überblick über die Personengruppenschlüssel und Beitragsgruppen für geringfügig Beschäftigte mit einer Rentenversicherung in einem Versorgungswerk.

Personen-gruppe	Beitragsgruppen-schlüssel				Personenkreis	Empfänger der Meldung
	KV	RV	ALV	PV		
109	6	0	0	0	Geringfügige **berufsgleiche** Nebenbeschäftigung, in der gesetzlichen Krankenkasse versichert, in einem berufsständischen Versorgungswerk rentenversichert, ohne Befreiungsantrag	Minijob-Zentrale + Versorgungswerk
109	6	5	0	0	Geringfügige berufsgleiche Nebenbeschäftigung, in der gesetzlichen Krankenkasse versichert, in einem berufsständischen Versorgungswerk rentenversichert, Verzicht auf die Versicherungspflicht in der RV	Minijob-Zentrale

Personengruppe	Beitragsgruppenschlüssel				Personenkreis	Empfänger der Meldung
	KV	RV	ALV	PV		
109	0	5	0	0	Geringfügige berufsgleiche Nebenbeschäftigung, privat krankenversichert, in einem berufsständischen Versorgungswerk rentenversichert, die Versicherungsfreiheit in der RV beantragt	Minijob-Zentrale
109	6	1	0	0	Geringfügige **berufsfremde** Nebenbeschäftigung, in der gesetzlichen Krankenkasse versichert, in einem berufsständischen Versorgungswerk rentenversichert, kein Verzicht auf die Rentenversicherungspflicht	Minijob-Zentrale + Versorgungswerk
109	0	1	0	0	Geringfügige berufsfremde Nebenbeschäftigung, privat krankenversichert, in einem berufsständischen Versorgungswerk rentenversichert, keine Versicherungsfreiheit in RV beantragt	Minijob-Zentrale + Versorgungswerk

3.4.6 Aushilfen mit Anspruch auf eine gesetzliche Altersrente

Das 2017 in Kraft getretene Flexi-Rentengesetz hat auch Auswirkungen auf die sozialversicherungsrechtliche Beurteilung von Minijobs. Bei Beziehern einer Altersrente ist für die sozialversicherungsrechtliche Beurteilung zu unterscheiden, ob der Arbeitnehmer bereits die Regelaltersgrenze erreicht hat oder noch nicht.

a) Vor Erreichen der Regelaltersgrenze

Nimmt der Rentner vor Erreichen der Regelaltersgrenze eine geringfügige Beschäftigung auf, besteht Beitragspflicht zur Rentenversicherung bis zum Erreichen der Regelaltersgrenze. Der Rentner ist mit dem Beitragsgruppenschlüssel 6-1-0-0 und der Personengruppe 109 bei der Minijob-Zentrale anzumelden. Der Arbeitnehmer hat jedoch die Möglichkeit, auf die Beitragspflicht zur Rentenversicherung zu verzichten, und kann dies formlos seinem Arbeitgeber erklären. In diesem Fall sind der Beitragsgruppenschlüssel 6-5-0-0 und die Personengruppe 109 zu melden. Mit der Neuregelung des Flexi-Rentengesetzes wurde eingeführt, dass auch der pauschale Beitrag des Arbeitgebers (15%) zu einer Erhöhung der Altersrente führt. Hat der Arbeitnehmer auf die Rentenversicherungspflicht verzichtet, ist diese Regelung bis zum Ende der

Beschäftigung beizubehalten. Dies gilt auch, wenn der Arbeitnehmer bei bestehender Beschäftigung die Regelaltersgrenze (65 Jahre + x Monate) erreicht. Hat die geringfügige Beschäftigung vor dem 01.01.2017 bereits bestanden, gilt aus Bestandschutzgründen die Versicherungsfreiheit auch ohne den Verzicht auf die Versicherungspflicht. Der Rentner hat die Möglichkeit, auf die Rentenversicherungsfreiheit (Bestandschutz) jederzeit zu verzichten und Pflichtbeiträge zur Rentenversicherung zu zahlen (Opt-in). Diese erhöhen dann seine späteren Rentenzahlungen.

b) Nach Erreichen der Regelaltersgrenze

Nimmt ein Rentner nach Erreichen der Regelaltersgrenze einen Minijob auf, ist er in der gesetzlichen Rentenversicherung sozialversicherungsfrei. Die Beschäftigung ist bei der Minijob-Zentrale mit der Beitragsgruppe 6-5-0-0 und der Personengruppe 109 anzumelden, auch ohne eine Verzichtserklärung auf die Rentenversicherungspflicht durch den Mitarbeiter. Der Arbeitgeber muss wie bei anderen Minijobs den pauschalen Beitrag zur Rentenversicherung (15%) entrichten. Dieser Arbeitgeberbeitrag wirkt sich allerdings **nicht** mehr auf die Höhe der Altersrente aus. Mit dem Flexi-Rentengesetz wurde jedoch die Möglichkeit geschaffen, dass der Arbeitnehmer die Teilnahme am vollen Rentenversicherungsbeitrag dem Arbeitgeber formlos erklären kann (Opt-in). In diesem Fall ist die Beschäftigung mit dem **Beitragsgruppenschlüssel 6-1-0-0** und dem Personengruppenschlüssel 109 bei der Anmeldung zu melden. Verzichtet der Rentner auf seine Freiheit in der Rentenversicherung, wirkt sich der gesamte Beitrag erhöhend auf die spätere Altersrente (nach Beschäftigungsende) aus. Der volle Beitrag zur Rentenversicherung wird mit 15% durch den Arbeitgeber und 3,6% des Arbeitsentgelts durch den Arbeitnehmer getragen.

Ein volles Jahr mit einem Minijob (mit monatlich 450 EUR) bringt so einen zusätzlichen Rentenanspruch von ca. 4,50 EUR pro Monat (West) und ca. 4,70 EUR pro Monat (Ost).

c) Geringfügige Nebenbeschäftigung

Für Arbeitnehmer, die einen Anspruch auf die gesetzliche Altersvollrente haben, ist bei einer sozialversicherungspflichtigen Beschäftigung nur noch der Arbeitgeberanteil in die Rentenversicherung zu entrichten (vgl. »Rentenversicherung RV« in Kapitel 3.1). Nimmt der Altersvollrentner **neben einer Hauptbeschäftigung** eine **erste** geringfügige Nebenbeschäftigung auf, unterliegt diese nur den pauschalen Beiträgen zur Kranken- und Rentenversicherung. Als Beitragsgruppenschlüssel ist **6-5-0-0** in der Meldung zur Sozialversicherung zu übermitteln. Eine erste geringfügige Nebenbeschäftigung kann beispielsweise entstehen, wenn der Arbeitnehmer über das 65. Lebensjahr[10] hinaus weiter sozialversicherungspflichtig beschäftigt wird und nach dem Erreichen dieses Status zusätzlich eine geringfügige Beschäftigung aufnimmt.

Beachten Sie: Der Beitragsgruppenschlüssel 6-5-0-0 gilt für Arbeitnehmer, die **nach** Erreichen der Regelaltersgrenze bei Aufnahme der Beschäftigung nicht den Verzicht auf die Rentenversicherungsfreiheit erklären (Opt-in) oder die **vor** Erreichen der Regelaltersgrenze den Verzicht auf die Rentenversicherungspflicht dem Arbeitgeber erklärt haben (Opt-out).

Übernimmt ein Arbeitnehmer, der nach Erreichen der Regelaltersgrenze bereits eine erste geringfügige Nebenbeschäftigung hat, eine **zweite** geringfügige Nebenbeschäftigung, ist diese zu seiner Hauptbeschäftigung zu addieren. Diese **zweite** geringfügige Beschäftigung ist voll sozialversicherungspflichtig, außer in der Arbeitslosenversicherung. Aufgrund der Überschreitung der Regelaltersgrenze ist für die geringfügige Beschäftigung jedoch in der Rentenversicherung nur der Arbeitgeber mit seinem Beitragsanteil versicherungspflichtig. Entsprechend ist die zweite geringfügige Nebenbeschäftigung mit dem **Beitragsgruppenschlüssel 3** in der Rentenversicherung zu melden. In der Krankenversicherung unterliegt der Rentner nur dem ermäßigten Beitragssatz (Schlüssel 3) und in der Arbeitslosenversicherung besteht keine Versicherungspflicht, sofern jede einzelne geringfügige Nebenbeschäftigung die 450-EUR-Grenze nicht überschreitet. In der Pflegeversicherung besteht volle Beitragspflicht, es ist also die Beitragsgruppe 1 zu melden. Die zweite geringfügige Nebenbeschäftigung ist mit der Personengruppe 101 bei der Krankenkasse anzumelden.

!

Beispiel

Ein Arbeitnehmer mit 67 Jahren hat eine Hauptbeschäftigung bei Arbeitgeber A und eine geringfügige Nebenbeschäftigung bei Arbeitgeber B. Ab 1. Mai nimmt er noch die Beschäftigung bei Arbeitgeber C auf. Ab Mai hat er somit folgende Beschäftigungen.

Beschäftigung	Stunden pro Woche	Entgelt pro Monat
A	20	1.000 EUR
B	6	250 EUR
C	3	150 EUR

10 Für die Geburtsjahrgänge ab 1949 erhöht sich die Regelaltersgrenze zunächst um je einen weiteren Monat; ab 2023 wird die Grenze in Stufen von zwei Monaten pro Jahrgang angehoben. Für die Jahrgänge 1964 und jünger liegt die Regelaltersgrenze bei 67 Jahren.

Beurteilung
Die Beschäftigung bei Arbeitgeber A ist vollständig sozialversicherungspflichtig. Als Beitragsgruppe ist 3-3-0-1 und als Personengruppe 119 der zuständigen Krankenkasse zu melden. Die Beschäftigung B ist die erste geringfügige Beschäftigung – Beitragsgruppe 6-5-0-0 und Personengruppe 109 (bei Verzicht auf Rentenversicherungsfreiheit 6-1-0-0). Diese Beschäftigung ist der Minijob-Zentrale zu melden. Die Beschäftigung bei Arbeitgeber C wird mit der Beschäftigung A zusammengerechnet und ist mit dem Beitragsgruppenschlüssel **3-3-0-1** und dem Personengruppenschlüssel 119 der Krankenkasse zu melden. Keine Beitragspflicht zur Arbeitslosenversicherung besteht, weil es sich um eine geringfügige Nebenbeschäftigung handelt und für die Arbeitslosenversicherung jede geringfügige Beschäftigung einzeln betrachtet wird.

Beachten Sie: Für die Geburtsjahrgänge 1947 bis 1963 steigt die Altersgrenze für die Regelaltersrente von 65 auf 67 Jahre stufenweise pro Geburtsjahr an. Geburtsjahrgänge ab 1964 unterliegen den Rentenversicherungsbeiträgen bis zum 67. Geburtstag. Bei 45 Pflichtbeschäftigungsjahren kann das Renteneintrittsalter, je nach Jahrgang, auf 63 Jahre sinken.

Die nachstehende Tabelle gibt einen Überblick über die Beitragsgruppen für den Personenkreis Arbeitnehmer über 65 (»Rentner«).

Personengruppe	Beitragsgruppenschlüssel				Personenkreis	Empfänger der Meldung
	KV	RV	ALV	PV		
109	6	5	0	0	Geringfügig nebenbeschäftigter Rentner, in der gesetzlichen Krankenkasse versichert, nach Erreichen der Regelaltersgrenze, erste Nebenbeschäftigung	Minijob-Zentrale
109	6	1	0	0	Geringfügig nebenbeschäftigter Rentner, in der gesetzlichen Krankenkasse versichert, vor Erreichen der Regelaltersgrenze, erste Nebenbeschäftigung	Minijob-Zentrale
109	0	1	0	0	Geringfügig nebenbeschäftigter Rentner, privat krankenversichert, vor Erreichen der Regelaltersgrenze, erste Nebenbeschäftigung	Minijob-Zentrale

Personengruppe	Beitragsgruppenschlüssel				Personenkreis	Empfänger der Meldung
	KV	RV	ALV	PV		
109	0	5	0	0	Geringfügig nebenbeschäftigter Rentner, privat krankenversichert, vor Erreichen der Regelaltersgrenze, erste Nebenbeschäftigung, mit Verzicht auf Rentenversicherungspflicht	Minijob-Zentrale
119	3	3	0	1	Geringfügig nebenbeschäftigter Rentner, in der gesetzlichen Krankenkasse versichert, zweite Nebenbeschäftigung mit sozialversicherungspflichtiger Hauptbeschäftigung	Krankenkasse

3.4.7 Geringfügig beschäftigte Grenzpendler

Eine weitere Besonderheit gilt für Arbeitnehmer aus dem benachbarten Ausland, die zwar in Deutschland arbeiten, jedoch täglich ins Ausland zurückkehren (Grenzpendler). Geringfügig beschäftigte Grenzpendler unterliegen grundsätzlich der Beitragspflicht zur Kranken-, Pflege-, Renten-, Arbeitslosen- und Unfallversicherung nach deutschem Recht. Eine eigene Mitgliedschaft in der deutschen gesetzlichen Krankenversicherung entsteht durch die Ausübung eines Minijobs für ausländische Arbeitnehmer nicht. Der pauschale Beitrag zur Krankenversicherung ist deshalb nur zu entrichten, wenn der Arbeitnehmer in Deutschland gesetzlich krankenversichert ist. Bei einer Beitragspflicht ist der Beitragsgruppenschlüssel 6, ohne eine Beitragspflicht ist der Schlüssel 0 im Feld KV zu melden.

Wie bei deutschen Minijobbern wird das Arbeitsentgelt einem Konto bei der Deutschen Rentenversicherung gutgeschrieben. Somit entsteht für den Arbeitgeber eine pauschale Beitragspflicht zur Rentenversicherung. Seit 2013 entsteht bei Neueinstellungen zusätzlich für den Mitarbeiter die Differenz des pauschalen Arbeitgeberbeitrags und des allgemeinen Beitrags (3,6% des Arbeitsentgelts) als Beitragspflicht zur Rentenversicherung. Es ist der Beitragsgruppenschlüssel 1 der Minijob-Zentrale zu melden. Auch Arbeitnehmer aus dem Ausland haben die Möglichkeit, auf die Rentenversicherungspflicht zu verzichten. In diesem Fall ist der Beitragsgruppenschlüssel 5 im Feld RV zu melden. Der Verzicht auf die Rentenversicherungspflicht muss dem Arbeitgeber schriftlich mitgeteilt werden.

Beachten Sie: Die ausländischen Regelungen können ggf. dazu führen, dass sich der Minijob in Deutschland nachteilig auf die soziale Absicherung des Arbeitnehmers im Heimatland auswirkt. Arbeitnehmer aus dem Ausland sollten sich daher bei den Stellen ihrer eigenen Sozialversicherung über die Auswirkungen informieren.

Die nachstehende Tabelle gibt einen Überblick über die Beitragsgruppen für den Personenkreis Grenzpendler.

Beitragsgruppenschlüssel				Personenkreis	Empfänger der Meldung
KV	RV	ALV	PV		
0	1	0	0	Geringfügig beschäftigter Grenzgänger, ohne deutsche Krankenversicherung	Minijob-Zentrale
6	1	0	0	Geringfügig beschäftigter Grenzgänger, mit deutscher Krankenversicherung	Minijob-Zentrale
0	5	0	0	Geringfügig beschäftigter Grenzgänger ohne deutsche Krankenversicherung, mit Verzicht auf die Rentenversicherungspflicht	Minijob-Zentrale

3.4.8 Sonderregelung für Minijobber ab 2013

Geringfügig Beschäftigte waren bis 31.12.2012 in der gesetzlichen Rentenversicherung beitragsfrei. Der Arbeitgeber musste jedoch einen pauschalen Satz von 15% des Arbeitsentgelts als Rentenversicherungsbeitrag entrichten. Der Arbeitnehmer hatte darüber hinaus die Möglichkeit, den pauschalen Arbeitgeberanteil um 3,6% (ab 01.01.2018) auf den vollen Rentenversicherungsbeitrag (18,6% seit 2018) aufzustocken. Von dieser Möglichkeit machten jedoch nur etwa 5% der Beschäftigten im gewerblichen Bereich und 7% in Privathaushalten Gebrauch. Mit der Neuregelung der geringfügigen Beschäftigung zum 01.01.2013 wurde die Ausnahmeregelung umgekehrt (sogenannte Opt-out-Variante). Seit 2013 ist für neu aufgenommene geringfügige Beschäftigungen die Versicherungspflicht in der Rentenversicherung die Regel. Dabei ist von den geringfügig Beschäftigten der Differenzbetrag (3,6%) zum Pauschalbeitrag des Arbeitgebers zu tragen. Dafür erlangen die Beschäftigten u.a. Ansprüche auf Erwerbsminderungsrente und die Vorteile der Riester-Förderung bei einer betrieblichen Altersvorsorge. Außerdem entstehen durch die volle Beitragspflicht Versicherungszeiten, mit denen ggf. Lücken im Versicherungsablauf vermieden werden können. Den geringfügig Beschäftigten steht es jedoch frei, sich mit einem Antrag von der Versicherungspflicht in der gesetzlichen Rentenversicherung befreien zu lassen. Wird ein entsprechender Antrag beim Arbeitgeber gestellt, bleibt es bei dem Pauschalbeitrag des Arbeitgebers zur Rentenversicherung und es tritt Beitragsfreiheit für den Arbeitnehmer ein. Die Versicherungspflicht in der Rentenversicherung mit der Opt-out-Möglichkeit besteht jedoch nur für geringfügige Beschäftigungen, die ab dem 01.01.2013 neu aufgenommen wurden. Für zum Zeitpunkt 31.12.2012 bestehende geringfügige Beschäftigungen gelten die Beitragsfreiheit des Arbeitnehmers und der pauschale Beitrag von 15% für den Arbeitgeber auch ohne Befreiungsantrag. Bisher ist keine zeitliche Befristung für die sogenannte Altfall-Regelung festgelegt.

3.4.9 Flüchtlinge

Bei einer Beschäftigung von geflüchteten Menschen ist zwischen folgenden Personenkreisen zu unterscheiden:

- **Asylsuchende** (Verfahren noch nicht abgeschlossen, Aufenthaltsgenehmigung liegt vor)
- **geduldete Menschen** (Asylantrag abgelehnt, sie können aus bestimmten Gründen nicht abgeschoben werden)
- **anerkannte Flüchtlinge** (mit Aufenthaltsgenehmigung)

Anerkannte Flüchtlinge dürfen jede Beschäftigung annehmen. Es gibt keine Besonderheit zu beachten. Die Personen sind entsprechend dem Status als Vollzeitbeschäftigte, Auszubildende oder geringfügig Beschäftigte anzumelden.

Für Asylsuchende und geduldete Menschen kann die Ausländerbehörde in Zusammenarbeit mit der Arbeitsagentur nach 3 Monaten Wartezeit (bei Asylsuchenden inzwischen oft erst nach 6 Monaten) eine Arbeitserlaubnis erteilen. Diese muss bei der Ausländerbehörde beantragt werden.[11] Die Arbeitsagentur führt dann eine Arbeitsmarkt-, Vorrangs- und Gleichwertigkeitsprüfung durch. Bei Zustimmung der Arbeitsagentur kann die konkrete Beschäftigung aufgenommen werden. Nach 15 Monaten eines ununterbrochenen regelmäßigen Aufenthalts wird nur noch die Arbeitsmarkt- und Gleichwertigkeitsprüfung durchgeführt. Nach 4 Jahren genehmigt die Ausländerbehörde ohne die Bundesagentur.

11 Ausnahmeregelungen gelten für sogenannte »Engpassberufe« wie z.B. Kranken- und Altenpflege.

a) Sonderregelung für geringfügig Beschäftigte
Da Flüchtlinge in Deutschland nicht gesetzlich krankenversichert sind, muss der Arbeitgeber für diese Personen keinen Pauschalbeitrag zur Krankenversicherung entrichten. Entsprechend ist eine Anmeldung mit dem Beitragsgruppenschlüssel **0-1-0-0** bzw. bei einer Befreiung von der Rentenversicherungspflicht mit dem Beitragsgruppenschlüssel **0-5-0-0** elektronisch an die Minijob-Zentrale zu senden. Der Personengruppenschlüssel ist **109**.

b) Sonderregelung für kurzfristig Beschäftigte
Liegt das monatliche Arbeitsentgelt von Flüchtlingen voraussichtlich **über 450 EUR pro Monat**, handelt es sich immer um eine **berufsmäßige** Beschäftigung (da nicht von untergeordneter wirtschaftlicher Bedeutung). Somit ist eine Anmeldung als kurzfristige Beschäftigung ausgeschlossen, auch wenn die Dauer von max. 3 Monaten bzw. 70 Arbeitstagen pro Jahr eingehalten würde.

c) Flüchtlingsintegrationsmaßnahme (FIM)
Am 01.08.2016 wurde ein zusätzliches Arbeitsmarktprogramm gestartet, das bis Ende 2020 läuft. Mit der sogenannten Flüchtlingsintegrationsmaßnahme (FIM) sollen Flüchtlinge zum Gemeinwohl beitragen. Die Beschäftigungen sind vergleichbar mit Ein-Euro-Jobs und begründen kein Arbeits- oder Beschäftigungsverhältnis. Das Programm richtet sich an volljährige arbeitsfähige Leistungsberechtigte nach dem Asylbewerberleistungsgesetz mit hoher Bleibewahrscheinlichkeit, die nicht mit einer schnellen Entscheidung des Amtes rechnen können. Die Teilnahme ist nicht vorgesehen für Asylbewerber aus sicheren Herkunftsstaaten sowie vollziehbar ausreisepflichtige Ausländer einschließlich den Inhabern einer aufenthaltsrechtlichen Duldung.

Mögliche Tätigkeiten für Flüchtlinge sind:
- als Einkaufshilfe arbeiten
- bei Freizeitaktivitäten in der Pflege unterstützend tätig sein
- in den Flüchtlingsunterkünften (unter anderem bei der Essenausgabe) helfen
- öffentliche Einrichtungen (zum Beispiel Stadtbücherei) unterstützen
- Autos der Feuerwehr pflegen

Die FIM ist auf längstens sechs Monate und max. 30 Wochenstunden begrenzt. Die Teilnehmer erhalten für ihre Mehraufwendungen eine Entschädigung von 0,80 EUR pro Stunde. Entstehen ihnen darüber hinaus nachweisbare Kosten (z.B. für Fahrten oder Verpflegung), können diese zusätzlich erstattet werden.

FIM begründen kein entgeltliches Beschäftigungsverhältnis im sozialversicherungsrechtlichen Sinne. Somit gelten die Mindestlohnbestimmungen nicht. Für Teilnehmer an einer FIM entstehen somit für den Auftraggeber auch keine Melde- und Beitragspflichten.

4 Vom Bruttolohn zur Nettoauszahlung

Die wohl häufigsten Formen der Lohnvereinbarung sind die von Lohn oder Gehalt. Von Lohn spricht man in der Regel, wenn der Arbeitnehmer einen festen Stundenlohn erhält und dieser mit der Anzahl der Arbeitsstunden pro Monat (Woche) multipliziert wird (Stundenlohn × Anzahl Arbeitsstunden = Lohn). Unter Gehalt versteht man üblicherweise, wenn der Arbeitnehmer nicht stundenweise bezahlt wird, sondern z. B. monatlich einen gleichbleibenden Betrag erhält. Neben diesen Grundformen gibt es zahllose Varianten, wie z. B. Gehalt und Überstunden, Grundlohn und feste Leistungszulage, Gehalt und Prämie oder Lohn und Einmalzahlung (Weihnachtsgeld).

Im Gegensatz zu einigen angelsächsischen Ländern, in denen die wöchentliche oder 14-tägige Lohnzahlung vorherrscht, ist es in Deutschland üblich, Löhne und Gehälter im Monatsrhythmus zu zahlen. Aber auch hier gibt es Varianten. So werden Beamte am 10. eines Monats für den laufenden Monat bezahlt, Gehälter von Angestellten werden normalerweise zum Monatsende gezahlt und Löhne werden in der Regel erst zu Beginn des Folgemonats für den zurückliegenden Monat berechnet. Löhne an Aushilfskräfte sind zum Teil tageweise oder wöchentlich abzurechnen, während Erfolgsprämien oft nur einmal pro Jahr vergütet werden.

In den folgenden Kapiteln werden Sie sehen, dass der Rhythmus der Lohnzahlung eine erhebliche Rolle für die Berechnung der Lohnsteuer und der Beiträge zu den Sozialversicherungen spielt. Beispielsweise ist entsprechend dem Abrechnungszeitraum die Lohn- und Kirchensteuer auf Basis der Tages-, Wochen-, Monats- oder Jahreslohnsteuertabelle zu ermitteln. Zunächst sollen jedoch die Begriffe des Arbeitslohnes bzw. des Arbeitsentgeltes näher erläutert werden. In den folgenden Abschnitten ist die Abrechnung von einigen besonderen Lohnbestandteilen anhand von Beispielen dargestellt.

4.1 Ermittlung des Arbeitslohns/Arbeitsentgelts

Ausgangspunkt jeder Lohnabrechnung ist der **Bruttolohn**. Der Bruttolohn ergibt sich aus der Summe aller Lohnbestandteile – den sogenannten Lohnarten, die der Arbeitnehmer erhält. Lohnarten können zum Beispiel Stundenlohn, Gehalt, Prämien, Fahrgeld, vermögenswirksame Leistungen, Sachleistungen des Arbeitgebers, Urlaubsgeld, betriebliche Altersvorsorge und vieles mehr sein. Der Begriff des **Arbeitslohnes** entstammt dem Lohnsteuerrecht und bezeichnet die Summe der lohnsteuerpflichtigen Lohnarten. Der Begriff des Bruttolohnes kann nicht synonym mit dem Arbeitslohn verwendet werden, weil es Lohnarten gibt, die zwar zum Bruttolohn gehören, jedoch nicht der Lohnsteuer unterliegen oder mit einem festen pauschalen Satz versteuert werden.

Im Sozialversicherungsrecht verwendet man für die Entlohnung des Arbeitnehmers den Begriff des **Arbeitsentgeltes**. Auch das Arbeitsentgelt kann sich vom Bruttolohn unterscheiden, sofern im Bruttolohn sozialversicherungsfreie Lohnbestandteile enthalten sind. Darüber hinaus gibt es Bruttolohnbestandteile, die der Lohnsteuer unterliegen, jedoch nicht zur Berechnung von Sozialversicherungsbeiträgen herangezogen werden. Es können also auch Unterschiede zwischen Arbeitslohn und Arbeitsentgelt bestehen.

Grundsätzlich zählen zum Bruttolohn alle Leistungen des Arbeitgebers als Geld- oder als Sachleistung. Durch Abzug der steuerfreien Lohnbestandteile ergibt sich aus dem Bruttolohn der Arbeitslohn. Vom steuerpflichtigen Arbeitslohn sind die Abzüge für Lohn- und Kirchensteuer sowie der Solidaritätszuschlag zu ermitteln. Wird der Bruttolohn um das sozialversicherungsfreie Arbeitsentgelt gekürzt, ergibt sich das beitragspflichtige Arbeitsentgelt. Nur vom beitragspflichtigen Arbeitsentgelt sind Beiträge zu Kranken-, Pflege-, Renten- und Arbeitslosenversicherung zu errechnen. Nach Kürzung des Bruttolohnes um die steuerlichen und sozialversicherungsrechtlichen Abzüge ergibt sich der Nettolohn. Dieser ist vor der Auszahlung um Nettoabzüge, wie z. B. Vorschuss, Pfändung, VwL oder betriebliche Altersvorsorge (bAV) zu reduzieren und um Nettobezüge, wie steuerfreie Erstattungen, zu erhöhen. Das folgende Schema verdeutlicht nochmals den Zusammenhang.

Abrechnungsschema: vom Bruttolohn zur Auszahlung

	Lohn/Gehalt + Fahrgeld + Sachbezug + … = Bruttolohn
– steuerfreier Arbeitslohn	– sozialversicherungsfreies Arbeitsentgelt
= Arbeitslohn	= Arbeitsentgelt
Daraus: Lohnsteuer/Kirchensteuer/Solidaritäts-zuschlag/(Kammer-Beitrag)[12]	Daraus: Arbeitnehmeranteil zu den Sozialversicherungen
= Summe steuerliche Abzüge	= Summe sozialversicherungsrechtliche Abzüge
	Bruttolohn – steuerliche Abzüge – sozialversicherungsrechtliche Abzüge = Nettolohn
	– Nettoabzüge + Nettobezüge
	= Auszahlung

Tab. 7: Abrechnungsschema

Mindestlohn

Der Gesetzgeber hat mit dem Tarifautonomiestärkungsgesetz der Einführung eines allgemeinen Mindestlohns zugestimmt. Dieser beträgt seit 01.01.2017 grundsätzlich 8,84 EUR (brutto) pro Zeitstunde. Bei monatlich gezahlten Gehältern muss der Arbeitgeber die Prüfung auf den Stundenlohn durchführen und die Untergrenze von 8,84 EUR beachten. In den meisten Branchen mit gültigen Tarifverträgen, gibt es jedoch abweichende (höhere) Mindestlohnvereinbarungen. Die Tarifvertragsregelungen haben Vorrang vor dem gesetzlichen Mindestlohn von 8,84 EUR pro Stunde. Der gesetzliche Mindestlohn kann nicht durch einzelvertragliche Regelungen unterschritten werden. Er ist für alle Arbeitnehmer in Deutschland verpflichtend, unabhängig davon, ob der Arbeitgeber den Sitz im In- oder Ausland hat. Der Mindestlohn soll alle zwei Jahre durch eine Mindestlohnkommission überprüft und ggf. angepasst werden. Bei der Einführung des Mindestlohns greifen jedoch 6 Ausnahmeregelungen für bestimmte Personengruppen:

12 Der Kammerbeitrag ist nur in den Bundesländern Bremen und Saarland zu erheben

a) Praktikanten

Führen Praktikanten ein von der Schule oder (Dualen) Hochschule vorgeschriebenes Praktikum durch, kann für die Praktikumsvergütung der gesetzliche Mindestlohn unterschritten werden. Gleiches gilt, wenn das Praktikum zur beruflichen Orientierung oder zur Vorbereitung auf ein Studium durchgeführt wird (Vorpraktikum) **und** nicht länger als 3 Monate andauert. Auch ein vorgeschriebenes oder nicht vorgeschriebenes Zwischenpraktikum eines Studenten unterliegt nicht dem Mindestlohngesetz.

Praktikanten, die ein **nicht vorgeschriebenes** Zwischenpraktikum durchführen, das länger als 3 Monate andauert, haben Anspruch auf den Mindestlohn. Das Gleiche gilt, wenn Praktikanten ein **freiwilliges** Praktikum vor oder nach dem Studium leisten (sie sind als Arbeitnehmer zu betrachten). Auch für diese Personengruppe ist der gesetzliche Mindestlohn von Beginn an zu berücksichtigen. Werden hingegen bei **Schulpraktika** Entgelte gewährt, unterliegen diese nicht dem Mindestlohngesetz.

! **Tipp**

Das Bundesarbeitsministerium hat eine Broschüre über den Mindestlohn für Studierende veröffentlicht. Auch die Minijob-Zentrale (www.minijob-zentrale.de) veröffentlicht aktuelle Änderungen zum Mindestlohn für geringfügig Beschäftigte.

b) Auszubildende

Der Mindestlohn gilt nicht für Auszubildende, da diese keine Arbeitsverträge, sondern Ausbildungsverträge abschließen.

c) Kinder unter 18 Jahren

Vom Mindestlohn ausgenommen sind Kinder und Jugendliche **ohne** abgeschlossene Berufsausbildung unter 18 Jahren.

d) Ehrenamtliche Tätigkeiten und Freiwilligendienst

Arbeitnehmer, die im Bundesfreiwilligendienst beschäftigt sind oder eine ehrenamtliche Tätigkeit übernommen haben, müssen nicht nach dem Mindestlohngesetz bezahlt werden. Ebenfalls nicht nach dem Mindestlohn bezahlt werden müssen ehrenamtliche Übungsleiter in Sportvereinen, die in der Regel nur eine Aufwandsentschädigung erhalten.

e) Langzeitarbeitslose

Dazu zählen Arbeitnehmer, die unmittelbar vor der Beschäftigung mindestens ein Jahr arbeitslos waren. Für diesen Personenkreis gilt der gesetzliche Mindestlohn erst mit Beginn des siebten Monats der Beschäftigung.

f) Vertragsamateure
Entsprechend dem Koalitionsvertrag sollen Vertragsamateure nicht unter das Mindestlohngesetz fallen. Bei Vertragsamateuren handelt es sich um Mitglieder von Vereinen, die eine geringe Bezahlung für ihre Spieltätigkeit erhalten und in der Regel als geringfügig Beschäftigte angemeldet sind. Das zeitliche und persönliche Engagement dieser Sportler zeige, dass nicht die finanzielle Gegenleistung, sondern die Förderung des Vereinszwecks und der Spaß am Sport im Vordergrund stehen. Somit ist davon auszugehen, dass es sich trotz Minijob nicht um ein Arbeitnehmerverhältnis handelt und der Mindestlohn deshalb keine Anwendung findet.

Tarifvertragliche Ausnahmeregelungen
In den meisten Branchen wurde über Tarifverträge eine stufenweise Anhebung des Mindestlohns über den gesetzlichen Mindestlohn hinaus vereinbart. Für Mitarbeiter in den »grünen Branchen« gilt beispielsweise grundsätzlich der Mindestlohn. Jedoch werden im Geltungsbereich des Tarifvertrages der allgemeine Mindestlohn erst ab November 2017 erreicht bzw. mit 9,10 EUR pro Stunde überschritten. Die Dritte Verordnung über zwingende Arbeitsbedingungen für die Pflegebranche schreibt ab 1. Januar 2018 eine Erhöhung des Mindestlohns auf 10,55 EUR pro Stunde in den alten Bundesländern und 10,05 EUR in den neuen Bundesländern vor. In zwei weiteren Schritten steigt er bis Januar 2020 auf 11,35 EUR pro Stunde bzw. 10,85 EUR in Sachsen, Thüringen, Brandenburg, Sachsen-Anhalt, Mecklenburg-Vorpommern und Berlin (Ost). Seit Oktober 2015 fallen auch die in Pflegebetrieben beschäftigten Betreuungskräfte von dementen Personen, Alltagsbegleiterinnen in Haushalten sowie Assistenzkräfte unter die Mindestlohnregelungen. Ab dem Jahr 2018 gilt für gelernte Dachdecker und fachlich qualifiziert Arbeitende ein Mindestlohn von 12,90 EUR/Stunde. Ab dem Jahr 2019 steigt dieser auf 13,20 EUR. Auch für die Gebäudereinigungsbranche wurde ab 01.01.2018 ein Mindestlohn von 10,30 EUR (9,55 EUR/Ost) verbindlich vereinbart. Für ausländische Lkw-Fahrer, die durch Deutschland fahren (Transit), gilt der Mindestlohn vorerst nicht mehr. Die Mindestlohnregelung werde bis zur Klärung europarechtlicher Fragen ausgesetzt. Für Lkw-Fahrer, die in Deutschland Waren be- und entladen, gilt jedoch der Mindestlohn.

Zusammensetzung des Mindestlohns
Bei monatlich fixen Gehältern und einer geregelten wöchentlichen oder monatlichen Arbeitszeit lässt sich der Mindestlohn relativ einfach aus dem Grundlohn ermitteln. Schwieriger wird die Einhaltung des Mindestlohns, wenn keine Arbeitszeit oder kein festes Monatsgehalt vereinbart ist. Dann muss die Überprüfung des Mindestlohns auf Basis der tatsächlichen Arbeitszeit ermittelt werden.

Die zweite Schwierigkeit besteht in der Ermittlung der zum Mindestlohn gehörenden **Lohnbestandteile**. Eine klare gesetzliche Regelung mit einer Definition der Lohnarten hat der Gesetzgeber bewusst vermieden. Die Rechtsprechung sieht jedoch alle laufenden Geldleistungen als auf den Mindestlohn anrechenbar an. Werden regelmäßig Sachleistungen gewährt, können diese anteilig auf den Mindestlohn angerechnet werden. Die Anrechnung der überlassenen Waren auf das Arbeitsentgelt darf jedoch die Höhe des pfändbaren Teils des Arbeitsentgelts nicht übersteigen. Es zählen allerdings nicht alle Zulagen zum Mindestlohn.

Nicht zum Mindestlohn hinzugerechnet werden dürfen:

- Zuschuss zu vermögenswirksamen Leistungen
- Erfolgsbeteiligungen im Sinne von Einmalzahlungen
- Arbeitgeberzuschuss zur betrieblichen Altersvorsorge
- Entgeltumwandlung des Arbeitnehmers zur betrieblichen Altersvorsorge
- Zuschläge und Zulagen, deren Zahlung Folgendes voraussetzt:
  - mehr Arbeit pro Zeiteinheit (Akkordprämien)
  - überdurchschnittliche qualitative Arbeitsergebnisse (Qualitätsprämien)
  - Arbeit zu besonderen Zeiten (z.B. Überstunden, Sonn- oder Feiertagsarbeit, [Wechsel-]Schichtzulage)
  - Arbeit unter erschwerten oder gefährlichen Bedingungen (z.B. Schmutzzulagen, Gefahrenzulagen)
- Trinkgelder (werden nicht vom Arbeitgeber bezahlt)
- Reisekosten- und Fahrtkostenerstattung bei Dienstreisen
- Firmenwagen (Kfz überlassen zur privaten Nutzung)
- Geschenke und Jubiläumszulagen
- Abfindungen (Entlassungsentschädigungen)

Der gesetzliche Mindestlohn soll sicherstellen, dass bei einer »Normalleistung« mindestens ein Bruttolohn von 8,84 EUR bezahlt wird.

Hingegen werden folgende Lohnbestandteile auf den Mindestlohn angerechnet:

- Akkordlöhne
- Allgemeine Tätigkeitszulagen (wie z.B. Bauzulage, Verkehrsmittelzulage)
- Einmalzahlungen (z.B. Urlaubs- oder Weihnachtsgeld, dies aber nur im Monat der Zahlung)
- Einsatzzulage im Rettungsdienst
- Entgeltfortzahlung bei Krankheit oder Mutterschutz
- Unwiderrufliche Erfolgsprovisionen oder laufende Provisionen (im Vertrieb)
- Pflegezulage

Beachten Sie: Auch geringfügig Beschäftigten (Minijobbern) ist der Mindestlohn von 8,84 EUR pro Arbeitsstunde zu bezahlen. Der Mindestlohn bei Minijobs wird von der Rechtsprechung als Nettoentgelt gesehen. Unterliegt der Arbeitnehmer jedoch den Rentenversicherungsbeiträgen, weil er nicht auf die Rentenversicherungsfreiheit verzichtet hat, gehören diese zum Entgelt im Sinne des Mindestlohns. Der Mindestlohn gilt jedoch erst für volljährige Arbeitnehmer. Schüler unter 18 Jahren, die einen Ferienjob ausüben, dürfen auch mit einem Arbeitsentgelt unter 8,84 EUR pro Stunde entlohnt werden.

Arbeitszeit

Wesentlich für eine Überprüfung der Lohnuntergrenze von 8,84 EUR pro Arbeitsstunde ist die Definition und Dokumentation der Arbeitszeit. Arbeitszeit sind Zeiten, in denen der Arbeitnehmer tatsächlich arbeitet; somit sind unbezahlte Pausenzeiten nicht für die Ermittlung des Stundenlohns zu berücksichtigen. Hingegen zählen Rüstzeiten und Bereitschaftszeiten (auch Bereitschaftsdienst in der Pflegedienstleistung) nach dem Arbeitszeitgesetz zur Arbeitszeit. Keine Arbeitszeit im Sinne des Mindestlohns ist hingegen die Rufbereitschaft oder die Zeiten für die Fahrt zwischen Wohnung und Arbeitsstätte.

Der Mindestlohn ist nach §1 Mindestlohngesetz für eine Zeitstunde festgelegt. Das Gesetz macht den Anspruch nicht von der zeitlichen Lage der Arbeit abhängig. Mindestlohnwirksam sind daher alle Entgeltzahlungen mit Ausnahme von Zahlungen, die nicht auf einer tatsächlichen Arbeitsleistung des Arbeitnehmers oder die auf eine besondere gesetzliche Zweckbestimmung beruhen. Aus diesem Grund sind Zuschläge für Arbeit an Sonn- und Feiertagen mindestlohnwirksam. Sie sind im arbeitsvertraglichen Austauschverhältnis erbrachtes Arbeitsentgelt. Anders verhält es sich mit Zuschlägen für Arbeit während der Nachtzeit. Für diese geleisteten Arbeitsstunden begründet das Arbeitszeitgesetz eine besondere Zahlungspflicht des Arbeitgebers und sie sind deshalb nicht für den Mindestlohn zu berücksichtigen.

Die Erfassung der Arbeitszeit hat unmittelbare Auswirkung auf die Einhaltung des Mindestlohnes. Ist vertragliche eine Arbeitszeit von 8 Stunden pro Tag vorgesehen und wird diese eingehalten, hat der Arbeitnehmer in einem Kalendermonat mit 21 Arbeitstagen einen Anspruch auf mindesten 1.485,12 EUR Bruttolohn (8 Std. × 8,84 EUR × 21 Tage). Hat ein Monat 22 Arbeitstage, muss bereits ein Bruttolohn von 1.555,84 EUR bezahlt werden. Wird ein monatlich fixes Gehalt gezahlt, ist für jeden Kalendermonat sicherzustellen, dass, abhängig von den Arbeitstagen und der täglichen Arbeitszeit, der Mindestlohn eingehalten wird. Dabei ist eine Verrechnung von kurzen Monaten (z. B. Februar) und langen Monaten (z. B. März) zurzeit nicht zulässig.

Wichtig: Wurde beispielsweise vertraglich ein verstetigtes monatliches Entgelt von 1.500 EUR bei einer täglichen Arbeitszeit von 8 Stunden vereinbart, kann dies in einem Monat mit 22 Arbeitstagen dazu führen, dass der Mindestlohn unterschritten wird (8 Std. × 8,84 EUR × 22 Tage = 1.555,84 EUR). In diesem Fall ist in Monaten mit mehr als 21 Arbeitstagen eine zusätzliche Vergütung von 55,84 EUR zu bezahlen, da eine Verrechnung mit Monaten, die nur 20 oder 21 Arbeitstage haben, nicht mit dem Mindestlohngesetz vereinbar ist. Es empfiehlt sich in solchen Fällen, auf eine stundenbezogene, monatlich schwankende Bezahlung umzustellen.

Gleicher Arbeitslohn – Lohntransparenzgesetz
Mit dem Gesetz zur Förderung der Transparenz von Entgeltstrukturen hat der Gesetzgeber im Mai 2017 den Arbeitnehmern, die nicht nach Tarif bezahlt werden, einen Auskunftsanspruch ermöglicht. Die Kriterien zur Festlegung ihres Lohnes, die Kriterien einer vergleichbaren Tätigkeit und die Entlohnung der vergleichbaren Tätigkeit muss der Arbeitgeber (ab 200 Beschäftigten) auf Wunsch dem Mitarbeiter verständlich darlegen. Tarifgebundene Betriebe müssen bei Geltendmachung des Auskunftsanspruchs den relevanten Tarifvertrag nennen. Der Auskunftsanspruch soll die Durchsetzung der Lohngleichheit erleichtern. Mit dem Gesetz werden Unternehmen **ab 500 Beschäftigten verpflichtet**, die Löhne auf Entgeltgleichheit regelmäßig zu überprüfen und in ihren Lageberichten über den Stand der Gleichstellung zu informieren.

4.2 Steuerliche Abzüge

Im Rahmen der Lohnabrechnung sind vom steuerpflichtigen Arbeitslohn die Lohnsteuer, der Solidaritätszuschlag und ggf. die Kirchensteuer zu ermitteln und vom Bruttolohn einzubehalten. Zu den steuerrechtlichen Abzügen vom Arbeitslohn gehören:

- Lohnsteuer
- Kirchensteuer
- Solidaritätszuschlag
- pauschale Lohnsteuer
- pauschale Kirchensteuer
- Zuschlagssteuer (z.B. Kammerbeitrag)
- Abgeltungssteuer

Für die Ermittlung der Lohnsteuer veröffentlicht das Bundesfinanzministerium eine Lohnsteuerformel bzw. daraus abgeleitete Lohnsteuertabellen. Die Höhe der Lohnsteuer ist abhängig von der Höhe des steuerpflichtigen Arbeitslohns, dem Familienstand des Arbeitnehmers (Steuerklasse) und dem Lohnabrechnungszeitraum (täglich, monatlich, jährlich). Neben der Lohnsteuer ist auf den ermittelten Betrag ein Zuschlag von **5,5%** als **Solidaritätszuschlag** zu berechnen, mit der Lohnsteuer vom Bruttolohn einzubehalten und abzuführen. Ist der Arbeitnehmer kirchensteuerpflichtig, muss der Arbeitgeber zusätzlich zur Lohnsteuer **8% oder 9%** des Betrags der Lohnsteuer als **Kirchensteuer** vom Bruttolohn einbehalten. Neben der Versteuerung des Arbeitslohns nach der Steuerformel können einzelne Lohnbestandteile (Lohnarten) mit einem festen (einkommensunabhängigen) Satz von 15%, 20%, 25% oder 30% versteuert werden. Die Höhe des anzuwendenden Satzes ist von der Art des Lohnbestandteils abhängig. Diese sogenannte **pauschale Versteuerung** von Lohnbestandteilen ist immer dann vorteilhaft, wenn der Lohnsteuersatz nach Tabelle bzw. Formel über dem pauschalen Steuersatz liegt.

Beispiel !

Bei einem monatlichen Bruttolohn von 3.000 EUR beträgt der durchschnittliche Steuersatz in der Steuerklasse 1 ca. 17%.
Wird vom Arbeitgeber ein Fahrgeld bezahlt, kann dieser Lohnbestandteil mit einem pauschalen Steuersatz von 15% versteuert werden.

Eine weitere steuerliche Regelung sieht vor, dass der gesamte Arbeitslohn von **Aushilfen** (geringfügig Beschäftigten) mit einem festen Satz von **2%** versteuert werden darf, wenn dieser durchschnittlich 450 EUR pro Monat nicht übersteigt. Diese Regelung ist eine »Kann-Bestimmung« – das heißt, der Arbeitslohn kann auch nach der Formel der Lohnsteuertabelle bzw. nach den Regeln einer Ersatzbescheinigung des Finanzamts besteuert werden.

Neben der pauschalen Versteuerung gibt es im Steuerrecht noch eine Zuschlagssteuer in den Bundesländern Bremen und Saarland – den **Kammerbeitrag** – und einen sogenannten steuerlichen Hinzurechnungsbetrag zum Arbeitslohn.

4.2.1 Ermittlung der Lohnsteuer

Die Lohnsteuer ist eine besondere Erhebungsform der Einkommensteuer und somit keine eigene Steuerart. Der Arbeitgeber ist verpflichtet, die Lohnsteuer richtig zu berechnen und fristgerecht an das Finanzamt abzuführen. Für falsch abgeführte Lohnsteuerbeträge kann er in Haftung genommen werden. Grundlage für die Ermittlung der Lohnsteuer ist die Steuerklasse und die Höhe des steuerpflichtigen Arbeitslohnes. Außerdem haben steuerrechtliche Freibeträge und die Höhe der Sozialversicherungsbeiträge Einfluss auf die Lohnsteuer. Die Besteuerungsmerkmale wie Steuerklasse, Kirchenzugehörigkeit,

Anzahl Kinder und ggf. Steuerfreibeträge sind in einer zentralen Datenbank des Bundeszentralamtes für Steuern gespeichert. Die Besteuerungsmerkmale werden von der Finanzverwaltung aufgrund des Familienstandes und der Zugehörigkeit zu einer Glaubensgemeinschaft gebildet. Der Arbeitgeber ruft die Besteuerungsmerkmale bei Aufnahme einer Beschäftigung von der sogenannten ELStAM-Datenbank (**E**lektronische **L**ohn**st**euer **A**bzugs**m**erkmale) elektronisch ab.[13] Für den Datenabruf ist eine Anmeldung des Arbeitnehmers mit dessen Steuer-ID und dem Geburtsdatum erforderlich. Mit diesen Angaben ist nach einer Authentifizierung des Arbeitgebers grundsätzlich ein Datenabruf möglich. Nach der Anmeldung werden die Besteuerungsmerkmale vom Zentralamt für Steuern maximal innerhalb von zwei Arbeitstagen zum Abruf zur Verfügung gestellt. Sind aufgrund von fehlenden Angaben aus den Gemeinden noch keine Besteuerungsmerkmale in der Datenbank hinterlegt, erstellen die örtlichen Finanzämter auf Antrag des Arbeitnehmers eine Ersatzbescheinigung, die entsprechend den persönlichen Verhältnissen die Besteuerungsmerkmale dokumentiert. Ohne einen gültigen ELStAM-Datensatz oder eine Ersatzbescheinigung ist für die Lohnabrechnung immer Steuerklasse **6** anzuwenden.

Arbeitslohn

Neben den Besteuerungsmerkmalen wie Steuerklasse und Anzahl Kinder, bestimmt die Höhe des Arbeitslohnes ganz entscheidend die Höhe der Lohnsteuer mit. Die Summe aller laufenden Lohnzahlungen und Sachleistungen des Arbeitgebers ergibt den Bruttolohn. Der **laufende Arbeitslohn** ergibt sich aus dem Bruttolohn unter Abzug von steuerfreien Lohnarten, Steuerfreibeträgen und pauschal versteuerten Lohnbestandteilen. Sonstige Bezüge wie Urlaubsgeld, Weihnachtsgeld oder Bonuszahlungen müssen gesondert versteuert werden, sie gehören nicht zum laufenden Arbeitslohn.

Lohnsteuer

Die Lohnsteuer auf den laufenden Arbeitslohn berechnet sich nach der von den Finanzbehörden veröffentlichten Steuerformel unter Berücksichtigung der Steuerklasse. Die Lohnsteuer für sogenannte sonstige Bezüge (Einmalzahlungen) wird aus einer Jahresbetrachtung ermittelt. Dazu wird der zu erwartende Jahresarbeitslohn auf Grundlage des im laufenden Jahr bereits bezahlten Arbeitslohnes vorausschauend ermittelt. Der voraussichtliche Jahresarbeitslohn zuzüglich der sonstigen Bezüge wird dann der Lohnsteuer unterworfen. Für die Lohnsteuerermittlung auf den sonstigen Bezug wird die Jahreslohnsteuerformel angewendet. Die sich aus den sonstigen Bezügen er-

13 Alle wesentlichen Angaben zum ELStAM-Verfahren finden Sie in Kapitel 3.1.1 beschrieben.

gebende Lohnsteuer ist zum Zeitpunkt der Zahlung (Entstehungsprinzip) zusammen mit der Lohnsteuer aus dem laufenden Arbeitslohn zu ermitteln und den Finanzbehörden zu melden. Werden aus der ELStAM-Datenbank Lohnsteuerfreibeträge (Jahresfreibetrag, Monatsfreibetrag) für den Arbeitnehmer übermittelt, reduzieren diese den steuerpflichtigen Arbeitslohn.

a) Lohnsteuerklasse

Die Lohnsteuerklasse wird mit dem ELStAM-Datensatz an den Arbeitgeber elektronisch übermittelt. In der Regel erfolgt der Datenabruf direkt aus dem Entgeltabrechnungsprogramm heraus. Je nach Familienstand wird dem Arbeitnehmer von der Finanzverwaltung eine der Steuerklassen von 1 bis 6 zugeordnet. Mit dem steuerpflichtigen Arbeitslohn und der Lohnsteuerklasse können die Lohnabrechnungsprogramme die einzubehaltende Lohnsteuer ermitteln. Welche Lohnsteuertabelle/Lohnsteuerformel anzuwenden ist, ergibt sich aus der Dauer der Beschäftigung (Tag, Woche, Monat) bzw. der Lohnart (laufender Arbeitslohn oder sonstiger Bezug).

Für die Lohnsteuerberechnung ist der Arbeitgeber an die vom Bundeszentralamt für Steuern übermittelte Lohnsteuerklasse gebunden. Auch wenn bereits bekannt ist, dass sich die Lohnsteuerklasse ändert (zum Beispiel wegen Heirat), kann die Änderung erst nach der Erfassung in der ELStAM-Datenbank und dem Datenabruf durch den Arbeitgeber berücksichtigt werden. Ändert sich der Familienstand (Heirat, Geburt eines Kindes), werden diese Informationen von den Gemeinden in der ELStAM-Datenbank erfasst. Die Datenerfassung kann oft einige Wochen in Anspruch nehmen. Möchte der Arbeitnehmer die geänderten Besteuerungsmerkmale schneller angewendet wissen, kann er sich ggf. von seinem örtlichen Finanzamt eine Ersatzbescheinigung ausstellen lassen.

Verheiratete Arbeitnehmer haben die Möglichkeit, zwischen drei Steuerklassen (3, 4 und 5) zu wählen. Sofern beide Ehegatten/Lebenspartner steuerpflichtig beschäftigt sind, stellt sich die Frage nach der richtigen Steuerklassenkombination, entweder 4/4 oder 3/5. Zusätzlich besteht bei der Steuerklassenkombination 4/4 die Möglichkeit, das Faktorverfahren anzuwenden. Das Bundesministerium der Finanzen (BMF) stellt den Arbeitnehmern zur Unterstützung ein Merkblatt zur Steuerklassenwahl bereit. Die Wahl der Steuerklasse hat jedoch keinen Einfluss auf die jährliche Steuerschuld. Die Auswirkungen beschränken sich nur auf den monatlich zu zahlenden Lohnsteuerbetrag. Dieser ist jedoch lediglich eine »Vorauszahlung« auf die in der Veranlagung zu ermittelnde Einkommensteuer. Seit dem Jahr 2018 ist es außerdem ausreichend, wenn ein Ehegatte/Lebenspartner die Änderung der Steuerklasse beantragt.

Wichtig: Bei einer Heirat wird von den Finanzverwaltungen immer automatisch die Steuerklassenkombination 4/4 für beide Ehegatten vergeben. Soll wegen unterschiedlich hoher Arbeitslöhne eine Besteuerung mit der Steuerklasse 3 bzw. 5 durch die Arbeitgeber vorgenommen werden, muss der Mitarbeiter dies bei seinem Finanzamt beantragen. Der Arbeitgeber kann nicht selbstständig, bei Kenntnis der Heirat, eine Besteuerung nach einer geänderten Steuerklasse vornehmen.

b) Ermäßigungsfaktor

Das Lohnsteuerrecht bietet Ehegatten, die beide in einem steuerpflichtigen Arbeitsverhältnis stehen, die Möglichkeit, anstelle der Steuerklassenkombination 3/5 die Anwendung des sogenannten **Faktor-Verfahrens** beim Finanzamt zu beantragen. Das neue Lohnsteuerabzugsverfahren ist als zusätzliche Alternative vorgesehen, wenn beide Ehegatten Arbeitslohn beziehen. Die bisherige Steuerklassenkombination 4/4 wird um einen »Reduktionsfaktor« erweitert. Dazu wird vom Finanzamt neben dem Eintrag der Steuerklasse der X/Y-Faktor in der ELStAM-Datenbank gespeichert (Beispiel: IV/0,934). Der Faktor ergibt sich aus dem Verhältnis der Einkommensteuer laut Splittingtabelle zur gesamten Lohnsteuer bei den Steuerklassen 4/4. Der vom Finanzamt ermittelte und eingetragene Faktor ist stets kleiner als 1,0 und in der Lohnabrechnung zu berücksichtigen.

Der Faktor wird zusätzlich zur Steuerklasse im Lohnabrechnungsprogramm bzw. in den Steuertabellen berücksichtigt. Mit dem Faktor wird letztlich das aus der Einkommensteuer bekannte Splittingverfahren für die Lohnsteuerklassen 4/4 der Ehegatten/Lebenspartner in den Lohnsteuerabzug übernommen. Die Lohnsteuer wird zunächst nach der Steuerklasse 4 ermittelt und anschließend mit dem Faktor multipliziert und damit verringert. In einem Lohnabrechnungsprogramm erfolgt die Berechnung automatisch.

Beachten Sie: In Verbindung mit dem förmlichen Antrag auf Eintragung eines Freibetrags kann auch das Faktorverfahren vom Arbeitnehmer bei seinem Finanzamt beantragt werden. Die für das Faktorverfahren notwendigen voraussichtlichen Arbeitslöhne können in dem Antragsformular eingetragen werden. Ein etwaiger Freibetrag wird bei der Berechnung der voraussichtlichen Einkommensteuer im Splittingverfahren berücksichtigt. Er wirkt sich damit bereits auf den einzutragenden Faktor aus und wird deswegen bei einem bestehenden Faktor nicht mehr an den Arbeitgeber übermittelt.

Lohnsteuertabelle

Das Bundesfinanzministerium veröffentlicht einen sogenannten Programmablaufplan zur Steuerberechnung, aus dem alle Steuertabellen abgeleitet werden. In der Regel wird dieser Programmablaufplan in die Lohnabrechnungsprogramme integriert und jährlich aktualisiert. Die Nutzung von gedruckten Steuertabellen ist heute eher unüblich. Die verschiedenen Lohnsteuertabellen unterscheiden sich danach, welche Freibeträge eingearbeitet und für welchen Lohnabrechnungszeitraum (Tag, Woche, Monat, Jahr) sie anzuwenden sind. Die vom Arbeitslohn einzubehaltende Lohnsteuer kann aus der Jahres-, Monats-, Wochen- oder Tageslohnsteuertabelle entnommen werden. Aus welcher Tabelle die Lohnsteuer abzuleiten ist, hängt davon ab, ob der Arbeitnehmer wenige Tage oder den gesamten Kalendermonat beschäftigt war, sowie von dem Lohnbestandteil (laufender Arbeitslohn oder sonstiger Bezug). Diese sogenannten allgemeinen Lohnsteuertabellen sind nach Steuerklassen (1-6) unterteilt. Für bestimmte Personengruppen, die nicht rentenversicherungspflichtig sind, gilt eine **besondere Lohnsteuertabelle.** Die besondere Lohnsteuertabelle kommt nur dann zur Anwendung, wenn der Arbeitnehmer in keinem Sozialversicherungszweig (pflicht-)versichert bzw. privat kranken- und pflegeversichert ist. Die besondere Lohnsteuertabelle ist somit insbesondere anzuwenden für:

- Beamte
- Richter
- Berufssoldaten
- nicht rentenversicherungspflichtige (beherrschende) GmbH-Gesellschafter-Geschäftsführer
- Vorstandsmitglieder von Aktiengesellschaften.

Die besondere Lohnsteuertabelle gilt auch, wenn der Arbeitgeber den Gesamtsozialversicherungsbeitrag allein tragen muss. Dies kann der Fall sein für:

- Arbeitnehmer in Berufsausbildung mit einem Arbeitsentgelt von bis zu monatlich 325 EUR
- versicherungsfreie kurzfristig Beschäftigte, bei denen die Lohnsteuer nach den individuellen Lohnsteuerabzugsmerkmalen erhoben wird
- weiterbeschäftigte Rentner, selbst wenn ein Arbeitgeberanteil zur gesetzlichen Rentenversicherung zu entrichten ist
- andere Arbeitnehmer, die nicht in der gesetzlichen Rentenversicherung oder einem Versorgungswerk versichert sind und deshalb auch keinen Arbeitnehmerbeitrag zur gesetzlichen Rentenversicherung zu leisten haben (z. B. Schüler oder Praktikanten)
- Bezieher von Versorgungsbezügen oder Beamtenpensionen.

Die besondere Lohnsteuertabelle weist gegenüber der allgemeinen Lohnsteuertabelle bei jedem Arbeitslohn eine höhere Lohnsteuer aus. Grund dafür ist, dass in der Lohnsteuer die Sozialversicherungsbeiträge anteilig als sogenannte Vorsorgepauschalen berücksichtigt werden. Unterliegt der Mitarbeiter nicht den Sozialversicherungsbeiträgen, hat er keinen Anspruch auf die Vorsorgepauschalen und muss deshalb eine etwas höhere Lohnsteuer leisten.

Für die monatliche Lohnsteuerberechnung ist der Arbeitslohn des laufenden Lohnzahlungszeitraums stets auf einen Jahresarbeitslohn hochzurechnen und die Lohnsteuer aus der Jahreslohnsteuertabelle zu ermitteln. Die sich ergebende Jahreslohnsteuer ist bei einem monatlichen Lohnzahlungszeitraum durch 12 zu dividieren, für untermonatliche Abrechnung durch 360 und mit der Anzahl der Kalendertage zu multiplizieren. Sind Steuerfreibeträge oder Versorgungsfreibeträge zu berücksichtigen, werden diese auf den Jahresarbeitslohn bezogen und die Jahreslohnsteuer nach Abzug der Jahresfreibeträge ermittelt.

Beachten Sie: Arbeitnehmer, die zwar rentenversicherungspflichtig sind, jedoch bei einer Versicherung privat krankenversichert sind, können den sogenannten Basisbeitrag dem Arbeitgeber mitteilen (siehe nächster Abschnitt). Ist dieser dem Arbeitgeber bekannt, wird er bei der Ermittlung der Lohnsteuer berücksichtigt. Somit entsteht eine »abgeschwächte« besondere Lohnsteuer(-tabelle). In der Regel werden diese Beträge im Entgeltabrechnungsprogramm erfasst und automatisch bei der Steuerberechnung berücksichtigt.

Abzug der Vorsorgeaufwendungen

a) Beiträge zur Rentenversicherung

Bei der Ermittlung der Lohnsteuer sind die Beiträge zur Rentenversicherung als Vorsorgepauschalen vom steuerpflichtigen Arbeitslohn abzuziehen. Abzugsfähig sind für das Jahr 2018 höchstens 72 % des **Arbeitnehmeranteils** zur gesetzlichen Rentenversicherung. Der Höchstbetrag ist zusätzlich durch die Beitragsbemessungsgrenze der gesetzlichen Rentenversicherung (78.000 EUR West / 69.600 EUR Ost) begrenzt. Der abzugsfähige Anteil steigt jährlich um 4 %, bis im Jahre 2025 der volle Arbeitnehmeranteil berücksichtigt wird. Dieser Teil der Vorsorgeaufwendungen wird seit 2005 automatisch von den Lohnprogrammen bei der Ermittlung der Lohnsteuer berücksichtigt.

b) Beiträge zur Krankenversicherung

Auch die Beiträge zur gesetzlichen oder privaten Kranken- und Pflegeversicherung sind als Vorsorgeaufwendungen vom steuerpflichtigen Arbeitslohn abzuziehen. Abzugsfähig ist jedoch nur der **Arbeitnehmerbeitrag** für die sogenannte Basisvorsorge. In der Basisvorsorge sind nicht der Beitragsanteil für das Krankengeld und Zusatzleistungen wie Zahnersatz oder Heilpraktiker-Behandlung enthalten. Für die Ermittlung der Vorsorgepauschale ergeben sich somit unterschiedliche Ansätze für gesetzlich und privat krankenversicherte Arbeitnehmer.

Bei **gesetzlich Krankenversicherten** ergibt sich der Betrag für die Vorsorgeaufwendungen aus dem halben **ermäßigten Beitrag** zur Krankenversicherung. Der ermäßigte Beitrag zur Krankenversicherung liegt im Jahr 2018 bei 14,0% des beitragspflichtigen Arbeitsentgelts. Der Arbeitnehmeranteil beträgt 7,0% des beitragspflichtigen Arbeitsentgelts. Der seit 2015 geltende Zusatzbeitrag kann ebenfalls als Vorsorgeaufwendung geltend gemacht werden. Die Höhe des Zusatzbeitrags ist seit 2015 wieder krankenkassenindividuell. Damit ergibt sich für 2018 als Vorsorgeaufwendung für die Krankenversicherung **7,0%** + x % Zusatzbeitrag des beitragspflichtigen Arbeitsentgelts. X steht für die Höhe des Zusatzbeitrags, der nur vom Arbeitnehmer zu tragen ist. Die Anrechnung ist auf die Beitragsbemessungsgrenze in der Kranken- und Pflegeversicherung (53.100 EUR pro Jahr bzw. 4.425 EUR pro Monat) begrenzt. Als Untergrenze ist eine Mindestpauschale von 12% des steuerpflichtigen Arbeitslohns, maximal 1.900 EUR pro Jahr, zu berücksichtigen. Der Mindestbetrag in der Steuerklasse 3 beträgt 3.000 EUR pro Jahr. Liegt der Beitrag zur gesetzlichen Kranken- und Pflegeversicherung unter der Mindestpauschale, so ist für den Lohnsteuerabzug der Mindestsatz heranzuziehen.

Für Mitarbeiter, die bei einem **privat**wirtschaftlichen Versicherungsunternehmen **krankenversichert** sind, ergibt sich der Anteil der Vorsorgeaufwendungen aus dem Mitarbeiterbeitrag für die sogenannte Basisversorgung. Die Versicherungsunternehmen müssen den Gesamtbeitrag zur Krankenversicherung in einen **Basisbeitrag** und einen freiwilligen Beitrag aufteilen. Vom Basisbeitrag ist dann noch der Arbeitgeberzuschuss zur privaten Kranken- und Pflegeversicherung abzuziehen. Zu dem Arbeitnehmerbasisbeitrag dürfen jedoch die Basisbeiträge für unterhaltspflichtige Kinder und Ehegatten hinzugerechnet werden. Der gesamte Arbeitnehmerbasisbeitrag (mit Hinzurechnung) fließt in die Steuerberechnung ein. Liegen dem Arbeitgeber keine Angaben zum Basisbeitrag der privaten Kranken- und Pflegeversicherung vor, ist mit einem pauschalen Satz von 12% des Arbeitslohns, jedoch maximal 1.900 EUR pro Jahr, zu rechnen **(Mindestpauschale)**. In der Steuerklasse 3 gilt die Mindestpauschale von 3.000 EUR pro Jahr. Bei Anwendung der Mindestpauschale in der Lohnabrechnung wird der gesamte Basisbeitrag in der Einkommensteuererklärung berücksichtigt. Die Anrechnung der Basisbeiträge zur Krankenversicherung ist in der Lohnabrechnung nicht möglich, wenn der Mitarbeiter die Steuerklasse 6 hat.

Beachten Sie: Die Mindestvorsorgepauschale in Höhe von 12% des Arbeitslohns mit einem Höchstbetrag von jährlich 1.900 EUR (in Steuerklasse 3 max. 3.000 EUR) ist anzusetzen, wenn sie höher ist als die Summe der Teilbeträge für die gesetzliche Kranken- und Pflegeversicherung oder die private Basiskranken- und Pflegeversicherung. Die Mindestvorsorgepauschale ist auch dann anzusetzen, wenn für den entsprechenden Arbeitslohn kein Arbeitnehmeranteil zur gesetzlichen Kranken- und sozialen Pflegeversicherung zu entrichten ist, z.B. bei geringfügig (oder kurzfristig) beschäftigten Arbeitnehmern, die nach individuellen Besteuerungskriterien (aus der ELStAM-Datenbank) versteuert werden. Die Mindestvorsorgepauschale ist in allen Steuerklassen zu berücksichtigen.

In der Regel müssen die Pauschalen nicht gesondert für die Entgeltabrechnung erfasst werden. Die Lohnabrechnungsprogramme berücksichtigen entweder den Pauschalbetrag oder die errechneten Sozialversicherungsbeiträge automatisch für die Berechnung der Lohnsteuer.

c) Beiträge zur Pflegeversicherung
Auch die Beiträge zur gesetzlichen und privaten **Pflegeversicherung** können als Vorsorgeaufwendungen bereits beim Lohnsteuerabzug berücksichtigt werden. Für in der gesetzlichen Pflegeversicherung versicherte Arbeitnehmer sind 1,275% des beitragspflichtigen Arbeitsentgelts als Beitrag zur Pflegeversicherung anrechnungsfähig. Kinderlose Arbeitnehmer müssen einen Zusatzbeitrag von 0,25% des Arbeitsentgelts leisten. Auch dieser Beitrag wird in die Vorsorgeaufwendungen eingerechnet. Zusätzlich ist bei der Steuerberechnung auch die Mindestpauschale zu prüfen. Diese liegt bei 12% des Arbeitslohns, maximal 1.900 EUR pro Jahr. Liegen die errechneten Vorsorgeaufwendungen aus Kranken- **und** Pflegeversicherung unter 1.900 EUR pro Jahr, ist die Mindestpauschale für die Lohnsteuerermittlung zu berücksichtigen. Für privat pflegeversicherte Arbeitnehmer ist, wie auch bei der Krankenversicherung, der Basisbeitrag zur Pflegeversicherung als Vorsorgeaufwand anrechenbar. Vom Basisbeitrag ist jedoch der Arbeitgeberbeitrag zur gesetzlichen Pflegeversicherung (1,275% des Arbeitsentgelts) abzuziehen. Zusätzlich anrechnungsfähig sind vom Arbeitnehmer übernommene Basisbeiträge für unterhaltspflichtige Kinder und den Ehegatten.

Beachten Sie: Die Ermittlung der Vorsorgeaufwendungen für gesetzlich oder freiwillig in einer gesetzlichen Krankenversicherung versicherte Arbeitnehmer ist in der Lohnsteuerformel berücksichtigt. Eine Änderung der Sozialversicherungsbeiträge führt somit automatisch zu einer geänderten Lohnsteuerberechnung. Für privat kranken- und pflegeversicherte Arbeitnehmer ist jedoch der Basisbeitrag zur privaten Versicherung im Lohnabrechnungssystem zu hinterlegen. Unterbleibt die Eingabe, wird in den Steuerklassen 1, 2, 4 und 5 mit 12% des Arbeitslohns (maximal 1.900 EUR pro Jahr) und in der Steuerkasse 3 mit 12% des Arbeitslohns (maximal 3.000 EUR pro Jahr) für die Kranken- und Pflegeversicherung (gemeinsam) gerechnet. In der Steuerklasse 6 erfolgt für privat Versicherte keine Anrechnung. Die Vorsorgeaufwendungen für die Rentenversicherung sind von dieser Regelung unberührt – sie werden zusätzlich berücksichtigt.

Besteuerung nach Lohnsteuermerkmalen / pauschale Versteuerung

Der Bruttolohn eines Mitarbeiters ist nicht in jedem Fall Arbeitslohn, der mit der Lohnsteuertabelle zu versteuern ist. Beispielsweise kann der Arbeitslohn für eine geringfügige Beschäftigung pauschal, das heißt unabhängig von der Höhe, mit einem festen Satz versteuert werden. Im Steuerrecht gilt eine Beschäftigung als geringfügig, wenn

- das durchschnittliche monatliche Arbeitsentgelt nicht mehr als 450 EUR beträgt und
- mindestens der pauschale Beitrag zur Rentenversicherung (15%) entrichtet wird.

Sind beide Bedingungen erfüllt, ist keine Lohnsteuerklasse oder Ersatzbescheinigung für den Arbeitnehmer erforderlich. Der Arbeitslohn **kann** vom Arbeitgeber mit einer pauschalen Abgeltungssteuer von **2%** versteuert werden. In der Abgeltungssteuer sind die Kirchensteuer und der Solidaritätszuschlag bereits enthalten. Ist die zweite Bedingung des pauschalen Rentenversicherungsbeitrags nicht erfüllt, besteht die Möglichkeit, das Arbeitsentgelt mit einem pauschalen (festen) Steuersatz von **20%** zu versteuern (vgl. §40 EStG). Bei einer pauschalen Versteuerung mit 20% entstehen neben der Lohnsteuer zusätzlich 5,5% Solidaritätszuschlag auf den Betrag der Lohnsteuer und zwischen 4% und 7% pauschale Kirchensteuer, sofern der Arbeitnehmer einer kirchensteuerberechtigten Religionsgemeinschaft angehört. Auch die Kirchensteuer wird vom Betrag der Lohnsteuer errechnet.

Wichtig: Für geringfügige Beschäftigungsverträge, die ab dem Jahr 2013 neu geschlossen wurden, ist der allgemeine Beitrag zur Rentenversicherung (18,6%) zu berechnen. Zusätzlich hat der Arbeitgeber die Möglichkeit, den Arbeitslohn mit dem pauschalen Lohnsteuersatz von 2% zu versteuern oder die Lohnsteuer wird nach den Angaben aus der ELStAM-Datenbank berechnet. Die pauschale Lohnsteuer trägt der Arbeitgeber, eine etwaige Lohnsteuer bei einer Versteuerung nach Lohnsteuerklasse hat der Arbeitnehmer zu tragen.

Ist eine der beiden Grenzen für die geringfügige Beschäftigung überschritten, hat der Arbeitgeber zu prüfen, ob die Beschäftigung kurzfristig ist. Im steuerrechtlichen Sinne gilt eine Beschäftigung als kurzfristig, wenn

- die Beschäftigungsdauer höchstens 18 Arbeitstage[14] beträgt und

14 Beachten Sie: die Grenzen für die Sozialversicherung sind eine max. Beschäftigungsdauer von 3 Monaten bzw. 70 Arbeitstagen.

- das durchschnittliche Arbeitsentgelt nicht mehr als 72 EUR pro Tag beträgt und
- der Stundenlohn nicht höher als 12 EUR, aber mindestens 8,84 EUR ist.

Bei der Prüfung des 18-Tage-Zeitraums werden als Arbeitstage nur die Tage gezählt, an denen der Arbeitnehmer tatsächlich gearbeitet hat. Sind **alle** Grenzen eingehalten, kann der Arbeitslohn mit einem pauschalen Steuersatz von **25%** versteuert werden. Zusätzlich fallen, wie bei der geringfügigen Beschäftigung, Solidaritätszuschlag (5,5%) und pauschale Kirchensteuer (4% – 7%) an.

Beachten Sie: die Sozialversicherungsrechtliche Grenze für eine kurzfristige Beschäftigung liegt bei 3 Monaten oder 70 Arbeitstagen.

Ist eine der drei Grenzen überschritten, darf der Arbeitslohn nicht mehr pauschal versteuert werden, sondern es muss eine Versteuerung nach der Lohnsteuertabelle (Tages-, Wochen- oder Monatslohnsteuertabelle) erfolgen. Ein ELStAM-Datensatz oder eine Ersatzbescheinigung ist dann zwingend erforderlich. Ist für den Mitarbeiter kein ELStAM-Datensatz gespeichert oder ist der Datenabruf gesperrt und legt der Mitarbeiter keine Ersatzbescheinigung vor, muss die Versteuerung nach der höchsten Steuerklasse (Klasse 6) erfolgen.

4.2.2 Berechnung der Kirchensteuer

Gehört der Arbeitnehmer einer kirchensteuerberechtigten Religionsgemeinschaft an, ist vom Arbeitgeber zusätzlich zur Lohnsteuer die Kirchensteuer zu ermitteln und zusammen mit der einbehaltenen Lohnsteuer dem Finanzamt zu melden und abzuführen. Die Kirchensteuer beträgt, je nach Bundesland, 8% oder 9% **auf den Betrag der ermittelten Lohnsteuer**. In den Bundesländern Bayern und Baden-Württemberg liegt der Kirchensteuersatz bei **8%**, in den übrigen Bundesländern bei **9%**. Die Kirchensteuerpflicht ergibt sich aus der bescheinigten Konfession auf der Ersatzbescheinigung (ev, rk etc.) bzw. aus dem ELStAM-Datensatz. Bei verheirateten Arbeitnehmern ist bei konfessionsverschiedener Ehe zusätzlich die Konfession des Ehegatten im ELStAM-Datensatz enthalten. Eheleute bzw. eingetragene Lebenspartnerschaften sind konfessionsverschieden, wenn beide Ehegatten einer Glaubensgemeinschaft angehören, jedoch einer unterschiedlichen (zum Beispiel katholisch und evangelisch). Gehört nur ein Ehegatte/Lebenspartner einer steuerberechtigten Glaubensgemeinschaft an, ist die Ehe glaubensverschieden. Wird im ELStAM-Datensatz für den Arbeitnehmer keine Kirchenzugehörigkeit übermittelt, ist keine Kirchensteuer bei der Lohnabrechnung zu berücksichtigen. Nicht jede Glaubensgemeinschaft ist in jedem Bundesland berechtigt, Kirchensteuer zu erheben. Vielmehr gilt für jedes Bundesland eine Liste von kirchensteuererhebungsberechtigten Glaubensgemeinschaften. Maßgeblich für die Berechtigung zum Kirchensteuerabzug ist das Bundesland des Firmensitzes bzw. der Betriebsstätte (mit eigener Steuernummer). Die folgende Tabelle gibt eine Übersicht der erhebungsberechtigten Glaubensgemeinschaften je Bundesland.

Bundesland	Kirchensteuerberechtigte Glaubensgemeinschaft
Baden-Württemberg	Israelitische Religionsgemeinschaft Baden (ib)
	Freireligiöse Landesgemeinde Baden (fb)
	Israelitische Religionsgemeinschaft Württemberg (iw)
	Alt-Katholische Kirche (ak)
Bayern	Israelitisch bekennende Kirche (is)
	Alt-Katholische Kirche (ak)
Berlin	Alt-Katholische Kirche (ak)
Brandenburg	Israelitische/Jüdische Kultussteuer (is/jh/jd)
	Freireligiöse Gemeinde Mainz (fm)
	Israelische Kultussteuer der Gemeinde Hessen (il)
	Alt-Katholische Kirche (ak)
Hamburg	Jüdische Kultussteuer (jh)
	Alt-Katholische Kirche (ak)
Hessen	Freireligiöse Gemeinde Offenbach (fs)
	Freireligiöse Gemeinde Mainz (fm)
	Israelische Kultussteuer Frankfurt (is)
	Israelische Kultussteuer (il)
	Alt-Katholische Kirche (ak)
Niedersachsen	Alt-Katholische Kirche (ak)
Nordrhein-Westfalen	Jüdische Kultussteuer (jd)
	Alt-Katholische Kirche (ak)

Bundesland	Kirchensteuerberechtigte Glaubensgemeinschaft
Rheinland-Pfalz	Jüdische Kultussteuer (is)
	Freireligiöse Landesgemeinde Pfalz (fg)
	Freireligiöse Gemeinde Mainz (fm)
	Freie Religionsgemeinschaft Alzey (fa)
	Alt-Katholische Kirche (ak)
Saarland	Jüdische Kultussteuer (issl)
	Alt-Katholische Kirche (ak)
Schleswig-Holstein	Jüdische Kultussteuer (ih)
	Alt-Katholische Kirche (ak)

Tab. 8: Übersicht der kirchensteuerberechtigten Konfessionen nach Bundesland (2018)

In allen Bundesländern sind die Römisch-katholische (rk) und die Evangelische Kirche (ev) zur Erhebung der Kirchensteuer berechtigt. Für ausländische Arbeitnehmer gilt das sogenannte Territorialprinzip. Dies bedeutet, dass der Arbeitnehmer unabhängig von seiner Staatsangehörigkeit in Deutschland der Kirchensteuer unterliegt, sofern er einer erhebungsberechtigten Glaubensgemeinschaft angehört.

Mindestkirchensteuer

Bei einem geringen Lohnsteuerbetrag ergeben sich unter Umständen nur wenige Cent als Kirchensteuer. In diesem Fall erhebt das Bundesland Sachsen-Anhalt und Thüringen eine Mindestkirchensteuer. Die Mindestkirchensteuer wird immer dann erhoben, wenn der Betrag der Kirchensteuer bei Anwendung des Regelkirchensteuersatzes kleiner ist als ein Mindestbetrag. Die Mindestkirchensteuer kommt häufig dann zum Tragen, wenn durch Kinderfreibeträge die fiktive Lohnsteuer sehr gering ist (siehe auch Kapitel 5.5). Die Mindestkirchensteuer wird somit nur dann erhoben, wenn der Betrag der Lohnsteuer größer als 0 EUR ist. Außerdem wird die Mindestkirchensteuer auch nur für die evangelische und evangelisch-lutherische Kirche erhoben.

Ende der Kirchensteuerpflicht

Die Pflicht zur Erhebung der Kirchensteuer endet mit dem Monat, in dem der Kirchenaustritt erfolgt ist. Im Bundesland Berlin endet die Kirchensteuerpflicht nach Ablauf des Folgemonats nach dem Kirchenaustritt. Das Ende der Kirchensteuerpflicht wird dem Arbeitgeber mit dem Abruf der ELStAM-Daten mitgeteilt. Verantwortlich für die Pflege des Kirchensteuermerkmals ist die

Gemeinde des Wohnsitzes des Arbeitnehmers. Das Finanzamt hat keinen Einblick in diese Datenbank.

Pauschale Kirchensteuer

Einige Lohnarten unterliegen nicht einer Versteuerung nach der Lohnsteuertabelle/Lohnsteuerformel, sondern können mit einem festen Satz (pauschal) versteuert werden. Bei der pauschalen Versteuerung ist auf den Betrag der Lohnsteuer nicht der »normale« Kirchensteuersatz (8% oder 9%) anzuwenden, sondern ein ermäßigter »pauschaler« Kirchensteuersatz. Der ermäßigte pauschale Kirchensteuersatz liegt, abhängig vom Bundesland des Firmensitzes, zwischen 4% und 7%. Die pauschale Kirchensteuer wird dann vom Finanzamt auf die Konfessionen evangelisch und römisch-katholisch aufgeteilt. Die Berechnung des Betrags der Kirchensteuer ist jedoch vom Arbeitgeber vorzunehmen. Die Aufteilung ist wiederum abhängig vom Bundesland des Firmensitzes. In Hamburg beispielsweise wird vom Finanzamt die pauschale Kirchensteuer im Verhältnis 70% (evangelisch-lutherische Kirche), 29,5% (römisch-katholische Kirche) und 0,5% (Jüdische Gemeinde Hamburg) aufgeteilt. Die folgende Tabelle gibt einen Überblick über die Kirchensteuersätze, Mindestkirchensteuer und Pauschalkirchensteuer.[15]

Bundesland	Regelkirchensteuersatz (in %)	Mindestkirchensteuer pro Monat	Pauschaler Kirchensteuersatz (in %)[16]
Baden-Württemberg	8	-	5,5
Bayern	8	-	7
Berlin	9	-	5
Brandenburg	9	-	5
Bremen/Bremerhaven	9	-	7
Hamburg	9	-	4
Hessen	9	-	7
Mecklenburg-Vorpommern	9	-	5
Niedersachsen	9	-	6
Nordrhein-Westfalen	9	-	7
Rheinland-Pfalz	9	-	7

15 Beachten Sie die Regelungen für pauschale Kirchensteuer für pauschal versteuerte Lohnarten in Kapitel 4.2.6.

16 Die pauschalen Steuersätze gelten auch für Aushilfen in der Land- und Forstwirtschaft.

Bundesland	Regelkirchensteuersatz (in %)	Mindestkirchensteuer pro Monat	Pauschaler Kirchensteuersatz (in %)[16]
Saarland	9	-	7
Sachsen	9	-	5
Sachsen-Anhalt	9	3,60[17]	5
Schleswig-Holstein	9	-	6
Thüringen	9	3,60	5

Tab. 9: Regelkirchensteuersatz und pauschale Kirchensteuer nach Bundesland (2018)[17]

Beachten Sie: Der Arbeitgeber weist in der Lohnsteueranmeldung nur die Höhe der pauschalen Kirchensteuer aus. Die Berechnung der Aufteilung auf die Konfessionen wird von der Finanzverwaltung übernommen.

Kappung der Kirchensteuer

Eine weitere Besonderheit in Bezug auf die Kirchensteuer besteht für Bezieher höherer Einkommen. In allen Bundesländern außer Bayern gibt es eine Begrenzung der jährlichen Kirchensteuer – die sogenannte **Kappung**. Die Kappung ist bereits im Rahmen der Lohnsteuerermittlung zu berücksichtigen. Bei der Kirchensteuerkappung sind der voraussichtliche Jahresarbeitslohn und die darauf entfallende Lohn- und Kirchensteuer zu ermitteln. Liegt die Kirchensteuer über einem bestimmten Prozentsatz des zu versteuernden Einkommens, kann diese beschränkt – gekappt – werden.

Die Kappung beträgt in den Bundesländern:

Bundesland	In Prozent des zu versteuernden Einkommens
Baden-Württemberg	2,75% (ev. Kirche Württemberg) bzw. 3,5% (ev. Kirche Baden und katholische Kirche)
Bayern	keine Kappung
Berlin	3,00%
Brandenburg	3,00%
Bremen/Bremerhaven	3,50%
Hamburg	3,00%
Hessen	3,50% (ev.), 4,00% (andere Kirchen)
Mecklenburg-Vorpommern	3,00%

17 Die Mindestkirchensteuer gilt pro Jahr und wird nur von der evangelischen Kirche erhoben.

Bundesland	In Prozent des zu versteuernden Einkommens
Niedersachsen	3,00% (evangelisch-lutherische Kirche) 4,00% (Erzdiözese Paderborn), 3,50%, (andere Kirchen)
Nordrhein-Westfalen	3,50% (ev.), 4,00% (andere Kirchen)
Rheinland-Pfalz	3,50% (ev.), 4,00% (andere Kirchen)
Saarland	3,50% (ev.), 4,00% (andere Kirchen)
Sachsen	Keine Kappung
Sachsen-Anhalt	3,50%
Schleswig-Holstein	3,00%
Thüringen	Keine Kappung

Tab. 10: Kappung der Kirchensteuer 2018

Die Kappung der Kirchensteuer auf das zu versteuernde Einkommen kann auf den umgerechneten Arbeitslohn übertragen werden. Somit ist die Kappung für die monatliche Lohnsteuer wie für den Lohnsteuerjahresausgleich zu berücksichtigen. Die Kappung muss in Baden-Württemberg, Hessen, Nordrhein-Westfalen, Rheinland-Pfalz und Saarland beim zuständigen Finanzamt vom Arbeitnehmer beantragt werden.

Anrechnung von Kinderfreibeträgen

Hat der Arbeitnehmer Kinder und sind diese im ELStAM-Datensatz bzw. der Ersatzbescheinigung eingetragen, müssen die Kinderfreibeträge bei der Ermittlung der **Kirchensteuer** auf den laufenden Arbeitslohn berücksichtigt werden. Seit dem 01.01.2018 wird den Eltern von Kindern ein steuerfreies Existenzminimum von 4.788 EUR pro Jahr auf die Lohnsteuer angerechnet. Ergänzend zum Kinderfreibetrag gibt es noch einen Freibetrag für die Betreuung, Erziehung oder Ausbildung der Kinder. Seit dem Jahr 2010 beträgt dieser 2.640 EUR. Somit ergeben sich als ganzer Kinderfreibetrag für 2018 insgesamt 7.428 EUR (4.788 EUR + 2.640 EUR) pro Elternteil.

Der Freibetrag ergibt sich aus dem Kinderfreibetragszähler im ELStAM-Datensatz bzw. der Ersatzbescheinigung.

Freibeträge für Kinder sind bei der Ermittlung der **Lohnsteuer nicht** zu berücksichtigen. Statt des Freibetrages hat der Arbeitnehmer Anspruch auf Kindergeld. Bei der Ermittlung der Kirchensteuer sind Kinderfreibeträge jedoch anzuwenden. Durch diese Regelung lässt sich die Kirchensteuer bei Vorhandensein von Kindern nicht mehr direkt aus dem Lohnsteuerbetrag errechnen. Für die Ermittlung der Kirchensteuer ist eine »Schattenlohnsteuerberechnung« unter Berücksichtigung der Kinderfreibeträge durchzuführen. Bei der Schattenrechnung wird zunächst die »fiktive Lohnsteuer« auf den Arbeitslohn unter Berücksichtigung von Kinderfreibeträgen ermittelt. Aus dem fiktiven Betrag der Lohnsteuer sind dann der Solidaritätszuschlag mit 5,5% und die Kirchensteuer mit 8% bzw. 9% zu bilden. Ergibt sich unter Berücksichtigung der Kinderfreibeträge eine »fiktive Lohnsteuer« von 0 EUR/Cent, ist keine Mindestkirchensteuer anzuwenden. Die Fiktivrechnung kann dazu führen, dass für den Arbeitnehmer zwar Lohnsteuer zu entrichten ist, jedoch trotz Kirchensteuerpflicht keine Kirchensteuer entsteht (vgl. Kapitel 5.5).

4.2.3 Berechnung des Solidaritätszuschlags

Seit 1995 wird zusätzlich zur Lohnsteuer der Solidaritätszuschlag auf den Arbeitslohn erhoben. Alle Arbeitnehmer müssen auf den **Lohnsteuerbetrag 5,5%** als Solidaritätszuschlag entrichten. Der Arbeitgeber ist verpflichtet, aus jeder laufenden und einmaligen Lohnzahlung den Solidaritätszuschlag zu ermitteln und zusammen mit der Lohn- und Kirchensteuer an das Finanzamt abzuführen. Für die Ermittlung des Solidaritätszuschlags sind Kinderfreibeträge zu berücksichtigen. Kinderfreibeträge werden nicht bei der Ermittlung der Lohnsteuer berücksichtigt. Bei Arbeitnehmern mit Kindern lässt sich somit der Solidaritätszuschlag nicht mehr direkt als Zuschlagssteuer auf die Lohnsteuer ermitteln. Vielmehr ist eine Schattenrechnung durchzuführen, mit der die Lohnsteuer unter Berücksichtigung der Kinderfreibeträge ermittelt wird. Auf den Betrag der »fiktiven« Lohnsteuer ist dann der Solidaritätszuschlag zu berechnen. Ein Rechenbeispiel finden Sie in Kapitel 5.5. Der Solidaritätszuschlag wird erst erhoben, wenn der Betrag der Lohnsteuer eine bestimmte Höhe übersteigt. Dieser Bereich des jährlichen Lohnsteuerbetrags von 0 EUR bis zum Grenzbetrag für die Erhebung des Solidaritätszuschlags wird **Nullzone** genannt. In der Nullzone wird auf den Betrag der Lohnsteuer kein Solidaritätszuschlag erhoben. Der Solidaritätszuschlag entsteht nicht, wenn der Betrag der Lohnsteuer folgende Grenzen nicht übersteigt:

Steuerklasse 1, 2, 4, 5, 6	Steuerklasse 3
972,00 EUR jährliche Lohnsteuer	1.944,00 EUR jährliche Lohnsteuer
81,00 EUR monatliche Lohnsteuer	162,00 EUR monatliche Lohnsteuer
2,70 EUR tägliche Lohnsteuer	5,40 EUR tägliche Lohnsteuer

An die Nullzone schließt sich ein Übergangsbereich an. In diesem Bereich wird der Solidaritätszuschlag nicht sofort in voller Höhe erhoben. Erst nach dem Übergangsbereich ist der Solidaritätszuschlag mit 5,5% vom Betrag der Lohnsteuer zu berechnen. Die Nullzone und der Übergangsbereich sind bereits in die Lohnsteuertabellen bzw. Steuerformeln eingearbeitet. Ein Beispiel zur Berechnung finden Sie in Kapitel 5.5.

4.2.4 Pauschale Lohnsteuer für Aushilfen

Für geringfügig entlohnte Beschäftigungen ist die Lohnsteuer nicht aus der Lohnsteuerformel zu ermitteln, sondern sie ergibt sich aus **2%** des steuerpflichtigen Arbeitslohnes (Abgeltungssteuersatz). Die Abgeltungssteuer beinhaltet neben der Lohnsteuer die pauschale Kirchensteuer und den Solidaritätszuschlag. Voraussetzung für die Anwendung des Pauschalsteuersatzes ist, dass das durchschnittliche monatliche **Arbeitsentgelt 450 EUR** nicht übersteigt **und** dass der Arbeitgeber mindestens die pauschalen Beiträge (oder den allgemeinen Beitrag) zur Rentenversicherung entrichtet.

Beachten Sie: Eine pauschale Versteuerung mit 2% Abgeltungssteuer ist nur möglich, sofern mindestens der pauschale Rentenversicherungsbeitrag durch den Arbeitgeber gezahlt wird. Außerdem wird die Abgeltungssteuer von 2% nicht dem Finanzamt, sondern der Minijob-Zentrale gemeldet. Die Pauschalsteuern sind hingegen auf der Lohnsteueranmeldung an das Finanzamt auszuweisen.

Auch die Abgeltungssteuer von 2% kann durch eine firmeninterne Vereinbarung auf den Arbeitnehmer abgewälzt und als Nettoabzug von der Auszahlung abgezogen werden. Von der Grundsatzregelung 2% Abgeltungssteuer gibt es für bestimmte Personengruppen Ausnahmeregelungen.

Beamte
Für Beamte, bei denen der Dienstherr die Gewährleistung der Versorgungsanwartschaften auf die geringfügige Beschäftigung ausgedehnt hat, sind weder der allgemeine noch der pauschale Beitrag zur Rentenversicherung zu entrichten. Ohne die pauschalen Beiträge zur Rentenversicherung ist eine Versteuerung des geringfügigen Arbeitsentgeltes mit 2% jedoch nicht möglich. In diesem Fall kann der Arbeitslohn mit dem pauschalen Steuersatz von 20% versteuert werden.

Eine Ausdehnung der Versorgungsgarantie auf eine geringfügige privatwirtschaftliche Beschäftigung ist in der Regel jedoch nicht gegeben, so dass auch für nebenberuflich geringfügig beschäftigte Beamte der allgemeine bzw. der pauschale Beitrag zur Rentenversicherung zu entrichten ist. Der pauschale Beitrag kommt für eine ab dem Jahr 2013 neu aufgenommene Beschäftigung nur in Betracht, sofern der Arbeitnehmer den Verzicht auf die Rentenversicherungspflicht beim Arbeitgeber beantragt hat und die Minijob-Zentrale der Rentenversicherungsfreiheit nicht widerspricht.

Praktikanten
In der Studien- oder Prüfungsordnung vorgeschriebene Zwischenpraktika unterliegen nicht den Beiträgen zu den Sozialversicherungen. Der Arbeitgeber muss auch keine pauschalen Beiträge zur Rentenversicherung entrichten. Erhält ein Studierender für ein **nicht vorgeschriebenes Zwischenpraktikum** ein geringfügiges Entgelt (bis 450 EUR), sind Pauschalbeiträge zur Krankenversicherung zu zahlen. Zur Rentenversicherung sind für geringfügig entlohnte, nicht vorgeschriebene Zwischenpraktika keine Beiträge zu leisten. Ohne den pauschalen Beitrag zur Rentenversicherung ist jedoch die Grundlage für die Abgeltungssteuer von 2% nicht gegeben. In diesem Fall kann das geringfügige Arbeitsentgelt mit dem **pauschalen Steuersatz von 20%** versteuert werden oder es ist eine Versteuerung nach der Lohnsteuerklasse bzw. ELStAM-Datensatz vorzunehmen. Eine Anmeldung an die ELStAM-Datenbank ist dann erforderlich.

Mehrfach beschäftigte Aushilfen
Die Versteuerung mit einem pauschalen Steuersatz hat besondere Bedeutung bei mehrfacher geringfügiger Beschäftigung. Im Sozialversicherungsrecht sind die Entgelte aller geringfügigen Beschäftigungen zu addieren. Wird die Entgeltgrenze von durchschnittlich 450 EUR pro Monat durch mehrere geringfügige Beschäftigungen überschritten, entsteht Sozialversicherungspflicht – es sind keine pauschalen Rentenversicherungsbeiträge möglich. Im Steuerrecht ist jedes Arbeitsverhältnis getrennt zu betrachten. Ist die Grenze für eine pauschale Versteuerung nach §40a EStG eingehalten (450 EUR Entgelt), kann der Arbeitslohn pauschal **mit 20%** versteuert werden – selbst dann, wenn Sozialversicherungspflicht besteht. Neben der pauschalen Lohnsteuer entstehen 5,5% Solidaritätszuschlag auf den Betrag der pauschalen Lohnsteuer und gegebenenfalls zwischen 4% und 7% pauschale Kirchensteuer. Im Innenverhältnis besteht jedoch die Möglichkeit, die gesamten Steuern oder nur einzelne pauschale Steuerbestandteile auf den Arbeitnehmer abzuwälzen. Im Unterschied zur pauschalen Abgeltungssteuer (2%) sind die pauschale Lohnsteuer und die Ergänzungssteuer an das zuständige Finanzamt zu entrichten. Die Abgeltungssteuer ist dagegen mit dem Beitragsnachweis der Minijob-Zentrale zu melden.

Wichtig: Die Zahlung von steuerfreien Lohnbestandteilen wie z.B. Direktversicherungsbeiträge ist nur möglich, wenn es sich um das erste Arbeitsverhältnis handelt. Ein erstes Arbeitsverhältnis kann auch bei geringfügigen

Beschäftigungen vorliegen. Um den sicheren Nachweis des ersten Arbeitsverhältnisses zu erhalten, kann der Arbeitgeber den Arbeitnehmer über die ELStAM-Datenbank anmelden und sich dabei als Hauptarbeitgeber benennen. Durch die Anmeldung wird der Arbeitgeber nicht gezwungen, die Lohnsteuer nach den individuellen Merkmalen zu berechnen. Er kann trotzdem die Pauschalversteuerung durchführen.

Steuerschuldner von pauschalen Steuern und der Abgeltungssteuer ist immer der Arbeitgeber. Das heißt, wird der Arbeitslohn des geringfügig Beschäftigten pauschal versteuert, entsteht neben den pauschalen Beiträgen zur Renten- und Krankenversicherung pauschale Lohnsteuer als Arbeitgeberbelastung. Die nachfolgende Abbildung verdeutlicht nochmals die steuerrechtliche Prüfung für die Beurteilung einer geringfügigen Beschäftigung.

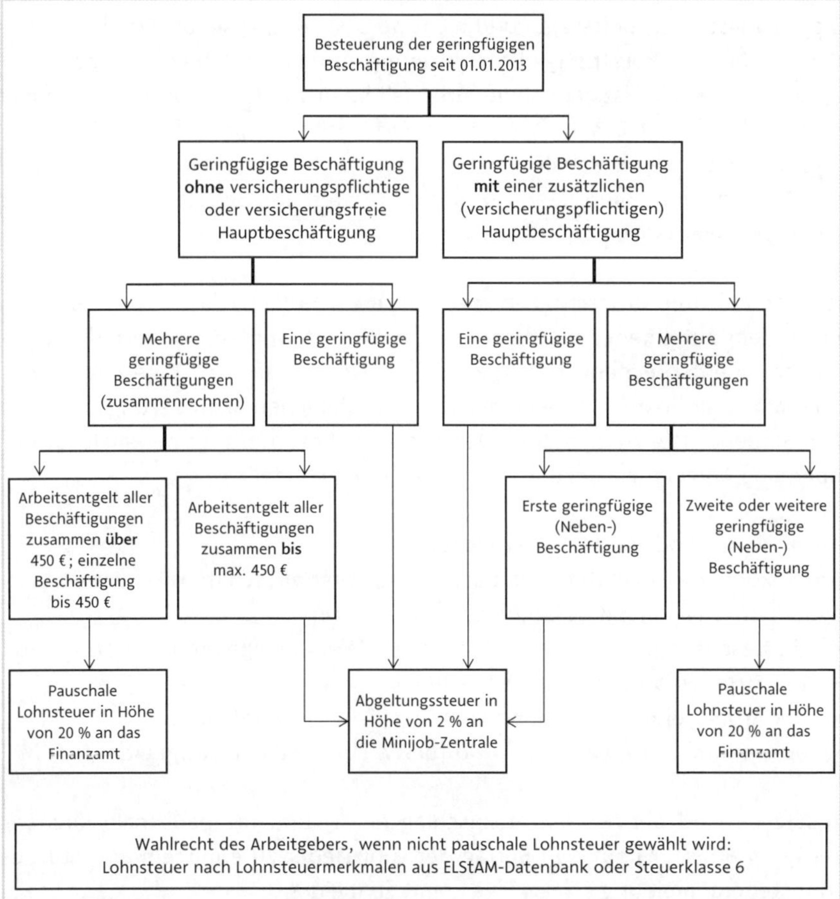

Abb. 3: Entscheidungsstruktur geringfügige Beschäftigung

Kurzfristige Beschäftigung

Wird bei einem Minijob die durchschnittliche monatliche Entgeltgrenze (450 EUR) überschritten, kann geprüft werden, ob die Beschäftigung kurzfristig im steuerrechtlichen Sinne ist. In diesem Fall kann der Arbeitslohn mit einem Pauschalsteuersatz von **25%** durch den Arbeitgeber versteuert werden. Eine pauschale Besteuerung des Arbeitslohns mit 25% kommt in Betracht, wenn

- die Beschäftigungsdauer höchstens 18 Arbeitstage beträgt und
- der durchschnittliche Arbeitslohn nicht höher als 72 EUR täglich ist und
- der Stundenlohn nicht über 12 EUR, aber mindestens bei 8,84 EUR liegt.

Beachten Sie: Die Grenzen für eine kurzfristige Beschäftigung im steuerrechtlichen Sinne weichen von den sozialversicherungsrechtlichen ab. Im Sozialversicherungsrecht gilt eine Beschäftigung als kurzfristig, wenn sie nicht mehr als 3 Monate (70 Arbeitstage) und nicht berufsmäßig ausgeübt wird. Dies bedeutet, dass die kurzfristige Beschäftigung ab dem 19. Arbeitstag noch sozialversicherungsfrei ist, jedoch der Arbeitslohn nicht mehr pauschal versteuert werden darf. Ist die Beschäftigung von Vertragsbeginn an auf mehr als 18 Tage angelegt, ist eine pauschale Versteuerung des Arbeitslohns ausgeschlossen. Der Arbeitnehmer kann dann nur mit den Daten aus der ELStAM-Datenbank versteuert werden.

Ist **eine** der drei Kurzfristigkeitsgrenzen überschritten, darf der Arbeitslohn nicht mehr mit einem pauschalen Satz versteuert werden, sondern die Lohnsteuer ist entsprechend der Beschäftigungsdauer aus der Tages-, Wochen- oder Monatslohnsteuertabelle nach den persönlichen Besteuerungsmerkmalen (Steuerklasse) zu ermitteln. Der Abruf der Besteuerungsmerkmale ist nur über eine Anmeldung bei der ELStAM-Datenbank möglich.

Aushilfen in Land- und Forstwirtschaft

Arbeitslohn von Aushilfen in der Land- und Forstwirtschaft kann vom Arbeitgeber pauschal mit **5%** versteuert werden, wenn

- die Beschäftigungsdauer höchstens 180 Kalendertage pro Jahr beträgt und
- der Stundenlohn nicht über 12 EUR liegt und
- der Arbeitnehmer keine landwirtschaftliche Fachkraft und
- ausschließlich typisch land- und forstwirtschaftliche Tätigkeiten ausübt.

Zusätzlich sind der Solidaritätszuschlag (5,5%) und die pauschale Kirchensteuer (4% bis 7%) auf den Betrag der Lohnsteuer zu ermitteln und auf der Lohnsteueranmeldung an das Finanzamt zu melden.

Erfolgt keine pauschale Besteuerung des Arbeitslohns, muss die Lohnsteuer nach den persönlichen Besteuerungsmerkmalen der ELStAM-Datei (Lohnsteuerklasse) bzw. einer Ersatzbescheinigung ermittelt werden.

Beachten Sie: Wird der Arbeitslohn mit einem pauschalen Satz versteuert, trägt die Lohnsteuer nicht mehr der Arbeitnehmer, sondern der Arbeitgeber. Dies bedeutet, dass auf der Lohnabrechnung für den Arbeitnehmer kein Steuerabzug stattfindet. Gleichwohl muss der Arbeitgeber die pauschale Lohnsteuer ermitteln und an das Finanzamt abführen. Der Arbeitgeber als Steuerschuldner hat die Möglichkeit, die pauschale Lohnsteuer auf den Arbeitnehmer abzuwälzen und sie als Nettoabzug in der Entgeltabrechnung auszuweisen.

4.2.5 Pauschale Lohnsteuer für einzelne Lohnbestandteile

Neben der pauschalen Lohnsteuer für den gesamten Arbeitslohn von Aushilfen können einzelne Lohnbestandteile (Lohnarten) mit einer pauschalen Lohnsteuer besteuert werden. So besteht beispielsweise die Möglichkeit, Zuschüsse zum **Fahrgeld** mit einem festen Satz von **15%** zu versteuern. Die Beiträge zu **Direktversicherungen** (Altverträge) kann der Arbeitgeber mit einem pauschalen Satz von **20%** versteuern. Vom Arbeitgeber gewährte Zuschüsse zu **Mahlzeiten** dürfen mit **25%** pauschalem Steuersatz versteuert werden. **Incentive-Leistungen** (z.B. Logenkarten für Sportveranstaltungen) kann der Arbeitgeber mit einem Steuersatz von **30%** pauschal versteuern. Diese Lohnbestandteile dürfen aus dem steuerpflichtigen Arbeitslohn herausgerechnet und mit dem festen Steuersatz der Lohnsteuer unterworfen werden.

Beachten Sie: Erhält der Arbeitnehmer Lohnbestandteile, die pauschal versteuert werden können, sind diese aus dem steuerpflichtigen Arbeitslohn herauszurechnen. Die besonderen Lohnbestandteile können, müssen aber nicht, mit einem festen Satz versteuert werden. Vorteil der pauschalen Versteuerung ist jedoch in der Regel die Befreiung von Beiträgen zu den Sozialversicherungen.

Zusätzlich zur pauschalen Lohnsteuer muss der Arbeitgeber den Solidaritätszuschlag und ggf. die pauschale Kirchensteuer auf den Betrag der pauschalen Lohnsteuer ermitteln, einbehalten und an die Finanzverwaltung abführen. Steuerschuldner von pauschalen Lohnsteuern ist immer der Arbeitgeber. Der Arbeitgeber hat jedoch die Möglichkeit, die ermittelten pauschalen Steuern (Lohnsteuer, Kirchensteuer, Solidaritätszuschlag) bei der Lohnabrechnung auf den Arbeitnehmer abzuwälzen. Im Unterschied zur pauschalen Versteuerung des Arbeitslohns von Aushilfen (geringfügig Beschäftigten) kann nicht der gesamte Arbeitslohn einer pauschalen Versteuerung unterzogen werden, sondern nur einzelne (begünstigte) Lohnbestandteile dürfen (müssen aber nicht) mit einem festen (pauschalen) Satz versteuert werden.

4.2.6 Berechnung der pauschalen Kirchensteuer

Pauschal versteuerter Aushilfslohn sowie pauschal versteuerte Lohnarten (z.B. Fahrgeld) unterliegen nicht dem regulären Kirchensteuersatz, sondern einem ermäßigten »pauschalen« Kirchensteuersatz. Der ermäßigte pauschale Kirchensteuersatz beträgt zwischen 4% bis 7% des Lohnsteuerbetrags, je nach Bundesland. Voraussetzung für die Anwendung des ermäßigten Steuersatzes ist jedoch, dass auf den gesamten pauschalen Lohnsteuerbetrag die Kirchensteuer vom Arbeitgeber entrichtet wird. Entsprechend einer Verwaltungsanweisung hat der Arbeitgeber somit zwei Möglichkeiten für die Pauschalierung der Kirchensteuer:

- Wenn der Arbeitgeber nachweist, dass ein Teil der von der Lohnsteuerpauschalierung betroffenen Arbeitnehmer keiner kirchensteuerberechtigten Religionsgemeinschaft angehört, ist auf die pauschale Lohnsteuer für diese Mitarbeiter keine pauschale Kirchensteuer zu entrichten. Für die übrigen Arbeitnehmer mit pauschal versteuerten Lohnbestandteilen ist dann aber der »normale« Regelkirchensteuersatz (8% oder 9%) anzuwenden. Die Anwendung des ermäßigten pauschalen Kirchensteuersatzes kommt für den Arbeitslohn oder die Lohnarten der kirchensteuerpflichtigen Arbeitnehmer nicht in Frage.
- Alternativ kann der Arbeitgeber auf die gesamte pauschale Lohnsteuer die ermäßigte pauschale Kirchensteuer entrichten. In diesem Fall übernimmt der Arbeitgeber auch pauschale Kirchensteuer für Arbeitnehmer, die nicht einer erhebungsberechtigten Religionsgemeinschaft angehören. Im Gegenzug liegt der pauschale Kirchensteuersatz zwischen 1% und 5% unter dem Regelkirchensteuersatz.

! **Beispiel**

Von zehn Arbeitnehmern gehören acht einer kirchensteuerberechtigten Glaubensgemeinschaft an, zwei sind keiner Kirche zugehörig. Alle Arbeitnehmer erhalten ein pauschal versteuertes Fahrgeld von 20 EUR pro Monat. Als Firmensitz wird das Bundesland Niedersachsen unterstellt. Außerdem ist unterstellt, dass eine Pauschalierung möglich ist, der Arbeitsweg aller Mitarbeiter also mindestens 5km beträgt.[18]

18 Die pauschale Versteuerung mit 15% ist nur insoweit möglich, wie der Mitarbeiter Werbungskosten für die Fahrten zwischen Wohnung und Arbeitsstätte geltend machen könnte – 0,30 EUR/km × 15 Tage pro Monat (siehe Kapitel 5.4).

Beurteilung nach Alternative 1	
Fahrgeld 10 × 20 EUR (pro Monat)	200,00 EUR
Pauschale Lohnsteuer (15% von 200 EUR)	30,00 EUR
Bemessungsgrundlage für pauschale Kirchensteuer (8 Arbeitnehmer à 3 EUR pauschale Lohnsteuer)	24,00 EUR
Kirchensteuer (9%) aus 24 EUR (Pauschalsteuer)	2,16 EUR
Steuerbelastung Arbeitgeber	32,16 EUR

Beurteilung nach Alternative 2	
Fahrgeld 10 × 20 EUR	200,00 EUR
Pauschale Lohnsteuer (15% von 200 EUR)	30,00 EUR
Bemessungsgrundlage für pauschale Kirchensteuer (10 Arbeitnehmer à 3 EUR pauschale Lohnsteuer)	30,00 EUR
Ermäßigte pauschale Kirchensteuer (6% in Niedersachsen) aus 30 EUR (Pauschalsteuer)	1,80 EUR
Steuerbelastung Arbeitgeber	31,80 EUR

Steuerschuldner von pauschaler Lohn- und Kirchensteuer ist der Arbeitgeber. Somit liegt es in seinem Ermessen, ob er auch für Arbeitnehmer, die nicht einer Glaubensgemeinschaft angehören, die pauschale Kirchensteuer übernimmt oder stattdessen auf die pauschale Lohnsteuer den normalen Regelkirchensteuersatz für alle Arbeitnehmer mit Religionszugehörigkeit entrichtet.

4.2.7 Berechnung des Kammerbeitrags

In den Bundesländern Bremen und Saarland wird neben der Lohn- und Kirchensteuer der Kammerbeitrag im Lohnsteuerabzugsverfahren erhoben. Die Arbeitnehmerkammern haben die Aufgabe, die im Lande tätigen Arbeitnehmer in wirtschaftlichen und sozialen Fragen zu beraten. Dazu gehören unter anderem Rechtsberatungen sowie Veranstaltungen der wirtschaftlichen Fort- und Weiterbildung.

Bremen

Beitragspflichtig zur Arbeitnehmerkammer in Bremen sind nach §22 Bremisches Arbeitskammer Gesetz (BrArbnKG) alle Arbeitnehmer, also auch die, deren Arbeitslohn bis 450 EUR pro Monat beträgt. **Keine** Beitragspflicht besteht jedoch, wenn der monatliche umgerechnete steuerpflichtige Arbeitslohn **unter 250 EUR** liegt und für Beamte. Die Beitragspflicht besteht auch, sofern der Arbeitnehmer freigestellt ist oder eine Abfindung bezahlt wird.

Seeleute, sind im Land Bremen tätig, wenn sich der Sitz des Reeders, der Parten-Reederei, des Korrespondentenreeders oder des Vertragsreeders im Land Bremen befindet oder sich der Heimathafen des Schiffes im Land Bremen liegt und das Schiff unter deutscher Flagge fährt.

Der Kammerbeitrag beträgt **0,15%** des Bruttoarbeitslohnes. Bruchteile von Cent sind bei der Berechnung auf volle Cent-Beträge abzurunden.

Beachten Sie: Vorstandsmitglieder von Aktiengesellschaften und Gesellschafter-Geschäftsführer einer GmbH unterliegen in Bremen nicht der Beitragspflicht.

In Bremen sind auch für geringfügig Beschäftigte (Aushilfen) Kammerbeiträge zu entrichten. Wird bei diesem Personenkreis der maximale Arbeitslohn von 450 EUR vereinbart und pauschal versteuert, muss der Kammerbeitrag vom Arbeitnehmer erhoben werden. Zahlt der Arbeitgeber die 450 EUR voll aus, übernimmt er somit den Kammerbeitrag für den Arbeitnehmer. Dadurch entsteht in Höhe des Kammerbeitrags (0,67 EUR bei 450 EUR Arbeitslohn) ein steuer- und sozialversicherungspflichtiger geldwerter Vorteil. Dies führt jedoch zu einer Überschreitung der Geringfügigkeitsgrenze und somit zu einer sozialversicherungspflichtigen Beschäftigung des Arbeitnehmers.

Saarland

Beitragspflichtig zur Arbeitnehmerkammer im Saarland sind alle Arbeitnehmer, deren Arbeitsstätte im Saarland liegt. Als Arbeitsstätten gelten die

- im Saarland gelegenen Betriebsstätten und
- die Zweigniederlassungen und Nebenstellen von Unternehmen, die ihren Hauptsitz außerhalb des Saarlands haben, sowie
- die Dienststellen im Bereich des öffentlichen Dienstes und
- die Arbeitsstätten der freien Berufe.

Von der Pflicht zum Kammerbeitrag im Saarland sind **ausgenommen**:

- Arbeitnehmer in der Berufsausbildung
- Praktikanten
- geringfügig Beschäftigte
- Vorstandsmitglieder von Aktiengesellschaften und Gesellschafter-Geschäftsführer einer GmbH sowie
- leitende Angestellte, die berechtigt sind, Mitarbeiter einzustellen oder zu entlassen, oder die Generalvollmacht oder Prokura haben

Auch im Saarland beträgt der **Beitragssatz 0,15% des Arbeitsentgelts**, jedoch nur vom rentenversicherungspflichtigen Arbeitsentgelt. Die Höchstgrenze für die Erhebung ist an die Beitragsbemessungsgrenze der Rentenversicherung gekoppelt. Die Bemessungsgrenze für die Berechnung des Kammerbeitrags liegt somit seit 01.01.2018 bei 6.500 EUR. Der monatliche **Höchstbetrag** für den Kammerbeitrag liegt also bei 9,75 EUR (6.500 EUR × 0,15%). Der monatliche Beitrag zur Arbeitskammer des Saarlandes in der Gleitzone ist von dem fiktiven Arbeitsentgelt zu berechnen. Im Falle der Verzichtserklärung auf die Anwendung der Beitragsermäßigung durch die Gleitzone seitens des Arbeitnehmers gilt als Bemessungsgrenze das sozialversicherungspflichtige Bruttoarbeitsentgelt.

4.2.8 Besonderheiten der Lohnsteuerermittlung

Hinzurechnungsbetrag

Im Zuge des Lohnsteuerermäßigungsverfahrens kann von der Finanzverwaltung ein sogenannter Hinzurechnungsbetrag in der ELStAM-Datenbank gespeichert werden. Hinzurechnungsbeträge werden im Zuge der Übermittlung von monatlichen Änderungslisten an die Arbeitgeber übertragen. Der Hinzurechnungsbetrag ist vom Arbeitgeber bei der Ermittlung der Lohnsteuer zu berücksichtigen. Ein Hinzurechnungsbetrag kommt zum Tragen, wenn der Arbeitnehmer mehrere Beschäftigungsverhältnisse hat oder als Rentner eine Betriebsrente bezieht und zusätzlich eine Beschäftigung ausübt, die mehr als geringfügig ist.

Werden mehrere Beschäftigungen mit geringem Arbeitsentgelt nebeneinander ausgeübt, wird oft der steuerliche Grundfreibetrag nicht ausgeschöpft. Trotzdem unterliegt der Arbeitslohn im ersten Beschäftigungsverhältnis der Lohnsteuer nach Steuerklasse 1-4 und in weiteren Arbeitsverhältnissen der Steuerklasse 6. Da die mit Steuerklasse 6 einbehaltene Lohnsteuer in der Regel im Zuge der Einkommensteuererklärung wieder erstattet wird, kann sich der Arbeitnehmer für die (Neben-)beschäftigungsverhältnisse einen Freibetrag in den ELStAM-Datensatz eintragen lassen. Im Gegenzug wird die Finanzverwaltung in den Datensatz für das Hauptarbeitsverhältnis (Steuerklasse 1-4) einen Hinzurechnungsbetrag in gleicher Höhe eintragen. Dieser wird mit den monatlichen Änderungslisten an den Hauptarbeitgeber übermittelt und ist dem monatlichen Arbeitslohn oder der Betriebsrentenzahlung für die Ermittlung der Lohnsteuer hinzuzurechnen.

Beachten Sie: Der Hinzurechnungsbetrag ist kein Arbeitslohn. Dieser in der ELStAM-Datenbank bzw. auf einer Ersatzbescheinigung vermerkte Betrag ist für die Ermittlung der Lohnsteuer dem steuerpflichtigen Arbeitslohn hinzuzurechnen. Das heißt, die Lohnsteuer wird nicht vom steuerpflichtigen Arbeitslohn, sondern vom Arbeitslohn plus Hinzurechnungsbetrag ermittelt.

Der Hinzurechnungsbetrag muss ins Lohnprogramm eingepflegt bzw. aus dem ELStAM-Datensatz ins Lohnprogramm übernommen werden.

Die Eintragung des Frei-/Hinzurechnungsbetrags kann vom Arbeitnehmer bei seinem örtlichen Finanzamt beantragt werden.

Seit dem Jahr 2013 kann der Hinzurechnungsbetrag von der Finanzverwaltung direkt in der ELStAM-Datenbank einpflegt werden. Führt der Arbeitgeber im Laufe des Jahres 2018 den Datenabruf aus der ELStAM-Datenbank durch, wird der Hinzurechnungsbetrag ggf. automatisch in das Abrechnungsprogramm übermittelt. Zu beachten ist, dass für Arbeitnehmer, die einen Hinzurechnungsbetrag von der Finanzverwaltung eingetragen haben, kein Lohnsteuerjahresausgleich durch den Arbeitgeber durchgeführt werden darf (Sperre Lohnsteuerjahresausgleich).

Steuerfreier Arbeitslohn

Grundsätzlich unterliegen alle in Geld oder als Sachleistungen gezahlten Vergütungen des Arbeitgebers der Lohnsteuer. Eine weitere Ausnahme von der Besteuerung nach Steuerklasse bzw. einer Lohnsteuertabelle ist der steuerfreie Arbeitslohn. Welche Lohnbestandteile nicht der Lohn- bzw. der Einkommensteuer unterliegen, ist in §3 des Einkommensteuergesetzes (EStG) geregelt. Zusätzlich gibt es für Aushilfen und Direktversicherungen Ausnahmeregelungen im §40a/b des EStG. Mit diesen Vorschriften wird in der Regel nicht der gesamte Arbeitslohn steuerfrei gestellt, sondern nur einzelne Bestandteile des Gesamtlohnes. Der steuerfreie Arbeitslohn fließt zwar in den gesamten Bruttolohn ein, unterliegt jedoch nicht der Lohnsteuer und in der Regel nicht den Beiträgen zu den Sozialversicherungen.[19]

Die folgende Tabelle gibt einen Überblick über die Möglichkeiten der Versteuerung von einzelnen Lohnbestandteilen.

Methode der Steuerberechnung	Solidaritätszuschlag	Kirchensteuer
Lohnsteuer nach Tabelle	Soli auf den Betrag der Lohnsteuer	Vom Bundesland abhängige Regelkirchensteuer auf den Betrag der Lohnsteuer
Lohnsteuer nach Tabelle	Soli auf den Betrag der Lohnsteuer	Keine Kirchensteuer (wenn kein Mitglied in einer Kirche)

19 Es gibt Ausnahmen, wonach steuerfreier Arbeitslohn den Beiträgen zu den Sozialversicherungen unterliegt.

Methode der Steuerberechnung	Solidaritätszuschlag	Kirchensteuer
Lohnsteuer nach Tabelle	Kein Solidaritätszuschlag (wenn Kinderfreibeträge vorhanden)	Keine Kirchensteuer (wenn kein Mitglied in einer Kirche oder Kinderfreibeträge vorhanden)
Pauschalsteuer	Soli auf den Betrag der pauschale Lohnsteuer	Pauschale Kirchensteuer auf den Betrag der Lohnsteuer
Pauschalsteuer	Soli auf den Betrag der pauschale Lohnsteuer	Regelkirchensteuer auf den Betrag der Lohnsteuer
Pauschalsteuer	Soli auf den Betrag der pauschalen Lohnsteuer	Keine pauschale Kirchensteuer
Keine Lohnsteuer	Kein Soli	Keine Kirchensteuer

Tab. 11: Möglichkeiten der Versteuerung von Lohnarten

Im Regelfall sind alle Lohnbestandteile (Lohnarten) nach den Methoden »Lohnsteuer nach Tabelle, Soli, (keine) Kirchensteuer« zu versteuern. Gelten für einzelne Lohnbestandteile Ausnahmeregelungen, sind die Pauschalsteuer-Methoden oder keine Lohnsteuer zu prüfen und ggf. anzuwenden.

Steuertage

Grundsätzlich geht die Lohnsteuerberechnung von **360 Steuertagen** pro Kalenderjahr aus. Der Ansatz von 30 Steuertagen pro Monat ist unabhängig davon, ob der Monat 28, 29, 30 oder 31 Kalendertage hat. War der Arbeitnehmer durchgängig vom ersten bis zum letzten Kalendertag des Monats beschäftigt, ist für die Entgeltabrechnung mit 30 Steuertagen zu rechnen.

Bei Ein- oder Austritt während des laufenden Kalendermonats ist für die Berechnung der Lohnsteuer nicht von 30 Steuertagen auszugehen, sondern von der Anzahl der Kalendertage, an denen der Arbeitnehmer beschäftigt war. Entsprechend ist für die Ermittlung der Lohnsteuer nicht die Monatslohnsteuertabelle, sondern die Tageslohnsteuertabelle anzuwenden. Der Lohnzahlungszeitraum verkürzt sich jedoch nicht durch unbezahlten Urlaub, Kurzarbeit, Streik, Arbeitsunfähigkeit von mehr als 6 Wochen, durch Mutterschutz oder Erziehungsurlaub. Die Anwendung der Kalendertag-Regelung kann dazu führen, dass bei 30 Steuertagen nicht die Monatslohnsteuerformel, sondern die Tagessteuerberechnung anzuwenden ist (Monat mit 31 Kalendertagen; Austritt zum 30. des Monats).

Lohnsteuerfreibetrag für das Lohnsteuerabzugsverfahren

Vom Finanzamt werden auf Antrag des Arbeitnehmers Freibeträge für den Lohnsteuerabzug für Werbungskosten, Sonderausgaben, außergewöhnliche

Belastungen sowie weitere Aufwendungen in die ELStAM-Datenbank bzw. in einer Ersatzbescheinigung eingetragen. Unter Werbungskosten sind die durch den Beruf veranlassten Aufwendungen zur Erwerbung, der Sicherung und der Erhaltung des Arbeitslohns zu verstehen. Ein häufiges Beispiel für Werbungskosten ist die Eintragung der Entfernungspauschale für Fahrten zwischen Wohnung und Arbeitsstätte oder Sonderausgaben bei Verlusten aus Vermietung und Verpachtung. Wurde vom Finanzamt ein Jahresfreibetrag und ein Monatsfreibetrag mit einer Änderungsliste (ELStAM-Datensatz) oder einer Ersatzbescheinigung an den Arbeitgeber übermittelt, ist dieser zunächst vom steuerpflichtigen Arbeitslohn abzuziehen; nur aus dem gekürzten Arbeitslohn darf die Lohnsteuer ermittelt werden.

! **Tipp**

Lohnsteuerfreibeträge werden seit dem Jahr 2016 auf Antrag des Arbeitnehmers von der Finanzverwaltung für **zwei Jahre** in der ELStAM-Datenbank gespeichert. Der Arbeitnehmer muss dann ggf. nach zwei Jahren den Freibetrag per Formular erneut bei seinem zuständigen Finanzamt beantragen. Erfolgt kein Neuantrag, wird der Freibetrag beim Arbeitgeber mit einer Änderungsliste ab den Monat Januar für das laufende Kalenderjahr gelöscht. Entstehen oder ändern sich Freibeträge, kann der Arbeitnehmer jederzeit während des laufenden Kalenderjahres den Freibetrag bei seinem zuständigen Finanzamt ändern oder löschen lassen. Die Änderungen sind erst mit der Übernahme der Änderungsliste aus der ELStAM-Datenbank für den Arbeitgeber verbindlich. Aus der Änderungsliste geht nicht hervor, ob der Freibetrag für 1 oder 2 Jahre beantragt wurde.

Studiengebühren für Studenten an Dualen Hochschulen

Übernimmt der Arbeitgeber im Rahmen eines Ausbildungsdienstverhältnisses die Studiengebühren für einen Studierenden an einer Dualen Hochschule, wird ein ganz überwiegendes betriebliches Interesse des Arbeitgebers unterstellt und steuerrechtlich kein Vorteil mit Arbeitslohncharakter angenommen. Somit sind die Studiengebühren kein Arbeitslohn oder geldwerter Vorteil, den der Student zu versteuern hätte. Ein überwiegend betriebliches Interesse kann jedoch nur dann angenommen werden, wenn

- sich der Arbeitgeber arbeitsvertraglich zur Übernahme der Studiengebühren verpflichtet und
- der Arbeitgeber die übernommenen Studiengebühren vom Arbeitnehmer arbeitsvertraglich oder aufgrund einer anderen arbeitsrechtlichen Rechtsgrundlage zurückfordern kann, sofern der Arbeitnehmer das ausbildende Unternehmen auf eigenen Wunsch innerhalb von zwei Jahren nach dem Studienabschluss verlässt.

4.3 Sozialversicherungsbeiträge

Neben dem Lohnsteuerabzug ist der Arbeitgeber verpflichtet, die Beiträge zu den Sozialversicherungen zu ermitteln und an die Krankenkasse(n) abzuführen. Die Beiträge zur Kranken-, Renten-, Arbeitslosen- und Pflegeversicherung sind nicht aus dem Bruttolohn, sondern aus dem **beitragspflichtigen Arbeitsentgelt** zu ermitteln. Bruttolohn und Arbeitsentgelt fallen auseinander, sobald der Arbeitnehmer Lohnbestandteile erhält, die pauschal versteuert werden oder die sozialversicherungsfrei sind. Beiträge sind auch nur bis zu bestimmten Entgelthöchstgrenzen zu ermitteln. Die monatlichen Entgeltgrenzen, bis zu denen Beiträge zu den Sozialversicherungen zu berechnen sind, hängen vom Bundesland des Firmensitzes ab. In den Bundesländern Berlin-Ost, Sachsen, Sachsen-Anhalt, Thüringen, Brandenburg und Mecklenburg-Vorpommern gelten die Grenzen für die Ost-Bundesländer (Ost). In den übrigen Bundesländern gelten die West-Grenzen (West). In der Kranken- und Pflegeversicherung liegt diese Grenze im Jahr 2018 bei einem **monatlich laufenden** Arbeitsentgelt von **4.425 EUR**, in der Renten- und Arbeitslosenversicherung bei monatlich **6.500 EUR** (West-) bzw. **5.800 EUR** (Ost-Bundesländer). Liegt das beitragspflichtige laufende Arbeitsentgelt über diesen Grenzen, sind nur Beiträge bis zu den Grenzen zu ermitteln und abzuführen. In der knappschaftlichen Rentenversicherung (für Bergbau) liegt die Bemessungsgrenze (BBG RV) bei 8.000 EUR (West) bzw. 7.150 EUR (Ost). Diese Grenzen werden **als Beitragsbemessungsgrenzen** bezeichnet und jährlich, in der Regel zum 1. Januar, nach oben angepasst. Bei Einmalzahlungen sind für die Beitragsermittlung die jährlichen Beitragsbemessungsgrenzen maßgeblich. Diese liegen in der Kranken- und Pflegeversicherung für das Jahr 2018 bei **53.100 EUR** und in der Renten- und Arbeitslosenversicherung bei **78.000 EUR** (West) bzw. **69.600 EUR**.

Beachten Sie: Wird die monatliche Entgeltgrenze nur durch eine Einmalzahlung überschritten, ist die Einmalzahlung auf die bereits abgerechneten Monate des laufenden Jahres zu verteilen und im Entstehungsmonat zu verbeitragen. Das heißt, liegt das laufende Entgelt unter der monatlichen Bemessungsgrenze und führt beispielsweise im April eine Einmalzahlung zur Überschreitung der monatlichen Beitragsbemessungsgrenze, so ist die Einmalzahlung für die Beitragsberechnung auf die Monate Januar bis April zu verteilen und die Beiträge für diesen Zeitraum (Januar bis April) bis zur anteiligen Bemessungsgrenze »nachzuentrichten«. In diesem Beispiel wäre das gesamte Arbeitsentgelt (laufend + Einmalzahlung) bis zu einer Höchstgrenze von 26.000 EUR (BBG RV im April) zu verbeitragen.

Eine Ausnahme finden Sie unter dem Stichwort Märzklausel (siehe auch Kapitel 6.1).

Mit der Einführung des gesetzlichen Mindestlohnes sind weitere sozialversicherungsrechtliche Auswirkungen zu beachten. Sollte seit 01.01.2017 ein geringerer Stundenlohn als 8,84 EUR pro Zeitstunde gezahlt werden, so sind die Beiträge zu den Sozialversicherungen grundsätzlich auf Basis des gesetzlichen Mindestlohns zu berechnen. Ausnahmeregelungen bestehen nur für Auszubildende, Praktikanten, Zeitungszusteller und Branchen mit einer gültigen tarifvertraglichen Regelung über einen Stundenlohn über dem gesetzlichen Mindestlohn (vgl. Kapitel 4.1).

Die nachfolgende Tabelle gibt einen Überblick über die wichtigsten Sozialversicherungsrechengrößen im Jahr 2018.

	Satz	Jahr	Monat	Tag
Krankenversicherung	14,6%			
Krankenversicherung (ermäßigter Beitrag)	14,0%			
Durchschnittlicher Zusatzbeitrag zur KV	1,0%			
Rentenversicherung	18,6%			
Rentenversicherung (Knappschaft)	24,7%			
Arbeitslosenversicherung	3,0%			
Pflegeversicherung	2,55%			
Zuschlag Pflegeversicherung für Kinderlose	0,25%			
Beitragssatz KV geringfügig Beschäftigte	13,0%			
Beitragssatz RV geringfügig Beschäftigte (pauschal)	15,0%			
Beitragssatz RV geringfügig Beschäftigte (allgemein)	18,6%			
U1-Umlage Minijob	0,90%			
U2-Umlage Minijob	0,24%			
Insolvenzgeldumlage	0,06%			
Bezugsgröße (West)		36.540 EUR	3.045,00 EUR	101,50 EUR
Bezugsgröße (Ost)		32.340 EUR	2.695,00 EUR	89,83 EUR
Versicherungspflichtgrenze		59.400 EUR	4.950,00 EUR	165,00 EUR

	Satz	Jahr	Monat	Tag
Beitragsbemessungsgrenze (BBG) KV/PV		53.100 EUR	4.425,00 EUR	147,50 EUR
BBG RV/AV (West)		78.000 EUR	6.500,00 EUR	216,67 EUR
BBG RV/AV (Ost)		69.600 EUR	5.800,00 EUR	193,33 EUR
BBG RV Knappschaft (West)		96.000 EUR	8.000,00 EUR	266,67 EUR
BBG RV Knappschaft (Ost)		85.800 EUR	7.150,00 EUR	238,33 EUR
Geringfügigkeitsgrenze		5.400 EUR	450,00 EUR	15.00 EUR
Geringverdienergrenze		3.900 EUR	325,00 EUR	10,83 EUR
Sachbezugswert Frühstück			52,00 EUR	1,73 EUR
Sachbezugswert Mittag-/Abendessen			97.00 EUR	3,23 EUR
AG-Zuschuss private KV			323,03 EUR	10,77 EUR
AG-Zuschuss private KV ohne Krankengeld			309,75 EUR	10,33 EUR
AG-Zuschuss private PV			56,42 EUR	1,88 EUR
AG-Zuschuss private PV Bundesland Sachsen			34,29 EUR	1,14 EUR
Mindestbeitrag RV ohne Befreiungsantrag			175,00 EUR	5,83 EUR
Mindestbeitrag RV+AV für Praktikanten (West)			6,60 EUR	0,22 EUR
Mindestbeitrag RV+AV für Praktikanten (Ost)			5,85 EUR	0,20 EUR

Tab. 12: Sozialversicherungsrechengrößen 2018

4.3.1 Beitrag zur Krankenversicherung

Mit dem Gesetz zur Weiterentwicklung der Finanzstruktur und der Qualität in der gesetzlichen Krankenversicherung wurde der allgemeine einheitliche Beitragssatz für die gesetzlichen Krankenkassen ab dem Jahr 2015 auf 14,6% des Arbeitsentgelts festgeschrieben. Der Gesamtbeitrag setzt sich zusammen aus **7,3% Arbeitgeberbeitrag** und **7,3% Arbeitnehmerbeitrag**. Bemessungsgrundlage ist das krankenversicherungspflichtige Entgelt. Jede Krankenkasse hat zusätzlich die Möglichkeit, einen Zusatzbeitrag zum allgemeinen Beitrag zu erheben. Über die Höhe des Zusatzbeitrags entscheidet jede Krankenkasse selbst. Der Zusatzbeitrag ist nur vom Arbeitnehmer zu tragen und wird aus dem sozialversicherungspflichtigen Arbeitsentgelt ermittelt. Die Ermittlung und Abführung des Zusatzbeitrags obliegt dem Arbeitgeber.

Als **Rechengröße** wird jährlich durch das Bundesministerium für Gesundheit ein durchschnittlicher Zusatzbeitrag auf Empfehlung des GKV-Schätzerkreises für das Folgejahr festgelegt. Für das Jahr 2018 liegt der durchschnittliche Zusatzbeitragssatz bei 1,0% des Arbeitsentgelts. Der durchschnittliche Zusatzbeitrag ist eine rein statistische Größe und bildet nicht den Durchschnitt aller kassenindividuellen Zusatzbeiträge ab. Der rechnerische durchschnittliche Zusatzbeitrag wird jedoch für die Beitragsberechnung von bestimmten Personengruppen herangezogen. Für folgende Personengruppen ist der durchschnittliche Zusatzbeitragssatz und nicht der jeweilige Zusatzbeitrag der Krankenkasse anzuwenden:

- Geringverdiener (Azubis mit Arbeitsentgelt bis 325 EUR) sowie Azubis in Einrichtungen der Jugendhilfe
- Mitarbeiter mit einem Arbeitsentgelt in der Gleitzone (450 EUR – 850 EUR)
- Bezieher von Arbeitslosengeld II mit einer Beschäftigung

Der **ermäßigte Beitrag** zur Krankenversicherung in Höhe von **14,0%** des Arbeitsentgelts ist für Arbeitnehmer zu entrichten, die keinen Anspruch auf Krankengeld von der Krankenkasse haben. Dies sind z.B. Arbeitnehmer, die über den Rentenbeginn hinaus beschäftigt werden. In diesem Fall leisten Arbeitnehmer und Arbeitgeber jeweils 7,0% des beitragspflichtigen Entgelts als Krankenversicherungsbeitrag.

Auch auf den ermäßigten Beitrag können die Krankenkassen einen Zusatzbeitrag, der nur vom Arbeitnehmer zu tragen ist, erheben.

Privat krankenversicherte Arbeitnehmer

Arbeitnehmer, deren regelmäßiges laufendes Arbeitsentgelt bzw. deren jährliches Arbeitsentgelt die sogenannte Versicherungspflichtgrenze für die Krankenversicherung übersteigt (**4.950 EUR** pro Monat / **59.400 EUR** pro Jahr im Jahr 2018), können sich bei einer privatwirtschaftlichen Versicherung krankenversichern, sofern im Vorjahr auch das Arbeitsentgelt über der Versicherungspflichtgrenze (des Vorjahrs) lag (siehe auch Kapitel 3.1.2).

Grundsätzlich haben privat krankenversicherte Arbeitnehmer auch Anspruch auf einen Arbeitgeberzuschuss zur privaten Krankenversicherung. Der Zuschuss beträgt wie bei gesetzlich Krankenversicherten die **halbe Versicherungsprämie**. Der Arbeitgeberzuschuss ist jedoch durch einen Höchstbetrag begrenzt. Durch die Vereinheitlichung des Beitragssatzes zur Krankenversicherung auf 14,6% liegt der Höchstzuschuss im Jahr 2018 bei 323,03 EUR pro

Monat. Der Zuschuss ergibt sich durch Anwendung des Arbeitgeberbeitragssatzes (7,3%) auf die monatliche Beitragsbemessungsgrenze für die Kranken- und Pflegeversicherung von 4.425 EUR.

Beachten Sie: Liegt die Versicherungsprämie zur privaten Krankenversicherung **unter** 646,06 EUR pro Monat, darf der Arbeitgeber maximal die halbe Prämie als Zuschuss gewähren. Liegt die Versicherungsprämie darüber, ist der Zuschuss auf 323,03 EUR pro Monat im Jahr 2018 beschränkt. Leistet der Arbeitgeber einen höheren Zuschuss zur privaten Krankenversicherung, ist der übersteigende Teil steuerpflichtiger Arbeitslohn.

Beispiel 1 !

Ein Mitarbeiter ist privat krankenversichert. Der Prämiennachweis für die private Krankenversicherung weist einen monatlichen Beitrag von 596,80 EUR aus.

Beurteilung

Der Arbeitgeber darf die Hälfte der privaten Versicherungsprämie als Zuschuss gewähren, jedoch nicht mehr als 323,03 EUR. Der Prämienzuschuss des Arbeitgebers beträgt im Beispiel 298,40 EUR. Der Zuschuss liegt unter dem Höchstbetrag und kann somit vollständig gewährt werden.

Beispiel 2 !

Ein Mitarbeiter ist privat krankenversichert. Die Prämie für die private Krankenversicherung beträgt monatliche 652,30 EUR.

Beurteilung

Der Arbeitgeber darf die Hälfte der privaten Versicherungsprämie, maximal jedoch 323,03 EUR als Zuschuss zur Krankenversicherung leisten. Die halbe Versicherungsprämie wäre 326,15 EUR, der Prämienzuschuss des Arbeitgebers beträgt im Beispiel 323,03 EUR. Somit entsteht im Beispiel ein Arbeitnehmeranteil von 329,27 EUR pro Monat.

4.3.2 Beitrag zur Pflegeversicherung

Der Beitragssatz zur Pflegeversicherung liegt seit dem 01.01.2017 bei 2,55% des Arbeitsentgelts. Mit der Bildung eines Vorsorgefonds soll die Finanzierung der steigenden Leistungsausgaben auf die Generationen verteilt werden. Die Beiträge sind mit Ausnahme des Bundeslandes Sachsen bundeseinheitlich.

	Alle Bundesländer außer Sachsen	Bundesland Sachsen
Beitragssatz für **Arbeitnehmer** ohne Beitragszuschlag	1,275%	1,775%
Beitragssatz für **Arbeitnehmer** mit Beitragszuschlag	1,275% + 0,25% = 1,525%	1,775% + 0,25% = 2,025%
Beitragssatz für **Arbeitgeber**	1,275%	0,775%

Tab. 13: Übersicht der Beitragssätze zur Pflegeversicherung seit 01.01.2017

Mit der zweiten Stufe der Pflegereform wurde der Beitragssatz zum 1. Januar 2017 um 0,2% erhöht.

Ausnahme von der Beitragshalbteilung im Bundesland Sachsen
Eine Ausnahme vom Halbteilungsgrundsatz besteht im Bundesland Sachsen. In allen anderen Bundesländern wurde zur Finanzierung der Pflegeversicherung ein kirchlicher Feiertag (Buß- und Bettag) gestrichen. In **Sachsen** hat man auf die Streichung verzichtet und belastet stattdessen die Arbeitgeber nur mit einem Anteil von etwa 29% des Gesamtbeitrags zur Pflegeversicherung. Der Beitrag zur Pflegeversicherung wird also nicht je zur Hälfte vom Arbeitnehmer und Arbeitgeber getragen, sondern der Arbeitnehmer übernimmt **1,775%** und der Arbeitgeber **0,775%** von den 2,55% Beitrag zur Pflegeversicherung.

Beachten Sie: Für Arbeitnehmer ohne Kinder bedeutet dies, dass der Beitrag im Bundesland Sachsen bei 2,025% des beitragspflichtigen Arbeitsentgelts liegt. Der Arbeitgeberbeitrag bleibt mit 0,775% des beitragspflichtigen Entgelts unverändert.

Ausnahmen vom Beitragszuschlag zur Pflegeversicherung
Arbeitnehmer, die keine Kinder haben oder hatten, müssen einen Zuschlag von **0,25%** des Arbeitsentgeltes als Zusatzbeitrag zur Pflegeversicherung leisten. Beitragspflichtig ist nur der **Arbeitnehmer,** ein Arbeitgeberbeitrag entsteht nicht. Keine Beitragspflicht besteht für:

- Arbeitnehmer unter 23 Jahren
- Arbeitnehmer, die vor dem 01.01.1940 geboren wurden
- Wehr-/Zivildienstleistende
- Arbeitnehmer, die Kinder nachweisen können

Dem Zuschlag unterliegen nur gesetzlich und freiwillig in einer gesetzlichen Krankenkasse versicherte Arbeitnehmer. Mitarbeiter, die bei einer **privaten Krankenversicherung** versichert sind, unterliegen auch ohne Kinder **nicht** dem Zusatzbeitrag. Vom Zuschlag zur Pflegeversicherung sind auch Arbeitnehmer befreit, die für **einen** Abrechnungsmonat ein leibliches oder adoptiertes Kind nachweisen konnten. Die Befreiung gilt unbefristet.

Die Pflicht zur bzw. Freiheit von der Erhebung des Zuschlages entsteht im Monat des Geburtstags bzw. im Monat des Eintritts des Befreiungsgrundes. Werden beispielsweise Arbeitnehmer am 13. März erstmalig Eltern, ist der Zuschlag zur Pflegeversicherung für beide Elternteile im März nicht mehr zu entrichten. Der Nachweis von leiblichen oder adoptierten Kindern kann geführt werden durch:

- Geburtsurkunde
- Auszüge aus Personenstandsbüchern
- Abstammungsurkunde
- Auszug aus dem Geburtenbuch des Standesamtes
- Auszug aus dem Familienbuch/Familienstammbuch
- steuerliche Lebensbescheinigung des Einwohnermeldeamtes
- Kinderfreibetrag auf einer Lohnsteuerkarte
- Vaterschaftsanerkennungs- und Vaterschaftsfeststellungsurkunde
- Adoptionsurkunde
- Kindergeldbescheid der Bundesagentur für Arbeit
- Kontoauszug, aus dem sich die Auszahlung des Kindergeldes durch die BA ergibt
- Erziehungsgeldbescheid
- Bescheinigung über Bezug von Mutterschaftsgeld
- Nachweis der Inanspruchnahme von Elternzeit
- Einkommensteuerbescheid mit Kinderfreibetrag
- Sterbeurkunde des Kindes
- Feststellungsbescheid des Rentenversicherungsträgers, in dem Kindererziehungs- und Kinderberücksichtigungszeiten ausgewiesen sind

Kann der Arbeitnehmer mit einem dieser Dokumente nachweisen, dass er Kinder hat oder hatte, ist ab dem Monat, in dem der Nachweis vorliegt, kein Zuschlag mehr zu berechnen. Kann der Nachweis nicht geführt werden, besteht Beitragspflicht. Wurde der Nachweis **einmalig geführt,** gilt dieser für die gesamte Beschäftigungszeit. Das bedeutet, auch wenn zwischenzeitlich die Elterneigenschaft erloschen ist, aber in der Vergangenheit für einen Monat bestand, wird diese dennoch für den Zuschlag zur Pflegeversicherung als nachgewiesen anerkannt. Den Nachweis führt der Arbeitnehmer gegenüber dem Arbeitgeber.

Private Pflegeversicherung

Privat krankenversicherte Arbeitnehmer müssen sich auch privat pflegeversichern. Privat pflegeversicherte Arbeitnehmer haben einen Anspruch auf einen Beitragszuschuss des Arbeitgebers zur Pflegeversicherung. Für die private Pflegeversicherung ergibt sich der Höchstzuschuss des Arbeitgebers aus dem Beitragssatz zur Pflegeversicherung und der Beitragsbemessungsgrenze. Im Jahr 2018 liegt der Zuschuss zur privaten Pflegeversicherung, den der Arbeitgeber steuer- und sozialversicherungsfrei seinem Mitarbeiter gewähren darf, bei **56,42 EUR** monatlich (außer Sachsen). Der Betrag ergibt sich aus ½ × 2,55% × 4.425 EUR. Wie bei der Krankenversicherung ist der Arbeitgeberzuschuss zur privaten Pflegeversicherung auf die Hälfte der Versicherungsprämie beschränkt. Liegt die Prämie zur Pflegeversicherung über 112,84 EUR pro Monat, darf nicht die halbe Prämie als Zuschuss bezahlt werden, sondern maximal 56,42 EUR.

Im Bundesland Sachsen ist die Besonderheit bei der Aufteilung der Pflegeversicherung zu berücksichtigen. Die Aufteilung des Beitragssatzes zur Pflegeversicherung (2,55% des Arbeitsentgeltes) ist in Sachsen nicht hälftig, sondern der Arbeitgeber trägt 0,775% und der Arbeitnehmer 1,775%. Entsprechend dieser Aufteilung darf der steuer- und beitragsfreie Höchstzuschuss des Arbeitgebers in Sachsen nur **34,29 EUR** pro Monat betragen. Der Betrag ergibt sich aus 0,775% × 4.425 EUR (siehe auch Halbteilungsgrundsatz). Der Zuschlag zur Pflegeversicherung (0,25%) für Arbeitnehmer ohne Kinder ist bei einer privaten Pflegeversicherung **nicht** zu berücksichtigen.

4.3.3 Beitrag zur Rentenversicherung

Der Beitragssatz zur Rentenversicherung beträgt **18,6%** des Arbeitsentgelts (ab Jahr 2018). In der knappschaftlichen Rentenversicherung (Bergbau) liegt der Beitrag bei **24,7%** des Arbeitsentgelts. Der Beitrag ist vom rentenversicherungspflichtigen Arbeitsentgelt zu berechnen. Die Höchstgrenze für das beitragspflichtige Entgelt liegt im Jahr 2018 bei 6.500 EUR pro Monat (West) bzw. bei 5.800 EUR in den neuen Bundesländern (Ost).

Arbeitnehmer mit Anspruch auf eine gesetzliche Altersrente

Anders als bei der Lohnsteuer teilen sich Arbeitnehmer und Arbeitgeber die Beiträge zu den Sozialversicherungen. Der Arbeitgeber ermittelt zunächst den Gesamtbeitrag aus dem beitragspflichtigen Arbeitsentgelt, zieht dem Arbeitnehmer aber nur den halben Betrag von seinem Bruttolohn ab. Die andere Hälfte zahlt der Arbeitgeber zusätzlich zum Bruttolohn. Von diesem Halbteilungsgrundsatz besteht für Arbeitnehmer, die einen Anspruch auf die gesetzliche Altersrente haben, eine Ausnahmeregelung. Wird ein Arbeitnehmer über das Renteneintrittsalter hinaus beschäftigt, unterliegt ab dem Tag des Renteneintritts (Regelaltersgrenze) nur noch der **Arbeitgeber** den Beiträgen zur Renten- und Arbeitslosenversicherung. Der Arbeitnehmer ist mit seiner Beitragshälfte versicherungsfrei. Aus dem beitragspflichtigen Arbeitsentgelt sind nur noch **9,30%** als Arbeitgeberbeitrag zur Rentenversicherung zu ermitteln.[20]

4.3.4 Beitrag zur Arbeitslosenversicherung

Der Beitrag zur Arbeitslosenversicherung beträgt im Jahr 2018 weiterhin 3% des Arbeitsentgelts. Dieser Beitrag wir nur bis zur sogenannten Beitragsbemessungsgrenze erhoben. Die Höchstgrenzen des Arbeitsentgelts, von denen Beiträge zur Arbeitslosenversicherung zu berechnen, sind liegen im Jahr 2018 bei:

	Jahr	Monat	Tag
Alte Bundesländer und West-Berlin	78.000,00 EUR	6.500,00 EUR	216,67 EUR
Neue Länder und Ost-Berlin	69.600,00 EUR	5.800,00 EUR	193,33 EUR

Tab. 14: Übersicht der Beitragsbemessungsgrenzen zur Arbeitslosenversicherung 2018

Den Beitrag teilen sich Arbeitgeber und Arbeitnehmer je zur Hälfte. Von diesem Halbteilungsgrundsatz gibt es wenige Ausnahmeregelungen.

Arbeitnehmer über 55 Jahre (Altfallregelung)
Mit dem Gesetz für »moderne Dienstleistungen am Arbeitsmarkt« wurde in das Sozialgesetzbuch 3 (SGB III) ein Artikel zur Arbeitsförderung aufgenommen. Die Einstellung und Beschäftigung älterer Arbeitnehmer sollte durch eine beitragsrechtliche Sonderregelung gefördert werden. Nach der Regelung des §421k SGB III werden Arbeitgeber, die einen Arbeitslosen einstellen, der 55. Jahre oder älter ist, vom Arbeitgeberanteil zur Arbeitslosenversicherung befreit. Der Arbeitnehmer trägt den halben normalen Beitrag.

Die Regelung des §421k SGB III ist zum 31.12.2007 ausgelaufen. Es gilt jedoch ein Bestandsschutz für »Altfälle«. Für Arbeitnehmer, die vor dem 31.12.2007 eingestellt wurden und zum Zeitpunkt der Einstellung 55 Jahre oder älter waren, gilt die Regelung für die Dauer der Beschäftigung auch über das Jahr 2007 hinaus fort. Die Regelung ist auch für die Gleitzonenberechnung zu berücksichtigen.

---

20 Vom Jahr 2012 an wird das Rentenalter schrittweise auf 67 Jahre angehoben. Die Jahrgänge von 1947 bis 1963 müssen gestaffelt 1 bis 22 Monate länger arbeiten. Ab dem Jahrgang 1964 liegt das Rentenalter bei 67 Jahren.

Beachten Sie: Der Arbeitnehmer ist vollständig sozialversicherungspflichtig. Entsprechend dem Halbteilungsgrundsatz werden die Beiträge zur Kranken-, Pflege-, Renten- und Arbeitslosenversicherung vom beitragspflichtigen Arbeitsentgelt ermittelt. Der Arbeitgeber trägt in diesem Fall jedoch nur in der KV, PV und RV den halben Beitrag.

Die Beitragsfreiheit für den Arbeitgeber gilt für den gesamten Zeitraum der Beschäftigung bis zum Renteneintritt des Arbeitnehmers. Ab dem Anspruch auf die gesetzliche Altersrente unterliegt auch der Arbeitnehmer nicht mehr der Beitragspflicht zur Arbeitslosenversicherung. Zu beachten ist jedoch das seit 2012 ansteigende Renteneintrittsalter (siehe Kapitel 4.3.3).

Bezieher von Arbeitslosengeld

Für Arbeitnehmer, die Arbeitslosengeld (ALG I) beziehen und weniger als 15 Stunden pro Woche arbeiten, besteht Versicherungsfreiheit in der Arbeitslosenversicherung. Nach § 138 SGB III besteht Arbeitslosigkeit auch dann, wenn die Arbeitszeit weniger als 15 Stunden wöchentlich umfasst. Das aus dieser Beschäftigung erzielte Arbeitsentgelt ist für die versicherungsrechtliche Beurteilung grundsätzlich ohne Bedeutung. Das Nebeneinkommen wird jedoch auf das Arbeitslosengeld angerechnet. Es besteht aber eine Freigrenze von 165 EUR pro Monat. Nur der übersteigende Arbeitslohn (nach Abzug des Freibetrags von 165 EUR) wird auf das Arbeitslosengeld angerechnet.

4.3.5 Ausnahmeregelungen bei Sozialversicherungsbeiträgen

Neben den oben dargestellten Ausnahmeregelungen in den jeweiligen Versicherungszweigen gibt es weitere Ausnahmen für die Berechnung der Beiträge zu den Sozialversicherungen. Die Ausnahmen betreffen:

- Mitarbeiter mit einem Arbeitsentgelt in der Gleitzone
- Mindestbeiträge bei einem monatlichen Arbeitsentgelt unter 175 EUR
- kurzfristig Beschäftigte

1. Mitarbeiter mit einem Arbeitsentgelt zwischen 450,01 und 850,00 EUR (Gleitzone)

Mit dem »Zweiten Gesetz für moderne Dienstleistungen am Arbeitsmarkt« wurde die sogenannte Gleitzonenregelung für den Niedriglohnbereich eingeführt. Die Gleitzonenregelung gilt für durchschnittliche monatliche Arbeitsentgelte zwischen **450,01 EUR und 850,00 EUR**. Bei monatlichen Arbeitsentgelten innerhalb dieser Grenzen werden die **Arbeitnehmerbeiträge** zu den Sozialversicherungen nicht vom tatsächlichen Arbeitsentgelt, sondern von einer ermäßigten Basis ermittelt. Für den Arbeitgeberanteil ändert sich nichts.

Dieser wird prozentual vom beitragspflichtigen Arbeitsentgelt errechnet. Ziel dieser Regelung ist es, den Arbeitnehmerbeitrag zu den Sozialversicherungen nach Überschreiten der 450-EUR-Grenze nur langsam von ca. 7% auf ca. 20% des Arbeitsentgeltes ansteigen zu lassen.

Voraussetzung für die Anwendung der Gleitzonenregelung ist, dass

- die Beschäftigung sozialversicherungspflichtig ist und
- ein durchschnittliches monatliches Arbeitsentgelt zwischen 450,01 EUR und 850,00 EUR bezahlt wird.

Von der Gleitzonenregelung ausgenommen sind:

- Entgelte von Auszubildenden und Praktikanten
- durch Kurzarbeit oder Schlechtwettergeld ermäßigte Entgelte
- Teilarbeitsentgelte, wenn die Beschäftigung nicht den gesamten Monat bestand
- Teilarbeitsentgelte, wenn die Beschäftigung durch Krankheit mit Ende der Lohnfortzahlung oder Beginn/Ende des Mutterschutzes oder der Pflegezeit in den Bereich der Gleitzone fällt
- fiktive Entgelte für die Berechnung der Beiträge von behinderten Arbeitnehmern
- Entgelte, die durch den Eintritt in die Altersteilzeit die Grenzen der Gleitzone erreichen

Für die Ermittlung der Entgeltgrenze ist das durchschnittliche monatliche Arbeitsentgelt maßgebend. In das durchschnittliche Arbeitsentgelt sind Einmalzahlungen (z. B. Urlaubsgeld, Weihnachtsgeld) einzubeziehen. Ebenso zählen sozialversicherungspflichtige Sonderzahlungen und Bonuszahlungen, auf die ein gesetzlicher oder vertraglicher Anspruch besteht, anteilig zum monatlichen Arbeitsentgelt. Nicht zum Arbeitsentgelt gehören sozialversicherungsfreie Entgeltbestandteile, wie Zuschläge für Sonn- und Feiertagsarbeit, pauschal versteuerte Beiträge zu Direktversicherungen und alle weiteren sozialversicherungsfreien Entgeltbestandteile. Wird neben einer Beschäftigung in der Gleitzone eine geringfügige (Neben-)Beschäftigung ausgeübt, ist diese nicht mit der versicherungspflichtigen (Haupt-)Beschäftigung zusammenzurechnen.

Beachten Sie: Das Arbeitsentgelt in der Gleitzone unterliegt vollständig den Beiträgen zur Kranken-, Pflege-, Renten- und Arbeitslosenversicherung. Die Beiträge für den Arbeitnehmeranteil werden jedoch von einer ermäßigten Bemessungsgrundlage ermittelt.

Der **Arbeitnehmeranteil** der Beiträge zur Kranken-, Pflege-, Renten- und Arbeitslosenversicherung wird in der Gleitzone nicht vom sozialversicherungspflichtigen Arbeitsentgelt, sondern von einer ermäßigten Basis ermittelt. Die ermäßigte Basis ergibt sich aus der Formel:

bE[21] = F × 450 + ([850/(850 – 450)] – [450/(850 – 450)] × F) × (Arbeitsentgelt – 450)

Der **Faktor F** ist ein fester Wert, der jährlich angepasst und vom Bundesministerium für Gesundheit veröffentlicht wird. Er ergibt sich aus dem pauschalen Beitragssatz für Aushilfen inklusive Pauschalsteuer (30%) dividiert durch den Gesamtsozialversicherungsbeitrag (39,75% ab dem Jahr 2018). Im Detail setzt sich der Faktor zusammen aus:

KV (allgemeiner Beitragssatz)	14,60%
KV (durchschnittlicher Zusatzbeitragssatz)	1,00%
RV Beitragssatz	18,60%
AV Beitragssatz	3,00%
PV Beitragssatz	2,55%
= Gesamtsozialversicherungsbeitragssatz	39,75%
Faktor F (30 : 39,75) =	0,7547

Für das Jahr 2018 beträgt der Faktor 0,7547. Die obenstehende Formel lässt sich auflösen in:

bE = 1,2759625 × Arbeitsentgelt – 234,568125

Aus dem §249 SGB V ergibt sich die besondere Form der Beitragsermittlung. Der Arbeitnehmeranteil **(AnB)** wird als halber Beitrag aus dem ermäßigten beitragspflichtigen Entgelt ermittelt. Das ermäßigte beitragspflichtige Entgelt wird multipliziert mit dem halben Beitragssatz des jeweiligen Sozialversicherungszweiges. Der Arbeitgeberanteil **(AgB)** ist jedoch aus dem vollen beitragspflichtigen Arbeitsentgelt zu ermitteln. Der Arbeitgeberanteil wird immer als Zuschuss zum gesamten Sozialversicherungsbeitrag gewährt. Somit ergibt sich für den Arbeitnehmer eine weitere Reduktion des Beitragsanteils.

21 Die Variable bE steht für das »beitragspflichtige Entgelt« zu den Sozialversicherungen.

AnB = (bE × ½ Sozialversicherungssatz) × 2 – AgB
AnB = Arbeitnehmeranteil am Gesamtbeitrag
AgB = Arbeitgeberanteil am Gesamtbeitrag

Für die Berechnung des Gesamtbeitrags zur jeweiligen Sozialversicherung ist zu beachten, dass das Produkt aus dem ermäßigten Arbeitsentgelt multipliziert mit dem Beitragssatz kaufmännisch zu runden ist, **bevor** es mit zwei multipliziert wird. Dies ergibt sich aus der Berechnungsvorschrift für die Aufteilung der Beiträge zu den Sozialversicherungen auf Arbeitgeber und Arbeitnehmer.

Ein Beispiel für die Anwendung der Gleitzone ist in Kapitel 5.2 dargestellt.

Von den allgemeinen Berechnungsvorschriften für die Gleitzonenregelung gibt es einige Ausnahmefälle bzw. für spezielle Personengruppen wurden Sonderregelungen geschaffen.

a) Besonderheit für das Bundesland Sachsen
Im Bundesland Sachsen ist auch für die Gleitzonenberechnung die Besonderheit in der Aufteilung der Pflegeversicherungsbeiträge zwischen Arbeitgeber und Arbeitnehmer zu beachten. In Sachsen trägt der Arbeitgeber 0,775% und der Arbeitnehmer 1,775% des Gesamtbeitrags von 2,55% des Arbeitsentgelts. Für die Berechnung der Beiträge zur Pflegeversicherung in der Gleitzone bedeutet das:

Schritt 1	Berechnung des ermäßigten beitragspflichtigen Arbeitsentgelts Ermäßigtes Arbeitsentgelt = 1,2759625 × Arbeitsentgelt – 234,568125
Schritt 2	Berechnung des **Arbeitgeberanteils** zur Pflegeversicherung AG-Anteil = Arbeitsentgelt × 0,775%
Schritt 3	Berechnung des **Arbeitnehmeranteils** zur Pflegeversicherung Gesamtbeitrag = (Ermäßigtes Arbeitsentgelt × 2,55%) AN-Anteil = Gesamtbeitrag – AG-Anteil

b) Besonderheit für Kinderlose
Der Beitragszuschlag zur Pflegeversicherung für kinderlose Arbeitnehmer in Höhe von 0,25% erhöht gegebenenfalls die Arbeitnehmerbeiträge. Er ist im Gesamtsozialversicherungsbeitrag zu berücksichtigen. Hat der Arbeitnehmer keine Kinder, wäre zusätzlich zum Arbeitnehmeranteil der Zuschlag zu berechnen nach:

Zusätzlicher Beitrag zur PV = 0,25% × Ermäßigtes Arbeitsentgelt

Für den zusätzlichen Beitrag zur PV gibt es keinen Arbeitgeberanteil – er ist vom Arbeitnehmer vollständig zu tragen. Der Zuschlag zum Pflegeversicherungsbeitrag wird jedoch nur vom berechneten ermäßigten beitragspflichtigen Entgelt ermittelt.

c) Besonderheit in der Krankenversicherung

Der allgemeine Krankenversicherungsbeitrag in Höhe von 14,6% des beitragspflichtigen Arbeitsentgelts wird hälftig von Arbeitgeber und Arbeitnehmer getragen. Für die Gleitzonenberechnung ist jedoch für die Ermittlung des Arbeitnehmeranteils der halbe Beitragssatz zuzüglich des Beitragszuschlags als Berechnungsgrundlage anzusetzen. Für die Berechnung des Faktors F wird von der Sozialversicherung der **durchschnittliche** Zusatzbeitragssatz verwendet. Bei der Beitragsberechnung in der Gleitzone wird dann jedoch mit dem krankenkassenindividuellen Zusatzbeitrag des Arbeitnehmers gerechnet.

!

Beispiel

Die Krankenkasse erhebt einen Zusatzbeitrag von 0,8%.[22] Der Mitarbeiter erhält ein Arbeitsentgelt von 680 EUR (Gleitzone).

Beurteilung

Krankenversicherungsbeitrag:	14,6% + 0,8%	=	15,4%
Beitragspflichtiges Entgelt:	1,2759625 × 680 – 234,568125	=	633,09 EUR
Beitrag zur Krankenversicherung:	15,4% × 633,09 EUR	=	97,50 EUR
AG-Beitrag zur KV:	7,3% von Arbeitsentgelt	=	49,64 EUR
AN-Beitrag zur KV:	97,50 EUR – 49,64 EUR	=	47,86 EUR

d) Besonderheit für Arbeitnehmer über 55 Jahre (Altfallregelung)

Handelt es sich bei dem Arbeitnehmer um einen Mitarbeiter über 64 Jahre, der mit 55 Jahren neu eingestellt wurde und zuvor arbeitslos war, ist auch in der Gleitzone die Altfallregelung des §421k SGB III zu berücksichtigen. Nach dieser Regelung ist der **Arbeitgeber** von Beiträgen zur Arbeitslosenversicherung befreit, wenn der Arbeitnehmer mit 55 Jahren oder älter eingestellt wurde.[23] Für die Ermittlung des Arbeitnehmerbeitrags zur Arbeitslosenversicherung ist der **»fiktive Arbeitgeberbeitrag«** anzusetzen. In der Kranken-, Pflege- und

22 Der Beitragszuschlag wird von jeder Krankenkasse individuell festgelegt. In der Gleitzonenformel wird für die Berechnung des Faktors F jedoch immer der durchschnittliche Beitragszuschlag von 1,1% (im Jahr 2017) verwendet.

23 Diese Regelung gilt nur für Altfälle bis 31.12.2007. Wurde ein Arbeitnehmer mit 55 Jahren oder älter ab 2008 neu eingestellt, ist die Regelung nicht mehr anzuwenden. Wurde sie vor dem 31.12.2007 bereits angewendet, gilt sie für die Dauer der Beschäftigung auch über 2007 hinaus fort.

Rentenversicherung sind keine Besonderheiten zu beachten. Für die Arbeitslosenversicherung wäre bei einem Arbeitsentgelt von 680 EUR und einem Zusatzbeitrag zur KV von 0,8% folgende Berechnung durchzuführen:

Sozialversicherungsbeiträge	
Bruttolohn	680,00 EUR
Beitragspflichtiges Entgelt (1,2759625 × 680) – 234,568125	633,09 EUR
Arbeitgeberbeiträge (**AgB**)	
Arbeitgeberanteil KV (7,3% von 680 EUR)	49,64 EUR
Arbeitgeberanteil PV (1,275% von 680 EUR)	8,67 EUR
Arbeitgeberanteil RV (9,3% von 680 EUR)	63,24 EUR
Fiktiver Arbeitgeberanteil AV (1,50% von 680 EUR) [fAgB]	10,20 EUR
Tatsächlicher Arbeitgeberanteil AV	0,00 EUR
Arbeitnehmerbeiträge	
Arbeitnehmeranteil KV (15,4% von 633,09) – AgB	47,86 EUR
Arbeitnehmeranteil PV (2,55% von 633,09) – AgB[24]	7,47 EUR[25]
Arbeitnehmeranteil RV (18,6% von 633,09) – AgB	54,52 EUR
Arbeitnehmeranteil AV (3,0% von 633,09) – fAgB	8,80 EUR

e) Aufstockungsoption in der Gleitzone

In der Rentenversicherung richtet sich die Höhe des Rentenanspruches unter anderem nach dem verbeitragten Entgelt bzw. den Rentenbeiträgen. Aufgrund der reduzierten Beitragspflicht zur Rentenversicherung aus der Gleitzonenregelung entstehen reduzierte Rentenansprüche. Um eine Reduzierung der Rente zu vermeiden, kann der Arbeitnehmer dem Arbeitgeber schriftlich erklären, dass der Arbeitnehmerbeitrag zur Rentenversicherung aus dem beitragspflichtigen Arbeitsentgelt und nicht aus dem ermäßigten Entgelt ermittelt werden soll. Die Erklärung kann formlos erfolgen und muss zu den Lohnunterlagen genommen werden. Die Erklärung bleibt für die Dauer der Beschäftigung bindend und gilt bei Mehrfachbeschäftigung für alle Arbeitgeber.[26] Abgabefrist für die Erklärung ist bei Neueinstellung zwei Wochen nach

24 Für kinderlose Arbeitnehmer wäre zusätzlich der Zuschlag zur Pflegeversicherung zu berechnen.

25 Für die Berechnung des Beitrags ist der halbe Beitragssatz mit dem ermäßigten Wert zu multiplizieren. Der sich ergebende Wert ist zu runden und danach zu verdoppeln. Danach ist der Arbeitgeberbeitrag von der Summe abzuziehen.

26 Die Erklärung ist jedoch bei jedem Arbeitgeber einzeln zu stellen. Es ist nicht möglich, nur bei einem Arbeitgeber die Aufstockung zu wählen und bei einem zweiten die Beiträge nur aus dem ermäßigten Entgelt abzuführen.

Beschäftigungsaufnahme. Bei bestehenden Arbeitsverhältnissen gilt die Erklärung mit dem Datum der Abgabe.

!

Beispiel

Frau Monika Waldmann hat ein sozialversicherungspflichtiges monatliches Arbeitsentgelt von 680 EUR. Sie wählt die Aufstockungsoption in der gesetzlichen Rentenversicherung (Verzicht auf die Sozialversicherungsfreiheit/-ermäßigung).
Beitrag zur Rentenversicherung:

½ × (680 × 18,6 %) Arbeitnehmeranteil	63,24 EUR
+ ½ × (680 × 18,6 %) Arbeitgeberanteil	63,24 EUR
= Gesamtbeitrag	126,48 EUR

Die Aufstockungsoption gilt nur für die Rentenversicherung. Für die Kranken-, Pflege- und Arbeitslosenversicherung ist die Berechnung des Arbeitnehmerbeitrags aus dem ermäßigten Entgelt vorzunehmen.

f) Gleitzone mit Rentenversicherung bei einem Versorgungswerk

Eine weitere Sonderregelung gilt für Arbeitnehmer, die rentenversicherungsfrei oder in einem berufsständischen Versorgungswerk (z. B. Ärztekammer) rentenversichert sind. Liegt das regelmäßige monatliche Arbeitsentgelt dieser Arbeitnehmer in der Gleitzone, unterliegt nur der **Arbeitgeber** der Beitragspflicht zur Rentenversicherung. Der »normale« Arbeitgeberanteil ist an das Versorgungswerk zu entrichten. Ein Arbeitnehmeranteil ist nicht zu ermitteln. Es erfolgt auch kein Ausweis auf dem Beitragsnachweis an die Krankenkasse.

Beachten Sie: Die Sonderregelung gilt nur für die Rentenversicherung. Die Beiträge zur Kranken-, Pflege- und Arbeitslosenversicherung sind für den Arbeitnehmer aus dem ermäßigten Entgelt zu ermitteln. Der Arbeitgeber unterliegt der normalen Beitragspflicht aus dem sozialversicherungspflichtigen Entgelt.

g) Gleitzone bei Überschreitung der Geringverdienergrenze

Auszubildende mit einer Ausbildungsvergütung bis **325 EUR** pro Monat sind Geringverdiener. Sie unterliegen der vollen Beitragspflicht zur Kranken-, Pflege-, Renten- und Arbeitslosenversicherung. Für diesen Personenkreis hat der Arbeitgeber die Beiträge zu den Sozialversicherungen vollständig zu tragen – es gibt keinen Arbeitnehmeranteil. Übersteigt das Arbeitsentgelt durch eine Einmalzahlung – z. B. Weihnachtsgeld – die 325-Euro-Grenze, sind die Beiträge für den 325 EUR übersteigenden Anteil des Entgelts je zur Hälfte zwischen Arbeitgeber und Arbeitnehmer zu teilen (vgl. Kapitel 5.3). Die Halbteilung der Beiträge für den übersteigenden Anteil des Entgelts ist nur zulässig, sofern die Jahresentgeltgrenze von 3.900 EUR durch die Einmalzahlung (inkl. laufender Bezüge) nicht überschritten wird. Für Geringverdiener gilt die Gleitzonenregelung **nicht**. Das heißt: Führt die Zahlung von Urlaubs- oder Weihnachtsgeld zu einer Überschreitung der 450-Euro-Grenze, darf der Arbeitnehmerbeitrag zu der Sozialversicherung nicht von einem »ermäßigten Entgelt« gerechnet werden. Geringverdiener können auch **nicht** mit den pauschalen Beiträgen von 13% bzw. 15% verbeitragt werden.

h) Gleitzone bei Mehrfachbeschäftigung

Eine Besonderheit gilt es bei mehrfachbeschäftigten Arbeitnehmern zu beachten. Für die Ermittlung des beitragspflichtigen Gleitzonenentgelts ist das **insgesamt erzielte Arbeitsentgelt** über alle versicherungspflichtigen Beschäftigungen hinweg maßgebend. Dies bedeutet, dass jeder beteiligte Arbeitgeber das bei ihm erzielte Arbeitsentgelt ins Verhältnis zum Gesamtentgelt über alle Arbeitgeber hinwegsetzen muss. Es erfolgt eine anteilsmäßige Aufteilung auf der Grundlage des Gesamtarbeitsentgelts. Für die Beitragsberechnung ergibt sich die beitragspflichtige Einnahme aus der folgenden Formel:

$$abE = \{F \times 450 + ([850/(850 - 450)] - [450/(850 - 450)] \times F) \times (GE - 450) \times EE\} / GE$$

abE = anteilige beitragspflichtige Einnahme (daraus werden die Arbeitnehmerbeiträge berechnet)
GE = Gesamtentgelt aus allen Beschäftigungen
EE = Arbeitsentgelt in ihrem Unternehmen

Eine bis Ende 2014 geltende Verpflichtung zur Abgabe der sogenannten GKV-Monatsmeldung ist weggefallen. Somit erhält der Arbeitgeber von der Krankenkasse keine Meldung mehr über das beitragspflichtige Entgelt bei den übrigen Arbeitgebern. In der Praxis wird, aufgrund der Schwierigkeit zur Ermittlung der weiteren Entgelte, in der Regel die Gleitzonenberechnung durchgeführt, als wäre die Beschäftigung die einzige Beschäftigung.

i) Gleitzonenberechnung bei Teillohnzahlungszeiträumen

Die Anwendung der Gleitzonenformel setzt das Arbeitsentgelt für einen vollständigen Abrechnungsmonat voraus. Bei Teillohnzahlungszeiträumen (z.B. Eintritt/Austritt während des Monats oder Ablauf der Lohnfortzahlung bei Krankheit) ist das beitragspflichtige Entgelt auf das »anteilige beitragspflichtige Entgelt« umzurechnen. Das anteilige beitragspflichtige Entgelt (abE) ergibt sich aus:

$$abE = \frac{\text{anteiliges Arbeitsentgelt} \times \text{Kalendertage}}{30}$$

Die Kalendertage entsprechen den Tagen des Monats, für die Entgelt fortbezahlt wurde, oder den Kalendertagen, an denen das Arbeitsverhältnis bestand.

2. Mindestbeitrag zur Rentenversicherung für Aushilfen (geringfügig Beschäftigte)

Wie bei der Lohnsteuer gibt es bei den Sozialversicherungen eine Ausnahme vom Halbteilungsgrundsatz für Aushilfen. Geringfügig Beschäftigte, deren durchschnittliches monatliches Arbeitsentgelt **450 EUR pro Monat** nicht übersteigt, sind sozialversicherungsfrei, außer in der Rentenversicherung. Ohne einen Befreiungsantrag ist der allgemeine Beitrag zur Rentenversicherung (18,6%) vom geringfügigen Arbeitsentgelt zu berechnen. Basis für die Berechnung der Rentenversicherungsbeiträge ist ein Mindestentgelt von monatlich **175 EUR**. Das heißt, liegt das tatsächliche monatliche Entgelt unter 175 EUR, ist der allgemeine Beitrag zur Rentenversicherung von dem fiktiven Mindestentgelt zu ermitteln.

! **Beispiel 1**

Ein geringfügig beschäftigter Arbeitnehmer bezieht ein Entgelt von monatlich 120 EUR und hat keinen Befreiungsantrag von der Rentenversicherung beim Arbeitgeber gestellt.

	Entgelt	120,00 EUR
	Normaler RV-Beitrag (18,6% für mind. 175 EUR)	32,55 EUR
	Arbeitgeberbeitrag (15% aus 120 EUR)	18,00 EUR
	Arbeitnehmerbeitrag (32,55 EUR — 18,00 EUR)	**14,55 EUR**

! **Beispiel 2**

Ein geringfügig beschäftigter Arbeitnehmer bezieht ein Entgelt von monatlich 200 EUR und hat keinen Befreiungsantrag in der Rentenversicherung beim Arbeitgeber gestellt.

	Entgelt	200,00 EUR
	Normaler RV-Beitrag (18,6% auf 200 EUR)	37,00 EUR
	Arbeitgeberbeitrag (15% aus 200 EUR)	30,00 EUR
	Arbeitnehmerbeitrag (37,20 EUR — 30,00 EUR)	**7,20 EUR**

Bei einer Rentenversicherungspflicht des geringfügig Beschäftigten trägt der Arbeitgeber nur den pauschalen Beitrag zur Rentenversicherung von 15% des Arbeitsentgelts. Die Differenz zum allgemeinen Beitrag (3,6% im Jahr 2018) muss der Arbeitnehmer tragen. Die Besonderheit der Mindestentgeltgrenze liegt darin, dass der Arbeitnehmer bei Entgelten unter 175 EUR pro Monat den vollen Beitrag (18,6%) für den Differenzbetrag zwischen seinem Arbeitsentgelt und 175 EUR trägt.

Tipp !

Zur Vermeidung einer Anrechnung der geringfügigen Beschäftigung auf das Arbeitslosengeld (ALG I), darf das monatliche Nettoentgelt 165 EUR nicht übersteigen. Wählt die Aushilfe in diesem Fall die Aufstockung in der Rentenversicherung, sind die Beiträge zur Rentenversicherung aus 175 EUR zu berechnen.

Bei Teillohnzahlungszeiträumen (Eintritt/Austritt während des laufenden Monats) muss die 175-EUR-Grenze entsprechend auf die Kalendertage bzw. auf 1/30 umgerechnet werden. Pro Kalendertag ist ein Mindestbetrag von 5,83 EUR als Bemessungsgrundlage anzusetzen.

Beispiel !

Eine Aushilfe beginnt zum 16. des Monats und erhält für die verbleibenden 15 Kalendertage ein Entgelt von 100 EUR. Der Arbeitnehmer hat nicht schriftlich auf die Versicherungsfreiheit in der Rentenversicherung verzichtet.

	Entgelt	100,00 EUR
	Anteilige Mindestbeitragsgrenze (15 × 5,83 EUR)	87,50 EUR
	Normaler RV-Beitrag (18,6% auf 100 EUR)	18,60 EUR
	Arbeitgeberbeitrag (15% aus 100 EUR)	15,00 EUR
	Arbeitnehmerbeitrag (18,60 EUR — 15,00 EUR)	**3,60 EUR**

Die Mindestbeitragsgrenze kommt nicht zum Tragen, da das anteilige laufende Entgelt im Eintrittsmonat (100 EUR) über der anteiligen monatlichen Mindestbeitragsgrenze (87,50 EUR für 15 Tage) liegt.

Beachten Sie: Hat der Arbeitnehmer die Befreiung von der Versicherungspflicht in der Rentenversicherung gewählt, gilt die Mindestbeitragsbemessungsgrenze jedoch **nicht**. Wird nur der pauschale Rentenbeitrag des Arbeitgebers berechnet, so ist dieser immer vom tatsächlichen Arbeitsentgelt zu rechnen, auch wenn dieses unter 175 EUR liegt.

3. Kurzfristige Beschäftigung
Abweichend vom Steuerrecht hat das Sozialgesetzbuch (SGB) eine andere Definition für kurzfristig beschäftigte Arbeitnehmer. Nach dem Sozialgesetzbuch (SGB) ist ein Arbeitnehmer kurzfristig beschäftigt und somit von Beiträgen zur Sozialversicherung **befreit**, wenn

- die Tätigkeit auf 70 Arbeitstage oder 3 Monate innerhalb eines Kalenderjahres begrenzt ist **und**
- die Aushilfstätigkeit nicht berufsmäßig ausgeübt wird.

Die Höhe des Arbeitsentgeltes und die Zahl der Wochenstunden sind bei dieser Definition unerheblich. Für kurzfristig beschäftigte Arbeitnehmer fallen weder die allgemeinen noch pauschalen Beiträge zu den Sozialversicherungen an.

4.3.6 Sozialversicherungsbeiträge, die nur der Arbeitgeber trägt

1. Beiträge für Bundesfreiwillige und freiwilliges soziales/ökologisches Jahr
Das freiwillige soziale/ökologische Jahr (FSJ/FÖJ)) ist ein sozialer Freiwilligendienst für Jugendliche und junge Erwachsene, die die Vollzeitschulpflicht erfüllt und das 27. Lebensjahr noch nicht vollendet haben.

Die Aussetzung der Wehrpflicht im Jahr 2011 führte auch zum Wegfall des Zivildienstes. Zur Nachbesetzung der Zivildienststellen wurde der Bundesfreiwilligendienst (BFD) geschaffen. Der Bundesfreiwilligendienst dauert in der Regel mindestens 12 Monate, maximal aber 24 Monate. Den Teilnehmern ist neben der Gewährung von unentgeltlicher Unterkunft und Mahlzeiten ein Taschengeld zu bezahlen. Das Taschengeld darf bis zu 6% der monatlichen Beitragsbemessungsgrenze der Rentenversicherung (390 EUR im Jahr 2018) betragen.

Sozialversicherungsrechtlich wurde der Bundesfreiwilligendienst mit dem freiwilligen sozialen/ökologischen Jahr gleichgestellt. Es besteht Versicherungspflicht in allen Versicherungszweigen. Obwohl das Arbeitsentgelt in der Regel unter der Geringfügigkeitsgrenze von 450 EUR liegt, sind pauschale Beiträge, wie bei einer geringfügigen Beschäftigung, **nicht** möglich. Die Sozialversicherungsbeiträge gehen **vollständig** zulasten des Arbeitgebers (Einsatzstelle). In der Umlageversicherung U1 und U2 besteht keine Versicherungspflicht, der Arbeitgeber hat jedoch die Insolvenzgeldumlage zu tragen.

Beachten Sie: Eine Besonderheit gilt in der Arbeitslosenversicherung, wenn der BFD direkt im Anschluss (innerhalb eines Monats) nach einer versicherungspflichtigen Beschäftigung beginnt. In diesem Fall ist für die gesamte Zeit des BFD der Beitrag zur Arbeitslosenversicherung aus der monatlichen

Bezugsgröße (3.045 EUR im Jahr 2018) und nicht aus dem tatsächlichen Entgelt zu berechnen. Die Beiträge zur Kranken-, Pflege- und Rentenversicherung werden aus dem beitragspflichtigen »Taschengeld« ermittelt.

2. Beiträge zu den Umlagekassen U1/U2

Die gesetzlichen Krankenkassen bieten eine Art Versicherung für die Lohnfortzahlung des Arbeitgebers bei Krankheit des Arbeitnehmers und den Zuschuss zum Mutterschaftsgeld. Der Arbeitgeber entrichtet zusätzlich zum Arbeitslohn Beiträge in die sogenannte U1-Umlagekasse (Krankheit) und in die U2-Umlagekasse (Mutterschutz).

a) Pflicht zur Teilnahme am Umlageverfahren

Für gewerbliche Arbeitgeber besteht eine gesetzliche Verpflichtung zur Teilnahme an dem U2-Umlageverfahren. Die Pflicht zur Teilnahme am U1-Umlageverfahren ist abhängig von der Betriebsgröße des Unternehmens. Das Umlageverfahren **U2** wurde auf alle Betriebe, unabhängig von der Zahl der beschäftigten Arbeitnehmer, ausgedehnt. Ausnahmen bestehen für:

- Bund, Länder, Gemeinden, Gemeindeverbände sowie Körperschaften, Anstalten und Stiftungen des öffentlichen Rechts
- Vereinigungen, Einrichtungen, Unternehmen mit Bindung an Tarifverträge des öffentlichen Dienstes
- Gemeindeverbände und kommunale Unternehmen sowie deren Spitzenverbände
- zivile Arbeitnehmer bei Dienststellen ausländischer Streitkräfte und der NATO
- Hausgewerbetreibende und gleichgestellte Personen
- nach dem Zweiten Gesetz über die Krankenversicherung der Landwirte versicherte mitarbeitende Familienangehörige eines landwirtschaftlichen Unternehmers
- Spitzenverbände der freien Wohlfahrtspflege und ihre Untergliederungen, Einrichtungen und Anstalten (es besteht eine Option zur freiwilligen Teilnahme). Ferner findet das AAG keine Anwendung für Betriebe, bei denen Arbeitgeber mit Genehmigung des Bundesministeriums für Gesundheit und Soziale Sicherung (BMGS) Einrichtungen zum Ausgleich der Arbeitgeberaufwendungen errichtet haben

Diese Unternehmen nehmen weder am U1- noch am U2-Umlageverfahren teil.

Am Umlageverfahren **U1** müssen alle Betriebe teilnehmen, die regelmäßig nicht mehr als **30 Arbeitnehmer** beschäftigen. Für die Arbeitnehmergrenze von 30 Vollzeitbeschäftigten werden folgende Personenkreise **nicht** mitgezählt:

- Auszubildende, Praktikanten, Volontäre
- schwerbehinderte Arbeitnehmer
- Mitarbeiter in Elternzeit
- Heimarbeiter und Hausgewerbetreibende
- Beschäftigte im Bundesfreiwilligendienst
- Bezieher von Vorruhestandsgeld
- Beschäftigte in der Freistellungsphase der Altersteilzeit
- mitarbeitende Familienangehörige eines landwirtschaftlichen Unternehmens
- Mitarbeiter im freiwilligen sozialen oder ökologischen Jahr
- Ordensangehörige/Mitglieder von Ordensgemeinschaften
- Mitarbeiter in (Langzeit-)Pflegezeit

Eine weitere Einschränkung in Bezug auf die Firmengröße gilt für Teilzeitbeschäftigte. Arbeitnehmer mit einer vertraglichen Arbeitszeit von 30 Stunden oder weniger, dürfen für die Bestimmung der 30-Mitarbeiter-Grenze nur anteilig berücksichtigt werden. Für die Ermittlung der durchschnittlichen Mitarbeiterzahl gilt:

Arbeitszeit bis 10 Std. pro Woche	0,25 Mitarbeiter
Arbeitszeit bis 20 Std. pro Woche	0,50 Mitarbeiter
Arbeitszeit bis 30 Std. pro Woche	0,75 Mitarbeiter
Arbeitszeit über 30 Std. pro Woche	1,00 Mitarbeiter

Hat ein Unternehmer mehrere Betriebe (auch Neben- und Zweigbetriebe), so ist die Gesamtzahl aller Beschäftigten aus allen Betriebsteilen maßgebend. Das gilt auch dann, wenn das Unternehmen seinen Sitz im Ausland hat. Nicht berücksichtigt werden jedoch Mitarbeiter in Unternehmen mit einer eigenen Betriebsnummer (vergeben von der Betriebsnummernstelle des Arbeitsamtes). Diese Unternehmen sind getrennt zu betrachten.

Die Feststellung der Firmengröße erfolgt auf Grundlage der durchschnittlichen Beschäftigtenzahl der letzten 12 Monate des Vorjahres. Die Pflicht zur Teilnahme an der U1-Umlage besteht, wenn das Unternehmen in den vergangenen 12 Monaten während 8 oder mehr Monaten weniger als 30 Vollzeitäquivalente (FTE) beschäftigt hatte. Falls ein Betrieb nicht das ganze Kalenderjahr bestanden hat, nimmt der Arbeitgeber am Ausgleich nur dann teil, wenn er während des Bestehens des Betriebs in der überwiegenden Zahl (mehr als 50%) der Kalendermonate nicht mehr als 30 Mitarbeiter beschäftigt hatte.

!

Beispiel

Ein Unternehmen beschäftigt folgende Mitarbeiter vom 01.01. bis 31.12. des Jahres.

Mitarbeiter	Anzahl	Wöchentliche Arbeitszeit	Anrechnung für Betriebsgröße
Meister	2	40	2
Büroangestellte	4	40	4
Arbeiter	14	39	14
Auszubildende	3	39	0
Schwerbehinderte	1	36	0
GmbH-Geschäftsführer	1	40	1
Bundesfreiwilligendienst	1	38	0
Teilzeitbeschäftigte(r)	2	30,5	2
Teilzeitbeschäftigte(r)	1	20	0,5
Teilzeitbeschäftigte(r)	3	15	1,5
Teilzeitbeschäftigte(r)	1	8	0,25
Summe	**33**		**25,25**

Beurteilung

Das Unternehmen nimmt aufgrund der Betriebsgröße (25,25 FTE) im Folgejahr am Umlageverfahren U1 teil.

Für die Ermittlung der Teilnahmepflicht muss die Betriebsgröße unter Berücksichtigung von Teilzeitbeschäftigungen, Eintritten, Austritten und Personen, die nicht mitgezählt werden, jeden Monat festgestellt werden. Liegt die Betriebsgröße in 8 oder mehr Monaten bei 30 oder darunter, muss das Unternehmen am Umlageverfahren U1 teilnehmen. Übersteigt die durchschnittliche Mitarbeiterzahl an 5 Monaten die Grenze von 30 FTE, ist das Unternehmen im Folgejahr von der Teilnahme am Umlageverfahren U1 befreit. Die 5 oder mehr Monate müssen nicht zusammenhängend sein.

Die Firmengröße wird immer per 31.12. ermittelt und gilt für das folgende Kalenderjahr auch dann, wenn sich in diesem Jahr die Unternehmensgröße erheblich verändert.

!

Tipp

Bei Zweifeln, ob der Betrieb die Grenze überschritten hat und somit nicht mehr am Ausgleichsverfahren teilnehmen kann, sollten Sie sich an die Krankenkasse wenden. Für Innungsbetriebe ist dies in der Regel die Innungskrankenkasse (IKK), für alle

anderen zum Beispiel die örtliche AOK. Verschiedene Krankenkassen bieten über das Internet Online-Rechner für die Berechnung der Teilnahmepflicht zum Umlageverfahren an.
Sinnvollerweise wird die FTE monatlich ermittelt und festgehalten. Für die Ermittlung zum Jahresende sind dann nur noch die Monatsübersichten heranzuziehen.

In die Grenze der Betriebsgröße für die Teilnahme am Umlageverfahren werden auch **geringfügig und kurzfristig Beschäftigte sowie Schüler** während Ferienarbeiten mit einbezogen.

Beachten Sie: Überschreitet das Unternehmen per 31.12. die Firmengröße für eine Pflichtteilnahme am Umlageverfahren U1, müssen allen Krankenkassen, an die das Unternehmen Beiträge entrichtet, die Überschreitung mitgeteilt werden.

b) Zuständigkeit für Beitragseinzug und Beitragshöhe
Alle Unternehmen[27] müssen am Umlageverfahren zum Ausgleich der Arbeitgeberaufwände für die Lohnfortzahlung an Mitarbeiterinnen im Mutterschutz teilnehmen. Die Teilnahme am U2-Umlageverfahren ist unabhängig von der Betriebsgröße und unabhängig davon, ob im Unternehmen nur Männer oder nur Aushilfen beschäftigt werden.

Nach dem Arbeitgeberaufwendungsausgleichsgesetz (AAG) erstatten die Krankenkassen den Unternehmen die Aufwendungen für die Entgeltfortzahlung im Krankheitsfall (U1-Umlage) sowie die Aufwendungen der Arbeitgeber für Mutterschaftsleistungen (U2-Umlage). Am U1-Verfahren nehmen jedoch nur Unternehmen teil, die im Durchschnitt nicht mehr als 30 Arbeitnehmer pro Monat beschäftigen. Das U1- und das U2-Verfahren werden von allen Krankenkassen mit Ausnahme der landwirtschaftlichen Krankenkasse durchgeführt.

Die Höhe der Umlage richtet sich nach dem Umlagesatz der jeweiligen Krankenkasse, bei der der Arbeitnehmer krankenversichert ist. Der Umlagesatz ist von Krankenkasse zu Krankenkasse verschieden. Zusätzlich bieten die meisten Krankenkassen abhängig von der Höhe der Erstattungsleistung unterschiedliche Beitragssätze an. Die Spanne der Umlagesätze in der U1-Umlage reicht von 0,9% (Minijob-Zentrale) bis über 4% des beitragspflichtigen laufenden Arbeitsentgelts des Mitarbeiters. In der U2-Umlage liegt der Beitragssatz zwischen 0,24% (Minijob-Zentrale) und über 3%. In der Regel bieten die Krankenkassen 2 bis 3 verschiedene Erstattungshöhen für den fortgezahlten

27 Es gibt Ausnahmeregelungen für öffentlich-rechtliche Körperschaften und Unternehmen (vgl. Kapitel 2.2).

Bruttolohn an. Der maximale Erstattungssatz in der U1-Umlage liegt bei 80% des bei Krankheit fortgezahlten Bruttolohnes. Bei der U2-Umlage ist der Erstattungssatz 100% des fortgezahlten Entgelts. Auch für Minijobs besteht nach dem Entgeltfortzahlungsgesetz ein Anspruch auf Lohnfortzahlung bei Krankheit und Rehabilitation für 42 Kalendertage. Dementsprechend ist auch für Minijobs die U1-Umlage vom Arbeitgeber zu entrichten. Im Gegenzug besteht ein Erstattungsanspruch von 80% der Lohnfortzahlung bei Krankheit des Minijobbers.

Beachten Sie: Das Unternehmen kann die Umlagekasse nicht frei nach der Höhe der Beiträge wählen. Die Umlagen und damit die Höhe des Beitrags für den Mitarbeiter richten sich nach der Krankenkasse, bei der der Mitarbeiter krankenversichert ist. Für Mitarbeiter, die in der landwirtschaftlichen Krankenkasse krankenversichert sind, ist die AOK zuständig. Für privat krankenversicherte Mitarbeiter ist die letzte gesetzliche Krankenkasse und, wenn sich diese nicht ermitteln lässt, die Kasse, an welche der Mitarbeiter angemeldet wurde und die Beiträge zur Rentenversicherung entrichtet werden, zuständig.

Der Arbeitgeber kann jedoch die Höhe des Beitrags durch die Wahl des Erstattungssatzes beeinflussen. Je geringer der Erstattungssatz in der U1-Umlage gewählt wird, desto günstiger ist der Beitrag. Die Höhe des Erstattungssatzes kann jährlich für das kommende Jahr gewechselt werden. Ist der Krankenstand hoch, wird das Unternehmen einen hohen Erstattungssatz in der U1-Umlage wählen. Zu prüfen ist dann, bei welchen Krankenkassen diese Mitarbeiter krankenversichert sind. Bei einem niedrigeren Krankenstand wird sinnvollerweise der niedrigste Erstattungssatz und damit Beitragssatz gewählt.

Beispiel

!

Ein Unternehmen beschäftigt 10 Arbeitnehmer. 4 Mitarbeiter sind bei der AOK krankenversichert, 3 Mitarbeiter sind bei einer BKK krankenversichert, 1 Mitarbeiter ist freiwillig bei der Techniker Krankenkasse (TK) versichert, 1 Mitarbeiter ist privat krankenversichert, der Geschäftsführer ist sozialversicherungsfrei. Die Krankenkassen haben folgende Beitragssätze zur U1-Umlage festgelegt.

Krankenkasse	Erstattung 50%	Erstattung 60%	Erstattung 65%	Erstattung 70%	Erstattung 80%
AOK	1,8%	2,4%		2,7%	3,95%
BKK		2,1%	2,6%	2,8%	
TK	1,1%	2,6%		2,7%	
Private KV	--	--	--	--	--

Beurteilung

Arbeitnehmer	Zuständige Krankenkasse	Beitragspflicht	Umlagesatz
AOK-Versicherte	AOK	Ja	2,7%
BKK-Versicherte	BKK	Ja	2,1%
Freiwillig Versicherter	TK	Ja	1,1%
Privat KV-Versicherter	Wahl durch AG	Ja, z. B. AOK	2,7%
Geschäftsführer	Private KV	Nein	--

Sowohl die Erstattungssätze wie auch die Beitragssätze legt jede Krankenkasse selbst fest. Der Beitrag zur U1-Umlagekasse richtet sich danach, welchen Erstattungssatz das Unternehme mit der jeweiligen Krankenkasse festgelegt hat. Wählt das Unternehmen wegen eines hohen Krankenstands der Mitarbeiter, die bei der AOK versichert sind, eine Erstattung von 70%, so muss das Unternehmen dafür einen Beitrag von 2,7% des Arbeitsentgelts dieser Mitarbeiter entrichten. Beiträge werden jedoch nur bis maximal zur Beitragsbemessungsgrenze der Rentenversicherung pro Arbeitnehmer berechnet.

c) Umlagen für Aushilfen

Die Umlagesätze für Aushilfen (geringfügig Beschäftigte) sind fest geregelt. Der Umlagesatz für die **U1-Umlage** beträgt **0,9%** und für die **U2-Umlage 0,24% des Arbeitsentgelts.** Beitragspflichtig ist das Bruttoarbeitsentgelt auch über 450 EUR hinaus. Der Arbeitgeber entrichtet die Umlage zusätzlich zum pauschalen Kranken- und Rentenversicherungsbeitrag an die Minijob-Zentrale.

Erkrankt eine Aushilfe und wird der Arbeitslohn fortbezahlt, besteht für den Arbeitgeber ein Erstattungsanspruch aus der U1-Umlagekasse. Der Erstattungssatz in der **U1-Umlage** ist mit **80%** des fortgezahlten Arbeitsentgelts festgelegt. Die Erstattung von Einmalzahlungen (sonstige Bezüge) ist ausgeschlossen. Der pauschale Arbeitgeberbeitrag zur Kranken- und Rentenversicherung ist nicht erstattungsfähig – nur das fortgezahlte Entgelt. Der Erstattungsanspruch aus der U2-Umlage beträgt 100% des Arbeitgeberzuschusses zum Mutterschaftsgeld zuzüglich der darauf entfallenden pauschalen Kranken- und Rentenversicherungsbeiträge.

Keine Beiträge sind für kurzfristig beschäftigte Arbeitnehmer mit einer Beschäftigungsdauer bis 4 Wochen und für sozialversicherungspflichtige Mitarbeiter, die weniger als 4 Wochen beschäftigt werden, zu entrichten.

Beachten Sie: Auch Aushilfen (geringfügig Beschäftigte) sind umlagepflichtige Arbeitnehmer im Sinne des U1/U2-Umlagegesetzes.

d) Umlagen für besondere Personengruppen
Eine weitere Ausnahme gilt für Mitarbeiter, die eine Beschäftigung im Bundesfreiwilligendienst oder dem Jugendfreiwilligendienst ausüben. Diese Arbeitnehmer unterliegen zwar der U2-Umlagepflicht, nicht jedoch der U1-Umlage.

Beherrschende-GmbH-Geschäftsführer (Gesellschafter-Geschäftsführer) gelten in der Regel arbeitsrechtlich nicht als Arbeitnehmer. Sie unterliegen nicht den Umlagebeiträgen zur U1- und auch nicht zur U2-Umlage.

Die folgende Tabelle gibt einen Überblick darüber, für welche Personengruppen Umlagen zu entrichten sind.

Mitarbeiterkreis	Beitragspflicht zur U1-Umlage[28]	Beitragspflicht zur U2-Umlage
Auszubildende, Praktikanten, Volontäre	Ja	Ja
Arbeiter, Angestellte	Ja	Ja
Arbeitnehmer in Elternzeit	Nein	Nein
Heimarbeiter	Nein	Ja
Schwerbehinderte Arbeitnehmer	Ja	Ja
Altersteilzeit (Mitarbeiter in Freiphase)	Ja	Nein
Bezieher von Vorruhestandsgeld	Nein	Nein
GmbH-Geschäftsführer/innen[29]	Nein	Nein
Vorstände einer AG	Nein	Nein
Freiwilliges soziales/ökologisches Jahr	Nein	Nein
Ausländische Saisonkräfte	Ja	Ja
Unständig Beschäftigte	Nein	Ja
Schüler	Ja	Ja
Ordensangehörige	Nein	Nein
ABM Kräfte	Ja	Ja
Freie Mitarbeiter	Nein	Nein
Bundesfreiwilligendienst	Nein	Ja

28 Die Beitragspflicht zur U1-Umlage besteht nur, wenn das Unternehmen aufgrund der Betriebsgröße am Umlageverfahren teilnimmt.
29 Die Umlagepflicht besteht jedoch für angestellte Gesellschafter-Geschäftsführer mit weniger als 50 % Kapitalanteil.

Mitarbeiterkreis	Beitragspflicht zur U1-Umlage[28]	Beitragspflicht zur U2-Umlage
Geringfügig Beschäftigte	Ja	Ja
Kurzfristig Beschäftigte, weniger als 4 Wochen	Nein	Ja

Beachten Sie: Für Arbeitnehmer, deren Arbeitsentgelt über der Beitragsbemessungsgrenze der Rentenversicherung liegt, sind nur Umlagen auf Basis des beitragspflichtigen Entgelts in der RV zu ermitteln.

Es ist zwischen der Beitragspflicht zu den Umlagekassen und der Berücksichtigung der Arbeitnehmer für die Ermittlung der Betriebsgröße zu unterscheiden. Beispielsweise sind Auszubildende, Praktikanten und Volontäre nicht für die Betriebsgröße zu berücksichtigen, jedoch ist auf das Arbeitsentgelt die Umlage U2 und ggf. U1 zu entrichten.

e) Berechnung der Umlagen

Der Beitragspflicht zu den Umlagekassen unterliegt nur der Arbeitgeber. Die Beiträge zur Umlagekasse entstehen also zusätzlich zum Bruttoarbeitslohn, sofern das Unternehmen am Umlageverfahren teilnimmt. Grundlage für die Beitragsberechnung ist das rentenversicherungspflichtige laufende Arbeitsentgelt des Arbeitnehmers. Keine Umlagen sind also aus Einmalzahlungen, wie Urlaubs- oder Weihnachtsgeld, zu ermitteln. Die Entgeltobergrenze für die Berechnung von Beiträgen pro Arbeitnehmer liegt bei der Beitragsbemessungsgrenze der Rentenversicherung. Diese beträgt für das Jahr 2018 pro pflichtversichertem Arbeitnehmer 6.500 EUR pro Monat (neue Bundesländer 5.800 EUR). Liegt das monatliche Arbeitsentgelt unter der Beitragsbemessungsgrenze, sind nur Beiträge aus dem tatsächlichen Entgelt zu berechnen. Keine U1-Umlage ist zu entrichten für sozialversicherungspflichtige Arbeitnehmer, die befristet weniger als einen Kalendermonat (4 Wochen) beschäftigt werden. In diesem Fall hat der Arbeitgeber keine Lohnfortzahlungsverpflichtung und somit auch keinen Erstattungsanspruch. Diese Regelung gilt nicht für Arbeitsverhältnisse, die auf längere Zeit angelegt sind und durch Kündigung innerhalb von 4 Wochen enden. In diesem Fall besteht Beitragspflicht zu den Umlagekassen.

Die Höhe des Beitragssatzes zur Ausgleichskasse U1 hängt vom Umfang der Erstattungszahlungen ab. Die Krankenkassen bieten Erstattungen des fortgezahlten Bruttolohnes zwischen 50% und 80% an.

!

Beispiel

Ein Arbeitnehmer ist bei einer Betriebskrankenkasse (BKK) krankenversichert. Die Umlagesätze der BKK betragen 2,9% (U1) und 0,2% (U2) des rentenversicherungspflichtigen Arbeitsentgeltes. Der Erstattungssatz aus der Umlagekasse U1 wurde vom Unternehmen mit 60% gewählt, der aus der Umlagekasse U2 beträgt 100%. Der Arbeitnehmer erhält ein Gehalt von 2.800 EUR und ein pauschal versteuertes Fahrgeld von 30 EUR.

Beurteilung

Gehalt	**2.800,00 EUR**
Fahrgeld (pauschal versteuert)	30,00 EUR
Bruttoentgelt	2.830,00 EUR
Rentenversicherungspflichtiges Entgelt	2.800,00 EUR
Beitrag U1 (2,9% von 2.800 EUR)	81,20 EUR
Beitrag U2 (0,2% von 2.800 EUR)	5,60 EUR

Die Umlagen für den bei der BKK versicherten Arbeitnehmer sind an die BKK zu entrichten. Das pauschal versteuerte Fahrgeld ist sozialversicherungsfrei und unterliegt nicht den Beiträgen zu den Umlagekassen.

Der Arbeitgeber ermittelt die Umlagebeträge aus dem Arbeitsentgelt und leistet diese zusätzlich zum Arbeitgeberanteil der Sozialversicherungen an die Krankenkasse.

f) Umlagen für Mitarbeiter in der Gleitzone

Eine Besonderheit für die Berechnung der Umlagen gilt es für Mitarbeiter mit einem Arbeitsentgelt in der Gleitzone zu berücksichtigen. Bei einem monatlichen Arbeitsentgelt im Bereich zwischen 450,01 EUR und 850 EUR werden die Sozialversicherungsbeiträge des **Arbeitgebers** aus dem **ungekürzten Arbeitsentgelt** ermittelt. Für die Beitragspflicht des Arbeitgebers zu den Umlagen gilt jedoch das **gekürzte** Arbeitsentgelt als Bemessungsgrundlage.[30] Das gekürzte Arbeitsentgelt kommt jedoch nur dann zum Tragen, wenn eine Verbeitragung in der Gleitzone stattfindet. Hat der Mitarbeiter auf die Anwendung der Gleitzone verzichtet, sind die Beiträge aus dem tatsächlichen (ungekürzten) Entgelt zu rechnen.

30 Die Definition der Gleitzone und der Überblick über die Beitragsberechnung in den Sozialversicherungen sind in Kapitel 5.2 dargestellt.

!

Beispiel

Ein Arbeitnehmer erhält ein regelmäßiges monatliches Arbeitsentgelt von 680 EUR. Er hat die Beitragsberechnung in der Gleitzone gewählt und keine Aufstockung in der Rentenversicherung. Das Unternehmen unterliegt der Umlagepflicht zur U1-Umlage. Der Umlagesatz beträgt per Annahme 2,1% des beitragspflichtigen Arbeitsentgelts. Für die U2-Umlage soll der Beitrag 0,3% betragen.

Beurteilung

Die Beiträge zu den Umlagen bzw. zur Sozialversicherung ergeben sich aus:

Beitragspflichtiges Entgelt (1,2759625 × 680) – 234,568125	633,09 EUR
Beitrag zur Umlage U1 (633,09 EUR × 2,1%)	13,29 EUR
Beitrag zur Umlage U2 (633,09 EUR × 0,3%)	1,90 EUR

Würde der Arbeitnehmer die Aufstockung in der Rentenversicherung wählen, ergibt sich für die Umlagen folgende Beitragsberechnung.

Beitragspflichtiges Entgelt	680,00 EUR
Beitrag zur Umlage U1 (680,00 EUR × 2,1%)	14,28 EUR
Beitrag zur Umlage U2 (680,00 EUR × 0,3%)	2,04 EUR

Hat der Mitarbeiter die Aufstockung in der Rentenversicherung gewählt, sind die Umlagen nicht aus dem ermäßigten beitragspflichtigen Entgelt, sondern aus dem tatsächlichen Arbeitsentgelt zu ermitteln (vgl. unten Abschnitt 3 »Beiträge zur Insolvenzgeldumlage«). Wird die Arbeitsentgeltgrenze der Gleitzone überschritten, entsteht Beitragspflicht aus dem gesamten Arbeitsentgelt. Erhält der Arbeitnehmer beispielsweise ab November einen laufenden Bezug von 870 EUR, sind die Beiträge zu den U1/U2-Umlagen im November aus dem gesamten Arbeitsentgelt (870 EUR) zu ermitteln.

Beachten Sie: Einer Beitragspflicht zu den Umlagekassen U1/U2 unterliegt nur das laufende Arbeitsentgelt mit laufenden sozialversicherungspflichtigen Zulagen und Zuschlägen. Einmalzahlungen, wie beispielsweise Urlaubs- oder Weihnachtsgeld, sind kein umlagepflichtiges Arbeitsentgelt.

g) Wahl und Wechsel des Erstattungssatzes

Die meisten Krankenkassen bieten im Umlageverfahren U1 mehrere Erstattungshöhen an. Beispiel: Erstattungen der Techniker Krankenkasse:

Erstattung aus U1-Umlagekasse	Beitrag (in % des Arbeitsentgelts)
Erstattungssatz = 70% (Standard)	1,90
Erstattungssatz = 80% (erhöht, auf Wunsch)	3,10
Erstattungssatz = 50% (ermäßigt, auf Wunsch)	1,30

Das Unternehmen kann bei jeder Krankenkasse eine Wahlerklärung über den Erstattungssatz einreichen. Die Wahlerklärung ist bis spätestens 20.1. des laufenden Jahres mit einem »Wahlerklärungs-Formular« der Krankenkasse mitzuteilen. Die Wahl gilt dann rückwirkend ab 1. Januar des Jahres für das gesamte Kalenderjahr. Entsprechende Formulare hält jede Krankenkasse auf Anfrage bereit oder sind über die Internetseite der Kasse als Online-Formular verfügbar. Bei einer Betriebsgründung oder erstmaligen Teilnahme am Umlageverfahren kann innerhalb von 2 Monaten nach Gründung bzw. Erreichen der Teilnahmevoraussetzung die Wahlerklärung der Krankenkasse eingereicht werden. Die Wahlerklärung ist mindestens für ein Kalenderjahr bindend und bleibt so lange erhalten, bis durch eine erneute Wahlerklärung ein anderer Erstattungssatz gewählt wird.

3. **Beiträge zur Insolvenzgeldumlage**

a) Pflicht zur Teilnahme am Umlageverfahren

Die Insolvenzgeldumlage ist von allen Betrieben, die potenziell insolvent werden können, zu entrichten. Eine Ausnahme besteht für öffentliche Arbeitgeber und Privathaushalte. Als Arbeitgeber der öffentlichen Hand gelten:

- der Bund, die Länder und die Gemeinden
- Körperschaften, Stiftungen und Anstalten des öffentlichen Rechts, über deren Vermögen ein Insolvenzverfahren nicht zulässig ist
- juristische Personen des öffentlichen Rechts, bei denen der Bund, ein Land oder eine Gemeinde kraft Gesetzes die Zahlungsfähigkeit sichert
- als Körperschaften des öffentlichen Rechts organisierte Religionsgemeinschaften und ihre gleiche Rechtsstellung genießenden Untergliederungen
- öffentlich-rechtliche Rundfunkanstalten
- juristische Personen des öffentlichen Rechts, für deren Personalkosten der Bund haftet

Der Umlage unterliegen alle Arbeitnehmer, also auch geringfügig und kurzfristig beschäftigte Arbeitnehmer (Aushilfen).

b) Zuständiger Sozialversicherungsträger

Die Insolvenzgeldumlage ist von den Unternehmen im Zuge der Entgeltabrechnung für jeden Arbeitnehmer zu berechnen und an die Krankenkassen und die Minijob-Zentrale (für Aushilfen) zu melden. Die Meldung (und Beitragszahlung) erfolgt monatlich. Die Beiträge zur Insolvenzgeldumlage sind vollständig vom Arbeitgeber zu tragen.

c) Berechnung der Beiträge und Beitragshöhe

Bemessungsgrundlage für die Umlage ist das rentenversicherungspflichtige Entgelt des Arbeitnehmers. Der Beitragssatz wird von der Bundesregierung festgelegt. Für das Jahr 2018 beträgt der Beitragssatz **0,06%** des rentenversicherungspflichtigen Entgelts des Arbeitnehmers – auch von rentenversicherungsfreien Arbeitnehmern, wie beispielsweise geringfügig oder **kurzfristig** Beschäftigten.

!

Beispiel

Ein Unternehmen hat 3 Arbeitnehmer beschäftigt. Die Mitarbeiter erhalten folgende monatliche Bezüge:

Arbeitnehmer	Gehalt	Zulage	Einmalzahlung
A	1.900 EUR		
B	2.400 EUR	100 EUR	500 EUR
C	6.800 EUR		

Die Insolvenzgeldumlage beträgt 0,06% des rentenversicherungspflichtigen Arbeitsentgelts. Es ergibt sich als Insolvenzgeldumlage:

Arbeitnehmer	beitragspflichtiges Entgelt	Umlage
A	1.900 EUR	1,14 EUR
B	3.000 EUR	1.80 EUR
C	6.500 EUR	3.90 EUR

Die Insolvenzgeldumlage ist auf alle laufenden und einmalig gezahlten sozialversicherungspflichtigen Bezüge bis zur Beitragsbemessungsgrenze der Rentenversicherung zu berechnen. Einmalig gezahltes Arbeitsentgelt wird also, im Unterschied zur U1- bzw. U2-Umlage, zur Bemessung der Insolvenzgeldumlage herangezogen. Während beitragsfreien Zeiten (z. B. Bezug von Mutterschaftsgeld oder Krankengeld) wird keine Insolvenzgeldumlage erhoben. Werden in dieser Zeit jedoch Arbeitgeberleistungen fortgezahlt, die zusammen mit der Sozialleistung höher sind als das Nettoarbeitsentgelt ohne die Sozialleistung, entsteht eine Umlagepflicht. Die Freigrenze beträgt monatlich 50 EUR. Beispielhaft könnte der geldwerte Vorteil aus einem Firmenwagen während des Bezuges von Krankengeld sein. Lohnsteuerfrei gezahlte Zuschläge für Sonntags-, Feiertags- und Nachtarbeit gehören nur zum umlagepflichtigen Arbeitsentgelt, soweit sie auf einem Grundlohn von mehr als 25 EUR je Stunde beruhen. Bemessungsgrenze für die Insolvenzgeldumlage ist die Beitragsbemessungsgrenze der Rentenversicherung – im Jahr 2018 also 6.500 EUR pro Monat. Liegt das monatliche Arbeitsentgelt unter der Höchstgrenze, sind die Beiträge aus dem gesamten rentenversicherungspflichtigen monatlichen Entgelt zu ermitteln. Bei Beschäftigten, die nicht der Rentenversicherungspflicht unterliegen, ist die Insolvenzgeldumlage aus dem Entgelt zu ermitteln, das im Falle der Rentenversicherungspflicht beitragspflichtiges Arbeitsentgelt wäre. Im Falle von Kurzarbeit ist die Insolvenzgeldumlage aus dem tatsächlich erzielten Arbeitsentgelt zu ermitteln, nicht etwa aus dem Sollentgelt. Das fiktive Entgelt unterliegt nicht der Umlagepflicht. Insolvenzgeldumlage ist auch vom Arbeitsentgelt der geringfügig und kurzfristig Beschäftigten (Minijobber) zu zahlen. Liegt das monatliche Entgelt **unter 175 EUR,** ist die Umlage aus dem **tatsächlichen Entgelt** und nicht aus dem beitragspflichtigen Entgelt für die Rentenversicherungsbeiträge zu ermitteln.

Beispiel !

Ein geringfügig beschäftigter Arbeitnehmer bezieht ein Entgelt von monatlich 120 EUR und hat nicht die Beitragsfreiheit in der Rentenversicherung beantragt (voller Beitrag zur RV 18,6%).

	Entgelt	120,00 EUR
	Normaler RV-Beitrag (18,6% von 175 EUR)	32,55 EUR
	Insolvenzgeldumlage (0,06% von 120 EUR)	0,07 EUR

Die Insolvenzgeldumlage ist aus 120,00 EUR und nicht aus 175 EUR zu berechnen.

Wie bei den U1-/U2-Umlagen gilt für Mitarbeiter mit einem monatlichen Arbeitsentgelt in der Gleitzone nur das **gekürzte** Arbeitsentgelt als Bemessungsgrundlage zur Insolvenzgeldumlage (siehe auch Kapitel 5.2). Hat der Mitarbeiter jedoch die Aufstockung in der Rentenversicherung gewählt, ist die Umlage aus dem tatsächlichen Arbeitsentgelt zu berechnen.

Beispiel !

Ein Arbeitnehmer hat eine sozialversicherungspflichtige Beschäftigung. Der regelmäßige monatliche Bruttolohn beträgt 680 EUR. Der Arbeitnehmer wählt die Aufstockung in der Rentenversicherung auf 18,6%. Dies bedeutet, die Rentenversicherung wird nicht aus dem ermäßigten Gleitzonenentgelt berechnet. Die Insolvenzgeldumlage beträgt 0,06% des Arbeitsentgelts. Für die U1-/U2-Umlagen werden 1,9% bzw. 0,4% angenommen.

Sozialversicherungsbeiträge	
Bruttolohn	680,00 EUR
Beitragspflichtiges Entgelt für KV, PV, AV (1,2759625 × 680) – 234,568125	633,09 EUR
Beitragspflichtiges Entgelt für RV	680,00 EUR
Umlage U1 (680 × 1,9%)	12,92 EUR
Umlage U2 (680 × 0,4%)	2,72 EUR
Insolvenzgeldumlage (680 × 0,06%)	0,41 EUR

Ist der Arbeitgeber oder Arbeitnehmer von Beiträgen zur Rentenversicherung befreit oder in einem berufsständischen Versorgungswerk rentenversichert, bemisst sich die Insolvenzgeldumlage am fiktiven Arbeitsentgelt, das bei Rentenversicherungspflicht anzusetzen wäre. Bemessungsobergrenze für die Insolvenzgeldumlage ist die Beitragsbemessungsgrenze der Rentenversicherung. Eine Ausnahme besteht für sozialversicherungsfreie Arbeitnehmer wie beispielsweise Gesellschafter-Geschäftsführer einer GmbH. Das Arbeitsentgelt dieses Arbeitnehmerkreises unterliegt **nicht** der Insolvenzgeldumlage.

4.4 Gesamtabrechnung

4.4.1 Bruttolohn Abzüge

Die Summe aller Lohnbestandteile wie z.B. Lohn, Gehalt, VwL, Sachbezüge, Dienstwagen, Prämien, Einmalzahlungen etc. bilden den Bruttolohn. Der Bruttolohn ist in der Regel die Bemessungsgrundlage für die Berechnung der Lohnsteuer und der Beiträge zu den Sozialversicherungen.

Unter Bruttolohnabzügen sind keine tatsächlichen Kürzungen des Bruttolohnes zu verstehen, sondern Lohnbestandteile oder Freibeträge, die nicht für die Lohnsteuer- und/oder Sozialversicherungsbeiträge berücksichtigt werden dürfen. Beispiele sind Entgeltverzicht zugunsten von Direktversicherungen oder Pensionskassen. Hat der Arbeitnehmer aufgrund seines Alters Anspruch auf Altersrente, hat er bei einer steuerpflichtigen Beschäftigung Anspruch auf einen Freibetrag (Altersentlastungsbetrag). Dieser ist vom Bruttolohn vor der Berechnung der Lohnsteuer abzuziehen. Aus der ELStAM-Datenbank übermittelte Freibeträge für Sonderausgaben oder außergewöhnliche Belastungen reduzieren ebenfalls den steuerpflichtigen Bruttolohn. Beispiele für Abzüge vom Bruttolohn sind:

- Gehaltsumwandlung zugunsten einer betrieblichen Altersvorsorge
- Lohnsteuerfreibetrag aus der ELStAM-Datenbank
- Kinderfreibeträge
- Altersentlastungsbetrag

4.4.2 Nettoabzüge

Nach der Kürzung des Bruttolohnes um Lohn- und Kirchensteuer, Solidaritätszuschlag und die Arbeitnehmeranteile zu den Sozialversicherungen ergibt sich aus dem Bruttolohn der Nettolohn. Wurden auf den Bruttolohn bereits Vorauszahlungen geleistet, sind diese vom Nettolohn abzuziehen. Diese sogenannten **Nettoabzüge** können z. B. sein:

- bereits gezahlte Vorschüsse
- Pfändungen
- Prämien für Direktversicherungen
- Beiträge zu Pensionskassen oder Pensionsfonds
- Rückzahlungsraten für einen Arbeitgeberkredit
- Abzug für vermögenswirksame Leistungen (VwL)
- Darlehensrückzahlungen an den Arbeitgeber

Neben den Nettoabzügen gibt es Lohnbestandteile, die weder der Lohnsteuer noch den Beiträgen zu den Sozialversicherungen unterliegen. Beispiele für die sogenannten **Nettobezüge** können sein:

- Arbeitgeberzuschuss zur freiwilligen oder privaten Kranken- und Pflegeversicherung
- Erstattung von Reisekosten/Reisespesen
- Auslagenersatz an den Arbeitnehmer

Nach einer Erhöhung des Nettolohnes um alle Nettobezüge und der Kürzung um alle Nettoabzüge ergibt sich die Auszahlung – der Betrag, der dem Arbeitnehmer tatsächlich ausgezahlt wird. Aus der Gesamtabrechnung entstehen für den Arbeitgeber folgende Verbindlichkeiten:

- Auszahlungsbetrag an den Arbeitnehmer
- vom Bruttolohn einbehaltene Lohnsteuer, pauschale Lohnsteuer, Solidaritätszuschlag und ggf. Kirchensteuer bzw. pauschale Kirchensteuer und ggf. der Kammerbeitrag an das Finanzamt
- Sozialversicherungsbeiträge an die Krankenkasse(n), gegebenenfalls an ein Versorgungswerk

- private Kranken- und Pflegeversicherungsbeiträge an Krankenversicherungen
- Umlagen (U1/U2) und die Insolvenzgeldumlage an die Krankenkasse
- pauschale Sozialversicherungsbeiträge für Aushilfen an die Minijob-Zentrale
- Nettoabzüge an die Gläubiger (Bank, Bausparkasse, Versicherungen, Pfändungen etc.)
- Beiträge zur Unfallversicherung an die Berufsgenossenschaft (einmal jährlich)
- Beiträge für eine betriebliche Altersvorsorge an Versicherungen oder Pensionskassen etc.

4.4.3 Arbeitgeberbelastung

Die Ermittlung der Arbeitgeberbelastung ist nicht unmittelbarer Bestandteil der Lohn- und Gehaltsabrechnung. Sie wird jedoch häufig durchgeführt, um die gesamten Personalkosten zu bestimmen. Neben dem Bruttolohn gehören Sachleistungen an den Arbeitnehmer, vom Arbeitgeber getragene pauschale Lohnsteuern, der Arbeitgeberanteil zu den Sozialversicherungen sowie Zuschüsse zu Direktversicherungen, zu Pensionskassen oder für Unfallversicherungen zu der Arbeitgeberbelastung. Die Umlageversicherungen (U1/U2, Insolvenzgeld) und die Beiträge zur Berufsgenossenschaft sowie ggf. die Schwerbehinderten-Ausgleichsabgabe sind originäre Arbeitgeberbelastungen. Im öffentlichen Dienst und in Teilen des Handwerks und der Bauindustrie sind außerdem Beiträge zu den Zusatzversorgungskassen (ZVK) und Ausgleichskassen (ULAK) zu berücksichtigen.

Rückstellungen
In der Finanzbuchhaltung werden Rückstellungen für Urlaub, Lohnfortzahlung und Pensionsansprüche gebildet. Zum Teil wird dieser Aufwand auch anteilig in der Arbeitgeberbelastung berücksichtigt.

Schwerbehindertenausgleichsabgabe
Nach dem Schwerbehindertengesetz müssen Unternehmen ab 20 Beschäftigten (ohne Auszubildende) mindestens 5% der Belegschaft mit behinderten Arbeitnehmern besetzen. Wird dieser Anteil nicht erfüllt, entstehen zusätzliche Ausgleichsabgaben von 125 EUR bis 320 EUR pro unbesetzter Stelle je Monat, abhängig vom Anteil der Unterbesetzung (siehe auch Kapitel 12.6).

Beiträge an die Berufsgenossenschaften
Alle Arbeitgeber sind verpflichtet, der für ihren Gewerbezweig zuständigen Berufsgenossenschaft beizutreten. Die Berufsgenossenschaft erhebt, abhängig von der Entgeltsumme, jährliche Beiträge für die Unfallversicherung der Arbeitnehmer. Die Höhe des Beitrages hängt von der Gefahrenklasse und der Unfallhäufigkeit im Unternehmen ab. Der anteilige Beitrag zur Berufsgenossenschaft pro Arbeitnehmer ist in die vollständige Arbeitgeberbelastung mit einzubeziehen. Der anteilige Beitrag kann jedoch nur auf Basis der Zahlungen des Vorjahres ermittelt werden (siehe auch Kapitel 12.5).

Künstlersozialabgabe
Private Unternehmen sowie öffentlich-rechtliche Körperschaften, die typischerweise künstlerische oder publizistische Werke oder Leistungen erstellen oder vertreiben, unterliegen zusätzlich der Künstlersozialabgabe. Dazu gehören unter anderem:

- Verlage (Buch-, Presse- und sonstige Verlage) und Presseagenturen
- Theater, Orchester, Chöre, Gastspieldirektionen (mit dem wesentlichen Zweck der Aufführung von künstlerischen Werken)
- Rundfunk- und Fernsehanbieter
- Hersteller von Bild- und Tonträgern
- Galerien und Kunsthandel
- Werbung und Öffentlichkeitsarbeit für Dritte
- Museen
- Zirkus, Varieté
- Aus- und Fortbildung für künstlerisch und publizistisch Tätige
- Unternehmen, die zum Zwecke der eigenen Werbung regelmäßig Aufträge an Künstler, Grafiker oder Publizisten vergeben

Abgabepflichtig sind auch Unternehmer, die Werbung/Öffentlichkeitsarbeit für ihr eigenes Unternehmen betreiben und nicht nur gelegentlich Aufträge an **selbstständige** Künstler oder Publizisten erteilen. Unerheblich ist dabei, ob sich die Werbung oder Öffentlichkeitsarbeit auf ein bestimmtes Projekt bezieht oder das Image des Unternehmens verbessert werden soll. Die Zwecke, die mit den Maßnahmen verfolgt werden, können z.B. Werbung für bestimmte Produkte oder Dienstleistungen, Öffentlichkeitsarbeit für bestimmte Unternehmen oder Branchen, Verfolgung von politischen, sozialen, karitativen Zielen, die Sammlung von Spenden oder die Finanzierung von Hilfeleistungen sein.

Entgelt im Sinne der Künstlersozialversicherung ist alles, was der Unternehmer aufwendet, um das künstlerische/publizistische Werk oder die Leistung zu erhalten oder zu nutzen. Dazu zählen alle Aufwendungen für Löhne, Gagen, Honorare, Tantiemen, Lizenzen, Ankaufpreise, Zahlungen aus Kommissionsgeschäften, Sachleistungen, Ausfallhonorare, freiwillige Leistungen zu Lebensversicherungen oder zu Pensionskassen oder andere Formen der Bezahlung. Maßgeblich ist der Nettoaufwand ohne Umsatzsteuer. Darüber hinaus sind Auslagen und Nebenkosten wie Material, Transport, Telefon und sonstige Vertragsleistungen Arbeitslohn im Sinne der Künstlersozialversicherung. Der Abgabensatz wird vom Bundesministerium für Arbeit und Soziales jährlich neu festgelegt und liegt im Jahr

- 2016 bei 5,2%
- 2017 bei 4,8%
- 2018 bei 4,2%

des fakturierten Aufwands.

Diese Nebenleistung wird zum Teil in den Arbeitgeberaufwendungen mitberücksichtigt.

Nicht zur Bemessungsgrundlage gehören allerdings:

- die in einer Rechnung oder Gutschrift gesondert ausgewiesene Umsatzsteuer des selbstständigen Künstlers oder Publizisten
- Zahlungen an urheberrechtliche Verwertungsgesellschaften
- Zahlungen an juristische Personen des privaten oder öffentlichen Rechts (GmbH, AG, e.V., öffentliche Körperschaften, Anstalten etc.), sofern diese im eigenen Namen handeln
- Reisekosten, die dem Künstler/Publizisten im Rahmen der steuerlichen Freigrenzen erstattet werden
- steuerfreie Aufwandsentschädigungen (z.B. für Umzugskosten, Mehraufwendungen bei doppelter Haushaltsführung oder Fahrten zwischen Wohnung und Arbeitsstätte) im Rahmen der steuerlichen Grenzen sowie die sogenannte »Übungsleiterpauschale« (max. 2.400 EUR/Jahr)

Bis Ende März muss der Arbeitgeber der Künstlersozialkasse die Entgelte mitteilen, die im vergangenen Kalenderjahr an selbstständige Künstler und Publizisten gezahlt wurden. Für die Meldung stellt die Künstlersozialkasse ein Formular zur Verfügung. Unternehmer, die ihren Meldepflichten nicht nachkommen, werden von der Künstlersozialkasse nach branchenspezifischen Durchschnittswerten eingeschätzt. Die Betriebsprüfer der Sozialversicherung prüfen seit dem Jahr 2014 auch die korrekte Ermittlung und Abführung der Künstlersozialabgabe.

5 Die Lohnabrechnung

In der Lohnabrechnung werden für den Arbeitnehmer die Steuer- und Sozialabgaben aus dem Bruttolohn ermittelt. Das grundsätzliche Schema für die Lohnabrechnung ist in Kapitel 4.1 dargestellt. Bei der Lohnabrechnung sind für verschiedene Personengruppen (Aushilfen, Geringverdiener, Auszubildende u.a.) einige Besonderheiten zu berücksichtigen. Neben den personenbezogenen Besonderheiten gelten für bestimmte Lohnarten, wie zum Beispiel die betriebliche Altersvorsorge, Fahrgeld, vermögenswirksame Leistungen, Zuschläge oder Sachleistungen, weitere Regelungen, die bei der Lohnabrechnung zu berücksichtigen sind. In diesem Kapitel wird beispielhaft die Lohnabrechnung für die unterschiedlichen Personengruppen und die wichtigsten Lohnarten erläutert.

5.1 Wie wird das Entgelt einer Aushilfe abgerechnet?

Arbeitsverhältnisse mit einem durchschnittlichen monatlichen Arbeitsentgelt bis 450 EUR werden als geringfügige Beschäftigungen bezeichnet. Aus der seit 2013 geltenden Regelung für geringfügige Beschäftigungen ergeben sich grundsätzlich drei Arten von Beschäftigungsverhältnissen:

- geringfügige Beschäftigung in einem Gewerbebetrieb
- geringfügige Beschäftigung in einem privaten Haushalt
- kurzfristige Beschäftigung

Durch die verschiedenen Arten von geringfügigen Beschäftigungen ergeben sich unterschiedliche Beitragspflichten zu den Sozialversicherungen bzw. Möglichkeiten zur Versteuerung des Arbeitslohns. Die wesentliche Grenze ist das durchschnittliche Arbeitsentgelt von 450 EUR pro Monat. Ein weiterer wesentlicher Punkt ist, dass eine geringfügige Beschäftigung **neben** einer Hauptbeschäftigung steuer- und sozialversicherungsrechtlich nicht anders behandelt wird, als wäre sie die einzige Beschäftigung des Arbeitnehmers.

Beispiel !

Frau Monika Waldmann hat zum 01.03.2018 eine geringfügige Beschäftigung begonnen. Sie ist in einer gesetzlichen Krankenkasse krankenversichert. Die vertragliche wöchentliche Arbeitszeit beträgt 10 Stunden und das durchschnittliche monatliche Arbeitsentgelt liegt bei 396 EUR. Frau Waldmann erhält zusätzlich von ihrem Arbeitgeber einen Zuschuss von 55 EUR für eine betriebliche Altersvorsorge. Der bAV-Vertrag läuft seit 01.06.2007. Auf die Zahlung von Urlaubs- oder Weihnachtsgeld hat Frau Waldmann in ihrem Arbeitsvertrag verzichtet. Einen Antrag auf Befreiung von den Beiträgen zur Rentenversicherung hat Frau Waldmann nicht gestellt. Sie macht keine Angaben zu persönlichen Besteuerungsmerkmalen und legt keine Ersatzbescheinigung des Finanzamts vor. Das Unternehmen nimmt am Umlageverfahren (U1/U2) teil. Die geringfügige Beschäftigung ist die einzige Beschäftigung von Frau Waldmann.

5.1.1 Entgeltabrechnung

Ermittlung des Arbeitslohnes/Arbeitsentgeltes		
	Aushilfsbezüge	396,00 EUR
+	Zuschuss bAV (LSt.- und SV-frei)	55,00 EUR
=	**Bruttolohn**	**451,00 EUR**
	Arbeitslohn (steuerpflichtig)	396,00 EUR
	Arbeitsentgelt (beitragspflichtig)	396,00 EUR
Steuerliche Abzüge		
	Lohnsteuer	0,00 EUR
+	Solidaritätszuschlag	0,00 EUR
+	Kirchensteuer	0,00 EUR
=	**Summe steuerrechtliche Abzüge**	**0,00 EUR**
Sozialversicherungsbeiträge		
	Krankenversicherung	0,00 EUR
+	Rentenversicherung (3,6 % von 396,00 EUR)	14,26 EUR
=	**Summe Sozialversicherungsbeiträge (Arbeitnehmer)**	**14,26 EUR**
Gesamtabrechnung		
	Bruttolohn	451,00 EUR
–	Steuerrechtliche Abzüge (Arbeitnehmer)	0,00 EUR
–	Sozialversicherungsbeiträge (Arbeitnehmeranteil)	14,26 EUR
–	Beitrag zur bAV	55,00 EUR
=	**Auszahlungsbetrag**	**381,74 EUR**
Gesamtbelastung AG		
	Bruttolohn	451,00 EUR
+	Pauschale Lohnsteuer (2 % auf 396 EUR)	7,92 EUR

+	Sozialversicherungsbeiträge AG-Anteil	110,88 EUR
+	Umlage U1 (0,9% × 396,00)	3,56 EUR
+	Umlage U2 (0,30% × 396,00)	1,19 EUR
+	Insolvenzgeldumlage (0,06% × 396,00)	0,24 EUR
=	**Gesamtbelastung (Arbeitgeber)**	**574,79 EUR**

Zur Arbeitgeberbelastung sind gegebenenfalls noch die Beiträge zur Berufsgenossenschaft, die anteilige Schwerbehindertenausgleichsabgabe und sonstige Kosten zu rechnen.

Die Grenze für die pauschalen Beiträge des Arbeitgebers zu den Sozialversicherungen liegt bei durchschnittlich 450 EUR Arbeitsentgelt pro Monat. Nicht zum beitragspflichtigen Arbeitsentgelt im Sinne des §8 SGB IV gehören pauschal versteuerte und steuerfreie Lohnbestandteile. Der Zuschuss zur betrieblichen Altersvorsorge ist nach §3 Nr. 63 Einkommensteuergesetz (EStG) steuerfreier Arbeitslohn. Bis zu einem Höchstbetrag von 8% der Jahresbeitragsbemessungsgrenze zur Rentenversicherung (West), monatlich 520 EUR, besteht auch Beitragsfreiheit zu den Sozialversicherungen.

Beachten Sie: Auch für geringfügig Beschäftigte gilt der Mindestlohn von 8,84 EUR pro geleisteter Arbeitsstunde. Wurde ein fester Monatslohn von 450 EUR vereinbart, so ist darauf zu achten, dass die monatliche Stundenzahl 50,90 Stunden nicht übersteigt.

5.1.2 Steuerrechtliche Abzüge

Sind die steuerrechtlichen Grenzen einer geringfügigen Beschäftigung eingehalten, kann der Arbeitslohn vom Arbeitgeber mit einem festen Satz von 2% versteuert werden. In der 2-prozentigen Abgeltungssteuer sind die Kirchensteuer und der Solidaritätszuschlag enthalten. Voraussetzung für die Anwendung der Abgeltungssteuer ist, dass

- der beitragspflichtige Arbeitslohn nicht mehr als durchschnittlich 450 EUR pro Monat beträgt **und**
- der Arbeitgeber mindestens den pauschalen Beitrag zur Rentenversicherung entrichtet.

Im Beispiel sind beide Bedingungen erfüllt. Der Arbeitgeberzuschuss zur betrieblichen Altersvorsorge ist steuer- und beitragsfreier Arbeitslohn.

Beachten Sie: Obwohl der Bruttoarbeitslohn die Entgeltgrenze von 450 EUR pro Monat übersteigt, besteht die Möglichkeit der pauschalen Versteuerung mit 2%, da die Geringfügigkeitsgrenze eingehalten ist. Die Pauschalsteuer beträgt auch dann 2%, wenn der Arbeitnehmer nicht einer kirchensteuerberechtigten Glaubensgemeinschaft angehört.

Der Arbeitgeber kann nach §3 Nr. 63 Einkommensteuergesetz (EStG) für einen Arbeitnehmer bis zu **8%** der jährlichen Beitragsbemessungsgrenze der Rentenversicherung (West) steuerfrei in eine betriebliche Altersvorsorge (z.B. Direktversicherung oder Pensionskasse) einbezahlen. Im Jahr 2018 sind dies 6.240 EUR bzw. monatlich 520 EUR. Außerdem sind die Leistungen an die Altersvorsorge in Höhe des Steuerfreibetrages von Beiträgen zu den Sozialversicherungen befreit. Voraussetzung für die steuerfreien Zuführungen zu einer betrieblichen Altersvorsorge ist das Bestehen eines ersten Dienstverhältnisses. Die begrenzte Steuerfreiheit ist somit für eine geringfügige oder nicht geringfügige **Nebenbeschäftigung** ausgeschlossen. Ein erstes Arbeitsverhältnis kann jedoch auch für eine geringfügige (Haupt-)Beschäftigung vorliegen, deren Arbeitslohn mit 2%, 20% oder 25% pauschal versteuert wird (einzige Beschäftigung).

Der Betrag der pauschalen Abgeltungssteuer (7,92 EUR im Beispiel) ist zusammen mit dem pauschalen Renten- und Krankenversicherungsbeitrag der Minijob-Zentrale zu melden. Die Meldung erfolgt elektronisch mit dem »Beitragsnachweis für geringfügig Beschäftigte« in der Zeile »einheitliche Pauschalsteuer«.

! **Tipp**

Neben der pauschalen Besteuerung mit 2% bestünde die Möglichkeit, den Arbeitslohn nach den persönlichen Besteuerungsmerkmalen zu besteuern. In diesem Fall wären eine Steuer-ID und das Geburtsdatum des Arbeitnehmers erforderlich. Mit diesen Angaben können ggf. Besteuerungsmerkmale aus der ELStAM-Datenbank abgerufen werden. Bei einem Arbeitslohn bis 450 EUR entsteht in den Steuerklassen 1 bis 5 keine Lohnsteuer und somit keine Kirchensteuer und kein Solidaritätszuschlag. Der Arbeitslohn ist jedoch mit einer Lohnsteuerbescheinigung dem Finanzamt zu melden und dem Mitarbeiter auf dem Formular »Lohnsteuerbescheinigung« zu dokumentieren. Die bescheinigte Lohnsteuer wird bei der Einkommensteuererklärung berücksichtigt.

5.1.3 Sozialversicherungsbeiträge

Das Arbeitsentgelt unterliegt bis durchschnittlich monatlich 450 EUR dem pauschalen Beitrag zur Krankenversicherung und dem allgemeinen Beitrag zur

Rentenversicherung. Den Rentenversicherungsbeitrag von 18,6% des Arbeitsentgelts teilen sich der Arbeitgeber (AG) mit 15% und der Arbeitnehmer (AN) mit 3,6%. Für den Zuschuss zur betrieblichen Altersvorsorge besteht durch die Steuerfreiheit auch Beitragsfreiheit in den Sozialversicherungen, allerdings nur bis zu 4% der Beitragsbemessungsgrenze der Rentenversicherung.

Sozialversicherungsbeiträge		
	Krankenversicherung (pauschaler Beitrag 13% von 396 EUR)	51,48 EUR
+	Rentenversicherung (pauschaler Beitrag 15% von 396 EUR)	59,40 EUR
+	Rentenversicherungsbeitrag AN (3,6% von 396 EUR)	14,26 EUR
=	**Summe Sozialversicherungsbeiträge AG + AN**	**125,14 EUR**

Das Arbeitsentgelt der geringfügigen Hauptbeschäftigung liegt innerhalb der Entgeltgrenze von 450 EUR pro Monat. Das Arbeitsverhältnis wurde im Jahr 2018 neu aufgenommen – es handelt sich um eine sogenannte Neufall-Regelung. Der Arbeitgeber muss den pauschalen Beitrag zur Rentenversicherung in Höhe von **15%** entrichten, der Arbeitnehmer muss die Differenz bis zum allgemeinen Beitrag (18,6%) tragen. Frau Waldmann ist in einer gesetzlichen Krankenkasse krankenversichert. Für gesetzlich krankenversicherte Arbeitnehmer muss der Arbeitgeber zusätzlich zum pauschalen Rentenversicherungsbeitrag den pauschalen Beitrag zur gesetzlichen Krankenversicherung in Höhe von **13%** des Arbeitsentgelts entrichten. Dieser Beitrag entsteht nicht, wenn die Aushilfe **privat krankenversichert** ist. Seit 2015 haben die Krankenkassen die Möglichkeit, Zusatzbeiträge von ihren Mitgliedern zu erheben. Für geringfügig Beschäftigte entsteht jedoch **kein** Zusatzbeitrag.

Wird der monatliche Höchstbetrag von 450 EUR Arbeitsentgelt eingehalten, hat der Arbeitnehmer die Möglichkeit, innerhalb von 2 Wochen nach Beschäftigungsaufnahme dem Arbeitgeber schriftlich den Verzicht auf die Rentenversicherungspflicht zu erklären. In diesem Fall wird nur der AG-Pauschalbeitrag (15%) auf das Arbeitsentgelt berechnet und an die Minijob-Zentrale abgeführt.

Sozialversicherungsbeiträge		
	Krankenversicherung (pauschaler Beitrag 13% von 396 EUR)	51,48 EUR
+	Rentenversicherung (pauschaler Beitrag 15% von 396 EUR)	59,40 EUR
=	**Summe Sozialversicherungsbeiträge**	**110,88 EUR**

Beachten Sie: Einen Anspruch auf Durchführung der betrieblichen Altersvorsorge steht nur Arbeitnehmern zu, die gesetzlich rentenversichert sind (voller Beitrag 18,6 %). Für Minijobber, die den Verzicht auf die Rentenversicherungspflicht beantragt haben, ist die Durchführung einer betrieblichen Altersvorsorge zwar möglich und zulässig, einen Rechtsanspruch darauf hat der Arbeitnehmer aber nicht. Auch die zusätzliche Förderung (z. B. Riester-Förderung) ist nur bei einer Rentenversicherungspflicht möglich.

5.1.4 Arbeitgeberbelastung

Nimmt das Unternehmen am Umlageverfahren U1/U2 teil, ist zusätzlich 0,9 % des Arbeitsentgelts als U1-Umlage vom Arbeitgeber zu leisten. Die U2-Umlage beträgt seit dem Jahr 2018 0,24 % des beitragspflichtigen Arbeitsentgelts. Die Umlagesätze sind von der Minijob-Zentrale einheitlich festgelegt. Am Umlageverfahren U1 müssen alle Arbeitgeber mit bis zu 30 (Vollzeit-)Beschäftigten teilnehmen. Für das Umlageverfahren U2 besteht eine generelle Teilnahmepflicht, unabhängig von der Firmengröße.

Für geringfügig Beschäftigte ist auch die Insolvenzgeldumlage zu berechnen und mit den Sozialversicherungsbeiträgen an die Minijob-Zentrale abzuführen. Seit dem Jahr 2018 beträgt die Insolvenzgeldumlage 0,06 % des rentenversicherungspflichtigen Arbeitsentgelts. Die Insolvenzgeldumlage wird im Beitragsnachweis in der Zeile 0050 ausgewiesen. Der Zuschuss zur betrieblichen Altersvorsorge (bAV) ist steuer- und sozialversicherungsfreies Arbeitsentgelt. Somit ist er auch nicht bei der Insolvenzgeldumlage zu berücksichtigen. Ist der geringfügig Beschäftigte in einem Versorgungswerk rentenversichert, muss dennoch die Insolvenzgeldumlage berechnet und an die Minijob-Zentrale bezahlt werden. Im Beispiel ergibt sich für den Arbeitgeber folgende Gesamtbelastung.

Gesamtbelastung		
	Bruttolohn	451,00 EUR
+	Pauschale Lohnsteuer (AG)	7,92 EUR
+	Krankenversicherung (pauschaler Beitrag 13 %)	51,48 EUR
+	Rentenversicherung (pauschaler Beitrag 15 %)	59,40 EUR
=	**Summe Steuer + Sozialversicherung (Arbeitgeber)**	**118,80 EUR**
	Umlage U1 (0,9 % × 396,00)	3,56 EUR
+	Umlage U2 (0,3 % × 396,00)	1,19 EUR

Gesamtbelastung		
+	Insolvenzgeldumlage (0,06% × 396,00)	0,24 EUR
=	**Summe Umlagen (Arbeitgeber)**	**4,99 EUR**
	Gesamtbelastung (Arbeitgeber)	**574,79 EUR**

Der pauschale Beitrag zur Renten- und Krankenversicherung ist zusammen mit der pauschalen Abgeltungssteuer (2%) der Minijob-Zentrale zu überweisen. Außerdem sind die zusätzlich zum Arbeitslohn entstehenden pauschalen Beiträge auf dem »Beitragsnachweis für geringfügig Beschäftigte« aufzuschlüsseln und bis zum drittletzten Banktag des Abrechnungsmonats der Minijob-Zentrale zu melden.

5.2 Liegt das Arbeitsentgelt zwischen 450 und 850 EUR?

Mit dem »Zweiten Gesetz für moderne Dienstleistungen am Arbeitsmarkt« wurde eine Gleitzonenregelung für den Niedriglohnbereich eingeführt. Ziel der Gleitzonenregelung ist es, den Übergang in eine sozialversicherungspflichtige Beschäftigung für Arbeitnehmer attraktiver zu gestalten. Bei einem monatlichen Arbeitsentgelt von **450,01 EUR bis 850,00 EUR** besteht zwar Beitragspflicht zu allen Zweigen der Sozialversicherung, allerdings hat der Arbeitnehmer nur einen reduzierten Beitragsanteil am Gesamtsozialversicherungsbeitrag zu zahlen. Der Beitragsanteil steigt von ca. 7% bei 450,01 EUR auf den vollen Arbeitnehmerbeitrag von ca. 19,9% bei 850,01 EUR. Der Arbeitgeberbeitrag bleibt durch die Gleitzonenregelung unverändert. Durch diese Regelung soll die Niedriglohnschwelle beseitigt werden, die in Beschäftigungsverhältnissen bei Überschreiten der Geringfügigkeitsgrenze zu einem abrupten Anstieg auf den vollen Sozialversicherungsbeitrag führen würde.

In der Gleitzone wird der **Arbeitnehmerbeitrag** zu den Sozialversicherungen nicht vom tatsächlich beitragspflichtigen Entgelt, sondern von einer **fiktiven Berechnungsbasis** ermittelt. Die Berechnungsbasis für die Sozialversicherungsbeiträge des Arbeitgebers ist das beitragspflichtige Arbeitsentgelt. Die Basis des Arbeitnehmerbeitrags ergibt sich aus der folgenden Formel:

$$bE = F \times 450 + ([850/(850 - 450)] - [450/(850 - 450)] \times F) \times (\text{Arbeitsentgelt} - 450)$$

Der Faktor F ist ein vom Bundesministerium für Gesundheit festgelegter Wert und ergibt sich aus dem Verhältnis der SV-Beiträge für Minijobs zu den SV-Beiträgen bei vollständig beitragspflichtigen Arbeitnehmern. Für das Jahr 2018 wurde er mit **0,7547** festgesetzt. Die Abkürzung bE steht für das beitragspflichtige Arbeitsentgelt. Die Formel lässt sich durch Einsetzen des Faktors F auflösen in:

Beitragspflichtiges Entgelt = 1,2759625 × Arbeitsentgelt – 234,568125

Für die Berechnung der Sozialversicherungsbeiträge ist beim Arbeitnehmer vom ermäßigten beitragspflichtigen Entgelt (bE) und für den Arbeitgeber vom tatsächlichen Arbeitsentgelt auszugehen. Bei der Berechnung sind die Arbeitgeber- und Arbeitnehmeranteile getrennt zu ermitteln und jeweils kaufmännisch zu runden. Der gesamte Sozialversicherungsbeitrag ist aus der ermäßigten Berechnungsbasis zu berechnen. Steuerrechtlich ist in der Gleitzone keine Besonderheit zu berücksichtigen. Der Arbeitnehmer wird nach den persönlichen Besteuerungsmerkmalen versteuert. Es ist eine Steuer-ID und das Geburtsdatum für den Datenabruf aus der ELStAM-Datenbank erforderlich.

! **Beispiel**

Monika Waldmann hat eine sozialversicherungspflichtige Beschäftigung mit einem regelmäßigen monatlichen Arbeitslohn von 680 EUR. Zusätzlich erhält sie einen Zuschuss von 45 EUR für die regelmäßigen Fahrten mit öffentlichen Verkehrsmitteln zur Arbeitsstätte. Das Fahrgeld wird nicht pauschal versteuert. Der tägliche regelmäßige Weg zur Arbeit beträgt 8 km. Frau Waldmann hat dem Arbeitgeber die Steueridentifikationsnummer (Steuer-ID) mitgeteilt. Mit dem Abruf des ELStAM-Datensatzes wurde die Steuerklasse 4 und 0,5 Kinderfreibeträge übermittelt. Sie ist kirchensteuerpflichtig und bei einer gesetzlichen Krankenkasse pflichtversichert. Der Beitragssatz der Krankenversicherung liegt bei 14,6% und die Krankenkasse erhebt einen Zusatzbeitrag von 0,9% des Arbeitsentgelts. Der Beschäftigungsort liegt in Baden-Württemberg. Frau Waldmann wählt die Aufstockung in der Rentenversicherung auf den vollen Beitrag von 18,6%. Der Umlagesatz der Krankenkasse wird mit 1,9% in der U1- und 0,2% in der U2-Umlagekasse angenommen. Das Unternehmen nimmt am Umlageverfahren U1 teil.

5.2.1 Entgeltabrechnung

Ermittlung des Arbeitslohnes/Arbeitsentgeltes		
	Gehalt	680,00 EUR
+	Fahrgeld (steuerpflichtig)	45,00 EUR
=	**Bruttolohn**	**725,00 EUR**
	Arbeitslohn (steuerpflichtig)	725,00 EUR
	Arbeitsentgelt (beitragspflichtig)	725,00 EUR

Steuerliche Abzüge		
	Lohnsteuer	0,00 EUR
+	Solidaritätszuschlag	0,00 EUR
+	Kirchensteuer	0,00 EUR
=	**Summe steuerrechtliche Abzüge**	**0,00 EUR**
Sozialversicherungsbeiträge		
	Krankenversicherung (15,5% von 690,50) – AgB	54,10 EUR
+	Pflegeversicherung (2,55% von 690,50) – AgB	8,36 EUR
+	Rentenversicherung (18,6% von 725) – AgB	67,43 EUR
+	Arbeitslosenversicherung (3,0% von 690,50) – AgB	9,84 EUR
=	**Summe Sozialversicherungsbeiträge (Arbeitnehmer)**	**139,73 EUR**
Gesamtabrechnung		
	Bruttolohn	725,00 EUR
–	Steuerrechtliche Abzüge (Arbeitnehmer)	0,00 EUR
–	Sozialversicherungsbeiträge (Arbeitnehmeranteil)	139,73 EUR
=	**Auszahlungsbetrag**	**585,27 EUR**
Gesamtbelastung AG		
	Bruttolohn	725,00 EUR
+	Sozialversicherungsbeiträge AG-Anteil	140,48 EUR
+	Umlage U1 (1,9% × 725)	13,78 EUR
+	Umlage U2 (0,2% × 725)	1,45 EUR
+	Insolvenzgeldumlage (0,06% von 725)	0,44 EUR
=	**Gesamtbelastung (Arbeitgeber)**	**881,15 EUR**

Das Arbeitsentgelt liegt über 450 EUR, aber unter 850 EUR pro Monat. Somit kann die Gleitzonenregelung angewendet werden. Im Beispiel wird von einer gewählten Option in der Rentenversicherung ausgegangen. Damit sind die Rentenversicherungsbeiträge nicht aus dem ermäßigten Entgelt, sondern aus dem tatsächlichen Entgelt zu berechnen. Die Sozialversicherungsbeiträge für den Arbeitnehmer ergeben sich aus dem ermäßigten Arbeitsentgelt, multipliziert mit den allgemeinen Beitragssätzen, abzüglich des Arbeitgeberanteils (AgB).

5.2.2 Steuerrechtliche Abzüge

Steuerrechtlich gilt für den steuerpflichtigen Arbeitslohn in der Gleitzone **keine** Ausnahmebestimmung. Arbeitslohn über 450 EUR ist nach den persönlichen Besteuerungsmerkmalen aus der ELStAM-Datenbank bzw. einer Ersatzbescheinigung zu versteuern. Liegt beides nicht vor, ist von Steuerklasse 6 auszugehen. Eine pauschale Besteuerung mit 2% oder 20% kommt nicht in Betracht.

Im Beispiel beträgt der steuerpflichtige Arbeitslohn 725 EUR. In der Steuerklasse 4 entsteht für einen steuerpflichtigen Arbeitslohn von 725 EUR keine Lohnsteuer, Kirchensteuer oder Solidaritätszuschlag. In den Steuerklassen 5 und 6 ergeben sich bereits ab 450,01 EUR Lohnsteuer.

Das Fahrgeld könnte vom Arbeitgeber mit einem pauschalen Steuersatz von 15% versteuert werden. Eine pauschale Versteuerung durch den Arbeitgeber ist jedoch nur insoweit möglich, wie der Arbeitnehmer Werbungskosten in seiner Einkommensteuererklärung geltend machen darf. Der Mitarbeiter kann für Fahrten zur Arbeitsstätte 0,30 EUR pro Entfernungskilometer (einfache Entfernung) als Werbungskosten ansetzen. Dieser Betrag gilt auch für die Entgeltabrechnung. Ohne weiteren Nachweis kann der Arbeitgeber von durchschnittlich 15 Arbeitstagen pro Monat ausgehen (siehe Beispiel Kapitel 5.4). Eine pauschale Versteuerung hätte die Beitragsfreiheit von den Sozialversicherungsbeiträgen für den Betrag des Fahrgelds zur Folge.

5.2.3 Sozialversicherungsbeiträge

Arbeitgeberbeiträge

In der Gleitzone werden die Arbeitgeberanteile zur Sozialversicherung als halbe »normale« Beiträge aus dem Arbeitsentgelt ermittelt. Für den Arbeitgeber ergibt sich:

Sozialversicherungsbeiträge AG		
	Krankenversicherung (7,30% von 725,00)	52,93 EUR
+	Pflegeversicherung (1,275% von 725,00)	9,24 EUR[31]
+	Rentenversicherung (9,3% von 725,00)	67,43 EUR
+	Arbeitslosenversicherung (1,50% von 725,00)	10,88 EUR
=	**Summe Sozialversicherungsbeiträge (Arbeitgeber)**	**140,48 EUR**

31 Beachten Sie: In der Pflegeversicherung gilt im Bundesland Sachsen eine Sonderregelung. In Sachsen trägt der Arbeitnehmer 1,775 % und der Arbeitgeber 0,775 % des Gesamtbeitrags.

Für die Arbeitgeberanteile ist nicht das ermäßigte Entgelt, sondern das beitragspflichtige Arbeitsentgelt Grundlage der Berechnung. Der Zusatzbeitrag zur Krankenversicherung ist nur vom Arbeitnehmer zu tragen. Der Arbeitgeberanteil ist aus dem halben KV-Beitrag ohne Zusatzbeitrag (14,6 % / 2 = 7,3 %) zu ermitteln.

Arbeitnehmerbeiträge

Aus dem § 249 SGB V ergibt sich die besondere Form der Beitragsermittlung für die Arbeitnehmeranteile zu den Sozialversicherungen. Der Arbeitnehmerbeitrag wird als halber Beitrag aus dem ermäßigten beitragspflichtigen Entgelt ermittelt. Im Beispiel errechnet sich das ermäßigte Entgelt aus:

Ermäßigtes beitragspflichtiges Entgelt (AN) = 1,2759625 × 725 — 234,568125
Ermäßigtes beitragspflichtiges Entgelt (AN) = 690,50 EUR

Das ermäßigte beitragspflichtige Entgelt wird multipliziert mit dem **halben Beitragssatz** des jeweiligen Sozialversicherungszweiges. Der sich ergebende Betrag ist dann zu verdoppeln und davon der Arbeitgeberanteil (AgB) des Versicherungszweigs abzuziehen. Der **Arbeitgeberanteil** wird nicht aus dem ermäßigten beitragspflichtigen Entgelt, sondern aus dem »normalen« sozialversicherungspflichtigen Entgelt ermittelt.

In der Krankenversicherung ergibt sich durch den nur vom Arbeitnehmer zu tragenden Zusatzbeitrag eine Besonderheit. Der Gesamtbeitrag ergibt sich aus dem ermäßigen beitragspflichtigen Entgelt. Auf dieses Entgelt ist der Beitragssatz zuzüglich des kassenindividuellen Zusatzbeitrags anzuwenden. Von diesem Gesamtbeitrag ist der Arbeitgeberanteil abzuziehen, der verbleibende Rest ist der Arbeitnehmeranteil zur Krankenversicherung. Im Beispiel ist folgende Berechnung für den Arbeitnehmerbeitrag zur Krankenversicherung durchzuführen:

690,50 EUR × (14,6 % + 0,9 % = 15,5 %)	=	107,03 EUR
725,00 EUR × 7,3 % (AG-Anteil KV)	=	52,93 EUR
107,03 EUR – 52,93 EUR (AG-Anteil)	=	54,10 EUR

In der Rentenversicherung wurde von Frau Waldmann die Aufstockungsoption gewählt. Das bedeutet, dass die Beiträge zur Rentenversicherung für den **Arbeitnehmer** nicht vom ermäßigten Entgelt, sondern vom »normalen« beitragspflichtigen Entgelt ermittelt werden – im Beispiel also aus 725 EUR. Weil Frau Waldmann einen halben Kinderfreibetrag auf der Steuerkarte eingetragen hat, unterliegt sie nicht dem Zuschlag zur Pflegeversicherung.

Würde von Frau Waldmann die Aufstockungsoption nicht gewählt, ergäben sich andere Bemessungsgrößen für die Arbeitnehmeranteile.

!

Beispiel 2

Monika Waldmann hat am 01.03.2017 eine sozialversicherungspflichtige Beschäftigung aufgenommen. Der regelmäßige monatliche Bruttolohn beträgt 725 EUR. Sie ist bei einer gesetzlichen Krankenkasse pflichtversichert, die Krankenkasse erhebt einen Zusatzbeitrag von 0,9%. Frau Waldmann wählt **nicht** die Aufstockung in der Rentenversicherung auf 18,6%. Aus der ELStAM-Datenbank wurde Steuerklasse 4 und 0,5 Kinderfreibeträge übermittelt.

Ermittlung des Arbeitslohnes/Arbeitsentgeltes	
Bruttolohn	725,00 EUR
Beitragspflichtiges Entgelt (**1,2759625 × 725 — 234,568125**)	690,50 EUR
Arbeitgeberbeiträge (AgB)	
Arbeitgeberanteil KV (7,3% von 725 EUR)	52,93 EUR
Arbeitgeberanteil PV (1,275% von 725 EUR)	9,24 EUR
Arbeitgeberanteil RV (9,3% von 725 EUR)	67,43 EUR
Arbeitgeberanteil AV (1,50% von 725 EUR)	10,88 EUR
Arbeitnehmerbeiträge	
Arbeitnehmeranteil KV (15,5% von 690,50) – AgB	54,10 EUR
Arbeitnehmeranteil PV (2,55% von 690,50) – AgB	8,36 EUR
Arbeitnehmeranteil RV (18,6% von 690,50) – AgB	61,01 EUR
Arbeitnehmeranteil AV (3,0% von 690,50) – AgB	9,84 EUR

Arbeitgeberbelastung

Durch die vom Arbeitgeber zu tragenden Umlagen und die höhere Bemessungsgrundlage für die Sozialversicherungsbeiträge liegt dessen Gesamtsozialversicherungsbeitrag über dem Arbeitnehmeranteil für die Sozialversicherungen. Ausgehend von Beispiel 1 (Aufstockung in der Rentenversicherung) ergibt sich folgende Gesamtbelastung.

Gesamtbelastung AG		
	Bruttolohn	725,00 EUR
	Krankenversicherung (7,30% von 725,00)	52,93 EUR
+	Pflegeversicherung (1,275% von 725,00)	9,24 EUR

+	Rentenversicherung (9,3% von 725,00)	67,43 EUR
+	Arbeitslosenversicherung (1,50% von 725,00)	10,88 EUR
=	**Summe Sozialversicherungsbeiträge (Arbeitgeber)**	**140,48 EUR**
	Umlage U1 (1,9% × 725,00)	13,78 EUR
+	Umlage U2 (0,2% × 725,00)	1,45 EUR
+	Insolvenzgeldumlage (0,06% × 725)	0,44 EUR
=	**Summe Umlagen**	**15,67 EUR**
	Summe Arbeitgeberbelastung	**881,15 EUR**

Zur Arbeitgeberbelastung kommen im Beispiel die Umlagen zur U1-/U2-Umlagekasse sowie die Insolvenzgeldumlage. Die U1-Umlage entsteht nur bei einer Unternehmensgröße bis 30 (Vollzeit-)Mitarbeiter. Die U2-Umlage ist unabhängig von der Zahl der beschäftigten Mitarbeiter zu entrichten. Die Insolvenzgeldumlage ist ebenso von allen Unternehmen zu entrichten. Als Besonderheit ist zu berücksichtigen, dass die Insolvenzgeldumlage bei Anwendung der Gleitzone aus dem **ermäßigten beitragspflichtigen Entgelt** zu ermitteln ist. Hat der Arbeitnehmer jedoch auf die Reduktion der Beiträge in der Rentenversicherung verzichtet (die Aufstockung gewählt), ist der Beitrag zur Insolvenzgeldumlage aus dem tatsächlichen Arbeitsentgelt zu berechnen und die dritte Nachkommastelle ist kaufmännisch zu runden. Die gleiche Regelung gilt für die Umlagen U1/U2. Zur Arbeitgeberbelastung zählen noch die Beiträge zur Berufsgenossenschaft und die Schwerbehindertenausgleichsabgabe. Diese wird jedoch nur dann erhoben, wenn die Beschäftigungspflichtgrenze nicht erreicht wird.

5.3 Ist der Arbeitnehmer Auszubildender?

Einige Besonderheiten gelten für Arbeitnehmer, die zwar vollzeitbeschäftigt sind, deren Arbeitsentgelt aber unter der Sozialversicherungsfreigrenze von 325 EUR pro Monat liegt. Diese Geringverdiener sind steuerlich den Vollzeitbeschäftigten gleichgestellt. In den Sozialversicherungen gilt jedoch eine Ausnahmeregelung. Die Ausnahmeregel wurde speziell für **Auszubildende** mit einer geringen Ausbildungsvergütung geschaffen (Personengruppe 121).

Grundsätzlich sind Auszubildende vollständig beitragspflichtig in allen Sozialversicherungszweigen, unabhängig von der Höhe der Ausbildungsvergütung. Beträgt das Arbeitsentgelt jedoch monatlich nicht mehr als durchschnittlich

325 EUR, muss der Arbeitgeber die Sozialversicherungsbeiträge für den Auszubildenden vollständig übernehmen.

Wird die Geringverdienergrenze durch eine einmalige Zahlung, wie z. B. Weihnachts- oder Urlaubsgeld, überschritten, sind die Sozialversicherungsbeiträge für den übersteigenden Teil wieder je zur Hälfte vom Arbeitgeber und vom Arbeitnehmer zu tragen. Bis zur Geringverdienergrenze trägt der Arbeitgeber die Beiträge zur KV, PV, RV und ALV alleine.

!

Beispiel

Ein Auszubildender in Bayern erhält im ersten Lehrjahr eine Ausbildungsvergütung von monatlich 300 EUR. Im November erhält er zusätzlich ein Weihnachtsgeld in Höhe von ebenfalls 300 EUR. Der Auszubildende ist bei einer gesetzlichen Krankenkasse krankenversichert. Der Zusatzbeitrag der Krankenkasse beträgt 0,7% des Arbeitsentgelts. Nach der Anmeldung an der ELStAM-Datenbank meldet das Finanzamt Steuerklasse 1 und keine Kinder als Datensatz zurück. Der Auszubildende ist 17 Jahre alt. Es soll die Lohnabrechnung für November durchgeführt werden.

Das Mindestlohngesetz gilt nicht für Auszubildende, da diese keine Arbeitsverträge, sondern Ausbildungsverträge abschließen. Damit gilt der flächendeckende Mindestlohn in Höhe von 8,84 EUR pro Stunde ab 01.01.2017 nicht für Ausbildungsvergütungen.

5.3.1 Entgeltabrechnung

Ermittlung des Arbeitslohnes/Arbeitsentgeltes (November)		
	Ausbildungsvergütung	300,00 EUR
+	Weihnachtsgeld	300,00 EUR
=	**Bruttolohn**	**600,00 EUR**
	Arbeitslohn (steuerpflichtig)	600,00 EUR
	Arbeitsentgelt (beitragspflichtig)	600,00 EUR
Steuerliche Abzüge		
	Lohnsteuer (Steuerklasse 1 / keine Kinder)	0,00 EUR
+	Solidaritätszuschlag	0,00 EUR
+	Kirchensteuer	0,00 EUR
=	**Summe steuerrechtliche Abzüge**	**0,00 EUR**

Sozialversicherungsbeiträge AN		
	Krankenversicherung (½ 14,6% von 275,00 EUR)	20,08 EUR
+	Zusatzbeitrag KV (1.0% von 275,00 EUR)	2,75 EUR
+	Pflegeversicherung (½ × 2,55% von 275,00 EUR)	3,51 EUR
+	Rentenversicherung (½ × 18,6% von 275,00 EUR)	25,58 EUR
+	Arbeitslosenversicherung (½ × 3,0% von 275,00 EUR)	4,13 EUR
=	**Summe Sozialversicherungsbeiträge (Arbeitnehmer)**	**56,05 EUR**
Gesamtabrechnung		
	Bruttolohn	600,00 EUR
–	Steuerrechtliche Abzüge (Arbeitnehmer)	0,00 EUR
–	Sozialversicherungsbeiträge (Arbeitnehmeranteil)	56,05 EUR
=	**Auszahlungsbetrag**	**543,95 EUR**
Gesamtbelastung AG		
	Bruttolohn	600,00 EUR
+	Sozialversicherungsbeiträge AG-Anteil	182,49 EUR
+	Umlage U1 (1,9% × 300,00)	5,70 EUR
+	Umlage U2 (0,2% × 300,00)	0,60 EUR
+	Insolvenzgeldumlage (0,06% × 600)	0,36 EUR
=	**Gesamtbelastung (Arbeitgeber)**	**789,15 EUR**

Der laufende Bezug von monatlich 300 EUR liegt unter der Geringverdienergrenze. Mit der Einmalzahlung im November wird die Monatsgrenze (325 EUR) überschritten. Der Gesamtbezug des Jahres übersteigt jedoch nicht die Geringverdienergrenze von 3.900 EUR.

Bis zur monatlichen Geringverdienergrenze von 325 EUR trägt der Arbeitgeber die Beiträge zur Kranken-, Pflege-, Renten- und Arbeitslosenversicherung allein. Für das Arbeitsentgelt zwischen 325 EUR und 600 EUR (275 EUR) teilen sich Arbeitgeber und Arbeitnehmer die Beiträge.

5.3.2 Steuerrechtliche Abzüge

Steuerrechtlich besteht keine Sonderregelung für Geringverdiener. Der Arbeitnehmer ist entsprechend seinen persönlichen Besteuerungsmerkmalen

(Steuerklasse 1) zu versteuern. Bei den Steuerklassen 1 bis 4 entsteht jedoch für einen Arbeitslohn bis 325 EUR keine Lohnsteuer und somit keine Kirchensteuer und keinen Soli. Die Einmalzahlung ist nach der Jahreslohnsteuertabelle zu versteuern, was bei einem Jahresarbeitslohn unter 9.000 EUR bzw. 18.000 EUR bei Verheirateten (Grundfreibetrag ab 2018) ebenfalls nicht zu einem Lohnsteuerabzug führt. Eine pauschale Versteuerung der Bezüge kommt nicht in Betracht.

Die Angaben für die Lohnsteuerermittlung müssen direkt von einem Server der Finanzverwaltung in das Abrechnungsprogramm übernommen werden – ELStAM-Datenbank. Für den Datenabruf muss der Azubi seine Steuer-ID angeben und sein Geburtsdatum dem Arbeitgeber mitteilen. Für Auszubildende, die im Jahr 2018 erstmalig eine Ausbildung beginnen, ledig sind und keine Kinder haben, gilt eine Vereinfachungsregelung. In diesem Fall ist es ausreichend, wenn die Auszubildenden dem Arbeitgeber schriftlich bestätigen, dass es sich um ihr erstes Dienstverhältnis handelt und gleichzeitig die Identifikationsnummer, das Geburtsdatum und die Religionszugehörigkeit mitteilen. Für Auszubildende ohne weitere Beschäftigung kann dann zunächst die Lohnsteuerklasse 1 unterstellt werden. Als Beleg dient die Erklärung des Auszubildenden.

5.3.3 Sozialversicherungsbeiträge

Die Geringverdienerregelung ist gesetzlich auf Auszubildende beschränkt. Unter bestimmten Voraussetzungen kann die Geringverdienerregelung auch für Praktikanten angewendet werden. Die Beiträge sind vom Arbeitsentgelt zu ermitteln. Das heißt: Erhält der Arbeitnehmer steuerfreie Bezüge, unterliegt dieser Teil des Bruttolohnes in der Regel nicht den Beiträgen zu den Sozialversicherungen. Analoges gilt für Lohnbestandteile, die pauschal versteuert werden können, wie beispielsweise freie Kost. Mit der Einmalzahlung (Weihnachtsgeld) wird im Beispiel die monatliche Grenze von 325 EUR überschritten. Die sozialversicherungsrechtliche Jahresgrenze von 3.900 EUR wird jedoch eingehalten.

Somit setzen sich die Gesamtsozialversicherungsbeiträge bei einem laufenden Bezug von 300 EUR und einer zusätzlichen Einmalzahlung von 300 EUR im November wie folgt zusammen:

Aufteilung der Sozialversicherungsbeiträge bei Geringverdienern im Nov.		
	Arbeitgeber	**Arbeitnehmer**
Krankenversicherung (14,6% + durchschnittlicher Zusatzbeitrag 1,0%)	50,70 EUR + 20,08 EUR	22,83 EUR
Pflegeversicherung (2,55%)	8,29 EUR + 3,51 EUR	3,51 EUR
Rentenversicherung (18,6%)	60,45 EUR + 25,58 EUR	25,58 EUR
Arbeitslosenversicherung (3,0%)	9,75 EUR + 4,13 EUR	4,13 EUR

Krankenversicherung

Bei einem Arbeitsentgelt über der Geringverdienergrenze trägt der Arbeitgeber die Sozialversicherungsbeiträge bis 325 EUR vollständig. Dies gilt auch für den durchschnittlichen Zusatzbeitrag zur Krankenversicherung. Der durchschnittliche Zusatzbeitrag in Höhe von 1.0% (im Jahr 2018) ist für Geringverdiener anstatt eines kassenindividuellen Zusatzbeitrags anzuwenden. Der durchschnittliche Zusatzbeitrag ist also selbst dann zu berechnen, wenn die Krankenkasse keinen kassenindividuellen Zusatzbeitragssatz erhebt.

Für den 325 EUR übersteigenden Teil des Arbeitsentgelts teilen sich Arbeitgeber und Arbeitnehmer die Sozialversicherungsbeiträge hälftig. Der Zusatzbeitrag zur Krankenversicherung ist jedoch nur vom Arbeitnehmer zu tragen. Somit liegt der Arbeitnehmeranteil zur Krankenversicherung bei 22,83 EUR (8,3% aus 275 EUR).

Pflegeversicherung

Bis zur Höchstgrenze von 325 EUR trägt der Arbeitgeber den gesamten Beitrag zur Pflegeversicherung. Für sozialversicherungspflichtige Arbeitnehmer ohne Kinder ist ein Zuschlag von 0,25% zur Pflegeversicherung zu entrichten. Voraussetzung für den Beitragszuschlag ist jedoch, dass der Arbeitnehmer das 23. Lebensjahr vollendet und keine Kinder hat. Der Arbeitnehmer im Beispiel liegt unter der Altersgrenze, es entsteht somit kein Zuschlag. Wäre der Auszubildende 23 Jahre oder älter, würde folgender Beitrag entstehen:

	Arbeitgeber	**Arbeitnehmer**
Pflegeversicherung (2,55%) + Zuschlag zur PV 0,25%	9,10 EUR + 3,51 EUR	4,19 EUR

Beitragspflichtig für die Zuschläge zur Pflegeversicherung ist eigentlich der Arbeitnehmer, sofern er keine leiblichen oder adoptierten Kinder nachweisen kann und über 23 Jahre alt ist. Die Spitzenverbände der Sozialversicherungen haben jedoch klargestellt, dass für Geringverdiener der Arbeitgeber nach § 20 Abs. 3 SGB IV auch den Zuschlag zur Pflegeversicherung bzw. Krankenversicherung trägt. Entsprechend ist für **zur Ausbildung beschäftigte Arbeitnehmer über 23 Jahre** ohne Kinder der Zuschlag zur Pflegeversicherung in Höhe von 0,25% des beitragspflichtigen Entgelts vom Arbeitgeber vollständig zu übernehmen. Der Arbeitgeber muss jedoch den vollen Anteil nur bis 325 EUR übernehmen. Somit ergibt sich der Arbeitgeberanteil aus 2,8% (2,55% + 0,25%) von 325 EUR = 9,10 EUR und zusätzlich 1,275% von 275 EUR = 3,51 EUR. Der Arbeitnehmeranteil ergibt sich aus 1,525% von 275 EUR (1,275% + 0,25%).

Maßgeblich für die Sozialversicherung ist das beitragspflichtige Entgelt. Erhält der Auszubildende einen Zuschuss zur Vermögensbildung, gehört dieser zum sozialversicherungspflichtigen Entgelt. Hingegen sind Beiträge für eine betriebliche Altersvorsorge in der Regel steuer- und sozialversicherungsfreies Arbeitsentgelt (vgl. Kapitel 5.9).

Beachten Sie: Der Geringverdiener ist vom geringfügig Beschäftigten (Aushilfe) zu unterscheiden. Geringverdiener sind Arbeitnehmer, die in allen Zweigen der Sozialversicherung pflichtversichert sind, der Arbeitgeber jedoch die Beiträge zu den Sozialversicherungen bis 325 EUR alleine trägt.

5.3.4 Arbeitgeberbelastung

Für Auszubildende mit einer Ausbildungsvergütung bis 325 EUR pro Monat trägt der Arbeitgeber die gesamten Sozialversicherungsbeiträge als zusätzliche Arbeitgeberbelastung. Eine Abweichung von dieser Regelung besteht, wenn das laufende Entgelt mit einer Einmalzahlung die Geringverdienergrenze übersteigt. In diesem Fall findet in der Kranken-, Pflege-, Renten- und Arbeitslosenversicherung eine Aufteilung des übersteigenden Betrags zwischen Arbeitgeber und Arbeitnehmer statt. Im Beispiel sind für den Arbeitgeber neben den Sozialversicherungsbeiträgen aus 325 EUR auch die Beiträge aus 275 EUR zu ermitteln, diese jedoch nur hälftig. Somit ergeben sich für die Beiträge folgende Bemessungsgrundlagen bzw. Beitragsaufteilung:

	Arbeitgeber		Arbeitnehmer
Bemessungsgrundlage	325 EUR	275 EUR	275 EUR
Krankenversicherung	14,6%	7,3%	7,3%
Zusatzbeitrag KV	1,0%	–	1,0%
Pflegeversicherung	2,55%	1,275%	1,275%
Zuschlag zur Pflegeversicherung	–	–	–
Rentenversicherung	18,6%	9,3%	9,3%
Arbeitslosenversicherung	3,0%	1,5%	1,5%

Tab. 15: Aufteilung der Sozialversicherungsbeiträge bei Überschreiten der monatlichen Geringverdienergrenze um 275 EUR

Im Beispiel trägt der Arbeitgeber die Sozialversicherungsbeiträge bis 325 EUR voll und für 275 EUR je zur Hälfte. Eine Ausnahme besteht für den Zuschlag zur Krankenversicherung und ggf. für den Zuschlag zur Pflegeversicherung. Beim Pflegeversicherungszuschlag trägt der Arbeitgeber die Beiträge für 325 EUR alleine, für den übersteigenden Teil (275 EUR) muss der Arbeitnehmer den Beitragszuschlag tragen. Die Umlagen U1 und U2 sind nur aus dem laufenden Bezug zu berechnen. Eine Beitragspflicht für Einmalzahlungen besteht nicht. Die Insolvenzgeldumlage ist aus dem rentenversicherungspflichtigen Entgelt zu berechnen, also auch aus der Einmalzahlung. Im Jahr 2018 beträgt die Insolvenzgeldumlage 0,06% des Arbeitsentgelts. Für den Arbeitgeber ergibt sich im Beispiel folgende Gesamtbelastung unter Annahme der Umlagesätze U1/U2 von 1,9% bzw. 0,2%:

Arbeitgeberbelastung bei Arbeitsentgelt in der Geringverdienergrenze		
Gesamtbelastung AG		
	Bruttolohn	600,00 EUR
	Krankenversicherung (15,6% von 325,00 EUR)	50,70 EUR
+	Krankenversicherung (7,3% von 275,00 EUR)	20,08 EUR
+	Pflegeversicherung (2,55% von 325,00 EUR)	8,29 EUR
+	Pflegeversicherung (1,275% von 275,00 EUR)	3,51 EUR
+	Rentenversicherung (18,6% von 325,00 EUR)	60,45 EUR
+	Rentenversicherung (9,3% von 275,00 EUR)	25,58 EUR
+	Arbeitslosenversicherung (3,0% von 325,00 EUR)	9,75 EUR
+	Arbeitslosenversicherung (1,5% von 275,00 EUR)	4,13 EUR
=	**Summe Sozialversicherungsbeiträge (Arbeitgeber)**	**182,49 EUR**

Arbeitgeberbelastung bei Arbeitsentgelt in der Geringverdienergrenze		
	Umlage U1 (1,9% × 300,00 EUR)	5,70 EUR
+	Umlage U2 (0,2% × 300,00 EUR)	0,60 EUR
+	Insolvenzgeldumlage (0,06% × 600,00 EUR)	0,36 EUR
=	**Summe Umlagen**	**6,66 EUR**
	Gesamtbelastung (Arbeitgeber)	**789,15 EUR**

Neben den Sozialversicherungsbeiträgen entsteht für Arbeitgeber im Bau- und Baunebengewerbe zusätzlich der Beitrag zur ZVK[32]. Für Auszubildende sind jährliche Beiträge zur Berufsgenossenschaft und unter Umständen eine Schwerbehindertenausgleichsabgabe zu entrichten. Sie werden jedoch nicht in die Mitarbeiterzahl für die Ermittlung der Betriebsgröße eingerechnet. Für Betriebe über 30 vollzeitbeschäftigte Arbeitnehmer entsteht keine U1-Umlage. Die Umlagesätze hängen von der Krankenkasse ab, bei welcher der Arbeitnehmer krankenversichert ist.

5.4 Erhält der Arbeitnehmer VwL oder Fahrgeld?

Bei **vermögenswirksamen Leistungen** (VwL) handelt es sich um Geldleistungen, die der Arbeitgeber für den Arbeitnehmer in einer bestimmten vorgeschriebenen Form anlegt. Erfolgt die Überweisung durch den Arbeitgeber, gibt es zwei verschiedene staatliche Förderarten:

- Anlage zum Wohnungsbau (Bausparkassenbeiträge oder Entschuldung von Wohnungseigentum) und geförderte Kapitalversicherungsverträge.
- Anlagen in betrieblichen oder außerbetrieblichen Beteiligungen (Erwerb von Aktien, Anteilen an Aktienfonds, Beteiligung an Unternehmungen des Arbeitgebers durch stille Beteiligung oder Darlehen).

Es können beide Sparformen mit der zugehörigen staatlichen Förderung nebeneinander in Anspruch genommen werden.

Arbeitgeberzuschüsse zur Vermögensbildung in Arbeitnehmerhand sind nicht lohnsteuerlich begünstigt. Sie gehören zum laufenden Arbeitslohn und Arbeitsentgelt und unterliegen damit der Lohnsteuer und den Beiträgen zur Sozialversicherung. Eine Pflicht des Arbeitgebers zur Gewährung eines Zuschusses zu einem Vermögensbildungsvertrag besteht nicht. In ca. 80% der

32 Zusatzversorgungskasse des Baugewerbes AG (ZVK).

Tarifverträge ist jedoch ein Arbeitgeberzuschuss zu einem VL-Vertrag geregelt. Ist der Arbeitgeber nicht tarifgebunden, ist die Zahlung eines Zuschusses freiwillig. Die Vermögensbildung des Arbeitnehmers wird staatlich gefördert, sofern bestimmte Einkommensgrenzen eingehalten sind. Die Förderung gewährt die Finanzverwaltung in Form einer Arbeitnehmer-Sparzulage im Zuge der **Einkommensteuererklärung**. Seit 2009 können Arbeitgeberzuschüsse zur Vermögensbildung auch in einer betrieblichen Altersvorsorge angespart werden. In diesem Fall besteht die staatliche Förderung darin, dass bis zu 8% der Jahresbeitragsbemessungsgrenze RV-West (6.240 EUR im Jahr 2018) **steuer**frei, aber nur 4% der Jahresbeitragsbemessungsgrenze der Rentenversicherung (3.120 EUR) **sozialversicherungs**frei bleiben.

Leistet der Arbeitgeber für die Fahrten zur Arbeit (und zurück) einen Zuschuss zum **Fahrgeld**, ist dies zunächst steuer- und sozialversicherungspflichtiger Arbeitslohn. Für die Fahrten zwischen Wohnung und Arbeitsstätte (einfache Entfernung) kann das Fahrgeld jedoch pauschal mit einem Steuersatz von **15%** versteuert werden. Die pauschale Besteuerung ist jedoch insoweit eingeschränkt, dass sie vom Arbeitgeber nur in dem Umfang durchgeführt werden darf, wie der Mitarbeiter Werbungskosten für diese Fahrten in seiner Einkommensteuererklärung geltend machen könnte. Zusätzlich zur pauschalen Lohnsteuer ist der Solidaritätszuschlag in Höhe von 5,5% und ggf. die pauschale Kirchensteuer mit 4% bis 7% auf den Betrag der Lohnsteuer zu entrichten.

Beispiel !

Monika Waldmann erhält ein monatliches Bruttogehalt von 2.100 EUR. Für den täglichen Weg zur Arbeit (27km einfache Entfernung) erstattet ihr der Arbeitgeber die Kosten für den öffentlichen Nahverkehr in Höhe von 54 EUR. Das Fahrgeld soll soweit wie möglich pauschal versteuert werden. Die Pauschalsteuer trägt der Arbeitgeber. Außerdem zahlt er ihr einen Zuschuss von 14 EUR zu den vermögenswirksamen Leistungen (VwL). Den Zuschuss überweist er zusammen mit einem Eigenanteil von 26 EUR direkt an die Bausparkasse. Frau Waldmann ist bei einer gesetzlichen Krankenkasse (KK) krankenversichert. Die Krankenkasse erhebt einen Zusatzbeitrag von 0,9%. Bei dem Datenabruf aus der ELStAM-Datenbank wurde die Steuerklasse 1 und die Konfession »rk« zurückgemeldet. Der Firmensitz liegt in Baden-Württemberg. Frau Waldmann hat keine Kinder. Der Umlagesatz wird mit 1,9% in der U1-Umlage und mit 0,2% in der U2-Umlage angenommen.

5.4.1 Entgeltabrechnung

Ermittlung des Arbeitslohnes/Arbeitsentgeltes		
	Gehalt	2.100,00 EUR
+	Zuschuss VwL	14,00 EUR
+	Fahrgeld (pauschal versteuert – AG)	54,00 EUR
=	**Bruttolohn**	**2.168,00 EUR**
	Arbeitslohn (steuerpflichtig)	2.114,00 EUR
	Arbeitsentgelt (beitragspflichtig)	2.114,00 EUR
Steuerliche Abzüge		
	Lohnsteuer (lt. Monatstabelle. f. 2.114,00 EUR bei Steuerklasse 1)	210,91 EUR
+	Solidaritätszuschlag	11,60 EUR
+	Kirchensteuer (8%)	16,87 EUR
=	**Summe steuerrechtliche Abzüge**	**239,38 EUR**
Sozialversicherungsbeiträge		
	Krankenversicherung (7,3% von 2.114,00 EUR)	154,32 EUR
+	Zusatzbeitrag KV (0,9% von 2.114,00 EUR)	19,03 EUR
+	Pflegeversicherung (½ × 2,55% von 2.114 EUR)	26,95 EUR
+	Zuschlag zur PV (0,25% von 2.114,00 EUR)	5,29 EUR
+	Rentenversicherung (½ × 18,6% von 2.114,00 EUR)	196,60 EUR
+	Arbeitslosenversicherung (½ × 3,0% v. 2.114,00 EUR)	31,71 EUR
=	**Summe Sozialversicherungsbeiträge (Arbeitnehmer)**	**433,90 EUR**
Gesamtabrechnung		
	Bruttolohn	2.168,00 EUR
–	Steuerrechtliche Abzüge (Arbeitnehmer)	239,38 EUR
–	Sozialversicherungsbeiträge (Arbeitnehmeranteil)	439,90 EUR
–	Überweisung an Bausparkasse	40,00 EUR
=	**Auszahlungsbetrag**	**1.454,72 EUR**

Gesamtbelastung		
	Bruttolohn	2.168,00 EUR
+	Sozialversicherungsbeiträge AG-Anteil	409,58 EUR
+	Pauschale Lohnsteuer auf Fahrgeld	8,10 EUR
+	Pauschale Kirchensteuer auf Fahrgeld	0,44 EUR
+	Solidaritätszuschlag auf Fahrgeld	0,44 EUR
+	Umlage U1 (1,9% × 2.114,00 EUR)	40,17 EUR
+	Umlage U2 (0,2% × 2.114,00 EUR)	4.23 EUR
+	Insolvenzgeldumlage (0,06% × 2.114,00 EUR)	1,27 EUR
=	**Gesamtbelastung (Arbeitgeber)**	**2.632,23 EUR**

Tab. 16: Entgeltabrechnung mit VL und Fahrgeld

Arbeitslohn sind alle Leistungen des Arbeitgebers in Geld oder Geldeswert. Nicht zum steuerpflichtigen Arbeitslohn, der nach Tabelle versteuert wird, gehören pauschal versteuerte Leistungen oder steuerfreie Lohnnebenleistungen. Vom steuerpflichtigen Arbeitslohn ist die Lohn- und Kirchensteuer zu ermitteln. Die Höhe der Lohnsteuer bemisst sich nach den Besteuerungsmerkmalen des Arbeitnehmers. Steuermerkmale sind neben der Steuerklasse (1-5) die Lohnsteuerfreibeträge, die Kirchenzugehörigkeit und eventuell zum Haushalt gehörende Kinder. Die Höhe der Kirchensteuer richtet sich nach dem Kirchensteuersatz im Bundesland des Arbeitgebersitzes (8% oder 9% des Lohnsteuerbetrages). Im Beispiel wird mit dem Satz von 8% für Baden-Württemberg gerechnet. Zusätzlich zur Lohn- und Kirchensteuer ist der Arbeitgeber verpflichtet, den Solidaritätszuschlag von 5,5% auf den Lohnsteuerbetrag zu ermitteln und im Direktabzug vom Bruttolohn abzuziehen.

Berechnungsgrundlage für die Beiträge zur Sozialversicherung ist das Arbeitsentgelt. Pauschal versteuerte Lohnbestandteile und sozialversicherungsfreie Leistungen des Arbeitgebers zählen nicht zum Arbeitsentgelt. Vom Arbeitsentgelt sind die Beiträge zur Sozialversicherung zu ermitteln. Sie werden, mit Ausnahme der Zuschläge (KV + PV), je zur Hälfte von Arbeitnehmer und Arbeitgeber getragen. Der Anteil des Arbeitgebers ist mit dem vom Arbeitnehmer einbehaltenen Teil an die Krankenkasse des Arbeitnehmers zu überweisen.

5.4.2 Steuerrechtliche Abzüge

Die Arbeitnehmerin war im Abrechnungsmonat durchgehend beschäftigt. Für die Lohnsteuerermittlung sind 30 Steuertage bzw. die Monatslohnsteuertabelle anzuwenden. Die Lohnsteuer kann aus der Lohnsteuerformel bzw. mithilfe eines Lohnsteuerprogramms ermittelt werden. Frau Waldmann gehört einer kirchensteuerberechtigten Glaubensgemeinschaft an. Aus dem Bundesland des Firmensitzes (Baden-Württemberg) ergibt sich die Höhe der Kirchensteuer (8%) auf den Betrag der Lohnsteuer. Das Fahrgeld von 54 EUR ist steuer- und sozialversicherungspflichtig. Im Beispiel wird jedoch von der Möglichkeit der pauschalen Versteuerung Gebrauch gemacht. Der Zuschuss zu den vermögenswirksamen Leistungen (14 EUR im Beispiel) unterliegt, wie das Gehalt, den Abzügen zur Lohn- und Kirchensteuer, dem Solidaritätszuschlag sowie den Sozialversicherungen.

Besteuerung der vermögenswirksamen Leistungen
Spart der Arbeitnehmer aus Einmalzahlungen oder einen Teil des Nettolohnes in speziellen vermögenswirksamen Sparverträgen oder in Vermögensbeteiligungen, kann er dafür im Rahmen seiner **Einkommensteuererklärung** eine Arbeitnehmer-Sparzulage erhalten. Die Sparzulage wird vom Finanzamt nur dann gewährt, wenn bestimmte Einkommenshöchstgrenzen nicht überschritten werden. Entscheidend ist das zu versteuernde Einkommen im Kalenderjahr. Der Arbeitgeber ist nur noch insoweit eingebunden, als er die vermögenswirksamen Leistungen für den Arbeitnehmer anlegen (überweisen) muss.

Beachten Sie: Nicht der Bruttoarbeitslohn, sondern die Summe der Einkünfte im Kalenderjahr abzüglich Pauschalen und Freibeträgen ist für die Gewährung der Sparzulage maßgebend. Wird diese Grenze überschritten, erhält der Arbeitnehmer keine Sparzulage.

a) Beteiligungssparen
Die Arbeitnehmer-Sparzulage in Höhe von **20%** des Sparbetrags, begrenzt auf einen Höchstbetrag von **400 EUR pro Jahr**, kann erhalten, wer einen Teil des laufenden Arbeitsentgelts in **Vermögensbeteiligungen** anlegt. Beispiele können sein:

- Sparverträge über Wertpapiere oder andere Vermögensbeteiligungen
- Wertpapier-Kaufverträge
- Anteile an Unternehmensbeteiligungen
- Beteiligungs-Kaufverträge

Die Maximalförderung beträgt bei einer Sparsumme von 400 EUR (Ledige) somit 80 EUR pro Jahr.

Anspruch auf Sparzulage haben nur Arbeitnehmer mit einem zu versteuernden Einkommen von maximal:

- 20.000 EUR (Ledige) bzw.
- 40.000 EUR (Verheiratete).

Im Regelfall wird diese Einkommensgrenze bei einem jährlichen Bruttoarbeitslohn von ca. 25.600 EUR bzw. ca. 51.200 EUR (gemeinsames Einkommen bei Verheirateten) erreicht. Für die Anwendung der Einkommensgrenze von 40.000 EUR für Ehegatten ist allein maßgeblich, ob tatsächlich eine Zusammenveranlagung durchgeführt wird. Aus diesem Grunde ist die 40.000-Euro-Grenze auch bei der Zusammenveranlagung des überlebenden Ehegatten mit dem verstorbenen Ehegatten im Todesjahr des Ehegatten anzuwenden.

Arbeitgeber können ihren Arbeitnehmern anbieten, sich finanziell am Unternehmen zu beteiligen. Die finanzielle Beteiligung am Unternehmen kann beispielsweise durch stille Beteiligungen, Wandelschuldverschreibungen, Belegschaftsaktien, Stammeinlagen, Genussrechte und Genussscheine oder durch Geschäftsanteile erfolgen. Für die Vermögensbeteiligung gewährt das Steuer- und Sozialversicherungsrecht zusätzlich einen Freibetrag in Höhe von 360 EUR pro Jahr auf den geldwerten Vorteil.

Beispiel !

Ein Arbeitgeber bietet einmal jährlich seinen Mitarbeitern Aktien mit einem Börsenkurs in Höhe von 500 EUR zum Preis von 300 EUR an.

Beurteilung

Der geldwerte Vorteil aus der Vermögensbeteiligung beträgt 200 EUR und ist nach §3 Nr. 39 EStG steuer- und sozialversicherungsfrei. Für Vermögensbeteiligungen besteht ein steuer- und sozialversicherungsfreier Höchstbetrag von **360 EUR** pro Kalenderjahr. Zusätzlich kann die Sparzulage im Rahmen der Einkommensteuererklärung gewährt werden, sofern die Einkommensgrenzen eingehalten sind.

Beachten Sie: Die Sozialversicherungsfreiheit bei vergünstigter Gewährung von Vermögensbeteiligungen besteht nur, wenn diese zusätzlich und freiwillig zum Arbeitslohn bezahlt werden. Eine Umwandlung zulasten von laufendem Arbeitslohn führt zwar zu einer Steuerfreiheit bis zu einem Höchstbetrag von 360 EUR, aber zu einer Beitragspflicht in den Sozialversicherungen.

b) Bausparen

Neben dem Beteiligungssparen kann der Mitarbeiter eine Arbeitnehmer-Sparzulage von **9%** für Sparleistungen auf einen jährlichen Höchstbetrag von **470 EUR** erhalten, sofern die vermögenswirksame Leistung angelegt wird

- nach dem Wohnungsbau-Prämiengesetz (§2 Abs. 1 Nr. 4 VermBG; Abschnitt 9) oder
- für den Bau, den Erwerb, den Ausbau, die Erweiterung oder die Entschuldung eines Wohngebäudes.

Für den Anspruch auf diese Sparzulage beim **Bausparen** liegt die Höchstgrenze des jährlich zu versteuernden Einkommens bei:
- 17.900 EUR (Ledige)
- 35.800 EUR (Verheiratete)

Wird die Grenze des zu versteuernden Einkommens in der Einkommensteuererklärung überschritten, besteht kein Anspruch auf die staatliche Sparzulage. Die Sparzulage von maximal **43 EUR** pro Jahr wird nur für vermögenswirksame Leistungen in Bausparverträgen gewährt. Die Sparzulage bezahlt nicht der Arbeitgeber, sondern der Mitarbeiter erhält sie im Erstattungsverfahren vom Finanzamt über seine Einkommensteuererklärung. Im Übrigen sind vermögenswirksame Leistungen nicht auf den zulagefähigen Höchstbetrag von 470 EUR beschränkt. Vermögenswirksame Leistungen liegen deshalb auch insoweit vor, als der begünstigte Höchstbetrag (400 EUR Beteiligungssparen bzw. 470 EUR Bausparen) überschritten wird oder der Anspruch auf Arbeitnehmer-Sparzulage nicht besteht, weil das Einkommen des Arbeitnehmers die Einkommensgrenze übersteigt. Spart der Arbeitnehmer über diesen Höchstbetrag hinaus, erhält er also für die zusätzliche Sparsumme keine Sparzulagen.

c) Beteiligungs- und Bausparen
Ein Arbeitnehmer, der beide Sparformen voll nutzt (Bausparen und Erwerb von Beteiligungen), kann somit bis zu 123 EUR Sparzulage pro Jahr erhalten, sofern er 870 EUR in unterschiedliche Sparformen anlegt. Die höchstmögliche Arbeitnehmer-Sparzulage kann nur erhalten, wer sowohl in Vermögensbeteiligungen als auch in Bausparern bzw. in Anlagen für den Wohnungsbau anlegt und die Einkommensgrenzen nicht überschreitet. Dies bedingt zwei Anlageverträge. Da nur Zahlungen durch den Arbeitgeber mit Zulage begünstigt sind, muss dieser zwei Verträge bedienen.

Die Sparzulage wird erst nach Ablauf einer Sperrfrist ausgezahlt. Das bedeutet, dass der Arbeitnehmer die Gewährung der Sparzulage wie bisher im Rahmen seiner Einkommensteuererklärung jährlich beantragen muss. Sie wird ihm jedoch erst nach Ablauf der Sperrfrist (in der Regel 6 Jahre) ausgezahlt. Wurden die vermögenswirksamen Leistungen auf einen Bausparvertrag eingezahlt und wird dieser zugeteilt, so wird die Sparzulage bei Zuteilung des Bausparvertrags ausgezahlt. Hat der Arbeitnehmer Anspruch auf Sparzulage, muss er sich die Höhe des Anlagebetrages von seinem Kreditinstitut bescheinigen lassen. Seit dem Jahr 2016 müssen die **Kreditinstitute oder Bausparkassen**, an die der Arbeitgeber die vermögenswirksamen Leistungen überweist, bis zum 28. (29.) Februar des Folgejahres einen elektronischen Datensatz an die Finanzverwaltung übermitteln. Der Datensatz enthält neben der Steuer-ID und dem Namen des Mitarbeiters auch die Höhe des zulagebegünstigten Sparbetrags (ehemals Papierbescheinigung des Anlageinstituts). Eine Papierbescheinigung ist somit für den Arbeitnehmer nicht mehr erforderlich.

Vermögenswirksame Leistungen nach dem 5. Vermögensbildungsgesetz können für alle Arbeitnehmer im Sinne des Arbeitsrechts erbracht werden, gleichgültig, ob sie beschränkt oder unbeschränkt steuerpflichtig sind. Der Arbeitnehmer kann vermögenswirksame Leistungen auf Verträge anlegen lassen, die von seinem Ehegatten abgeschlossen wurden. Dies gilt auch für Verträge von Kindern des Arbeitnehmers, solange die Kinder zu Beginn des Kalenderjahres, in dem die vermögenswirksame Leistung erbracht wird, das 17. Lebensjahr noch nicht vollendet haben.

Eine Weiterentwicklung der vermögenswirksamen Leistungen ist die **altersvorsorgewirksame Leistung** (AVwL). Bei der AVwL spart der Arbeitnehmer seine Vermögensbildung in einer Sparform der betrieblichen Altersvorsorge. Diese hat den Vorteil, dass sie bis zu 8% der Jahresbeitragsbemessungsgrenze der Rentenversicherung steuerfrei und bis zu 4% der BBG-RV sozialversicherungsfrei ansparen kann. Details dazu finden Sie im Kapitel 5.9.

Besteuerung des Fahrgelds

Wird Fahrgeld als Ersatz für die Fahrt mit öffentlichen Verkehrsmitteln oder mit dem privaten Pkw gewährt, ist es steuer- und sozialversicherungspflichtiger Arbeitslohn. Fahrgeldzuschüsse des Arbeitgebers können jedoch mit einem festen pauschalen Steuersatz versteuert werden. Der Arbeitgeber kann das Fahrgeld insoweit mit **15% pauschalem Steuersatz** versteuern, wie der Arbeitnehmer Werbungskosten für die Fahrten Wohnung – Arbeitsstätte in seiner Einkommensteuererklärung geltend machen kann. Das bedeutet, der Arbeitnehmer kann im Jahr 2018 für die einfache Entfernung zwischen Wohnung und Arbeitsstätte ab dem 1. Kilometer folgende Werbungskosten geltend machen:

pro km = 0,30 EUR

Zusätzlich gilt für Fahrten mit öffentlichen Verkehrsmitteln ein Höchstbetrag von 4.500 EUR pro Jahr als Werbungskostenansatz in der Einkommensteuer-Erklärung.

Die Werbungskosten für die einfache Entfernung (keine Rückfahrt) sind mit der Anzahl der Arbeitstage pro Monat zu multiplizieren. Der sich ergebende

Betrag ist die Obergrenze für den Betrag, der pauschal mit 15% versteuert werden kann. Wird ein höheres Fahrgeld bezahlt, unterliegt der übersteigende Betrag der Lohnsteuer nach den persönlichen Besteuerungsmerkmalen (Steuerklasse 1-6). Würde das Fahrgeld von Frau Waldmann im Beispiel nicht pauschale versteuert, könnte sie für den Weg zur Arbeit arbeitstäglich folgende Werbungskosten in der Einkommensteuererklärung geltend machen:

27km × 0,30 EUR = 8,10 EUR

Bei täglicher Nutzung des Fahrzeugs kann der Arbeitgeber für die pauschale Versteuerung von **15 Arbeitstagen im Monat** ohne weiteren Nachweis ausgehen. Somit könnte die Arbeitnehmerin im Beispiel monatlich 121,50 EUR als Werbungskosten geltend machen. Zahlt der Arbeitgeber Fahrgeld für Fahrten mit dem privaten Pkw, kann er maximal diesen Betrag mit 15% Pauschalsteuer der Lohnsteuer unterziehen. Übersteigt der Fahrgeldzuschuss die rechnerischen Werbungskosten, ist die Differenz wieder dem Arbeitslohn des Arbeitnehmers zuzurechnen. Kann der Arbeitgeber, zum Beispiel durch einen Zeitnachweis, nachweisen, dass an mehr als 15 Tagen im Monat gearbeitet wurde, ist eine höhere Pauschalierung (z.B. 18 Tage) möglich. Aus der Aufzeichnung müssen jedoch Urlaub, Krankheit, Feiertage und sonstige Fehlzeiten hervorgehen. Im Beispiel erhält Frau Waldmann 54,00 EUR Fahrgelderstattung vom Arbeitgeber. Das Fahrgeld liegt unter dem steuerbaren Höchstbetrag von 121,50 EUR und kann vollständig pauschal versteuert werden. Darüber hinaus kann der Arbeitnehmer in der Einkommensteuererklärung die Differenz zum Höchstbetrag (67,50 EUR/Monat) als Werbungskosten geltend machen.

Wird der Werbungskostenanteil des Fahrgeldzuschusses durch den Arbeitgeber pauschal versteuert, ist dieser Betrag von Beiträgen zu den Sozialversicherungen befreit.

Im Beispiel wird das Fahrgeld pauschal versteuert. Bei einer pauschalen Versteuerung entstehen zunächst als Arbeitgeberbelastung zusätzlich:

Berechnung der Pauschalsteuern		
	Pauschale Lohnsteuer (15% auf 54 EUR)	8,10 EUR
+	Pauschale Kirchensteuer (5,5% auf 8,10 EUR)	0,44 EUR
+	Pauschaler Solidaritätszuschlag (5,5% auf 8,10 EUR)	0,44 EUR
=	**Summe Pauschalsteuern (Arbeitgeber)**	**8,98 EUR**

Für die Kirchensteuer ist der pauschale Kirchensteuersatz anzuwenden. Die Höhe des pauschalen Satzes unterscheidet sich von Bundesland zu Bundesland. Im Beispiel wird der pauschale Kirchensteuersatz für Baden-Württemberg (5,5%) unterstellt. Zusätzlich wird im Beispiel davon ausgegangen, dass der Arbeitgeber die pauschalen Steuern trägt. Im Gegenzug spart der Arbeitgeber bei einer pauschalen Versteuerung den Arbeitgeberanteil an den Sozialversicherungen auf den Betrag des pauschal versteuerten Fahrgelds:

Arbeitgeber-Sozialversicherungsbeiträge ohne pauschale Versteuerung		
Sozialversicherungsbeiträge		
	Krankenversicherung (½ × 14,6% von 54 EUR)	3,94 EUR
+	Pflegeversicherung (½ × 2,55% von 54 EUR)	0,69 EUR
+	Rentenversicherung (½ × 18,6% von 54 EUR)	5,02 EUR
+	Arbeitslosenversicherung (½ × 3,0% von 54 EUR)	0,81 EUR
=	**Summe Arbeitgeberanteil Sozialversicherungen**	**10,46 EUR**

Wird das Fahrgeld nicht pauschal versteuert, sondern wie Arbeitslohn der Lohnsteuer nach der Lohnsteuertabelle unterworfen, entfällt die Sozialversicherungsfreiheit. Zusätzlich hat der Arbeitgeber bei Pauschalversteuerung die Möglichkeit, die pauschalen Steuern im Innenverhältnis auf den Arbeitnehmer abzuwälzen. In diesem Fall wird der Gesamtbetrag von 8,98 EUR als Nettoabzug vom Auszahlungsbetrag an den Mitarbeiter abgezogen.

5.4.3 Sozialversicherungsbeiträge

Die Zuschüsse zur Vermögensbildung durch den Arbeitgeber und der Zuschuss zum Fahrgeld unterliegen grundsätzlich den Beiträgen zu den Sozialversicherungen. Wird der Zuschuss zur VwL in eine betriebliche Altersvorsorge einbezahlt, bleibt dieser beitragsfrei, sofern der Höchstbetrag von 3.120 EUR pro Jahr (im Jahr 2018) nicht überschritten wird. Der Fahrgeldzuschuss ist nur in Höhe des pauschal versteuerten Anteils beitragsfrei. Die Beiträge zu den Sozialversicherungen ergeben sich als prozentualer Anteil vom Arbeitsentgelt. Im Unterschied zu den steuerlichen Abzügen ist dem Arbeitnehmer nur der halbe Beitrag vom Bruttolohn abzuziehen. Die zweite Hälfte muss der Arbeitgeber zusätzlich zum Bruttolohn leisten.

Eine Ausnahme besteht in der Pflegeversicherung. Kinderlose Arbeitnehmer müssen einen Zuschlag von 0,25% des beitragspflichtigen Arbeitsentgelts als Zusatzbeitrag zur Pflegeversicherung entrichten, sofern sie 23 Jahre oder älter sind. Beitragspflichtig ist nur der Arbeitnehmer. Keine Beitragspflicht besteht für Arbeitnehmer, die vor 1940 geboren wurden, sowie für privat krankenversicherte Arbeitnehmer. Ebenfalls nicht beitragspflichtig sind Arbeitnehmer, die nachweisen können, dass sie (mindestens für einen Tag) leibliche Kinder oder Adoptivkinder haben oder hatten. Die Nachweispflicht obliegt dem Arbeitnehmer, ohne Nachweis muss der Arbeitgeber den Zuschlag zur Pflegeversicherung berechnen und abführen. Für Arbeitnehmer, die im laufenden Abrechnungsmonat Eltern geworden sind, gilt die Befreiung von der Zuschlagspflicht ab dem Monat des Nachweises. Arbeitnehmer unter 23 Jahren müssen für eine Befreiung von der Zuschlagspflicht zur Pflegeversicherung keinen Nachweis leisten.

Eine weitere Ausnahme besteht bei der Krankenversicherung. Bei gesetzlich krankenversicherten Arbeitnehmern kann die Krankenkasse seit dem Jahr 2015 einen Zuschlag zur Krankenversicherung erheben. Die Höhe des Zuschlags ist von Kasse zu Kasse unterschiedlich. Im Beispiel wird ein Zuschlag von 0,9% des krankenversicherungspflichtigen Arbeitsentgelts unterstellt.

Der pauschal versteuerte Anteil des Fahrgelds unterliegt nicht den Beiträgen zu den Sozialversicherungen. Es entstehen weder ein Arbeitgeber- noch ein Arbeitnehmeranteil. Auf einen gegebenenfalls steuerpflichtigen Teil des Fahrgelds wären Beiträge zu allen Zweigen der Sozialversicherung und auch die Zusatzbeiträge zu entrichten. Ausnahmen bestehen, wenn der Arbeitnehmer in einem oder mehreren Versicherungszweigen von der Beitragspflicht befreit ist – z. B. Arbeitnehmer mit Anspruch auf eine gesetzliche Altersrente.

5.4.4 Arbeitgeberbelastung

Die Überweisung der Sparrate an die Bausparkasse erfolgt in der Regel zusammen mit dem Zahllauf der Lohnzahlung. Der Arbeitnehmer muss das Bestehen eines vermögenswirksamen Sparvertrages nachweisen und die Bankverbindung mitteilen. Der Arbeitgeber überweist monatlich die Sparrate des Mitarbeiters und ggf. den Arbeitgeberzuschuss zu den vermögenswirksamen Leistungen auf den Sparvertrag.

Die Aufteilung des Fahrgeldes in steuerpflichtig und pauschal versteuert muss mit dem Mitarbeiter geklärt werden. Die Abwälzung der pauschalen Steuern auf den Arbeitnehmer kann der Arbeitgeber entscheiden. Der Arbeitnehmer hat jedoch einen Anspruch auf die Erläuterung der Abrechnung der Brutto-Nettobezüge. Wird das Fahrgeld pauschal versteuert, ist der pauschale Anteil in **Zeile 18** auf der Lohnsteuerbescheinigung des Arbeitnehmers getrennt auszuweisen.

Zusätzlich zum Bruttolohn, dem Zuschuss zur Vermögensbildung und dem Fahrgeldzuschuss entstehen bei einer pauschalen Versteuerung des Fahrgelds folgende Arbeitgeberanteile zu den Sozialversicherungen:

Sozialversicherungsbeiträge – Arbeitgeberanteile		
	Krankenversicherung (½ × 14,6% von 2.114 EUR)	154,32 EUR
+	Pflegeversicherung (½ × 2,55% von 2.114 EUR)	26,95 EUR
+	Rentenversicherung (½ × 18,6% von 2.114 EUR)	196,60 EUR
+	Arbeitslosenversicherung (½ × 3,0% von 2.114 EUR)	31,71 EUR
=	**Summe Sozialversicherungsbeiträge (Arbeitgeber)**	**409,58 EUR**

Beachten Sie: In den Sozialversicherungsbeiträgen für den Arbeitgeber ist nicht der Zuschlag für die Pflegeversicherung und auch kein Zusatzbeitrag zur Krankenversicherung enthalten. Diese sind nur vom Arbeitnehmer zu tragen.

Für den Arbeitgeber ergibt sich im Beispiel folgende Belastung:

Gesamtbelastung		
	Bruttolohn	2.168,00 EUR
+	Sozialversicherungsbeiträge AG-Anteil	409,58 EUR
+	Pauschale Lohnsteuer auf Fahrgeld	8,10 EUR
+	Pauschale Kirchensteuer auf Fahrgeld	0,44 EUR
+	Solidaritätszuschlag auf Fahrgeld	0,44 EUR
+	Umlage U1 (1,9% × 2.114 EUR)	40,17 EUR
+	Umlage U2 (0,2% × 2.114 EUR)	4.23 EUR
+	Insolvenzgeldumlage (0,06% × 2.114 EUR)	1,27 EUR
=	**Gesamtbelastung (Arbeitgeber)**	**2.632,23 EUR**

In der Arbeitgeberbelastung wird unterstellt, dass es sich um einen Betrieb mit nicht mehr als 30 in Vollzeit beschäftigten Arbeitnehmern handelt und somit die Umlage U1 zu entrichten ist. Die Umlage U2 ist von der Firmengröße unabhängig. Der Beitragssatz zu den Umlagekassen ist ebenfalls ein Annahmewert. Er ist abhängig von der Krankenkasse, bei der der Mitarbeiter krankenversichert ist. Alle Unternehmen (mit wenigen Ausnahmen) müssen als weitere Sozialversicherung die Insolvenzgeldumlage entrichten und auf dem Beitragsnachweis an die Krankenkasse melden. Die Insolvenzgeldumlage beträgt 0,06% des Arbeitsentgelts.

Für Arbeitnehmer im Bau- und im Baunebengewerbe sind zusätzlich der Beitrag zur ZVK und die pauschale Lohnsteuer auf die Beiträge zu berücksichtigen. Neben der monatlichen Belastung fallen jährliche Beiträge zur Berufsgenossenschaft und unter Umständen eine Schwerbehindertenausgleichsabgabe an.

Übernimmt der Arbeitgeber die Pauschalsteuern auf das Fahrgeld, entstehen zusätzlich als Arbeitgeberbelastung 15% pauschale Lohnsteuer auf den Betrag des Fahrgelds sowie 5,5% Solidaritätszuschlag auf den Betrag der pauschalen Lohnsteuer. Bei Kirchensteuerpflicht des Arbeitnehmers können zwischen 4% und 7% pauschale Kirchensteuer auf den Betrag der Pauschalsteuer als zusätzliche Belastung entstehen. Diese pauschalen Steuern könnten jedoch durch einen Nettoabzug auf den Arbeitnehmer abgewälzt werden.

5.5 Hat der Arbeitnehmer Kinder?

Hat der Arbeitnehmer Kinder und wurden diese mit dem ELStAM-Datensatz oder der Ersatzbescheinigung dem Arbeitgeber übermittelt, müssen die Kinderfreibeträge bei der Ermittlung der Kirchensteuer und des Solidaritätszuschlags berücksichtigt werden. Der Gesetzgeber hat den Kinderfreibetrag ab dem Jahr 2017 um 108 EUR auf 4.716 EUR erhöht. Dieser ist in 2018 um weitere 72 EUR auf 4.788 EUR gestiegen. Hinzu kommen 2.640 EUR Freibetrag für Betreuungs-, Erziehungs- oder Ausbildungsbedarf. Zusammen mit dem Kinderfreibetrag ergibt sich insgesamt ein Freibetrag von 7.428 EUR pro Kind/Jahr bzw. 618 EUR monatlich. Freibeträge für Kinder sind jedoch nicht mehr bei der Ermittlung der Lohnsteuer, wohl aber bei der Kirchensteuer und dem Solidaritätszuschlag zu berücksichtigen. Die Kirchensteuer und der Solidaritätszuschlag ergeben sich prozentual vom Betrag der Lohnsteuer. Durch diese Regelung lassen sich bei steuerrechtlich eingetragenen Kindern die Kirchensteuer und der Solidaritätszuschlag nicht mehr direkt aus dem Betrag der Lohnsteuer errechnen. Für die Ermittlung der Kirchensteuer und des Solidaritätszuschlags ist bei lohnsteuerlich bescheinigten Kindern eine »Schattenrechnung« unter Berücksichtigung der Kinderfreibeträge durchzuführen. Auf die fiktive Lohnsteuer, unter Berücksichtigung der Kinderfreibeträge, sind dann der Solidaritätszuschlag mit 5,5% und die Kirchensteuer mit 8% bzw. 9%. Der Kinderfreibetrag sowie die Freibeträge für Betreuungs-, Erziehungs- oder Ausbildungsbedarf sind bereits in die Lohnsteuertabellen eingearbeitet.

Beispiel 1 !

Für Frau Monika Waldmann wurde aus der ELStAM-Datenbank die Steuerklasse 3 und zwei Kinderfreibeträge an den Arbeitgeber übermittelt. Das monatliche Bruttogehalt beträgt 2.100 EUR. Außerdem zahlt der Arbeitgeber ihr einen Zuschuss von 14 EUR zu den vermögenswirksamen Leistungen. Er überweist den monatlichen Eigenanteil von 26 EUR zusammen mit dem Zuschuss an die Bausparkasse. Der Betrag wird gleich vom Nettoverdienst abgezogen. Frau Waldmann ist bei einer gesetzlichen Krankenkasse krankenversichert, die Krankenkasse erhebt einen Zusatzbeitrag von 0,9%. Sie gehört einer kirchensteuerberechtigten Glaubensgemeinschaft an und der Firmensitz ist in Hamburg. Das Unternehmen nimmt am Umlageverfahren U1 teil. Die Umlagen werden mit 1,9% in der Umlagekasse U1 und 0,2% in der Umlagekasse U2 angenommen.

5.5.1 Entgeltabrechnung

Ermittlung des Arbeitslohnes/Arbeitsentgeltes		
	Gehalt	2.100,00 EUR
+	Zuschuss VwL	14,00 EUR
=	**Bruttolohn**	**2.114,00 EUR**
	Arbeitslohn (steuerpflichtig)	2.114,00 EUR
	Arbeitsentgelt (beitragspflichtig)	2.114,00 EUR
Steuerliche Abzüge		
	Lohnsteuer (lt. Monatstabelle f. 2.114 EUR bei Steuerklasse 3 / 2 Kinder)	20,00 EUR
+	Solidaritätszuschlag	0,00 EUR
+	Kirchensteuer	0,00 EUR
=	**Summe steuerrechtliche Abzüge**	**20,00 EUR**

Sozialversicherungsbeiträge		
	Krankenversicherung (½ × 14,6% von 2.114 EUR)	154,32 EUR
+	Zusatzbeitrag KV (0,9% von 2.114 EUR)	19,03 EUR
+	Pflegeversicherung (½ × 2,55% von 2.114 EUR)	26,95 EUR
+	Rentenversicherung (½ × 18,6% von 2.114 EUR)	196,60 EUR
+	Arbeitslosenversicherung (½ × 3,0% v. 2.114 EUR)	31,71 EUR
=	**Summe Sozialversicherungsbeiträge (Arbeitnehmer)**	**428,61 EUR**
Gesamtabrechnung		
	Bruttolohn	2.114,00 EUR
–	Steuerrechtliche Abzüge (Arbeitnehmer)	20,00 EUR
–	Sozialversicherungsbeiträge (Arbeitnehmeranteil)	428,61 EUR
–	Überweisung an Bausparkasse	40,00 EUR
=	**Auszahlungsbetrag**	**1.625,39 EUR**
Gesamtbelastung		
	Bruttolohn	2.114,00 EUR
+	Sozialversicherungsbeiträge (AG-Anteil)	409,58 EUR
+	Umlage U1 (1,9% × 2.114 EUR)	40,17 EUR
+	Umlage U2 (0,2% × 2.114 EUR)	4.23 EUR
+	Insolvenzgeldumlage (0,06% × 2.114 EUR)	1,27 EUR
=	**Gesamtbelastung (Arbeitgeber)**	**2.570,94 EUR**

5.5.2 Steuerrechtliche Abzüge

Kirchensteuer

Die Kirchensteuer ergibt sich als Prozentsatz auf den Betrag der Lohnsteuer. Die Höhe richtet sich nach dem Bundesland des Firmensitzes, im Beispiel Hamburg (9%). Grundsätzlich wären als Kirchensteuer anzusetzen:

Berechnung der Kirchensteuer				
Betrag der Lohnsteuer	×	Kirchensteuersatz	=	Kirchensteuer
20,00 EUR	×	9%	=	1,80 EUR

Für die Ermittlung der Kirchensteuer sind Steuerfreibeträge für Kinder zu berücksichtigen. Der Ansatz von Kinderfreibeträgen richtet sich nach den auf der Ersatzbescheinigung / in der ELStAM-Datenbank eingetragenen Kindern. Für jedes Kind kann pro Jahr ein Kinderfreibetrag von **7.428 EUR** berücksichtigt werden. Pro Monat ergibt sich somit bei zwei Kindern ein Freibetrag von 1.238 EUR ((7.428 EUR/12) × 2). Der Freibetrag kann nicht rückwirkend für beschäftigungslose Monate geltend gemacht werden. Eine Verrechnung erfolgt im Rahmen des Einkommensteuerjahresausgleichs. Der Kinderfreibetrag ist für die Berechnung der Kirchensteuer vom Arbeitslohn abzuziehen. Nur der sich ergebende »fiktive Arbeitslohn« wird dann der Lohnsteuer unterworfen. Im Beispiel ist also zunächst die Lohnsteuer für einen fiktiven Arbeitslohn von 876 EUR (2.114 EUR – 1.238 EUR) bei Steuerklasse 3 zu ermitteln. Nach der Monatslohnsteuertabelle fallen für diesen Arbeitslohn in Steuerklasse 3 keine Lohnsteuer und somit auch keine Kirchensteuer an. In wenigen Bundesländern gibt es eine weitere kirchensteuerliche Besonderheit – eine Mindestkirchensteuer. Die Mindestkirchensteuer wird immer dann erhoben, wenn die sich aus der Lohnsteuer ergebende Kirchensteuer unter einem Mindestbetrag liegt. Dies gilt auch, wenn sich aufgrund von Kinderfreibeträgen eine »fiktive Lohnsteuer« und somit eine kleine Kirchensteuer ergibt. In den Bundesländern Sachsen-Anhalt und Thüringen liegt dieser Mindestbetrag bei 0,30 EUR pro Monat. Im Beispiel ist der Betrag der (fiktiven) Lohnsteuer unter Berücksichtigung der Kinderfreibeträge 0 EUR und somit ist **keine** Kirchensteuer anzusetzen.

Solidaritätszuschlag

Der Solidaritätszuschlag berechnet sich als prozentualer Anteil auf den Betrag der Lohnsteuer.

Bei einem Bruttolohn von 2.114 EUR ergibt sich eine Lohnsteuer von 20,00 EUR in der Steuerklasse 3. Der Solidaritätszuschlag würde ohne Kinder 5,5% auf den Betrag der Lohnsteuer betragen, also 1,10 EUR.

Auch für den Solidaritätszuschlag gilt, wie für die Kirchensteuer, dass Kinderfreibeträge bei der Berechnung zu berücksichtigen sind. Im Beispiel ergibt sich unter Berücksichtigung von zwei Kinderfreibeträgen ein »fiktiver Arbeitslohn« von 876 EUR (2.114 EUR – 1.238 EUR Kinderfreibeträge für 2 Kinder). In der Steuerklasse 3 beträgt die Lohnsteuer für 876 EUR nach der Monatslohnsteuertabelle 0 EUR und somit fällt auch kein Solidaritätszuschlag an.

Bei der Ermittlung des Solidaritätszuschlags gilt es zusätzlich eine Besonderheit zu berücksichtigen. Solidaritätszuschlag wird erst dann erhoben, wenn die (sich aus dem fiktiven Arbeitslohn ergebende) Lohnsteuer einen bestimmten Betrag übersteigt. Dieser Grenzbetrag ist außerdem von der Lohnsteuerklasse abhängig. Die folgende Tabelle zeigt die Grenzbeträge abhängig von der Steuerklasse.

Steuerklasse 1, 2, 4, 5 und 6	Steuerklasse 3
972,00 EUR jährliche Lohnsteuer	1.944,00 EUR jährliche Lohnsteuer
81,00 EUR monatliche Lohnsteuer	162,00 EUR monatliche Lohnsteuer
2,70 EUR tägliche Lohnsteuer	5,40 EUR tägliche Lohnsteuer

Tab. 17: Grenzen (Nullzone) für den Solidaritätszuschlag

Die Lohnsteuergrenze, bis zu der kein Solidaritätszuschlag entsteht, liegt in den Steuerklassen 1, 2, 4, 5 und 6 bei 972 EUR (jährlich), in der Steuerklasse 3 bei 1.944 EUR (§3 Abs. 3 Solidaritätszuschlagsgesetz). Der Bereich von 0 EUR Lohnsteuer bis zum Grenzbetrag wird **Nullzone** genannt. Liegt die berechnete Lohnsteuer unter Berücksichtigung von Kinderfreibeträgen in der Nullzone, fällt kein Solidaritätszuschlag an, obwohl vom Arbeitnehmer Lohnsteuer gezahlt werden muss. Die tägliche Lohnsteuerberechnung bzw. der tägliche Grenzbetrag ist anzusetzen, wenn der Arbeitnehmer kürzer als einen Kalendermonat beschäftigt war bzw. während eines Kalendermonats in das Unternehmen ein- oder austritt. In diesem Fall ist der Grenzbetrag mit der Anzahl der beschäftigten Kalendertage des Abrechnungsmonats zu multiplizieren.

!

Beispiel 2

Frau Waldmann hat im aktuellen Monat ein laufendes Gehalt in Höhe von 3.100 EUR. Sie hat Steuerklasse 3 und **keine** Kinder. Die Krankenkasse erhebt einen Zuschlag zur Krankenversicherung von 0.9%. Für den Solidaritätszuschlag ergibt sich folgende Berechnung:

Ermittlung des Solidaritätszuschlags		
	Gehalt	3.100,00 EUR
	Lohnsteuer bei Steuerklasse 3 / keine Kinder	203,66 EUR
	Steuerfreigrenze für Solidaritätszuschlag bei 30 Std.-Tagen	162,00 EUR
=	**Solidaritätszuschlag**	**8,33 EUR**

Wären zusätzlich Kinder zu berücksichtigen, ist zunächst die »fiktive Lohnsteuer« unter Berücksichtigung der Kinderfreibeträge zu ermitteln und darauf ist dann die »Freigrenze« anzuwenden.

Übersteigt die einzubehaltende Lohnsteuer die oben genannten Freigrenzen, so wird der Solidaritätszuschlag nicht sofort in voller Höhe erhoben. Nach §3 Abs. 5 des Solidaritätszuschlagsgesetzes gilt vielmehr eine **Gleitregelung.** In einem Übergangsbereich darf der Solidaritätszuschlag **20%** der Differenz zwischen der Lohnsteuer und der Freigrenze nicht übersteigen. Der Übergangsbereich wird oft als **Einschleifungsbereich** bezeichnet. Im Beispiel liegt die Lohnsteuer mit 203,66 EUR über dem Freibetrag von 162 EUR. Der Solidaritätszuschlag ermittelt sich dann aus:

5,5% Solidaritätszuschlag auf 203,66 EUR	11,20 EUR
höchstens jedoch 20% von (203,66 EUR – 162 EUR)	8,33 EUR

Auf die Lohnsteuer von 203,66 EUR wäre also nicht ein Solidaritätszuschlag in Höhe von 11,20 EUR zu erheben, sondern nur 8,33 EUR. Bei der Berechnung des Solidaritätszuschlags bleiben nach §4 Satz 2 Solidaritätszuschlagsgesetz Cent-Bruchteile unberücksichtigt.

5.5.3 Sozialversicherungsbeiträge

Kinderfreibeträge haben keinerlei Auswirkungen auf das beitragspflichtige Arbeitsentgelt und somit auch nicht auf die Beiträge zur Kranken-, Pflege-, Renten- und Arbeitslosenversicherung. Die Gesamtbeiträge zur Pflege-, Renten- und Arbeitslosenversicherung werden je zur Hälfte vom Arbeitnehmer und vom Arbeitgeber getragen. Bemessungsgrundlage ist das beitragspflichtige **Arbeitsentgelt**. In der Entgeltabrechnung wird nur der Arbeitnehmeranteil ausgewiesen. Seit der Änderung des Krankenversicherungsbeitrags im Jahr 2015 tragen Arbeitgeber und Arbeitnehmer jeweils 7,3% des Arbeitsentgelts als Krankenkassenbeitrag (14,6%). Zusätzlich muss der Arbeitnehmer den Zusatzbeitrag der Krankenkasse leisten. Der Zusatzbeitrag liegt je nach Krankenkasse zwischen 0,0% und 1,7% des Arbeitsentgelts.

Ein Zuschlag zur Pflegeversicherung ist im Beispiel aufgrund der zwei Kinder nicht zu berücksichtigen. Wäre der Arbeitnehmer kinderlos, müssten zusätzlich 0,25% des Arbeitsentgelts als Zuschlag zur Pflegeversicherung berechnet werden. Dieser Zusatzbeitrag entsteht nur für den Arbeitnehmer.

5.5.4 Arbeitgeberbelastung

Der Arbeitgeber überweist den Sparbetrag zur Vermögensbildung zusammen mit seinem Zuschuss an die Bausparkasse. Den Gesamtbetrag (40 EUR im Beispiel) zieht er direkt vom Auszahlungsbetrag ab.

Das **Kindergeld** wird nicht mehr durch den Arbeitgeber ausgezahlt. Arbeitnehmer mit Kindern erhalten von der Kindergeldkasse eine Aufforderung zur Angabe der Bankverbindung, auf die das Kindergeld direkt überwiesen wird. Das Kindergeld beträgt für die ersten beiden Kinder jeweils 194 EUR und für das dritte Kind 200 EUR pro Monat. Für das 4. und jedes weitere Kind liegt das Kindergeld bei 225 EUR pro Monat.

Das Kindergeld wird nur maximal bis zum 25. Lebensjahr gewährt.

Im Beispiel ist der Sozialversicherungsbeitrag des Arbeitgebers geringer als der des Arbeitnehmers, da der Arbeitnehmer dem Zusatzbeitrag zur Krankenversicherung unterliegt.

Gesamtbelastung		
	Bruttolohn	2.114,00 EUR
	Krankenversicherung (½ × 14,6% von 2.114 EUR)	154,32 EUR
+	Pflegeversicherung (½ × 2,55% von 2.114 EUR)	26,95 EUR
+	Rentenversicherung (½ × 18,6% von 2.114 EUR)	196,60 EUR
+	Arbeitslosenversicherung (½ × 3,0% von 2.114 EUR)	31,71 EUR
=	**Summe Sozialversicherungsbeiträge (Arbeitgeber)**	**409,58 EUR**
	Umlage U1 (1,9% × 2.114 EUR)	40,17 EUR
+	Umlage U2 (0,2% × 2.114 EUR)	4.23 EUR
+	Insolvenzgeldumlage (0,06% × 2.114 EUR)	1,27 EUR
=	**Summe Umlagen**	**45,67 EUR**
	Gesamtbelastung (Arbeitgeber)	**2.569,25 EUR**

In der Arbeitgeberbelastung sind zusätzlich die Beiträge zu den Umlagekassen U1/U2 berücksichtigt. Handelt es sich um ein Unternehmen mit mehr als 30 in Vollzeit beschäftigten Personen, entfällt die U1-Umlage als Arbeitgeberbelastung. Die U2-Umlage ist jedoch für alle Mitarbeiter zu ermitteln und der zuständigen Annahmestelle zu melden. Die Beitragssätze zu den Umlagekassen unterscheiden sich von Krankenkasse zu Krankenkasse. Die Werte im Beispiel sind Annahmewerte. Neben den Umlagen ist zusätzlich die Insolvenzgeldumlage zu ermitteln, an die Krankenkasse des Arbeitnehmers abzuführen und im Beitragsnachweis in der Zeile INSO zu melden.

Neben der monatlichen Belastung fallen jährliche Beiträge zur Berufsgenossenschaft und unter Umständen eine Schwerbehindertenausgleichsabgabe sowie ggf. Beiträge zur Künstlersozialversicherung an. Weiterhin fallen für Arbeitnehmer im Bau- und im Baunebengewerbe Beiträge zur ZVK (Versicherungsverein auf Gegenseitigkeit, mit Sitz in Wiesbaden) und die pauschale Lohnsteuer auf die Beiträge an.

5.6 Erhält der Arbeitnehmer Erstattungen für Dienstreisen?

Die meisten Tarifverträge oder Betriebsvereinbarungen sehen eine Regelung für die Erstattung der Kosten, die dem Arbeitnehmer im Rahmen einer auswärtigen Beschäftigung entstehen, vor. Diese sogenannten Reisekostenerstattungen sind in bestimmtem Umfang steuerfreier und sozialversicherungsfreier Nettolohn (vgl. §3 Nr. 16 EStG). Erstattet der Arbeitgeber die Kosten der Reisetätigkeit nicht, besteht für den Mitarbeiter die Möglichkeit, entsprechende Werbungskosten in seiner Einkommensteuererklärung geltend zu machen.

Beruflich veranlasste Auswärtstätigkeit

Die Erstattung von Reisekosten ist grundsätzlich bei einer beruflichen Auswärtstätigkeit des Arbeitnehmers möglich. Der Gesetzgeber hat zum 01.01.2014 die Auswärtstätigkeit mit dem Begriff **»erste Tätigkeitsstätte«** ersetzt und festgelegt, dass es pro Arbeitgeber nur **eine** erste Tätigkeitsstätte geben kann. Mit der Neudefinition wurde auch festgelegt, dass die Tätigkeitsstätte eine **»ortsfeste«** Einrichtung des Arbeitgebers oder eines Dritten sein muss. Somit können Fahrzeuge, Schiffe oder Flugzeuge keine erste Tätigkeitsstätte sein. Auch das Arbeitszimmer im Haus des Arbeitnehmers kann keine erste Tätigkeitsstätte sein, da dieses zwar ortsfest, jedoch nicht eine betriebliche Einrichtung des Arbeitgebers ist. Ist der Arbeitnehmer an mehreren Orten für den Arbeitgeber tätig und erfüllen diese alle Voraussetzungen, so kann der Arbeitgeber die erste Tätigkeitsstätte bestimmen. Nimmt er diese Definition nicht vor, so wird die Tätigkeitsstätte, die am nächsten zur Wohnung des Arbeitnehmers liegt, als erste Tätigkeitsstätte angenommen. Immer dann, wenn der Arbeitnehmer **nicht** an seiner ersten Tätigkeitsstätte für den Arbeitgeber tätig wird, besteht die Möglichkeit, Fahrtkosten oder Verpflegungs- und Unterkunftskosten zu vergüten.

Hat der Arbeitnehmer eine Auswärtstätigkeit mit seinem eigenen Pkw durchgeführt, dürfen **0,30 EUR** pro gefahrenen Kilometer steuer- und sozialversicherungsfrei erstattet werden. War der Arbeitnehmer während der Dienstreise nicht in einem Hotel, sondern privat untergebracht, kann ggf. eine Pauschale von **20 EUR** pro Inlandsübernachtung steuerfrei ersetzt werden. Für Dienstreisen ins Ausland gelten pro Land unterschiedliche Übernachtungspauschalen.

Zusätzlich darf der Arbeitgeber bei Dienstreisen von mehr als 8 Stunden einen steuerfreien Zuschuss zur Verpflegung des Arbeitnehmers bezahlen. Diese Verpflegungspauschale staffelt sich nach der Dauer der Reise. Für eine Dienstreise im Inland können Verpflegungsmehraufwendungen bis zu folgenden Beträgen pro Kalendertag steuer- und sozialversicherungsfrei erstattet werden:

- 24 EUR bei einer Abwesenheit von mindestens 24 Stunden
- 12 EUR bei einer Abwesenheit von mehr als 8 Stunden, aber weniger als 24 Stunden
- 12 EUR für den An- und/oder Abreisetag

Maßgebend ist die Abwesenheitsdauer vom Verlassen der Wohnung bzw. der ersten Tätigkeitsstätte. Führt der Arbeitnehmer an einem Kalendertag mehrere Dienstreisen durch, können die Abwesenheitszeiten an diesem Kalendertag zusammengerechnet werden.

Erhält der Arbeitnehmer bei einer Auswärtstätigkeit auf Veranlassung des Arbeitgebers oder durch einen Dritten eine oder mehrere Mahlzeiten, so stellen diese einen geldwerten Vorteil im Sinne des Lohnsteuerrechts dar. Übliche Mahlzeiten, mit einem Preis bis 60 EUR pro Mahlzeit, die der Mitarbeiter auf Veranlassung seines Arbeitgebers erhält, können mit den sogenannten Sachbezugswerten versteuert werden (vgl. Kapitel 5.11). Hat der Arbeitnehmer Anspruch auf eine Verpflegungspauschale, führt die Gewährung von Mahlzeiten zu einer Kürzung der Pauschalen. Die Kürzungen betragen:

- 20% der Tagespauschale (24 Stunden) pro Frühstück
- 40% der Tagespauschale (24 Stunden) pro Mittagessen oder Abendessen

Soll dem Arbeitnehmer eine Hotelrechnung erstattet werden, umfasst diese in der Regel auch die Kosten für ein Frühstück. Diese Kosten müssen herausgerechnet werden, da es sich hierbei um einen geldwerten Vorteil handelt. Weist die Hotelrechnung nur einen Gesamtbetrag – Unterkunft mit Frühstück – aus, so ist für das Frühstück der Erstattungsbetrag um **20%** der Verpflegungspauschale zu kürzen. Bemessungsgröße ist der Verpflegungssatz am Unterkunftsort für eine 24-stündige Abwesenheit – in Deutschland also 20% von 24 EUR = 4,80 EUR. Die Kürzung der Erstattung ist auch dann anzusetzen, wenn der Arbeitnehmer steuerlich keine Verpflegungspauschale erhalten kann, weil seine Reise an einem Tag weniger als 8 Stunden gedauert hat.

Erhält der Arbeitnehmer alle Mahlzeiten auf Veranlassung des Arbeitgebers kostenlos, so hat er keinen Anspruch mehr auf eine steuerfreie Verpflegungspauschale. Außerdem ist auf der Lohnsteuerbescheinigung der **Großbuchstabe »M«** zu bescheinigen. Mit dem Ausweis wird der Finanzverwaltung mitgeteilt, dass vom Arbeitgeber kostenlose Mahlzeiten gewährt wurden und ggf. keine Verpflegungspauschalen in der Einkommensteuererklärung geltend gemacht werden können.

Hat der Arbeitnehmer keinen Anspruch auf eine Verpflegungspauschale, weil zum Beispiel die Auswärtstätigkeit kürzer als 8 Stunden war, und erhält der Mitarbeiter aber eine kostenlose Mahlzeit, so ist diese mit den Sachbezugswerten in die Lohnabrechnung aufzunehmen und zu versteuern. Ab dem Jahr 2018 gelten für Mahlzeiten folgende Sachbezugswerte:

- 1,73 EUR pro Frühstück
- 3,23 EUR pro Mittagessen/Abendessen

Zusätzlich besteht die Möglichkeit, die Sachbezugswerte pauschal mit einem Steuersatz von 25% zu versteuern. Die pauschale Versteuerung löst dann die Beitragsfreiheit in den Sozialversicherungen aus. Der Erlass des Bundesfinanzministeriums mit einer möglichen Vereinfachung nach Antrag beim Finanzamt **läuft zum 31. Dezember 2018** aus. Ab 1. Januar 2019 ist der Großbuchstabe »M« verpflichtend zu bescheinigen.

Bei Auslandsreisen sind seit dem Jahr 2014 Verpflegungsmehraufwendungen nur noch in Form von festen **Verpflegungspauschbeträgen** möglich. Für die einzelnen Länder sind die maßgebenden Auslandstagegelder festgelegt. Bei Reisen vom Inland in das Ausland bestimmt sich der Pauschbetrag nach dem Ort, den der Arbeitnehmer vor 24 Uhr Ortszeit erreicht hat. Für eintägige Reisen in das Ausland und für Rückreisetage aus dem Ausland in das Inland ist der Pauschalbetrag des letzten Tätigkeitsortes im Ausland maßgebend. Das Bundesministerium der Finanzen veröffentlicht dazu pro Land die Festlegung der steuerfreien Pauschalen. Für Tätigkeiten im Ausland gibt es nur noch zwei Pauschalen in Höhe von **120 Prozent und 80 Prozent** der Auslandstagegelder nach dem Bundesreisekostengesetz, unter den gleichen Voraussetzungen wie bei den inländischen Pauschalen. Für Tätigkeiten im Ausland gibt es demnach zukünftig ebenfalls nur noch zwei Pauschalen:

- 80% der Auslandstagegelder für eintägige Reisen sowie jeweils für den An- und Abreisetag bei mehrtägigen Auswärtstätigkeiten

- 120 % der Auslandstagegelder für »eingeschlossene« Tage bei mehrtägigen Auswärtstätigkeiten.

!

Beispiel

Frau Monika Waldmann war im Abrechnungsmonat auf Geschäftsreisen und besuchte Kunden im In- und Ausland. In der Reisekostenabrechnung werden folgende Daten angegeben:

- Reisebeginn: Sonntagabend um 20:00 Uhr von Deutschland in die Niederlande.
- Ankunft im Hotel um 23:30 Uhr und Übernachtung in den Niederlanden.
- Übernachtung Montag auf Dienstag ebenso in den Niederlanden.
- Dienstag: Abreise zu Kundenbesuch in Köln um 6:00 Uhr morgens.
- Übernachtung Dienstag auf Mittwoch im Hotel in Köln; Zimmerpreis inkl. Führstück 110 EUR (mit Rechnung).
- Rückkehr nach Hause am Mittwoch um 20:30 Uhr.

Frau Waldmann legt dem Arbeitgeber für die Übernachtung in den Niederlanden **keine** Hotelrechnung vor. Die Dienstreise wurde mit dem eigenen Pkw durchgeführt und es wurden 420 km gefahren.
Frau Waldmann hat ein monatliches Gehalt von 2.100 EUR und erhält einen Zuschuss von 14 EUR zu den vermögenswirksamen Leistungen. Der Arbeitgeber überweist der Bausparkasse den Gesamtbetrag zur VwL in Höhe von 40 EUR. Frau Waldmann ist bei einer gesetzlichen Krankenkasse pflichtversichert, die Krankenkasse erhebt einen Zusatzbeitrag von 0,9 % des Arbeitsentgelts. Sie gehört einer kirchensteuerberechtigten Glaubensgemeinschaft an, ist nicht verheiratet und hat keine Kinder. Der Firmensitz liegt in Hessen. Die Beiträge zu den Umlagekassen U1/U2 werden mit 1,9 % bzw. 0,2 % angenommen. Das Unternehmen nimmt am Umlageverfahren U1 teil.

5.6.1 Entgeltabrechnung

Ermittlung des Arbeitslohnes/Arbeitsentgeltes		
	Gehalt	2.100,00 EUR
+	Zuschuss VwL	14,00 EUR
=	**Bruttolohn**	**2.114,00 EUR**
	Arbeitslohn (steuerpflichtig)	2.114,00 EUR
	Arbeitsentgelt (beitragspflichtig)	2.114,00 EUR
Steuerliche Abzüge		
	Lohnsteuer (lt. Monatstabelle f. 2.114 EUR bei Steuerklasse 1)	210,91 EUR
+	Solidaritätszuschlag	11,60 EUR
+	Kirchensteuer	18,98 EUR
=	**Summe steuerrechtliche Abzüge**	**241,49 EUR**

Sozialversicherungsbeiträge		
	Krankenversicherung (½ × 14,6% von 2.114 EUR)	154,32 EUR
+	Zusatzbeitrag KV (0,9% von 2.114 EUR)	19,03 EUR
+	Pflegeversicherung (½ × 2,55% von 2.114 EUR)	26,95 EUR
+	Zuschlag Pflegeversicherung (0,25% v. 2.114 EUR)	5,29 EUR
+	Rentenversicherung (½ × 18,6% von 2.114 EUR)	196,60 EUR
+	Arbeitslosenversicherung (½ × 3,0% v. 2.114 EUR)	31,71 EUR
=	**Summe Sozialversicherungsbeiträge (Arbeitnehmer)**	**433,90 EUR**
Gesamtabrechnung		
	Bruttolohn	2.114,00 EUR
–	Steuerrechtliche Abzüge (Arbeitnehmer)	241,49 EUR
–	Sozialversicherungsbeiträge (Arbeitnehmeranteil)	433,90 EUR
–	Überweisung an Bausparkasse	40,00 EUR
+	Erstattung Reisekosten	599,80 EUR
=	**Auszahlungsbetrag**	**1.998,41 EUR**
Gesamtbelastung		
	Bruttolohn	2.114,00 EUR
+	Sozialversicherungsbeiträge AG-Anteil	409,64 EUR
+	Erstattung Reisepauschalen	599,80 EUR
+	Umlage U1 (1,9% × 2.114 EUR)	40,17 EUR
+	Umlage U2 (0,2% × 2.114 EUR)	4,23 EUR
+	Insolvenzgeldumlage (0,06% × 2.114 EUR)	1,27 EUR
=	**Gesamtbelastung (Arbeitgeber)**	**3.170,74 EUR**

5.6.2 Steuerrechtliche Abzüge

Für die Dienstreise am Sonntag kann der Arbeitgeber die steuerfreie **Verpflegungspauschale** bezahlen. Es gilt der Auslandsverpflegungssatz für die Niederlande, der Ort, der vor 24 Uhr erreicht wurde. Am Anreisetag darf der Arbeitgeber die Pauschale für mehr als 8 Stunden, jedoch weniger als 24 Stunden steuerfrei bezahlen. Dieser Pauschalsatz beträgt im Jahr 2018 für die Niederlande 31 EUR.

Ohne die Vorlage des Hotelbelegs ist für die Übernachtung in den Niederlanden eine Pauschale von 119 EUR pro Nacht steuerfrei möglich (**Übernachtungspauschale**). Die volle Verpflegungspauschale für die Niederlande (24 Stunden) liegt seit dem Jahr 2016 bei 46 EUR. Für den gesamten Dienstag gilt noch die ausländische Verpflegungspauschale von 46 EUR für die Berechnung von Kürzungen. Der Hotelbeleg für die Übernachtung in Deutschland (110 EUR) kann nur mit der Kürzung der Verpflegungspauschale für das Frühstück ausbezahlt werden. Die Kürzung beträgt 20% von 46 EUR = 9,20 EUR. Für den Mittwoch darf der Arbeitgeber die deutsche Verpflegungspauschale von 12 EUR steuerfrei bezahlen, da die Dienstreise an diesem Tag vor 24 Uhr endet.

Für die Fahrten mit dem eigenen Pkw (420 km) darf der Arbeitgeber pauschal **0,30 EUR** für jeden gefahrenen Kilometer erstatten. In den 30 Cent pro Kilometer sind die Kosten für Treibstoff und die allgemeine Abnutzung enthalten. Parkgebühren oder sonstige Autokosten können jedoch extra vergütet werden. Auch Straßennutzungsgebühren dürfen zusätzlich erstattet werden. Somit ergibt sich ein Gesamterstattungsbetrag für Frau Waldmann von:

Tag	Verpflegung	Übernachtung	Fahrtkosten
Sonntag	31,00 EUR	119,00 EUR	
Montag	46,00 EUR	119,00 EUR	
Dienstag	46,00 EUR	100,80 EUR	
Mittwoch	12,00 EUR	–	
So – Mi			126,00 EUR
Gesamt	135,00 EUR	338,80 EUR	126,00 EUR

Für die Verpflegungspauschale am Dienstag gilt der Pauschalsatz zum Zeitpunkt 0:00 Uhr. Da Frau Waldmann zu diesem Zeitpunkt noch in den Niederlanden war, wird für den Dienstag der niederländische Pauschalsatz angesetzt. Werden an einem Kalendertag Auswärtstätigkeiten im In- und Ausland durchgeführt, ist für diesen Tag das entsprechende Auslandstagegeld maßgebend, selbst dann, wenn die überwiegende Zeit im Inland verbracht wird. Die Pauschalen bzw. Erstattungen kann der Arbeitgeber steuer- und sozialversicherungsfrei an den Arbeitnehmer ausbezahlen.

Gewährt der Arbeitgeber Tagespauschalen über die steuerlich zulässigen Höchstwerte hinaus, sind diese zunächst steuerpflichtiger Arbeitslohn. Die übersteigenden Pauschalen können jedoch mit einem pauschalen Steuersatz von **25% versteuert** werden, soweit sie nicht **100%** des zulässigen Höchstbetrags übersteigen. Dies bedeutet, dass bei einer Abwesenheitszeit je Kalendertag von:

- mindestens 8 Stunden 24 EUR gezahlt werden dürfen, wovon 12 EUR steuerfrei sind und 12 EUR pauschal zu versteuern sind.
- 24 Stunden 48 EUR gezahlt werden dürfen, wovon 24 EUR steuerfrei bleiben und 24 EUR pauschal zu versteuern sind.

Die steuerfrei ausbezahlten Verpflegungszuschüsse müssen außerdem in der Lohnsteuerbescheinigung in Zeile 20 ausgewiesen werden. Zusätzlich ist auf der Lohnsteuerbescheinigung der Großbuchstabe »M« immer dann zu bescheinigen, wenn bei einer Auswärtstätigkeit Verpflegungspauschalen durch den Arbeitgeber bezahlt wurden. Der Ausweis kann jedoch entfallen, wenn die Reisekosten nicht über die Lohnabrechnung abgerechnet werden.

Beachten Sie: Die steuerfreien Pauschalen sind Höchstgrenzen. Es ist auch zulässig, niedrigere Pauschalen zu bezahlen oder auf die Vergütung von Pauschalen zu verzichten. In diesem Fall kann der Arbeitnehmer die Pauschalen in seiner Einkommensteuer-Erklärung geltend machen. Eine Übersicht der Reisekostenpauschalen für Inlands- und Auslandsreisen sowie die Sachbezugswerte für Unterkunft und Verpflegung finden Sie in den Arbeitshilfen unter www.haufe.de/mybook.

5.6.3 Sozialversicherungsbeiträge

Reisespesen können vom Arbeitgeber im Rahmen der Höchstbeträge steuerfrei und somit auch sozialversicherungsfrei erstattet werden. Die Pauschalen sind sozialversicherungsfreies Arbeitsentgelt und unterliegen bis zu den Höchstsätzen nicht den Beiträgen zu den Sozialkassen. Werden Tagespauschalen über die steuerlich zulässigen Höchstbeträge hinaus gewährt, unterliegt der übersteigende Anteil den Beiträgen zu den Sozialversicherungen. Der übersteigende Anteil kann mit einem pauschalen Steuersatz versteuert werden. Nimmt der Arbeitgeber die pauschale Versteuerung mit 25% vor, entsteht Beitragsfreiheit in den Sozialversicherungen. Die pauschale Versteuerung ist jedoch nur bis zum Doppelten der steuerfreien Pauschalen möglich (Beispiel: 24 EUR Verpflegungspauschale bei mehr als 8 Stunden Abwesenheit).

Die Erstattung der Auslagen für Hotel und Pkw sind kein sozialversicherungspflichtiges Arbeitsentgelt. Die berufliche Veranlassung der Auswärtstätigkeit, die Reisedauer und den Reiseweg muss der Mitarbeiter aufzeichnen und anhand geeigneter Unterlagen, z.B. Fahrtenbuch, Tankquittungen, Hotelrechnungen, Schriftverkehr etc. nachweisen oder glaubhaft machen.

5.6.4 Arbeitgeberbelastung

Werden die Reisekosten über die Entgeltabrechnung ausbezahlt, sind die steuerfrei gewährten Verpflegungspauschalen grundsätzlich in die elektronische Lohnsteuerbescheinigung aufzunehmen. Eine Bescheinigung ist jedoch nicht zwingend erforderlich, wenn das Betriebsstättenfinanzamt eine andere Aufzeichnung als im Lohnkonto zugelassen hat, weil die Reisekosten beispielsweise nicht über die Lohnabrechnung ausbezahlt werden. Diese Vereinfachungsregel muss mit dem Finanzamt abgestimmt werden und gilt nur bis Ende 2019.

Gesamtbelastung		
	Bruttolohn	2.114,00 EUR
	Krankenversicherung (½ × 14,6% von 2.114 EUR)	154,32 EUR
+	Pflegeversicherung (½ × 2,55% von 2.114 EUR)	26,95 EUR
+	Rentenversicherung (½ × 18,6% von 2.114 EUR)	196,60 EUR
+	Arbeitslosenversicherung (½ × 3,0% v. 2.114 EUR)	31,71 EUR
=	**Summe Sozialversicherungsbeiträge (Arbeitgeber)**	**409,58 EUR**
	Erstattung Reisepauschalen	599,80 EUR
+	Umlage U1 (1,9% × 2.114 EUR)	40,17 EUR
+	Umlage U2 (0,2% × 2.114 EUR)	4,23 EUR
+	Insolvenzgeldumlage (0,06% × 2.114 EUR)	1,27 EUR
=	**Summe Reisepauschalen + Umlagen**	**645,47 EUR**
	Gesamtbelastung (Arbeitgeber)	**3.169,05 EUR**

Der Arbeitgeberbeitrag zu den Sozialversicherungen ist zunächst geringer als der Arbeitnehmerbeitrag. Dies resultiert aus dem Zusatzbeitrag zur Krankenversicherung und dem Zuschlag zur Pflegeversicherung (0,25% des Arbeitsentgelts). In der Arbeitgeberbelastung sind zusätzlich die Beiträge zu den Umlagekassen U1/U2 berücksichtigt. Die Umlage U1 entsteht jedoch nur für Unternehmen mit bis zu 30 in Vollzeit beschäftigten Personen. Die Werte im Beispiel sind Annahmewerte, sie unterscheiden sich von Krankenkasse zu Krankenkasse. Der Wert der Insolvenzgeldumlage wird jährlich zum 1. Januar neu festgelegt.

Zusätzlich fallen beim Arbeitgeber für Arbeitnehmer im Bau- und im Baunebengewerbe Beiträge zur ZVK (Versicherungsverein auf Gegenseitigkeit, mit Sitz in Wiesbaden) und die pauschale Lohnsteuer auf die Beiträge an.

Neben der monatlichen Belastung fallen jährliche Beiträge zur Berufsgenossenschaft und unter Umständen eine Schwerbehindertenausgleichsabgabe sowie ggf. Beiträge zur Künstlersozialversicherung an.

5.7 Hat der Arbeitnehmer nicht zum Ersten eines Monats angefangen?

Ist der Lohnzahlungszeitraum der Kalendermonat, bleibt es für die Lohnsteuerberechnung ohne Bedeutung, ob dieser 28, 29, 30 oder 31 Kalendertage hat. Die Lohnsteuer bemisst sich nach einem Zwölftel der Jahreslohnsteuer (Monatslohnsteuerformel), also nach **30 Steuertagen**. Bei Ein- oder Austritt während des Lohnzahlungszeitraums verkürzt sich dieser jedoch entsprechend und es entsteht ein **Teillohnzahlungszeitraum**. Die Lohnsteuer ergibt sich in diesem Fall aus der Zahl der beschäftigten **Kalendertage** des Monats (Tageslohnsteuer). Ein Teillohnzahlungszeitraum bewirkt außerdem eine Verringerung der monatlichen Sozialversicherungstage. Entsprechend den Steuertagen ergeben sich bei Ein- oder Austritt während des Kalendermonats die Sozialversicherungstage aus der Anzahl »beschäftigter« Kalendertage.

Wichtig: Der Lohnzahlungszeitraum verkürzt sich nicht durch unbezahlten Urlaub, Kurzarbeit, Streik, Arbeitsunfähigkeit von mehr als 6 Wochen, Mutterschutz oder Elternzeit.

Beispiel 1 !

Frau Monika Waldmann beginnt ein neues Arbeitsverhältnis. Laut Arbeitsvertrag ist der erste Arbeitstag nach »Heilige drei Könige«, also am 07.01.2018. Vertraglich wird vereinbart, dass Frau Waldmann ein Bruttogehalt von 2.100 EUR monatlich erhält. Dieses wird im Januar anteilig gekürzt. Außerdem gewährt ihr der Arbeitgeber einen Zuschuss von 14 EUR zu den vermögenswirksamen Leistungen. Die VwL sollen im ersten Monat nicht anteilig gekürzt werden. Der Arbeitgeber überweist der Bausparkasse den Gesamtbetrag zur VwL in Höhe von 40 EUR. Frau Waldmann ist bei einer gesetzlichen Krankenkasse pflichtversichert, die Krankenkasse erhebe einen Zusatzbeitrag von 0,9% des Arbeitsentgelts. Aus der ELStAM-Datenbank wurden Steuerklasse 1 und keine Kinderfreibeträge und die Kirchensteuerpflicht übermittelt. Der Firmensitz liegt in Sachsen. Die Beiträge zu den Umlagekassen U1/U2 werden mit 1,9% bzw. 0,2% angenommen. Das Unternehmen nimmt am Umlageverfahren U1 teil.

5.7.1 Entgeltabrechnung

Ermittlung des Arbeitslohnes/Arbeitsentgeltes		
	Gehalt	2.100,00 EUR
	Anteiliges Gehalt für Januar (30stel Methode)	1.750,00 EUR
+	Zuschuss VwL	14,00 EUR
=	**Bruttolohn**	**1.764,00 EUR**
	Arbeitslohn (steuerpflichtig)	1.764,00 EUR
	Arbeitsentgelt (beitragspflichtig)	1.764,00 EUR
Steuerliche Abzüge		
	Lohnsteuer (lt. Tagestabelle für 1.764 EUR bei Steuerkl. 1 / 25 Steuertage)	173,75 EUR
+	Solidaritätszuschlag	9,50 EUR
+	Kirchensteuer	15,50 EUR
=	**Summe steuerrechtliche Abzüge**	**198,75 EUR**
Sozialversicherungsbeiträge		
	Krankenversicherung (½ × 14,6% von 1.764 EUR)	128,77 EUR
+	Zusatzbeitrag KV (0,9% von 1.764 EUR)	15,88 EUR
+	Pflegeversicherung (1,775% von 1.764 EUR)	31,31 EUR
+	Zuschlag zur Pflegevers. (0,25% von 1.764 EUR)	4,41 EUR
+	Rentenversicherung (½ × 18,6% von 1.764 EUR)	164,05 EUR
+	Arbeitslosenversicherung (½ × 3,0% von 1.764 EUR)	26,46 EUR
=	**Summe Sozialversicherungsbeiträge (Arbeitnehmer)**	**370,88 EUR**
Gesamtabrechnung		
	Bruttolohn	1.764,00 EUR
–	Steuerrechtliche Abzüge (Arbeitnehmer)	198,75 EUR
–	Sozialversicherungsbeiträge (Arbeitnehmeranteil)	370,88 EUR
–	Überweisung an Bausparkasse	40,00 EUR

Gesamtbelastung		
	Bruttolohn	1.764,00 EUR
+	Sozialversicherungsbeiträge AG-Anteil	333,83 EUR
+	Umlage U1 (1,9% × 1.764 EUR)	33,52 EUR
+	Umlage U2 (0,2% × 1.764 EUR)	3,53 EUR
+	Insolvenzgeldumlage (0,06% × 1.764 EUR)	1,06 EUR
=	**Gesamtbelastung (Arbeitgeber)**	**2.136,47 EUR**

Die Beschäftigung von Frau Waldmann beginnt erst zum 7. des Monats. Somit wird die Lohnsteuer im Januar aus der Tageslohnsteuertabelle für die verbleibenden Kalendertage des Monats ermittelt. Im Beispiel ergeben sich 25 steuerpflichtige Kalendertage (31 Tage minus 6 Tage). Im Februar bemisst sich die Lohnsteuer trotz 28 Kalendertagen an der Monatslohnsteuertabelle, sofern der Mitarbeiter durchgängig beschäftigt ist.

5.7.2 Steuerrechtliche Abzüge

Lohnsteuer

War ein Arbeitnehmer vom ersten bis zum letzten Tag eines Monats durchgehend beschäftigt, geht das Steuerrecht immer von 30 Steuertagen aus. In diesem Fall ist es für die steuerliche Berechnung unerheblich, ob der Monat nur 20 Arbeitstage hat oder ob es sich um einen Monat mit 31 Kalendertagen handelt. Bei Ein- oder Austritt während des Monats ist für die Berechnung der Lohnsteuer von den tatsächlichen **Kalendertagen** auszugehen. Ist der Arbeitnehmer also nicht den vollen Monat beschäftigt, wie im Beispiel Frau Waldmann, hat dies zwei Wirkungen:

- Die Steuertage kürzen sich nach folgender Formel:
  Steuertage = Kalendertage des Monats – Kalendertage vor Eintritt des Arbeitnehmers.
- Die Lohnsteuer wird nicht nach der Monatslohnsteuertabelle, sondern nach der Tageslohnsteuertabelle ermittelt.

Die Lohnsteuer auf den Arbeitslohn ist nach der Tageslohnsteuertabelle für 25 Steuertage zu bestimmen. Im Beispiel ergibt sich 1.764 : 25 = 70,56 EUR Bruttoverdienst pro Tag.

Wäre Frau Waldmann beispielsweise nicht später eingetreten, sondern vor dem Monatsende aus dem Unternehmen ausgeschieden, würden sich die

Steuertage um die verbleibenden Tage zwischen Austrittstag und Monatsende reduzieren. Im Beispiel wird unterstellt, dass der Zuschuss zur Vermögensbildung nicht anteilig gekürzt wird, sondern in vollem Umfang auch für den Teillohnzahlungszeitraum bezahlt wird.

Beachten Sie: Im Bundesland Sachsen trägt der Mitarbeiter einen höheren Anteil an der Pflegeversicherung. Die Sozialversicherungsbeiträge werden anteilig auf die Lohnsteuer angerechnet.

Kirchensteuer

Auch für die Kirchensteuer ist analog zur Lohnsteuer im Beispiel die Tageslohnsteuertabelle anzuwenden. Entsprechend der Tagestabelle ist auf den Tageslohn von 70,56 EUR bei der Steuerklasse 1 eine Lohnsteuer von 6,95 EUR pro Tag zu bezahlen. Die Kirchensteuer ergibt sich nun aus 9% (Sachsen) von 6,95 EUR (0,62 EUR) multipliziert mit der Anzahl der Steuertage (25 Tage). Bei der Ermittlung der Kirchensteuer bleiben Bruchteile eines Cent nicht berücksichtigt. Der Prozentsatz der Kirchensteuer richtet sich nach dem Bundesland des Firmensitzes – im Beispiel 9% für Sachsen.

Solidaritätszuschlag

Wie bei der Lohnsteuer ist für den Solidaritätszuschlag die Tageslohnsteuertabelle anzuwenden. Der Solidaritätszuschlag ergibt sich im Beispiel aus 5,5% von 6,95 EUR (0,38 EUR) × 25 Steuertage. Auch bei Teillohnzahlungszeiträumen ist die Freigrenze für den Solidaritätszuschlag zu berücksichtigen. Sie ergibt sich als 1/30 des jeweiligen Monatswertes. Bei der Steuerklasse 1 liegt die Freigrenze bei 2,70 EUR Lohnsteuer pro Tag. Für die Prüfung des Übergangsbereichs (Einschleifungsbereich) ist folgende Vergleichsrechnung anzustellen:[33]

5,5% Solidaritätszuschlag von 6,95 EUR =	0,38 EUR
höchstens jedoch 20% von (6,95 EUR – 2,70 EUR) =	0,85 EUR

Im Beispiel liegt der Höchstbetrag des Übergangsbereichs mit 0,85 EUR pro Tag über dem tatsächlichen Solidaritätszuschlag (0,38 EUR pro Tag). Somit sind als Solidaritätszuschlag 9,50 EUR (25 × 0,38 EUR) anzusetzen. Hätte der Arbeitnehmer Kinder, wäre zusätzlich für die Berechnung des Solidaritätszuschlags der Kinderfreibetrag zu berücksichtigen (vgl. Kapitel 5.5).

Beachten Sie: Hat ein Arbeitnehmer wegen Krankheit, Urlaub, Streik, unerlaubtem Fernbleiben o.Ä. nicht den vollen Monat gearbeitet, kommt es nicht

33 Vgl. Kapitel 4.2.3 »Berechnung des Solidaritätszuschlags«.

zu einer Kürzung der Steuertage. Eine Kürzung tritt nur dann ein, wenn der Arbeitnehmer nach dem Monatsbeginn in die Firma eintritt oder vor Monatsende aus dem Unternehmen ausscheidet.

5.7.3 Sozialversicherungsbeiträge

Einstellung oder Austritt während des Kalendermonats verringert entsprechend den Steuertagen auch die Sozialversicherungstage (SV-Tage). Hat der Arbeitnehmer in einem Monat weniger als 30 SV-Tage gearbeitet, ist die anteilige Beitragsbemessungsgrenze (BBG) zu berücksichtigen. Die BBG ist der Höchstbetrag des Arbeitsentgeltes, von dem Beiträge zu den Sozialversicherungen berechnet werden. Für über der BBG liegende Teile des Arbeitsentgeltes sind keine Beiträge zu erheben und abzuführen. Die Jahresbeitragsbemessungsgrenze (JBBG) liegt für die Renten- und Arbeitslosenversicherung (RV/ALV) bei 78.000 EUR (69.600 EUR in den neuen Bundesländern), für die Kranken- und Pflegeversicherung (KV/PV) bei 53.100 EUR. Aus der Jahresbeitragsbemessungsgrenze lässt sich die entsprechende Tagesgrenze nach der folgenden Formel ermitteln:

$$\text{Tagesbeitragsbemessungsgrenze (TBBG)} = \frac{\text{JBBG}}{360}$$

Wie das Steuerrecht geht auch das Sozialversicherungsrecht von 360 Sozialversicherungstagen pro Jahr aus. Besteht das Beschäftigungsverhältnis nicht den durchgehenden Kalendermonat, ist für die BBG die Tagesgrenze mit der Anzahl Kalendertage zu multiplizieren, an denen das Arbeitsverhältnis bestand. Im Beispiel bestand das Arbeitsverhältnis an 25 Kalendertagen und entsprechend liegt die Grenze, bis zu der Arbeitsentgelt beitragspflichtig ist, bei 4.833,33 EUR für die RV/ALV (Grenze Ost) und 3.687,50 EUR für die KV/PV. Die Grenze für KV/PV ergibt sich aus 4.425 EUR / 30 = 147,50 EUR pro Tag, multipliziert mit 25 Tagen. Für die Renten- und Arbeitslosenversicherung lautet die Berechnung:

BBG Ost: 5.800 EUR / 30	193,33 EUR
193,33 EUR × 25	4.833,33 EUR

! **Beispiel 2**

Frau Waldmann tritt am 07.01.2018 in die Firma ein. Angenommen, ihr laufendes Gehalt beträgt 6.000 EUR pro Monat, so erhält sie für den Monat Januar ihr anteilig auf 25 Tage umgerechnetes Gehalt von 5.000 EUR. Die Firma liegt in Sachsen, es gelten also die Bemessungsgrenzen Ost in der Renten- und Arbeitslosenversicherung.
Für die Berechnung der Beiträge zu den Sozialversicherungen ist von folgenden Grenzen auszugehen:

BBG in der RV/ALV (TBBG × 25 Tage)	4.833,33 EUR
BBG in der KV/PV (TBBG × 25 Tage)	3.687,50 EUR

In Beispiel 2 würden sich für Frau Waldmann bei einem anteilig laufenden Bruttolohn von 5.000 EUR folgende Beiträge (Arbeitnehmeranteil) ergeben:

Sozialversicherungsbeiträge		
	Krankenversicherung (½ × 14,6% von 3.687,50 EUR)	269,19 EUR
+	Zusatzbeitrag KV (0,9% von 3.687,50 EUR)	33,19 EUR
+	Pflegeversicherung (1,775% von 3.687,50 EUR)	65,45 EUR
+	Zuschlag zur Pflegevers. (0,25% von 3.687,50 EUR)	9,22 EUR
+	Rentenversicherung (½ × 18,6% von 4.833,33 EUR)	449,50 EUR
+	Arbeitslosenversicherung (½ × 3,0% von 4.833,33 EUR)	72,50 EUR
=	**Summe Sozialversicherungsbeiträge (Arbeitnehmer)**	**899,05 EUR**

Das anteilige beitragspflichtige Entgelt für 25 Sozialversicherungstage ist auf Basis der Beitragsbemessungsgrenzen Ost (53.100 EUR / 69.600 EUR) zu ermitteln und liegt bei 3.687,50 EUR in der Kranken- und Pflegeversicherung. In der Renten- und Arbeitslosenversicherung unterliegen für 25 Kalendertage maximal 4.833,33 EUR den Beiträgen (anteilige Beitragsbemessungsgrenze). Bei der Ermittlung des Zuschlags zur Pflegeversicherung wird davon ausgegangen, dass Frau Waldmann keine Kinder oder Adoptivkinder hat oder hatte.

Wichtig: Liegt das beitragspflichtige Arbeitsentgelt unter der Beitragsbemessungsgrenze für die Kranken- und Pflegeversicherung, hat eine Kürzung der Sozialversicherungstage keine direkten Auswirkungen auf die Berechnung der Sozialversicherungsbeiträge. Die anteilige Beitragsbemessungsgrenze (BBG) bei weniger als 30 SV-Tagen ist nur bei einer Überschreitung einer oder beider BBGs von Bedeutung.

Besonderheit im Bundesland Sachsen

Im Bundesland Sachsen gilt es eine Besonderheit zu beachten. In Sachsen trägt der Arbeitgeber nur 0,775% von den 2,55%-Beitrag zur Pflegeversicherung. In der Pflegeversicherung gilt in diesem Bundesland also nicht der Halbteilungsgrundsatz. Entsprechend wurde in den Beispielen die Pflegeversicherung nicht aus 1,275% × 1.764 EUR ermittelt, sondern aus 1.775% × 1.764 EUR. Der für Sachsen gültige Prozentsatz ist ggf. auch auf eine anteilige Beitragsbemessungsgrenze anzuwenden.

5.7.4 Arbeitgeberbelastung

Der Arbeitgeber überweist den Sparbetrag zur Vermögensbildung zusammen mit seinem Zuschuss an die Bausparkasse. Der Gesamtbetrag von 40 EUR wird direkt vom Auszahlungsbetrag abgezogen (Nettoabzug). Der im Vergleich zur Monatstabelle höhere Steuerbetrag gilt nur für den Eintrittsmonat. Für die Berechnung der Beiträge zur Sozialversicherung ist die anteilige monatliche Beitragsbemessungsgrenze zu berücksichtigen. Das Entgelt von Frau Waldmann liegt jedoch unter dieser Grenze, so dass die anteilige Beitragsbemessungsgrenze keine Rolle spielt. Aus der Gesamtabrechnung ergibt sich für den Arbeitgeber folgende Arbeitgeberbelastung:

Gesamtbelastung		
	Bruttolohn	1.764,00 EUR
	Krankenversicherung (½ × 14,6% von 1.764 EUR)	128,77 EUR
+	Pflegeversicherung (0,775% von 1.764 EUR)	13,67 EUR
+	Rentenversicherung (½ × 18,6% von 1.764 EUR)	164,05 EUR
+	Arbeitslosenversicherung (½ × 3,0% von 1.764 EUR)	26,46 EUR
=	**Summe Sozialversicherungsbeiträge (Arbeitgeber)**	**332,95 EUR**
	Umlage U1 (1,9% × 1.764 EUR)	33,52 EUR
+	Umlage U2 (0,2% × 1.764 EUR)	3,53 EUR
+	Insolvenzgeldumlage (0,06% × 1.764 EUR)	1,06 EUR
=	**Summe Umlagen**	**38,11 EUR**
	Gesamtbelastung (Arbeitgeber)	**2.135,06 EUR**

Der Arbeitgeberanteil zu den Sozialversicherungen ist aufgrund des Fehlens des Zuschlags zur Pflegeversicherung und des Zusatzbeitrags zur Krankenversicherung geringer als der Arbeitnehmeranteil. Außerdem beträgt der Arbeitgeberanteil zur Pflegeversicherung in Sachsen nur 0,775%, der Anteil des Arbeitnehmers 1,775%. Die Insolvenzgeldumlage beträgt 0,06% des rentenversicherungspflichtigen Arbeitsentgelts. In der Arbeitgeberbelastung sind zusätzlich die Beiträge zu den Umlagekassen U1/U2 berücksichtigt. Handelt es sich um ein Unternehmen mit mehr als 30 in Vollzeit beschäftigten Personen, entfällt die U1-Umlage als Arbeitgeberbelastung. Die U2-Umlage ist jedoch unabhängig von der Firmengröße für alle Mitarbeiter zu berechnen. Die Beitragssätze zu den Umlagekassen unterscheiden sich von Krankenkasse zu Krankenkasse und wurden beispielhaft angenommen.

Zur Gesamtarbeitgeberbelastung sind noch die Beiträge zur Berufsgenossenschaft, unter Umständen die Schwerbehindertenausgleichsabgabe und im Bau- und Baunebengewerbe die Beiträge zur ZVK zu rechnen.

5.8 Arbeitet der Mitarbeiter nachts, an Sonn- und Feiertagen?

Grundsätzlich ist der Arbeitgeber verpflichtet, für gesetzliche Feiertage den Arbeitslohn so fortzuzahlen, als ob an diesem Tag ohne Feiertag zu arbeiten gewesen wäre (Lohnausfallprinzip). Für Arbeitnehmer mit einem festen monatlichen Gehalt wird der Feiertag ohne Gehaltsabzug bezahlt. Arbeitnehmer, die auf Stundenlohnbasis vergütet werden, sind so zu stellen, als wäre am Feiertag gearbeitet worden. Insbesondere sind in den sogenannten Feiertagslohn

- Zulagen und Schichtzuschläge (z.B. Erschwerniszulage),
- ausgefallene, angeordnete Überstunden sowie
- durchschnittliche Akkord- und Prämienleistungen

mit einzurechnen. Den Anspruch auf Entgeltfortzahlung haben nach §2 Entgeltfortzahlungsgesetz (EFZG) alle Arbeitnehmer, also auch Aushilfen und Teilzeitkräfte. Die gesetzlichen Feiertage ergeben sich aus den Bundes- und Ländervorschriften zur Feiertagsregelung.

Arbeiten Arbeitnehmer zu unüblichen Tageszeiten (nach 20 Uhr bis 6 Uhr) oder an Sonn- und Feiertagen, können bzw. müssen zum Ausgleich steuerfreie Zuschläge zusätzlich zum (fortgezahlten) Grundlohn gezahlt werden. Für die Nachtarbeiter besteht nach §6 Abs. 5 Arbeitszeitgesetz ein Anspruch auf einen steuerfreien Zuschlag bzw. Ausgleichszeit. Zuschläge für Nacht-, Sonn- und Feiertagsarbeit sind jedoch nicht unbegrenzt steuerfrei. §3b Einkommensteuergesetz (EStG) regelt die steuerfreien Höchstgrenzen für Arbeit zu ungünstigen Arbeitszeiten. Zahlt der Arbeitgeber Zuschläge über die Höchstgrenzen hinaus, ist der übersteigende Zuschlag dem laufenden Arbeitslohn zuzurechnen und unterliegt der normalen Besteuerung sowie den Beiträgen zu den Sozialversicherungen. Treffen mehrere steuerbegünstigte Umstände zusammen (z.B. Nachtarbeit am Sonntag), dürfen die steuerfreien Höchstgrenzen zum Teil addiert werden. Zahlt der Arbeitgeber hingegen Zuschläge für Mehrarbeit (Überstunden), die nicht nachts oder an Sonn- und Feiertagen geleistet werden, sind diese voll steuerpflichtig. Steuerfreie Zulagen zum Grundlohn sind von Beiträgen zu den Sozialversicherungen befreit. Die Steuerfreiheit der Zuschläge wurde auf ein monatliches Einkommen von **8.000 EUR bzw. 50 EUR Stundenlohn** begrenzt. Übersteigt der steuerpflichtige Arbeitslohn eine dieser Grenzen, unterliegen Zuschläge für Nacht-, Sonntags- und Feiertagsarbeit grundsätzlich der Lohnsteuer. Der Grundlohn ist der **laufende Arbeitslohn**, der dem Mitarbeiter bei der für ihn maßgebenden regelmäßigen Arbeitszeit für den jeweiligen Lohnzahlungszeitraum zusteht.

Außerdem wurde die Sozialversicherungsfreiheit von Zuschlägen eingeschränkt. Zuschläge für Sonntags-, Feiertags- und Nachtarbeit unterliegen den Beiträgen zu den Sozialversicherungen, sobald der durchschnittliche Stundenlohn **25 EUR** übersteigt. Die Ermittlung des maßgeblichen Grundlohns orientiert sich am Steuerrecht. Hiernach handelt es sich um das laufende Arbeitsentgelt, das dem Arbeitnehmer für seine regelmäßige Arbeitszeit im jeweiligen Entgeltabrechnungszeitraum zusteht. Zum **Grundlohn** gehören insbesondere:

- laufender Arbeitslohn, laufendes Gehalt
- Nachzahlungen, Vorauszahlungen von laufendem Arbeitslohn
- Sachbezüge
- Zuschüsse zu vermögenswirksamen Leistungen
- Zuschläge und Zulagen, die wegen der Besonderheit der Arbeit regelmäßig gezahlt werden, z.B. Erschwerniszulagen oder Schichtzuschläge
- Zuschläge, die für Arbeit in steuerlich nicht begünstigten Zeiten gezahlt werden
- steuerfreie Beiträge für eine Direktversicherung, Pensionskasse oder Pensionsfonds, soweit der Arbeitgeber diese laufend bezahlt. Dies gilt auch, sofern der Betrag die Grenze von 4% der jährlichen Beitragsbemessungsgrenze der Rentenversicherung übersteigt.
- Verdiensterhöhungen, die nicht nur vorübergehender Natur sind und die während des Berechnungszeitraums eintreten.

Wird das laufende Arbeitsentgelt nicht auf Stundenbasis abgerechnet, sondern als Monatsgehalt gezahlt, ist es in einen Stundenlohn umzurechnen. Dazu muss zunächst aus der individuellen wöchentlichen Arbeitszeit des Arbeitnehmers seine monatliche Stundenzahl ermittelt werden, indem die wöchentliche Arbeitszeit mit dem Faktor **4,35** multipliziert wird. Anschließend ist das laufende monatliche Arbeitsentgelt durch die so ermittelte Stundenzahl zu teilen.

! **Beispiel 1**

Monika Waldmann hat eine wöchentliche Arbeitszeit von 39 Stunden. Ihr monatliches Gehalt beträgt 2.400 EUR.

Beurteilung

Die durchschnittliche monatliche Arbeitszeit beträgt:

4,35 × 39 Std.	169,65 Stunden
2.400 EUR / 169,65	14,15 EUR Grundlohn / Std.

Alternativ ist auch die durchschnittliche Stundenzahl der letzten 13 Wochen für die Ermittlung des Grundlohns als Berechnungsbasis zulässig. Die Berechnung ist vereinfacht nach der folgenden Formel möglich:

Durchschnittliche Arbeitsstunden pro Monat = (Wöchentliche Arbeitsstunden × 13) ÷ 3

In der Praxis wird jedoch häufig der Durchschnittslohn aus den letzten drei Gehaltsabrechnungen verwendet. Für die Durchschnittslohnberechnung sind auch spezielle Regelungen aus Tarifverträgen zu prüfen und ggf. zu berücksichtigen.

! **Beispiel 2**

Monika Waldmann hat eine wöchentliche Arbeitszeit von 39 Stunden. Ihr monatliches Gehalt beträgt 2.400 EUR.

Beurteilung

Die durchschnittliche monatliche Arbeitszeit beträgt:

39 Std. × 13 507 Std. / 3	507 Stunden 169 Stunden
2.400 EUR / 169 Std.	14,20 EUR Grundlohn / Std.

Wird ein Stundenlohn von 25 EUR überschritten, sind die Zuschläge, die auf den überschreitenden Teil des Stundenlohns entfallen, gemäß §1 Satz 2 Arbeitsentgeltverordnung (ArEV) dem Arbeitsentgelt zuzurechnen und damit beitragspflichtig. Dieser Betrag kann ermittelt werden, indem der Differenzbetrag zwischen 25 EUR und dem tatsächlichen Grundlohn mit dem für die geleistete Arbeit als zu berücksichtigenden Wert multipliziert und dieses Produkt anschließend mit der Anzahl der Zuschlagsstunden multipliziert wird.

! **Beispiel 3**

Monika Waldmann erhält ein monatliches Bruttogehalt in Höhe von 4.600 EUR. Ihre regelmäßige wöchentliche Arbeitszeit beträgt 38 Stunden. Sie hat im vergangenen Monat 20 Überstunden in der Zeit von 20:00 Uhr bis 0:00 Uhr geleistet. Für diese

Nachtarbeitsstunden erhält sie einen Zuschlag in Höhe von 25% auf den Stundenlohn. Die Mehrarbeit wird mit dem durchschnittlichen Grundlohn vergütet. Zusätzlich zum monatlichen Gehalt erhält sie einen Zuschuss von 17,50 EUR zu den vermögenswirksamen Leistungen (VwL). Den Gesamtbetrag von 40 EUR überweist der Lohnabrechnende an die Bausparkasse und zieht ihn vom Nettoverdienst ab. Die Arbeitnehmerin ist bei einer gesetzlichen Krankenkasse freiwillig krankenversichert und gehört einer kirchensteuerberechtigten Glaubensgemeinschaft an. Die Krankenkasse erhebt einen Zusatzbeitrag von 0,9% des Arbeitsentgelts. Der Firmensitz ist im Bundesland Bremen. Frau Waldmann hat Steuerklasse 1 und keine Kinder. Die Beiträge zu den Umlagekassen U1/U2 werden mit 1,9% bzw. 0,2% angenommen. Das Unternehmen nimmt am Umlageverfahren U1 teil.

5.8.1 Entgeltabrechnung

Ermittlung des Arbeitslohnes/Arbeitsentgeltes		
	Monatsstundenzahl (38 × 4,35)	165,30 Std.
	Basis Arbeitslohn (4.600 EUR + 17,50 EUR)	4.617,50 EUR
	Durchschnittlicher Stundenlohn (4.617,50 EUR/165,30)	27,93 EUR
	Überstundenzuschlag (25% von 27,93 EUR)	6,98 EUR
	Monatslohn	4.600,00 EUR
+	Zuschuss VwL	17,50 EUR
+	Überstunden (20 × 27,93 EUR)	558,60 EUR
+	Überstundenzuschlag (20 × 6,25 EUR sv-frei)	125,00 EUR
+	Überstundenzuschlag (20 × 0,73 EUR sv-pflichtig)	14,65 EUR
=	**Bruttolohn**	**5.315,75 EUR**
	Arbeitslohn (steuerpflichtig)	5.176,10 EUR
	Arbeitsentgelt (beitragspflichtig)	5.190,75 EUR
Steuerliche Abzüge		
	Lohnsteuer (lt. Monatstabelle bei Steuerkl. 1, keine Kinder)	1.100,16 EUR
+	Solidaritätszuschlag	60,50 EUR
+	Kirchensteuer	99,01 EUR
+	Kammerbeitrag	7,76 EUR
=	**Summe steuerrechtliche Abzüge**	**1.267,43 EUR**

Sozialversicherungsbeiträge		
	Krankenversicherung (½ × 14,6% von 4.425 EUR)	323,03 EUR
+	Zusatzbeitrag KV (0,9% von 4.425 EUR)	39,83 EUR
+	Pflegeversicherung (½ × 2,55% von 4.425 EUR)	56,42 EUR
+	Zuschlag zur PV (0,25% von 4.425 EUR)	11,06 EUR
+	Rentenversicherung (½ × 18,6% von 5.190,75 EUR)	482,74 EUR
+	Arbeitslosenvers. (½ × 3,0% von 5.190,75 EUR)	77,86 EUR
=	**Summe Sozialversicherungsbeiträge (Arbeitnehmer)**	**990,94 EUR**
Gesamtabrechnung		
	Bruttolohn	5.315,75 EUR
–	Steuerrechtliche Abzüge (Arbeitnehmer)	1.267,43 EUR
–	Sozialversicherungsbeiträge (Arbeitnehmeranteil)	990,94 EUR
–	Überweisung an Bausparkasse	40,00 EUR
=	**Auszahlungsbetrag**	**3.017,38 EUR**
Gesamtbelastung		
	Bruttolohn	5.315,75 EUR
+	Sozialversicherungsbeiträge AG-Anteil	940,05 EUR
+	Umlage U1 (1,9% × 5.190,75 EUR)	98,62 EUR
+	Umlage U2 (0,2% × 5.190,75 EUR)	10,38 EUR
+	Insolvenzgeldumlage (0,06% × 5.190,75 EUR)	3,11 EUR
=	**Gesamtbelastung (Arbeitgeber)**	**6.367,91 EUR**

Aus den Personalunterlagen von Frau Waldmann kann die regelmäßige Wochenarbeitszeit (38 Stunden) entnommen werden. Frau Waldmann erhält ein monatliches Festgehalt, die Überstunden bzw. der Zuschlag auf die Überstunden werden jedoch auf Stundenbasis berechnet. Deshalb gilt es, zunächst den durchschnittlichen Stundenlohn zu ermitteln, um die Zuschläge entsprechend errechnen zu können.

Bei einem monatlichen Lohnzahlungszeitraum kann aus Vereinfachungsgründen die regelmäßige Wochenarbeitszeit mit dem Faktor **4,35** multipliziert werden, um die durchschnittliche Monatsgesamtstundenzahl zu erhalten. Der Faktor 4,35 ist steuerrechtlich vorgegeben. Alternativ ist der Stundendurchschnitt der vergangenen 13 Wochen ohne Mehrarbeit (Überstunden) zulässig. Der durchschnittliche Stundenlohn wird ermittelt, indem der Arbeitslohn ohne Überstunden durch die Monatsstundenzahl dividiert wird. Der Grundlohn ergibt sich aus:

Laufender Arbeitslohn
+ vermögenswirksame Leistungen
+ Sachbezüge (z.B. Firmenwagen)
+ sonstige Zulagen zum laufenden Arbeitslohn (z.B. Erschwerniszulagen)

Im Beispiel 3 wird der Grundlohn für die Überstundenberechnung herangezogen.

5.8.2 Steuerrechtliche Abzüge

Lohnsteuer

Tarifvertragliche Regelungen sehen oftmals vor, dass für Überstunden, Arbeit an Sonn- und Feiertagen sowie in den Nachtstunden gestaffelte Zulagen zu zahlen sind. Zuschläge zum Grundlohn für tatsächlich geleistete Sonntags-, Feiertags- und Nachtarbeit sind bis zu bestimmten Grenzen steuerfrei. Werden vom Arbeitgeber über diese Freigrenzen hinaus Zulagen gewährt, ist der übersteigende Teil in vollem Umfang steuer- und sozialversicherungspflichtiger Arbeitslohn bzw. Arbeitsentgelt (Freibetrag). Die nachstehende Tabelle gibt einen Überblick über die tageszeitabhängigen steuerfreien Zuschläge auf den Grundlohn.

Zeit von:	Steuerfreier Zuschlag auf den Grundlohn
Nachtarbeit 20–24 und 4–6 Uhr	25%
Nachtarbeit 0–4 Uhr	40%
Sonntagsarbeit von 0–24 Uhr	50%
Montag von 0–4 Uhr**	50%
Gesetzlicher Feiertag 0–24 Uhr	125%
Tag auf Feiertag folgend 0–4 Uhr*	125%
Silvester 14–24 Uhr	125%
Heiligabend 14–24 Uhr	150%
Weihnachten 0–24 Uhr	150%
Folgetag Weihnachten 0–4 Uhr*	150%

Zeit von:	Steuerfreier Zuschlag auf den Grundlohn
1. Mai 0–24 Uhr	150%
2. Mai 0–4 Uhr*	150%

Tab. 18: Übersicht der Freigrenzen für Sonn-, Feiertags- und Nachtzuschläge

* Als Feiertagsarbeit gilt auch die Arbeit am dem Feiertag folgenden Tag von 0-4 Uhr, wenn die Nachtarbeit vor 0 Uhr aufgenommen wurde.
** Als Sonntagsarbeit gilt auch die Arbeit am darauf folgenden Montag von 0-4 Uhr, wenn die Nachtarbeit vor 0 Uhr aufgenommen wurde.

Die steuerfreien Zuschläge gelten für alle Arbeitnehmer, also auch für pauschal versteuerte Aushilfen, Teilzeitkräfte sowie für Gesellschafter-Geschäftsführer einer GmbH. Grundsätzlich können steuerfreie Zuschläge nicht kumulativ gewährt werden. Eine Ausnahme besteht für den **Nachtzuschlag**. Der Nachtzuschlag ist als einzige Zuschlagsart kumulativ. Wird die Nachtarbeit an Sonn- und Feiertagen geleistet, kann zusätzlich zum Feiertags- ein Nachtarbeitszuschlag steuerfrei gewährt werden. Die Steuerfreiheit für Zuschläge ist jedoch auf einen steuerpflichtigen Arbeitslohn von **8.000 EUR** pro Monat bzw. **50 EUR** pro Stunde (Freigrenze) beschränkt. Liegt der Arbeitslohn ohne Überstunden und ohne Zuschlag über **einer** dieser Grenzen, ist der gesamte Zuschlag in vollem Umfang steuerpflichtig. Ist bei Gehaltsempfängern der durchschnittliche Stundenlohn unter 50,01 EUR/Stunde, bleibt der Zuschlag im Rahmen der zeitabhängigen Höchstgrenzen steuerfrei. Würde Frau Waldmann beispielsweise am 1. Mai von 22 Uhr bis 6 Uhr morgens (2. Mai) arbeiten, könnte sie folgende Zulagen steuerfrei **zusätzlich** zum Grundgehalt erhalten:

Zuschlag	Zuschlag auf den Grundlohn	Gesamtzuschlag (steuerfrei)
Für 1. Mai	150%	
Für Nachtarbeit 22–0 Uhr	25%	175%
Für Nachtarbeit 0–4 Uhr	40%	190%
Für Nachtarbeit 4–6 Uhr	25%	25%

Tab. 19: Kumulativer Zuschlag für Nachtarbeit

Fällt beispielsweise der 1. Mai auf einen Sonntag, ist jedoch keine Kumulierung mit dem Sonntagszuschlag möglich. Nur der steuerfreie Zuschlag für Nachtarbeit darf bis zur Höchstgrenze von 40% (25%) zu anderen Zulagen addiert werden.

Im Beispiel 3 liegt der Grundlohn bei 4.617,50 EUR bzw. der Stundenlohn bei 27,93 EUR. Damit sind die Grenzen für eine **steuerrechtliche** Freiheit des Zuschlags eingehalten. Der Zuschlag von 25% wird nur für die begünstigte Nachtzeit 20 Uhr – 0 Uhr gewährt und erfüllt somit auch die Voraussetzung für eine Steuerfreiheit. Entsprechend ist die Grundvergütung für die Mehrarbeit (558,60 EUR) steuer- und beitragspflichtiger Arbeitslohn bzw. Arbeitsentgelt. Der Zuschlag für die Nachtarbeit von 139,65 EUR ist steuerfrei (unter 50,00 EUR Stundenlohn), aber zum Teil sozialversicherungspflichtig (Stundenlohn über 25,00 EUR).

Wichtig: Zuschläge für Sonn-, Feiertags- und Nachtarbeit sind nur insoweit steuerfrei, wie sie zusätzlich zum laufenden Grundlohn gezahlt werden. Eine Umwandlung von laufendem Arbeitslohn in Zuschläge führt nicht zu einer Steuerfreiheit.

Kammerbeitrag

In den Bundesländern Bremen und Saarland gibt es eine steuerliche Besonderheit – den Kammerbeitrag. Beitragspflichtig sind in Bremen alle nicht selbstständig beschäftigten Arbeitnehmer. Der Beitrag zur Arbeitskammer beträgt **0,15%** des steuerpflichtigen Arbeitslohnes. Den Beitrag muss der Arbeitgeber ermitteln und vom laufenden Arbeitslohn einbehalten. Er ist auf der Lohnsteueranmeldung auszuweisen und mit der Lohnsteuer abzuführen. Bei der Berechnung werden Bruchteile eines Cents auf volle Cent abgerundet.

5.8.3 Sozialversicherungsbeiträge

Sozialversicherungsfreier Zuschlag

Steuerfreie Zuschläge für Sonntags-, Feiertags- und Nachtarbeit sind bis zu einem Stundenlohn von **25 EUR** von Beiträgen zu den Sozialversicherungen befreit (Freibetrag). Übersteigt der durchschnittliche Stundenlohn diese Grenze, so ist der auf den übersteigenden Anteil entfallende Zuschlag beitragspflichtiges Arbeitsentgelt. Die Grundvergütung für die Nachtarbeit zählt in jedem Fall zum laufenden Arbeitsentgelt, nur die Zuschläge sind steuerlich und beitragsrechtlich begünstigt. Für die Ermittlung der Beitragspflicht ist beim Gehaltsempfänger zunächst der durchschnittliche Stundenlohn zu ermitteln. Im Beispiel 3 ist die vertragliche Wochenstundenzahl mit 4,35 zu multiplizieren und durch das Monatsgehalt zu dividieren. Der sich ergebende Stundenlohn (27,93 EUR) liegt über dem Freibetrag von 25 EUR. Somit ist der anteilige Zuschlag (2,93 EUR × 25% × 20 Stunden) den Beiträgen zur Kranken-, Pflege-, Renten- und Arbeitslosenversicherung zu unterwerfen. Beitragsfrei bleibt der Anteil des Zuschlags, der auf den Freibetrag von 25 EUR Stundenlohn entfällt. Es ergibt sich:

Sozialversicherungspflicht bei Überstundenzuschlag		
	38 Wochenstunden × 4,35	165,30 Std.
	Durchschnittlicher Stundenlohn (4.617,50 EUR / 165,30)	27,93 EUR
	Überstundenzuschlag (25% von 27,93 EUR)	6,98 EUR
	Überstundenzuschlag steuerfrei (bis 50 EUR Stundenlohn)	6,98 EUR
	Überstundenzuschlag sozialversicherungsfrei (25 EUR × 25%)	6,25 EUR
	Überstundenzuschlag sozialversicherungspflichtig (2,93 EUR × 25%)	0,73 EUR

Als Gesamtwerte für die 20 Überstunden ergeben sich:

Berechnung des Überstundenzuschlags		
	Überstundengrundvergütung (20 × 27,93 EUR)	558,60 EUR
	Überstundenzuschlag steuerfrei (20 × 6,98 EUR)	139,60 EUR
	Überstundenzuschlag sozialversicherungsfrei (20 × 6,25 EUR)	125,00 EUR
	Überstundenzuschlag sozialversicherungspflichtig (20 × 0,73 EUR)	14,60 EUR

Bei beitragspflichtigen Zulagen empfiehlt es sich, den sozialversicherungspflichtigen Teil getrennt vom sozialversicherungsfreien Teil auszuweisen – zum Beispiel mit zwei Lohnarten.

Beachten Sie: Nur die Zulage, die zusätzlich zum Grundlohn bezahlt wird, kann steuer- und sozialversicherungsfrei gewährt werden. Die Umwandlung von laufendem Arbeitslohn zugunsten von Zulagen bewirkt keine Beitragsfreiheit in den Sozialversicherungen. Der laufende Bezug bleibt auch bei Gewährung von Zulagen zum Grundlohn stets beitragspflichtiges Arbeitsentgelt.

Pflegeversicherung

Frau Waldmann hat keine Kinder, somit ist ein Zuschlag zur Pflegeversicherung von 0,25% des beitragspflichtigen Arbeitsentgeltes zu erheben und mit dem Beitrag zur Pflegeversicherung abzuführen. Beitragspflichtig sind nur gesetzlich und freiwillig in einer gesetzlichen Krankenkasse versicherte Arbeitnehmer.

Im Sozialversicherungsrecht wurde der durchschnittliche Stundensatz für die Beitragsfreiheit auf 25 EUR begrenzt. Mit der Erhöhung der BBG-KV auf

4.425 EUR hat die Grenze von 25 EUR pro Stunde für die Kranken- und Pflegeversicherung ab 2018 erstmals eine Auswirkung. Die Beitragsbemessungsgrenze von 4.425 EUR pro Monat wird bei einer durchschnittlichen Arbeitszeit von monatlich 174 Stunden à 25 EUR/Stunde (4.350 EUR) unterschritten. 174 Stunden pro Monat werden in der Regel bei einer wöchentlichen Arbeitszeit von 40 Stunden erreicht. Somit besteht in diesen Fällen ab 2018 eine Sozialversicherungspflicht in der Kranken- und Pflegeversicherung für Zuschläge über 6,25 EUR/Stunde. Zu beachten ist dann, dass der sozialversicherungspflichtige Zuschlag durch ein Überschreiten der BBG-KV wieder sozialversicherungsfrei werden kann.

Renten- und Arbeitslosenversicherung
Im Beispiel liegt der Grundlohn bereits über der Beitragsbemessungsgrenze der Kranken- und Pflegeversicherung. Somit führt die Beitragspflicht des Zuschlags durch das Überschreiten des Freibetrags nur zu einer Sozialversicherungspflicht in der Renten- und Arbeitslosenversicherung. Der beitragspflichtige Anteil des Zuschlags von 14,60 EUR wirkt sich in Beispiel 3 auf den Arbeitgeber- und Arbeitnehmerbeitrag zur Renten- und Arbeitslosenversicherung aus und für den Arbeitgeber entstehen zusätzliche Beitragspflichten zu den Umlagen und zur Insolvenzgeldversicherung.

5.8.4 Arbeitgeberbelastung

Für den Arbeitgeber entsteht zusätzlich zum Bruttolohn und den steuerfreien Zuschlägen folgende Arbeitgeberbelastung:

Gesamtbelastung		
	Bruttolohn	5.315,75 EUR
	Krankenversicherung (½ × 14,6% von 4.425 EUR)	323,03 EUR
+	Pflegeversicherung (½ × 2,55% von 4.425 EUR)	56,42 EUR
+	Rentenversicherung (½ × 18,6% von 5.190,75 EUR)	482,74 EUR
+	Arbeitslosenvers. (½ × 3,0% von 5.190,75 EUR)	77,86 EUR
=	**Summe Sozialversicherungsbeiträge (Arbeitgeber)**	**940,05 EUR**
	Umlage U1 (1,9% × 5.190,75 EUR)	98,62 EUR
+	Umlage U2 (0,2% × 5.190,75 EUR)	10,38 EUR
+	Insolvenzgeldumlage (0,06% × 5.190,75 EUR)	3,11 EUR
=	**Summe Umlagen**	**112,11 EUR**
	Gesamtbelastung (Arbeitgeber)	**6.367,91 EUR**

Der Arbeitgeberanteil zu den Sozialversicherungen ist aufgrund des Fehlens des Zuschlags zur Pflegeversicherung und des Zusatzbeitrags zur Krankenversicherung (0,9% im Beispiel) niedriger als der Arbeitnehmeranteil. Zur Arbeitgeberbelastung sind jedoch zusätzlich die Beiträge zu den Umlagekassen U1/U2 zu berücksichtigen. Die Insolvenzgeldumlage trägt ausschließlich der Arbeitgeber. Handelt es sich um ein Unternehmen mit mehr als 30 in Vollzeit beschäftigten Personen, entfällt die U1-Umlage als Arbeitgeberbelastung. Bemessungsgrundlage für die Umlage ist das rentenversicherungspflichtige Entgelt. Die Beitragssätze zu den Umlagekassen U1/U2 sind von der Krankenkasse, bei welcher der Arbeitnehmer versichert ist, abhängig. Somit kann bei gleichem Gehalt für verschiede Arbeitnehmer eine unterschiedliche Arbeitgeberbelastung entstehen.

Zur Gesamtarbeitgeberbelastung sind noch die Beiträge zur Berufsgenossenschaft, unter Umständen die Schwerbehindertenausgleichsabgabe und im Bau- und Baunebengewerbe die Beiträge zur ZVK und die Pauschalsteuer zu rechnen.

5.9 Hat der Arbeitnehmer eine betriebliche Altersvorsorge?

Arbeitnehmer haben einen Rechtsanspruch auf die Durchführung einer betrieblich geförderten privaten Altersvorsorge. Als sogenannte Durchführungswege der Altersvorsorge stehen

- die Direktzusage (Pensionszusage),
- die Pensionskasse,
- der Pensionsfonds,
- die Unterstützungskasse und
- die Direktversicherung
- Nahles-Rente

zur Verfügung.

Wird vom Arbeitgeber keine eigene betriebliche Altersvorsorge angeboten, so muss er seinen Arbeitnehmern mindestens die administrative Abwicklung einer Direktversicherung anbieten. Anspruch auf einen Zuschuss zur betrieblichen Altersvorsorge vom Arbeitgeber besteht nicht. Die betriebliche Altersvorsorge kann auch rein aus Beiträgen des Arbeitnehmers finanziert sein.

Nahles-Rente

Mit dem Betriebsrentenstärkungsgesetz wurde zum 01.01.2018 eine neue zusätzliche Form der betrieblichen Altersvorsorge geschaffen. In dem sogenannten Sozialpartner-Modell haben tarifgebundene Arbeitgeber die Möglichkeit, auf tariflicher Grundlage oder im Wege einer Betriebsvereinbarung eine betriebliche Altersvorsorge (bAV) mit einer reinen Beitragszusage durchzuführen. Bei dieser Form der bAV sind keine Mindest- bzw. Garantieleistungen der durchführenden Versicherung/Pensionskasse mehr vorgesehen. Die Arbeitgeber sind jedoch verpflichtet, die bei einer Entgeltumwandlung ersparten Sozialversicherungsbeiträge in die bAV als Zusatzbeitrag einzuzahlen. Weitere Vorteile für den Arbeitgeber sind, dass keine Insolvenzsicherung und keine Zuschuss- oder Nachschusspflicht erforderlich ist.

Direktzusage

Bei einer Direktzusage (Pensionszusage) gibt der Arbeitgeber dem Arbeitnehmer die vertragliche Zusage einer zukünftigen Altersversorgungsleistung (Rentenzahlung des Unternehmens). Diese Versorgungszusage führt beim Arbeitnehmer nicht zum Zufluss von Arbeitslohn. Somit entsteht steuerrechtlich kein Zufluss von Arbeitslohn und keine Lohnsteuer- oder Sozialversicherungspflicht. Der später fließende Versorgungsbezug unterliegt jedoch der Lohnsteuer und den Beiträgen zur Kranken- und Pflegeversicherung.

Pensionskasse/Pensionsfonds/Unterstützungskasse

Der Durchführungsweg **Pensionsfonds** wurde erst mit der Neuregelung der betrieblichen Altersvorsorge gefördert. Pensionsfonds sind, wie die Pensionskassen, rechtlich selbstständige Einrichtungen, häufig in Form einer Aktiengesellschaft oder eines Pensionsfondsvereins. Der Pensionsfonds zahlt an ehemalige Arbeitnehmer eines Mitgliedsunternehmens ausschließlich Altersrenten sowie Invaliditäts- und Hinterbliebenenrenten. Einmalige Kapitalzahlungen, wie sie beispielsweise Direktversicherungen gewähren, dürfen Pensionsfonds nicht leisten. Eine Zahlung von Rentenleistungen kann ab Vollendung des 60. Lebensjahres erfolgen.

Pensionskassen sind, meist von einem Versicherungsunternehmen getragene, eigenständige Unternehmen in der Rechtsform eines Versicherungsvereins auf Gegenseitigkeit oder einer Kapitalgesellschaft. Aufgabe der Pensionskassen ist es, die betriebliche und private Altersvorsorge neben der gesetzlichen Rentenversicherung durchzuführen. Träger einer Pensionskasse sind entweder Großbetriebe oder Gruppen von Unternehmen oder Unternehmensverbände. Kleinere Unternehmen können bei Versicherungsunternehmen oft einer »Sammelpensionskasse« beitreten. Die Versorgungsleistungen von Pensionskassen bestehen ausschließlich in Rentenzahlungen an die Arbeitnehmer des an der Pensionskasse teilnehmenden Unternehmens. Die Mittel für die Versorgungsleistungen werden aus Beiträgen des Arbeitgebers **oder** des Arbeitnehmers **oder** von beiden gemeinsam aufgebracht. Von der

Gestaltungsform der Direktversicherung unterscheiden sich die Pensionskassen durch die Bindung an ein oder mehrere Unternehmen.

Der Unterschied einer **Unterstützungskasse** zur Pensionskasse liegt im Wesentlichen in der staatlichen Versicherungsaufsicht und dem garantierten Rechtsanspruch des Arbeitnehmers auf eine Rentenleistung. Die Rentenleistung aus der Unterstützungskasse wird in der Regel jährlich neu ermittelt und dem Mitarbeiter von der Kassenverwaltung mitgeteilt.

Direktversicherung

Direktversicherungen sind eine besondere Form der Lebens-, Unfall- oder Pensionsversicherung, bei der der **Arbeitgeber** Versicherungsnehmer, Begünstigter aus der Versicherung jedoch der Arbeitnehmer ist. Beiträge zu Versicherungen gehören eigentlich zu den Kosten der privaten Lebensführung und wären somit aus dem versteuerten Arbeitslohn zu tragen. Die besondere Form der Direktversicherung wird vom Gesetzgeber als Vorsorge und Zukunftssicherungsmaßnahme gesehen und ist gem. §3 Abs. 63 EStG bzw. §40b EStG (bis 31.12.2004) bzw. §2 Abs. 2 Lohnsteuer-Durchführungsverordnung (LStDV) steuerlich begünstigt.

Mit der Änderung des Alterseinkünftegesetzes wurden die steuerrechtliche und damit auch die beitragsrechtliche Behandlung der betrieblichen Altersvorsorge vollständig neu geregelt. Aus Bestandsschutzgründen blieben jedoch die steuer- und sozialversicherungsrechtlichen Regelungen für sogenannte Altverträge, die vor dem 01.01.2005 geschlossen wurden, weitgehend erhalten. Mit dem Betriebsrentenstärkungsgesetz wurden nicht nur die Steuerfreibeträge erhöht, es wurde auch eine zusätzliche Förderung von niederen Einkommen in die betriebliche Altersvorsorge aufgenommen.

a) Altvertragsregelung – Lohnsteuer

Die Direktversicherung wird vom Gesetzgeber als Vorsorge und Zukunftssicherungsmaßnahme gesehen und ist gemäß §40b EStG steuerlich begünstigt. Der Paragraf regelt, dass der Arbeitgeber Bruttolohnbestandteile, die in eine Direktversicherung eingezahlt werden, mit einem pauschalen Steuersatz von **20%** versteuern kann. Sind die steuerrechtlichen Voraussetzungen für eine Direktversicherung erfüllt, kann für den Mitarbeiter ein **Höchstbetrag von 1.752 EUR** pro Jahr (2.148 EUR bei Gruppenverträgen) pauschal versteuert werden. Eine pauschale Besteuerung mit 20% führt in der Regel dazu, dass für diesen Teil des Arbeitsentgelts keine Beiträge zur Sozialversicherung entstehen.

Die Möglichkeit der pauschalen Versteuerung gilt für Verträge, die vor dem 01.01.2005 abgeschlossen wurden. Handelt es sich um einen sogenannten **Gruppenvertrag**, muss der Arbeitgeber sicherstellen, dass über alle Verträge in der Gruppe die Grenze von 1.752 EUR pro Jahr eingehalten ist. Nutzen einzelne Mitarbeiter in der Gruppe nicht ihre steuerfreie Höchstgrenze aus, so kann dieser bis zu einem Maximalbetrag von 2.148 EUR von anderen Mitarbeitern für deren Verträge in der Gruppe genutzt werden. Besteht die Gruppe beispielsweise aus 3 Verträgen, in die ein Mitarbeiter 1.000 EUR sowie ein 2. Mitarbeiter 1.752 EUR pro Jahr einbezahlen, so kann der 3. Mitarbeiter maximal 2.148 EUR pro Jahr in eine Direktversicherung einbezahlen. In Summe darf die Grenze von 3 × 1.752 = 5.256 EUR nicht überschritten werden.

Auch nach Einführung des Betriebsrentenstärkungsgesetzes zum 01.01.2018 bleibt die Möglichkeit zur pauschalen Besteuerung nach §40b EStG mit einem Steuersatz von 20% erhalten. Voraussetzung ist jedoch, dass der Vertrag vor dem 01.01.2018 mindestens einmalig einer pauschalen Versteuerung unterzogen wurde. Diese Regelung bedeutet, dass Verträge, die vor dem Jahr 2005 abgeschlossen wurden und zwischenzeitlich »ruhend« (beitragsfrei) waren, auch nach 2018 wieder aufgenommen und pauschal versteuert werden dürfen.

b) Altvertragsregelung – Sozialversicherung

Die Befreiung der Versicherungsprämie von Beiträgen zu den Sozialversicherungen ist davon abhängig, ob der Arbeitgeber die Versicherungsprämie zusätzlich zum laufenden Arbeitslohn übernimmt (Zusatzleistung), ob sie der Arbeitnehmer durch **Verzicht von laufendem Arbeitslohn** (Bruttolohnumwandlung) zahlt oder ob der Arbeitnehmer die Prämie aus einer **sonstigen Zahlung** (Einmalzahlung), wie beispielsweise dem Weihnachtsgeld, bestreitet. Nur die Zusatzleistung und die Umwandlung einer Einmalzahlung sind sozialversicherungsrechtlich begünstigt. Das heißt: in diesen beiden Fällen führt eine pauschale Versteuerung mit 20% zur Beitragsfreiheit in der Sozialversicherung.

Wichtig: Nur der pauschal zu versteuernde Teil einer Prämie für eine Direktversicherung oder Pensionskasse ist von Beiträgen zu den Sozialversicherungen befreit. Kann nur ein Teil der Versicherungsprämie mit 20% pauschal versteuert werden, muss der übersteigende Anteil nach der persönlichen Steuerklasse versteuert werden und unterliegt den Beiträgen zur Kranken-, Renten-, Arbeitslosen- und Pflegeversicherung.

b1) Altvertragsregelung – Barlohnumwandlung

Im Falle der Barlohnumwandlung besteht zwar die Möglichkeit der pauschalen Versteuerung der Prämienzahlung mit 20%, die Prämie unterliegt jedoch den Beiträgen zu den Sozialversicherungen. Übersteigen die Prämienzahlungen den Freibetrag von 1.752 EUR pro Jahr (2.148 EUR bei Gruppenverträgen), unterliegt der übersteigende Teil der Lohnsteuer entsprechend der persönlichen Steuerklasse. Das heißt, diese Beiträge sind aus zuvor vom Arbeitnehmer versteuertem Arbeitslohn zu tragen. Außerdem besteht Beitragspflicht für diesen Teil zu den Sozialversicherungen.

!

Beispiel 1

Frau Waldmann hat über ihren Arbeitgeber 1999 eine Direktversicherung (DV) abgeschlossen. Sie bezahlt seit 1999 monatlich 100 EUR als Prämie in die DV ein. Die Prämienzahlung erfolgt als Gehaltsverzicht von ihrem laufenden Gehalt. Der Arbeitgeber ist mit Frau Waldmann übereingekommen, dass sie die Pauschalsteuern für die Versicherung selbst trägt. Die Direktversicherung ist über eine Kapitalleistung bei Erreichen des 63. Lebensjahres abgeschlossen. Frau Waldmann erhält ein monatliches Bruttogehalt von 2.100 EUR und einen Zuschuss von 14 EUR zu den vermögenswirksamen Leistungen (VwL), der zusammen mit dem Arbeitnehmeranteil von 26 EUR der Bausparkasse überwiesen wird. Frau Waldmann ist bei einer gesetzlichen Krankenkasse krankenversichert und gehört einer kirchensteuerberechtigten Glaubensgemeinschaft an. Die Krankenkasse erhebt einen Zusatzbeitrag von 0,9% des Arbeitsentgelts. Der Firmensitz liegt in Bayern. Monika Waldmann hat Steuerklasse 1 und keine Kinder. Die Beiträge zu den Umlagekassen U1/U2 werden mit 1,9% und 0,2% (U2) angenommen. Das Unternehmen unterliegt der Umlage U1.

5.9.1 Entgeltabrechnung für Altverträge

Ermittlung des Arbeitslohnes/Arbeitsentgeltes		
	Gehalt	2.100,00 EUR
+	Zuschuss VwL	14,00 EUR
=	**Bruttolohn**	**2.114,00 EUR**
–	Beitrag zur Direktversicherung (Bruttolohnumwandlung)	100,00 EUR
	Arbeitslohn (steuerpflichtig)	2.014,00 EUR
	Arbeitsentgelt (beitragspflichtig)	2.114,00 EUR
Steuerliche Abzüge		
	Lohnsteuer (lt. Monatstabelle f. 2.014 EUR bei Steuerklasse 1 / keine Kinder)	188,66 EUR
+	Solidaritätszuschlag	10,37 EUR
+	Kirchensteuer (8% auf den Betrag der Lohnsteuer)	15,09 EUR
+	Pauschale Lohnsteuer (20% von 100 EUR)	20,00 EUR
+	Pauschale Kirchensteuer (7% von 20 EUR)	1,40 EUR
+	Solidaritätszuschlag (5,5% von 20 EUR)	1,10 EUR

Sozialversicherungsbeiträge		
	Krankenversicherung (½ × 14,6% von 2.114 EUR)	154,32 EUR
+	Zusatzbeitrag KV (0,9% von 2.114 EUR)	19,03 EUR
+	Pflegeversicherung (½ × 2,55% von 2.114 EUR)	26,95 EUR
+	Zuschlag Pflegeversicherung (0,25% v. 2.114 EUR)	5,29 EUR
+	Rentenversicherung (½ × 18,6% von 2.114 EUR)	196,60 EUR
+	Arbeitslosenversicherung (½ × 3,0% v. 2.114 EUR)	31,71 EUR
=	**Summe Sozialversicherungsbeiträge (Arbeitnehmer)**	**433,90 EUR**
Gesamtabrechnung		
	Bruttolohn	2.114,00 EUR
–	Steuerrechtliche Abzüge (Arbeitnehmer)	236,62 EUR
–	Sozialversicherungsbeiträge (Arbeitnehmeranteil)	433,90 EUR
–	Überweisung an Direktversicherung	100,00 EUR
–	Überweisung an Bausparkasse	40,00 EUR
=	**Auszahlungsbetrag**	**1.303,48 EUR**
Gesamtbelastung		
	Bruttolohn	2.114,00 EUR
+	Sozialversicherungsbeiträge (AG-Anteil)	409,58 EUR
+	Umlage U1 (1,9% × 2.114 EUR)	40,17 EUR
+	Umlage U2 (0,2% × 2.114 EUR)	4,23 EUR
+	Insolvenzgeldumlage (0,06% × 2.114 EUR)	1,27 EUR
=	**Gesamtbelastung (Arbeitgeber)**	**2.569,25 EUR**

5.9.2 Steuerrechtliche Abzüge bei Altverträgen

Sind die vertraglichen Voraussetzungen erfüllt, besteht die Möglichkeit, Bruttolohnbestandteile, die in eine Direktversicherung eingezahlt werden, mit 20% Lohnsteuer, 7% pauschaler Kirchensteuer (abhängig vom Bundesland) und 5,5% Solidaritätszuschlag zu versteuern.

Ist der Arbeitnehmer kirchensteuerpflichtig, unterliegt der pauschal versteuerte Lohnbestandteil einer pauschalen Kirchensteuer. Der pauschale Kirchensteuersatz liegt je nach Bundesland um 1 bis 5 Prozentpunkte unter dem normalen Kirchensteuersatz.

Eine Besonderheit ist bei Altverträgen zu beachten, die als **Auszahlungsplan eine monatliche Rente** vorsehen. Für diese Direktversicherungen gilt die Bestandschutzregelung aus dem Jahre 2005 nur bedingt. Bei diesen Verträgen sind die Bedingungen des §3 Abs. 63 EStG erfüllt und somit sind sie eigentlich als Neuvertragsregelung zu sehen, auch wenn der Vertrag bereits vor 2005 abgeschlossen wurde. Der Arbeitnehmer kann dem Arbeitgeber jedoch schriftlich den Verzicht auf die Steuerfreiheit zugunsten einer pauschalen Versteuerung erklären. Bei einer pauschalen Versteuerung in der Ansparphase entfällt die nachgelagerte Versteuerung in der Auszahlungsphase. Diese Erklärung ist jedoch nur bei einem Arbeitgeberwechsel erforderlich. Außerdem muss der Arbeitnehmer bei einem Arbeitgeberwechsel ab dem Jahr 2018 nachweisen, dass die Beiträge zur Direktversicherung oder Pensionskasse vor 2018 pauschal versteuert wurden. Dies kann im Wege einer alten Lohnabrechnung oder einer formlosen Erklärung des alten Arbeitgebers erfolgen.

5.9.3 Sozialversicherungsbeiträge bei Altverträgen

a) Altvertragsregelung – Barlohnumwandlung
Die Bruttolohnumwandlung ist von der Sozialversicherung nicht begünstigt. Somit entstehen trotz einer pauschalen Versteuerung Beiträge zu den Sozialversicherungen für die Prämie der Direktversicherung. Die Umwandlung von laufendem Arbeitslohn ist im Hinblick auf die Beitragspflicht zu den Sozialversicherungen somit nur zu empfehlen, wenn der Arbeitnehmer einen laufenden Bezug über der Beitragsbemessungsgrenze der Rentenversicherung hat.

b) Altvertragsregelung – Zusatzleistung
Wird die Prämie vom Arbeitgeber zusätzlich zum laufenden Gehalt gezahlt, stellt diese zusätzliche Zahlung kein sozialversicherungspflichtiges Arbeitsentgelt dar.

! **Beispiel 2**

Frau Waldmann hat 1999 mit ihrem Arbeitgeber vereinbart, dass dieser statt einer Gehaltserhöhung monatlich 100 EUR für sie in eine Direktversicherung einbezahlt. Der Arbeitgeber übernimmt auch die pauschalen Steuern für die Zusatzleistung. Die Direktversicherung wird als Kapitalleistung mit 65 Jahren ausbezahlt.

Betriebliche Altersvorsorge als Zusatzleistung		
Ermittlung des Arbeitslohnes/Arbeitsentgeltes		
	Gehalt	2.000,00 EUR
+	Direktversicherung als Zusatzleistung	100,00 EUR
+	Zuschuss VwL	14,00 EUR
=	**Bruttolohn**	**2.114,00 EUR**
–	Beitrag zur Direktversicherung	100,00 EUR
=	Arbeitslohn (steuerpflichtig)	2.014,00 EUR
=	Arbeitsentgelt (beitragspflichtig)	2.014,00 EUR
Sozialversicherungsbeiträge		
	Krankenversicherung (½ × 14,6% von 2.014 EUR)	147,02 EUR
+	Zusatzbeitrag KV (0,9% von 2.014 EUR)	18,13 EUR
+	Pflegeversicherung (½ × 2,55% von 2.014 EUR)	25,68 EUR
+	Zuschlag Pflegeversicherung (0,25% v. 2.014 EUR)	5,04 EUR
+	Rentenversicherung (½ × 18,6% von 2.014 EUR)	187,30 EUR
+	Arbeitslosenversicherung (½ × 3,0% v. 2.014 EUR)	30,21 EUR
=	**Summe Sozialversicherungsbeiträge (Arbeitnehmer)**	**413,38 EUR**

Obwohl der Arbeitgeber Frau Waldmann einen um 100 EUR höheren Bruttolohn bezahlt (Zusatzleistung), erhöht sich das beitragspflichtige Arbeitsentgelt nicht, da die Zusatzleistung voll in die beitragsfreie Form der Direktversicherung eingezahlt wird. Zusätzlich spart der Arbeitgeber Beiträge zu den Sozialversicherungen – den Arbeitgeberanteil für die 100 EUR.

c) Altvertragsregelung – aus Einmalzahlung

Eine weitere Möglichkeit der Prämienzahlung ist es, diese aus einer Sonderzahlung, (z.B. Weihnachts- oder Urlaubsgeld) zu entrichten. Prämienleistungen an Direktversicherungen aus Einmalzahlungen sind, wie die Zusatzleistung des Arbeitgebers, von Beiträgen zu den Sozialversicherungen befreit. Würde Frau Waldmann beispielsweise in diesem Monat ein anteiliges Urlaubsgeld von 100 EUR erhalten und diesen Betrag in ihre Direktversicherung einbezahlen, wäre das Urlaubsgeld bzw. die Prämie zur Direktversicherung von Beiträgen zur Kranken-, Pflege-, Renten- und Arbeitslosenversicherung befreit.

!

Beispiel 3

Frau Waldmann hat 1999 mit ihrem Arbeitgeber vereinbart, dass dieser aus dem Weihnachtsgeld 100 EUR in eine Direktversicherung einbezahlt. Der Arbeitgeber übernimmt auch die pauschalen Steuern für die Entgeltumwandlung aus der Einmalzahlung. Die Direktversicherung wird als Kapitalleistung mit 65 Jahren ausbezahlt. Frau Waldmann hat ein Gehalt von monatlich 2.000 EUR und ist gesetzlich krankenversichert. Außerdem erhält sie einen Zuschuss von 14 EUR zu den vermögenswirksamen Leistungen.

Betriebliche Altersvorsorge aus Einmalzahlung		
Ermittlung des Arbeitslohnes/Arbeitsentgeltes		
	Gehalt	2.000,00 EUR
+	Einmalzahlung (anteiliges Urlaubsgeld)	100,00 EUR
+	Zuschuss VwL	14,00 EUR
=	**Bruttolohn**	**2.114,00 EUR**
–	Beitrag zur Direktversicherung	100,00 EUR
=	Arbeitslohn (steuerpflichtig)	2.014,00 EUR
=	Arbeitsentgelt (beitragspflichtig)	2.014,00 EUR
Sozialversicherungsbeiträge		
	Krankenversicherung (½ × 14,6% von 2.014 EUR)	147,02 EUR
+	Zusatzbeitrag KV (0,9% von 2.014 EUR)	18,13 EUR
+	Pflegeversicherung (½ × 2,55% von 2.014 EUR)	25,68 EUR
+	Zuschlag Pflegeversicherung (0,25% v. 2.014 EUR)	5,04 EUR
+	Rentenversicherung (½ × 18,6% von 2.014 EUR)	187,30 EUR
+	Arbeitslosenversicherung (½ × 3,0% v. 2.014 EUR)	30,21 EUR
=	**Summe Sozialversicherungsbeiträge (Arbeitnehmer)**	**413,38 EUR**

Ist die Einmalzahlung höher als die Prämie für die Direktversicherung, ist der übersteigende Teil sozialversicherungspflichtiges Arbeitsentgelt. Ebenfalls sind Prämien für eine Direktversicherung nur bis zu einem jährlichen Gesamtbetrag von 1.752 EUR bzw. monatlich 146 EUR von Beiträgen zu den Sozialversicherungen befreit (Altvertrag). Werden über den Höchstbetrag hinaus Prämien aus Einmalzahlungen oder als Zusatzleistung gezahlt, bleibt der übersteigende Betrag beitragspflichtiges Arbeitsentgelt.

!

Tipp

Die wohl häufigste Form der Prämienzahlung in eine Direktversicherung aus Altverträgen ist, dass der Beitrag aus dem Weihnachtsgeld und/oder dem Urlaubsgeld getragen wird. Auch eine Aufteilung der Gesamtprämie auf Urlaubs- und Weihnachtsgeld ist möglich (z.B. 300 EUR aus Urlaubsgeld und 500 EUR aus Weihnachtsgeld). Entscheidend für die Sozialversicherungsfreiheit ist nur, dass im Monat der Prämienzahlung eine Einmalzahlung fließt und die Versicherungsprämie auf die Einmalzahlung angerechnet wird. Außerdem darf die Summe aller Prämien für eine pauschale Versteuerung nicht höher als 1.752 EUR pro Jahr beim dem Arbeitnehmer sein (Ausnahme Gruppenvertrag – siehe oben).

Die Prämienzahlung aus einer Einmalzahlung oder als Zusatzleistung des Arbeitgebers führt neben dem Beitragsvorteil für den Mitarbeiter zu einer Ersparnis des Arbeitgeberanteils zu den Sozialversicherungen ungefähr in gleich großer Höhe. Außerdem fallen keine Beiträge zu den U1/U2 bzw. zur Insolvenzgeldumlage für den Beitrag an. Direktversicherungen, die aus Bruttolohnumwandlung getragen werden, sind aus dem Blickwinkel der Sozialversicherungspflicht nur dann sinnvoll, wenn der Arbeitnehmer mit seinem laufenden Arbeitsentgelt nach Abzug der Direktversicherung über der Beitragsbemessungsgrenze in der Kranken- und Pflegeversicherung oder besser über der Renten- und Arbeitslosenversicherung liegt. Der Steuervorteil durch eine pauschale Versteuerung des Arbeitslohnes, der in die Prämie fließt, bleibt erhalten.

5.9.4 Abrechnung der Altersvorsorge bei Neuverträgen

Mit dem Gesetz zur Stärkung der betrieblichen Altersvorsorge vom 07.07.2017 werden ab Januar 2018 die steuerlichen Regelungen zur betrieblichen Altersvorsorge vereinfacht. Zusätzlich werden bei der neuen Form der betrieblichen Altersvorsorge die Arbeitgeber verpflichtet, die bei einer Entgeltumwandlung des Mitarbeiters gesparten Sozialversicherungsbeiträge oder einen pauschalen Zuschuss in Höhe von 15% des Beitrags in die Altersvorsorge einzubezahlen. Diese Regelung gilt jedoch zunächst nur für ab **01.01.2018** neu abgeschlossene Verträge einer Direktversicherung, eines Pensionsfonds oder einer Pensionskasse im Sozialpartner-Modell. Keine derartige Verpflichtung besteht bei Unterstützungskassenverträgen und bei Direktzusagen. Die pauschale Zuschusspflicht kann außerdem durch einen Tarifvertrag aufgehoben werden. Außerdem besteht die Zuschusspflicht nur dann, wenn der Arbeitgeber durch die Entgeltumwandlung Beiträge zu den Sozialversicherungen einspart. Ab dem 01.01.2019 gilt diese Regelung auch für nicht tarifgebundene Unternehmen. Ab dem 01.01.2022 gilt die Verpflichtung auch für Verträge, die ab dem 01.01.2005 neu abgeschlossen wurden. Der gesetzliche Anspruch auf einen Zuschuss besteht auch dann, wenn der Arbeitgeber bereits einen Zuschuss zu diesem Altersvorsorgevertrag gewährt. Eine Verrechnung oder Anrechnung auf einen bisher gewährten Zuschuss zur betrieblichen Altersvorsorge ist nicht zulässig.

Außerdem gilt seit 01.01.2018 ein neues steuerliches Fördermodell speziell für Arbeitnehmer mit einem monatlichen Bruttoarbeitslohn bis 2.200 EUR. Mit der Neuregelung werden Zuschüsse des Arbeitgebers zu einer betrieblichen Altersvorsorge von mindestens 240 EUR pro Kalenderjahr mit einer Zulage von 72 EUR gefördert. Höhere Zuschüsse erhalten eine anteilige höhere Förderung. Der steuerlich geförderte Höchstbetrag liegt bei **480 EUR pro Kalenderjahr**. Der staatliche Zuschuss beträgt **30%** des gesamten Arbeitgeberzuschusses. Bei einem Arbeitgeberzuschuss von 480 EUR liegt die steuerliche Förderung somit bei 144 EUR. Die steuerliche Förderung erhält **der Arbeitgeber** im Wege einer Verrechnung mit der von ihm abzuführenden Lohnsteuer. Der bAV-Förderbetrag hat keine Auswirkungen auf die Riester-Förderung (Riester-Zulagen werden nicht gemindert oder auf den bAV-Förderbetrag angerechnet). Bei einem jährlichen Zuschuss des Arbeitgebers von 480 EUR für eine Entgeltumwandung des Mitarbeiters ergibt sich somit ein Nettoaufwand von 336 EUR (480 EUR – 144 EUR Lohnsteuerrückerstattung).

Mit der gesetzlichen Neuregelung werden auch die bis 2018 geltenden steuerfreien Höchstbeträge für Zahlungen an Pensionskassen, Pensionsfonds und Direktversicherungen zu einer prozentualen Grenze zusammengefasst. Der steuerfreie Höchstbetrag für eine betriebliche Altersversorge wird ab 2018 von 4% auf **8% der Beitragsbemessungsgrenze** in der Rentenversicherung (BBG-RV West) angehoben. Der bis 31.12.2017 geltende zusätzliche steuerfreie Höchstbetrag von 1.800 EUR pro Kalenderjahr entfällt.

Aus der Beitragsbemessungsgrenze von 78.000 EUR im Jahr 2018 ergibt sich damit ein steuerfreier Höchstbetrag von 6.480 EUR (76 200 EUR × 8%). Bis 31.12.2017 galt ein maximaler Steuerfreibetrag von 4% der Beitragsbemessungsgrenze RV (West) und zusätzlich ein fixer Freibetrag 1.800 EUR pro Kalenderjahr, sofern die Beiträge zur Altersvorsorge die Grenze von 4% der BBG-RV (West) überschritten haben. Durch den jährlichen Anstieg der Beitragsbemessungsgrenze erhöht sich zukünftig der Steuerfreibetrag automatisch.

Beachten Sie: Die steuerfreie Höchstgrenze von 8% der BBG-RV (West) kann jedoch nur dann voll in Anspruch genommen werden, wenn für den Arbeitnehmer nicht gleichzeitig eine weitere betriebliche Altersvorsorge besteht, für die eine Lohnsteuerpauschalierung nach §40b EStG vorgenommen wird (zusätzliche Altvertragsregelung vor 2005). Besteht zusätzlich zu einem Neuvertrag für den Arbeitnehmer noch ein Altvertrag (Abschluss vor dem Jahr 2005), ist der pauschalierte Beitrag auf die steuerliche Höchstgrenze anzurechnen.

Beispiel 4 !

Monika Waldmann hat eine Direktversicherung, die sie im Jahr 1999 abgeschlossen hat, mit einem jährlichen Beitrag von 1.752 EUR. Diese Versicherung wird pauschal nach §40b EStG versteuert. Zusätzlich hat Frau Waldmann einen Pensionskassenvertrag im Jahre 2010 abgeschlossen, mit einem monatlichen Beitrag in Höhe von 430 EUR.

Beurteilung

Bei der Direktversicherung handelt es sich um einen Altvertrag. Die Beiträge für diese betriebliche Altersvorsorge können nach §40b EStG mit einem pauschalen Steuersatz in Höhe von 20% des Beitrags versteuert werden (monatlich 146 EUR). Zusätzlich entstehen der Solidaritätszuschlag und ggf. die pauschale Kirchensteuer auf den Pauschalsteuerbetrag.

Bei der Pensionskasse handelt es sich um eine Neuvertragsregelung. Ab 01.01.2018 sind Beiträge in diese betriebliche Altersvorsorge bis zu einem monatlichen Höchstbetrag von 520 EUR (6.240 EUR jährlich) steuerfrei (für das Jahr 2018). Pauschalversteuerte Altverträge werden jedoch auf den Steuerfreibetrag angerechnet. Somit besteht für den Neuvertrag nur eine monatliche Steuerfreiheit in Höhe von 374 EUR (520 EUR – 146 EUR). Der monatliche Beitrag zur betrieblichen Altersvorsorge in Höhe von 430 EUR bleibt somit bis 374 EUR steuerfrei. Die verbleibenden 56 EUR (430 EUR – 362 EUR) unterliegen der Lohnsteuer entsprechend der Steuerklasse des Arbeitnehmers.

Bei Neuabschluss einer betrieblichen Altersvorsorge hat der Arbeitnehmer zusätzlich die Möglichkeit, auf die Steuerfreiheit für die Beiträge zu einer bAV zu verzichten. Bei einem Verzicht auf die Steuerfreiheit (Beiträge werden aus verteuertem Lohn bezahlt) erhält der Arbeitnehmer von der Zulagenstelle für Altersvermögen einen jährlichen Zuschuss von 175 EUR. Die Zulage muss jedoch vom Arbeitnehmer beantragt werden.

Für die **Sozialversicherung** bleibt der Höchstbetrag, bis zum dem Beiträge sozialversicherungsfrei in eine betriebliche Altersvorsorge einbezahlt werden können, bei maximal 4% der BBG-RV (West), also für das Jahr 2018 bei höchstens 3.120 EUR pro Jahr. Werden höhere Beiträge durch den Arbeitgeber oder den Arbeitnehmer oder beide zusammen in eine betriebliche Altersvorsorge einbezahlt, ist der 3.120 EUR übersteigende Betrag zwar ggf. steuerfrei, unterliegt jedoch den Beiträgen zu den Sozialversicherungen.

Beispiel 5 !

Frau Waldmann wollte zusätzlich etwas für ihre Altersversorgung tun und hat im März 2010 eine Direktversicherung (DV) über ihren Arbeitgeber abgeschlossen. Die DV bezahlt sie durch einen monatlichen Gehaltsverzicht von 100 EUR aus ihrem laufenden Gehalt. Frau Waldmann erhält ein monatliches Bruttogehalt von 2.100 EUR und einen Zuschuss von 14 EUR zu den vermögenswirksamen Leistungen (VwL), der zusammen mit dem Arbeitnehmeranteil von 26 EUR der Bausparkasse überwiesen wird. Frau Waldmann ist bei einer gesetzlichen Krankenkasse krankenversichert und gehört einer kirchensteuerberechtigten Glaubensgemeinschaft an. Die Krankenversicherung erhebt einen Zusatzbeitrag von 0,9% des Arbeitsentgelts. Der Firmensitz liegt in Bayern. Monika Waldmann hat Steuerklasse 1 und keine Kinder. Die Beiträge zu den Umlagekassen U1/U2 werden mit 1,9% bzw. 0,2% angenommen. Das Unternehmen nimmt am Umlageverfahren U1 teil.

5.9.5 Entgeltabrechnung für Verträge ab dem Jahr 2005

Ermittlung des Arbeitslohnes/Arbeitsentgeltes		
	Gehalt	2.100,00 EUR
+	Zuschuss VwL	14,00 EUR
=	**Bruttolohn**	**2.114,00 EUR**
–	Beitrag zur Direktversicherung	100,00 EUR
	Arbeitslohn (steuerpflichtig)	2.014,00 EUR
	Arbeitsentgelt (beitragspflichtig)	2.014,00 EUR
Steuerliche Abzüge		
	Lohnsteuer (lt. Monatstab. m. Steuerklasse 1/keine Kinder)	188,66 EUR
+	Solidaritätszuschlag	10,37 EUR
+	Kirchensteuer (8% auf den Betrag der Lohnsteuer)	15,09 EUR
=	**Summe steuerrechtliche Abzüge**	**214,12 EUR**
Sozialversicherungsbeiträge		
	Krankenversicherung (½ × 14,6% von 2.014 EUR)	147,02 EUR
+	Zusatzbeitrag KV (0,9% von 2.014 EUR)	18,13 EUR
+	Pflegeversicherung (½ × 2,55% von 2.014 EUR)	25,68 EUR
+	Zuschlag Pflegeversicherung (0,25% v. 2.014 EUR)	5,04 EUR
+	Rentenversicherung (½ × 18,6% von 2.014 EUR)	187,30 EUR
+	Arbeitslosenversicherung (½ × 3,0% v. 2.014 EUR)	30,21 EUR
=	**Summe Sozialversicherungsbeiträge (Arbeitnehmer)**	**413,38 EUR**

	Gesamtabrechnung	
	Bruttolohn	2.114,00 EUR
–	Steuerrechtliche Abzüge (Arbeitnehmer)	214,12 EUR
–	Sozialversicherungsbeiträge (Arbeitnehmeranteil)	413,38 EUR
–	Überweisung an Direktversicherung	100,00 EUR
–	Überweisung an Bausparkasse	40,00 EUR
=	**Auszahlungsbetrag**	**1.346,50 EUR**
	Gesamtbelastung	
	Bruttolohn	2.114,00 EUR
+	Sozialversicherungsbeiträge AG-Anteil	390,21 EUR
+	Umlage U1 (1,9% × 2.014 EUR)	38,27 EUR
+	Umlage U2 (0,2% × 2.014 EUR)	4,03 EUR
+	Insolvenzgeldumlage (0,06% × 2.014 EUR)	1,21 EUR
=	**Gesamtbelastung (Arbeitgeber)**	**2.547,72 EUR**

Im Beispiel wird von einem Neuvertrag, der nach 2005 geschlossen wurde, ausgegangen. Voraussetzungen für die Steuer- und Beitragsfreiheit der Prämien für eine Direktversicherung sind:

- Es muss ein erstes Dienstverhältnis bestehen, also keine Versteuerung nach Steuerklasse 6 vorliegen und
- die Versorgungsleistung aus der Direktversicherung muss in Form einer lebenslangen Rente bestehen.

5.9.6 Steuerrechtliche Abzüge bei Verträgen ab dem Jahr 2005

Im Beispiel handelt es sich um eine betriebliche Altersvorsorge nach der Neuvertragsregelung. Seit dem Jahr 2018 können monatlich bis zu 520 EUR (6.240 EUR / 12) steuerfrei in eine oder mehrere Verträge der betrieblichen Altersvorsorge (Pensionskasse, Pensionsfonds, Direktversicherung) einbezahlt werden. Dabei ist die Steuerfreiheit unabhängig davon, ob die Vorsorgeleistung aus Einmalzahlung oder durch monatlichen Lohnverzicht aufgebracht wird. Ebenso unerheblich ist, ob die Vorsorgeleistung vom Arbeitgeber als Zusatzleistung oder vom Arbeitnehmer im Wege der Entgeltumwandlung aufgebracht wird. Der monatliche Wert ist abhängig von der jährlichen Beitragsbemessungsgrenze der Rentenversicherung (8% von BBG-RV-West). Die Beitragsbemessungsgrenze (BBG) wird jährlich zum 1. Januar angepasst. Somit ändert sich der Betrag, der steuerfrei in die Vorsorgeleistung einbezahlt werden kann, jährlich.

Beachten Sie: Die Steuerfreiheit in der Ansparphase der Altersvorsorge führt zu einer Besteuerung in der Auszahlungsphase (Rentenbezug) – der sogenannten nachgelagerten Besteuerung. Rentenzahlungen aus steuerfreien Direktversicherungen unterliegen in voller Höhe der Einkommensteuer bei Auszahlung.

5.9.7 Sozialversicherungsbeiträge bei Verträgen ab dem Jahr 2005

Beiträge (Versicherungsprämien), die aus dem Arbeitslohn in eine betriebliche Altersvorsorge einbezahlt werden, bleiben bis zu **4% der Jahresbeitragsbemessungsgrenze** der Rentenversicherung sozialversicherungsfrei. Dies bedeutet, dass im Jahr 2018 bis zu **3.120 EUR** beitragsfrei in eine oder mehrere externe Altersvorsorgeverträge (Pensionskasse, Pensionsfonds, Direktversicherung) einbezahlt werden können. Diese Regelung gilt jedoch nur für sogenannte Neuverträge, die nach dem 31.12.2004 abgeschlossen wurden. Übersteigt die Vorsorgeleistung den jährlichen Höchstbetrag, sind Beiträge, die über die Höchstgrenze hinaus in betriebliche Altersvorsorgeverträge einbezahlt werden, mit Beiträgen zu den Sozialversicherungen zu belegen. Eine pauschale Besteuerung von zusätzlichen Vorsorgeleistungen und einer daraus entstehenden Beitragsfreiheit in den Sozialversicherungen ist bei Neuverträgen im Prinzip nicht möglich. Eine Ausnahme besteht, sofern der Mitarbeiter bereits einen Altvertrag vor 2005 hatte und er diesen ab 2018 oder später wieder »aufleben« lässt.

In der Praxis werden bei Einzahlungen in eine betriebliche Altersvorsorge häufig die Arbeitgeberanteile der Beitragsersparnis als Zuschuss zum Sparvertrag gewährt. Auch dieser Zuschuss bleibt sozialversicherungsfrei, solange die Gesamtsumme von 3.120 EUR pro Mitarbeiter/Jahr nicht überschritten wird. In der Regel ermittelt der Arbeitgeber die Ersparnis der Sozialversicherungsbeiträge und gewährt diese dann als Zuschuss. In Beispiel 4 ergeben sich für den Arbeitgeber bei einer monatlichen Zahlung von 100 EUR folgende Sozialversicherungsvorteile:

Sozialversicherungsbeiträge des AG bei Neuvertrag und monatlich 100 EUR Beitrag zu einer bAV		
	Krankenversicherung (½ × 14,6% von 2.014 EUR)	147,02 EUR
+	Pflegeversicherung (½ × 2,55% von 2.014 EUR)	25,68 EUR
+	Rentenversicherung (½ × 18,6% von 2.014 EUR)	187,30 EUR
+	Arbeitslosenversicherung (½ × 3,0% v. 2.014 EUR)	30,21 EUR
=	**Summe Sozialversicherungsbeiträge (Arbeitgeber)**	**390,21 EUR**

Sozialversicherungsbeiträge des AG ohne die bAV		
	Krankenversicherung (½ × 14,6% von 2.114 EUR)	154,32 EUR
+	Pflegeversicherung (½ × 2,55% von 2.114 EUR)	26,95 EUR
+	Rentenversicherung (½ × 18,6% von 2.114 EUR)	196,60 EUR
+	Arbeitslosenversicherung (½ × 3,0% v. 2.114 EUR)	31,71 EUR
=	**Summe Sozialversicherungsbeiträge (Arbeitgeber)**	**409,58 EUR**

Die Ersparnis an Sozialversicherungsbeiträgen des Arbeitgebers durch die betriebliche Altersvorsorge (bAV) des Arbeitnehmers beträgt in Beispiel 4 19,37 EUR pro Monat (409,58 EUR – 390,21 EUR).

Wichtig: Bei der Sozialversicherungsersparnis durch die bAV gilt es für den Arbeitnehmer zu beachten, dass durch die Einzahlung in die bAV die Beitragszahlungen in die gesetzliche Rentenversicherung sinken. Da sich die gesetzliche Altersrente aus der Höhe der Beitragszahlungen und dem Versicherungszeitraum ergibt, ist die Rente aus der gesetzlichen Rentenversicherung geringer, als wenn der Arbeitslohn voll verbeitragt würde.

5.9.8 Arbeitgeberbelastung bei Verträgen ab dem Jahr 2005

Entscheidend für die Entgeltabrechnung von betrieblichen Altersvorsorgen ist, ob der Vertag vor oder nach dem 01.01.2005 abgeschlossen wurde. Dementsprechend ist die Altvertragsregelung bzw. die Neuvertragsregelung anzuwenden. In Beispiel 4 wurde die Direktversicherung nach 2005 neu abgeschlossen, sie ist deshalb bis 3.120 EUR pro Jahr sozialversicherungsfrei und bis 6.240 EUR steuerfrei. Im Umfang der sozialversicherungsfrei einbezahlten Beiträge entsteht auch kein umlagepflichtiges Arbeitsentgelt.

Gesamtbelastung		
	Bruttolohn	2.114,00 EUR
	Krankenversicherung (½ × 14,6% von 2.014 EUR)	147,02 EUR
+	Pflegeversicherung (½ × 2,55% von 2.014 EUR)	25,68 EUR
+	Rentenversicherung (½ × 18,6% von 2.014 EUR)	187,30 EUR
+	Arbeitslosenversicherung (½ × 3,0% v. 2.014 EUR)	30,21 EUR
=	**Summe Sozialversicherungsbeiträge (Arbeitgeber)**	**390,21 EUR**
	Umlage U1 (1,9% × 2.014 EUR)	38,27 EUR

Gesamtbelastung		
+	Umlage U2 (0,2% × 2.014 EUR)	4,03 EUR
+	Insolvenzgeldumlage (0,06% × 2.014 EUR)	1.21 EUR
=	**Summe Umlagen**	**43,51 EUR**
	Gesamtbelastung (Arbeitgeber)	**2.547,72 EUR**

Der Arbeitgeber unterliegt nicht den Zuschlägen und Zulagen zur Kranken- und Pflegeversicherung. Somit beträgt der Arbeitgeberanteil zur Krankenversicherung 7,3% und in der Pflegeversicherung 1.275% des Arbeitsentgelts. Handelt es sich bei dem Arbeitgeber um ein Unternehmen mit bis zu 30 Vollzeitbeschäftigten, ist neben der U2 auch die Umlage U1 zu ermitteln. Die Insolvenzgeldumlage beträgt 0,06% des rentenversicherungspflichtigen Arbeitsentgelts (ab dem Jahr 2018). Durch die Umwandlung des Arbeitsentgelts zugunsten einer betrieblichen Altersvorsorge sinkt das beitragspflichtige Entgelt. In der Arbeitgeberbelastung nicht berücksichtigt sind die Beiträge zur Berufsgenossenschaft und Rückstellungen für Urlaub, Krankheit etc. Diese werden in der Regel erst zum Ende des Kalenderjahres ermittelt. Im Bau- und Baunebengewerbe sind zusätzlich noch Beiträge zur Zusatzversorgung (ZVK) und die darauf entfallende Pauschalsteuer zu berücksichtigen.

5.9.9 Steuerrechtliche Förderung von geringen Einkommen ab dem Jahr 2018

Mit dem Betriebsrentenstärkungsgesetz wurde auch ein neues steuerliches Förderbetragsmodell geschaffen, das speziell auf niedrige steuerpflichtige Einkommen zugeschnitten ist. Ein Arbeitnehmer gilt entsprechend dem Betriebsrentenfördergesetz bei einem monatlichen Bruttolohn von max. 2.200 EUR als förderwürdiger Geringverdiener. Bei der Prüfung der Einkommensgrenze werden nicht berücksichtigt:

- steuerfreie Lohnbestandteile
- steuerfreie Sachbezüge
- sonstige Bezüge (Einmalzahlungen), auch wenn diese steuerpflichtig sind
- pauschal versteuerte Bezüge (nach §37a, 37b, 40, 40b EStG).

Außerdem ist zu berücksichtigen, dass für die Prüfung der Einkommensgrenze der steuerpflichtige laufende Arbeitslohn im Monat der Beitragsleistung maßgeblich ist. Dieser darf maximal 2.200 EUR betragen. Eine anteilige Durchschnittslohnprüfung für das laufende Kalenderjahr ist **nicht** vorzunehmen. Bei Rumpfmonaten durch einen Ein- oder Austritt ist mit dem täglichen Wert in Höhe von 73,34 EUR multipliziert mit den Kalendertagen zu rechnen. Dabei dürfen Fehlzeiten auch ohne Entgeltfortzahlung nicht berücksichtigt werden.

Wird für den Arbeitnehmer eine betriebliche Altersvorsorge (Direktversicherung, Pensionskasse, Pensionsfonds) durchgeführt, kann der **Arbeitgeber** eine steuerliche Förderung erhalten, sofern er den Vorsorgevertrag des Mitarbeiters bezuschusst. Leistet der Arbeitgeber mindestens **240 EUR** Zuschuss pro Kalenderjahr, erhält er einen Förderbetrag von 30% des Zuschussbetrages. Für den Mindestzuschuss des Arbeitgebers (240 EUR) erhält dieser somit 72 EUR im Rahmen der Lohnsteueranmeldung von der Finanzverwaltung erstattet. Der Förderbetrag ist auf einen maximalen Zuschuss des Arbeitgebers von **480 EUR** im Kalenderjahr begrenzt. Daraus ergibt sich ein maximaler Förderbetrag von 144 EUR pro Kalenderjahr. Der Zuschuss wird dem Arbeitgeber durch Verrechnung mit der von ihm abzuführenden Lohnsteuer gewährt (§100 EStG). Zur Verrechnung der Arbeitgeberförderung wurde in die Lohnsteueranmeldung die Zeile 23 (Nr. 45) neu aufgenommen. In der Zeile »abzüglich Förderbetrag zur betrieblichen Altersvorsorge nach §100 EStG« kann der errechnete Förderbetrag mit der abzuführenden Lohnsteuer verrechnet werden.

Eine Förderung ist auch für bereits bestehende Verträge der betrieblichen Altersvorsorge möglich. Für die Einführungsphase im Jahr 2018 wurde jedoch eine Anrechnung von Arbeitgeberzuschüssen auf Basis des Jahres 2016 definiert. Hat der Arbeitgeber bereits im Jahr 2016 einen Zuschuss zu einer Direktversicherung, Pensionskasse oder Pensionsfonds bezahlt, ist der Förderbetrag des Finanzamts auf den zusätzlichen Zuschuss des Arbeitgebers im Jahr 2018 gegenüber dem Jahr 2016 für die Förderung zu berücksichtigen.

Beispiel 6 !

Frau Waldmann hat seit 2010 eine betriebliche Altersvorsorge in Form einer Direktversicherung, in die sie monatlich 100 EUR einbezahlt. Sie hat ein monatliches Gehalt von 2.100 EUR. Der Arbeitgeber bezuschusst den Vorsorgevertrag seit 2014 mit 20 EUR monatlich. Gesamtbeitrag 120 EUR pro Monat. Der Arbeitgeber erhöht den Zuschuss ab Januar 2018 auf 30 EUR pro Monat.

Beurteilung

Zuschussbetrag im Jahr 2016:	240 EUR pro Jahr
Zuschussbetrag im Jahr 2018:	360 EUR pro Jahr
Erhöhung Zuschuss:	120 EUR pro Jahr
Steuerliche Förderung für 360 EUR Zuschuss:	100 EUR pro Jahr

Die Erhöhung des Arbeitgeberzuschusses im Jahre 2018 (120 EUR) ist größer als der steuerliche Förderbetrag für 2018 (360 EUR × 30% = 120 EUR). Somit kann der Arbeitgeber den gesamten Förderbetrag bei der Lohnsteueranmeldung geltend machen. Läge der Zuschuss des Arbeitgebers ab 2018 bei 25 EUR pro Monat, könnte er für 2018 nur einen Förderbetrag von 60 EUR geltend machen (5 EUR × 12 = 60 EUR ist kleiner als 120 EUR max. Förderung).

5.10 Hat der Arbeitnehmer eine Beihilfe oder einen Vorschuss erhalten?

Beihilfen oder Unterstützungsleistungen des Arbeitgebers bei Studium oder Erholung sind bis zu bestimmten Höchstgrenzen steuerfrei. Übersteigen die Zahlungen den Freibetrag, ist nur der übersteigende Betrag steuer- und sozialversicherungspflichtig. Die Freibeträge sind für alle begünstigten Beihilfen in §3 Einkommensteuergesetz (EStG) einzeln geregelt. Der steuerfreie Teil einer Beihilfe ist immer von Beiträgen zu den Sozialversicherungen befreit. Beihilfen bei Heirat oder Geburt sind nicht steuerlich begünstigt. Bei Zuwendungen, die nicht regelmäßig bezahlt werden, handelt es sich um sonstige Bezüge bzw. Einmalzahlungen. Diese sind gesondert vom laufenden Bezug mit der Jahreslohnsteuertabelle zu versteuern (siehe Kapitel 6). Übernimmt der Arbeitgeber für Mitarbeiter, die an einer Berufsakademie bzw. dualen Hochschule studieren, die Studiengebühren, entsteht dem Mitarbeiter daraus, wegen des ganz überwiegenden betrieblichen Interesses des Arbeitgebers, kein steuerpflichtiger geldwerter Vorteil. Betriebsinterne Maßnahmen des Arbeitgebers zur Verbesserung des allgemeinen Gesundheitszustands seiner Mitarbeiter oder zur betrieblichen Gesundheitsförderung bleiben pro Kalenderjahr bis zu **500 EUR** je Arbeitnehmer steuerfrei, wenn sie hinsichtlich Qualität, Zweckbindung und Zielgerichtetheit die Anforderungen der §§20 und 20a SGB 5 erfüllen und zusätzlich zum ohnehin geschuldeten Arbeitslohn erbracht werden.

Mit der Neuregelung **der dualen Studiengänge** hat der Gesetzgeber festgelegt, dass Studierende an dualen Hochschulen zur Ausbildung beschäftigt sind. Somit unterliegen sie seit 2012 den vollen Beiträgen zur Kranken-, Renten-, Pflege- und Arbeitslosenversicherung. Wird eine Ausbildungsvergütung von bis zu 325 EUR pro Monat bezahlt, greift zusätzlich die Geringverdiener-Regelung (vgl. Kapitel 5.3). Liegt das Arbeitsentgelt über 450 EUR aber unter 850,01 EUR, darf für die zur Ausbildung Beschäftigten die Gleitzonenregelung **nicht** angewendet werden. Die Versicherungspflicht gilt ausdrücklich für alle Phasen des Studiums, also sowohl während der Praxisphase, als auch während der Studienphase.

Beachten Sie: In der Phase des Studiums an der dualen Hochschule besteht für den Arbeitgeber Beitragsfreiheit in der Unfallversicherung. Dementsprechend ist das Arbeitsentgelt, welches während der Studienphase gezahlt wird, nicht in der Jahresmeldung als beitragspflichtiges Entgelt zur Unfallversicherung zu berücksichtigen. Während des Aufenthalts an der Hochschule ist diese für den Unfallschutz verantwortlich.

Vorschüsse sind Vorauszahlungen von Arbeitslohn, der erst zukünftig verdient wird. Ein Vorschuss wird in der Regel zwischen zwei Lohnabrechnungsperioden ungekürzt ausgezahlt und hat somit den Charakter einer Nettolohnzahlung. Bei der Lohnabrechnung kann die Nettolohnzahlung auf den Bruttobetrag hochgerechnet werden oder die Vorauszahlung wird mit dem Auszahlungsbetrag aus dem laufenden Bruttolohn verrechnet. Erhält der Arbeitnehmer entsprechend seinem Arbeitsfortschritt eine Abschlagszahlung auf den Gesamtlohn, handelt es sich nicht um einen Vorschuss im eigentlichen Sinne. Abschlagszahlungen sind jedoch, genau wie Vorschüsse, mit der Lohnabrechnung zu verrechnen, wenn der Lohnzahlungszeitraum nicht länger als fünf Wochen dauert.

Beispiel !

Monika Waldmann nimmt einmal pro Woche an einer Rückenschulung teil. Die monatlichen Kosten belaufen sich auf 60 EUR. Der Arbeitgeber unterstützt die Gesundheitsmaßnahme mit einem Zuschuss von 40 EUR pro Monat. Diese zahlt er zusammen mit dem monatlichen Bruttogehalt von 2.100 EUR aus. Außerdem braucht Frau Waldmann für die Hochzeitsvorbereitungen einen Vorschuss von 600 EUR, der zum 15. des Monats netto ausgezahlt wurde und als Nettobetrag bei der folgenden Lohnabrechnung verrechnet wird. Wie in jedem Monat erhält Frau Waldmann einen Zuschuss von 14 EUR zu den vermögenswirksamen Leistungen (VwL). Der Zuschuss zur VwL wird zusammen mit dem Arbeitnehmeranteil von 26 EUR der Bausparkasse überwiesen. Frau Waldmann gehört einer kirchensteuerberechtigten Glaubensgemeinschaft an und ist bei einer gesetzlichen Krankenkasse pflichtversichert. Die Krankenkasse erhebt einen Zusatzbeitrag von 0,9% des Arbeitsentgelts. Als Firmensitz für die Ermittlung der Kirchensteuer wird Nordrhein-Westfalen unterstellt. Frau Waldmann hat zum Zeitpunkt der Lohnabrechnung noch Steuerklasse 1 und keine Kinder. Als Beitragssatz für die Umlagekasse U1 wird 1,9% und für die Umlagekasse U2 0,2% angenommen.

5.10.1 Entgeltabrechnung

Ermittlung des Arbeitslohnes/Arbeitsentgeltes		
	Gehalt	2.100,00 EUR
+	Zuschuss VwL	14,00 EUR
+	Zuschuss Gesundheitsförderung	40,00 EUR
=	**Bruttolohn**	**2.154,00 EUR**
	Arbeitslohn (steuerpflichtig)	2.114,00 EUR
	Arbeitsentgelt (beitragspflichtig)	2.114,00 EUR
Steuerliche Abzüge		
	Lohnsteuer (lt. Monatstabelle f. 2.114 EUR bei Steuerklasse 1)	210,91 EUR
+	Solidaritätszuschlag (5,5% auf den Betrag der Lohnsteuer)	11,60 EUR
+	Kirchensteuer (9% auf den Betrag der Lohnsteuer)	18,98 EUR
=	**Summe steuerrechtliche Abzüge**	**241,49 EUR**
Sozialversicherungsbeiträge		
	Krankenversicherung (½ × 14,6% von 2.114 EUR)	154,32 EUR
+	Zusatzbeitrag KV (0,9% von 2.114 EUR)	19,03 EUR
+	Pflegeversicherung (½ × 2,55% von 2.114 EUR)	26,95 EUR
+	Zuschlag Pflegeversicherung (0,25% v. 2.114 EUR)	5,29 EUR
+	Rentenversicherung (½ × 18,6% von 2.114 EUR)	196,60 EUR
+	Arbeitslosenversicherung (½ × 3,0% v. 2.114 EUR)	31,71 EUR
=	**Summe Sozialversicherungsbeiträge (Arbeitnehmer)**	**433,90 EUR**
Gesamtabrechnung		
	Bruttolohn	2.154,00 EUR
–	Steuerrechtliche Abzüge (Arbeitnehmer)	241,49 EUR
–	Sozialversicherungsbeiträge (Arbeitnehmeranteil)	433,90 EUR
–	Überweisung an Bausparkasse	40,00 EUR
–	Vorschuss (bereits ausbezahlt am 15. des Monats)	600,00 EUR
=	**Auszahlungsbetrag**	**838,61 EUR**

Gesamtbelastung		
	Bruttolohn	2.154,00 EUR
+	Sozialversicherungsbeiträge AG-Anteil	409,58 EUR
+	Umlage U1 (1,9% × 2.114 EUR)	40,17 EUR
+	Umlage U2 (0,2% × 2.114 EUR)	4,23 EUR
+	Insolvenzgeldumlage (0,06% × 2.114 EUR)	1,27 EUR
=	**Gesamtbelastung (Arbeitgeber)**	**2.609,25 EUR**

Beihilfen zur Gesundheitsförderung sind bis zu einem Höchstbetrag von 500 EUR pro Jahr von Beiträgen zu den Sozialversicherungen befreit. Auch das Steuerrecht stellt Leistungen des Arbeitgebers zur Verbesserung des allgemeinen Gesundheitszustands und der betrieblichen Gesundheitsförderung, die hinsichtlich Qualität, Zweckbindung und Zielgerichtetheit den Anforderungen der §§20 und 20a SGB V genügen, steuerfrei. Der Vorschuss ist ein steuer- und sozialversicherungsfreier Abzug vom Nettoverdienst, er reduziert nur die Auszahlung.

5.10.2 Steuerrechtliche Abzüge

Nicht alles, was der Arbeitgeber seinem Arbeitnehmer zukommen lässt, ist steuerpflichtiger Arbeitslohn. Beihilfen, die aufgrund besonderer Belastungen wie Krankheit oder Unfall gezahlt werden, sind bis zu bestimmten Freibeträgen von der Lohnsteuer befreit. Private Unterstützungen des Arbeitgebers sind bis 600 EUR jährlich steuerfrei, wenn diese aufgrund von Unglücksfällen, Krankheit, Tod oder Vermögensverlust gezahlt werden. Bezahlt beispielsweise der Arbeitgeber seinem Arbeitnehmer nach Vorlage der Rechnung einen Zuschuss von 200 EUR zu den von der Krankenkasse nicht übernommenen Kosten für Zahnersatz, handelt es sich um eine Beihilfe, die nach R 3.11 (Lohnsteuerrichtlinien) steuerfrei bleiben kann.

Maßnahmen des Arbeitgebers zur Verbesserung des allgemeinen Gesundheitszustands bleiben pro Kalenderjahr bis zu **500 EUR** je Arbeitnehmer gemäß §3 Nr. 34 EStG steuerfrei. Bei der steuerfreien Förderung handelt es sich um einen Höchstbetrag, das heißt, übersteigende Beträge gehören zum steuerpflichtigen Arbeitslohn. Die Steuerfreiheit gilt ausschließlich für Leistungen, die durch die Spitzenverbände der Krankenkassen konkretisiert wurden. Die begünstigten Maßnahmen sind demnach:

- allgemeine Reduzierung von Bewegungsmangel sowie Vorbeugung und Reduzierung spezieller gesundheitlicher Risiken durch verhaltens- und gesundheitsorientierte Bewegungsprogramme

- Vorbeugung und Reduzierung arbeitsbedingter Belastungen des Bewegungsapparats, allgemeine Vermeidung von Mangel- und Fehlernährung sowie Vermeidung und Reduktion von Übergewicht
- gesundheitsgerechte betriebliche Gemeinschaftsverpflegung (z.B. Ausrichtung der Betriebsverpflegungsangebote an Ernährungsrichtlinien und Bedürfnissen der Beschäftigten, Schulung des Küchenpersonals, Informations- und Motivierungskampagnen)
- Stressbewältigung und Entspannung (Vermeidung stressbedingter Gesundheitsrisiken), Förderung der individuellen Kompetenzen der Stressbewältigung am Arbeitsplatz, gesundheitsgerechte Mitarbeiterführung
- Einschränkung des Suchtmittelkonsums (allgemeine Förderung des Nichtrauchens, »rauchfrei« im Betrieb, gesundheitsgerechter Umgang mit Alkohol, allgemeine Reduzierung des Alkoholkonsums, Nüchternheit am Arbeitsplatz)

Unter die Steuerbefreiung fallen auch Barzuschüsse des Arbeitgebers an seine Mitarbeiter für extern durchgeführte Maßnahmen. Die Übernahme bzw. Bezuschussung von Mitgliedsbeiträgen an Sportvereine und Fitnessstudios ist jedoch nicht steuerbefreit.

Freibetrag bzw. Freigrenze
Vom Freibetrag zu unterscheiden ist die Freigrenze. Übersteigt beispielsweise der Wert einer Sachzuwendung die Freigrenze von 60 EUR (Gelegenheitsgeschenke) bzw. monatlich 44 EUR bei Sachzuwendungen, ist der Lohnbestandteil in vollem Umfang steuer- und sozialversicherungspflichtig (nicht nur der übersteigende Anteil).

Die nachfolgende Tabelle gibt einen Überblick über die häufigsten steuerlich begünstigten Zuwendungen mit den jeweiligen Höchstgrenzen. Bis zu diesen Höchstbeträgen sind die Zuwendungen steuer- und sozialversicherungsfrei.

Art des steuerfreien Bezuges	Steuerfrei bis zum Höchstbetrag von
Beihilfe für Notfälle wie Krankheit, Unfall, Todesfall	600 EUR pro Jahr
Beihilfe zur kurzfristigen Betreuung von Kindern oder nahen Angehörigen	600 EUR pro Jahr
Maßnahmen zur Gesundheitsförderung	500 EUR pro Jahr
Fehlgeldentschädigung an der Kasse (monatlich)	16 EUR
Auslagenersatz	ohne Begrenzung

Art des steuerfreien Bezuges	Steuerfrei bis zum Höchstbetrag von
Personalrabatt (monatlich)	90 EUR
Trinkgelder (monatlich)	ohne Begrenzung
Umzugskostenpauschale bei Arbeitgeberwechsel für ▪ Ledige (ab Februar 2017) ▪ Verheiratete (ab Februar 2017) ▪ pro Kind zusätzlich Auslagen für zusätzlichen Unterricht für Kinder, pro Kind[34]	 764 EUR 1.528 EUR 337 EUR 1.926 EUR
Kindergartenzuschuss (mit Originalbeleg)	ohne Begrenzung
Sachbezüge monatlich	44 EUR*
Gelegenheitsgeschenke (z. B. Geburtstagsgeschenk)	60 EUR*
Betriebsveranstaltung (eintägig)	110 EUR**
Verpflegungsmehraufwand bei Reisen von ▪ mehr als 8 Stunden abwesend ▪ mehr als 24 Stunden abwesend	 12 EUR** 24 EUR**

Tab. 20: Steuerfreie Zuwendungen des Arbeitgebers

* Übersteigt der Wert der Zuwendung die Höchstgrenze, so ist die gesamte Zuwendung steuer- und sozialversicherungspflichtig.
** Übersteigt der Wert der Zuwendung die Höchstgrenze, so ist die gesamte Zuwendung steuer- und sozialversicherungspflichtig. Es besteht jedoch die Möglichkeit, den Gesamtbetrag mit 25% pauschal zu versteuern.

5.10.3 Sozialversicherungsbeiträge

Das beitragspflichtige Arbeitsentgelt ergibt sich durch Kürzung des Bruttolohns um den steuerfreien Teil der Zuwendung. Zuschüsse des Arbeitgebers sind bis 500 EUR pro Jahr beitragsfrei in den Sozialversicherungen, wenn der Arbeitgeber diese für Maßnahmen für die

- Verbesserung des allgemeinen Gesundheitszustands bzw.
- betriebliche Gesundheitsförderung

erstattet. Im obigen Beispiel liegt die Zulage für die Gesundheitsförderung im Rahmen des Freibetrages und ist somit sozialversicherungsfrei. Übersteigen die Zuwendungen des Arbeitgebers den Freibetrag von 500 EUR pro Jahr, ist zu prüfen, ob die Maßnahme im »überwiegend betrieblichen Interesse« liegt.

34 Die Pauschalen erhöhen sich ab März 2018.

Als Maßnahmen im überwiegenden betrieblichen Interesse sind zum Beispiel Massagen oder Rückentrainingsprogramme für Arbeitnehmer an Bildschirmarbeitsplätzen. Bei überwiegend betrieblichem Interesse sind auch den Höchstbetrag übersteigende Leistungen steuer- und sozialversicherungsfrei, da sie keinen Arbeitslohn darstellen.

Im Beispiel wird für den Arbeitnehmer der Zuschlag zur Pflegeversicherung für Kinderlose berechnet. Dieser Zuschlag entsteht nicht, wenn mindestens ein leibliches oder adoptiertes Kind nachgewiesen werden kann oder konnte (mind. 1 Monat).

Seit dem Jahr 2015 können die Krankenkassen einen Zusatzbeitrag zur Krankenversicherung von ihren Mitgliedern erheben. Der GKV-Spitzenverband ist nach §242 Abs. 5 SGB V verpflichtet, eine laufend aktualisierte Übersicht der Zusatzbeitragssätze im Internet zu veröffentlichen. Außerdem müssen die Krankenkassen, die einen Zusatzbeitrag über dem durchschnittlichen Zusatzbeitrag erheben (1,0% im Jahr 2018), ihre Mitglieder auf günstigere Kassen aufmerksam machen.

Vorschusszahlung
Der steuerfrei ausbezahlte Vorschuss hat keinen Einfluss auf die Beitragsberechnung in den Sozialversicherungen. Der Vorschuss wird als »durchlaufender Posten« nach der Verbeitragung vom Nettolohn abgezogen.

5.10.4 Arbeitgeberbelastung

Ein Vorschuss ist ein im Voraus ausgezahlter laufender Arbeitslohn bzw. laufendes Arbeitsentgelt und somit vollständig steuer- und beitragspflichtiges Arbeitsentgelt. Der am 15. des Monats ausgezahlte Vorschuss vermindert also nur den Auszahlungsbetrag.

Von der Vorschusszahlung ist die Abschlagszahlung zu unterscheiden. Bei der Abschlagszahlung erhält der Arbeitnehmer eine ungefähre Zahlung für bereits geleistete Arbeit. Die genaue Lohnabrechnung mit der endgültigen Lohnsteuer und den Beiträgen zur Sozialversicherung kann bis zu fünf Wochen nach der Abschlagszahlung vorgenommen werden.

Der Arbeitgeber überweist den Zuschuss zur VwL und den Sparbetrag von Frau Waldmann direkt der Bausparkasse. Zuschuss und Sparbetrag werden deshalb vom Auszahlungsbetrag abgezogen. Im Beispiel ergibt sich für den Arbeitgeber folgende Belastung.

Gesamtbelastung		
	Bruttolohn	2.154,00 EUR
	Krankenversicherung (½ × 14,6% von 2.114 EUR)	154,32 EUR
+	Pflegeversicherung (½ × 2,55% von 2.114 EUR)	26,95 EUR
+	Rentenversicherung (½ × 18,6% von 2.114 EUR)	196,60 EUR
+	Arbeitslosenversicherung (½ × 3,0% v. 2.114 EUR)	31,71 EUR
=	**Summe Sozialversicherungsbeiträge (Arbeitgeber)**	**409,58 EUR**
	Umlage U1 (1,9% × 2.114 EUR)	40,17 EUR
+	Umlage U2 (0,2% × 2.114 EUR)	4,23 EUR
+	Insolvenzgeldumlage (0,06% × 2.114 EUR)	1,27 EUR
=	**Summe Umlagen**	**45,67 EUR**
	Gesamtbelastung (Arbeitgeber)	**2.609,25 EUR**

Der Arbeitgeberbeitrag zu den Sozialversicherungen ist geringer als der Arbeitnehmerbeitrag. Dies liegt am Zuschlag zur Pflegeversicherung und am geringeren Beitragsanteil zur Krankenversicherung. Nimmt das Unternehmen aufgrund seiner Mitarbeiterzahl am Umlageverfahren teil, ist ausschließlich vom Arbeitgeber die Umlage U1 zu entrichten. Sie entfällt für Betriebe mit mehr als 30 Mitarbeitern, die über 30 Wochenstunden arbeiten. Der Beitrag zur Insolvenzgeldumlage ist aus dem rentenversicherungspflichtigen Entgelt zu ermitteln. Der Satz zur Insolvenzgeldumlage ermäßigt sich ab dem Jahr 2018 um 0,03% und beträgt 0,06% des rentenversicherungspflichtigen Arbeitsentgelts bis maximal zur Beitragsbemessungsgrenze der Rentenversicherung. Ist der Arbeitnehmer nicht rentenversicherungspflichtig, muss der Beitrag aus einem fiktiven Arbeitsentgelt ermittelt werden, das sich bei einer Rentenversicherungspflicht ergeben würde.

Nicht in der Arbeitgeberbelastung berücksichtigt sind Beiträge zur Berufsgenossenschaft sowie Rückstellungen für Jubiläen, Urlaub oder Pensionen. Diese werden in der Regel erst zum Ende des Kalenderjahres ermittelt, gehören jedoch zur Arbeitgeberbelastung. Im Bau- und Baunebengewerbe sind zusätzlich noch Beiträge zur Zusatzversorgung (ZVK) zu berücksichtigen. Beschäftigt das Unternehmen nicht seiner Größe entsprechend behinderte Mitmenschen, ist zusätzlich noch eine anteilige Schwerbehindertenausgleichsabgabe in die Berechnung aufzunehmen. Beschäftigt das Unternehmen

Künstler oder hat regelmäßig Aufträge an Publizisten oder Künstler vergeben, entstehen ggf. noch Beiträge zur Künstlersozialabgabe.[35]

5.11 Hat der Arbeitnehmer eine Sachleistung erhalten?

Neben Geldzuwendungen kann der Arbeitgeber dem Arbeitnehmer Leistungen in Form von Sachzuwendungen zukommen lassen. Sachleistungen, wie z.B. freie Kost, freie Wohnung, Firmenwagen, Waren und anderes, verschaffen dem Arbeitnehmer einen geldwerten Vorteil und sind laufender Arbeitslohn oder sonstige Bezüge (vgl. §8 EStG). Sachzuwendungen erhöhen das Arbeitsentgelt und sind somit in Höhe des steuerpflichtigen Teils beitragspflichtig in der Kranken-, Pflege-, Renten- und Arbeitslosenversicherung.

Gewährt der Arbeitgeber seinem Arbeitnehmer einen geldwerten Vorteil in Form eines Sachbezugs, stellt sich die Frage, mit welchem Wert dieser anzusetzen ist. Für Sachleistungen in Form von Unterkunft, Mahlzeiten, Heizung und Beleuchtung gibt es amtliche Sachbezugswerte, in denen festgelegt wird, mit welchem Wert (»Bruttolohn«) der Sachbezug anzusetzen ist. Sachbezüge, für die keine amtlichen Sachbezugswerte festgelegt sind, müssen mit den Endpreisen am Abgabeort, gemindert um die üblichen Preisnachlässe, bewertet werden. Für das Jahr 2018 gelten folgende Sachbezugswerte:

Sachbezug	Sachbezugswert für alle Arbeitnehmer
Frühstück (pro Mahlzeit)	1,73 EUR
Mittagessen (pro Mahlzeit)	3,23 EUR
Abendessen (pro Mahlzeit)	3,23 EUR
freie Unterkunft (monatlich)	226,00 EUR
freie Verpflegung (monatlich)	246,00 EUR

Tab. 21: Amtliche Sachbezugswerte für Verpflegung und Unterkunft ab 2018

Weitere Erläuterungen zu den amtlichen Sachbezugswerten finden Sie bei den Arbeitshilfen unter www.haufe.de/mybook.

Erhalten Arbeitnehmer Waren verbilligt oder kostenlos, die der Arbeitgeber herstellt oder vertreibt, bleibt der geldwerte Vorteil hieraus gemäß §8 Abs. 3 EStG bis zu einem Freibetrag (Rabattfreibetrag) von **1.080 EUR** jährlich steuerfrei. Der

35 Vgl. Kapitel 4.4.3 – Stichwort »Künstlersozialabgabe«.

Rabattvorteil des Arbeitnehmers wird dadurch ermittelt, dass der Preis, den der Arbeitnehmer bezahlt hat, mit einem Endkundenpreis (inkl. Umsatzsteuer) verglichen wird. Für die Ermittlung des Endkundenpreises ist der günstigste Preis am Markt um einen Abschlag von **4%** zu verringern (auch ein Vergleichspreis aus dem Internet ist zulässig). Alternativ besteht auch die Möglichkeit, als Wertansatz den günstigsten am Markt verfügbaren Preis (z.B. Internetpreis) anzusetzen. Dieser darf dann jedoch nicht um den Rabattfreibetrag gekürzt werden. Ist dieser Betrag kleiner oder gleich 90 EUR pro Monat bzw. 1.080 EUR im Jahr, besteht keine Steuerpflicht für die kostenlos oder verbilligt erhaltenen Waren oder Leistungen. Übersteigt der Preisvorteil den Rabattfreibetrag, ist der übersteigende Teil steuer- und beitragspflichtiger Arbeitslohn.

Erhält der Mitarbeiter über den Arbeitgeber Waren oder Leistungen, die dieser nicht selbst herstellt oder vertreibt, kann der Rabattfreibetrag (1.080 EUR) nicht angewendet werden. Es ist jedoch zu prüfen, ob der amtliche Sachbezugswert oder die Kleinbetragsregelung angewendet werden kann.

Eine Vereinfachung bewirkt die **Kleinbetragsregelung** des §8 Abs. 2 EStG. Zuwendungen in Form von geldwerten Vorteilen, die nach Anrechnung etwaiger vom Arbeitnehmer gezahlter Eigenanteile im Kalendermonat nicht mehr als **44 EUR** betragen, und für die keine Sachbezugswerte angesetzt werden, sind **nicht** steuerpflichtig. Für die Berechnung der 44-Euro-Grenze ist der Kalendermonat der Zahlung maßgeblich. Eine Kumulierung des Freibetrags für mehrere Monate ist nicht möglich. Mehrere geldwerte Vorteile, die unter die Kleinbetragsregelung fallen, sind zusammenzurechnen. Übersteigt der Gesamtwert danach den Betrag von 44 EUR, unterliegen alle einzelnen Sachbezüge dem Lohnsteuerabzug.

Die untenstehende Grafik (Abb. 4) gibt einen Überblick, wie Sachbezüge zu bewerten sind. Ist für eine Sachleistung ein amtlicher Sachbezugswert vorhanden, ist mindestens dieser als Wert für die Sachleistung anzusetzen. Eine Anwendung der Kleinbetragsregelung oder des Rabattfreibetrages ist in diesem Fall ausgeschlossen. Dafür ist eine pauschale Versteuerung des Sachbezuges in der Regel möglich. Ist für die Sachleistung kein Sachbezugswert vorgegeben, muss der gekürzte Endpreis als Wert angesetzt werden. Ist der geldwerte Vorteil bzw. der Rabatt größer als der Rabattfreibetrag bzw. die Freigrenze, entsteht steuerpflichtiger Arbeitslohn bzw. beitragspflichtiges Entgelt.

Sachgeschenke an einen Arbeitnehmer aufgrund eines persönlichen Anlasses bleiben pro Anlass bis zu einem Höchstbetrag von 60 EUR steuer- und sozialversicherungsfrei.

!

Beispiel 1

Ein Arbeitnehmer hat am 10. August seinen 40. Geburtstag und erhält anlässlich des runden Geburtstags ein Buchgeschenk im Wert von 50 EUR. Am 1. August hatte der Mitarbeiter 10-jähriges Firmenjubiläum. Bei der Jubiläumsfeier am 25. August erhält er einen Blumenstrauß und eine Flasche Sekt im Wert von 58 EUR.

Beurteilung

Zu beiden Anlässen erhält der Mitarbeiter ein Sachgeschenk. Beide Geschenke bleiben innerhalb der Freigrenze von 60 EUR. Da die Geschenke jeweils zu unterschiedlichen persönlichen Anlässen gewährt werden, sind beide Geschenke steuer- und beitragsfrei in den Sozialversicherungen, obwohl sie in einem Abrechnungsmonat gewährt werden.

Für Sachleistungen oder Dienstleistungen, die der Arbeitnehmer als Geschenk oder sogenanntes Incentive zusätzlich zu seiner Entlohnung erhält, wurde mit dem §37b EStG eine zusätzliche Pauschalbesteuerungsmöglichkeit geschaffen. Die Möglichkeit zur Pauschalversteuerung nach §37b EStG bezieht sich nicht nur auf die Arbeitnehmer des Unternehmens, sondern auch auf Kunden, Geschäftsfreunde und deren Arbeitnehmer. Übersteigen die Zuwendungen an den Arbeitnehmer die Kleinbetragsregelung des §8 EStG (60 EUR pro Anlass), besteht für den Arbeitgeber die Möglichkeit, Geschenke bis **10.000 EUR** pro Kalenderjahr mit einer pauschalen Steuer von **30%** zu versteuern. Zusätzlich entstehen auf den Betrag der Pauschalsteuer noch der Solidaritätszuschlag und ggf. die pauschale Kirchensteuer. Als Bemessungsgrundlage für die Steuer sind die tatsächlichen Kosten des Geschenks bzw. der Incentive-Leistung inklusive der Umsatzsteuer heranzuziehen. Eine Umwandlung von laufendem oder einmaligem Arbeitslohn zugunsten der Sachleistung ist explizit ausgeschlossen. Der Arbeitgeber hat auch zum Zwecke der Nachprüfung Aufzeichnungen über die Betriebsausgaben und beim Mitarbeiter Aufzeichnungen im Lohnkonto zu führen. Die Grenze von 10.000 EUR für die pauschale Versteuerung stellt eine Freigrenze dar. Dies bedeutet, dass wenn der Bruttowert des Geschenkes diese Grenze übersteigt, das gesamte Geschenk/Incentive der Lohnsteuer entsprechend der Lohnsteuerklasse unterliegt. Eine pauschale Besteuerung von Geschenken nach §37b bewirkt **keine** Beitragsfreiheit in den Sozialversicherungen. Außerdem hat der Arbeitgeber die Möglichkeit, die pauschale Lohnsteuer im Innenverhältnis auf den Arbeitnehmer abzuwälzen.

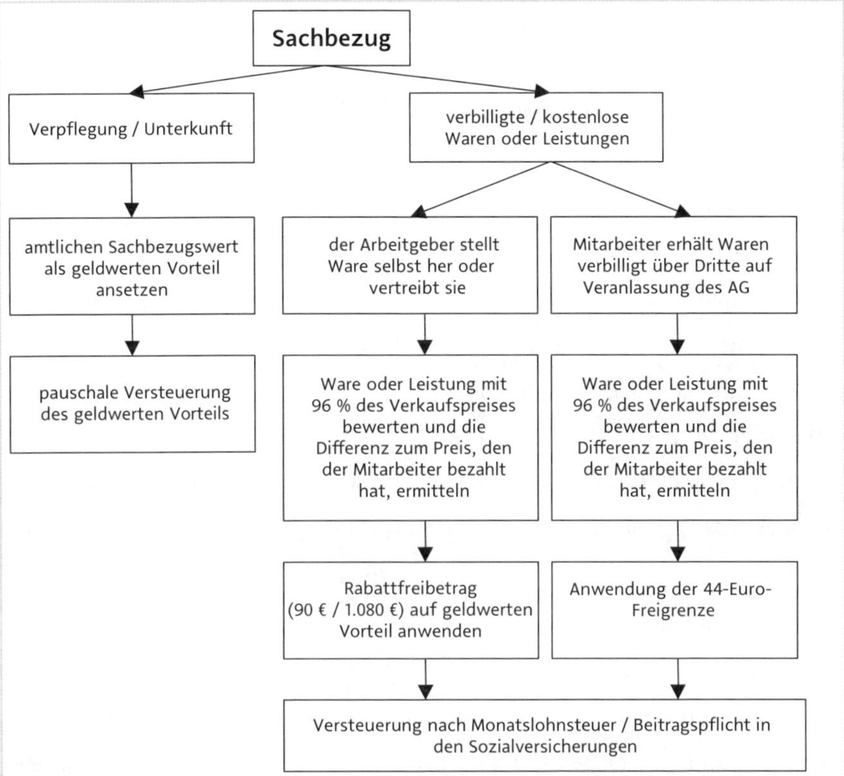

Abb. 4: Schema des Sachbezugs

Beispiel 2

Frau Waldmann hat keine Möglichkeit, tagsüber im Unternehmen eine warme Mahlzeit einzunehmen. In der Nachbarschaft ihres Büros befindet sich jedoch ein preisgünstiges italienisches Restaurant. Der Arbeitgeber vereinbart mit dem Restaurant die Entgegennahme von Essensgutscheinen. Der Gutschein hat einen aufgedruckten Wert von 5,80 EUR. Im aktuellen Monat wurden an Frau Waldmann 21 Gutscheine ausgegeben. Außerdem bezieht Frau Waldmann ein Bruttogehalt von 2.100 EUR und bekommt einen Zuschuss von 14 EUR zu den vermögenswirksamen Leistungen (VwL). Zusammen mit dem Arbeitnehmeranteil überweist der Arbeitgeber 40 EUR an die Bausparkasse. Monika Waldmann hat in diesem Monat an 21 Tagen gearbeitet. Sie ist bei einer gesetzlichen Krankenkasse krankenversichert. Die Krankenkasse erhebt einen Zusatzbeitrag von 0,9% des Arbeitsentgelts. Frau Waldmann gehört einer kirchensteuerberechtigten Glaubensgemeinschaft an. Der Firmensitz liegt in Hamburg. Sie hat laut der ELStAM-Datenbank Steuerklasse 1 und keine Kinder. Das Unternehmen nimmt am U1-Umlageverfahren teil. Die Umlagesätze werden mit 1,9% U1- und 0,2% U2-Umlage angenommen.

5.11.1 Entgeltabrechnung

Ermittlung des Arbeitslohnes/Arbeitsentgeltes		
	Gehalt	2.100,00 EUR
+	Zuschuss VwL	14,00 EUR
+	Geldwerter Vorteil (21 × 3,23 EUR)	67,83 EUR
=	**Bruttolohn**	**2.181,83 EUR**
	Arbeitslohn (steuerpflichtig)	2.181,83 EUR
	Arbeitsentgelt (beitragspflichtig)	2.181,83 EUR
Steuerliche Abzüge		
	Lohnsteuer (lt. Monatstabelle f. 2.181,83 EUR bei Steuerklasse 1)	226,16 EUR
+	Solidaritätszuschlag (5,5% auf den Betrag der LSt)	12,43 EUR
+	Kirchensteuer (9% auf den Betrag der Lohnsteuer)	20,35 EUR
=	**Summe steuerrechtliche Abzüge**	**258,94 EUR**
Sozialversicherungsbeiträge		
	Krankenversicherung (½ × 14,6% von 2.181,83 EUR)	159,27 EUR
+	Zusatzbeitrag KV (0,9% von 2.181,83 EUR)	19,64 EUR
+	Pflegeversicherung (½ × 2,55% von 2.181,83 EUR)	27,82 EUR
+	Zuschlag zur Pflegevers. (0,25% von 2.181,83 EUR)	5,45 EUR
+	Rentenversicherung (½ × 18,6% von 2.181,83 EUR)	202,91 EUR
+	Arbeitslosenvers. (½ × 3,0% von 2.181,83 EUR)	32,73 EUR
=	**Summe Sozialversicherungsbeiträge (Arbeitnehmer)**	**447,82 EUR**
Gesamtabrechnung		
	Bruttolohn	2.181,83 EUR
–	Steuerrechtliche Abzüge (Arbeitnehmer)	258,94 EUR
–	Sozialversicherungsbeiträge (Arbeitnehmeranteil)	447,82 EUR
–	Sachbezugswert	67,83 EUR
–	Überweisung an Bausparkasse	40,00 EUR
=	**Auszahlungsbetrag**	**1.367,24 EUR**

Gesamtbelastung		
	Bruttolohn	2.114,00 EUR
+	Essensgutscheine	121,80 EUR
+	Summe Sozialversicherungsbeiträge (Arbeitgeber)	422,73 EUR
+	Umlage U1 (1,9% × 2.181,83 EUR)	41,45 EUR
+	Umlage U2 (0,2% × 2.181,83 EUR)	4,36 EUR
+	Insolvenzgeldumlage (0,06% × 2.181,83 EUR)	1,31 EUR
=	**Gesamtbelastung (Arbeitgeber)**	**2.705,65 EUR**

Frau Waldmann hat durch die Gutscheine für die arbeitstäglichen Mahlzeiten einen geldwerten Vorteil (GwV). Damit ist der Geldbetrag gemeint, den sie selbst ausgeben müsste, um diese Leistung (Mittagessen) zu erhalten. Aus diesem Grund muss der durch den Arbeitgeber getragene GwV als zusätzlicher Arbeitslohn angesetzt werden.

Für die Abgabe von Mahlzeiten bzw. wenn der Arbeitnehmer auf Veranlassung des Arbeitgebers von einem Dritten Mahlzeiten erhält, gelten amtliche Sachbezugswerte. Der amtliche Sachbezugswert ist der Betrag, der dem Arbeitslohn mindestens zugerechnet werden muss, wenn ein Arbeitnehmer die entsprechende Leistung verbilligt oder kostenlos erhält. Die amtlichen Sachbezugswerte werden jährlich überprüft und angepasst.

5.11.2 Steuerrechtliche Abzüge

Bei dem an den Mitarbeiter ausgegebenen Essensgutschein handelt es sich um eine steuerpflichtige und beitragspflichtige Sachleistung. Grundsätzlich unterliegt der Wert der Sachleistung der Lohnsteuer und den Beiträgen zu den Sozialversicherungen. Für die Abgabe von Mahlzeiten durch den Arbeitgeber oder einen Dritten sehen die Lohnsteuerrichtlinien (LStR) jedoch eine Sonderregelung vor (R 8.1 LStR). Bei der kostenlosen oder verbilligten Abgabe von Mahlzeiten kann, bei einem Wert der Sachleistung bis 6,33 EUR (im Jahr 2018), der amtliche Sachbezugswert als geldwerter Vorteil angesetzt werden. Der Arbeitslohn ist um den Sachbezugswert (3,23 EUR pro Mahlzeit) bzw. den steuerpflichtigen Teil des geldwerten Vorteils zu erhöhen. Somit ergibt sich für die 21 Mahlzeiten bei Frau Waldmann ein steuerpflichtiger Sachbezugswert von 67,83 EUR. Der geldwerte Vorteil kann pauschal durch den Arbeitgeber versteuert werden. Der den Sachbezugswert übersteigende Teil des Essensgutscheins in Höhe von 2,57 EUR (5,80 EUR – 3,23 EUR) ist ein steuer-

und sozialversicherungsfreier Lohnbestandteil des Arbeitgebers. Liegt der Preis der Mahlzeit über dem Wert des Essensgutscheins (5.80 EUR im Beispiel), leistet der Mitarbeiter eine Zuzahlung auf die Mahlzeit. Die Zuzahlung kann wiederum auf den steuerpflichtigen geldwerten Vorteil angerechnet werden. Muss Frau Waldmann beispielsweise zu dem Gutschein noch 2 EUR selbst entrichten, entsteht ihr nur noch ein steuerpflichtiger geldwerter Vorteil von 1,23 EUR pro Mahlzeit.

Beachten Sie: Für die Ermittlung des Arbeitslohnes bzw. des Arbeitsentgeltes wird **nicht** die tatsächliche Zahlung an das Restaurant (21 × 5,80 EUR = 121,80 EUR) herangezogen, sondern nur der Sachbezugswert in Höhe von 67,83 EUR (21 × 3,23 EUR). Außerdem muss der Arbeitgeber sicherstellen, dass pro Mahlzeit nur ein Gutschein abgegeben werden kann.

Auf den steuerpflichtigen Teil des Sachbezugs (amtl. Sachbezugswert) sind Lohnsteuer, Kirchensteuer und Solidaritätszuschlag gemäß der Monats- bzw. Tageslohnsteuerformel zu entrichten. Will der Arbeitgeber vermeiden, dass der Arbeitnehmer mit dem geldwerten Vorteil steuerlich belastet wird, besteht für Mahlzeiten die Möglichkeit, den amtlichen Sachbezugswert pauschal zu versteuern. Der Arbeitgeber kann in Beispiel 2 den Sachbezug von 67,83 EUR mit dem Pauschalsteuersatz von 25% versteuern. Übernimmt der Arbeitgeber die Pauschalsteuern, erhöht sich der Arbeitslohn nicht um den Sachbezug. Bei einer pauschalen Versteuerung würde sich aus dem obigen Beispiel 2 Folgendes ergeben, sofern der Arbeitgeber die Pauschalsteuern trägt:

Abrechnung bei pauschaler Versteuerung des Sachbezuges		
Gesamtabrechnung (Arbeitnehmer)		
	Bruttolohn	2.181,83 EUR
	Arbeitslohn/Arbeitsentgelt	2.114,00 EUR
–	Steuerrechtliche Abzüge (Arbeitnehmer)	241,49 EUR
–	Sozialversicherungsbeiträge (Arbeitnehmeranteil)[36]	433,90 EUR
–	Sachbezug (pauschal versteuert AG)	67,83 EUR
–	Überweisung an Bausparkasse	40,00 EUR
=	**Auszahlungsbetrag**	**1.398,61 EUR**

36 Bei der Berechnung wird der Zuschlag zur Pflegeversicherung von 0,25 % des Arbeitsentgelts unterstellt.

Ein weiterer Vorteil der Pauschalversteuerung ergibt sich bei der Kirchensteuer. Für pauschal versteuerte Lohnbestandteile ist nicht die »normale« Kirchensteuer anzusetzen, sondern die ermäßigte pauschale Kirchensteuer. Diese beträgt beispielsweise in Hamburg 4% im Vergleich zu 9% Normalkirchensteuer.[37]

Als pauschale Steuern ergeben sich:

Pauschale Lohnsteuer und Zuschlagssteuern		
	Pauschalsteuer (25% auf 67,83 EUR)	16,95 EUR
+	Solidaritätszuschlag (5,5% auf Betrag der Lohnsteuer)	0,93 EUR
+	Kirchensteuer (4% auf den Betrag der Lohnsteuer)[38]	0,67 EUR
=	**Summe Pauschalsteuern (Arbeitgeber)**	**18,55 EUR**

Nur der pauschal versteuerte Lohnbestandteil unterliegt der pauschalen Kirchensteuer. Lohnbestandteile, die nicht pauschal versteuert werden, sind mit dem normalen Kirchensteuersatz zu versteuern. Im Beispiel würde sich bei pauschaler Versteuerung durch den Arbeitgeber ein Steuernachteil ergeben.

Lohnsteuer Differenzbetrachtung		
	Lohnsteuer + Kirchensteuer + Solidaritätszuschlag, wenn der Sachbezug mit dem Gehalt versteuert wird	258,94 EUR
–	Lohnsteuer + Kirchensteuer + Solidaritätszuschlag, wenn der Sachbezug pauschal versteuert wird	241,49 EUR
=	**Differenz**	**17,45 EUR**
–	Summe Pauschalsteuern	18,55 EUR
=	**Steuervorteil aus pauschaler Versteuerung**	**– 1,10 EUR**

Wird der Sachbezug mit dem Gehalt versteuert, ergibt sich in Beispiel 2 eine Lohnsteuer von **258,94 EUR**. Versteuert der Arbeitgeber den Sachbezug nach §40 EStG pauschal mit 25%, entsteht für Frau Waldmann zunächst eine Steuerbelastung von 241,49 EUR (Basis: 2.100 EUR Gehalt + 14 EUR VwL). Sie hat einen Steuervorteil von 17,45 EUR. Für den Arbeitgeber entsteht eine zusätzliche

37 Gehört der Arbeitnehmer keiner kirchensteuerberechtigten Konfession an, kann die Ermittlung der pauschalen Kirchensteuer unterbleiben. Für kirchensteuerpflichtige Arbeitnehmer ist dann jedoch der normale Kirchensteuersatz auf den Pauschalsteuerbetrag anzuwenden.

38 Als pauschale Kirchensteuer wird der Satz von Hamburg angenommen.

Pauschalsteuer in Höhe von 18,55 EUR. Der Arbeitgeber hat die Möglichkeit, die pauschalen Steuern im Innenverhältnis auf den Arbeitnehmer abzuwälzen. Trägt der Arbeitnehmer die Pauschalsteuern, sind diese vom Nettoverdienst abzuziehen.

Beachten Sie: Eine pauschale Versteuerung mit 25% ist für Sachbezüge nicht grundsätzlich zulässig. Eine Pauschalierung der Lohnsteuer nach §40 EStG ist jedoch für die Abgabe von Mahlzeiten durch den Arbeitgeber oder für Mahlzeiten von Dritten auf Veranlassung des Arbeitgebers (Gutschein) möglich. Im Beispiel wäre eine pauschale Versteuerung zunächst nachteilig. Eine pauschale Versteuerung bewirkt jedoch in der Regel Beitragsfreiheit in den Sozialversicherungen (siehe unten).

Zahlt der Arbeitnehmer für die Mahlzeiten einen Eigenanteil, verringert sich der steuerpflichtige Sachbezug entsprechend. Würde Frau Waldmann beispielsweise täglich 3,23 EUR im Restaurant selbst bezahlen, entstünde kein zusätzlicher steuerpflichtiger Arbeitslohn. Bei einer Zuzahlung von 2 EUR beträgt der geldwerte Vorteil nur noch (3,23 EUR – 2,00 EUR) = 1,23 EUR. Auch dieser Betrag könnte wieder durch den Arbeitgeber pauschal mit 25% versteuert werden.

Der Verrechnungswert des Essensgutscheins bzw. des Zuschusses durch den Arbeitgeber darf arbeitstäglich nicht höher als 6,33 EUR (4,83 EUR für ein Frühstück[39]) sein. Übersteigt der Zuschuss des Arbeitgebers den Sachbezugswert arbeitstäglich um mehr als **3,10 EUR**, darf nicht mehr der Sachbezugswert von 3,23 EUR (Mittagessen/Abendessen) bzw. 1,73 EUR (Frühstück) angesetzt werden, stattdessen ist der volle Preis der Mahlzeit dem Arbeitslohn als geldwerter Vorteil zuzurechnen.

Wäre im Beispiel der Verrechnungswert des Essensgutscheins 6,50 EUR, müsste sich Frau Waldmann bei 21 Arbeitstagen einen geldwerten Vorteil von 136,50 EUR auf den Arbeitslohn anrechnen lassen. Eine pauschale Versteuerung ist in diesem Fall ausgeschlossen.

Übernimmt hingegen bei einem Preis der Mahlzeit von 6,50 EUR Frau Waldmann einen Eigenanteil von 0,17 EUR arbeitstäglich, liegt der Zuschuss bzw. der Verrechnungswert nicht über 6,33 EUR und der Arbeitgeber kann den amtlichen Sachbezugswert von 3,23 EUR je Mahlzeit als geldwerten Vorteil anset-

39 Der Betrag ergibt sich aus dem Festbetrag von 3,10 EUR + 1,70 EUR Sachbezugswert für ein Frühstück im Jahr 2017.

zen. Die folgende Tabelle gibt einen Überblick über die Steuerpflicht bzw. die Möglichkeit einer pauschalen Versteuerung bei Essenzuschüssen durch den Arbeitgeber.

Essenszuschuss				
Preis pro Essen	**Zuschuss des Arbeitgebers**	**Eigenanteil des Mitarbeiters**	**Steuer-/SV-Pflicht**	**pauschale Versteuerung mit 25% möglich**
5,00 EUR	5,00 EUR	0,00 EUR	3,23 EUR	ja
5,00 EUR	3,00 EUR	2,00 EUR	1,23 EUR[40]	ja
5,50 EUR	2,30 EUR	3,20 EUR	0,00 EUR	—
6,50 EUR	6,50 EUR	0,00 EUR	6,50 EUR	nein
6,50 EUR	5,00 EUR	1,50 EUR	1,73 EUR[41]	ja
6,60 EUR	3,37 EUR	3,23 EUR	0,00 EUR	—
8,00 EUR	3,00 EUR	5,00 EUR	0,00 EUR	—
12,00 EUR	6,50 EUR	5,50 EUR	6,50 EUR	nein

Tab. 22: Steuerpflicht bei Essenszuschüssen

Tipp !

Eine Besonderheit ist im Hotel- und Gaststättengewerbe zu beachten. In Hotels und Gaststätten ist bei Abgabe von Mahlzeiten an Arbeitnehmer neben der Pauschalbesteuerung der Rabattfreibetrag von 1.080 EUR pro Jahr anwendbar. Voraussetzung ist jedoch, es handelt sich nicht um Personalessen, sondern um Speisen von der Speisekarte.

40 Die Steuerpflicht entsteht nur in Höhe der Differenz zwischen dem Sachbezugswert minus Eigenanteil. Liegt der AG-Zuschuss jedoch unterhalb des Sachbezugswertes, ist der Sachbezugswert als geldwerter Vorteil zu berücksichtigen. Vom Sachbezugswert ist ein Eigenanteil des Arbeitnehmers für die Berechnung des geldwerten Vorteils abzuziehen. Übersteigt der Zuschuss den Sachbezugswert, darf maximal der Sachbezugswert von 3,23 EUR berücksichtigt werden. Dies steht unter der Voraussetzung, dass die Essenmarke (= Zuschuss) den Sachbezugswert um nicht mehr als 3,10 EUR übersteigt. Der Sachbezugswert ist selbst dann anzusetzen, wenn der Zuschuss des Arbeitgebers den aktuellen Sachbezugswert unterschreitet.

41 Der Eigenanteil des Mitarbeiters wird auf den Sachbezugswert in Höhe von 3,23 EUR angerechnet.

5.11.3 Sozialversicherungsbeiträge

Der geldwerte Vorteil erhöht das Arbeitsentgelt und unterliegt damit den Beiträgen zur Sozialversicherung. Ist für den geldwerten Vorteil der Ansatz eines amtlichen Sachbezugswertes möglich, unterliegt nur dieser Wert den Beiträgen zu den Sozialversicherungen.

Sozialversicherungsbeiträge Arbeitnehmer **ohne** pauschale Versteuerung		
	Krankenversicherung (½ × 14,6% von 2.181,83 EUR)	159,27 EUR
+	Zusatzbeitrag KV (0,9% von 2.181,83 EUR)	19,64 EUR
+	Pflegeversicherung (½ × 2,55% von 2.181,83 EUR)	27,82 EUR
+	Zuschlag zur Pflegevers. (0,25% von 2.181,83 EUR)	5,45 EUR
+	Rentenversicherung (½ × 18,6% von 2.181,83 EUR)	202,91 EUR
+	Arbeitslosenvers. (½ × 3,0% von 2.181,83 EUR)	32,73 EUR
=	**Summe Sozialversicherungsbeiträge (Arbeitnehmer)**	**447,82 EUR**

Als Arbeitgeberbeiträge zu den Sozialversicherungen ergeben sich ohne eine pauschale Versteuerung:

Sozialversicherungsbeiträge Arbeitgeber **ohne** pauschale Versteuerung		
	Krankenversicherung (½ × 14,6% von 2.181,83 EUR)	159,27 EUR
+	Pflegeversicherung (½ × 2,55% von 2.181,83 EUR)	27,82 EUR
+	Rentenversicherung (½ × 18,6% von 2.181,83 EUR)	202,91 EUR
+	Arbeitslosenversicherung (½ × 3,0% v. 2.181,83 EUR)	32,73 EUR
=	**Summe Sozialversicherungsbeiträge (Arbeitgeber)**	**422,73 EUR**

Bei einer pauschalen Versteuerung der Mahlzeiten mit den Sachbezugswerten ergeben sich für den Arbeitgeber und den Arbeitnehmer folgende Sozialversicherungsbeiträge:

Sozialversicherungsbeiträge Arbeitgeber **mit** pauschaler Versteuerung		
	Krankenversicherung (½ × 14,6% von 2.114 EUR)	154,32 EUR
+	Pflegeversicherung (½ × 2,55% von 2.114 EUR)	26,95 EUR
+	Rentenversicherung (½ × 18,6% von 2.114 EUR)	196,60 EUR
+	Arbeitslosenversicherung (½ × 3,0% v. 2.114 EUR)	31,71 EUR
=	**Summe Sozialversicherungsbeiträge (Arbeitgeber)**	**409,58 EUR**

Sozialversicherungsbeiträge Arbeitnehmer mit pauschaler Versteuerung		
	Krankenversicherung (½ × 14,6% von 2.114 EUR)	154,32 EUR
+	Zusatzbeitrag KV (0,9% von 2.114 EUR)	19,03 EUR
+	Pflegeversicherung (½ × 2,55% von 2.114 EUR)	26,95 EUR
+	Zuschlag zur Pflegevers. (0,25% von 2.114 EUR)	5,29 EUR
+	Rentenversicherung (½ × 18,6% von 2.114 EUR)	196,60 EUR
+	Arbeitslosenvers. (½ × 3,0% von 2.114 EUR)	31,71 EUR
=	**Summe Sozialversicherungsbeiträge (Arbeitnehmer)**	**433,90 EUR**

Wird der Wertansatz des Sachbezugswertes vom Arbeitgeber pauschal versteuert, entsteht aus dem geldwerten Vorteil kein beitragspflichtiges Arbeitsentgelt. In diesem Fall bleibt der gesamte Sachbezug sozialversicherungsfrei. Im Beispiel 2 würden sich bei einer pauschalen Versteuerung des Sachbezugswertes folgende Vorteile bzw. Differenzen für die Beiträge zu den Sozialversicherungen ergeben:

Sozialversicherungsbeiträge **Arbeitnehmer**		
	Kranken-, Pflege-, Renten- und Arbeitslosenversicherung, wenn der Sachbezug mit dem Gehalt versteuert wird[42]	447,82 EUR
–	Kranken-, Pflege-, Renten- und Arbeitslosenversicherung, wenn der Arbeitgeber den Sachbezug pauschal versteuert	433,90 EUR
=	**Differenz**	**13,92 EUR**
Sozialversicherungsbeiträge **Arbeitgeber**		
	Kranken-, Pflege-, Renten- und Arbeitslosenversicherung, wenn der Sachbezug mit dem Gehalt versteuert wird	422,73 EUR
–	Kranken-, Pflege-, Renten- und Arbeitslosenversicherung, wenn der Arbeitgeber den Sachbezug pauschal versteuert	409,58 EUR
=	**Differenz**	**13,15 EUR**

Solange der geldwerte Vorteil aus dem Gutschein für die Mahlzeit den Wert von 6,33 EUR nicht übersteigt, kann der Sachbezugswert von 3,23 EUR für die Versteuerung angesetzt werden. Für Arbeitnehmer und Arbeitgeber zusammen entsteht in Beispiel 2 durch die pauschale Versteuerung ein Sozialversicherungsvorteil von 27,07 EUR. Auch wenn der Arbeitgeber die pauschale

42 Berechnungsgrundlage ist das Arbeitsentgelt von 2.180,57 EUR.

Steuer im Innenverhältnis dem Arbeitnehmer in Rechnung stellt, bleibt der Vorteil in den Sozialversicherungen bestehen.

Beachten Sie: Sozialversicherungsfreiheit für Sachbezüge entsteht nur insoweit, wie der Sachbezug pauschal versteuert werden kann. Übersteigt der Sachbezug den pauschal besteuerbaren Betrag, entsteht Steuerpflicht entsprechend der persönlichen Lohnsteuerklasse und Beitragspflicht zu den Sozialversicherungen.

Beim Vergleich von normaler zu pauschaler Versteuerung und Übernahme der pauschalen Lohnsteuer durch den Arbeitnehmer ergeben sich im Beispiel von Frau Waldmann für den Arbeitnehmer und Arbeitgeber folgende Gesamtvorteile:

Essenszuschuss				
	Arbeitgeber		**Arbeitnehmer**	
	Ohne pauschale Versteuerung	Mit pauschale Versteuerung	Ohne pauschale Versteuerung	Mit pauschale Versteuerung
Summe Lohnsteuer		18,55 EUR	258,94 EUR	241,49 EUR
Summe Sozialversicherung	422,73 EUR	409,58 EUR	447,82 EUR	433,90 EUR
Gesamt	**422,73 EUR**	**428,13 EUR**	**706,76 EUR**	**675,39 EUR**

Die pauschale Versteuerung ergibt ein Gesamtvorteil von 25,97 EUR (ohne pauschale Versteuerung 1.129,49 EUR, mit pauschaler Versteuerung 1.103,52 EUR). Durch die pauschale Versteuerung verringern sich nicht nur die steuerpflichtigen Abzüge, sondern auch der Arbeitnehmer- und Arbeitgeberanteil zu den Sozialversicherungen.

5.11.4 Arbeitgeberbelastung

Neben dem Beitragsvorteil in den Sozialversicherungen ergibt sich ein Vorteil in der U2-Umlage, der Insolvenzgeldumlage und gegebenenfalls in der U1-Umlage für Unternehmen mit weniger als 30 Vollzeitbeschäftigten. Durch die pauschale Besteuerung sinken das beitragspflichtige Entgelt und damit die Bemessungsgrundlage für die Umlagebeträge.

Wird die **pauschale Versteuerung** durchgeführt und trägt der **Arbeitgeber** die pauschale Versteuerung, ergibt sich für den Arbeitgeber eine Gesamtarbeitgeberbelastung von:

Gesamtbelastung		
	Bruttolohn	2.114,00 EUR
+	Essensgutscheine	121,80 EUR
+	Pauschale Lohnsteuer/Kirchensteuer/Soli	18,55 EUR
=	**Summe Bruttolohn + Lohnsteuer**	**2.254,35 EUR**
	Krankenversicherung (½ × 14,6% von 2.114 EUR)	154,32 EUR
+	Pflegeversicherung (½ × 2,55% von 2.114 EUR)	26,95 EUR
+	Rentenversicherung (½ × 18,6% von 2.114 EUR)	196,60 EUR
+	Arbeitslosenversicherung (½ × 3,0% v. 2.114 EUR)	31,71 EUR
=	**Summe Sozialversicherungsbeiträge (Arbeitgeber)**	**409,58 EUR**
	Umlage U1 (1,9% × 2.114,00 EUR)	40,17 EUR
+	Umlage U2 (0,2% × 2.114,00 EUR)	4,23 EUR
+	Insolvenzgeldumlage (0,06% × 2.114,00 EUR)	1,27 EUR
=	**Summe Umlagen**	**45,67 EUR**
	Gesamtbelastung (Arbeitgeber)	**2.709,60 EUR**

Obwohl der Arbeitgeber die pauschale Steuer trägt, erhöht sich die Arbeitgeberbelastung im Beispiel nur um 3,95 EUR (2.709,60 EUR – 2.705,65 EUR). Die geringe Zusatzbelastung resultiert aus dem Sozialversicherungsvorteil und dem Vorteil in den Umlagen bei einer pauschalen Versteuerung.

Beachten Sie: Der Sachbezug ist in voller Höhe Arbeitgeberbelastung. Für die Ermittlung der Lohnsteuer und der Beiträge zu den Sozialversicherungen ist jedoch nur der amtliche Sachbezugswert anzusetzen.

Nicht in der Arbeitgeberbelastung berücksichtigt sind Beiträge zur Berufsgenossenschaft und Rückstellungen für Jubiläen, Urlaub oder Pensionen. Im Bau- und Baunebengewerbe sind zusätzlich noch Beiträge zur Zusatzversorgung (ZVK) zu berücksichtigen. Gegebenenfalls, wenn der Arbeitgeber nicht die Pflichtzahl der Schwerbehindertenplätze besetzt hat, entsteht noch eine anteilige Schwerbehindertenausgleichsabgabe als Arbeitgeberbelastung. Die U1-Umlage fällt nur in Betrieben mit bis zu 30 Vollzeitbeschäftigten an. Die U2-Umlage und die Insolvenzgeldumlage müssen alle Arbeitgeber leisten. Die

Berechnung der Umlagen ist jedoch auf ein Arbeitsentgelt bis maximal der Beitragsbemessungsgrenze in der Rentenversicherung begrenzt. Ist der Arbeitnehmer nicht rentenversicherungspflichtig, muss der Beitrag aus einem fiktiven Arbeitsentgelt ermittelt werden, das sich bei einer Rentenversicherungspflicht ergeben würde.

5.12 Hat der Arbeitnehmer einen Firmenwagen oder ein Dienstfahrrad?

a) Nutzung eines Firmenwagens

Überlässt der Arbeitgeber seinem Arbeitnehmer einen Firmenwagen zur privaten Nutzung, entsteht dem Arbeitnehmer ein geldwerter Vorteil. Der Arbeitnehmer erhält zwar keine direkte Zahlung vom Arbeitgeber, aber durch die private Nutzung des Wagens spart er Kosten für einen eigenen Pkw. Dieser geldwerte Vorteil erhöht den steuerpflichtigen Arbeitslohn und das beitragspflichtige Arbeitsentgelt. Für die Bewertung des Vorteils aus der Pkw-Nutzung muss unterschieden werden zwischen

- privater Nutzung des Wagens allgemein,
- Nutzung des Wagens für Fahrten zwischen Wohnung und Arbeitsstätte und
- Nutzung des Wagens für Familienheimfahrten bei doppelter Haushaltsführung.

Für die Ermittlung des geldwerten Vorteils der privaten Nutzung des Firmenwagens sind zwei Verfahren zulässig:

- Führung eines Fahrtenbuches mit einer Anrechnung der Vollkosten pro gefahrenem Kilometer
- monatliche 1-%-Pauschale des Brutto-Listenpreises als geldwerter Vorteil

Beim Führen eines **Fahrtenbuches** werden alle gefahrenen Kilometer (meist elektronisch) notiert und es muss nachgewiesen werden, welche Fahrten privat und welche betrieblich veranlasst waren. Nur die betrieblichen Fahrten sind steuer- und sozialversicherungsfrei. Die privaten Fahrten müssen mit den Vollkosten des Fahrzeugs (Abschreibung, Leasing, Benzin, Versicherung, Wartung etc.) pro Kilometer bewertet werden. Ein unterjähriger Wechsel zwischen der Fahrtenbuch-Methode und der 1%-Methode ist nicht möglich. Die Festlegung des Mitarbeiters gilt also immer für ein Kalenderjahr.

Bei der **1%-Methode** ist monatlich ein Prozent des Bruttolistenpreises (inkl. Mehrwertsteuer) des Fahrzeugs zum Zeitpunkt der Erstzulassung als geldwerter Vorteil in die Lohnabrechnung aufzunehmen. Nicht zum Bruttolistenpreis zählen die Überführungs- und Zulassungskosten. Auch die Kosten für einen zusätzlichen Satz Felgen und Reifen (z. B. Winterräder) dürfen bei der Ermittlung des Bruttolistenpreises nicht berücksichtigt werden. Ebenso zählen die Kosten für ein Autotelefon inklusive Freisprecheinrichtung nicht zum Bruttolistenpreis. Der unter Berücksichtigung der Ausschlüsse ermittelte Betrag für den geldwerten Vorteil erhöht den steuerpflichtigen Arbeitslohn. Wird der Wagen jedoch ausschließlich für Fahrten zwischen Wohnung und Arbeitsstätte und betriebliche Fahrten genutzt, kann der Ansatz des geldwerten Vorteils für die private Nutzung (1%-Pauschale) unterbleiben. Der Arbeitgeber muss in diesem Fall jedoch den Nachweis führen, dass die Privatnutzung ausgeschlossen ist (z. B. über Fahrtenbuch).

Neben der allgemeinen privaten Nutzung ist für die tägliche Fahrt zur Arbeit ein zusätzlicher Nutzungsvorteil zu versteuern. Der geldwerte Vorteil ist mit **0,03% des Bruttolistenpreises** je Entfernungskilometer nach der Pauschalmethode anzusetzen. Die Regelung geht davon aus, dass der Firmenwagen mindestens **15 Arbeitstage** pro Monat genutzt wird. Beträgt die Nutzung weniger als 15 Arbeitstage pro Monat, kann der Arbeitgeber eine Einzelbewertung vornehmen. Bei einer Einzelbewertung ist der geldwerte Vorteil mit **0,002% des Bruttolistenpreises pro Nutzungstag** anzusetzen.

Beispiel 1 !

Ein Arbeitnehmer hat einen Firmenwagen. Der Mitarbeiter ist teilzeitbeschäftigt und nutzt den Wagen durchschnittlich nur an 10 Tagen im Monat für die Fahrten zwischen Wohnung und Arbeitsstätte. Im Monat April hatte er nachweislich den Wagen an 11 Tagen für die Fahrten zur Arbeit genutzt. Der Wagen hat einen Listenpreis von 36.480 EUR und die Entfernung Wohnung – Arbeit beträgt 21km.

Beurteilung

Der geldwerte Vorteil für die Fahrten Wohnung – Arbeitsstätte kann bei einer Festlegung für das gesamte Kalenderjahr nach der 0,002%-Methode berechnet werden.
Im Beispiel ergibt sich für April als geldwerter Vorteil:
0,002% × 36.400 × 21 × 11 = 168,17 EUR
Würde die 0,03%-Methode angewendet, wäre der steuerpflichtige geldwerte Vorteil:
0,03% × 36.400 × 21 = 229,32 EUR

Wichtig: Die Berechnungsmethode für die Pauschalversteuerung der Fahrten zwischen Wohnung und Arbeitsstätte muss vom Arbeitgeber für ein Jahr in Abstimmung mit dem Mitarbeiter festgelegt werden. Ein Wechsel zwischen der Methode 0,03% und 0,002% mit Einzelnachweis kann für jedes Kalenderjahr neu getroffen werden. Der Arbeitgeber ist nicht verpflichtet, die 0,002%-Methode anzuwenden, auch dann nicht, wenn der Arbeitnehmer ihm die Nutzungstage nachweist.

Für die Anwendung der Einzelbewertung wurden von der Finanzverwaltung zusätzliche Vereinfachungsregelungen zugelassen:

- Die Lohnabrechnung des aktuellen Monats darf für die Einzelbewertung mit 0,002% von der Erklärung Nutzungstage des Vormonats ausgehen. Allerdings ist eine Korrektur der Abrechnung ggf. im Folgemonat vorzunehmen.
- Der Arbeitgeber muss die Angaben des Arbeitnehmers nicht nachprüfen. Nur offenkundige Unrichtigkeiten sind zu beanstanden.
- Bei der Einzelbewertung sind auch Nutzungen **über 15 Tage** pro Monat abzurechnen. Der Arbeitgeber muss jedoch die Grenze von 180 Abrechnungstagen pro Jahr beachten.

Hat der Arbeitnehmer keine erste Arbeitsstätte oder lebt direkt bei seiner Arbeitsstätte (weniger als 1km entfernt), kann der Ansatz des geldwerten Vorteils für die Fahrten zwischen Wohnung und Arbeitsstätte vollständig unterbleiben. In diesem Fall muss ggf. nur der geldwerte Vorteil für die private Nutzung des Firmenwagens als Arbeitslohn angesetzt werden.

Beachten Sie: Die neue Rechtsprechung des BFH zur Arbeitsstätte geht davon aus, dass wenn ein Arbeitnehmer nur für wenige Stunden (weniger als ein Tag) eine Einrichtung des Arbeitgebers aufsucht, an diesem Ort keine regelmäßige Arbeitsstätte entsteht. Ohne das Bestehen einer regelmäßigen Arbeitsstätte kann der Ansatz des geldwerten Vorteils für Fahrten zwischen Wohnung und Arbeitsstätte unterbleiben.

Lebt die Familie des Arbeitnehmers an einem weiter entfernten Wohnort und nutzt der Arbeitnehmer den Firmenwagen zu **Familienheimfahrten**, entsteht ein weiterer steuerpflichtiger geldwerter Vorteil. Eine Familienheimfahrt wöchentlich wird steuerlich freigestellt. Mehrere Familienheimfahrten pro Woche sind ein steuerpflichtiger Sachbezug. Als steuerpflichtiger Sachbezug für die Familienheimfahrten sind **0,002% des Bruttolistenpreises** je Entfernungskilometer zwischen Beschäftigungsort und Wohnsitz je Heimfahrt anzurechnen. Der geldwerte Vorteil ist zusätzlich zur 1%-Methode und eventuell zusätzlich zum Sachbezug für die Fahrten zwischen Wohnung und Arbeitsstätte anzusetzen.

Hat der Arbeitnehmer wechselnde Arbeitsstätten oder arbeitet er mehrmals im Jahr an unterschiedlichen Arbeitsorten, führt die Fahrzeugnutzung nicht zu einem geldwerten Vorteil von Fahrten zwischen Wohnung und Arbeitsstätte. Hat der Arbeitnehmer keine erste Arbeitsstätte, fallen die Fahrten von der Wohnung zum Einsatzort unter das Reisekostenrecht und stellen keinen geldwerten Vorteil dar, auch dann nicht, wenn die Entfernung nur wenige Kilometer beträgt.

Der geldwerte Vorteil aus Privatnutzung, Nutzung für Fahrten Wohnung – Arbeitsstätte und Familienheimfahrten kann mit einem Fahrtenbuch oder mit monatlichen Pauschalsätzen ermittelt werden. Er erhöht den Bruttolohn, und ohne pauschale Versteuerung den Arbeitslohn und das beitragspflichtige Arbeitsentgelt.

Leistet der Arbeitnehmer eine Zuzahlung zur Anschaffung des Pkw oder laufend während der Nutzung, so sind diese Zahlungen auf den geldwerten Vorteil anzurechnen. Wird vom Arbeitnehmer, weil er beispielsweise eine andere Ausstattung wünscht, ein Eigenanteil bei der Anschaffung übernommen, kann der übernommene Anteil der Anschaffung auf den geldwerten Vorteil vollständig angerechnet werden. Ist die Zuzahlung höher als der geldwerte Vorteil im Jahr der Anschaffung, kann der übersteigende Teil der Zuzahlung in den Folgejahren angerechnet werden. Vergleichbares gilt, wenn die Zuzahlung des Arbeitnehmers auf den Kaufpreis oder die Leasingrate in monatlichen Anteilen bzw. Raten erfolgt. Die Verminderung des geldwerten Vorteils bezieht sich jedoch immer auf ein Fahrzeug. Das bedeutet: Gibt der Arbeitnehmer das Fahrzeug zurück, ohne die volle Anrechnung der geleisteten Zuzahlung erhalten zu haben, verfällt der Arbeitnehmerbeitrag. Eine Übertragung auf einen neuen Firmenwagen ist nicht möglich.

Leistet der Arbeitnehmer einen festen Betrag pro Monat oder einen kilometerabhängigen Betrag (z.B. 0,20 EUR pro km) als Eigenanteil und lässt diesen vom Nettoverdienst einbehalten, so ist die Zuzahlung vom errechneten geldwerten Vorteil abzuziehen. Laufende Zuzahlung kann bedeuten, dass der Mitarbeiter einen Teil der monatlichen Leasingrate übernimmt. Eine Zuzahlung kann auch einmalig aus dem Weihnachts- oder Urlaubsgeld oder aus einer Prämie oder Tantieme geleistet werden.

Die Berechnungsverfahren des geldwerten Vorteils für die private Nutzung und die Nutzung für Fahrten zwischen Wohnung und Arbeitsstätte sowie Auswärtstätigkeit gelten auch für **Leasingfahrzeuge**. Für Leasingfahrzeuge gilt es jedoch zu beachten, dass der geldwerte Vorteil des Arbeitnehmers aus dem Listenpreis bei Erstzulassung des Fahrzeuganbieters ermittelt werden muss.

Eine **Sonderregelung** zur Förderung von **Elektro- und Hybridfahrzeugen** wurde mit dem Amtshilferichtlinie-Umsetzungsgesetz geschaffen. Elektro- und Hybridfahrzeuge sind aufgrund der aufwendigen Batterie- und Akkumulator-Technik noch durchschnittlich ca. 10.000 EUR teurer als vergleichbare Benzin- oder Dieselfahrzeuge. Damit entsteht bei den Firmenwagen durch die 1%-Regelung ein steuerlicher Nachteil von mindestens 100 EUR pro Monat. Zum Ausgleich dieses Nachteils sieht das Umsetzungsgesetz vor, dass der Bruttolistenpreis um 500 EUR pro kWh für die Berechnung des geldwerten Vorteils gekürzt werden darf. Die Kürzung ist auf einen Maximalbetrag von 10.000 EUR beschränkt. Für die Berechnung der Kürzung des Listenpreises kommt es nicht auf die tatsächlichen Kosten für die Batterie und den Akkumulator an. Entscheidend ist die im Fahrzeugschein ausgewiesene Leistung von kWh. Der Kürzungsbetrag und der Höchstbetrag verringern sich seit 01.01.2014 jährlich um 50 EUR pro KWh bzw. um 500 EUR beim Höchstbetrag.

Es ergeben sich folgende Höchstgrenzen:

Höchstbeträge für Hybrid-Fahrzeuge

Anschaffungsjahr	Betrag pro kWh	Jährlicher Höchstbetrag
2013	500 EUR	10.000 EUR
2014	450 EUR	9.500 EUR
2015	400 EUR	9.000 EUR
2016	350 EUR	8.500 EUR
2017	300 EUR	8.000 EUR
2018	250 EUR	7.500 EUR

Die jährlichen Höchstgrenzen gelten jeweils für neu angeschaffte oder neu geleaste Fahrzeuge. Die Höchstbeträge zum Zeitpunkt der Anschaffung gelten für die Nutzungsdauer des Fahrzeugs. Die Begünstigung ist somit beschränkt bis zum 31.12.2022 bzw. danach bis zum Ende der Fahrzeuglaufzeit. Zusätzlich wurden im Jahr 2016 Elektro-Kraftfahrzeuge für die Dauer von 10 Jahren von der Kfz-Steuer befreit. Die Befreiung gilt rückwirkend ab 01.01.2011 bis 31.12.2020.

! **Beispiel 2**

Ein Mitarbeiter erhält zum 01.03.2018 einen neuen Firmenwagen. Das Fahrzeug ist ein Hybrid Modell mit einer Leistung von 22 kWh durch die Batterie/den Akku. Das Fahrzeug hat einen Listenpreis inkl. Sonderausstattung von 46.000 EUR. Darin enthalten sind die Kosten für Batterie und Akku-Elektronik im Wert von 9.600 EUR.

Beurteilung

Für die Berechnung des geldwerten Vorteils (1%-Regel und Fahrten zwischen Wohnung und Arbeitsstätte) ist von folgendem Wertansatz auszugehen:

Bruttolistenpreis inkl. Sonderausstattung	46.000 EUR
Abzug für Hybrid-Technologie (22 × 250 EUR, max. 7.500 EUR)	5.500 EUR
Bemessungsgrundlage für geldwerten Vorteil	40.500 EUR

Die Minderung der Bemessungsgrundlage ist nur dann zulässig, wenn der Kauf- oder Leasingpreis die Hybrid-Technologie beinhaltet. Werden Batterie und/oder Akku-Technik gesondert gemietet, ist eine entsprechende Kürzung nicht zulässig. Die Kürzung der Bemessungsgrundlage gilt auch für »Altfahrzeuge«, die bereits vor dem 01.01.2013 angeschafft wurden.

Außerdem ist der geldwerte Vorteil, der durch das Aufladen des Pkw an Ladestationen des Arbeitgebers entsteht, lohnsteuer- und sozialversicherungsfrei. Die Steuerfreiheit besteht jedoch nur insoweit, als der geldwerte Vorteil zusätzlich zum Arbeitslohn geleistet wird. Kann der Arbeitgeber selbst keine Ladestation zur Verfügung stellen, darf er dem Mitarbeiter steuerfrei eine monatliche Pauschale von 25 EUR zusätzlich zum Arbeitslohn bezahlen (50 EUR für reine Elektrofahrzeuge). Bietet der Arbeitgeber eine Ladestation, kann er dem Arbeitnehmer monatlich 10 EUR für das »Stromladen unterwegs« steuerfrei erstatten.

Ab dem Jahr 2017 darf der Arbeitgeber dem Arbeitnehmer kostenlos eine Ladestation überlassen, ohne dass dadurch ein steuerpflichtiger geldwerter Vorteil entsteht. Kauft der Arbeitnehmer selbst eine Ladestation, so kann der Arbeitgeber die Anschaffungskosten ganz oder teilweise übernehmen. Der daraus entstehende geldwerte Vorteil kann durch den Arbeitgeber mit einem pauschalen Steuersatz von 25% versteuert werden. Die Pauschalsteuer wiederum kann der Arbeitgeber tragen oder diese auf den Arbeitnehmer überwälzen. Durch die Pauschalversteuerung entsteht eine Sozialversicherungsfreiheit. Die pauschale Versteuerung ist auch nur dann möglich, wenn der Zuschuss zusätzlich zum laufenden Arbeitslohn durch den Arbeitgeber geleistet wird. Im Übrigen gilt die Möglichkeit der pauschalen Versteuerung auch dann, wenn sich der Arbeitnehmer privat ein Elektroauto kauft und der Arbeitgeber die Kosten für die Ladestation trägt. Der Zuschuss des Arbeitgebers zum Kauf kann auch unabhängig von der Entgeltabrechnung als Barzuschuss gewährt werden.

b) Nutzung eines Firmenfahrrades

Sowohl für den Arbeitgeber als auch für den Arbeitnehmer kann es interessant sein, mit dem Fahrrad zu seinem Arbeitsplatz zu fahren. Bis 2012 wurden in den gesetzlichen Regelungen ausschließlich Pkw berücksichtigt. Seit 2013 gelten für »Dienstfahrräder« vergleichbare Regelungen wie für Firmenwagen. Die Zurverfügungstellung von Fahrrädern gilt für die Lohnsteuerberechnung als geldwerter Vorteil. Unter die Dienstrad-Regelung fallen:

- herkömmliche Fahrräder
- Elektrofahrräder (E-Bikes, Pedelecs)
- S-Pedelecs (Pedal Electric Cycles)

Die sogenannten Pedelecs sind Fährräder mit einem kleinen Motor, der den Antrieb über die Pedale unterstützt.

Grundlage für die Errechnung des geldwerten Vorteils ist der jeweilige Anschaffungspreis des Fahrrades bzw. die Preisempfehlung des Herstellers inkl. der Mehrwertsteuer (Bruttolistenpreis). Wie bei einem Pkw bemisst sich der geldwerte Vorteil aus der Nutzung des Fahrrads aus **1% des auf 100 EUR** abgerundeten Neupreises des Fahrrades. Die 44-EUR-Freigrenze für Sachbezüge kann bei einer Zurverfügungstellung eines Fahrrads nicht angewendet werden. Im Unterschied zum geldwerten Vorteil aus einem Firmenwagen stellt der Weg zur Arbeitsstätte nur bei **S-Pedelecs** ein zusätzlicher steuerpflichtiger geldwerter Vorteil dar. Diese Fahrräder müssen ein Kennzeichen haben und sind über 25 km/h schnell. Die Fahrten zwischen Wohnung und Arbeitsstätte sind wie beim Pkw mit 0,03% des Fahrrad-Bruttopreises, multipliziert mit den Entfernungskilometern, als geldwerter Vorteil anzusetzen.

Die 1%-Regelung gilt auch für Leasing-Fahrräder. Diese haben in der Regel eine Laufzeit von drei Jahren. Viele Verträge sehen nach dem Ablauf der Leasingdauer entweder eine Übernahme durch den Nutzer vor (meist für nur des Kaufpreises) oder den Erhalt eines neuen Leasing-Rades. Neben der Leasingrate ist eine Versicherung des Fahrrades erforderlich, diese Kosten trägt in der Regel der Arbeitgeber.

! **Beispiel 3**

Monika Waldmann erhält von ihrem Arbeitgeber ein E-Bike im Wert von 2.499 EUR als Dienstrad, welches auch für private Fahrten uneingeschränkt genutzt werden darf. Im Sommer fährt Frau Waldmann mit dem Fahrrad auch die 6 km zwischen Wohnung und Arbeitsstätte. Der Arbeitgeber hat das Fahrrad geleast, die monatliche Leasingrate beträgt 70 EUR + 15 EUR Versicherung und Wartung. Die Leasingrate wird vom Arbeitgeber übernommen. Frau Waldmann hat ein monatliches Gehalt von 2.100 EUR.

Ermittlung des Arbeitslohnes/Arbeitsentgeltes		
	Gehalt	2.100,00 EUR
+	geldwerter Vorteil (1%-Regel für Firmenrad)	24,00 EUR
=	**Bruttolohn**	**2.124,00 EUR**
	Arbeitslohn (steuerpflichtig)	2.124,00 EUR
	Arbeitsentgelt (beitragspflichtig)	2.124,00 EUR
	Steuerrechtliche Abzüge (Arbeitnehmer)	244,06 EUR
	Sozialversicherungsbeiträge (Arbeitnehmer)	435,95 EUR

Beurteilung

Frau Waldmann hat durch das Firmenfahrrad einen geldwerten Vorteil. Dieser ist mit monatlich 1% des Neuwertes des Fahrrads anzusetzen – also 24 EUR. Für die Fahrten zwischen Wohnung und Arbeitsstätte entsteht kein zusätzlicher geldwerter Vorteil. Das um 288 EUR erhöhte Jahreseinkommen führt bei Steuerklasse 1 und einem monatlichen Gehalt von 2.100 EUR zu einer jährlichen Mehrbelastung (Lohnsteuer + Sozialversicherungsbeiträge) von ca. 134 EUR.

Ermittlung des Arbeitslohnes/Arbeitsentgeltes		
	Gehalt	2.100,00 EUR
=	**Bruttolohn**	**2.100,00 EUR**
	Arbeitslohn (steuerpflichtig)	2.100,00 EUR
	Arbeitsentgelt (beitragspflichtig)	2.100,00 EUR
	Steuerrechtliche Abzüge (Arbeitnehmer)	237,86 EUR
	Sozialversicherungsbeiträge (Arbeitnehmer)	431,03 EUR

Wird das Fahrrad über den Arbeitgeber geleast und die Leasingrate (70 EUR im Beispiel) direkt vom Bruttogehalt abgezogen, verringert sich der steuer- und sozialversicherungspflichtige Arbeitslohn bzw. das Arbeitsentgelt entsprechend.

Ermittlung des Arbeitslohnes/Arbeitsentgeltes		
	Gehalt	2.100,00 EUR
+	geldwerter Vorteil (1% Regel für Firmenrad)	24,00 EUR
=	**Bruttolohn**	**2.124,00 EUR**
–	Leasingrate Fahrrad	70,00 EUR
	Arbeitslohn (steuerpflichtig)	2.054,00 EUR
	Arbeitsentgelt (beitragspflichtig)	2.054,00 EUR

	Steuerrechtliche Abzüge (Arbeitnehmer)	226,13 EUR
	Sozialversicherungsbeiträge (Arbeitnehmer)	421,59 EUR

Im Beispiel würde für Frau Waldmann durch die Kürzung des Arbeitslohns bzw. Arbeitsentgelts ein Steuer- und Sozialversicherungsvorteil in Höhe von 32,29 EUR pro Monat entstehen. Im Gegenzug muss sie die Leasingrate für das Fahrrad tragen (70 EUR im Beispiel). Der Nettoaufwand beträgt im Beispiel für das Fahrrad somit nur 37,71 EUR pro Monat.

Beachten Sie: Wurde das Dienstfahrrad geleast und sieht der Nutzungsvertrag eine Kaufoption nach Ablauf der Leasingdauer vor (z. B. nach 3 Jahren), kann daraus ein steuerpflichtiger geldwerter Vorteil für den Arbeitnehmer entstehen. Die Finanzverwaltung sieht als Restwert nach 3 Jahren Leasing einen Wert von 40% der auf 100 EUR abgerundeten Preisempfehlung des Herstellers bei Übergabe des Fahrrads vor. Wird das Fahrrad zu einem geringeren Preis durch den Arbeitgeber oder einen Dritten überlassen, ist die Differenz zwischen Restkaufpreis und dem Wertansatz als geldwerter Vorteil zu versteuern.

! **Beispiel 4**

Monika Waldmann erhält von ihrem Arbeitgeber ein E-Bike im Wert von 2.499 EUR als Dienstrad, welches auch für private Fahrten uneingeschränkt genutzt werden darf. Der Arbeitgeber hat das Fahrrad geleast. Der Leasing-Vertrag sieht eine Kaufoption von 10% des Listenpreises am Ende der Leasingdauer von 3 Jahren vor.

Beurteilung

Frau Waldmann hat bei einer Nutzung der Kaufoption nach 3 Jahren einen steuerpflichtigen geldwerten Vorteil in Höhe von:

Listenpreis bei Übergabe inkl. Mehrwertsteuer	2.499 EUR
Restwert nach 3 Jahren	1.000 EUR
Kaufpreis nach 3 Jahren (bei Nutzung der Option)	249,90 EUR
Geldwerter Vorteil bei Kauf nach 3 Jahren	750,10 EUR

Der geldwerte Vorteil ist steuer- und sozialversicherungspflichtiger Arbeitslohn. Der jeweilige steuerpflichtige Rabattvorteil muss vom Arbeitnehmer mit seinem persönlichen Lohnsteuersatz versteuert werden. Eine Pauschalierung ist nicht vorgesehen, der Rabattvorteil muss bei der laufenden Lohnabrechnung der Lohnsteuer unterworfen werden. Da der Rabattvorteil kein Bestandteil des laufenden Arbeitslohns ist, sondern nur einmalig in Anspruch genommen wird, gilt der Rabattvorteil in aller Regel als sonstiger Bezug. Die Lohnsteuerberechnung erfolgt wie bei anderen sonstigen Bezügen.

Erfolgt eine Versteuerung erst im Rahmen einer Betriebsprüfung, entstehen für den Arbeitgeber ggf. noch 6% Strafzinsen pro Jahr auf den nicht versteuerten Arbeitslohn.
Zur Vermeidung einer Anrechnung eines geldwerten Vorteils darf sowohl der Leasing-Vertrag wie auch der Überlassungsvertrag mit dem Mitarbeiter keinen Hinweis auf eine Kaufoption beinhalten.

Pauschalversteuerung nach §37b EStG

Die meisten Leasing-Anbieter haben auf die geänderte Gesetzeslage reagiert und versteuern selbst für den Mitarbeiter den geldwerten Vorteil. Die Versteuerung des geldwerten Vorteils kann als Zuwendung Dritter nach §37b EStG mit einem pauschalen Steuersatz von 30% vorgenommen werden. Zur Finanzierung der Pauschalsteuer wird die Leasingrate dann in der Regel auf einen Restwert (Kaufpreis Gebrauchtrad) von 17% durch den Leasinggeber kalkuliert.

Wichtig: Wird das Dienstrad geleast und steht der Arbeitgeber als Leasingnehmer im Vertrag, aber bezahlt der Mitarbeiter alle Kosten, dann gilt das Fahrrad **nicht** als Dienstrad. Die Finanzverwaltung beurteilt einen entsprechenden Vertrag so, als wäre der Vertrag mit dem Arbeitnehmer geschlossen worden. Der Arbeitgeber muss also für einen steuerlich wirksamen Vertrag zumindest einen Teil der Kosten übernehmen, zum Beispiel die Versicherung und die Reparaturen.

c) Berechnung des geldwerten Vorteils aus der Firmenwagennutzung

Bei Nutzung eines Firmenwagens ist neben dem geldwerten Vorteil für die private Nutzung auch der Vorteil für die Fahrten von der Wohnung zur Arbeitsstätte zu versteuern und beitragspflichtig in den Sozialversicherungen.

Beispiel 5 !

Der Arbeitgeber stellt Frau Waldmann einen Firmenwagen zur Verfügung und erlaubt, den Wagen auch für Privatfahrten zu nutzen. Dies schließt ein, dass sie ihn z.B. für Einkaufs- oder Urlaubsfahrten verwenden kann. Der Wagen ist geleast und hat einen Listenpreis inkl. Umsatzsteuer von 19.571 EUR. Ein Schiebedach als Sonderausstattung schlägt mit weiteren 410 EUR zu Buche. Der Händler überlässt dem Arbeitgeber den Wagen inklusive Sonderausstattung für 18.850 EUR (brutto). Die Entfernung zwischen der Wohnung von Frau Waldmann und dem Büro beträgt 25km (einfache Entfernung). Als Eigenanteil für die private Nutzung übernimmt sie 60 EUR monatlich. Der Eigenanteil wird vom Nettoverdienst abgezogen. Frau Waldmann bekommt neben dem Firmenwagen ein Bruttogehalt von 2.100 EUR und einen Zuschuss von 14 EUR zu den vermögenswirksamen Leistungen (VwL). Die VwL werden zusammen mit dem Eigenanteil von 26 EUR vom Arbeitgeber auf einen

Bausparvertrag eingezahlt. Auf die Führung eines Fahrtenbuches wird verzichtet. Frau Waldmann gehört einer kirchensteuerberechtigten Kirche an und ist bei einer gesetzlichen Krankenkasse pflichtversichert. Die Krankenkasse erhebt einen Zusatzbeitrag von 0,9% des Arbeitsentgelts. Sie hat Steuerklasse 1 und keine Kinder. Der Firmensitz ist im Bundesland Hessen (9% Kirchensteuer). Die Beiträge zu den Umlagekassen U1/U2 werden mit 1,9% und 0,2% des Arbeitsentgelts angenommen.

5.12.1 Entgeltabrechnung

Ermittlung des Arbeitslohnes/Arbeitsentgeltes		
	Gehalt	2.100,00 EUR
+	Zuschuss VwL	14,00 EUR
+	geldwerter Vorteil private Nutzung Pkw (1% v. 19.900 EUR)	199,00 EUR
+	geldwerter Vorteil Fahrten Wohnung – Arbeitsstätte (Pauschalmethode: 0,03% × 19.900 EUR × 25 km)	149,25 EUR
=	**Bruttolohn**	**2.462,25 EUR**
	Arbeitslohn (steuerpflichtig)	2.402,25 EUR
	Arbeitsentgelt (beitragspflichtig)	2.402,25 EUR
Steuerliche Abzüge		
	Lohnsteuer (lt. Monatstabelle für 2.402,25 EUR bei Steuerklasse 1/ 0 Kinder)	277,08 EUR
+	Solidaritätszuschlag	15,23 EUR
+	Kirchensteuer (9% auf den Betrag der Lohnsteuer)	24,93 EUR
=	**Summe steuerrechtliche Abzüge**	**317,24 EUR**
Sozialversicherungsbeiträge		
	Krankenversicherung (½ × 14,6% v. 2.402,25 EUR)	175,36 EUR
+	Zusatzbeitrag KV (0,9% von 2.402,25 EUR)	21,62 EUR
+	Pflegeversicherung (½ × 2,55% von 2.402,25 EUR)	30,63 EUR
+	Zuschlag zur Pflegevers. (0,25% v. 2.402,25 EUR)	6,01 EUR
+	Rentenversicherung (½ × 18,6% von 2.402,25 EUR)	223,41 EUR
+	Arbeitslosenvers. (½ × 3,0% von 2.402,25 EUR)	36.03 EUR
=	**Summe Sozialversicherungsbeiträge (Arbeitnehmer)**	**493,06 EUR**

Gesamtabrechnung		
	Bruttolohn (2.100 EUR + 14 EUR + 348,25 EUR)	2.462,25 EUR
–	Steuerrechtliche Abzüge (Arbeitnehmer)	317,24 EUR
–	Sozialversicherungsbeiträge (Arbeitnehmeranteil)	493,06 EUR
–	Zuzahlung Firmenwagen	60,00 EUR
–	Sachbezug (Firmenwagen)	288,25 EUR
–	Überweisung an Bausparkasse	40,00 EUR
=	**Auszahlungsbetrag**	**1.263,70 EUR**
Gesamtbelastung		
	Bruttolohn	2.114,00 EUR
+	Sozialversicherungsbeiträge AG-Anteil	465,43 EUR
+	Umlage U1 (1,9% × 2.402,25 EUR)	45,64 EUR
+	Umlage U2 (0,2% × 2.402,25 EUR)	4,80 EUR
+	Insolvenzgeldumlage (0,06% × 2.402,25 EUR)	1,44 EUR
=	**Gesamtbelastung (Arbeitgeber)**	**2.631,31 EUR**

Für den Firmenwagen wird kein Fahrtenbuch geführt. Die Ermittlung des geldwerten Vorteils muss mit der 1%-Methode bzw. über den Ansatz von 0,03% des Listenpreises pro Entfernungskilometer erfolgen. Der Wagen wird regelmäßig auch für private Fahrten genutzt.

Bei der 1%-Methode muss sich der Arbeitnehmer pro Kalendermonat 1% des Listenpreises plus etwaiges Zubehör als geldwerten Vorteil auf den Arbeitslohn anrechnen lassen. Für die Berechnung ist grundsätzlich vom Bruttolistenpreis bei Zulassung des Fahrzeugs auszugehen. Das heißt: gewährte Preisnachlässe oder der Abzug von Vorsteuer dürfen nicht berücksichtigt werden. Der Listenpreis ist sogar um »Extras« wie Schiebedach, Radio, Klimaanlage etc. nach oben zu korrigieren. Auch bei Überlassung eines Gebrauchtfahrzeuges sind der ursprüngliche Listenpreis und Extras anzusetzen. Zur rechnerischen Vereinfachung ist der Listenpreis mit Zubehör auf **volle 100 EUR abzurunden.** Mit der 1%-Methode wird der geldwerte Vorteil für Privatfahrten wie Urlaubs-, Freizeit- oder Einkaufsfahrten steuerlich erfasst. Leistet der Arbeitnehmer eine Zuzahlung, kann diese auf den geldwerten Vorteil aus der 1%-Methode angerechnet werden. Die Zuzahlung kürzt den lohnsteuerpflichtigen Arbeitslohn und das sozialversicherungspflichtige Entgelt. Im Beispiel reduziert die Zuzahlung von Frau Waldmann den steuerpflichtigen geldwerten Vorteil für die private Nutzung (1% des Listenpreises) um 60 EUR.

Bei der Pauschalmethode für die Entfernungskilometer sind dem Arbeitnehmer **0,03%** des Listenpreises pro Entfernungskilometer (einfache Entfernung zwischen Wohnung und Arbeitsstätte) als geldwerter Vorteil anzurechnen. Die Entfernungspauschale **kann** abhängig von der Anzahl der tatsächlich genutzten Arbeitstage im Kalendermonat angesetzt werden. Eine Anrechnung des geldwerten Vorteils kann unterbleiben, wenn der Arbeitnehmer am Ort des Firmensitzes wohnt (weniger als 1 km), den Wagen nachweislich (z.B. Monatskarte ÖPNV) nicht für Fahrten zwischen Wohnung und Arbeitsstätte nutzt oder wegen Urlaub, Krankheit, Fortbildung etc. den Wagen den gesamten Monat nachweislich nicht nutzen konnte.

5.12.2 Steuerrechtliche Abzüge

Für die private Nutzung des Firmenwagens entsteht ein geldwerter Vorteil (GwV) in Höhe von 1% des Listenpreises + Zubehör (19.981 EUR). Der Brutto-Listenpreis ist auf volle 100 EUR abzurunden. Der Rabatt des Händlers darf für die 1%-Methode nicht berücksichtigt werden. Gleiches gilt für Gebrauchtwagen oder Leasingfahrzeuge. Sie sind mit dem Listenpreis des Herstellers (Neupreis ohne Rabatte) bei Erstzulassung anzusetzen. Der Listenpreis ist immer der Kaufpreis inklusive Mehrwertsteuer (Bruttopreis). Im Beispiel ergibt sich für die private Nutzung ein geldwerter Vorteil von 199,00 EUR.

Zusätzlich zur privaten Nutzung muss sich Frau Waldmann einen geldwerten Vorteil für die Nutzung des Firmenwagens für die Fahrten zwischen Wohnung und Büro anrechnen lassen. Bei Anwendung der Pauschalmethode ergibt sich als GwV:

0,03% × 19.900 EUR × 25km = 149,25 EUR

Der geldwerte Vorteil von 149,25 EUR ist pro Nutzungsmonat dem steuerpflichtigen Arbeitslohn zuzurechnen. Es besteht jedoch die Möglichkeit, den geldwerten Vorteil für die Fahrten zwischen Wohnung und erster Arbeitsstätte mit einem fixen Steuersatz pauschal zu versteuern.

Pauschalversteuerung der Fahrten Wohnung – Arbeitsstätte

Bei der Pauschalmethode für die Fahrten zwischen Wohnung und **erster Arbeitsstätte** besteht die Möglichkeit, dass der Arbeitgeber die Lohnsteuer ganz oder teilweise übernimmt. Der Arbeitgeber kann den geldwerten Vorteil für die Fahrten zwischen Wohnung und Arbeitsstätte mit **15% Pauschalsteuer** insoweit versteuern, wie der Arbeitnehmer in seiner Einkommensteuererklärung Werbungskosten für diese Fahrten geltend machen kann. Dies bedeutet: Der Arbeitgeber ermittelt zunächst den geldwerten Vorteil für die Fahrten zwischen der Wohnung und der ersten Arbeitsstätte mit der Pauschalmethode. Anschließend wird ermittelt, welchen Betrag der Arbeitnehmer in seiner jährlichen Einkommensteuererklärung für die Fahrten zwischen Wohnung und Arbeitsstätte geltend machen kann. Für diese Berechnung müssen Sie die tatsächlichen Arbeitstage des Arbeitnehmers kennen. Aus Vereinfachungsgründen darf jedoch mit **15 Tagen** pro Monat gerechnet werden.

Der Arbeitnehmer kann pro Kilometer (einfache Entfernung) zwischen Wohnung und Arbeitsstätte **0,30 EUR** als Werbungskosten in seiner Einkommensteuererklärung geltend machen (§9 EStG). Für das Beispiel 4 ergibt sich somit:

0,30 EUR × 25km × 15 Tage = 112,50 EUR

Bei Benutzung eines privaten Pkws könnte Frau Waldmann pro Monat Kosten von 112,50 EUR in ihrer Steuererklärung geltend machen. Bei Nutzung eines Firmenwagens kann der Arbeitgeber genau diesen Betrag mit 15% Pauschalsteuer der Lohnsteuer unterziehen. Übersteigt der Betrag aus der Pauschalmethode die potenziellen Werbungskosten, ist die Differenz wieder dem Arbeitslohn des Arbeitnehmers zuzurechnen.

Geldwerter Vorteil (GwV) bei Pauschalmethode ohne Eigenanteil		
	GwV aus Pauschalmethode	149,25 EUR
–	potenzielle Werbungskosten des Arbeitnehmers	112,50 EUR
=	**GwV für Fahrten zwischen Wohnung und Arbeitsstätte, den der Arbeitnehmer tragen muss**	**36,75 EUR**

Im Beispiel kann der Arbeitgeber maximal 112,50 EUR des geldwerten Vorteils (149,25 EUR) mit 15% Pauschalsteuer der Lohnsteuer unterwerfen. Der Rest von 36,75 EUR erhöht den steuer- und sozialversicherungspflichtigen Arbeitslohn bzw. das Arbeitsentgelt des Arbeitnehmers. Leistet der Arbeitnehmer eine Zuzahlung pro Kilometer, ist dieser Betrag vom geldwerten Vorteil nach der Pauschalmethode abzuziehen. Würde Frau Waldmann beispielsweise die Zuzahlung von 36,75 EUR auf die Fahrten zwischen Wohnung und Arbeitsstätte leisten, könnte der geldwerte Vorteil vom Arbeitgeber vollständig pauschal versteuert werden.

Geldwerter Vorteil (GwV) bei Pauschalmethode mit Eigenanteil		
	GwV aus Pauschalmethode	149,25 EUR
–	Eigenanteil des Mitarbeiters	36,75 EUR
–	potenzielle Werbungskosten des Arbeitnehmers	112,50 EUR
=	**GwV für Fahrten zwischen Wohnung und Arbeitsstätte, den der Arbeitnehmer tragen muss**	**0,00 EUR**

Wird der Werbungskostenanteil des geldwerten Vorteils durch den Arbeitgeber pauschal versteuert, ist dieser Betrag von Beiträgen zu den Sozialversicherungen befreit. Im Innenverhältnis besteht die Möglichkeit, dass der Arbeitgeber die Pauschalsteuer vom Nettolohn des Arbeitnehmers abzieht. Aus einer pauschalen Versteuerung durch den Arbeitgeber würde sich also immer der Vorteil in den Sozialversicherungen und in den meisten Fällen eine geringere Lohnsteuer ergeben.[43]

Sofern der Arbeitnehmer kirchensteuerpflichtig ist, entsteht durch die Pauschalversteuerung ein weiterer Vorteil. Für pauschal versteuerte Lohnbestandteile ist nicht der Regelkirchensteuersatz anzusetzen, sondern nur der ermäßigte pauschale Kirchensteuersatz. Im Bundesland Hessen beträgt dieser nur 7% im Vergleich zu 9% Normalkirchensteuersatz. Voraussetzung ist jedoch, dass die pauschale Kirchensteuer für alle Arbeitnehmer dieser Firma mit pauschalen Lohnbestandteilen bezahlt wird, unabhängig davon, ob diese einer Glaubensgemeinschaft angehören oder nicht.

Wichtig: Es können jedoch nur die pauschal versteuerten Lohnbestandteile mit dem pauschalen Kirchensteuersatz versteuert werden. Lohnbestandteile, die der normalen Lohnsteuer unterliegen, sind mit dem normalen Kirchensteuersatz zu versteuern.

Wird im Beispiel der geldwerte Vorteil für die Fahrten zwischen Wohnung und Arbeitsstätte soweit wie möglich pauschal versteuert und übernimmt der Arbeitgeber die Pauschalsteuer, ergibt sich folgende Abrechnung:

Ermittlung des Arbeitslohnes/Arbeitsentgeltes		
	Gehalt	2.100,00 EUR
+	Zuschuss VwL	14,00 EUR
+	Geldwerter Vorteil private Nutzung Pkw (1% v. 19.900 EUR)	199,00 EUR
+	Geldwerter Vorteil Fahrten Wohnung – erste Arbeitsstätte	149,25 EUR
=	**Bruttolohn**	**2.462,25 EUR**
–	Zuzahlung des Mitarbeiters	60,00 EUR
–	Geldwerter Vorteil Fahrten Wohnung – erste Arbeitsstätte (pauschal durch Arbeitgeber versteuert)	112,50 EUR

43 Der Vorteil in den Sozialversicherungen durch eine pauschale Versteuerung besteht nur insoweit, wie das laufende Arbeitsentgelt nicht über der Beitragsbemessungsgrenze der Rentenversicherung liegt.

Ermittlung des Arbeitslohnes/Arbeitsentgeltes		
=	Arbeitslohn (steuerpflichtig)	2.289,75 EUR
=	Arbeitsentgelt (beitragspflichtig)	2.289,75 EUR

Der steuerpflichtige Arbeitslohn bzw. das beitragspflichtige Arbeitsentgelt reduziert sich um den Teil des GwV, den der Arbeitgeber pauschal versteuert, und um die vom Arbeitnehmer übernommene Zuzahlung (112,50 EUR + 60 EUR).

Aus dem geringeren Arbeitslohn ergeben sich die folgenden steuerlichen Abzüge:

Steuerliche Abzüge		
	Lohnsteuer (lt. Monatstabelle für 2.289,75 EUR bei Steuerklasse 1/ 0 Kinder)	250,91 EUR
+	Solidaritätszuschlag	13,80 EUR
+	Kirchensteuer (9% auf den Betrag der Lohnsteuer)	22,58 EUR
=	**Summe steuerrechtliche Abzüge**	**287,29 EUR**

Überwälzt der Arbeitgeber im Innenverhältnis die von ihm gezahlte pauschale Lohnsteuer, die pauschale Kirchensteuer und den Solidaritätszuschlag auf den Arbeitnehmer, entstehen für den Arbeitnehmer weitere steuerliche Abzüge:

Pauschale Lohnsteuern		
	pauschale Lohnsteuer (15% auf 112,50 EUR)	16,87 EUR
+	pauschale Kirchensteuer (7,0% auf 16,87 EUR)[44]	1,18 EUR
+	Solidaritätszuschlag (5,5% auf Betrag der Lohnsteuer)	0,92 EUR
=	**Summe steuerrechtliche Abzüge**	**18,97 EUR**

Das Beispiel zeigt: Selbst im Fall der Überwälzung der pauschalen Steuern auf den Arbeitnehmer ist die Summe aus »steuerrechtlichen Abzügen« und »abgewälzter Pauschalsteuer« geringer, als wenn der geldwerte Vorteil nach der Monatslohnsteuertabelle versteuert wird (**287,29 EUR** + 18,97 EUR = 306,26 EUR ist kleiner als **317,24 EUR**).

Führt der Arbeitnehmer ein Fahrtenbuch und fährt nachweislich an mehr als 15 Tagen zur Arbeitsstätte, erhöhen sich die Werbungskosten und somit der

44 Für den pauschalen Kirchensteuersatz wird das Bundesland Baden-Württemberg herangezogen.

vom Arbeitgeber pauschalierbare Betrag. Würde Frau Waldmann im Beispiel nachweislich durchschnittlich an 20 Tagen im Monat mit dem Firmenwagen zur Arbeit fahren, ergeben sich

0,30 EUR × 25km × 20 Tage = 150 EUR

als potenzielle Werbungskosten pro Monat. Der Arbeitgeber kann in diesem Fall den gesamten geldwerten Vorteil für die Fahrten zur Arbeitsstätte mit 15% Pauschalsteuer versteuern.

!

Tipp

Für die Einkommensteuererklärung können in der Regel mehr als 180 Steuertage nachgewiesen werden. Somit könnten für die Berechnung der Werbungskosten zusätzliche Kosten für die Fahrten Wohnung – Arbeit vom Arbeitnehmer in der Einkommensteuererklärung geltend gemacht werden. Zur Vermeidung einer Steuernachzahlung sollten Sie die »prüfungssicheren« Arbeitstage beim Betriebsstätten Finanzamt erfragen bzw. von 15 Arbeitstagen pro Monat ausgehen.

Bei der Zuzahlung wäre natürlich auch eine Anrechnung auf den geldwerten Vorteil für die Fahrten zwischen Wohnung und Arbeitsstätte möglich. Die Anrechnung ist jedoch nur dann sinnvoll, wenn der geldwerte Vorteil nicht pauschal versteuert wird. Die Zuzahlung führt zu einer Beitragsfreiheit in den Sozialversicherungen, diese kann jedoch auch über die pauschale Versteuerung erreicht werden.

Beachten Sie: Der pauschal versteuerte Anteil des geldwerten Vorteils »Fahrten Wohnung – Arbeitsstätte« ist auf der Jahreslohnsteuerbescheinigung für den Mitarbeiter anzugeben. Er ist in der Zeile 18 auszuweisen und kann damit nicht mehr bei der Einkommensteuererklärung geltend gemacht werden. Sofern die Fahrten nicht mit dem Pkw durchgeführt werden, sind die Werbungskosten auf 4.500 EUR pro Jahr begrenzt.

5.12.3 Sozialversicherungsbeiträge

a) Sozialversicherung ohne pauschale Versteuerung

Der geldwerte Vorteil aus der privaten Nutzung des Firmenwagens (1%-Regel) ist immer sozialversicherungspflichtiges Arbeitsentgelt. Bei dem geldwerten Vorteil (GwV) aus der Nutzung des Wagens für die Fahrten zwischen Wohnung und Arbeitsstätte kommt es darauf an, ob dieser soweit wie möglich pauschal versteuert wird oder den persönlichen Steuermerkmalen unterliegt. In Beispiel 4 wurde keine pauschale Versteuerung vorgenommen. Somit unterliegt der geldwerte Vorteil den Beiträgen zu den Sozialversicherungen. Für den Arbeitgeber ergeben sich folgende Beitragspflichten:

Sozialversicherungsbeiträge — Arbeitgeber		
	Krankenversicherung (½ × 14,6% v. 2.402,25 EUR)	175,36 EUR
+	Pflegeversicherung (½ × 2,55% von 2.402,25 EUR)	30,63 EUR
+	Rentenversicherung (½ × 18,6% von 2.402,25 EUR)	223,41 EUR
+	Arbeitslosenvers. (½ × 3,0% von 2.402,25 EUR)	36.03 EUR
=	**Summe Sozialversicherungsbeiträge (Arbeitgeber)**	**465,43 EUR**

Keine Beitragspflicht für Arbeitgeber und Arbeitnehmer besteht, sofern das laufende Arbeitsentgelt schon die Beitragsbemessungsgrenze in der Renten- und Arbeitslosenversicherung übersteigt. Eine eingeschränkte Beitragspflicht besteht, wenn das laufende Arbeitsentgelt über der Beitragsbemessungsgrenze der Kranken- und Pflegeversicherung liegt. Würde das laufende Arbeitsentgelt von Frau Waldmann 4.500 EUR pro Monat betragen, so hätte die Versteuerung des Firmenwagens (pauschal oder nach Lohnsteuerklasse) keine Auswirkung auf die Beitragspflicht zur Kranken- und Pflegeversicherung. Bei einem laufenden Bezug über 6.500 EUR pro Monat (im Jahr 2018) hat die Art der Versteuerung keinerlei Bedeutung mehr für die Höhe der Sozialversicherungsbeiträge.

b) Sozialversicherung bei pauschaler Versteuerung

Wird der pauschalierbare Betrag vom Arbeitgeber pauschal versteuert, so ist dieser Teil von Beiträgen zu den Sozialversicherungen befreit. Für das Beispiel 4 ergeben sich bei einer pauschalen Versteuerung durch den Arbeitgeber folgende Beiträge:

Sozialversicherungsbeiträge bei Pauschalierung		
Sozialversicherungsbeiträge — Arbeitnehmer		
	Krankenversicherung (½ × 14,6% von 2.289,75 EUR)	167.15 EUR
+	Zusatzbeitrag KV (0,9% von 2.289,75 EUR)	20,61 EUR
+	Pflegeversicherung (½ × 2,55% von 2.289,75 EUR)	29,19 EUR
+	Zuschlag zur Pflegevers. (0,25% von 2.289,75 EUR)	5,72 EUR
+	Rentenversicherung (½ × 18,6% von 2.289,75 EUR)	212,95 EUR
+	Arbeitslosenvers. (½ × 3,0% von 2.289,75 EUR)	34.35 EUR
=	**Summe Sozialversicherungsbeiträge (Arbeitnehmer)**	**469,97 EUR**

Sozialversicherungsbeiträge – Arbeitgeber		
	Krankenversicherung (½ × 14,6% von 2.289,75 EUR)	167,15 EUR
+	Pflegeversicherung (½ × 2,55% von 2.289,75 EUR)	29,19 EUR
+	Rentenversicherung (½ × 18,6% von 2.289,75 EUR)	212,95 EUR
+	Arbeitslosenvers. (½ × 3,0% von 2.289,75 EUR)	34.35 EUR
=	**Summe Sozialversicherungsbeiträge (Arbeitgeber)**	**443,64 EUR**

Durch die pauschale Versteuerung ergibt sich ein Vorteil in den Sozialversicherungen von 44,88 EUR.

Sozialversicherungen	Versteuerung nach pers. Steuermerkmalen	Pauschale Versteuerung	Differenz
Arbeitgeber	465,43 EUR	443,64 EUR	21,79 EUR
Arbeitnehmer	493,06 EUR	469,97 EUR	23,09 EUR

Der Sozialversicherungsvorteil entsteht auch, wenn der Arbeitgeber zunächst eine Pauschalversteuerung vornimmt, die pauschalen Steuern dann im Innenverhältnis auf den Arbeitnehmer überwälzt.

5.12.4 Arbeitgeberbelastung

Für die private Nutzung muss sich Frau Waldmann 1% des Listenpreises als monatlichen geldwerten Vorteil anrechnen lassen. Der geldwerte Vorteil stellt zwar Bruttolohn dar, führt aber zu keiner direkten Arbeitgeberbelastung. Das steuer- und sozialversicherungspflichtige »fiktive« Entgelt hat jedoch Auswirkungen auf die Beitragspflicht zu den Sozialversicherungen und über den Arbeitgeberanteil auf die Arbeitgeberbelastung. Übernimmt der Arbeitgeber die pauschale Lohnsteuer für den geldwerten Vorteil der Fahrten zur Arbeit, erhöht sich die Arbeitgeberbelastung. Aber durch die Reduzierung des beitragspflichtigen Arbeitsentgelts ergeben sich ein niedriger Beitragszuschuss zu den Sozialversicherungen und geringere Umlagebeiträge. Trägt der Arbeitgeber die pauschalen Steuern, ergibt sich die folgende Arbeitgeberbelastung:

	Gesamtbelastung bei pauschaler Versteuerung des geldwerten Vorteils	
	Bruttolohn	2.114,00 EUR
	Krankenversicherung (½ × 14,6% von 2.289,75 EUR)	167,15 EUR
+	Pflegeversicherung (½ × 2,55% von 2.289,75 EUR)	29,19 EUR
+	Rentenversicherung (½ × 18,6% von 2.289,75 EUR)	212,95 EUR
+	Arbeitslosenvers. (½ × 3,0% von 2.289,75 EUR)	34.35 EUR
=	**Summe Sozialversicherungsbeiträge (Arbeitgeber)**	**443,64 EUR**
	Pauschale Lohnsteuern	18,97 EUR
+	Umlage U1 (1,9% × 2.289,75 EUR)	43,51 EUR
+	Umlage U2 (0,2% × 2.289,75 EUR)	4,57 EUR
+	Insolvenzgeldumlage (0,06% × 2.289,75 EUR)	1,37 EUR
=	**Summe Umlagen + Pauschalsteuer**	**68,42 EUR**
	Gesamtbelastung (Arbeitgeber)	**2.626,06 EUR**

In die Arbeitgeberbelastung sind noch die Kosten für den Firmenwagen einzurechnen. Bei Leasingfahrzeugen sind dies die monatliche Leasingrate und sonstige Kosten für Tank, Service etc. Bei gekauften Fahrzeugen sind die Kosten aus der Vollkostenrechnung (Abschreibung, Reifen, Service, Tanken etc.) zu ermitteln.

Die in die Arbeitgeberbelastung einbezogene U1-Umlage entsteht nur bei Unternehmen mit bis zu 30 Vollzeitbeschäftigten. Zusätzlich sind in der Arbeitgeberbelastung anteilige Kosten für die Berufsgenossenschaft, die Schwerbehindertenausgleichsabgabe und gegebenenfalls Beiträge zur ZVK und/oder Künstlersozialabgabe zu berücksichtigen. Die Insolvenzgeldumlage als zusätzliche Arbeitgeberbelastung liegt bei 0,06% des rentenversicherungspflichtigen Arbeitsentgelts.

5.13 Hat der Arbeitnehmer einen Lohnsteuerfreibetrag?

Die Finanzverwaltung bildet für Arbeitnehmer als Grundlage für den Lohnsteuerabzug die Steuerklasse sowie die Zahl der Kinderfreibetragszähler und die Merkmale für den Kirchensteuerabzug und speichert diese in dem

ELStAM-Datensatz.[45] Auf Antrag des Arbeitnehmers werden auch Freibeträge und Hinzurechnungsbeträge nach §39a EStG oder ein Faktor nach §39f EStG in den ELStAM-Datensatz aufgenommen. Das Finanzamt leitet den Freibetrag an das Bundeszentralamt für Steuern zum Zwecke des Arbeitgeberabrufs im ELStAM-Verfahren weiter. Ist der ELStAM-Abruf gesperrt, stellt das Finanzamt eine Ersatzbescheinigung für den Arbeitgeber aus. Für die Erfassung eines Freibetrags in der ELStAM-Datenbank muss der Arbeitnehmer bei seinem Finanzamt einen Antrag auf Lohnsteuerermäßigung stellen. Die Erfassung eines vom »Arbeitslohn abzuziehenden Betrages« in der ELStAM-Datenbank bzw. eine Bescheinigung auf der Ersatzbescheinigung bewirkt, dass sich bei gleichem Bruttolohn der steuerpflichtige Arbeitslohn und damit die Lohnsteuer verringern. Die Eintragung eines Freibetrages ist unter anderem möglich für:

- Behinderte, Hinterbliebene und Personen, die die Pflege Angehöriger übernommen haben,
- Werbungskosten, die den Pauschalbetrag von 1.000 EUR pro Jahr übersteigen,
- erhöhte Sonderausgaben (außer Vorsorgeaufwendungen),
- außergewöhnliche Belastungen, die die zumutbare Eigenbelastung übersteigen,
- Aufwendungen für steuerlich gefördertes, vermietetes Wohneigentum,
- Ausbildungskosten, Kinderbetreuungskosten.

Die Eintragung im ELStAM-Datensatz bzw. auf der Ersatzbescheinigung erfolgt als Jahres- und Monatsfreibetrag sowie bei Bedarf als Wochen- oder Tagesfreibetrag. Ein Freibetrag wird von der Finanzverwaltung nur dann gewährt, wenn der Arbeitnehmer in seiner Einkommensteuererklärung Sonderausgaben, außergewöhnliche Belastungen und Werbungskosten von mehr als 600 EUR jährlich geltend machen kann.

Das Einkommensteuerrecht zählt zu steuerlich abziehbaren Sonderausgaben unter anderem Unterhaltsleistungen, Rentenzahlungen, gezahlte Kirchensteuer, Spenden, Schulgeld oder Berufsausbildungskosten. Von der Einkommensteuer begünstigte außergewöhnliche Belastungen sind beispielsweise Krankheitskosten, Beerdigungskosten, Pflegekosten oder Aufwendungen für Kuren. Zu den Werbungskosten zählen alle Aufwendungen des Arbeitnehmers zum Erwerb, zur Sicherung und zur Erhaltung seines Arbeitslohnes. Beispiele hierfür sind Arbeitskleidung, Fahrten zwischen Wohnung und Arbeitsstätte, Fortbildungskosten oder Umzugskosten. Werbungskosten werden in die 600-EUR-Grenze nur dann einbezogen, wenn sie den Arbeitnehmerpauschbetrag von 1.000 EUR jährlich übersteigen.

45 ELStAM – Elektronische Lohnsteuerabzugsmerkmale.

Freibeträge dürfen, mit Ausnahme des Altersentlastungsbetrages, erst dann bei der Lohnabrechnung berücksichtigt werden, wenn sie von der Finanzverwaltung mit dem ELStAM-Datensatz übermittelt wurden bzw. eine Ersatzbescheinigung mit einem entsprechenden Eintrag vorliegt. Gleiches gilt für Kinderfreibeträge. Seit dem Steuerjahr 2016 werden Freibeträge auf Antrag auch für 2 Kalenderjahre eingetragen und an die Arbeitgeber übermittelt.

Arbeitnehmern, die zu Beginn des Kalenderjahres das Renteneintrittsalter erreicht haben, kann ein Altersentlastungsbetrag gewährt werden. Ist der Arbeitnehmer vor dem 01.01.1949 geboren, kann ohne die Übermittlung eines Altersentlastungsbetrags mittels des ELStAM-Datensatzes ein Freibetrag in Höhe von 40% des steuerpflichtigen Arbeitslohns, höchstens 1.900 EUR jährlich bzw. 158,33 EUR monatlich, angerechnet werden (§24a EStG). Mit dem Alterseinkünftegesetz wurde die stufenweise »Abschmelzung« des Altersentlastungsbetrags beschlossen. Seit 2006 verringert sich der Altersentlastungsbetrag um jährlich 1,6% bzw. 76 EUR pro Jahrgang. Dies bedeutet: Arbeitnehmer, die im Jahr 2018 erstmalig eine Altersvollrente erhalten und steuerpflichtig weiterbeschäftigt werden, haben Anspruch auf einen Altersentlastungsbetrag von max. 912 EUR pro Jahr.[46]

Für Kinder, die von den Gemeinden in den ELStAM-Datensatz eingetragen wurden, ist pro Jahr ein Freibetrag von 7.428 EUR (monatlich 619 EUR) für die Berechnung der Kirchensteuer und des Solidaritätszuschlags zu berücksichtigen. Kinderfreibeträge sind jedoch nicht mehr bei der Ermittlung der Lohnsteuer anzurechnen.

Beispiel !

Frau Waldmann wird von ihrem Ehegatten geschieden und muss jährlich Unterhaltsleistungen von 3.036 EUR bezahlen. Aus diesem Grund hat sie sich beim Finanzamt einen monatlichen Freibetrag von 253 EUR in den ELStAM-Datensatz eintragen lassen. Monika Waldmann hat ein Bruttogehalt von 2.100 EUR und bekommt von ihrem Arbeitgeber einen Zuschuss von 40 EUR zu den vermögenswirksamen Leistungen (VwL). Die VwL werden in eine Pensionskasse einbezahlt. Der VL-Vertrag wurde zum 01.04.2009 geschlossen. Sie ist bei einer gesetzlichen Krankenkasse pflichtversichert und gehört einer kirchensteuerberechtigten Religionsgemeinschaft an. Die Krankenkasse erhebt einen Zusatzbeitrag von 0,9% des Arbeitsentgelts. Sie hat Steuerklasse 1 und keine Kinder. Der Firmensitz ist im Bundesland Berlin. Das Unternehmen nimmt am Umlageverfahren U1 teil. Die Umlagesätze liegen bei 1,9% (U1-Umlage) und 0,2% (U2-Umlage).

46 Auf www.haufe.de/mybook finden Sie eine Übersicht der Altersentlastungsbeträge nach Jahrgängen gestaffelt.

5.13.1 Entgeltberechnung

Ermittlung des Arbeitslohnes/Arbeitsentgeltes		
	Gehalt	2.100,00 EUR
+	Zuschuss VwL	40,00 EUR
=	**Bruttolohn**	**2.140,00 EUR**
	Arbeitslohn (steuerpflichtig)	2.100,00 EUR
	Arbeitsentgelt (beitragspflichtig)	2.100,00 EUR
Steuerliche Abzüge		
	Lohnsteuer (Monatslohnsteuer für 2.100,00 EUR bei Steuerklasse 1 / 0 Kinder mit Lohnsteuerfreibetrag)	142,00 EUR
+	Solidaritätszuschlag	7,81 EUR
+	Kirchensteuer (9% auf den Betrag der Lohnsteuer)	12,78 EUR
=	**Summe steuerrechtliche Abzüge**	**162,59 EUR**
Sozialversicherungsbeiträge		
	Krankenversicherung (½ × 14,6% von 2.100 EUR)	153,30 EUR
+	Zusatzbeitrag KV (0,9% von 2.100 EUR)	18,90 EUR
+	Pflegeversicherung (½ × 2,55% von 2.100 EUR)	26,78 EUR
+	Zuschlag zur Pflegevers. (0,25% von 2.100 EUR)	5,25 EUR
+	Rentenversicherung (½ × 18,6% von 2.100 EUR)	195,30 EUR
+	Arbeitslosenvers. (½ × 3,0% von 2.100 EUR)	31.50 EUR
=	**Summe Sozialversicherungsbeiträge (Arbeitnehmer)**	**431,03 EUR**
Gesamtabrechnung		
	Bruttolohn (2.100 EUR + 40 EUR)	2.140,00 EUR
–	Steuerrechtliche Abzüge (Arbeitnehmer)	162,59 EUR
–	Sozialversicherungsbeiträge (Arbeitnehmer)	431,03 EUR
–	Überweisung an Pensionskasse	40,00 EUR
=	**Auszahlungsbetrag**	**1.506,38 EUR**
Gesamtbelastung		
	Bruttolohn	2.140,00 EUR
+	Sozialversicherungsbeiträge AG (von 2.100 EUR)	406,88 EUR

+	Umlage U1 (1,9% × 2.100,00 EUR)	39,90 EUR
+	Umlage U2 (0,2% × 2.100,00 EUR)	4,20 EUR
+	Insolvenzgeldumlage (0,06% × 2.100,00 EUR)	1,26 EUR
=	**Gesamtbelastung (Arbeitgeber)**	**2.592,24 EUR**

Bei der Ermittlung des steuerpflichtigen Arbeitslohnes sind die aus der ELStAM-Datenbank übermittelten »Steuerfreibeträge« zu berücksichtigen. Entsprechend dem Lohnabrechnungszeitraum wird der Freibetrag als Jahres-, Monats-, Wochen- oder Tagesfreibetrag übermittelt. Beiträge zur betrieblichen Altersvorsorge können bis zu einem Höchstbetrag von 260 EUR monatlich (im Jahr 2018) steuer- und sozialversicherungsfrei in einen sogenannten Durchführungsweg, wie zum Beispiel eine Pensionskasse, einbezahlt werden.

Ist für die Ermittlung der steuerlichen Abzüge ein Steuerfreibetrag zu berücksichtigen, muss zunächst der Monatslohn auf den voraussichtlichen Jahresarbeitslohn hochgerechnet werden. Vom Jahresarbeitslohn sind dann gegebenenfalls der Versorgungsfreibetrag, ein Altersentlastungsbetrag oder ein Lohnsteuerfreibetrag bzw. Lohnsteuerhinzurechnungsbeträge zu berücksichtigen. Die Lohnsteuer für den Monatsarbeitslohn ergibt sich dann aus 1/12 der so ermittelten Jahreslohnsteuer. Die Wochen- oder Tageslohnsteuer ergibt sich entsprechend aus 7/360 bzw. 1/360 der Jahreslohnsteuer. Der Freibetrag verringert zwar die monatliche Lohnsteuer, bedeutet jedoch nicht, dass ein Teil des Arbeitslohnes steuerfrei bleibt. In der Einkommensteuererklärung wird die tatsächliche Steuerpflicht auf Basis des Gesamteinkommens ermittelt.

5.13.2 Steuerrechtliche Abzüge

Steuerfreibeträge werden von der Finanzverwaltung aufgrund von ungewöhnlichen Belastungen gewährt. Kauf oder Bau von vermietetem Wohnungseigentum, Scheidung, Unterhaltsleistungen und anderes mehr kann der Arbeitnehmer bei seiner Einkommensteuererklärung geltend machen. Sind die besonderen Belastungen von Dauer, würde sich Jahr für Jahr am Jahresende eine hohe Einkommensteuererstattung ergeben. Der Arbeitnehmer würde also neben seiner Belastung dem Finanzamt noch einen zinslosen Kredit gewähren. Mit der Eintragung des Freibetrages soll eine größere Vorauszahlung gegenüber der tatsächlichen Jahreslohnsteuer vermieden werden.

Ohne die Berücksichtigung des Lohnsteuerfreibetrags würden sich bei Frau Waldmann folgende steuerlichen Abzüge ergeben:

Steuerliche Abzüge		
	Lohnsteuer (Monatslohnsteuer für 2.100,00 EUR bei Steuerklasse 1 / 0 Kinder)	207,75 EUR
+	Solidaritätszuschlag	11,42 EUR
+	Kirchensteuer (9% auf den Betrag der Lohnsteuer)	18,69 EUR
=	**Summe steuerrechtliche Abzüge**	**237,86 EUR**

Der Steuerfreibetrag und damit die Reduzierung des steuerpflichtigen Arbeitslohnes führen im Beispiel von Frau Waldmann zu einer monatlichen Steuererleichterung von 75,27 EUR.

Bei einer Verwendung der vermögenswirksamen Leistung für die betriebliche Altersvorsorge bleibt der Zuschuss des Arbeitsgebers (40 EUR) steuer- und sozialversicherungsfrei. Der Arbeitgeber kann nach §3 Nr. 63 Einkommensteuergesetz (EStG) für einen Arbeitnehmer bis zu **8%** der jährlichen Beitragsbemessungsgrenze der Rentenversicherung (West) steuerfrei in einen Pensionsfonds oder eine Pensionskasse einbezahlen. Voraussetzung für die steuerfreien Zuführungen zu einer Pensionskasse ist das Bestehen eines ersten Dienstverhältnisses. Die begrenzte Steuerfreiheit ist somit für eine geringfügige oder nicht geringfügige **Neben**beschäftigung ausgeschlossen. Eine weitere Voraussetzung ist, dass der Vertrag für die Pensionskasse oder den Pensionsfonds nach dem 01.01.2005 geschlossen wurde. Im Beispiel sind alle Voraussetzungen erfüllt.

Beachten Sie: Die Berücksichtigung von Freibeträgen bei der Lohnabrechnung führt zu einem geringeren Abzug von Lohn- und Kirchensteuer sowie einem geringeren Solidaritätszuschlag. Treten die Belastungen nicht oder nicht in der Höhe des Freibetrages ein, wird sich bei der Einkommensteuererklärung eine Nachzahlung ergeben. Es entstehen in diesem Fall also nur ein Zinsvorteil und kein eigentlicher Steuervorteil für den Arbeitnehmer.

5.13.3 Sozialversicherungsbeiträge

Der Steuerfreibetrag berührt nicht das sozialversicherungspflichtige Arbeitsentgelt. Steuerfreibeträge führen also nicht zu einer Entlastung bei den Beiträgen zu den Sozialversicherungen. Beiträge zu den Sozialversicherungen sind vom beitragspflichtigen Arbeitsentgelt zu ermitteln. Dieses Beispiel zeigt ein Auseinanderfallen von Bruttolohn, Arbeitslohn (Steuerrecht) und Arbeitsentgelt (sozialversicherungsrechtliche Bemessungsbasis). Im Bruttolohn ist der steuer- und sozialversicherungsfreie Zuschuss zur Vermögensbildung, der für eine betriebliche Altersvorsorge genutzt wird, enthalten.

Seit 2015 gibt es einen kassenindividuellen Zusatzbeitrag zur Krankenversicherung, den ausschließlich der Arbeitnehmer trägt. Der Zuschlag ist von allen freiwillig und gesetzlich krankenversicherten Arbeitnehmern zu erheben. Der Zuschlag zur Pflegeversicherung ist nur dann zu leisten, wenn keine leiblichen oder adoptierten Kinder nachgewiesen werden können.

Im Beispiel wird die VwL zugunsten einer betrieblichen Altersvorsorge umgewandelt. Die Umwandlung führt zu einer Beitragsfreiheit in den Sozialversicherungen. Im Unterschied zu einer Beitragszahlung in einen (Bau-)Sparvertrag führt die Umwandlung zu einer nachgelagerten Besteuerung und einer Ersparnis bei den Sozialversicherungsbeiträgen, sowohl beim Arbeitgeber wie auch beim Arbeitnehmer. Würde der Zuschuss zur Vermögensbildung beispielsweise in einen Bausparvertrag einbezahlt, entstehen folgende Sozialversicherungsbeiträge.

Sozialversicherungsbeiträge		
	Krankenversicherung (½ × 14,6% von 2.140 EUR)	156,22 EUR
+	Zusatzbeitrag KV (0,9% von 2.140 EUR)	19,26 EUR
+	Pflegeversicherung (½ × 2,55% von 2.140 EUR)	27,29 EUR
+	Zuschlag zur Pflegevers. (0,25% von 2.140 EUR)	5,35 EUR
+	Rentenversicherung (½ × 18,6% von 2.140 EUR)	199,02 EUR
+	Arbeitslosenvers. (½ × 3,0% von 2.140 EUR)	32,10 EUR
=	**Summe Sozialversicherungsbeiträge (Arbeitnehmer)**	**439,24 EUR**

Im Beispiel entsteht für den Mitarbeiter ein Beitragsvorteil von 8,21 EUR durch die Verwendung des Zuschusses zur Vermögensbildung für Beiträge zu einer betrieblichen Altersvorsorge. Zusätzlich entsteht für den Arbeitgeber eine Beitragsersparnis und verringerte Umlagen.

Der Arbeitgeber kann für einen Arbeitnehmer bis zu 4% der jährlichen Beitragsbemessungsgrenze der Rentenversicherung (78.000 EUR) beitragsfrei in eine Pensionskasse oder einen Pensionsfonds einbezahlen. Übersteigt die Vorsorgeleistung des Arbeitgebers oder des Arbeitnehmers den Freibetrag, ist der übersteigende Anteil zunächst beitragspflichtiges Arbeitsentgelt. Für Verträge, die vor dem 01.01.2005 geschlossen wurden besteht zusätzlich die Möglichkeit, den übersteigenden Anteil bis zur Höhe von 1.752 EUR pro Jahr nach §40b EStG pauschal mit 20% zu versteuern. Eine pauschale Versteuerung führt zur Beitragsfreiheit in den Sozialversicherungen. Die Kombination von steuerfreien Vorsorgeleistungen (4% der BBG-RV West) und pauschal versteuerter Altersvorsorge ist möglich.

5.13.4 Arbeitgeberbelastung

Für die Lohnabrechnung dürfen nur aus der ELStAM-Datenbank abgerufene oder in einer Bescheinigung eingetragene Freibeträge berücksichtigt werden. Die Kenntnis einer höheren Belastung reicht nicht aus, um einen reduzierten Steuerabzug vorzunehmen.

Steuerfreibeträge führen zu **keiner** Veränderung der Arbeitgeberbelastung. Steuerfreibeträge sind nur beim Arbeitnehmer für die Ermittlung der Lohnsteuer zu berücksichtigen. Sie finden keine Anwendung bei pauschaler Besteuerung wie zum Beispiel bei Mahlzeiten oder Fahrgeld. Durch die Verwendung des Zuschusses zur Vermögensbildung in einer Pensionskasse sinken das beitragspflichtige Entgelt und damit die Bemessungsgrundlage für die Umlagebeträge. Für den Arbeitgeber ergibt sich eine Gesamtarbeitgeberbelastung von:

Gesamtbelastung		
	Bruttolohn	2.140,00 EUR
	Krankenversicherung (½ × 14,6% von 2.100 EUR)	153,30 EUR
+	Pflegeversicherung (½ × 2,55% von 2.100 EUR)	26,78 EUR
+	Rentenversicherung (½ × 18,6% von 2.100 EUR)	195,30 EUR
+	Arbeitslosenvers. (½ × 3,0% von 2.100 EUR)	31,50 EUR
=	**Sozialversicherungsbeiträge (Arbeitgeber)**	**406,88 EUR**
	Umlage U1 (1,9% × 2.100,00 EUR)	39,90 EUR
+	Umlage U2 (0,2% × 2.100,00 EUR)	4,20 EUR
+	Insolvenzgeldumlage (0,06% × 2.100,00 EUR)	1,26 EUR
=	**Summe Umlagen**	**45,36 EUR**
	Gesamtbelastung (Arbeitgeber)	**2.592,24 EUR**

Die U1-Umlage im Beispiel ist nur dann zu entrichten, wenn das Unternehmen nicht mehr als 30 Mitarbeiter in Vollzeit beschäftigt. Die U2-Umlage entsteht auch dann, wenn das Unternehmen ausschließlich männliche Arbeitnehmer beschäftigt. Die Insolvenzgeldumlage wurde für das Jahr 2018 auf 0,06% des rentenversicherungspflichtigen Arbeitsentgelts festgelegt. Außerdem besteht eine Begrenzung auf die Beitragsbemessungsgrenze der Rentenversicherung pro Arbeitnehmer.

5.14 Hat der Arbeitnehmer eine Entgeltfortzahlung bei Krankheit erhalten?

Arbeitnehmer haben in der Regel Anspruch auf Fortzahlung des Arbeitsentgelts bei Krankheit, Rehabilitation, Vorsorge oder Arbeitsunfall für die Dauer von sechs Wochen (§3 EFZG) bzw. **42 Kalendertagen**. Der Anspruch auf Entgeltfortzahlung gilt für alle Arbeitnehmer, unabhängig von der Arbeitszeit. Es haben also auch geringfügig Beschäftigte und Arbeitnehmer mit einem Zeitarbeitsvertrag Anspruch auf Entgeltfortzahlung. Ausgenommen vom Anspruch auf Entgeltfortzahlung sind Heimarbeiter. Für diesen Personenkreis leistet die Krankenkasse vom ersten Tag der Krankheit an Krankengeldzahlungen.

Gemäß §4 Entgeltfortzahlungsgesetz (EFZG) ist bei Arbeitsunfähigkeit infolge von Krankheit das Arbeitsentgelt so fortzuzahlen, wie es bei normaler Arbeitsleistung zu vergüten gewesen wäre (Lohnausfallprinzip). Somit sind bei Krankheit auch Schichtzuschläge, Erschwerniszulagen oder Nachtzuschläge, Sachbezüge, vermögenswirksame Leistungen oder Provisionen fortzuzahlen. Vergütungen für Mehrarbeit (Überstunden) müssen nur dann gezahlt werden, wenn sie erbracht wurden. Somit sind bei Krankheit oder Kur keine Überstundenvergütungen mehr zu leisten. Bei Mitarbeitern, die nach geleisteten Arbeitsstunden bezahlt werden, ist die Lohnfortzahlung entsprechend den Sollstunden zu leisten. Für die Zuschlagsberechnung ist der Durchschnitt der letzten 90 Kalendertage zulässig (3-Monatsschnitt / 13 Wochen). Das fortgezahlte Arbeitsentgelt ist vollständig steuer- und sozialversicherungspflichtiger Arbeitslohn bzw. Arbeitsentgelt.

Eine Ausnahme von der Pflicht zur Entgeltfortzahlung besteht für Neueintritte. Bei einem neu begründeten Arbeitsverhältnis muss der Arbeitgeber erst dann, wenn die Beschäftigung mindestens **28 Kalendertage** (4 Wochen) besteht, Entgeltfortzahlung leisten. Erkrankt der Arbeitnehmer innerhalb der ersten 4 Wochen, erhält er in der Regel Krankengeld von seiner Krankenkasse (statt Arbeitsentgelt).

Endet die Lohnfortzahlung des Arbeitgebers, hat der Arbeitnehmer in der Regel auch Anspruch auf Krankengeld von seiner Krankenkasse. Für privat krankenversicherte Arbeitnehmer muss das Krankengeld in der Versicherungspolice extra abgesichert werden. Das Krankengeld von der Krankenkasse/Krankenversicherung ist steuer- und sozialversicherungsfrei, unterliegt aber dem sogenannten Progressionsvorbehalt, das heißt, es wird zur Berechnung der Einkommensteuer herangezogen. Einmalzahlungen während des Krankengeldbezugs unterliegen jedoch der Lohnsteuer und den Sozialversicherungsbeiträgen. Wird hingegen bei einem Krankengeldbezug die VwL fortbezahlt, bleibt diese in der Regel beitragsfrei. Die Klarstellung des **§23c SGB IV** regelt, dass arbeitgeberseitige Leistungen, die für die Zeit des Bezugs von Krankengeld, Versorgungskrankengeld, Verletztengeld, Übergangsgeld und Mutterschaftsgeld sowie von Krankentagegeld oder für eine Elternzeit erzielt werden, nicht als beitragspflichtiges Arbeitsentgelt gelten, soweit die Zahlungen zusammen mit den genannten Sozialleistungen das Nettoarbeitsentgelt im Durchschnitt der letzten drei Monate der Beschäftigung nicht übersteigen. Dies gilt sowohl für Versicherte der gesetzlichen Krankenversicherung als auch für Versicherte der privaten Krankenversicherung.

Endet die Entgeltfortzahlung des Arbeitgebers, entsteht beitragsrechtlich ein Teillohnzahlungszeitraum. Mit dem Ende der Entgeltfortzahlung enden die anrechenbaren **Sozialversicherungstage**. Dies führt auch zu einer anteiligen Kürzung der monatlichen Beitragsbemessungsgrenze. **Kein** Teillohnzahlungszeitraum besteht hingegen im Steuerrecht beim Ende der Entgeltfortzahlung im laufenden Abrechnungsmonat. Steuerrechtliche Teillohnzahlungszeiträume entstehen nur dann, wenn der Mitarbeiter vor dem kalendarischen Monatsende aus dem Unternehmen ausscheidet oder nach dem ersten des laufenden Abrechnungsmonats in das Unternehmen eintritt.

! **Beispiel 1**

Frau Monika Waldmann ist seit 6 Wochen ärztlich krankgeschrieben. Die Lohnfortzahlung endet am 15. März 2018. Ab dem 16. März bezieht Frau Waldmann Krankengeld. Frau Waldmann hat ein Bruttogehalt von 2.100 EUR und bekommt von ihrem Arbeitgeber einen Zuschuss von 14 EUR zu den vermögenswirksamen Leistungen (VwL). Der Zuschuss zu den VwL wird auch während eines Krankengeldbezuges gewährt. Der Arbeitgeberbeitrag wird mit dem Eigenanteil von 26 EUR einer Bausparkasse mit der Gehaltsabrechnung überwiesen. Monika Waldmann ist bei einer gesetzlichen Krankenkasse pflichtversichert. Die Krankenkasse erhebt einen Zusatzbeitrag von 0,9% des Arbeitsentgelts. Sie gehört einer kirchensteuerberechtigten Religionsgemeinschaft an. Frau Waldmann hat die Steuerklasse 1 und keine Kinderfreibeträge in der ELStAM-Datei eingetragen. Der Firmensitz ist im Bundesland Saarland. Das Unternehmen nimmt am Umlageverfahren U1 teil. Der Beitragssatz zur U1-Umlage beträgt 1,9%, der zur U2-Umlage 0,2%.

5.14.1 Entgeltabrechnung

Ermittlung des Arbeitslohnes/Arbeitsentgeltes		
	Gehalt	1.050,00 EUR
+	Zuschuss VwL	14,00 EUR
=	**Bruttolohn**	**1.064,00 EUR**
	Arbeitslohn (steuerpflichtig)	1.064,00 EUR
	Arbeitsentgelt (beitragspflichtig)	1.064,00 EUR
Steuerliche Abzüge		
	Lohnsteuer (Monatslohnsteuer für 1.064,00 EUR bei Steuerklasse 1/ 0 Kinder)	4,08 EUR
+	Solidaritätszuschlag	0,00 EUR
+	Kirchensteuer (9% auf den Betrag der Lohnsteuer)	0,36 EUR
+	Kammerbeitrag	1,59 EUR
=	**Summe steuerrechtliche Abzüge**	**6,03 EUR**
Sozialversicherungsbeiträge		
	Krankenversicherung (½ × 14,6% von 1.064 EUR)	77,67 EUR
+	Zusatzbeitrag KV (0,9% von 1.064 EUR)	9,58 EUR
+	Pflegeversicherung (½ × 2,55% von 1.064 EUR)	13,57 EUR
+	Zuschlag zur Pflegevers. (0,25% von 1.064 EUR)	2,66 EUR
+	Rentenversicherung (½ × 18,6% von 1.064 EUR)	98,95 EUR
+	Arbeitslosenvers. (½ × 3,0% von 1.064 EUR)	15,96 EUR
=	**Summe Sozialversicherungsbeiträge (Arbeitnehmer)**	**218,39 EUR**
Gesamtabrechnung		
	Bruttolohn (anteilig 1.050 EUR + 14 EUR)	1.064,00 EUR
–	Steuerrechtliche Abzüge (Arbeitnehmer)	6,03 EUR
–	Sozialversicherungsbeiträge (Arbeitnehmer)	218,39 EUR
–	Überweisung an Bausparkasse	40,00 EUR
=	**Auszahlungsbetrag**	**799,58 EUR**

Gesamtbelastung		
	Bruttolohn	1.064,00 EUR
+	Sozialversicherungsbeiträge AG (von 1.064,00 EUR)	205,79 EUR
+	Umlage U1 (1,9% × 1.064,00 EUR)	20,22 EUR
+	Umlage U2 (0,2% × 1.064,00 EUR)	2,13 EUR
+	Insolvenzgeldumlage (0,06% × 1.064,00 EUR)	0,64 EUR
=	**Gesamtbelastung (Arbeitgeber)**	**1.292,78 EUR**

Die Lohnfortzahlung endet mit dem 15. März 2018. Ab 16. März bezieht sie Krankengeld. Das anteilige Arbeitsentgelt bestimmt sich nach den tatsächlichen Arbeitstagen. Der März 2018 hat 23 Arbeitstage. Die Entgeltfortzahlung ist für 11 Arbeitstage zu leisten. Somit ergibt sich das anteilige Gehalt aus:

$$\frac{11}{23} \times 2.100 \text{ EUR} = 1.050{,}00 \text{ EUR}$$

Neben der anteiligen Gehaltsrechnung auf Basis der Arbeitstage ist die sogenannte Dreißigstel-Methode oder eine kalendertägliche Berechnung möglich. Bei der Dreißigstel-Methode wird von einer festen Anzahl von 30 Tagen pro Monat ausgegangen. Diese werden in das Verhältnis zu den Kalendertagen der Entgeltfortzahlung gesetzt. Im Beispiel würde sich ergeben:

$$\frac{15}{30} \times 2.100 \text{ EUR} = 1.050{,}00 \text{ EUR}$$

Bei der kalendertäglichen Methode wird die Anzahl Kalendertage mit Entgeltfortzahlung zu den tatsächlichen Kalendertagen des Monats ins Verhältnis gesetzt.

$$\frac{15}{31} \times 2.100 \text{ EUR} = 1.016{,}13 \text{ EUR}$$

Welche Methode zur anteiligen Berechnung der Entgeltfortzahlung heranzuziehen ist, entscheiden Tarifverträge, Betriebsvereinbarungen oder einzelvertragliche Regelungen. Sind diese nicht gegeben, ist die sogenannte betriebliche Übung maßgebend. Falls keine Regelung durchgängig angewandt wurde, ist nach der arbeitstäglichen Methode vorzugehen. Im Beispiel wird unterstellt, dass der Arbeitgeber nach der Dreißigstel-Methode rechnet, welche in der Praxis die meist verwendete ist.

Im Beispiel wird unterstellt, dass der Arbeitgeber die VwL für den Monat, in dem die Entgeltfortzahlung endet, vollständig fortbezahlt. Eine anteilige Kürzung entsprechend dem Gehalt wäre zulässig und möglich. Für die Zeit ab dem 16. März erhält der Arbeitnehmer Krankengeld von seiner Krankenkasse. Die Krankengeldberechnung erfolgt nach den Angaben des Arbeitgebers. Die Meldung des Arbeitsentgelts für die Berechnung des Krankengeldes durch die Krankenkasse kann nur noch elektronisch vorgenommen werden (EEL-Verfahren). In der Regel erfolgt die Übermittlung direkt aus dem Entgeltabrechnungsprogramm heraus. Auch eine Online-Bescheinigung über sv.net ist möglich.

5.14.2 Steuerrechtliche Abzüge

Steuerrechtlich entsteht durch den Bezug des Krankengelds kein Teillohnzahlungszeitraum. Somit ist für die Abrechnung im März die **Monatslohnsteuer** anzuwenden. Durch die Anwendung der Monatsberechnung entsteht eine Lohnsteuer unter 81 EUR. Dadurch liegt der Arbeitslohn in der Nullzone für die Berechnung des Solidaritätszuschlags. Abhängig von der Steuerklasse ergeben sich folgende Freibeträge beim Solidaritätszuschlag:

Steuerfreibeträge für den Solidaritätszuschlag	
Steuerklasse 1, 2, 4, 5, 6	**Steuerklasse 3**
81,00 EUR monatliche Lohnsteuer	162,00 EUR monatliche Lohnsteuer

Der Bereich von 0 EUR Lohnsteuer bis zum Grenzbetrag wird Nullzone des Solidaritätszuschlags genannt. Liegt die Lohnsteuer in der Nullzone, fällt kein Solidaritätszuschlag an, obwohl vom Arbeitnehmer Lohnsteuer gezahlt werden muss. Die tägliche Lohnsteuerberechnung bzw. der tägliche Grenzbetrag ist anzusetzen, wenn für den Arbeitnehmer ein steuerrechtlicher Teillohnzahlungszeitraum entstehen würde, was im Beispiel nicht gegeben ist.

Die Firma hat den Sitz im Bundesland Saarland. Im Saarland ist zusätzlich zur Lohn- und Kirchensteuer der Kammerbeitrag einzubehalten. Er beträgt 0,15% des krankenversicherungspflichtigen Entgelts. Im Beispiel ist dies mit dem Arbeitsentgelt identisch. Die Höchstgrenze des krankenversicherungspflichtigen Entgelts liegt jedoch nicht bei der Beitragsbemessungsgrenze der Krankenversicherung, sondern bei 75% der Beitragsbemessungsgrenze in der Renten- und Arbeitslosenversicherung (4.875 EUR) pro Monat.

Die Kürzung der SV-Tage sind im Lohnkonto zu dokumentieren. Außerdem ist zur Kontrolle für die Finanzbehörden auf der Lohnsteuerbescheinigung ab 5 Arbeitstagen, an denen Krankengeld bezogen wurde, die **»Anzahl U«** um eins zu erhöhen. Bei 2 zusammenhängenden Wochen Krankengeldbezug wäre im Beispiel mit der Lohnsteuerbescheinigung unter Anzahl U der Zähler 1 zu melden (für **1 U**nterbrechung).

Wichtig: Wochenenden und Feiertage führen nicht zu einer Unterbrechung oder Kürzung der Anzahl U.

5.14.3 Sozialversicherungsbeiträge

Sozialversicherungsrechtlich entsteht mit dem Ende der Entgeltfortzahlung ein **Teillohnzahlungszeitraum**. Der Teillohnzahlungszeitraum führt zu einer Kürzung der Sozialversicherungstage (SV-Tage) und zur Anwendung der anteiligen Beitragsbemessungsgrenze.

Reduzieren sich die Sozialversicherungstage eines Abrechnungsmonats auf 0 – weil für den gesamten Kalendermonat Krankengeld bezogen wurde – ist eine Unterbrechungsmeldung durchzuführen (siehe Kapitel 11.3).

Beachten Sie: Eine Unterbrechungsmeldung ist nur dann zu erstellen, wenn ein vollständiger Kalendermonat ohne Entgeltzahlung ist.

Das Sozialversicherungsrecht geht von 360 Sozialversicherungstagen (SV-Tagen) pro Jahr bzw. 30 SV-Tagen pro Monat aus. Die jährlichen bzw. monatlichen Beitragsbemessungsgrenzen beziehen sich immer auf volle SV-Monate. Kommt es durch das Ende der Lohnfortzahlung oder die Krankheit eines Kindes oder eine andere Fehlzeit zu einer Kürzung der SV-Tage, ist die anteilige monatliche Beitragsbemessungsgrenze zu ermitteln. Für die Ermittlung der anteiligen Beitragsbemessungsgrenze ist die jährliche Beitragsbemessungsgrenze durch 360 zu dividieren und mit der Anzahl der SV-Tage des Monats zu multiplizieren. Die täglichen Beitragsbemessungsgrenzen (TBBG) im Jahr 2018 zeigt die folgende Übersicht.

Sozialversicherungszweig	BBG-Monat	BBG-Tag
KV/PV	4.425,00 EUR	147,50 EUR
RV/AV (West)	6.500,00 EUR	216,67 EUR
RV/AV (Ost)	5.800,00 EUR	193,33 EUR

Tab. 23: Monats- und Tagesbeitragsbemessungsgrenzen

Die täglichen Beitragsbemessungsgrenzen sind mit der Anzahl der verbleibenden SV-Tage im Abrechnungszeitraum zu multiplizieren. Das Ergebnis ist die anteilige monatliche Beitragsbemessungsgrenze. Übersteigt das Arbeitsentgelt die anteilige BBG, sind nur Beiträge bis zur Bemessungsgrenze zu ermitteln. Im Beispiel von Frau Waldmann liegt die anteilige BBG im Monat März bei:

KV/PV	147,50 EUR × 15 Tage	=	2.212,50 EUR
RV/AV (West)	216,67 EUR × 15 Tage	=	3.250,00 EUR

Das beitragspflichtige Arbeitsentgelt (1.064,00 EUR) liegt unter der anteiligen BBG und ist somit vollständig beitragspflichtig für die Kranken- und Pflegeversicherung sowie auch zur Renten- und Arbeitslosenversicherung.

Würde das gekürzte Arbeitsentgelt von Frau Waldmann beispielsweise über der anteiligen Beitragsbemessungsgrenze liegen, sind nur Beiträge bis zu dieser Grenze zu berechnen.

Beachten Sie: Wird in einem gesamten Abrechnungsmonat außer den VwL kein Arbeitsentgelt fortgezahlt, bleibt der Zuschuss zu den vermögenswirksamen Leistungen sozialversicherungsfrei, solange nicht das Gesamtentgelt (Zuschuss + Ersatzleistung) höher ist als das durchschnittliche Nettoentgelt der vergangenen drei Abrechnungsmonate.

!

Beispiel 2

Angenommen, das laufende monatliche Arbeitsentgelt von Frau Waldmann liegt bei 4.500 EUR. Außerdem erhält sie einen Zuschuss von 14 EUR zu den vermögenswirksamen Leistungen. Sie ist seit 6 Wochen erkrankt und die Lohnfortzahlung endet am 15. März 2018. Ab dem 16. März bezieht Frau Waldmann Krankengeld von der Krankenkasse. Die Bezüge werden nach der Methode »Dreißigstel« anteilig auf 15/30 gekürzt. Die weiteren Angaben sind wie oben.

Ermittlung des Arbeitslohnes/Arbeitsentgeltes		
	Gehalt	2.250,00 EUR
+	Zuschuss VwL	14,00 EUR
=	**Bruttolohn**	**2.264,00 EUR**
	Arbeitslohn (steuerpflichtig)	2.264,00 EUR
	Arbeitsentgelt (beitragspflichtig KV/PV)	2.212,50 EUR
	Arbeitsentgelt (beitragspflichtig RV/AV)	2.264,00 EUR

Steuerliche Abzüge		
	Lohnsteuer (Monatslohnsteuer für 2.264,00 EUR bei Steuerklasse 1/ 0 Kinder)	245,00 EUR
+	Solidaritätszuschlag	13,47 EUR
+	Kirchensteuer (9% auf den Betrag der Lohnsteuer)	22,05 EUR
+	Kammerbeitrag	3,39 EUR
=	**Summe steuerrechtliche Abzüge**	**283,91 EUR**
Sozialversicherungsbeiträge		
	Krankenversicherung (½ × 14,6% von 2.212,50 EUR)	161,51 EUR
+	Zusatzbeitrag KV (0,9% von 2.212,50 EUR)	19,91 EUR
+	Pflegeversicherung (½ × 2,35% von 2.212,50 EUR)	28,21 EUR
+	Zuschlag zur Pflegevers. (0,25% von 2.212,50 EUR)	5,53 EUR
+	Rentenversicherung (½ × 18,6% von 2.264,00 EUR)	210,55 EUR
+	Arbeitslosenvers. (½ × 3,0% von 2.264,00 EUR)	33,96 EUR
=	**Summe Sozialversicherungsbeiträge (Arbeitnehmer)**	**459,67 EUR**
Gesamtabrechnung		
	Bruttolohn (2.250 EUR + 14 EUR)	2.264,00 EUR
–	Steuerrechtliche Abzüge (Arbeitnehmer)	283,91 EUR
–	Sozialversicherungsbeiträge (Arbeitnehmer)	459,67 EUR
–	Überweisung an Bausparkasse	40,00 EUR
=	**Auszahlungsbetrag**	**1.480,42 EUR**

Das anteilige beitragspflichtige Arbeitsentgelt (2.264,00 EUR) liegt unter der monatlichen Beitragsbemessungsgrenze der Kranken- und Pflegeversicherung (4.425,00 EUR) und würde eigentlich vollständig mit Beiträgen zur KV/PV belegt. Die monatliche Beitragsbemessungsgrenze geht jedoch von 30 Sozialversicherungstagen aus. In Beispiel 2 ergeben sich für Frau Waldmann durch den Krankengeldbezug im März nur 15 Sozialversicherungstage. Dies führt zu einer anteiligen Kürzung der Beitragsbemessungsgrenze:

$$(4.425{,}00 \text{ EUR} / 30 \text{ Tage}) \times 15 \text{ Tage} = 2.212{,}50 \text{ EUR}$$

Nur dieser Teil des Arbeitsentgelts unterliegt den Beiträgen in der Kranken- und Pflegeversicherung. In der Renten- und Arbeitslosenversicherung liegt die anteilige monatliche Beitragsbemessungsgrenze bei 3.250,00 EUR (6.500 EUR /

30 × 15 Tage). Das gekürzte Arbeitsentgelt von Frau Waldmann liegt unter der Beitragsbemessungsgrenze RV/AV, somit ist das gesamte Arbeitsentgelt mit Beiträgen für diese Sozialversicherungszweige zu belegen.

Arbeitnehmer ohne leibliche oder adoptierte Kinder müssen zusätzlich einen Zuschlag von 0,25% des Arbeitsentgelts zur Pflegeversicherung entrichten. In Beispiel 2 wird dieser Zusatzbeitrag erhoben, da der Nachweis von Kindern nicht geführt werden konnte.

Mit dem Gesetz zur Vereinfachung der Verwaltungsverfahren im Sozialversicherungsrecht wurde der **§23c SGB IV** eingeführt. Nach dieser Regelung sind Arbeitgeberleistungen, die während des Bezugs von Krankengeld, Mutterschaftsgeld, Verletztengeld oder Übergangsgeld gezahlt werden, nicht mehr beitragspflichtiges Arbeitsentgelt. Die Zahlungen des Arbeitgebers zusätzlich zu den Sozialversicherungsleistungen bleiben jedoch nur so lange beitragsfrei, wie sie zusammen mit den Sozialleistungen nicht das Nettoarbeitsentgelt bei Arbeitstätigkeit übersteigen (Vergleichs-Nettoarbeitsentgelt). Diese Regelung gilt sowohl für in der gesetzlichen Krankenversicherung pflichtversicherte Arbeitnehmer, wie für freiwillig in einer gesetzlichen Krankenkasse versicherte Arbeitnehmer. Beispiele für vom Arbeitgeber weiterbezahlte laufende Lohnzahlungen können sein:

- Vermögenswirksame Leistungen
- Kontoführungsgebühren
- Telefonkostenzuschüsse
- Beiträge zur betrieblichen Altersvorsorge
- Sachleistungen wie Firmenwagen oder freie Wohnung
- Zuschuss zum Krankengeld
- Zinsersparnisse aus Darlehen
- Zuschuss zum Mutterschaftsgeld

Eine beitragspflichtige Einnahme nach §23c SGB IV entsteht erst dann, wenn die Summe der weitergezahlten Arbeitgeberleistungen (inklusive Zuschüsse) das Nettoarbeitsentgelt um mehr als **50 EUR** pro Monat überschreitet. Bei der Bagatellgrenze handelt es sich um eine **Freigrenze**, nicht um einen Freibetrag, d.h. wenn beitragspflichtige Einnahmen über der 50-Euro-Freigrenze vorliegen, dann erfolgt die anschließende Verbeitragung wie bisher ohne Abzug der 50 EUR. Bei der Ermittlung des Nettoarbeitsentgelts sind die Arbeitnehmerbeiträge an ein berufsständisches Versorgungswerk abzuziehen. Dadurch werden die in einem berufsständischen Versorgungswerk Versicherten mit denen in der gesetzlichen Rentenversicherung Versicherten gleichgestellt. Das Brutto-Krankengeld wird nach dem Einkommen vor Beginn der Arbeitsunfähigkeit berechnet. Es beträgt 70% des letzten Brutto-, aber höchstens 90%

des durchschnittlichen Nettoeinkommens der letzten 12 Monate. Regelmäßige Überstunden und Abweichungen vom vereinbarten Entgelt erhöhen das Krankengeld. Regelmäßig bedeutet z. B. bei Überstunden, dass in den letzten drei abgerechneten Monaten vor Eintritt der Arbeitsunfähigkeit pro Monat mindestens eine Überstunde angefallen sein muss. Bei schwankendem Entgelt (z. B. Akkordlohn) wird der Durchschnitt der letzten drei Monate (13 Wochen) zugrunde gelegt. Die Berechnung des Krankengeldes erfolgt für den Kalendertag.

Zahlt der Arbeitgeber bei Bezug von Lohnersatzleistungen (wie z. B. Krankengeld) Teile des Arbeitsentgelts fort, ist das Vergleichs-Nettoarbeitsentgelt zu ermitteln und ggf. die Beiträge zu den Sozialversicherungen einzubehalten und abzuführen. Das Vergleichs-Nettoarbeitsentgelt ist der Krankenkasse zu melden. Eine Entgeltfortzahlung kann auch durch die Beibehaltung einer Sachleistung, wie zum Beispiel eines Firmenwagens, entstehen.

Beachten Sie: Entstehen aufgrund einer Überschreitung des Vergleichs-Nettolohnes Beiträge zu den Sozialversicherungen, kommt es nicht zu einer Kürzung der SV-Tage.

5.14.4 Arbeitgeberbelastung

Der Arbeitgeber bezahlt bei Krankheit das anteilige Arbeitsentgelt für maximal **42 Kalendertage** fort. Endet während des laufenden Abrechnungsmonats die Lohnfortzahlung, ist eine Teillohnberechnung vorzunehmen. Mit dem Ende der Lohnfortzahlung tritt die Krankenkasse mit der Zahlung von Krankengeld ein. Der Arbeitgeber kann bei Teilnahme am Ausgleichsverfahren U1 eine Erstattung bis zu 80% des während der Lohnfortzahlung fortgezahlten Bruttoentgelts erhalten. Die Höhe der Erstattung ist abhängig vom gewählten Erstattungssatz des Unternehmens bei der Krankenkasse. Erstattet die Krankenkasse den Arbeitgeberanteil zu den Sozialversicherungen, entfällt auch dieser Teil bei der Arbeitgeberbelastung. Erstattungen für fortgezahltes Entgelt sind für alle Arbeitnehmer möglich, sofern die Grenze von 30 in Vollzeit beschäftigten Arbeitnehmern eingehalten ist. Als Gesamtbelastung fallen nur das anteilig fortgezahlte Arbeitsentgelt und die darauf entstehenden Beiträge zu den Sozialversicherungen sowie die Umlagen an.

Bietet die Krankenkasse eine Erstattung von beispielsweise 70% des fortgezahlten Bruttolohnes, entsteht in Beispiel 1 als Arbeitgeberbelastung:

Gesamtbelastung mit U1-Erstattung der Krankenkasse		
	Bruttolohn	1.064,00 EUR
	Krankenversicherung (½ × 14,6% von 1.064 EUR)	77,67 EUR
+	Pflegeversicherung (½ × 2,55% von 1.064 EUR)	13,57 EUR
+	Rentenversicherung (½ × 18,6% von 1.064 EUR)	98,95 EUR
+	Arbeitslosenvers. (½ × 3,0% von 1.064 EUR)	15,96 EUR
=	**Summe Sozialversicherungsbeiträge (Arbeitgeber)**	**206,15 EUR**
	Umlage U1 (1,9% × 1.064,00 EUR)	20,22 EUR
+	Umlage U2 (0,2% × 1.064,00 EUR)	2,13 EUR
+	Insolvenzgeldumlage (0,06% × 1.064,00 EUR)	0,64 EUR
=	**Summe Umlagen**	**22,99 EUR**
–	Erstattung aus Umlage U1 (angenommen 70%)	744,80 EUR
	Gesamtbelastung (Arbeitgeber)	**548,34 EUR**

Erstattet die Krankenkasse zusätzlich die Arbeitgeberanteile zu den Sozialversicherungen auf das fortgezahlte Arbeitsentgelt, sinkt die Gesamtbelastung in Beispiel 2 auf:

Gesamtbelastung mit U1-Erstattung + SV-Arbeitgeberanteile		
	Bruttolohn	1.064,00 EUR
+	Summe Sozialversicherungsbeiträge (Arbeitgeber)	206,15 EUR
+	Summe Umlagen	22,99 EUR
–	Erstattung aus Umlage U1 (angenommen 70%)	744,80 EUR
–	Erstattung AG-Anteil SV aus 1.064,00 EUR	206,16 EUR
	Gesamtbelastung (Arbeitgeber)	**342,18 EUR**

Tipp !

Die meisten Krankenkassen schließen die Erstattung der Arbeitgeberanteile zu den Sozialversicherungen per Satzung aus. Es ist mit jeder Krankenkasse die Erstattungsmöglichkeit der Arbeitgeberbeiträge zu den Sozialversicherungen für die bei Krankheit fortgezahlten Arbeitsentgelte zu klären. Der Erstattungsantrag ist an die Krankenkasse des erkrankten Mitarbeiters zu richten.

Die vermögenswirksamen Leistungen werden in der Regel aus Verfahrensgründen in voller Höhe fortbezahlt und sind ggf. erstattungsfähig. Arbeitsvertraglich wird jedoch häufig der Arbeitgeberzuschuss bei Krankheit mit

Entgeltersatzleistung ausgeschlossen. Hintergrund ist, dass ggf. Nettoabzüge für Vermögensbildung entstehen, ohne dass laufendes Arbeitsentgelt gezahlt wird – im Beispiel von Frau Waldmann 26 EUR Eigenanteil. Dies würde zu einer Verbindlichkeit des Mitarbeiters gegenüber dem Unternehmen führen, was in der Praxis vermieden wird.

Die U1-Umlage im Beispiel ist nur dann zu entrichten, wenn das Unternehmen nicht mehr als 30 Mitarbeiter in Vollzeit beschäftigt. Die U2-Umlage entsteht auch dann, wenn das Unternehmen ausschließlich männliche Arbeitnehmer beschäftigt. Ohne die Beitragspflicht zur U1-Umlage besteht kein Erstattungsanspruch. Die Insolvenzgeldumlage liegt im Jahr 2018 bei 0,06 % des rentenversicherungspflichtigen Entgelts des Arbeitnehmers. Die Umlagen sind an die Krankenkasse des Mitarbeiters abzuführen und im elektronischen Meldeverfahren zu melden. Zusätzlich können die Beiträge für die Berufsgenossenschaft, ggf. die Schwerbehindertenausgleichsabgabe oder Beiträge zur Künstlersozialkasse, in die Arbeitgeberbelastung aufgenommen werden. Im Bau- und Baunebengewerbe sind auch die Beiträge zur Zusatzversorgungskasse (ZVK) und die darauf entfallende Pauschalsteuer zu berücksichtigen.

5.15 Hat der Arbeitnehmer eine Nettolohnzahlung erhalten?

Der Arbeitgeber schuldet dem Arbeitnehmer grundsätzlich einen Bruttolohn. Beide Partner können jedoch vereinbaren, dass der Arbeitnehmer einen fixen auszuzahlenden Betrag erhält. Eine solche Vereinbarung ist eine Nettolohnvereinbarung. Das Steuer- und Sozialversicherungsrecht kennt keine Nettolöhne. Wird ein fixer auszuzahlender Betrag vereinbart, trägt der Arbeitgeber quasi die Lohnabzüge für den Arbeitnehmer. Übernimmt der Arbeitgeber die Lohnsteuer und die Sozialversicherungsbeiträge für den Mitarbeiter, entsteht daraus ein geldwerter Vorteil, der wiederum steuer- und sozialversicherungspflichtigen Arbeitslohn darstellt. Zur Ermittlung der übernommenen Lohnsteuer und Sozialversicherungsbeiträge muss der vereinbarte Nettolohn somit auf einen Bruttolohn hochgerechnet werden. Dieser Bruttolohn ist der Arbeitslohn im Sinne der Lohnsteuer und das Arbeitsentgelt im Sinne der Sozialversicherung. Diese Berechnung erfolgt nach den gleichen Grundsätzen wie bei einer Bruttolohnvereinbarung. Das Hochrechnen des Bruttolohns geschieht durch ein »Abtasten«.

Wird eine Nettozahlung geleistet, ist der Bruttowert zu bestimmen, welcher unter Abzug der Lohnsteuern und der Sozialversicherungsbeiträge den Nettobetrag ergibt. Die Brutto-Einmalzahlung ergibt sich durch eine rekursive

Rechnung aus der Nettozahlung. In diesem rekursiven Prozess werden aus der Nettozahlung die Lohnsteuer und die Sozialversicherungsbeiträge bestimmt. Da diese bei einer Nettozahlung durch den Arbeitgeber übernommen werden, stellen sie einen steuer- und beitragspflichtigen geldwerten Vorteil dar. Dieser ist der Nettozahlung zuzurechnen und erneut sind die daraus entstehenden Steuern und Sozialversicherungsbeiträge zu ermitteln. Dieses Verfahren muss so lange wiederholt werden, bis sich der entstehende Bruttobetrag nicht mehr ändert.

Beispiel

!

Als Jubiläumsgeschenk hat der Arbeitgeber Frau Waldmann im Mai einen Scheck von 300 EUR (netto) übergeben. Sie erhält monatlich einen Bruttoarbeitslohn von 2.100 EUR und einen Zuschuss von 14 EUR zu den vermögenswirksamen Leistungen. Frau Waldmann hat einen Sparvertrag über 40 EUR bei einer Bausparkasse. Der ELStAM-Datenabruf hat für Frau Waldmann die Steuerklasse 1, keine Kinder und die Kirchensteuerpflicht ergeben. Frau Waldmann ist pflichtversichert in der gesetzlichen Krankenversicherung und hat einen geschätzten Jahresbruttolohn von 25.368 EUR. Die Krankenkasse erhebt einen Zusatzbeitrag von 0,9% des Arbeitsentgelts. Als Bundesland für die Kirchensteuerberechnung wird Thüringen angenommen.

5.15.1 Entgeltabrechnung

Ermittlung des Arbeitslohnes/Arbeitsentgeltes		
	Gehalt	2.100,00 EUR
+	Zuschuss VwL	14,00 EUR
+	Jubiläumsgeschenk (brutto)	559,02 EUR
=	**Bruttolohn**	**2.673,02 EUR**
	Arbeitslohn (steuerpflichtig)	2.114,00 EUR
	Arbeitsentgelt (beitragspflichtig)	2.114,00 EUR
Steuerliche Abzüge		
	Lohnsteuer (Monatslohnsteuer für 2.114,00 EUR bei Steuerklasse 1/ 0 Kinder)	210,91 EUR
+	Solidaritätszuschlag	11,60 EUR
+	Kirchensteuer (9% auf den Betrag der Lohnsteuer)	18,98 EUR
=	**Summe steuerrechtliche Abzüge**	**241,49 EUR**

Sozialversicherungsbeiträge		
	Krankenversicherung (½ × 14,6% von 2.114 EUR)	154,32 EUR
+	Zusatzbeitrag KV (0,9% von 2.114 EUR)	19,03 EUR
+	Pflegeversicherung (½ × 2,55% von 2.114 EUR)	26,95 EUR
+	Zuschlag zur Pflegevers. (0,25% von 2.114 EUR)	5,29 EUR
+	Rentenversicherung (½ × 18,6% von 2.114 EUR)	196,60 EUR
+	Arbeitslosenvers. (½ × 3,0% von 2.114 EUR)	31,71 EUR
=	**Summe Sozialversicherungsbeiträge (Arbeitnehmer)**	**433,90 EUR**
Gesamtabrechnung		
	Bruttolohn	2.114,00 EUR
–	Steuerrechtliche Abzüge (Arbeitnehmer)	241,49 EUR
–	Sozialversicherungsbeiträge (Arbeitnehmer)	433,90 EUR
–	Überweisung an Bausparkasse	40,00 EUR
+	Scheck (Nettozahlung)	300,00 EUR
=	**Auszahlung**	**1.698,61 EUR**
Gesamtbelastung		
	Bruttolohn	2.414,00 EUR
+	Sozialversicherungsbeiträge AG (von 2.673,02 EUR)	519,57 EUR
+	Sozialversicherungsbeiträge aus Einmalzahlung, durch AG übernommen (560,79 EUR)	115,38 EUR
+	Umlage U1 (1,9% × 2.114,00 EUR)	40,17 EUR
+	Umlage U2 (0,2% × 2.114,00 EUR)	4,23 EUR
+	Insolvenzgeldumlage (0,06% × 2.674,79 EUR)	2,40 EUR
+	Lohnsteuer, Kirchensteuer, Soli aus Einmalzahlung, von AG übernommen (560,79 EUR)	145,41 EUR
=	**Gesamtbelastung (Arbeitgeber)**	**3.241,16 EUR**

Bei der Jubiläumszahlung handelt es sich um eine Netto-Einmalzahlung. Die Nettozahlung ist für die Berechnung der Lohnsteuer und der Beiträge zu den Sozialversicherungen auf den Bruttowert hochzurechnen. Da der Arbeitnehmer die Nettozahlung erhalten hat und nicht mit Beiträgen bzw. der Lohnsteuer belastet werden soll, trägt der Arbeitgeber die gesamten Abzüge von der Einmalzahlung.

5.15.2 Steuerrechtliche Abzüge

Bei dem Jubiläumsgeschenk handelt es sich um eine Einmalzahlung. Diese ist steuerlich anders zu behandeln als der laufende Arbeitslohn. Zur Berechnung der Lohnsteuer ist, wie bei einer Einmalzahlung, der geschätzte Jahresbruttoarbeitslohn aus den bisherigen laufenden Bezügen hochzurechnen. Für den geschätzten Jahresbruttolohn ergibt sich die Lohnsteuer aus der Jahreslohnsteuerformel. Anschließend ist aus der Jahreslohnsteuer die Lohnsteuer für den geschätzten Jahresbruttolohn plus Nettobezug zu ermitteln. Die Differenz der beiden Steuerwerte ist die vorläufige Lohnsteuer für den Nettobezug. Die Kirchensteuer und der Solidaritätszuschlag ergeben sich entsprechend als Zuschlag auf die Jahressteuer. Anschließend sind die Beiträge zu den Sozialversicherungen auf die Netto-Einmalzahlung zu bestimmen. Im nächsten Schritt muss die Netto-Einmalzahlung um die Summe der steuerrechtlichen Abzüge und der SV-Beiträge erhöht werden. Es ergibt sich das »Zwischenbrutto 1«. Mit dem »Zwischenbrutto 1« ist die Steuer- und Beitragsberechnung erneut durchzuführen. Das »Zwischenbrutto 1« plus die Summe dieser Abzüge ist das »Zwischenbrutto 2«, mit dem erneut in die Berechnung einzusteigen ist. Diese Rechenschritte sind so lange zu wiederholen, bis sich das »Zwischenbrutto X« nicht mehr ändert. Der sich abschließend ergebende Wert ist der Bruttobetrag der Einmalzahlung bzw. des sonstigen Bezuges.

Netto-Einmalzahlung auf Brutto hochgerechnet		
	Nettozahlung	300,00 EUR
+	Lohnsteuer (Jahreslohnsteuer auf 559,02 EUR)	126,00 EUR
+	Kirchensteuer (9% auf die Lohnsteuer)	11,34 EUR
+	Solidaritätszuschlag (5,5% auf Lohnsteuer)	6,93 EUR
+	Krankenversicherung. (½ × 14,6% von 559,02 EUR)	40,81 EUR
+	Zusatzbeitrag KV (0,9% von 559,02 EUR)	5,03 EUR
+	Pflegeversicherung (½ × 2,55% von 559,02 EUR)	7,13 EUR
+	Zuschlag zur Pflegevers. (0,25% von 559,02 EUR)	1,40 EUR
+	Rentenversicherung (½ × 18,6% von 559,02 EUR)	51,99 EUR
+	Arbeitslosenvers. (½ × 3,0% von 559,02 EUR)	8,39 EUR
=	**Brutto-Einmalzahlung/sonstiger Bezug**	**559,02 EUR**

Im Beispiel wurde ein Kirchensteuersatz von 9% unterstellt. Der Arbeitnehmer unterliegt dem Zuschlag zur Pflegeversicherung wegen des fehlenden Kindernachweises. Außerdem wird von keiner weiteren Einmalzahlung im laufenden

Kalenderjahr ausgegangen. Der Bruttowert des Schecks von 300 EUR an den Arbeitnehmer beträgt 559,02 EUR. Daraus ergeben sich folgende steuerliche Abzüge:

Lohnsteuer aus Einmalzahlung		
	Bruttobetrag	559,02 EUR
	Lohnsteuer (Jahreslohnsteuer auf 560,79 EUR)	126,00 EUR
+	Kirchensteuer (9% auf die Lohnsteuer)	11,34 EUR
+	Solidaritätszuschlag (5,5% auf Lohnsteuer)	6,93 EUR
=	**Summe steuerrechtliche Abzüge aus Einmalzahlung/sonstiger Bezug**	**144,27 EUR**

Die eigentlich vom Arbeitnehmer zu tragende Lohnsteuer und die Zuschlagssteuern in Höhe von 144,27 EUR werden vom Arbeitgeber getragen. Der Arbeitnehmer entrichtet nur Lohn- und Kirchensteuer sowie den Solidaritätszuschlag für den laufenden Bezug in Höhe von 2.114,00 EUR.

5.15.3 Sozialversicherungsbeiträge

Wie bei der Lohnsteuer sind die Beiträge zu den Sozialversicherungen für den Arbeitnehmer nur aus dem laufenden Bezug zu ermitteln. Die Beiträge aus der Einmalzahlung übernimmt der Arbeitgeber zusammen mit seinem Arbeitgeberanteil. Dazu ist die Nettozahlung in einer wiederholenden Nebenrechnung auf den Bruttobetrag hochzurechnen. Im ersten Schritt ergeben sich für die 300 EUR Nettozahlung folgende Sozialversicherungswerte:

Sozialversicherungsbeiträge (Zwischensumme)		
+	Krankenversicherung. (½ × 14,6% von 300 EUR)	21,90 EUR
+	Zusatzbeitrag KV (0,9% von 300 EUR)	2,70 EUR
+	Pflegeversicherung (½ × 2,55% von 300 EUR)	3,83 EUR
+	Zuschlag zur Pflegevers. (0,25% von 300 EUR)	0,75 EUR
+	Rentenversicherung (½ × 18,6% von 300 EUR)	27,90 EUR
+	Arbeitslosenvers. (½ × 3,0% von 300 EUR)	4,50 EUR
=	**Zwischensumme Sozialversicherungsbeiträge**	**61,58 EUR**

Die Summe von 61,58 EUR, die der Arbeitgeber übernimmt, stellt einen geldwerten Vorteil dar. Dieser Betrag unterliegt somit wiederum den Beiträgen zu den Sozialversicherungen. In Schritt 2 ist auf die 61,58 EUR die Kranken-, Pflege-, Renten- und Arbeitslosenversicherung zu ermitteln. Auch diese Summe ist ein weiterer geldwerter Vorteil, der vom Arbeitgeber übernommen wurde und mit Beiträgen zu belegen ist. Das Verfahren wird so lange wiederholt, bis der verbleibende geldwerte Vorteil 0 EUR ist. Die Summe aus allen aufsummierten geldwerten Vorteilen ergibt den gesamten vom Arbeitgeber übernommenen Arbeitnehmeranteil aus der Nettozahlung.

Sozialversicherungsbeiträge Arbeitnehmer — vom Arbeitgeber übernommen		
	Krankenversicherung	40,81 EUR
+	Zusatzbeitrag KV	5,03 EUR
+	Pflegeversicherung	7,13 EUR
+	Zuschlag zur Pflegeversicherung	1,40 EUR
+	Rentenversicherung	51,99 EUR
+	Arbeitslosenversicherung	8,39 EUR
=	**Summe Sozialversicherungsbeiträge (Arbeitnehmer, übernommen von AG)**	**114,75 EUR**

Der aus dem geldwerten Vorteil hochgerechnete Sozialversicherungsvorteil für den Mitarbeiter beträgt 114,75 EUR. Dieser wird zusätzlich zur Einmalzahlung vom Arbeitgeber getragen.

5.15.4 Arbeitgeberbelastung

Bei dem Jubiläumsgeschenk handelt es sich um eine Einmalzahlung. Die auf den Bruttobetrag hochgerechnete Netto-Einmalzahlung unterliegt den Beiträgen zu den Sozialversicherungen und der Lohnsteuer. Im Beispiel sind die Beiträge aus laufendem Bezug und Einmalzahlung mit Sozialversicherungsbeiträgen belegt. Für die Einmalzahlung übernimmt der Arbeitgeber die Lohnsteuer und trägt die Beiträge zu den Sozialversicherungen alleine. Einmalzahlungen unterliegen nicht den Beiträgen zur U1- bzw. U2-Umlage. Insolvenzgeldumlage ist jedoch von einer Einmalzahlung zu berechnen. Sie ist auf Basis des rentenversicherungspflichtigen Entgelts zu ermitteln und beträgt 0,06 %. Die Insolvenzgeldumlage ist jedoch auf die Beitragsbemessungsgrenze der Rentenversicherung pro Arbeitnehmer begrenzt.

Für den Arbeitgeber ergibt sich somit folgende Bruttobelastung:

Gesamtbelastung		
	Bruttolohn (laufender Arbeitslohn)	2.114,00 EUR
	Jubiläumszahlung	300,00 EUR
+	Krankenversicherung (½ × 14,6% von 2.673,02 EUR)	195,13 EUR
+	Pflegeversicherung (½ × 2,55% von 2.673,02 EUR)	34,08 EUR
+	Rentenversicherung (½ × 18,6% von 2.673,02 EUR)	248,59 EUR
+	Arbeitslosenvers. (½ × 3,0% von 2.673,02 EUR)	40,10 EUR
=	**Summe Sozialversicherungsbeiträge (Arbeitgeber)**	**517,90 EUR**
	Sozialversicherungsbeiträge Arbeitnehmer – vom Arbeitgeber übernommen	114,75 EUR
+	Steuerrechtliche Abzüge auf sonstigen Bezug – vom Arbeitnehmer übernommen	144,27 EUR
+	Umlage U1 (1,9% × 2.114,00 EUR)	40,17 EUR
+	Umlage U2 (0,2% × 2.114,00 EUR)	4,23 EUR
+	Insolvenzgeldumlage (0,06% × 2.673,02 EUR)	1,60 EUR
=	**Summe Umlagen + übernommene Abgaben AN**	**305,02 EUR**
	Gesamtbelastung (Arbeitgeber)	**3.236,92 EUR**

Die Bruttozahlung des Arbeitgebers beträgt 2.414 EUR (2.100 EUR + 14 EUR + 300 EUR). Beiträge zu den Sozialversicherungen sind jedoch aus dem hochgerechneten Bruttolohn von 2.673,02 EUR zu ermitteln. Außerdem zählt die vom Arbeitgeber übernommene Lohnsteuer zur Arbeitgeberbelastung.

5.16 Hat der Arbeitnehmer mehrere Beschäftigungen oder eine Korrekturabrechnung?

Arbeitnehmer, die bei mehreren Arbeitgebern gleichzeitig beschäftigt sind, unterliegen in der Regel bei allen Arbeitgebern den Beiträgen zu den Sozialversicherungen (Ausnahme: Minijob). Hat der Arbeitnehmer gleichzeitig zwei oder mehrere sozialversicherungspflichtige Beschäftigungen, ist er mehrfachbeschäftigt. Eine Mehrfachbeschäftigung liegt nur dann vor, wenn der Arbeitnehmer bei mehreren **verschiedenen** Arbeitgebern gleichzeitig beschäftigt ist. Mehrere Arbeitsverhältnisse bei einem Arbeitgeber gelten im Sozialversicherungsrecht, unabhängig von der arbeitsvertraglichen Gestaltung, als ein

Beschäftigungsverhältnis. Werden mehrere sozialversicherungspflichtige Beschäftigungsverhältnisse bei verschiedenen Arbeitgebern gleichzeitig ausgeübt, müssen die Arbeitsentgelte für die sozialversicherungsrechtliche Beurteilung addiert werden. Jeder Arbeitgeber unterliegt dann mit seinem anteiligen Gesamtentgelt den Beiträgen zu den Sozialversicherungen und den Umlagen.

Problematisch an dieser Regelung ist, dass die Arbeitgeber oft keine Kenntnis von der Mehrfachbeschäftigung haben bzw. – selbst wenn diese bekannt ist –, dass das Arbeitsentgelt des jeweils anderen Arbeitgebers nicht für die Lohnabrechnung zur Verfügung steht. Im Zuge der Einführung des Sozialausgleichs wurde das Meldewesen zu den Sozialversicherungen so angepasst, dass zum einen die Mehrfachbeschäftigungen durch die Annahmestellen der Krankenkassen erkannt wird und zum anderen, dass das Gesamtarbeitsentgelt über alle Beschäftigungen hinweg an die Arbeitgeber zurückgemeldet wird.

Seit 2015 prüft die Krankenkasse anhand der Sozialversicherungsmeldungen mit Entgelt, ob in einem Meldezeitraum ein Überschreiten der Beitragsbemessungsgrenze der Krankenversicherung entsteht. Wenn dies der Fall ist, fordert die Krankenkasse alle Arbeitgeber des mehrfachbeschäftigten Mitarbeiters auf, für den Meldezeitraum sogenannte GKV-Monatsmeldungen zu übermitteln. Die Arbeitgeber haben mit der nächsten Entgeltabrechnung nach der elektronischen Aufforderung die GKV-Monatsmeldungen zu senden. Die Übermittlung muss innerhalb von sechs Wochen nach Aufforderung erfolgen. Zu übermitteln ist ein Datensatz für jeden Abrechnungsmonat im angeforderten Meldezeitraum. Die Krankenkasse kumuliert die Arbeitsentgelte aus allen Beschäftigungen und meldet das Gesamtentgelt an alle Arbeitgeber des Mitarbeiters zurück. Die Mitteilung erfolgt ausschließlich durch eine gesicherte und verschlüsselte Datenübertragung von dem sogenannten GKV-Kommunikationsserver. Aufgrund der Rückmeldung muss der Arbeitgeber, ggf. mit einer Korrekturabrechnung, die Sozialversicherungsbeiträge für sein anteiliges Arbeitsentgelt aus dem Gesamtentgelt berechnen. Der Arbeitgeber muss außerdem sicherstellen, dass das aufgrund der Rückmeldung berechnete »neue« beitragspflichtige Arbeitsentgelt in den Abrechnungsunterlagen dokumentiert wird und in die Beitragsberechnung einfließt. Da das Gesamtentgelt für einen zurückliegenden Abrechnungszeitraum zurückgemeldet wird, führt die Rückmeldung in der Regel zu einer Aufrollung und Korrektur der Vormonatsabrechnung(en). Außerdem ist keine zeitliche Beschränkung der Rückrechnung für die Beitragsberechnung bei Mehrfachbeschäftigung vorgesehen. Somit können auch Gesamtentgelte für weiter zurückliegende Abrechnungsmonate von der Annahmestelle der Krankenkasse zurückgemeldet werden.

Wichtig: Eine Mehrfachbeschäftigung führt nicht automatisch zu einer Aufforderung zur Abgabe der GKV-Monatsmeldung. Die elektronische Aufforderung wird nur dann erstellt, wenn die Krankenkasse erkennt, dass die Entgelte des Mitarbeiters aus allen Beschäftigungen die Beitragsbemessungsgrenze der Krankenversicherung überschreiten. Dies ist in der Regel nur dann möglich, wenn alle Arbeitgeber des Mitarbeiters entweder eine Jahresmeldung (Grund der Abgabe 50), eine Unterbrechungsmeldung (Grund der Abgabe 51) oder eine Abmeldung (Grund der Abgabe 30) an die Krankenkasse senden.

Mit der Krankenkassenrückmeldung wird dem Arbeitgeber auch die Höhe des beitragspflichtigen Entgelts einer Einmalzahlung übermittelt. Bei Einmalzahlung, wie Urlaubsgeld oder Weihnachtsgeld, müssen die Beiträge nicht anteilig von mehreren Arbeitgebern ermittelt werden, sondern sie unterliegt nur beim Arbeitgeber, der die Einmalzahlung gewährt, der Beitragspflicht. Die Einmalzahlung fließt jedoch in das Gesamtentgelt ein und beeinflusst somit zukünftige Beitragsberechnungen, sofern eine Beitragsbemessungsgrenze erreicht oder überschritten wird.

!

Beispiel 1

Monika Waldmann hatte im Januar 2017 eine zweite sozialversicherungspflichtige Beschäftigung bei Arbeitgeber B aufgenommen. Sie erhält bei **Arbeitgeber A** einen monatlichen Bruttoarbeitslohn von 3.400 EUR und einen Zuschuss von 14 EUR zu den vermögenswirksamen Leistungen. Sie hat einen Sparvertrag über 40 EUR bei einer Bausparkasse. Die Arbeitnehmerin erhält keine weiteren Einmalzahlungen oder sonstigen Bezüge. Frau Waldmann hat Steuerklasse 1, keine Kinder, ist kirchensteuerpflichtig. Als Bundesland für die Kirchensteuerberechnung wird Niedersachsen unterstellt. Frau Waldmann ist bei einer gesetzlichen Krankenkasse versichert. Die Kasse erhebt im Jahr 2017 und 2018 einen Zusatzbeitrag von 0,9% des Arbeitsentgelts. Die Jahresmeldung (Grund der Abgabe 50) wird von beiden Arbeitgebern im Januar 2017 übermittelt. Im Februar 2017 erhält Arbeitgeber A (und Arbeitgeber B) die Aufforderung zur Abgabe der GKV-Monatsmeldungen für die Monate 01 – 12 des Jahres 2017. Als Rückmeldung der Krankenkasse erhält Arbeitgeber A die Information der Gesamtentgelte für jeden Abrechnungsmonat. Beispielhaft soll für April 2017 das beitragspflichtige **Gesamtentgelt 4.408,00 EUR** betragen.

5.16.1 Entgeltabrechnung

Abrechnung der Bruttobezüge für April 2017 (Original)		
Ermittlung des Arbeitslohnes/Arbeitsentgeltes		
	Gehalt	3.400,00 EUR
+	Zuschuss VwL	14,00 EUR
=	**Bruttolohn**	**3.414,00 EUR**

	Arbeitslohn (steuerpflichtig)	3.414,00 EUR
	Arbeitsentgelt (beitragspflichtig KV/PV)	3.414,00 EUR
	Arbeitsentgelt (beitragspflichtig RV/AV)	3.414,00 EUR
Steuerliche Abzüge		
	Lohnsteuer (Monatslohnsteuer für 3.414,00 EUR bei Steuerklasse 1/ 0 Kinder)	544,08 EUR
+	Solidaritätszuschlag	29,92 EUR
+	Kirchensteuer (9% auf den Betrag der Lohnsteuer)	48,96 EUR
=	**Summe steuerrechtliche Abzüge**	**622,96 EUR**
Sozialversicherungsbeiträge		
	Krankenversicherung (½ × 14,6% von 3.414,00 EUR)	249,22 EUR
+	Zusatzbeitrag KV (0,9% von 3.414,00 EUR)	30,73 EUR
+	Pflegeversicherung (½ × 2,55% von 3.414,00 EUR)	43,53 EUR
+	Zuschlag zur Pflegevers. (0,25% von 3.414,00 EUR)	8,54 EUR
+	Rentenversicherung (½ × 18,7% von 3.414,00 EUR)	319,21 EUR
+	Arbeitslosenvers. (½ × 3,0% von 3.414,00 EUR)	51,21 EUR
=	**Summe Sozialversicherungsbeiträge (Arbeitnehmer)**	**702,44 EUR**
Gesamtabrechnung		
	Bruttolohn	3.414,00 EUR
–	Steuerrechtliche Abzüge (Arbeitnehmer)	622,96 EUR
–	Sozialversicherungsbeiträge (Arbeitnehmer)	702,44 EUR
–	Überweisung an Bausparkasse	40,00 EUR
=	**Auszahlungsbetrag**	**2.048,60 EUR**
Gesamtbelastung		
	Bruttolohn	3.414,00 EUR
+	Sozialversicherungsbeiträge AG (3.414,00 EUR)	663,17 EUR
+	Umlage U1 (1,9% × 3.414,00 EUR)	64,87 EUR
+	Umlage U2 (0,2% × 3.414,00 EUR)	6,83 EUR
+	Insolvenzgeldumlage (0,09% × 3.414,00 EUR)	3,07 EUR
=	**Gesamtbelastung (Arbeitgeber)**	**4.151,94 EUR**

Abrechnung der Bruttobezüge für April 2017 (Korrekturabrechnung)		
Ermittlung des Arbeitslohnes/Arbeitsentgeltes		
	Gehalt	3.400,00 EUR
+	Zuschuss VwL	14,00 EUR
=	**Bruttolohn**	**3.414,00 EUR**
	Arbeitslohn (steuerpflichtig)	3.414,00 EUR
	Arbeitsentgelt (beitragspflichtig KV/PV)	3.194,82 EUR
	Arbeitsentgelt (beitragspflichtig RV/AV)	3.414,00 EUR
Steuerliche Abzüge		
	Lohnsteuer (Monatslohnsteuer für 3.414,00 EUR bei Steuerklasse 1/ 0 Kinder)	544,08 EUR
+	Solidaritätszuschlag	29,92 EUR
+	Kirchensteuer (9% auf den Betrag der Lohnsteuer)	48,96 EUR
=	**Summe steuerrechtliche Abzüge**	**622,96 EUR**
Sozialversicherungsbeiträge		
	Krankenversicherung (½ × 14,6% von 3.281,95 EUR)	239,58 EUR
+	Zusatzbeitrag KV (0,9% von 3.281,95 EUR)	29,54 EUR
+	Pflegeversicherung (½ × 2,35% von 3.281,95 EUR)	38,56 EUR
+	Zuschlag zur Pflegevers. (0,25% von 3.281,95 EUR)	8,20 EUR
+	Rentenversicherung (½ × 18,6% von 3.414,00 EUR)	319,21 EUR
+	Arbeitslosenvers. (½ × 3,0% von 3.414,00 EUR)	51,21 EUR
=	**Summe Sozialversicherungsbeiträge (Arbeitnehmer)**	**686,30 EUR**
Gesamtabrechnung		
	Bruttolohn	3.414,00 EUR
–	Steuerrechtliche Abzüge (Arbeitnehmer)	634,03 EUR
–	Sozialversicherungsbeiträge (Arbeitnehmer)	686,30 EUR
–	Überweisung an Bausparkasse	40,00 EUR
=	**Auszahlungsbetrag**	**2.053,67 EUR**
Gesamtbelastung		
	Bruttolohn	3.414,00 EUR
+	Sozialversicherungsbeiträge AG (von KV: 3.281,95 EUR / RV: 3.414,00 EUR)	648,56 EUR

+	Umlage U1 (1,9% × 3.414,00 EUR)	64,87 EUR
+	Umlage U2 (0,2% × 3.414,00 EUR)	6,83 EUR
+	Insolvenzgeldumlage (0,12% × 3.414,00 EUR)	4,10 EUR
=	**Gesamtbelastung (Arbeitgeber)**	**4.138,36 EUR**

Beachten Sie: Im Beispiel verändert sich bei der Korrektur die Bemessungsgrundlage für die Sozialversicherungsbeiträge. Die geringeren Sozialversicherungsbeiträge müssten eigentlich auf die Lohnsteuer angerechnet werden, was zu einer Erhöhung der Lohnsteuer führen würde. In Beispiel 1 wird davon ausgegangen, dass die Lohnsteuerbescheinigung für den Arbeitnehmer bereits erstellt und versendet ist. In diesem Fall darf keine rückwirkende Korrektur der Lohnsteuer vorgenommen werden. Der zu geringe Betrag der Lohnsteuer + Kirchensteuer + Soli muss sofort nach Erkennen nachberechnet oder mit einer befreienden Meldung dem Finanzamt gemeldet werden.

Abrechnung der Bruttobezüge für Februar 2018		
Ermittlung des Arbeitslohnes/Arbeitsentgeltes		
	Gehalt	3.400,00 EUR
+	Zuschuss VwL	14,00 EUR
=	**Bruttolohn**	**3.414,00 EUR**
	Arbeitslohn (steuerpflichtig)	3.414,00 EUR
	Arbeitsentgelt (beitragspflichtig KV/PV)	3.414,00 EUR
	Arbeitsentgelt (beitragspflichtig RV/AV)	3.414,00 EUR
Steuerliche Abzüge		
	Lohnsteuer (Monatslohnsteuer für 3.414,00 EUR bei Steuerklasse 1/ 0 Kinder)	533,66 EUR
+	Solidaritätszuschlag	29,35 EUR
+	Kirchensteuer (9% auf den Betrag der Lohnsteuer)	48,02 EUR
=	**Summe steuerrechtliche Abzüge**	**611,03 EUR**
Sozialversicherungsbeiträge		
	Krankenversicherung (½ × 14,6% von 3.414,00 EUR)	249,22 EUR
+	Zusatzbeitrag KV (0,9% von 3.414,00 EUR)	30,73 EUR
+	Pflegeversicherung (½ × 2,55% von 3.414,00 EUR)	43,53 EUR
+	Zuschlag zur Pflegevers. (0,25% von 3.414,00 EUR)	8,54 EUR

+	Rentenversicherung (½ × 18,6% von 3.414,00 EUR)	317,50 EUR
+	Arbeitslosenvers. (½ × 3,0% von 3.414,00 EUR)	51,21 EUR
=	**Summe Sozialversicherungsbeiträge (Arbeitnehmer)**	**700,73 EUR**
Gesamtabrechnung		
	Bruttolohn	3.414,00 EUR
–	Steuerrechtliche Abzüge (Arbeitnehmer)	611,03 EUR
–	Sozialversicherungsbeiträge (Arbeitnehmer)	700,73 EUR
–	Überweisung an Bausparkasse	40,00 EUR
+	Erstattung Korrektur aus April 2017	4,38 EUR
=	**Auszahlungsbetrag**	**2.066,62 EUR**
Gesamtbelastung		
	Bruttolohn	3.414,00 EUR
+	Sozialversicherungsbeiträge AG (3.414,00 EUR)	661,46 EUR
+	Umlage U1 (1,9% × 3.414,00 EUR)	64,87 EUR
+	Umlage U2 (0,2% × 3.414,00 EUR)	6,83 EUR
+	Insolvenzgeldumlage (0,09% × 3.414,00 EUR)	2,05 EUR
–	Erstattung Korrektur aus April 2017	3,85 EUR
=	**Gesamtbelastung (Arbeitgeber)**	**4.145,36 EUR**

Arbeitgeber A meldet zunächst mit der GKV-Monatsmeldung für April 2017 das Arbeitsentgelt von 3.414 EUR an die Krankenkassen. Nach der Kumulierung aller Beschäftigungen meldet die Krankenkasse an Arbeitgeber A das Gesamtentgelt von 4.408 EUR zurück. Die Rückmeldung der Krankenkasse löst eine Berechnung der anteiligen Beitragsbemessungsgrenzen und eine Korrekturabrechnung für den Monat April 2017 aus. Aus dem gesamten Arbeitsentgelt kann Arbeitgeber A den beitragspflichtigen Anteil seines Arbeitsentgelts zur Kranken- und Pflegeversicherung bzw. Renten- und Arbeitslosenversicherung berechnen. In Beispiel 1 wurden in der Originalabrechnung für April 2017 zu hohe Beiträge für die Kranken- und Pflegeversicherung berechnet. In der ursprünglichen Abrechnung wurde für die KV/PV von einem beitragspflichtigen Entgelt von 3.414,00 EUR ausgegangen. Durch die Mehrfachbeschäftigung beträgt das anteilige beitragspflichtige Entgelt für April 2017 jedoch nur 3.369,08 EUR für die Kranken- und Pflegeversicherung. Somit ergibt sich eine Erstattung der Beiträge aus dem Differenzbetrag von 44,92 EUR (3.414 EUR – 3.369,08 EUR) sowohl für den Arbeitnehmer wie für den Arbeitgeber. Die Erstattung und Verrechnung findet mit der Abrechnung für den Monat

Februar 2018 statt. Das gesamte Arbeitsentgelt liegt unter der Beitragsbemessungsgrenze für die Renten- und Arbeitslosenversicherung. In Beispiel 1 hat die Rückmeldung der Krankenkasse keine Auswirkung auf die Beitragsberechnung der Renten- und Arbeitslosenversicherung, sondern nur auf die der Kranken- und Pflegeversicherung.

5.16.2 Steuerrechtliche Abzüge

Mehrere Beschäftigungsverhältnisse haben grundsätzlich keine Auswirkung auf den steuerpflichtigen Arbeitslohn. Die Aufnahme einer zweiten oder weiteren Beschäftigung führt jedoch dazu, dass der Arbeitgeber des zweiten oder weiteren Beschäftigungsverhältnisses zum **Nebenarbeitgeber** wird. Nebenarbeitgeber erhalten automatisch von der ELStAM-Datenbank die Steuerklasse 6 – zweite Beschäftigung – zurückgemeldet. In Beispiel 1 müsste Arbeitgeber B den Arbeitslohn nach Steuerklasse 6 versteuern. Arbeitgeber A versteuert den Arbeitslohn nach Steuerklasse 1. Der Arbeitnehmer hat die Möglichkeit, im Rahmen seiner Einkommensteuer-Erklärung einen Ausgleich der zu viel bezahlten Steuer bei Arbeitgeber B zu beantragen. Mit der Einkommensteuer wird das Gesamteinkommen nach Steuerklasse 1 bewertet. Alternativ besteht die Möglichkeit, für das zweite Arbeitsverhältnis einen Freibetrag und für die erste Beschäftigung einen Hinzurechnungsbetrag beim zuständigen Finanzamt zu beantragen.

Durch rückwirkend geänderte Sozialversicherungsbeiträge kann eine Korrektur der Lohnsteuer, der Kirchensteuer und des Solidaritätszuschlags entstehen. Die Differenzbeträge sind zum Zeitpunkt des Entstehens zu melden.

5.16.3 Sozialversicherungsbeiträge

Der Arbeitgeber erfährt von seinem Mitarbeiter selbst oder durch die Aufforderung zur Abgabe der GKV-Monatsmeldung, dass dieser noch mindestens eine weitere beitragspflichtige Beschäftigung hat. Nach der Aufforderung durch die Krankenkasse müssen alle Arbeitgeber das monatlich rentenversicherungspflichtige Arbeitsentgelt für den angeforderten Zeitraum mit je einer GKV-Monatsmeldung pro Monat mitteilen. Von der Annahmestelle der Krankenkasse erhält der Arbeitgeber nachträglich das beitragspflichtige Gesamtentgelt für jeden Monat getrennt zurückgemeldet. Bei einer Mehrfachbeschäftigung ist jeder Arbeitgeber verpflichtet, aus dem Gesamtarbeitsentgelt die anteiligen Beiträge zu den Sozialversicherungen zu ermitteln, ggf. Vorabrechnungen zu korrigieren und die (korrigierten) Beiträge an die Krankenkasse zu melden. Das beitragspflichtige Entgelt beim jeweiligen Arbeitgeber ergibt sich aus der folgenden Formel:

$$\text{anteilige Beitragsbemessungsgrundlage} = \frac{\text{Arbeitsentgelt pro VZ} \times \text{Beitragsbemessungsgrenze des VZ}}{\text{Gesamtarbeitsentgelt aus allen Beschäftigungen}}$$

Arbeitsentgelt pro VZ:	ist das für den Sozialversicherungszweig maßgebliche laufende monatliche Arbeitsentgelt aus dem jeweiligen Beschäftigungsverhältnis, ggf. reduziert auf die maßgebliche monatliche Beitragsbemessungsgrenze
Beitragsbemessungsgrenze des VZ:	Beitragsbemessungsgrenze des jeweiligen Versicherungszweiges (KV/RV/AV/PV)
Gesamtarbeitsentgelt:	Summe des laufenden monatlichen Arbeitsentgelts aus allen Beschäftigungsverhältnissen (Gesamtentgelt). Übersteigt das Einzelentgelt die RV-Beitragsbemessungsgrenze, ist nur das auf die Bemessungsgrenze reduzierte Arbeitsentgelt in das Gesamtentgelt einzubeziehen.

Ziel der Rückmeldung der Krankenkasse bzw. der Aufteilung des Gesamtarbeitsentgelts ist es, dass keine Beiträge über die Beitragsbemessungsgrenze hinaus von allen Arbeitgebern gesamthaft entrichtet werden. Dies ist regelmäßig der Fall, wenn das Arbeitsentgelt beim einzelnen Arbeitgeber nicht die Beitragsbemessungsgrenze in einem Sozialversicherungszweig übersteigt. In diesem Fall verbeitragen beide Arbeitgeber das gesamte Arbeitsentgelt und somit werden gesamthaft möglicherweise zu hohe Beiträge bezahlt. In der Vergangenheit entstanden Fälle mit Beiträgen, denen keine Leistungen gegenüberstanden. Im Beispiel erhält der Arbeitgeber A von der Krankenkasse folgende Bemessungsgrenze bzw. Arbeitsentgelte zurückgemeldet:

KV/PV Gesamtentgelt	4.408,00 EUR
RV Gesamtentgelt	4.408,00 EUR
AV Gesamtentgelt	4.408,00 EUR

Aus der Rückmeldung ermittelt der **Arbeitgeber A** für Frau Waldmann folgende anteilige Beitragsbemessungsgrundlagen für die Beiträge zu den Sozialversicherungen:

$$\text{KV/PV} = \frac{3.414{,}00 \text{ EUR} \times 4.350 \text{ EUR}}{4.408{,}00 \text{ EUR}} = 3.369{,}08 \text{ EUR}$$

Das Gesamtentgelt von beiden Arbeitgebern übersteigt zusammen die Beitragsbemessungsgrenze in der KV/PV. Somit muss eine Ermittlung des **anteiligen beitragspflichtigen Entgelts** auf Basis des Gesamtentgelts vorgenommen werden. Arbeitgeber A würde im Beispiel von Frau Waldmann als beitragspflichtiges Entgelt für die Berechnung der Beiträge zur Kranken- und Pflegeversicherung nur 3.369,08 EUR statt 3.414,00 EUR berücksichtigen. Die Differenz bis zur Beitragsbemessungsgrenze wird von Arbeitgeber B erhoben. Es findet eine anteilige Aufteilung des Gesamtbeitrags statt. Die Aufteilung wird im Verhältnis der einzelnen Arbeitsentgelte zum Gesamtentgelt vorgenommen. **Arbeitgeber B** muss aus seinem Arbeitsentgelt die gleiche Berechnung durchführen und die anteilige Beitragsbemessungsgrundlage für die Berechnung der Beiträge zur Kranken- und Pflegeversicherung ermitteln.

$$\text{KV/PV} = \frac{994{,}00\ \text{EUR} \times 4.350\ \text{EUR}}{4.408{,}00\ \text{EUR}} = 980{,}92\ \text{EUR}$$

Von beiden Arbeitgebern werden zusammen maximal Beiträge bis zur Beitragsbemessungsgrenze (4.350 EUR im Jahr 2017) erhoben. Für die Berechnung der Beiträge zur Renten- und Arbeitslosenversicherung findet im Beispiel keine anteilige Aufteilung der Arbeitsentgelte statt, weil das Gesamtentgelt in Beispiel 1 unter der Beitragsbemessungsgrenze (6.350 EUR im Jahr 2017) lag. Somit ermittelt Arbeitgeber A aus 3.414,00 EUR Beiträge zur Renten- und Arbeitslosenversicherung.

Beispiel 2 !

Würde das Arbeitsentgelt von Frau Waldmann bei Arbeitgeber A beispielsweise nicht 3.414 EUR sondern 4.500 EUR und das zurückgemeldete Gesamtentgelt in der KV/PV 5.344 EUR betragen, würden sich folgende anteilige Beitragsbemessungsgrenzen für die Arbeitgeber ergeben:

$$\text{KV/PV bei Arbeitgeber A} = \frac{4.350\ \text{EUR} \times 4.350\ \text{EUR}}{5.344\ \text{EUR}} = 3.540{,}89\ \text{EUR}$$

$$\text{KV/PV bei Arbeitgeber B} = \frac{994{,}00\ \text{EUR} \times 4.350\ \text{EUR}}{5.344\ \text{EUR}} = 809{,}11\ \text{EUR}$$

In Beispiel 2 meldet Arbeitgeber A der Krankenkasse das beitragspflichtige Arbeitsentgelt 4.300,00 EUR (maximal bis zur Beitragsbemessungsgrenze RV/AV). Zusammen mit dem Arbeitsentgelt bei Arbeitgeber B (994 EUR) entsteht ein Gesamtentgelt von 5.294 EUR. Von der Krankenkasse werden folgende Bemessungsgrundlagen bzw. Arbeitsentgelt zurückgemeldet:

KV/PV Gesamtentgelt	5.344,00 EUR
RV Gesamtentgelt	5.494,00 EUR
AV Gesamtentgelt	5.494,00 EUR

Mit der Rückmeldung verfügt jeder Arbeitgeber über die beitragspflichtigen Gesamtentgelte pro Versicherungszweig. Übersteigt das laufende Arbeitsentgelt bei einem Arbeitgeber bereits eine Bemessungsgrenze, ist das laufende Arbeitsentgelt für die Berechnung der anteiligen Bemessungsgrenze zu kürzen.
In Beispiel 2 fließt in die Berechnungsformel bei Arbeitgeber A nicht 4.500 EUR ein, sondern nur 4.350 EUR (max. Bemessungsgrenze KV/PV im Jahr 2017). Bei der Meldung von Arbeitgeber A erkennt die Krankenkasse das Überschreiten der BBG-KV und bezieht nur den Höchstbetrag in die Berechnung des Gesamtentgelts ein. Das entsprechende Gesamtentgelt für die KV/PV-Berechnung erhält der Arbeitgeber von der Krankenkasse zurückgemeldet. Das Entgeltprogramm muss dann die Aufteilung der Beiträge nach der oben dargestellten Formel vornehmen.

Wichtig: Beachten Sie, das Gesamtentgelt ergibt sich aus dem gekürzten Arbeitsentgelt bei Arbeitgeber A (4.350 EUR) und dem ungekürzten Arbeitsentgelt bei Arbeitgeber B (994 EUR). Arbeitgeber A meldet in der GKV-Monatsmeldung maximal das rentenversicherungspflichtige Arbeitsentgelt von 4.500,00 EUR und bekommt als KV/PV-pflichtiges Entgelt 5.344 EUR zurückgemeldet.

Übersteigt das kumulierte gemeldete Arbeitsentgelt auch die Bemessungsgrenze der Renten- und Arbeitslosenversicherung, tritt auch bei diesen Versicherungszweigen eine Kürzung und eine anteilige Aufteilung ein.

! **Beispiel 3**

Würde Frau Waldmann beispielsweise als monatliche Arbeitsentgelte erhalten:

Arbeitgeber A:	4.500 EUR
Arbeitgeber B:	2.500 EUR

ergäben sich folgende anteilige Beitragsbemessungsgrundlagen:[47]

$$\text{KV/PV bei Arbeitgeber A} = \frac{4.350\ \text{EUR} \times 4.350\ \text{EUR}}{6.850\ \text{EUR}} = 2.762{,}41\ \text{EUR}$$

$$\text{KV/PV bei Arbeitgeber B} = \frac{2.500\ \text{EUR} \times 4.350\ \text{EUR}}{6.850\ \text{EUR}} = 1.587{,}59\ \text{EUR}$$

$$\text{RV/AV bei Arbeitgeber A} = \frac{4.500\ \text{EUR} \times 6.350\ \text{EUR}}{7.000\ \text{EUR}} = 4.082{,}14\ \text{EUR}$$

47 Als Beitragsbemessungsgrenzen sind die Werte für 2016 zugrunde gelegt.

$$\text{RV/AV bei Arbeitgeber B} = \frac{2.500 \text{ EUR} \times 6.350 \text{ EUR}}{7.000 \text{ EUR}} = 2.267{,}86 \text{ EUR}$$

Zur Durchführung der Berechnung der anteiligen Beitragsbemessungsgrundlage erhalten die Arbeitgeber für das Jahr 2017 folgende Gesamtentgelte zurückgemeldet:

KV/PV Gesamtentgelt	6.850,00 EUR
RV Gesamtentgelt	7.000,00 EUR
AV Gesamtentgelt	7.000,00 EUR

Im Beispiel müsste Arbeitgeber A aus 4.082,14 EUR die Beiträge zur RV/AV berechnen und melden und Arbeitgeber B 2.267,86 EUR – der jeweiligen anteiligen Beitragsbemessungsgrundlage.

Beachten Sie: Das Gesamtentgelt aller Arbeitgeber übersteigt in Beispiel 3 zwar die Beitragsbemessungsgrenze zur Renten- und Arbeitslosenversicherung im Jahr 2017, jedoch liegt das laufende Arbeitsentgelt bei jedem einzelnen Arbeitgeber unter der Bemessungsgrenze. In der Kranken- und Pflegeversicherung muss bei Arbeitgeber A eine Kürzung des laufenden Arbeitsentgelts auf 4.350 EUR **und** die Berechnung der anteiligen Beitragsberechnungsgrundlage vorgenommen werden.

Wichtig: Die GKV-Monatsmeldung ist auch für privat krankenversicherte und freiwillig in der gesetzlichen Krankenversicherung versicherte Arbeitnehmer zu übermitteln. Die Krankenkasse prüft, ob durch die Mehrfachbeschäftigung die Beitragsbemessungsgrenze zur Renten- und Arbeitslosenversicherung überschritten wird. Die GKV-Monatsmeldung ist von beiden Arbeitgebern für jeden Abrechnungsmonat zu melden. Als Rückantwort erhalten beide Arbeitgeber für jeden zu meldenden Monat die beitragspflichtigen Gesamtentgelte.

5.16.4 Arbeitgeberbelastung

Die Berechnung der Beiträge aus dem anteiligen beitragspflichtigen Arbeitsentgelt darf erst durchgeführt werden, nachdem die Rückmeldung des Gesamtentgelts von der Krankenkasse erfolgt ist. Somit ist in Beispiel 1 von Frau Waldmann im Februar 2018 eine Rückrechnung der Abrechnung für April 2017 vorzunehmen. Die Differenz aus der »korrigierten« April-Abrechnung zur ursprünglichen Abrechnung wird mit der Entgeltabrechnung des Februar 2018 verrechnet.

Im Beispiel von Frau Waldmann wurden im April 2017 die Beiträge aus dem tatsächlichen Arbeitsentgelt in Höhe von 3.414,00 EUR bei Arbeitgeber A verbeitragt. Für die Kranken- und Pflegeversicherung hatten sich folgende Beiträge ergeben:

Sozialversicherungsbeiträge Arbeitnehmer April 2017 (original)		
	Krankenversicherung (½ × 14,6% von 3.414,00 EUR)	249,22 EUR
+	Zusatzbeitrag KV (0,9% von 3.414,00 EUR)	30,73 EUR
+	Pflegeversicherung (½ × 2,55% von 3.414,00 EUR)	43,53 EUR
+	Zuschlag zur Pflegevers. (0,25% von 3.414,00 EUR)	8,54 EUR

Aufgrund der Rückmeldung des Gesamtarbeitsentgelts von der Krankenkasse berechnet der Arbeitgeber A zunächst seine anteilige Beitragsbemessungsgrundlage. Aus der Berechnungsformel ergibt sich 3.369,08 EUR als Bemessungsgrundlage für die KV/PV Beiträge. Mit der neuen Bemessungsgrundlage werden dann die »korrigierten« Beiträge für die Abrechnung April 2017 ermittelt.

Sozialversicherungsbeiträge Arbeitnehmer April 2016 (korrigiert)		
	Krankenversicherung (½ × 14,6% von 3.369,08 EUR)	245,94 EUR
+	Zusatzbeitrag KV (0,9% von 3.369,08 EUR)	30,32 EUR
+	Pflegeversicherung (½ × 2,55% von 3.369,08 EUR)	42,96 EUR
+	Zuschlag zur Pflegevers. (0,25% von 3.369,08 EUR)	8,42 EUR

Die Differenz aus den ursprünglich gemeldeten Beiträgen und den Beiträgen nach der Rückrechnung (Korrektur) erhält der Arbeitnehmer mit der Abrechnung für den Monat Februar 2018 erstattet.

Versicherung	Im April 2017 abgerechnet	April 2017 nach Korrektur im Februar 2018	Differenz
Krankenvers. + Zusatzb.	279,95 EUR	276,26 EUR	3,69 EUR
Pflegevers. + Zuschlag	52,07 EUR	51,38 EUR	0,69 EUR
Summe			4,38 EUR

Auch für den Arbeitgeber ergeben sich aus der Korrektur Erstattungsansprüche gegenüber den Sozialversicherungsträgern.

Sozialversicherungsbeiträge Arbeitgeber aus April 2017 (original)		
	Krankenversicherung (½ × 14,6% von 3.414,00 EUR)	249,22 EUR
+	Pflegeversicherung (½ × 2,55% von 3.414,00 EUR)	43,53 EUR

Sozialversicherungsbeiträge Arbeitgeber aus April 2016 (korrigiert)		
	Krankenversicherung (½ × 14,6% von 3.369,08 EUR)	245,94 EUR
+	Pflegeversicherung (½ × 2,55% von 3.369,08 EUR)	42,96 EUR

Aus der ermäßigten Bemessungsgrundlage ergeben sich als Arbeitgeberanteile:

Versicherung	**Im April 2017 abgerechnet**	**April 2017 nach Korrektur im Februar 2018**	**Differenz**
Krankenversicherung (½ × 14,6%)	249,22 EUR	245,94 EUR	3,28 EUR
Pflegeversicherung (½ × 2,35%)	43,53 EUR	42,96 EUR	0,57 EUR
Summe			3,85 EUR

Der Erstattungsanspruch des Arbeitnehmers wird mit der Februar-Abrechnung 2018 als Nettobetrag an den Mitarbeiter ausbezahlt. Die Erstattung von der Krankenkasse erfolgt über eine Verrechnung der Beitragsschuld im Februar 2018. Der Arbeitgeber meldet für Februar 8,23 EUR (4,38 EUR + 3,85 EUR) weniger Kranken- und Pflegeversicherungsbeiträge im Beitragsnachweis.

Die Umlagen U1/U2 und die Insolvenzgeldumlage werden aus dem rentenversicherungspflichtigen Entgelt berechnet. Somit ergeben sich durch die Rückrechnung (Korrektur) in Beispiel 1 keine Änderungen. Für den Arbeitgeber ergibt sich nach der Korrektur somit folgende Bruttobelastung im April 2017:

Gesamtbelastung		
Gesamtbelastung nach Korrektur April 2016		
	Bruttolohn	3.414,00 EUR
+	Krankenversicherung (½ × 14,6% von 3.369,08 EUR)	245,94 EUR
+	Pflegeversicherung (½ × 2,55% von 3.369,08 EUR)	42,96 EUR
+	Rentenversicherung (9,3% von 3.414,00 EUR)	319,21 EUR
+	Arbeitslosenversicherung (1,5% von 3.414,00 EUR)	51,21 EUR
+	Umlage U1 (1,9% × 3.414,00 EUR)	64,87 EUR
+	Umlage U2 (0,2% × 3.414,00 EUR)	6,83 EUR
+	Insolvenzgeldumlage (0,09% × 3.414,00 EUR)	3,07 EUR
=	**Gesamtbelastung (Arbeitgeber)**	**4.148,09 EUR**

6 Einmalzahlungen

Einmalige Zahlungen, die zusätzlich zum laufenden Bruttolohn gezahlt werden, sind steuerlich und sozialversicherungsrechtlich anders zu behandeln als laufender Arbeitslohn. Lohnzahlungen, die einmalig oder unregelmäßig im Jahr zusätzlich zum laufenden Bruttolohn fließen, werden im Steuerrecht als **»sonstige Bezüge«** bezeichnet. Im Sozialversicherungsrecht lautet das Pendant »einmalige Zuwendung« oder kurz **»Einmalzahlung«**.

6.1 Was sind Einmalzahlungen?

Zu den sonstigen Bezügen gehören insbesondere einmalige Arbeitslohnzahlungen, die neben dem laufenden Arbeitslohn gezahlt werden, wie:

- dreizehnte und vierzehnte Monatsgehälter
- einmalige Abfindungen und Entschädigungen
- Gratifikationen und Tantiemen, die nicht fortlaufend gezahlt werden
- Jubiläumszuwendungen, Prämien
- Urlaubsgelder, die nicht fortlaufend gezahlt werden und Entschädigungen zur Abgeltung nicht genommenen Urlaubs
- Vergütungen für Erfindungen
- Weihnachtszuwendungen
- Bonuszahlung oder jährliche/halbjährliche Prämien
- Entlohnung für mehrjährige Tätigkeit

Diese Aufzählung ist nicht abschließend. Neben diesen Beispielen gibt es zahlreiche weitere Zahlungen, die nicht als laufender monatlichen Bezug gezahlt werden. Eine genaue Abgrenzung findet sich in der Richtlinie R 39b der Lohnsteuerrichtlinien (LStR).

6.1.1 Steuerliche Abzüge

Lohnsteuerrechtlich sind sonstige Bezüge nicht nach der Tages-, Wochen- oder Monatslohnsteuer zu versteuern, sondern nach der Jahreslohnsteuerformel. Dies bedeutet, für die Ermittlung der Lohnsteuer auf die sonstigen Bezüge ist zunächst der **voraussichtliche Jahresarbeitslohn** zu bestimmen. Der voraussichtliche Jahresarbeitslohn ergibt sich aus den im laufenden Jahr bereits geflossenen laufenden Zahlungen zuzüglich der voraussichtlichen laufenden Zahlungen für das Kalenderjahr inklusive der bereits geflossenen sonstigen Bezüge. Aus dieser Summe ist die Lohnsteuer über die Jahreslohnsteuerformel zu ermitteln. Anschließend ist die voraussichtliche Jahressumme um den aktuellen sonstigen Bezug zu erhöhen und wieder die Lohnsteuer über die Jahreslohnsteuerformel zu berechnen. Aus der Differenz der beiden Jahreslohnsteuern – mit und ohne aktuellen sonstigen Bezug – ergibt sich die Lohnsteuer auf den sonstigen Bezug.

a) Sonstiger Bezug nach Austritt

Werden sonstige Bezüge gezahlt, nachdem der Arbeitnehmer aus dem Arbeitsverhältnis ausgeschieden ist, richtet sich die Versteuerung danach, ob der Arbeitnehmer eine Beschäftigung bei einem neuen Arbeitgeber hat oder keine steuerpflichtige Beschäftigung mehr hat. Bei einer Anschlussbeschäftigung ist der sonstige Bezug (Nachzahlung) nach Steuerklasse 6 zu besteuern (Vermutung der zweiten steuerpflichtigen Beschäftigung). Ohne eine Anschlussbeschäftigung ist die Steuerklasse der Beschäftigung beim Arbeitgeber, der die Nachzahlung leistet, anzusetzen. Für die Ermittlung der Lohnsteuer ist dann der beim ehemaligen Arbeitgeber geflossene steuerpflichtige Arbeitslohn als Jahresarbeitslohn zu unterstellen (R 39b Nr. 6 Lohnsteuerrichtlinien). Seit der Einführung der elektronischen Lohnsteuermerkmale (ELStAM) kann die Steuerpflicht nur durch eine erneute Anmeldung des Arbeitnehmers und einen Datenabruf ermittelt werden. Ohne eine erneute Anmeldung ist für die Besteuerung von nachträglich gezahlten sonstigen Bezügen die Steuerklasse 6 anzuwenden.

b) Ermäßigt besteuerter sonstiger Bezug

Unter bestimmten Voraussetzungen können sonstige Bezüge mit einer ermäßigten Lohnsteuer versteuert werden z. B. Arbeitslohn für mehrere Jahre. Trifft ein ermäßigt besteuerter sonstiger Bezug mit einem sonstigen Bezug zusammen, der nicht ermäßigt besteuert werden darf, so ist zuerst die Lohnsteuer auf den »normalen« sonstigen Bezug und anschließend die Lohnsteuer nach dem ermäßigten Verfahren für den besonderen sonstigen Bezug zu ermitteln. In diesem Fall sind zwei getrennte Steuerberechnungen für die zwei unterschiedlichen sonstigen Bezüge anzuwenden.

Ein weiterer Unterschied zur Steuerermittlung bei laufenden Bezügen besteht darin, dass für die Berechnung der Kirchensteuer und des Solidaritätszuschlags **keine Kinderfreibeträge** berücksichtigt werden dürfen. Sowohl die Kirchensteuer, wie auch der Solidaritätszuschlag ergeben sich als direkte Zuschlagsteuern auf den Betrag der Lohnsteuer. Auch der Einschleifungsbereich bei der Ermittlung des Solidaritätszuschlags ist nicht anzuwenden. Dies gilt auch für die Nullzone – sie ist nur für die Ermittlung des Solidaritätszuschlags auf den laufenden Arbeitslohn zulässig.

Tipp

!

Ergeben sich bei sonstigen Bezügen Differenzen zu Vergleichsabrechnungen, liegt dies in der Regel im Berechnungsverfahren für die Einmalzahlung begründet. Es gibt zwei zulässige Verfahren, um den Jahresbruttoarbeitslohn zu »schätzen«. Entsprechend entstehen bei abweichendem Jahresarbeitslohn unterschiedliche Lohnsteuerbeträge laut Jahreslohnsteuerformel. Der Arbeitnehmer muss jedoch nicht fürchten, durch ein bestimmtes Berechnungsverfahren benachteiligt zu werden. Eventuelle Überzahlungen im laufenden Jahr werden mit dem internen Lohnsteuerjahresausgleich im Dezember oder bei der Einkommensteuererklärung wieder ausgeglichen. Es entsteht lediglich ein Zinseffekt für die Zeit der Vorauszahlung.

In der Regel unterliegt der volle sonstige Bezug der Lohnsteuer. Es gibt jedoch Ausnahmeregelungen für sonstige Bezüge, bei denen Steuerfreibeträge zu berücksichtigen sind, die Lohnsteuer nur anteilig erhoben wird oder nur ein Teil des sonstigen Bezuges der Lohnsteuer unterliegt. Entsprechende Beispiele sind in den folgenden Kapiteln dieses Abschnitts dargestellt. Die Berechnung der Lohnsteuer auf den sonstigen Bezug erfolgt nach einem besonderen Schema. Die drei erforderlichen Schritte sind:

Berechnung der Lohnsteuer für sonstige Bezüge

Schritt 1: Lohnsteuer auf steuerpflichtigen Jahresarbeitslohn

	Bereits von früheren Arbeitgebern gezahlter Arbeitslohn im laufenden Kalenderjahr (soweit bekannt)
+	Laufender steuerpflichtiger Arbeitslohn bis einschließlich zum Monat der Einmalzahlung (ohne frühere sonstige Bezüge und ohne den aktuellen sonstigen Bezug)
=	**Summe aufgelaufener laufender Arbeitslohn (A)**

Voraussichtlicher laufender Arbeitslohn für die Restzeit des laufenden Kalenderjahres:

$$VJA = \frac{A}{\text{X-Tage}} \times \text{Y-Tage}$$

VJA = voraussichtlicher laufender Jahresarbeitslohn

A = Summe aufgelaufener laufender Arbeitslohn im Jahr

X-Tage = Steuertage im laufenden Kalenderjahr inkl. aktueller Monat, wobei jeder volle Monat 30 Steuertage hat

Y-Tage = verbleibende Steuertage im laufenden Jahr, wobei jeder volle Monat 30 Steuertage hat

	voraussichtlich laufender Jahresarbeitslohn (VJA)
+	Summe sonstiger Bezüge im laufenden Jahr (ohne aktuelle)

Berechnung der Lohnsteuer für sonstige Bezüge	
+	Hinzurechnungsbetrag (ggf. aus ELStAM-Datenbank)
–	Altersentlastungsbetrag
–	Jahresfreibetrags (ggf. aus ELStAM-Datenbank)
=	voraussichtlicher steuerpflichtiger Jahresarbeitslohn (VSJA)
→	Lohnsteuer lt. Jahreslohnsteuerformel auf voraussichtlichen steuerpflichtigen Jahresarbeitslohn (**VLSA**)
Schritt 2: Voraussichtlicher steuerpflichtiger Gesamtarbeitslohn	
	voraussichtlicher steuerpflichtiger Jahresarbeitslohn (VSJA)
+	sonstiger Bezug im laufenden Abrechnungsmonat
=	voraussichtlicher steuerpflichtiger Gesamtjahresarbeitslohn (VSGA)
→	Lohnsteuer lt. Jahreslohnsteuerformel auf den voraussichtlichen steuerpflichtigen Gesamtjahresarbeitslohn (**LSGA**)
Schritt 3: Differenz der Jahreslohnsteuern bilden	
	LSGA (Lohnsteuer lt. Jahreslohnsteuertabelle auf Gesamtjahresarbeitslohn)
–	**VLSA** (Lohnsteuer auf voraussichtlichen steuerpflichtigen Jahresarbeitslohn)
=	Lohnsteuer auf sonstigen Bezug

Tab. 24: Schema für die Lohnsteuerberechnung auf Einmalzahlungen

6.1.2 Sozialversicherungsbeiträge

Einmalzahlungen werden auch für die Ermittlung der Sozialversicherungsbeiträge im Vergleich zum laufenden Arbeitsentgelt unterschiedlich behandelt. Grundsätzlich unterliegen Einmalzahlungen voll der Beitragspflicht zu allen Sozialversicherungen. Allerdings ist die Beitragspflicht durch die jährlichen Beitragsbemessungsgrenzen eingeschränkt. Teilweise sind Einmalzahlungen ganz von Beiträgen zur Kranken-, Pflege-, Renten- und Arbeitslosenversicherung befreit (z.B. bei Abfindungen) oder unterliegen nur mit dem steuerpflichtigen Anteil der Beitragspflicht (z.B. Beiträge zur betrieblichen Altersvorsorge). Eine Besonderheit gilt für Überstunden. Die Abgeltung von Mehrarbeit (Überstunden) ist kein sonstiger Bezug bzw. keine Einmalzahlung.

Märzklausel

Eine weitere Besonderheit des Sozialversicherungsrechts besteht bei Einmalzahlungen, wenn diese in den Monaten Januar bis März gezahlt werden. Übersteigt die Einmalzahlung **zusammen** mit dem laufenden Bezug die anteilige jährliche Beitragsbemessungsgrenze (BBG) in der Kranken- und Pflegeversicherung (KV/PV), ist die Einmalzahlung nicht im laufenden Monat zu verbeitragen, sondern im letzten Abrechnungszeitraum des Vorjahres – in der Regel ist dies der Dezember (Märzklausel). Die anteiligen Beitragsbemessungsgrenzen im Jahr 2018 liegen für die:

Renten- und Arbeitslosenversicherung

	alte Bundesländer	neue Bundesländer
Januar	6.500 EUR	5.800 EUR
Februar	13.000 EUR	11.600 EUR
März	19.500 EUR	17.400 EUR

Kranken- und Pflegeversicherung

	alle Bundesländer
Januar	4.425 EUR
Februar	8.850 EUR
März	13.275 EUR

Liegt das aufsummierte beitragspflichtige Entgelt in den Monaten Januar bis März unter der anteiligen jährlichen BBG und übersteigt zusammen mit der Einmalzahlung die anteilige jährliche BBG in der KV/PV, muss die Einmalzahlung im Monat Dezember des Vorjahres verbeitragt werden. Bei der Aufrollung des Dezembers ist dann zu prüfen, ob das aufgelaufene Entgelt des Vorjahres die jährliche Beitragsbemessungsgrenze erreicht hat oder ob eine sogenannte SV-Luft besteht. Die jährliche Beitragsbemessungsgrenze **im Jahr 2017** lag bei:

	alte Bundesländer	neue Bundesländer
Renten-/Arbeitslosenversicherung	76.200 EUR	68.400 EUR
Kranken-/Pflegeversicherung	52.200 EUR	52.200 EUR

Bei einem beitragspflichtigen Einkommen im Jahr 2017 unter 52.200 EUR sind bei einer Anwendung der Märzklausel nur Beiträge bis zu dieser jährlichen Bemessungsgrenze aus der Einmalzahlung zu ermitteln. Für die Renten- und Arbeitslosenversicherung sind die Beiträge bis zur Grenze von 76.200 EUR (68.400 EUR Ost) aus der Einmalzahlung einzubehalten.

! **Beispiel 1**

Ein Arbeitnehmer mit einem laufenden monatlichen Arbeitsentgelt von 3.500 EUR erhält im Februar eine Prämienzahlung von 2.000 EUR. Der Beitragssatz der Krankenkasse beträgt 14,6% im Jahr 2017 und 2018. Der Arbeitnehmer unterliegt dem Zuschlag zur Pflegeversicherung und die Krankenkasse erhebt in beiden Jahren einen Zusatzbeitrag von 0,9%. Aus dem Lohnkonto 2017 für den Mitarbeiter ergibt sich ein beitragspflichtiges Jahresentgelt von 50.400 EUR für das Jahr 2017. Die Firma hat ihren Firmensitz in Baden-Württemberg.

Sozialversicherungsbeiträge bei Anwendung der Märzklausel		
Aufgelaufenes Arbeitsentgelt		
	Laufender Bezug Januar	3.500,00 EUR
+	Laufender Bezug Februar	3.500,00 EUR
+	Einmalzahlung Februar	2.000,00 EUR
=	**Summe Bezüge laufendes Jahr**	**9.000,00 EUR**
Sozialversicherungsbeiträge		
	Krankenversicherung (½ × 14,6% von 3.500 EUR)	255,50 EUR
+	Zusatzbeitrag KV (0,9% von 3.500 EUR)	31,50 EUR
+	Pflegeversicherung (½ × 2,55% von 3.500 EUR)	44,63 EUR
+	Zuschlag zur Pflegevers. (0,25% von 3.500 EUR)	8,75 EUR
+	Rentenversicherung (½ × 18,7% von 3.500 EUR)	327,25 EUR
+	Arbeitslosenvers. (½ × 3,0% von 3.500 EUR)	52,50 EUR
+	Krankenversicherung (½ × 14,6% von 1.800 EUR)	131,40 EUR
+	Zusatzbeitrag KV (0,9% von 1.800 EUR)	16,20 EUR
+	Pflegeversicherung (½ × 2,55% von 1.800 EUR)	22,95 EUR
+	Zuschlag zur Pflegevers. (0,25% von 1.800 EUR)	4,50 EUR
+	Rentenversicherung (½ × 18,7% von 2.000 EUR)	187,00 EUR
+	Arbeitslosenvers. (½ × 3,0% von 2.000 EUR)	30,00 EUR
=	**Summe Sozialversicherungsbeiträge (Arbeitnehmer)**	**1.112,18 EUR**

Das aufgelaufene Arbeitsentgelt inklusive Einmalzahlung (Prämie) liegt im Februar bei 9.000 EUR und übersteigt die anteilige Beitragsbemessungsgrenze KV/PV für Februar 2018 (8.850 EUR). Somit sind die Beiträge zu den Sozialversicherungen **für die Einmalzahlung** nicht für Februar 2018 zu berechnen, sondern für Dezember 2017. Die Beiträge für den laufenden Bezug richten sich nach den Sozialversicherungssätzen des laufenden Abrechnungsmonats und sind in diesem Jahr zu verbeitragen.

Die Beitragsbemessungsgrenze in der KV/PV lag im Jahr 2017 bei 52.200 EUR und in der Renten- und Arbeitslosenversicherung bei 76.200 EUR. Für den Arbeitnehmer wurden im Jahr 2017 Beiträge aus 50.400 EUR Arbeitsentgelt entrichtet. Es bestehen folgende »SV-Lüfte« – d.h. nicht verbeitragtes Entgelt bis zur Beitragsbemessungsgrenze im Jahr 2017:

KV/PV: 52.200 EUR – 50.400 EUR = 1.800 EUR
RV/AV: 76.200 EUR – 50.400 EUR = 25.800 EUR

Die Einmalzahlung im Februar ist im Dezember des Vorjahres bis zur jährlichen Beitragsbemessungsgrenze (im Beispiel für das Jahr 2017) zu verbeitragen. Das bedeutet, für die Kranken- und Pflegeversicherung sind für die Prämie Beiträge aus 1.800 EUR (SV-Luft) zu berechnen. In der Renten- und Arbeitslosenversicherung müssen die Beiträge für die gesamten 2.000 EUR (SV-Luft 25.800 EUR) ermittelt werden.

Beachten Sie: Bei Anwendung der Märzklausel sind die Beitragssätze »Dezember des Vorjahres« anzuwenden. Hat sich beim Jahreswechsel eine Änderung der Beitragssätze ergeben, sind die Beiträge für die Einmalzahlung auf Basis der Vorjahreswerte zu ermitteln – im Beispiel keine Berücksichtigung der Beitragsänderung der Rentenversicherung 2018. Zusätzlich sind ggf. der Zusatzbeitrag zur Krankenversicherung aus dem Vorjahr und der Zuschlag zur Pflegeversicherung für Kinderlose zu berücksichtigen.

Die Beitragsberechnung auf Basis der Sozialversicherungswerte des Dezembers im Vorjahr ist sowohl für den Arbeitnehmer – wie für den Arbeitgeberanteil durchzuführen. Es ist eine Aufrollung der Abrechnung für Dezember des Vorjahres erforderlich. Die Aufrollung führt zu neuen Meldepflichten und zu geänderten Dokumentationen, wie beispielsweise Lohnkonto und Meldung zur Sozialversicherung (Jahresmeldung).

Wurde die Jahresmeldung (Meldegrund 50) bereits durchgeführt, ist eine Korrekturmeldung zu erstatten. Durch die Verbeitragung der Einmalzahlung im Dezember des Vorjahres erhöht sich das gemeldete Jahresentgelt und ist in einer korrigierten Jahresmeldung den Sozialversicherungsträgern mitzuteilen. Eine Ausnahme von der Märzklausel besteht bei einem Arbeitgeberwechsel in den Monaten Januar bis März. In diesem Fall greift die Märzklausel nicht. Hat das Arbeitsverhältnis beispielsweise zum 01.01. bei einem neuen Arbeitgeber begonnen, müssen nicht die Vorjahreswerte des Vorarbeitgebers berücksichtigt werden. In diesem Fall findet eine Verbeitragung im laufenden Jahr bis zur anteiligen Beitragsbemessungsgrenze statt. Aus den Angaben von Beispiel 1 würden bei einem Arbeitgeberwechsel per 01.01.2018 folgende Werte beim neuen Arbeitgeber entstehen:

Sozialversicherungsbeiträge Februar 2017		
	Krankenversicherung (½ × 14,6% von 3.500 EUR)	255,50 EUR
+	Zusatzbeitrag KV (0,9% von 3.500 EUR)	31,50 EUR
+	Pflegeversicherung (½ × 2,55% von 3.500 EUR)	44,63 EUR
+	Zuschlag zur Pflegevers. (0,25% von 3.500 EUR)	8,75 EUR
+	Rentenversicherung (½ × 18,6% von 3.500 EUR)	325,50 EUR
+	Arbeitslosenvers. (½ × 3,0% von 3.500 EUR)	52,50 EUR
+	Krankenversicherung (½ × 14,6% von 1.850 EUR)	135,05 EUR
+	Zusatzbeitrag KV (0,9% von 1.850 EUR)	16,65 EUR
+	Pflegeversicherung (½ × 2,55% von 1.850 EUR)	23,59 EUR
+	Zuschlag zur Pflegevers. (0,25% von 1.850 EUR)	4,62 EUR
+	Rentenversicherung (½ × 18,6% von 2.000 EUR)	186,00 EUR
+	Arbeitslosenvers. (½ × 3,0% von 2.000 EUR)	30,00 EUR
=	**Summe Sozialversicherungsbeiträge (Arbeitnehmer)**	**1.114,29 EUR**

Tab. 25: Sozialversicherungsbeiträge ohne Anwendung der Märzklausel

Die anteilige Beitragsbemessungsgrenze KV/PV liegt im Februar 2018 bei 8.850 EUR. Das gesamte Arbeitsentgelt 2018 inklusive der Einmalzahlung beträgt im Februar 9.000 EUR. Somit sind von der Einmalzahlung im Februar für die Kranken- und Pflegeversicherung aus (8.850 – 7.000) = 1.850 EUR Beiträge zu entrichten. Im Januar wurden bereits für 3.500 EUR laufendes Entgelt Beiträge berechnet und abgeführt.

Werden Einmalzahlungen erst nach Ablauf des Beschäftigungsverhältnisses gezahlt (Nachzahlungen) oder während ruhender Beschäftigungsverhältnisse (z.B. Elternzeit), ist die Einmalzahlung dem letzten laufenden Abrechnungszeitraum im Kalenderjahr zuzuordnen. Der letzte Abrechnungszeitraum, zu dem laufende Bezüge entstanden sind, ist für die Einmalzahlung auch dann heranzuziehen, wenn in diesem Monat zum Beispiel aufgrund von Verrechnungen kein laufendes Arbeitsentgelt mehr gezahlt wird. Bei Nachzahlungen an ausgeschiedene Mitarbeiter kann dies eine Aufrollung der letzten Entgeltabrechnung zur Folge haben.

Aufgrund der unterschiedlichen steuerlichen und sozialversicherungsrechtlichen Behandlung sind sonstige Bezüge bzw. Einmalzahlungen auf der Lohnabrechnung und im Lohnkonto getrennt vom laufenden Arbeitslohn auszuweisen.

Wichtig: Eine Besonderheit ist jedoch bei Einmalzahlungen mit Anwendung der Märzklausel für die Unfallversicherung zu berücksichtigen. In der Unfallversicherung findet die Märzklausel keine Anwendung. Das bedeutet, für die Berechnung der Beiträge gilt ausschließlich das Zuflussprinzip. Somit ist auch bei Anwendung der Märzklausel keine korrigierte Jahresmeldung an die Unfallversicherung (Meldegrund 92) erforderlich.

6.2 Wie sind Urlaubsgeld, Weihnachtsgeld oder Tantiemen abzurechnen?

Einmalige bzw. unregelmäßige Zahlungen zusätzlich zum laufenden Arbeitslohn sind steuerlich und beitragsrechtlich anders zu behandeln als laufende monatliche Zahlungen. Neben der Steuerermittlung auf Grundlage der Jahreslohnsteuerformel sind die Beiträge zu den Sozialversicherungen nur bis zur anteiligen jährlichen Beitragsbemessungsgrenze zu ermitteln. Sonstige Bezüge sind zwar zum Zeitpunkt der Zahlung zu versteuern (Zufluss Prinzip), jedoch ist für die Besteuerung der voraussichtliche Jahresarbeitslohn maßgeblich. Das heißt: Werden sonstige Bezüge vor Dezember geleistet, muss der voraussichtliche Jahresarbeitslohn **»geschätzt«** werden. Die Lohnsteuer für den sonstigen Bezug ergibt sich als Differenz aus den Steuern für den Jahresarbeitslohn ohne sonstigen Bezug und dem Jahresarbeitslohn mit dem sonstigen Bezug. Mit der Besteuerung nach der Jahreslohnsteuer soll vermieden werden, dass der Arbeitnehmer durch eine einmalige Sonderzahlung überproportional steuerlich belastet wird und ein Ausgleich eventuell erst über die Einkommensteuererklärung erfolgen kann.

Beispiel 1 !

Monika Waldmann erhält von Januar bis April ein Gehalt von 2.100 EUR und einen Zuschuss von 14 EUR zu den vermögenswirksamen Leistungen (VwL). Zusammen mit ihrem Eigenanteil von 26 EUR überweist der Arbeitgeber monatlich 40 EUR der Bausparkasse. Zum 1. Mai hat Frau Waldmann eine Lohnerhöhung um 200 EUR auf 2.300 EUR erhalten. Im Juli erhält sie ein Urlaubsgeld von 2.200 EUR. Im November soll sie ein Weihnachtsgeld von 2.300 EUR zusätzlich zum Gehalt bekommen. Frau Waldmann hat Steuerklasse 1, keine Kinder. Sie ist bei einer gesetzlichen Krankenkasse krankenversichert, die Kasse erhebt einen Zusatzbeitrag zur Krankenversicherung von 0,9%. Sie ist Mitglied einer kirchensteuerberechtigten Religionsgemeinschaft. Der Firmensitz ist in Rheinland-Pfalz. Das Unternehmen nimmt am Umlageverfahren teil. Die Umlagesätze betragen 1,9% (U1-Umlage) bzw. 0,2% (U2-Umlage). Beispielhaft soll die Entgeltabrechnung für Juli dargestellt werden.

6.2.1 Entgeltabrechnung

Abrechnung der Bruttobezüge für Juli 2018		
Ermittlung des Arbeitslohnes/Arbeitsentgeltes		
	Gehalt	2.300,00 EUR
+	Zuschuss VwL	14,00 EUR
+	Urlaubsgeld	2.200,00 EUR
=	**Bruttolohn**	**4.514,00 EUR**
	Arbeitslohn (steuerpflichtig)	4.514,00 EUR
	Arbeitsentgelt (beitragspflichtig)	4.514,00 EUR
Steuerliche Abzüge		
	Lohnsteuer (Monatslohnsteuer für 2.314 EUR bei Steuerklasse 1)	256,50 EUR
+	Solidaritätszuschlag 5,5% auf Betrag LSt. laufender Bez.	14,10 EUR
+	Kirchensteuer (9% auf Steuer für laufenden Bezug)	23,08 EUR
+	Lohnsteuer (Jahreslohnsteuer für 2.200 EUR bei Steuerklasse 1)	507,00 EUR
+	Solidaritätszuschlag 5,5% für sonstigen Bezug	27,88 EUR
+	Kirchensteuer (9% auf Steuer für sonstigen Bezug)	45,63 EUR
=	**Summe steuerrechtliche Abzüge**	**874,19 EUR**
Sozialversicherungsbeiträge		
	Krankenversicherung (½ × 14,6% von 4.514 EUR)	329,52 EUR
+	Zusatzbeitrag KV (0,9% von 4.514 EUR)	40,63 EUR
+	Pflegeversicherung (½ × 2,55% von 4.514 EUR)	57,55 EUR
+	Zuschlag zur Pflegevers. (0,25% von 4.514 EUR)	11,29 EUR
+	Rentenversicherung (½ × 18,6% von 4.514 EUR)	419,80 EUR
+	Arbeitslosenvers. (½ × 3,0% von 4.514 EUR)	67,71 EUR
=	**Summe Sozialversicherungsbeiträge (Arbeitnehmer)**	**926,50 EUR**

Gesamtabrechnung		
	Bruttolohn	4.514,00 EUR
–	Steuerrechtliche Abzüge (Arbeitnehmer)	874,19 EUR
–	Sozialversicherungsbeiträge (Arbeitnehmer)	926,50 EUR
–	Überweisung an Bausparkasse	40,00 EUR
=	**Auszahlungsbetrag**	**2.673,31 EUR**
Gesamtbelastung		
	Bruttolohn	4.514,00 EUR
+	Summe Sozialversicherungsbeiträge (Arbeitgeber)	874,58 EUR
+	Umlage U1 (1,9% × 2.314 EUR)	43,97 EUR
+	Umlage U2 (0,2% × 2.314 EUR)	4,63 EUR
+	Insolvenzgeldumlage (0,06% × 4.514 EUR)	2,71 EUR
=	**Gesamtbelastung (Arbeitgeber)**	**5.439,89 EUR**

Die Lohnsteuer auf den sonstigen Bezug ist mit der Jahreslohnsteuerformel zu ermitteln. Dazu ist zunächst der geschätzte Bruttolohn für das laufende Jahr zu bestimmen. In den voraussichtlichen Jahresbruttolohn sind bereits gezahlte sonstige Bezüge, erfolgte Lohnerhöhungen und Steuerfreibeträge einzubeziehen. Künftige Lohnerhöhungen oder bereits feststehende sonstige Bezüge in der Zukunft (z.B. Weihnachtsgeld) dürfen hingegen in die Schätzung des Jahresbruttolohnes nicht einfließen. Hat der Arbeitnehmer im laufenden Kalenderjahr bei einem anderen Arbeitgeber bereits steuerpflichtigen Arbeitslohn bezogen, ist dieser ebenfalls in die Schätzung des Jahresbruttolohnes einzubeziehen. Ist bei einem Arbeitgeberwechsel die Höhe des bei einem anderen Arbeitgeber bezogenen Arbeitslohnes nicht bekannt, darf der laufende Arbeitslohn beim jetzigen Arbeitgeber hochgerechnet werden.

Der geschätzte Jahresbruttolohn für Frau Waldmann errechnet sich wie folgt:

Lohnsteuer laut Jahreslohnsteuertabelle für geschätzten Jahresarbeitslohn		
Ermittlung des Jahresarbeitslohnes/der Jahreslohnsteuer		
	Arbeitslohn von Januar bis April (4 × 2.114 EUR)	8.456,00 EUR
+	Arbeitslohn von Mai bis Juli (3 × 2.314 EUR)	6.942,00 EUR
=	**Bruttolohn bis Juli**	**15.398,00 EUR**

	Geschätzter Jahresbruttolohn (15.398 EUR / 7) × 12	26.396,57 EUR
	Lohnsteuer lt. Jahreslohnsteuertabelle für 26.396,57 EUR	2.763,00 EUR
Ermittlung der Lohnsteuer für sonstigen Bezug		
	Geschätzter Jahresbruttolohn für Lohnsteuerberechnung	26.396,57 EUR
+	Sonstiger Bezug/Einmalzahlung	2.200,00 EUR
=	**Geschätzter Jahresbruttolohn mit sonstigem Bezug**	**28.596,57 EUR**
	Lohnsteuer lt. Jahreslohnsteuertabelle für 28.596,57 EUR	3.270,00 EUR
	Differenz der Jahreslohnsteuern (Steuer auf sonstigen Bezug: 3.270 – 2.763)	507,00 EUR

Beachten Sie: Der bereits bekannte sonstige Bezug im November (Weihnachtsgeld) wird für die Berechnung des geschätzten Jahresbruttolohnes nicht berücksichtigt. Außerdem werden steuerfreie und pauschal besteuerte Bezüge nicht in die Berechnung mit einbezogen. Bereits gezahlte sonstige Bezüge müssen in die Berechnung des Jahresarbeitslohnes einfließen.

Wäre beispielsweise im April bereits ein sonstiger Bezug in Höhe von 1.000 EUR geflossen, ergäbe sich der geschätzte Jahresarbeitslohn aus:

Ermittlung des Jahresarbeitslohnes		
	Arbeitslohn von Januar bis April (4 × 2.114 EUR)	8.456,00 EUR
+	Arbeitslohn von Mai bis Juli (3 × 2.314 EUR)	6.942,00 EUR
=	Bruttolohn bis Juli	15.398,00 EUR
	Geschätzter Jahresbruttolohn (15.398 EUR / 7) × 12	26.396,57 EUR
+	Sonstiger Bezug im April	1.000,00 EUR
=	**Geschätzter Jahresbruttolohn für Lohnsteuerberechnung**	**27.396,57 EUR**

Der sonstige Bezug im April erhöht den geschätzten Jahresarbeitslohn. Er ist jedoch aus dem bis Juli gezahlten Bruttoarbeitslohn herauszurechnen, so dass er nicht in die Durchschnittsberechnung (15.398 EUR ÷ 7) × 12 einfließt.

6.2.2 Steuerrechtliche Abzüge

Die Lohnsteuer aus dem laufenden Arbeitslohn wird aus der Monatslohnsteuerformel ermittelt. Bei der Ermittlung der Kirchensteuer und des Solidaritätszuschlags sind zusätzlich eventuelle Kinderfreibeträge oder ein Altersentlastungsbetrag zu berücksichtigen (vgl. Kapitel 5.5 bzw. 5.13). Die Lohnsteuer auf den sonstigen Bezug ergibt sich aus der Jahreslohnsteuerberechnung. Es wird die Differenz der Lohnsteuer auf den geschätzten Jahresarbeitslohn mit und ohne Urlaubsgeld gebildet. Kirchensteuer und der Solidaritätszuschlag für den sonstigen Bezug dürfen nicht um einen Kinderfrei- oder einen Altersentlastungsbetrag gekürzt werden.

Bei monatlich unterschiedlichen Lohnzahlungen ist die Vorgehensweise ähnlich wie bei einer Gehaltszahlung. Für die Ermittlung des geschätzten Jahresbruttolohnes wird die Summe aus den bereits gezahlten Monaten gebildet. Diese ist durch die Anzahl der gezahlten Monate zu dividieren und mit 12 zu multiplizieren. Das Produkt ist der durchschnittlich geschätzte Jahresbruttolohn.

Beispiel !

Monat	**Bruttolohn**
Januar	2.117 EUR
Februar	2.083 EUR
März	2.248 EUR
April	2.319 EUR
Summe	**8.767 EUR**

Der durchschnittlich geschätzte Jahresbruttolohn beträgt (8.767 EUR ÷ 4 = 2.191,75 EUR) × 12 = 26.301 EUR. Der durchschnittlich geschätzte Jahresbruttolohn entspricht dem geschätzten Jahresbruttolohn bei Gehaltszahlungen.

Beachten Sie: Auch bei der Ermittlung des durchschnittlich geschätzten Jahresbruttolohnes dürfen bereits gezahlte sonstige Bezüge nicht in die Durchschnittsberechnung einbezogen werden. Sie müssen, wie bei der Gehaltszahlung, zunächst für die Ermittlung des monatlichen Durchschnittslohnes herausgerechnet und zur Summe des geschätzten Jahresbruttolohnes addiert werden.

Durch die Versteuerung des sonstigen Bezuges nach der Jahreslohnsteuerberechnung entsteht ein kurzfristiger steuerlicher Vorteil. Würde der sonstige Bezug wie laufender Arbeitslohn behandelt, ergäbe sich auf Basis der Monatslohnsteuerberechnung ein höherer Steuerabzug.

Steuerliche Abzüge bei Versteuerung als laufender Arbeitslohn		
	Lohnsteuer (Monatslohnsteuer für 4.514 EUR bei Steuerklasse 1)	859,00 EUR
+	Solidaritätszuschlag 5,5% auf den Betrag der Lohnsteuer	47,24 EUR
+	Kirchensteuer (9% auf Steuer für laufenden Bezug)	77.31 EUR
=	**Summe steuerrechtlicher Abzüge**	**983,55 EUR**

Im Vergleich dazu entsteht bei einer Versteuerung als sonstiger Bezug ein Vorteil von 109,36 EUR.

Steuerliche Abzüge bei Versteuerung als Einmalzahlung		
	Lohnsteuer (Monatslohnsteuer für 2.314 EUR bei Steuerklasse 1)	256,50 EUR
+	Solidaritätszuschlag 5,5% auf Betrag LSt. laufender Bez.	14,10 EUR
+	Kirchensteuer (9% auf Steuer für laufenden Bezug)	23,08 EUR
+	Lohnsteuer (Jahreslohnsteuer für 2.200 EUR bei Steuerklasse 1)	507,00 EUR
+	Solidaritätszuschlag 5,5% für sonstigen Bezug	27,88 EUR
+	Kirchensteuer (9% auf Steuer für sonstigen Bezug)	45,63 EUR
=	**Summe steuerrechtliche Abzüge**	**874,19 EUR**

Die Differenz (**983,55 EUR** zu **874,19 EUR**) zwischen Versteuerung als laufender Bezug und Versteuerung als sonstiger Bezug würde der Arbeitnehmer bei seiner jährlichen Einkommensteuererklärung erstattet bekommen. Er hätte aber dem Fiskus den Betrag bis zur Erstattung zinslos zur Verfügung gestellt.

Beachten Sie: Für die Ermittlung der Lohnsteuer entsprechend der Jahreslohnsteuerberechnung ist der gesamte aufgelaufene Arbeitslohn anzusetzen. Entsprechend sind in die »Schätzung« des Jahresarbeitslohnes bereits bei Vorarbeitgebern bezogener Arbeitslohn bzw. Steuertage einzubeziehen. Die Daten können bei einem Arbeitgeberwechsel der Lohnsteuerbescheinigung entnommen werden. Liegt diese nicht vor, kann die Berechnung auf Basis der voraussichtlichen Bezüge beim aktuellen Arbeitgeber vorgenommen werden. Auf der Lohnsteuerbescheinigung bzw. im Lohnkonto ist dann jedoch der **Buchstabe »S«** zu vermerken.

6.2.3 Sozialversicherungsbeiträge

Im Sozialversicherungsrecht spricht man bei einmalig oder unregelmäßig gezahltem Bruttolohn von Einmalzahlungen. **Einmalzahlungen** unterliegen, wie das laufende Arbeitsentgelt, der Beitragspflicht zu den Sozialversicherungen. Beiträge zur Kranken-, Pflege-, Renten- und Arbeitslosenversicherung werden jedoch nur bis zu den jeweiligen Beitragsbemessungsgrenzen (BBG) erhoben. Das heißt, für jeden Sozialversicherungszweig gibt es eine Einkommensobergrenze, bis zu der Beiträge vom Arbeitsentgelt zu berechnen sind. Der Teil des Arbeitsentgeltes, der diese Obergrenzen übersteigt, ist nicht mehr beitragspflichtig. Die Beitragsbemessungsgrenzen für die Sozialversicherungen werden jährlich angepasst und liegen im Jahr 2018 in der Renten- und Arbeitslosenversicherung bei 78.000 EUR (West) bzw. 69.600 EUR (neue Bundesländer). In der Kranken- und Pflegeversicherung liegt die jährliche Grenze bundeseinheitlich bei 53.100 EUR.

Für die Beurteilung, welcher Teil des Arbeitsentgeltes beitragsfrei bleibt, werden die anteilige jährliche Beitragsbemessungsgrenze und das bereits im Kalenderjahr verbeitragte Arbeitsentgelt gegenübergestellt. Außerdem muss die Zahl der Sozialversicherungstage (SV-Tage), an denen der Arbeitnehmer sozialversicherungspflichtig beschäftigt war, bekannt sein. Die nachfolgende Tabelle zeigt die anteiligen jährlichen Beitragsbemessungsgrenzen unter der Voraussetzung, dass der Arbeitnehmer den ganzen Monat sozialversicherungspflichtig beschäftigt war (jeweils 30 SV-Tage).

Renten- und Arbeitslosenversicherung

Monat	alte Bundesländer	neue Bundesländer
Januar	6.500 EUR	5.800 EUR
Februar	13.000 EUR	11.600 EUR
März	19.500 EUR	17.400 EUR
April	26.000 EUR	23.200 EUR
...	...	...
Dezember	78.000 EUR	69.600 EUR

Kranken- und Pflegeversicherung

Monat	alle Bundesländer
Januar	4.425,00 EUR
Februar	8.850,00 EUR
März	13.275,00 EUR
April	17.700,00 EUR
...	...
Dezember	53.100,00 EUR

Ist ein Arbeitnehmer nicht den vollen Monat beschäftigt, weil er beispielsweise erst zum 15. des Monats in die Firma eintritt, muss die anteilige Monatsgrenze auf die Tagesgrenze umgerechnet werden. In diesem Fall ist nicht mehr von 30 SV-Tagen pro Monat, sondern von den Kalendertagen auszugehen. Pro Kalendertag ergeben sich im Jahr 2018 folgende Beitragsbemessungsgrenzen:

Beitragsbemessungsgrenzen pro Tag		
	alte Bundesländer	**neue Bundesländer**
Renten- und Arbeitslosenversicherung	216,67 EUR	193,33 EUR
Kranken- und Pflegeversicherung	147,50 EUR	147,50 EUR

In Beispiel 1 ergeben sich für Frau Waldmann für den Juli 2018 folgende anteilige Beitragsbemessungsgrenzen in den Sozialversicherungen:

Sozialversicherungszweig	Betrag
Anteilige BBG in der RV/ALV im Juli (7 × 6.500,00 EUR)	45.500,00 EUR
Anteilige BBG in der KV/PV im Juli (7 × 4.425,00 EUR)	30.975,00 EUR

Das bis Juli 2018 aufgelaufene Arbeitsentgelt beträgt im Beispiel von Frau Waldmann:

Ermittlung des Jahresarbeitslohns		
	Arbeitsentgelt von Januar bis April (4 × 2.114 EUR)	8.456,00 EUR
+	Arbeitsentgelt von Mai bis Juli (3 × 2.314 EUR)	6.942,00 EUR
+	Einmalzahlung	2.200,00 EUR
=	**Beitragspflichtiges Entgelt bis Juli**	**17.598,00 EUR**

Das aufgelaufene Arbeitsentgelt bis Juli (17.598 EUR) liegt unter den anteiligen jährlichen Beitragsbemessungsgrenzen für Juli (RV/ALV 45.500,00 EUR bzw. 30.975,00 EUR für KV/PV). Somit ist das Arbeitsentgelt für Juli einschließlich Urlaubsgeld voll beitragspflichtig in allen vier Sozialversicherungszweigen. Das gesamte Entgelt unterliegt ebenfalls dem Zuschlag zur Pflegeversicherung. Als Beiträge ergeben sich:

Sozialversicherungsbeiträge (für Juli 2018)		
	Krankenversicherung (½ × 14,6% von 4.514 EUR)	329,52 EUR
+	Zusatzbeitrag KV (0,9% von 4.514 EUR)	40,63 EUR
+	Pflegeversicherung (½ × 2,55% von 4.514 EUR)	57,55 EUR
+	Zuschlag zur Pflegevers. (0,25% von 4.514 EUR)	11,29 EUR
+	Rentenversicherung (½ × 18,6% von 4.514 EUR)	419,80 EUR
+	Arbeitslosenvers. (½ × 3,0% von 4.514 EUR)	67,71 EUR
=	**Summe Sozialversicherungsbeiträge (Arbeitnehmer)**	**926,50 EUR**

Obwohl das beitragspflichtige Arbeitsentgelt mit 4.514,00 EUR über der monatlichen Beitragsbemessungsgrenze von 4.425,00 EUR in der KV/PV liegt, ist das gesamte Arbeitsentgelt beitragspflichtig. Die Beitragspflicht ergibt sich durch die Unterschreitung der anteiligen BBG für Juli.

Für Arbeitnehmer ohne leibliche oder adoptierte Kinder ist ein Zuschlag von 0,25% zur Pflegeversicherung zu ermitteln. Dieser Zuschlag entsteht auf das gesamte beitragspflichtige Entgelt. Der Zuschlag wird nur von gesetzlich oder freiwillig krankenversicherten Arbeitnehmern, die keine Kinder nachweisen können, erhoben. Er ist nicht zwischen Arbeitgeber und Arbeitnehmer zu teilen, sondern geht vollständig zulasten des Arbeitnehmers. Keine Zuschlagspflicht besteht für privat krankenversicherte Arbeitnehmer.

Beachten Sie: War der Arbeitnehmer nicht das gesamte Jahr durchgängig beim gleichen Arbeitgeber beschäftigt (z.B. wegen Arbeitslosigkeit oder Wechsel des Arbeitgebers), sind nur die seit Arbeitsbeginn aufgelaufenen Arbeitsentgelte bzw. SV-Tage für die anteilige BBG zu berücksichtigen.

6.2.4 Arbeitgeberbelastung

Nimmt das Unternehmen am Umlageverfahren teil, unterliegt das laufende Entgelt bis zur Renten- / Arbeitslosenversicherungsbemessungsgrenze der

U1- und U2-Umlage. **Keine Beitragspflicht besteht für Einmalzahlungen**. Im Beispiel ergibt sich für Frau Waldmann folgende Arbeitgeberbelastung:

Gesamtbelastung (für Juli)		
	Bruttolohn	4.514,00 EUR
+	Krankenversicherung (½ × 14,6% von 4.514 EUR)	329,52 EUR
+	Pflegeversicherung (½ × 2,55% von 4.514 EUR)	57,55 EUR
+	Rentenversicherung (½ × 18,6% von 4.514 EUR)	419,80 EUR
+	Arbeitslosenversicherung (½ × 3,0% von 4.514 EUR)	67,71 EUR
=	**Summe Sozialversicherungsbeiträge (Arbeitgeber)**	**874,58 EUR**
	Umlage U1 (1,9% × 2.314 EUR)	43,97 EUR
+	Umlage U2 (0,2% × 2.314 EUR)	4,63 EUR
+	Insolvenzgeldumlage (0,06% × 4.514 EUR)	2,71 EUR
=	**Summe Umlagen**	**51,31 EUR**
	Gesamtbelastung (Arbeitgeber)	**5.439,89 EUR**

Zur Gesamtarbeitgeberbelastung hinzu kommt der anteilige Beitrag zur Berufsgenossenschaft und unter Umständen die Schwerbehindertenausgleichsabgabe. Außerdem ist die Insolvenzgeldumlage mit einzubeziehen. Der Beitrag zur Insolvenzgeldumlage wurde für das Jahr 2018 auf 0,06% des rentenversicherungspflichtigen Entgelts festgesetzt. Einmalzahlungen unterliegen **nicht** der U1/U2-Umlage, wohl aber der Insolvenzgeldumlage. Die Umlage U1 ist nur von Unternehmen, die durchschnittlich maximal 30 Mitarbeiter in Vollzeit beschäftigen, zu entrichten. Im Bau- und Baunebengewerbe sind noch die Beiträge zur ZVK zu berücksichtigen. Außerdem sind gegebenenfalls Rückstellungen für Urlaub und eine betriebliche Altersvorsorge in die Arbeitgeberbelastung mit aufzunehmen. Werden Beiträge an die Künstlersozialkasse geleistet, können diese in die Arbeitgeberbelastung aufgenommen werden.

Die anteilige Beitragsbemessungsgrenze ist nicht nur bei Einmalzahlungen von Bedeutung. Hat der Arbeitnehmer laufende monatliche Bezüge über 4.425,00 EUR bzw. 6.500,00 EUR (Ost 5.800 EUR), sind nur Beiträge bis zur jeweiligen Bemessungsgrenze zu ermitteln. Wird darüber hinaus eine Einmalzahlung gewährt, ist diese vollständig beitragsfrei.

6.3 Wie ist eine Abfindung abzurechnen?

Eine besondere Form des sonstigen Bezuges bzw. der Einmalzahlung sind Abfindungen. Abfindungen sind Zahlungen an den Arbeitnehmer als Entschädigung für die Auflösung seines Arbeitsverhältnisses. Abfindungen sind steuerpflichtiger Arbeitslohn. Da es sich bei Abfindungen um Arbeitslohn (rückwirkend) für mehrere Jahre handelt, ist eine Versteuerung nach der sogenannten **Fünftel-Methode** möglich. Bei der Fünftel-Methode ist nur 1/5 des sonstigen Bezuges steuerpflichtiger Arbeitslohn. Entsprechend §34 Abs. 1 EStG ist die Lohnsteuer auf den steuerpflichtigen Teil dann aber zu verfünffachen. Im Unterschied zum sonstigen Bezug wird für die Besteuerung in der Regel nicht der »voraussichtliche« Jahresarbeitslohn ermittelt, sondern nur der bis zum Zeitpunkt der Abfindung geflossene Arbeitslohn. Bei dieser »Fiktion« wird unterstellt, dass kein weiteres steuerpflichtiges Beschäftigungsverhältnis im laufenden Kalenderjahr aufgenommen wird. Voraussetzung für die Anwendung der Fünftel-Methode ist eine Zusammenballung von Einkünften. Kriterium für die **Zusammenballung von Einkünften** ist, dass mit der Abfindung der normale Jahresarbeitslohn überschritten wird. Für die Anwendung der Fünftel-Methode ist also immer zu prüfen, wie hoch die Einkünfte bei Fortbestand der Beschäftigung bis zum Jahresende gewesen wären. Ergibt diese **»Günstigerprüfung«** keinen steuerlichen Vorteil gegenüber einer Versteuerung als sonstiger Bezug, darf die Fünftel-Methode nicht angewandt werden. Der Arbeitgeber muss deshalb neben der Prüfung auf Zusammenballung eine Vergleichsrechnung zum sonstigen Bezug durchführen.

Beachten Sie: Die Fünftel-Methode darf nur angewendet werden, wenn die Günstigerprüfung eine Vorteilhaftigkeit für den Arbeitnehmer ergibt.

Abfindungen sind in den Sozialversicherungen begünstigt, wenn die Abfindung für den Verlust des Arbeitsplatzes gezahlt wird. Abfindungen sind daher nicht beitragspflichtig zur Kranken-, Pflege-, Renten- und Arbeitslosenversicherung. Der steuerpflichtige Teil der Abfindung ist nach Urteilen des Bundesarbeitsgerichtes und des Bundessozialgerichtes ebenfalls **kein** beitragspflichtiges Arbeitsentgelt, weil die Abfindung für den Verlust des Arbeitsplatzes und damit für Zeiten nach dem Ende des Arbeitsverhältnisses gezahlt wird.

Beispiel 1 !

Der Arbeitgeber veranlasst nach einer achtjährigen Betriebszugehörigkeit die Auflösung des Arbeitsverhältnisses von Monika Waldmann zum 31.08.2018. Bis August zahlt er ihr ein monatliches Gehalt von 2.800 EUR. Mit dem Gehalt im August wird eine Abfindung von 12.200 EUR bezahlt. Außerdem erhält sie jeden Monat neben ihrem Gehalt einen Zuschuss von 14 EUR zu den vermögenswirksamen Leistungen

(VwL). Der Zuschuss wird zusammen mit dem Arbeitnehmeranteil von 26 EUR der Bausparkasse überwiesen. Im Mai hatte Frau Waldmann bereits einen sonstigen Bezug (Urlaubsgeld) in Höhe von 2.200 EUR bekommen. Für November ist ihr vertraglich ein Weihnachtsgeld von 2.400 EUR zugesichert. Das Weihnachtsgeld erhält sie anteilig (8/12) mit der letzten Abrechnung im August ausbezahlt. Frau Waldmann hat Steuerklasse 1 und keine Kinder. Sie ist bei einer gesetzlichen Krankenkasse pflichtversichert und gehört einer kirchensteuerberechtigten Glaubensgemeinschaft an. Die Krankenkasse erhebt einen Zusatzbeitrag zur Krankenversicherung von 0,9%. Als Bundesland für den Firmensitz wird Rheinland-Pfalz angenommen. Das Unternehmen nimmt am Umlageverfahren teil – die Umlagesätze liegen bei 1,9% (U1) und 0,2% (U2).

6.3.1 Entgeltabrechnung

Abrechnung der Bruttobezüge für August		
Ermittlung des Arbeitslohnes/Arbeitsentgeltes		
	Gehalt	2.800,00 EUR
+	Zuschuss VwL	14,00 EUR
+	Abfindung (steuerpflichtig)	12.200,00 EUR
+	Weihnachtsgeld (anteilig)	1.600,00 EUR
=	**Bruttolohn**	**16.614,00 EUR**
	Arbeitslohn (steuerpflichtig)	16.614,00 EUR
	Arbeitsentgelt (beitragspflichtig)	4.414,00 EUR
Steuerliche Abzüge		
	Lohnsteuer (laufender Bezug für 2.814 EUR bei Steuerklasse 1)	376,91 EUR
+	Solidaritätszuschlag 5,5% auf Betrag der Lohnsteuer laufender Bezug	20,73 EUR
+	Kirchensteuer (9% auf Steuer für laufenden Bezug)	33,92 EUR
+	Lohnsteuer für sonstigen Bezug (anteiliges Weihnachtsgeld)	415,00 EUR
+	Solidaritätszuschlag auf LSt. für sonstigen Bezug	22,82 EUR
+	Kirchensteuer auf LSt für sonstigen Bezug	37,35 EUR
+	Lohnsteuer für Abfindung (5 × 636 EUR)	3.180,00 EUR
+	Solidaritätszuschlag (5,5%) auf Lohnsteuerbetrag für Abfindung	174,90 EUR
+	Kirchensteuer (9%) auf Lohnsteuerbetrag für Abfindung	286,20 EUR
=	**Summe steuerrechtliche Abzüge**	**4.547,83 EUR**

	Abrechnung der Bruttobezüge für August	
	Sozialversicherungsbeiträge	
	Krankenversicherung (½ × 14,6% von 4.414 EUR)	322,22 EUR
+	Zusatzbeitrag KV (0,9% von 4.414 EUR)	39,73 EUR
+	Pflegeversicherung (½ × 2,55% von 4.414 EUR)	56,28 EUR
+	Zuschlag zur Pflegevers. (0,25% von 4.414 EUR)	11,04 EUR
+	Rentenversicherung (½ × 18,6% von 4.414 EUR)	410.50 EUR
+	Arbeitslosenvers. (½ × 3,0% von 4.414 EUR)	66,21 EUR
=	**Summe Sozialversicherungsbeiträge (Arbeitnehmer)**	**905,98 EUR**
	Gesamtabrechnung	
	Bruttolohn	16.614,00 EUR
–	Steuerrechtliche Abzüge (Arbeitnehmer)	4.547,83 EUR
–	Sozialversicherungsbeiträge (Arbeitnehmer)	905,98 EUR
–	Überweisung an Bausparkasse	40,00 EUR
=	**Auszahlungsbetrag**	**11.120,19 EUR**
	Gesamtbelastung	
	Bruttolohn	16.614,00 EUR
+	Sozialversicherungsbeiträge AG (von 4.414 EUR)	855,21 EUR
+	Umlage U1 (1,9% × 2.814 EUR)	53.47 EUR
+	Umlage U2 (0,2% × 2.814 EUR)	5,63 EUR
+	Insolvenzgeldumlage (0,06% × 4.414 EUR)	2,65 EUR
=	**Gesamtbelastung (Arbeitgeber)**	**17.530,96 EUR**

Die Abfindung unterliegt vollständig der Lohnsteuer, sie kann jedoch mit der Fünftel-Methode versteuert werden. Voraussetzung für die Anwendung der Fünftel-Methode ist eine Zusammenballung von Einkünften. Das Kriterium der Zusammenballung ist erfüllt, wenn der aufgelaufene Arbeitslohn plus Abfindung den voraussichtlichen Jahresarbeitslohn übersteigt. Dazu ist zunächst der Arbeitslohn zu ermitteln, welcher bei Fortbestand der Beschäftigung bis zum Jahresende geflossen wäre.

Ermittlung des Arbeitslohnes bei Weiterbeschäftigung		
	Bruttoarbeitslohn (12 × 2.814 EUR)	33.768,00 EUR
+	Sonstiger Bezug im Mai	2.200,00 EUR
+	Sonstiger Bezug im November (lt. Vertrag)	2.400,00 EUR
=	**Jahresbruttoarbeitslohn (ohne Austritt)**	**38.368,00 EUR**
Ermittlung des Arbeitslohnes bei Austritt		
	Bruttoarbeitslohn (8 × 2.814 EUR)	22.512,00 EUR
+	Sonstiger Bezug im Mai	2.200,00 EUR
+	Anteiliger sonstiger Bezug (Weihnachtsgeld)	1.600,00 EUR
+	Abfindung	12.200,00 EUR
=	**Jahresbruttoarbeitslohn (bei Austritt)**	**38.512,00 EUR**

Der Jahresbruttoarbeitslohn mit der Abfindung übersteigt den Jahresarbeitslohn bei fortbestehendem Beschäftigungsverhältnis. Somit ist das Kriterium der Zusammenballung erfüllt und die Fünftel-Methode kann angewendet werden.

6.3.2 Steuerrechtliche Abzüge

Die Lohnsteuer auf den laufenden Arbeitslohn wird aus der Monatslohnsteuerformel ermittelt. Bei der Ermittlung der Kirchensteuer und des Solidaritätszuschlags sind zusätzlich eventuelle Kinderfreibeträge oder ein Altersentlastungsbetrag zu berücksichtigen (vgl. Kapitel 5.5 bzw. Kapitel 5.13).

Steuerrechtliche Abzüge für den laufenden Bezug		
	Lohnsteuer (laufender Bezug für 2.814 EUR bei Steuerklasse 1)	376,91 EUR
+	Solidaritätszuschlag 5,5% auf Betrag der Lohnsteuer laufender Bezug	20,73 EUR
+	Kirchensteuer (9% auf Steuer für laufenden Bezug)	33,92 EUR
=	**Summe steuerrechtliche Abzüge**	**431,56 EUR**

Die Lohnsteuer für den sonstigen Bezug (anteiliges Weihnachtsgeld) ergibt sich aus der Jahreslohnsteuer. Für den Steuerabzug ist zunächst der maßgebende laufende Jahresbruttoarbeitslohn zu ermitteln.

Im Laufe des Jahres bereits geleistete sonstige Bezüge sind in der Steuerbasis zu berücksichtigen. Der sonstige Bezug unterliegt der Besteuerung nach der

Jahreslohnsteuer ohne eine Anwendung der Fünftel-Methode. In Beispiel 1 ergibt sich die Lohnsteuer auf das anteilige Weihnachtsgeld aus:

Ermittlung des Arbeitslohnes		
	Bruttoarbeitslohn (12 × 2.814 EUR)	33.768,00 EUR
+	Sonstiger Bezug im Mai	2.200,00 EUR
=	**Jahresbruttoarbeitslohn (ohne Austritt)**	**35.968,00 EUR**
	Lohnsteuer (Jahreslohnsteuer f. 35.968 EUR bei Steuerklasse 1)	5.081,00 EUR
Ermittlung Lohnsteuer auf sonstigen Bezug		
	Jahresbruttoarbeitslohn (bis Jahresende)	35.968,00 EUR
+	Sonstiger Bezug (anteiliges Weihnachtsgeld)	1.600,00 EUR
=	**Jahresbruttoarbeitslohn (ohne Abfindung mit sonst. Bez.)**	**37.568,00 EUR**
	Lohnsteuer (lt. Jahrestabelle f. 37.568 EUR bei Steuerklasse 1)	5.496,00 EUR
	Lohnsteuer für sonstigen Bezug (5.496 EUR – 5.081,00 EUR)	415,00 EUR
+	Solidaritätszuschlag auf LSt. für sonstigen Bezug	22,82 EUR
+	Kirchensteuer auf LSt. für sonstigen Bezug	37,35 EUR
=	**Summe steuerrechtliche Abzüge für sonstigen Bezug**	**475,17 EUR**

Beachten Sie: Für die Ermittlung der Lohnsteuer auf die Einmalzahlung / Abfindung wird auf den »voraussichtlichen« Jahresarbeitslohn bei Fortbestand des Arbeitsverhältnisses abgestellt. In Beispiel 1 wird unterstellt, dass im Jahr 2018 ein weiteres steuerpflichtiges Beschäftigungsverhältnis aufgenommen wird. Es wäre auch zulässig, als Berechnungsgrundlage den aufgelaufenen Arbeitslohn bis zum Zeitpunkt des Austritts heranzuziehen (im Beispiel: 8 × 2.814 EUR + 2.200 = 24.712 EUR). Tritt der Arbeitnehmer im laufenden Kalenderjahr eine steuerpflichtige Beschäftigung bei einem anderen Arbeitgeber an, ist dann aber bei einer Einkommensteuererklärung mit einer Steuernachzahlung zu rechnen.

Für die Ermittlung der Lohnsteuer auf die Abfindung sind alle bereits geleisteten laufenden Bezüge, die Einmalzahlung im Mai und der sonstige Bezug zum Zeitpunkt der Abfindung zu berücksichtigen. Der aufgelaufene Jahresarbeitslohn inklusive aller sonstigen Bezüge ggf. abzüglich eines Jahressteuerfreibetrags aus der ELStAM-Datenbank ist die Steuerbasis 1. Von dieser Steuerbasis ist die Lohnsteuer aus der Jahreslohnsteuerformel zu ermitteln.

Versteuerung nach der Fünftel-Methode		
Ermittlung des Arbeitslohnes/Arbeitsentgeltes		
	Bruttoarbeitslohn (12 × 2.814 EUR)	33.768,00 EUR
+	Sonstiger Bezug im Mai	2.200,00 EUR
=	**Jahresbruttoarbeitslohn (ohne Austritt)**	**35.968,00 EUR**
	Lohnsteuer (Jahreslohnsteuer für 35.968 EUR bei Steuerklasse 1)	5.081,00 EUR
Ermittlung Lohnsteuer auf Abfindung		
	Jahresbruttoarbeitslohn (mit sonstigen Bezügen)	35.968,00 EUR
+	1/5 Abfindung	2.440,00 EUR
=	**Jahresbruttoarbeitslohn (mit Abfindung)**	**38.408,00 EUR**
	Lohnsteuer (Jahreslohnsteuer für 38.408 EUR bei Steuerklasse 1)	5.717,00 EUR
	Lohnsteuer für 1/5 der Abfindung (5.717,00 EUR – 5.081,00 EUR)	636,00 EUR
	Lohnsteuer für Abfindung (5 × 636 EUR)	3.180,00 EUR
+	Solidaritätszuschlag auf LSt. für Abfindung	174,90 EUR
+	Kirchensteuer auf LSt. für Abfindung	286,20 EUR
=	**Summe steuerrechtliche Abzüge für Abfindung**	**3.641,10 EUR**

Bei der Lohnsteuerermittlung nach der 1/5-Regelung ist zunächst die Lohnsteuer aus 1/5 des Abfindungsbetrages über die Jahreslohnsteuer zu ermitteln. Der sich ergebende Steuerbetrag muss verfünffacht werden. Wie bei anderen sonstigen Bezügen ist es nicht zulässig, die Lohnsteuer für die Ermittlung der Kirchensteuer und des Solidaritätszuschlags um eventuelle Kinderfreibeträge oder einen Altersentlastungsbetrag zu kürzen.

Beachten Sie: Der sonstige Bezug im Mai wird nicht bei der Kumulierung des Jahresarbeitslohnes berücksichtigt, sondern fließt nur in den maßgebenden Jahresbruttoarbeitslohn ein.

Bei der Kumulierung des Jahresbruttolohnes fließen die aufgelaufenen laufenden Bezüge ein. Es wird, wie bei anderen sonstigen Bezügen, eine »Schätzung« des voraussichtlichen Jahresarbeitslohnes auf Basis der bisherigen Bezüge angestellt. Neben der Prüfung auf eine Zusammenballung von Bezügen ist die Günstigerprüfung durchzuführen. Bei der Günstigerprüfung ist die »Versteuerung nach der Fünftel-Methode« einer »Versteuerung als sonstiger Bezug« gegenüberzustellen. Würde die Abfindung als sonstiger Bezug und nicht mit der Fünftel-Methode besteuert, ergäbt sich folgender steuerlicher Abzug:

Günstigerprüfung bei Versteuerung als sonstiger Bezug		
Ermittlung des Arbeitslohnes/Arbeitsentgeltes bei Austritt		
	Bruttoarbeitslohn (12 × 2.814 EUR)	33.768,00 EUR
+	Sonstiger Bezug im Mai	2.200,00 EUR
+	Sonstiger Bezug im August (anteiliges Weihnachtsgeld)	1.600,00 EUR
=	**Jahresbruttoarbeitslohn**	**37.568,00 EUR**
	Lohnsteuer (Jahreslohnsteuer f. 37.568 EUR bei Steuerklasse 1)	5.496,00 EUR
Ermittlung Lohnsteuer auf Abfindung		
	Jahresbruttoarbeitslohn (mit sonstigem Bezug)	37.568,00 EUR
+	Abfindung	12.200,00 EUR
=	**Jahresbruttoarbeitslohn (mit Abfindung)**	**49.768,00 EUR**
	Lohnsteuer (lt. Jahrestabelle f. 49.768 EUR bei Steuerklasse 1)	8.922,00 EUR
	Lohnsteuer für Abfindung (8.922 EUR – 5.496 EUR)	3.426,00 EUR
+	Solidaritätszuschlag auf Betrag der LSt. für Abfindung	188,43 EUR
+	Kirchensteuer auf Betrag der LSt. für Abfindung	308,34 EUR
=	**Summe steuerrechtliche Abzüge für Abfindung**	**3.922,77 EUR**

Die Günstigerprüfung zeigt, dass eine Versteuerung mit der Fünftel-Methode im Beispiel für den Mitarbeiter vorteilhafter ist: 3.180,00 EUR ist geringer als 3.426,00 EUR.

Die Möglichkeit zur Anwendung der sogenannten Fünftel-Methode ist jedoch nur dann gegeben, wenn der Arbeitnehmer nicht selbst kündigt, es sich nicht ohnehin um ein Zeitarbeitsverhältnis handelt und der Arbeitnehmer nicht das Rentenalter erreicht hat.

Die Kirchensteuer ist für den Mitarbeiter nur zu berücksichtigen, wenn er einer steuerberechtigten Glaubensgemeinschaft angehört und diese auf der Lohnsteuerkarte eingetragen ist. Die Kirchensteuer beträgt im Bundesland Rheinland-Pfalz 9% auf den Betrag der Lohnsteuer. Gegebenenfalls sind bei der Kirchensteuer auf den laufenden Arbeitslohn Kinderfreibeträge zu berücksichtigen. Diese werden nicht berücksichtigt für die Kirchensteuerberechnung auf sonstige Bezüge oder Abfindungen.

! **Tipp**

Wird eine Versteuerung der Abfindung mit dem steuerpflichtigen Arbeitslohn bis zum Austritt durchgeführt, ist dies zunächst für den Mitarbeiter steuerlich günstiger. Wird der Arbeitnehmer nach dem Austritt in einem anderen Unternehmen beschäftigt, kann dies zu einer Steuernachzahlung in der Einkommensteuererklärung führen. Die Schätzbasis für den Jahresarbeitslohn verändert sich nachträglich, was zu einer höheren Steuer auf den sonstigen Bezug führen kann. Aus diesem Grund verwenden viele EDV-Programme als Schätzbasis nicht den Jahresarbeitslohn bis zum Austritt, sondern führen die Schätzung auf Basis des Jahresarbeitslohns ohne Austritt durch.

6.3.3 Sozialversicherungsbeiträge

Abfindungen sind in der Regel vollständig von Beiträgen zur Sozialversicherung ausgenommen. Das heißt: Trotz Steuerpflicht bleiben Abfindungszahlungen in voller Höhe von Beiträgen zu den Sozialversicherungen befreit. Sind die Voraussetzungen des §3 Nr. 9 EStG für eine Abfindung erfüllt, erhöht die Abfindung nicht das Arbeitsentgelt. Anders sind dagegen Zahlungen von rückständigem Arbeitsentgelt anlässlich einer einvernehmlichen Beendigung von Arbeitsverhältnissen oder der gerichtlichen Auflösung im Kündigungsschutzprozess zu beurteilen. Diese Zahlungen sind sozialversicherungspflichtiges laufendes Arbeitsentgelt und unterliegen somit der Beitragspflicht. Abfindungen, die bei einem weiteren Bestehen eines versicherungspflichtigen Beschäftigungsverhältnisses – z.B. nach einer Änderungskündigung oder nach einer einvernehmlichen Änderung des Arbeitsvertrages – gezahlt werden, sind Arbeitsentgelt im Sinne des Sozialversicherungsrechts. Im Beispiel von Frau Waldmann sind das laufende Gehalt, der Zuschuss zu den VwL und die Einmalzahlung in der Kranken-, Pflege-, Renten- und Arbeitslosenversicherung beitragspflichtiges Arbeitsentgelt, nicht jedoch die Abfindung.

Werden beim Austritt andere Einmalzahlungen, wie Urlaubsabgeltung oder anteiliges Weihnachtsgeld, bezahlt, unterliegen diese bis zur anteiligen jährlichen Beitragsbemessungsgrenze den Beiträgen zu den Sozialversicherungen (vgl. Kapitel 6.1). Im Beispiel von Frau Waldmann unterliegen somit der laufende Bezug und das anteilige Weihnachtsgeld der Sozialversicherung. Für die Berechnung der Beiträge ist die anteilige Beitragsbemessungsgrenze für August 2018 heranzuziehen. Diese beträgt in der:

alte Bundesländer	neue Bundesländer
Renten- und Arbeitslosenversicherung	Renten- und Arbeitslosenversicherung
52.000 EUR	46.400 EUR
Kranken- und Pflegeversicherung	Kranken- und Pflegeversicherung
35.400 EUR	35.400 EUR

Das bis Ende August aufgelaufene beitragspflichtige Entgelt beträgt:

Ermittlung des Arbeitslohnes/Arbeitsentgeltes bei Austritt		
	Bruttoarbeitslohn (8 × 2.814 EUR)	22.512,00 EUR
+	Sonstiger Bezug im Mai	2.200,00 EUR
+	Sonstiger Bezug im August (anteiliges Weihnachtsgeld)	1.600,00 EUR
=	**Beitragspflichtiges Entgelt (bis zum Austritt)**	**26.312,00 EUR**

Das aufgelaufene beitragspflichtige Entgelt liegt, inklusive des anteiligen Weihnachtsgelds, unter der anteiligen jährlichen Beitragsbemessungsgrenze sowohl von der Kranken- und Pflegeversicherung als auch von der Renten- und Arbeitslosenversicherung. Somit ist die gesamte Einmalzahlung beitragspflichtiges Entgelt. Der Zuschlag zur Pflegeversicherung für Arbeitnehmer ohne Kinder ist im Beispiel zu berücksichtigen. Den Zuschlag trägt Frau Waldmann alleine. Die Abfindung ist kein beitragspflichtiges Entgelt und wird somit nicht bei der Ermittlung des Zuschlags berücksichtigt.

6.3.4 Arbeitgeberbelastung

Die Anwendung der Fünftel-Methode setzt voraus, dass die Abfindung einen »Schadensersatz« für entgangene Einkünfte darstellt. Es muss aus dem Aufhebungsvertrag klar hervorgehen, dass die Abfindung alle bestehenden und künftigen Forderungen abgelten soll. Wird ein Arbeitnehmer mit sofortiger Wirkung von seinen Pflichten freigestellt und erhält bis zum Ablauf der gesetzlichen Kündigungsfrist seinen Lohn fortgezahlt, können diese Zahlungen, auch wenn sie als Einmalzahlungen gewährt werden, nicht mit der Fünftel-Methode versteuert werden.

Abfindungen müssen auf der Lohnabrechnung gesondert ausgewiesen werden. Auch die Versteuerung als sonstiger Bezug und die Einbehaltung des fünffachen Steuerbetrages müssen aus dem Lohnkonto des Arbeitnehmers hervorgehen. Auf der Lohnsteuerbescheinigung wird der steuerpflichtige Teil der Abfindung in Zeile 10 ausgewiesen. Die aus dem steuerpflichtigen Teil einbehaltene Lohnsteuer, Kirchensteuer und der Solidaritätszuschlag sind in den Zeilen 11 bis 13 zu vermerken. Bei einer Besteuerung als sonstiger Bezug ist die Abfindung in den Zeilen 3 und 19 auf der Lohnsteuerbescheinigung auszuweisen. Für den Arbeitgeber von Frau Waldmann ergibt sich im August folgende Arbeitgeberbelastung:

Übersicht der Arbeitgeberbelastung (im August)		
Gesamtbelastung		
	Bruttolohn	16.614,00 EUR
	Krankenversicherung (½ × 14,6% von 4.414 EUR)	322,22 EUR
+	Pflegeversicherung (½ × 2,55% von 4.414 EUR)	56,28 EUR
+	Rentenversicherung (½ × 18,6% von 4.414 EUR)	410,50 EUR
+	Arbeitslosenvers. (½ × 3,0% von 4.414 EUR)	66,21 EUR
=	**Summe Sozialversicherungsbeiträge (Arbeitgeber)**	**855,21 EUR**
	Umlage U1 (1,9% × 2.814 EUR)	53.47 EUR
+	Umlage U2 (0,2% × 2.814 EUR)	5,63 EUR
+	Insolvenzgeldumlage (0,06% × 4.414 EUR)	2.65 EUR
=	**Summe Umlagen**	**61,75 EUR**
	Gesamtbelastung	**17.530,96 EUR**

Der Arbeitgeberanteil zu den Sozialversicherungen im August ergibt sich **ohne** den Zuschlag von 0,25% zur Pflegeversicherung. Der Beitrag zur Krankenversicherung (7,3%) ist ohne den Zusatzbeitrag zu berechnen. Umlagen U1/U2 bemessen sich nur aus dem laufenden Arbeitsentgelt. Einmalzahlungen und sozialversicherungsfreie Lohnbestandteile unterliegen nicht der Umlagepflicht. Die Insolvenzgeldumlage bemisst sich am rentenversicherungspflichtigen Entgelt. Somit ist für das anteilige Weihnachtsgeld die Insolvenzgeldumlage zu entrichten. Der steuerpflichtige Teil einer Abfindung gehört zum meldepflichtigen Arbeitsentgelt für die Berufsgenossenschaft. Er erhöht die Lohnsumme, sofern diese nicht über dem meldepflichtigen Höchstbetrag liegt (siehe Kapitel 12.5). Für die Gesamtbelastung ist unter Umständen auch eine Schwerbehindertenausgleichsabgabe zu berücksichtigen. Außerdem sind im Bau- und Baunebengewerbe die ZVK und die darauf entfallende Pauschalsteuer zu berücksichtigen. Für Unternehmen mit bis zu 30 Vollzeitbeschäftigten ist die Umlage U1 einzubeziehen. Zu prüfen ist auch, ob ggf. die Beiträge zur Künstlersozialabgabe in die Gesamtbelastung mit einbezogen werden müssen.

6.4 Wie ist Arbeitslohn für mehrere Jahre abzurechnen?

Arbeitslohn für mehrere Jahre ist eine weitere Sonderform eines sonstigen Bezugs bzw. einer Einmalzahlung. Jubiläumsgeschenke für langjährige Betriebszugehörigkeit, Tantiemen für mehrere Jahre oder Erfindervergütungen für mehrjährige Entwicklungsarbeit sind einige Beispiele für Arbeitslohn, der mehreren Kalenderjahren zuzurechnen ist. Immer dann, wenn Arbeitslohn für Leistungen gezahlt wird, die sich über mehr als ein Kalenderjahr erstrecken, handelt es sich um Arbeitslohn für mehrere Jahre. Diese Sonderform des sonstigen Bezuges kann mit der Fünftel-Methode versteuert werden.

Bei einer Besteuerung nach der Fünftel-Methode ist nur der fünfte Teil des steuerpflichtigen sonstigen Bezuges der Lohnsteuer zu unterwerfen. Die sich ergebende Lohnsteuer ist dann aber zu verfünffachen. Ziel dieses Verfahrens ist es, im Vergleich zu einer Besteuerung als sonstiger Bezug, die Steuerprogression abzuschwächen. Der Einkommensteuertarif und somit der Lohnsteuertarif sind zunehmend ansteigend (progressiv). Das heißt: Liegt der jährliche Arbeitslohn über einem Grundfreibetrag von 9.000 EUR (18.000 EUR für Verheiratete), ist dieser mit dem Eingangssteuersatz von 14,0% zu versteuern. Je höher der jährliche Arbeitslohn, desto höher ist der darauf entfallende Lohnsteuersatz. Der Spitzensteuersatz von 42% wird erreicht bei einem jährlich zu versteuernden Einkommen von:

- 54.950 EUR bei Ledigen
- 109.900 EUR bei Verheirateten

Bei der Ermittlung des zu versteuernden Einkommens sind der Grundfreibetrag und eventuelle andere Freibeträge zu berücksichtigen. Zusätzlich wird ein Steuerzuschlag von 3% für Einkommen von mehr als 260.532 EUR (Ledige) bzw. 521.064 EUR (Verheiratete) erhoben. Für diesen Personenkreis liegt der Spitzensteuersatz bei 45%. Das bedeutet, der 260.532 EUR übersteigende Teil der Einkünfte wird mit einem Steuerzuschlag von 3% belegt. Liegt beispielsweise das steuerpflichtige Jahreseinkommen eines Ledigen bei 400.000 EUR, so ist auf 139.468 EUR ein Zuschlag von 3%, also 4.184,04 EUR, zu bezahlen. Ausgenommen von dieser Änderung werden Einkünfte aus Gewerbebetrieb und selbstständiger Arbeit.

Beispiel !

Frau Waldmann ist 10 Jahre in ihrer Firma tätig. Anlässlich ihres zehnjährigen Betriebsjubiläums erhält sie im Mai neben dem monatlichen Gehalt in Höhe von 4.100 EUR ein Jubiläumsgeschenk von 2.000 EUR. Zusätzlich zum Gehalt zahlt der Arbeitgeber einen Zuschuss zu den vermögenswirksamen Leistungen (VwL) von 14 EUR. Die VwL überweist der Arbeitgeber mit dem Arbeitnehmeranteil von 26 EUR direkt an die Bausparkasse. Frau Waldmann hat Steuerklasse 1 und keine Kinder. Sie ist bei einer gesetzlichen Krankenkasse pflichtversichert und gehört einer kirchensteuerberechtigten Glaubensgemeinschaft an. Die Krankenkasse erhebt einen Zusatzbeitrag von 0,9% des Arbeitsentgelts. Als Bundesland des Firmensitzes wird Berlin angenommen. Das Unternehmen nimmt am Umlageverfahren U1/U2 teil. Die Umlagesätze bei der Krankenkasse betragen 1,9% (U1) und 0,2% (U2) des beitragspflichtigen Arbeitsentgelts.

6.4.1 Entgeltabrechnung

Abrechnung der Bruttobezüge für Mai		
Ermittlung des Arbeitslohnes/Arbeitsentgeltes		
	Arbeitslohn von Januar bis Mai (5 × 4.114 EUR)	20.570,00 EUR
	Geschätzter Jahresarbeitslohn (20.570 EUR ÷ 5) × 12	49.368,00 EUR
	Geschätzter Jahresarbeitslohn + 1/5 sonstiger Bezug	49.768,00 EUR
	Gehalt	4.100,00 EUR
+	Zuschuss VwL	14,00 EUR
+	Jubiläumszuwendung	2.000,00 EUR
=	**Bruttolohn**	**6.114,00 EUR**
	Arbeitslohn (steuerpflichtig)	6.114,00 EUR
	Arbeitsentgelt (beitragspflichtig)	6.114,00 EUR
Steuerliche Abzüge		
	Lohnsteuer (Monatslohnsteuer für 4.114 EUR bei Steuerklasse 1)	733,50 EUR
+	Solidaritätszuschlag 5,5% auf Betrag LSt. für laufenden Bezug	40,34 EUR
+	Kirchensteuer (9% auf Steuer für laufenden Bezug)	66,01 EUR
+	Lohnsteuer (Jahreslohnsteuer für 2.000 EUR mit 1/5-Methode)	603,00 EUR
+	Solidaritätszuschlag 5,5% für sonstigen Bezug	33.16 EUR
+	Kirchensteuer (9% auf Steuer für sonstigen Bezug)	54,27 EUR
=	**Summe steuerrechtliche Abzüge**	**1.530,28 EUR**
Sozialversicherungsbeiträge		
	Krankenversicherung (½ × 14,6% von 5.669 EUR)	413,84 EUR
+	Zusatzbeitrag KV (0,9% von 5.669 EUR)	51,03 EUR
+	Pflegeversicherung (½ × 2,55% von 5.669 EUR)	72,28 EUR
+	Zuschlag zur Pflegevers. (0,25% von 5.669 EUR)	14,17 EUR
+	Rentenversicherung (½ × 18,6% von 6.114 EUR)	568,60 EUR

+	Arbeitslosenvers. (½ × 3,0% von 6.114 EUR)	91,71 EUR
=	**Summe Sozialversicherungsbeiträge (Arbeitnehmer)**	**1.211,63 EUR**
Gesamtabrechnung		
	Bruttolohn	6.114,00 EUR
–	Steuerrechtliche Abzüge (Arbeitnehmer)	1.530,28 EUR
–	Sozialversicherungsbeiträge (Arbeitnehmer)	1.211,63 EUR
–	Überweisung an Bausparkasse	40,00 EUR
=	**Auszahlungsbetrag**	**3.332,09 EUR**
Gesamtbelastung		
	Bruttolohn	6.114,00 EUR
+	Sozialversicherungsbeiträge AG (von 6.114 EUR)	1.146,43 EUR
+	Umlage U1 (1,9% × 4.114 EUR)	78,17 EUR
+	Umlage U2 (0,2% × 4.114 EUR)	8,23 EUR
+	Insolvenzgeldumlage (0,06% × 6.114 EUR)	3,67 EUR
=	**Gesamtbelastung (Arbeitgeber)**	**7.350,50 EUR**

Die Jubiläumszuwendung anlässlich des zehnjährigen Firmenjubiläums von Frau Waldmann kann als Arbeitslohn für mehrere Jahre mit der Fünftel-Methode versteuert werden. Für die Anwendung der Fünftel-Methode muss zunächst der voraussichtliche Jahresbruttolohn ermittelt werden. Dieser ergibt sich durch Addition der laufenden Bezüge im Kalenderjahr. Zur Ermittlung des durchschnittlichen Monatslohnes ist der aufgelaufene Monatslohn durch die Anzahl der Beschäftigungsmonate im laufenden Kalenderjahr zu dividieren. Der sich ergebende durchschnittliche laufende Monatsarbeitslohn wird dann mit den voraussichtlichen Beschäftigungsmonaten des Arbeitnehmers multipliziert. Der so ermittelte voraussichtliche Jahresarbeitslohn ist einer Versteuerung mit der Jahreslohnsteuerformel zu unterwerfen. Im zweiten Schritt wird der voraussichtliche Jahresarbeitslohn um 1/5 der Sonderzahlung erhöht und die Lohnsteuer aus dem erhöhten Betrag ermittelt. Die Differenz der beiden Jahreslohnsteuern ist dann zu verfünffachen.

In einem dritten Schritt ist zusätzlich die Vorteilhaftigkeit der Besteuerung gegenüber einer Versteuerung als sonstiger Bezug zu prüfen (Günstigerprüfung). Eine Prüfung auf Zusammenballung von Einkünften ist nicht erforderlich, da bei Arbeitslohn für mehrere Jahre immer von einer Zusammenballung ausgegangen werden kann. Eine Ausnahme besteht nur für den Fall, dass im Monat des sonstigen Bezuges kein laufender Arbeitslohn bezahlt wird.

Beachten Sie: Wurden in vorangegangenen Abrechnungen neben dem laufenden Arbeitslohn bereits sonstige Bezüge bezahlt (z.B. bereits gezahltes Urlaubsgeld), sollten diese für die Ermittlung des durchschnittlichen Monatslohnes aus der Durchschnittsbildung herausgerechnet werden. Sie sind dann aber dem geschätzten Jahresarbeitslohn wieder zuzurechnen (vgl. Kapitel 6.3).

6.4.2 Steuerrechtliche Abzüge

Die Fünftel-Methode ist nicht in jedem Fall vorteilhafter als eine Versteuerung entsprechend einem sonstigen Bezug. Aus diesem Grund ist bei der Fünftel-Methode immer eine Vergleichsrechnung zum normalen sonstigen Bezug durchzuführen. Ergibt sich aus der Fünftel-Methode eine höhere Steuerbelastung als bei einem vergleichbaren sonstigen Bezug, so darf die Fünftel-Methode **nicht** angewandt werden (Günstigerprüfung). Stattdessen ist der Arbeitslohn für mehrere Jahre wie ein sonstiger Bezug (z.B. Urlaubsgeld) zu berechnen.

Ermittlung der Lohnsteuer bei einer Versteuerung nach Fünftel-Methode		
	Arbeitslohn von Januar bis Mai (5 × 4.114 EUR)	20.570,00 EUR
	Geschätzter Jahresarbeitslohn (20.570 EUR ÷ 5) × 12	49.368,00 EUR
	Lohnsteuer (Jahreslohnsteuer für 49.368 EUR Steuerklasse 1)	8.802,00 EUR
	1/5 der steuerpflichtigen Jubiläumszuwendung	400,00 EUR
	Geschätzter Jahresarbeitslohn + 1/5 sonstiger Bezug	49.768,00 EUR
	Lohnsteuer (Jahreslohnsteuer für 49.768 EUR bei Steuerklasse 1)	8.923,00 EUR
	Lohnsteuer für Jubiläumszuwendung (5 × 121,00 EUR)	605,00 EUR

Ermittlung der Lohnsteuer bei einer Versteuerung als sonstiger Bezug		
	Arbeitslohn von Januar bis Mai (5 × 4.114 EUR)	20.570,00 EUR
	Geschätzter Jahresarbeitslohn (20.570 EUR ÷ 5) × 12	49.368,00 EUR
	Lohnsteuer (Jahreslohnsteuer für 49.368 EUR Steuerklasse 1)	8.802,00 EUR
	Jubiläumszuwendung (als sonstiger Bezug)	2.000,00 EUR
	Geschätzter Jahresarbeitslohn + sonstiger Bezug	51.368,00 EUR
	Lohnsteuer (Jahreslohnsteuer für 51.368 EUR bei Steuerklasse 1)	9.405,00 EUR
	Lohnsteuer für Jubiläumszuwendung (9.405,00 EUR – 8.802,00 EUR)	603,00 EUR

Die Vergleichsrechnung zeigt: Die Besteuerung mit der Fünftel-Methode (605 EUR) ist steuerlich **nicht** günstiger im Vergleich zu einer Versteuerung als sonstiger Bezug (603 EUR). Der Steuernachteil durch die Fünftel-Methode beträgt im Beispiel 2,29 EUR. Dieser ergibt sich aus dem Vergleich zwischen der Lohn- und Kirchensteuer sowie dem Solidaritätszuschlag bei einer Versteuerung als sonstiger Bezug bzw. bei der Anwendung der Fünftel-Methode.

Steuervergleich		Sonstiger Bezug	Fünftel-Methode
	Lohnsteuer (Jahreslohnsteuer für 2.000 EUR)	603,00 EUR	605,00 EUR
+	Solidaritätszuschlag 5,5% auf Lohnsteuer	33,16 EUR	33.27 EUR
+	Kirchensteuer (9% auf Lohnsteuerbetrag)	54,27 EUR	54,45 EUR
=	**Summe steuerrechtliche Abzüge**	**690,43 EUR**	**692,72 EUR**

Die Steuerdifferenz mag im Beispiel nicht sehr hoch erscheinen. Die Fünftel-Methode wirkt sich bei kleineren bis mittleren Einkommen nicht sehr stark aus. Bei höheren Einkommen wird eine Versteuerung nach der Fünftel-Methode immer vorteilhafter sein.

Wichtig: Nur wenn die Fünftel-Methode angewendet wird, ist der Arbeitslohn für mehrere Jahre gesondert in Zeile 10 auf der Lohnsteuerbescheinigung auszuweisen. Er darf nicht im Bruttoarbeitslohn in Zeile 3 enthalten sein. Bei Versteuerung als sonstiger Bezug ist der Arbeitslohn hingegen in Zeile 3 und Zeile 19 auszuweisen.

6.4.3 Sozialversicherungsbeiträge

Arbeitslohn für mehrere Jahre wird für die Ermittlung der Beiträge zur Sozialversicherung wie eine Einmalzahlung behandelt. Im Sozialversicherungsrecht sind laufende Bezüge zum Zeitpunkt der Entstehung zu verbeitragen (**Entstehungsprinzip**). Abweichend von dieser Regelung können Einmalzahlungen zum Zeitpunkt der Zuwendung verbeitragt werden. Wird Arbeitsentgelt für mehrere Jahre als Einmalzahlung bezahlt, ist somit eine Aufrollung vergangener Abrechnungsperioden **nicht** erforderlich. Vom steuerpflichtigen Teil der Einmalzahlung sind Beiträge bis zur anteiligen Beitragsbemessungsgrenze in allen Zweigen der Sozialversicherung zu erheben (vgl. Kapitel 6.2). Wenn Arbeitsentgelt für mehrere Jahre gezahlt wird, unterliegt dieses den aktuellen Beitragssätzen in den Sozialversicherungen. Eine anteilige Rückrechnung auf die Jahre, denen das Entgelt zuzuordnen ist, ist nicht zulässig. Eine Ausnahme besteht, wenn die Einmalzahlung in den Monaten Januar bis März gezahlt wird: Übersteigt der laufende Arbeitslohn mit einer Einmalzahlung die anteilige Beitragsbemessungsgrenze KV/PV im Januar, Februar oder März, ist die Einmalzahlung dem letzten Abrechnungszeitraum des Vorjahres zuzuordnen (siehe Märzklausel in Kapitel 6.1). Im Vorjahr ist dann wiederum die anteilige Jahresbeitragsbemessungsgrenze zu prüfen (in der Regel ist dies die BBG im Dezember). Liegt das gesamte Entgelt im Vorjahr unter der anteiligen Jahresbeitragsbemessungsgrenze (JBBG) in der Kranken- und Pflegeversicherung, ist dieses bis zur JBBG aufzufüllen und zu verbeitragen.

Im Beispiel von Frau Waldmann unterliegen der laufende Bezug und das Jubiläumsgeld den Beiträgen zu den Sozialversicherungen. Der laufende Bezug liegt mit 4.114 EUR unter der monatlichen Beitragsbemessungsgrenze von 4.425 EUR (im Jahr 2018) und ist somit vollständig beitragspflichtig zur Kranken-, Pflege-, Renten- und Arbeitslosenversicherung. Für die Berechnung der Beiträge auf die Einmalzahlung ist die anteilige Beitragsbemessungsgrenze für Mai 2018 heranzuziehen und mit dem aufgelaufen Gesamtarbeitsentgelt zu vergleichen.

alte Bundesländer	neue Bundesländer
Renten- und Arbeitslosenversicherung	Renten- und Arbeitslosenversicherung
32.500 EUR	29.000 EUR
Kranken- und Pflegeversicherung	Kranken- und Pflegeversicherung
22.125 EUR	22.125 EUR

Das aufgelaufene beitragspflichtige Entgelt von Frau Waldmann beträgt:

	Gehalt + VwL (Jan. – Mai)	20.570,00 EUR
+	Jubiläumszuwendung	2.000,00 EUR
=	**Summe Entgelt**	**22.570,00 EUR**

Das aufgelaufene beitragspflichtige Entgelt liegt, inklusive des Jubiläumsgeldes, über der anteiligen jährlichen Beitragsbemessungsgrenze in der Kranken- und Pflegeversicherung. Somit besteht für die Jubiläumszuwendung in der Kranken- und Pflegeversicherung anteilige Beitragspflicht zu den Sozialversicherungen.

	Summe Entgelt inkl. Einmalzahlung (Jan. – Mai)	22.570,00 EUR
	Anteilige Beitragsbemessungsgrenze KV/PV (Mai)	22.125,00 EUR
–	Summe laufendes Entgelt (Mai)	20.570,00 EUR
=	**Summe beitragspflichtige Einmalzahlung**	**1.555,00 EUR**

In der Renten- und Arbeitslosenversicherung liegt die anteilige jährliche Beitragsbemessungsgrenze (im Mai 32.500 EUR) über dem aufgelaufenen Arbeitsentgelt inklusive der Einmalzahlung. Somit unterliegen das laufende Arbeitsentgelt und die gesamte Einmalzahlung den Beiträgen zur Renten- und Arbeitslosenversicherung.

In der Pflegeversicherung wird im Beispiel ein Zuschlag in Höhe von 0,25% des beitragspflichtigen Arbeitsentgelts für Kinderlose erhoben. Der Zuschlag ist nur von Arbeitnehmern ohne leibliche oder adoptierte Kinder zu entrichten. Die Beitragspflicht besteht auch für Einmalzahlungen, soweit sie zum beitragspflichtigen Entgelt gehören. Ist der Arbeitnehmer privat kranken- und pflegeversichert, besteht keine Beitragspflicht für den Zuschlag zur PV und auch kein Zusatzbeitrag zur Krankenversicherung.

6.4.4 Arbeitgeberbelastung

Die Lohnsteuer auf den Arbeitslohn für mehrere Jahre wird nicht rückwirkend erhoben, sondern bei Zufluss der Zahlung (Zuflussprinzip). Alle steuerrechtlichen Abzüge auf Arbeitslohn für mehrere Jahre sind zusammen mit der Lohnsteuer für den laufenden Bezug einzubehalten und abzuführen. Im Beispiel von Frau Waldmann ergibt sich im Mai folgende Arbeitgeberbelastung:

Arbeitgeberbelastung bei Arbeitslohn für mehrere Jahre		
Gesamtbelastung		
	Bruttolohn	6.114,00 EUR
	Krankenversicherung (½ × 14,6% von 5.669 EUR)	413,84 EUR
+	Pflegeversicherung (½ × 2,55% von 5.669 EUR)	72,28 EUR
+	Rentenversicherung (½ × 18,6% von 6.114 EUR)	586,60 EUR
+	Arbeitslosenversicherung (½ × 3,0% von 6.114 EUR)	91,71 EUR
=	**Summe Sozialversicherungsbeiträge (Arbeitgeber)**	**1.117,33 EUR**
	Umlage U1 (1,9% × 4.114 EUR)	78,17 EUR
+	Umlage U2 (0,2% × 4.114 EUR)	8,23 EUR
+	Insolvenzgeldumlage (0,06% × 6.114 EUR)	3,67 EUR
=	**Summe Umlagen**	**90,07 EUR**
	Gesamtbelastung	**7.350,50 EUR**

Die Einmalzahlung unterliegt zwar den Beiträgen zur Renten- und Arbeitslosenversicherung, nicht jedoch den Umlagen U1 bzw. U2. Entsprechend ist die Umlage nur aus dem laufenden Bezug und dem Zuschuss zur VwL zu berechnen. Für die Berechnung der Insolvenzgeldumlage ist das rentenversicherungspflichtige Entgelt inklusive Einmalzahlungen heranzuziehen. In der Arbeitgeberbelastung sind kein Zuschlag zur Pflegeversicherung (0,25%) und kein Zusatzbeitrag zur Krankenversicherung enthalten. Der Arbeitgeber muss auch für die anteilige beitragspflichtige Einmalzahlung Beiträge zur Kranken- und Pflegeversicherung entrichten.

Bei der Arbeitgebergesamtbelastung sind in der Regel zusätzlich noch die Beiträge zur Berufsgenossenschaft, die Beiträge zur ZVK (nur Baugewerbe) und unter Umständen die anteilige Schwerbehindertenausgleichsabgabe zu berücksichtigen. Die Umlage U1 entsteht nur, sofern das Unternehmen aufgrund seiner Betriebsgröße am Umlageverfahren teilnimmt. Umlagepflichtig sind nur Unternehmen mit bis zu 30 Vollzeitbeschäftigten zum Ende des Vorjahres. Zu prüfen ist auch, ob der Arbeitgeber der Künstlersozialversicherung unterliegt und ggf. sind die Beiträge in die Arbeitgeberbelastung mit aufzunehmen.

!

Tipp

Jubiläumszuwendungen können anlässlich eines Arbeitnehmer- oder Arbeitgeberjubiläums gezahlt werden. Somit könnten auch Jubiläumszuwendungen nach 3, 5, 8, 10 oder 20 Jahren gezahlt werden. Eine Beschränkung besteht nur insoweit, dass der Arbeitslohn für mehrere Jahre gezahlt werden muss, um mit der Fünftel-Methode versteuert zu werden.

7 Bruttolohnbestandteile

Für die Erstellung einer korrekten Abrechnung ist es wichtig zu wissen, welche Lohnart bzw. welcher Lohnbestandteil steuerpflichtig ist, welcher pauschal versteuert werden kann, welcher sozialversicherungsfrei ist oder welcher den Sozialversicherungen unterliegt. Leider bestehen im Lohnsteuer- und Sozialversicherungsrecht zahlreiche Ausnahmeregelungen, so dass an dieser Stelle keine eindeutige Regel formuliert werden kann. Für die Praxis lassen sich jedoch einige Grundsätze als Faustregeln formulieren.

- Als **erster Grundsatz** gilt: Bestandteile des laufenden Arbeitslohns sind steuerpflichtig und sozialversicherungspflichtig.
  Regelmäßiger Bruttolohn und sonstige Bezüge unterliegen der Lohnsteuer entsprechend den Lohnsteuertabellen bzw. der Lohnsteuerformel. Lohnbestandteile, die nach der Lohnsteuertabelle versteuert werden, sind Arbeitsentgelt und unterliegen der Beitragspflicht zu den Sozialversicherungen. Lohnbestandteile, die regelmäßig oder unregelmäßig zusätzlich zum Grundlohn gezahlt werden, sind auf Steuerfreiheit oder die Möglichkeit der Versteuerung mit einem pauschalen Steuersatz (15%, 20%, 25%, 30%) zu prüfen. Lohnarten, die der Arbeitgeber mit einem pauschalen Steuersatz versteuern kann, sind von Beiträgen zur Sozialversicherung befreit. Es gibt wenige Ausnahmen von dieser Regel, wie das Beispiel Direktversicherung aus Barlohnumwandlung zeigt.
- Als **zweiter Grundsatz** gilt: die Sozialversicherung folgt der Lohnsteuer.
  Alle Lohnbestandteile, die steuerfrei sind, sind von Beiträgen zu den Sozialversicherungen befreit. Zu den steuerfreien Lohnbestandteilen gehören u.a. Zuschüsse des Arbeitgebers zur privaten oder freiwilligen Kranken- und Pflegeversicherung (KV/PV). Die steuerfreien Lohnbestandteile sind in §3 Einkommensteuergesetz (EStG) geregelt. Aber auch von dieser Regel gibt es einige wenige Ausnahmen. So sind beispielsweise Arbeitgeberzuschüsse zur KV/PV bei beherrschenden Gesellschafter-Geschäftsführern einer GmbH steuerpflichtiger Arbeitslohn.
- Als **dritter Grundsatz** gilt das sogenannte **Zuflussprinzip** im Steuerrecht bzw. **Entstehungsprinzip** im Sozialversicherungsrecht.
  Nach dem Zuflussprinzip sind Arbeitslöhne erst dann steuerpflichtig, wenn sie dem Arbeitnehmer zufließen. Das heißt, wird Urlaubsgeld oder eine Prämie anteilig jährlich »erdient«, entsteht die Steuerpflicht erst bei Auszahlung des Arbeitslohnes. Im Regelfall ist die Einmalzahlung dem Entgeltabrechnungszeitraum zuzuordnen, in dem sie gezahlt wird (§23a SGB IV). Das gilt sogar dann, wenn für keinen Tag des Monats laufendes Arbeitsentgelt bezogen wird und demzufolge keine Beitragspflicht aus

laufendem Arbeitsentgelt besteht — z. B. bei erkrankten Mitarbeitern außerhalb der Entgeltfortzahlung.

- Laufendes Arbeitsentgelt, das nach Beendigung eines Beschäftigungsverhältnisses gezahlt wird, ist dem letzten Entgeltabrechnungsmonat **des laufenden Kalenderjahrs** zuzuordnen, in dem das Beschäftigungsverhältnis bestanden hat. Zum laufenden Arbeitsentgelt gehören unter anderem Nachzahlungen von Lohn oder Gehalt oder Mehrarbeitsvergütungen. Der Arbeitgeber hat in diesem Fall die Abrechnung des entsprechenden Entgeltabrechnungszeitraums aufzurollen und zu korrigieren. Dabei ist es unerheblich, welche Zeitspanne zwischen dem Erarbeitungsmonat und dem Auszahlungsmonat liegt. Bei Einmalzahlungen, die nach Beschäftigungsende bezahlt werden ist zu unterscheiden; ob diese im Kalenderjahr des Austritts oder im Folgejahr bezahlt werden. Eine Einmalzahlung wie z. B. eine Urlaubsabgeltung ist im Kalenderjahr des Austritts dem letzten Abrechnungsmonat zuzuordnen und sozialversicherungspflichtig. Wird eine Einmalzahlung erst im Kalenderjahr nach dem Beschäftigungsende ausgezahlt, kann sich eine Beitragspflicht nur noch im Rahmen der Märzklausel ergeben. Erfolgt die Zahlung erst nach dem 31. März des Folgejahres, sind von der Einmalzahlung keine Sozialversicherungsbeiträge mehr zu entrichten.
- Eine Ausnahme besteht für Arbeitsentgelte, die im Rahmen der Altersteilzeit erarbeitet werden. Bei den Blockmodellen der Altersteilzeit arbeitet ein Arbeitnehmer 1,5 bis 3 Jahre Vollzeit, erhält jedoch nur den halben normalen Arbeitslohn. In den 1,5 bis 3 Jahren der Freistellungsphase erhält er die andere Hälfte des Arbeitsentgeltes und verbeitragt es auch in diesem Zeitpunkt. In den sogenannten Störfällen wird diese Regelung jedoch wieder aufgehoben.
- Für Einmalzahlungen, die in der Zeit vom 01.01. bis 31.03. eines Jahres gezahlt werden, gibt es unter bestimmten Umständen einige Besonderheiten. Sie sind bei Überschreitung der anteiligen Beitragsbemessungsgrenze dem letzten Entgeltabrechnungszeitraum des vergangenen Kalenderjahrs, in der Regel dem Dezember des Vorjahres, zuzuordnen (Anwendung der »Märzklausel« siehe Kapitel 6.1.2). In solchen Fällen gelten die Beitragssätze, Beitragsbemessungsgrenzen und das bisher beitragspflichtige Arbeitsentgelt des Vorjahres für die Beitragsberechnung aus der Einmalzahlung.

! **Tipp**

In Zweifelsfällen sollte eines der zahlreichen Lohnlexika zurate gezogen werden. Zu Detailfragen empfiehlt es sich, Rücksprache mit dem Finanzamt bzw. der zuständigen Krankenkasse zu nehmen.

In der nachfolgenden Tabelle sind alle in den Beispielen verwendeten Lohnarten nach ihrer Steuerpflicht, der Möglichkeit einer pauschalen Versteuerung und der Beitragspflicht zur Sozialversicherung zusammengestellt.

Übersicht der Steuer- und Sozialversicherungspflicht von Lohnarten			
Lohnart	**Steuerpflichtig**	**Pauschal zu versteuern**	**Sozialversicherungspflichtig**
Abfindungen	ja[2)]	–	nein
Arbeitslohn (laufende)	ja	–	ja
Ausbildungsvergütung	ja	–	ja
Aushilfslohn für geringfügig beschäftigte Arbeitnehmer	–[3)]	2% 20%	13% KV (AG) 15% RV (AG) 3,6% RV (AN)
Aushilfslohn für kurzfristig beschäftigte Arbeitnehmer	–	25% (ab 19. Arbeitstag ELStAM-Datensatz)	nein
Arbeitgeberdarlehen bis 2.600 EUR	nein	–	nein
Auslagenersatz z.B. bei Reisekosten	nein	–	nein
Beiträge zur betrieblichen Altersvorsorge bis 8% der Bemessungsgrenze	nein	–	ja (bis 4% beitragsfrei)
Berufskleidung (Zuschuss des Arbeitgebers)	nein	–	nein
Betriebsveranstaltung mit Kosten pro AN bis 110 EUR[11)]	nein	–	nein
Bonus	ja[1)]	–	ja
Bußgelder (vom AG übernommen für MA)	ja	–	ja
Dienstwagen (1% des Listenneupreises + Zubehör)	ja	–	ja
Dienstwagen (km Wohnung – Arbeitsstätte)	ja	15%	nein
Direktversicherung (Zuschuss des Arbeitgebers)	–	20%[7)]	nein
Erschwerniszulage	ja	–	ja

Übersicht der Steuer- und Sozialversicherungspflicht von Lohnarten			
Lohnart	**Steuerpflichtig**	**Pauschal zu versteuern**	**Sozialversicherungspflichtig**
Ehrenamtspauschale bis 720 EUR pro Jahr	nein	–	nein
Fahrgeldzuschuss für öffentliche Verkehrsmittel	ja[13)]	15%[6)]	ja/ nein[6)]
Feiertagszuschlag[14)] (125% vom Grundlohn)	nein	–	nein
Feiertagszuschlag (150% vom Grundlohn)	nein	–	nein
Gehalt	ja	–	ja
Geburtsbeihilfe	ja	–	ja
Getränke (frei vom Arbeitgeber)	nein	–	nein
Sachgeschenke bis 60 EUR	nein	–[5)]	nein
Heiratsbeihilfe	ja	–	ja
Kindergeld/Kindergartenzuschuss	nein	–	nein
Kurzarbeitergeld	Nein	–	nein
Mitarbeiterbeteiligung/ Vermögensbeteiligung bis 360 EUR pro Jahr	nein	–	nein
Mutterschaftsgeld (Zuschuss des Arbeitgebers)	nein	–	nein
Nachtarbeitszuschlag (25% vom Stundenlohn)	nein	–	nein
Nachtarbeitszuschlag (40% vom Stundenlohn)[14)]	nein	–	nein
Mahlzeiten	ja	ja[4)]	Ja/ nein[4)]
Nachzahlung	ja[1)]	–	ja
Prämie	ja	–	ja
Preisnachlass b. 1.080 EUR/Jahr	nein	–	nein
Reisekostenerstattung	nein	–	nein
Reisekostenzuschuss des Arbeitgebers	–	25%	nein
Sachbezug bis 44 EUR monatlich	nein	–	nein

Übersicht der Steuer- und Sozialversicherungspflicht von Lohnarten			
Lohnart	**Steuerpflichtig**	**Pauschal zu versteuern**	**Sozialversicherungspflichtig**
Sachbezüge als Incentives bis 10.000 EUR/Mitarbeiter im Kalenderjahr (§ 37b EStG)	ja	30 %	ja
Sonntagszuschlag (50 % vom Stundenlohn)	nein	–	nein
Tantieme	ja[1)]	–	ja
Trinkgelder	nein	–	nein
Überstunden	ja	–	ja
Übungsleiterpauschale bis 2.400 EUR/Jahr	nein	–	nein
Überstundenzuschlag	ja	–	ja
Umzugskostenpauschale pro Umzug bis 1.528 EUR (ab 01.02.2017)	ja[9)]	–	ja
Urlaubsgeld	ja[1)]	–	ja
Unfallversicherung f. Mitarbeiter	nein	20 %[8)]	nein
Vermögenswirksame Leistungen (Arbeitgeberzuschuss)	ja	–	ja
Vorschuss (Abzug des Vorschuss)	nein	–	nein
Weihnachtsgeld	ja[1)]	–	ja
13. Gehalt	ja[1)]	–	ja
Zulage (sonstige)	ja	–	ja
Zuschuss zur betriebl. Gesundheitsförderung bis 500 EUR/Jahr[12)]	nein	–	nein
Zuschuss Pensionskasse oder Pensionsfonds bis 4 % BBG	nein	–	nein
Zuschuss Pensionskasse oder Pensionsfonds über 4 % BBG bis 8 % BBG-RV (West)	nein	25 %	ja
Zuschuss für die Betreuung von nahen Angehörigen oder Kindern 600 EUR/Jahr	nein[10)]	–	nein

Tab. 26: Steuer- und Sozialversicherungspflicht von Lohnarten

1) Bei diesen Lohnarten handelt es sich um Einmalzahlungen, die mit der Jahreslohnsteuertabelle versteuert werden.

2) Die Steuerlast ist für den steuerpflichtigen Teil mit der Fünftel-Regelung zu versteuern (siehe Kapitel 6.4).

3) Sind die steuerrechtlichen Grenzen 450 EUR/pauschaler Beitrag zur Rentenversicherung eingehalten, kann eine pauschale Versteuerung mit 2% Lohnsteuer auf den Arbeitslohn erfolgen. Ist die Bedingung des pauschalen Rentenbeitrags nicht gegeben, kann nur mit 20% pauschal versteuert werden.

4) Eine pauschale Versteuerung ist nur möglich, sofern der Arbeitgeberzuschuss 3,10 EUR des Sachbezugswertes nicht übersteigt. Bei pauschaler Versteuerung besteht Sozialversicherungsfreiheit. Bei Steuerpflicht besteht Beitragspflicht zu den Sozialversicherungen.

5) Eine pauschale Versteuerung ist nur bei Geschenken im Rahmen einer Betriebsveranstaltung möglich.

6) Wird das Fahrgeld pauschal versteuert, ist es sozialversicherungsfrei; erfolgt eine Versteuerung mit dem Arbeitslohn, besteht Sozialversicherungspflicht.

7) Gilt nur für Altverträge, die vor dem 01.01.2005 geschlossen wurden.

8) Wenn der Nettobetrag pro Mitarbeiter ohne Versicherungssteuer nicht höher liegt als 62 EUR pro Monat (Gruppenunfallversicherung).

9) Für Singles gilt der halbe Betrag von 764 EUR pro Umzug. Der Pauschbetrag erhöht sich nach §6 BUKG für jede weitere Person mit Ausnahme des Ehegatten um 337 EUR. Für Eheleute gilt die doppelte Pauschale wie für Singles (die Beträge gelten ab 1. Februar 2017, ab Februar 2018 erhöhen sich die Beträge voraussichtlich).

10) Der Arbeitgeber kann die Kosten für eine kurzfristig erforderliche Betreuung von Kindern oder nahen Angehörigen bis zu 600 EUR pro Jahr steuerfrei übernehmen. Es handelt sich um einen Freibetrag, nicht um eine Freigrenze.

11) Maximal 2 Betriebsveranstaltungen pro Jahr; jede weitere ist steuer- und sozialversicherungspflichtiger Arbeitslohn bzw. Arbeitsentgelt.

12) Zuschüsse des Arbeitgebers zur Reduzierung von Bewegungsmangel und arbeitsbedingter Belastungen, Vermeidung von Mangel- und Fehlernährung, Stressbewältigung und Entspannung sowie zur Einschränkung des Suchtmittelkonsums. Achtung: Die Bezuschussung von Mitgliedsbeiträgen an Sportvereine und Fitnessstudios ist jedoch nicht steuerbefreit.

13) Wird die Monatskarte zu den Lohnunterlagen genommen, kann ein Sachbezug bis 44 EUR pro Monat steuerfrei und damit sozialversicherungsfrei bleiben. Eine Anrechnung von anderen Sachbezügen ist zu prüfen.

14) Die Höhe des steuer- und sozialversicherungsfreien Zuschlags zum Grundlohn ist abhängig vom Feiertag (1. Mai, Weihnachten etc.) und von der Tageszeit (vor 24:00 Uhr, bis 6:00 etc.).

8 Wer erhält welche Abzüge, Umlagen und Abgaben?

Die Abzüge vom Bruttoarbeitslohn sowie Umlagen und Abgaben lassen sich in drei Gruppen einteilen.

Zur **ersten Gruppe**, den steuerrechtlichen Abzügen, gehören die Lohnsteuer, die Kirchensteuer, der Solidaritätszuschlag sowie die Pauschalsteuern. Daneben gibt es regionale Besonderheiten wie den Kammerbeitrag (Saarland, Bremen) und das Kirchgeld bzw. die Mindestkirchensteuer. Merkmal dieser Gruppe ist, dass die Abzüge in der Regel vom Arbeitnehmer zu tragen sind, der Arbeitgeber diese vom Bruttolohn einbehält und in einer Summe meldet und abführt. Pauschalsteuern werden in der Regel vom Arbeitgeber übernommen, sie können jedoch auf den Arbeitnehmer überwälzt werden.

In der **zweiten Gruppe** sind die sozialversicherungsrechtlichen Abzüge vom Bruttolohn zusammengefasst. Merkmal der Gruppe ist, dass das Beitragsaufkommen in der Regel sowohl vom Arbeitgeber als auch vom Arbeitnehmer getragen wird und in einer Summe zu melden ist. Zu dieser Gruppe gehören die Beiträge zur Kranken- und Pflegeversicherung, zur Rentenversicherung und zur Arbeitslosenversicherung. Auch der Zuschlag zur Pflegeversicherung und der Zusatzbeitrag zur Krankenversicherung sind Bestandteil der Gruppe.

Eine **dritte Gruppe** sind die vom Arbeitgeber zu tragenden Umlagen und Abgaben. Ist der Arbeitgeber aufgrund der Betriebsgröße verpflichtet, am Umlageverfahren für die Lohnfortzahlung (U1-Umlage) teilzunehmen, gehören diese Umlage-Beiträge sowie die Pflichtbeiträge zur U2-Umlage in diese Gruppe. Die vom Arbeitgeber monatlich zu leistende Insolvenzgeldumlage ist zwar keine Sozialversicherung im engeren Sinne; da die Beiträge jedoch zusammen mit den Sozialversicherungen zu melden sind, können sie verfahrenstechnisch der Gruppe der Sozialversicherungsabgaben zugeordnet werden. Die Beiträge zur Berufsgenossenschaft (BG) und zur Zusatzversorgung im Baugewerbe bzw. Baunebengewerbe (Handwerk) gehören ebenfalls in diese Gruppe. Die Beiträge zur BG werden einmal jährlich in Form einer Kostenumlage erhoben. Beide Beiträge trägt der Arbeitgeber. Die Schwerbehindertenausgleichsabgabe wird ebenfalls jährlich in einem Umlageverfahren erhoben, sofern die Pflichtquote nicht erreicht wird. Sie ist nur vom Arbeitgeber zu tragen.

Alle Beiträge und Abgaben müssen den erhebenden Stellen (Krankenkasse, Versorgungswerk, Minijob-Zentrale, Finanzamt, Berufsgenossenschaft, Integrationsamt, Zusatzversorgungskasse) in regelmäßigen Meldungen nachgewiesen werden. Die Meldungen bzw. Nachweise sind elektronisch zu übermitteln.

8.1 Was erhält das Finanzamt?

Arbeitgeber sind verpflichtet, von jedem Arbeitnehmer die Lohn- und Kirchensteuer vom Bruttolohn einzubehalten. Zusätzlich werden 5,5% auf den Lohnsteuerbetrag als Solidaritätszuschlag erhoben. Dieser Betrag wird ebenfalls vom Bruttolohn abgezogen. Außerdem ist der Arbeitgeber verpflichtet, die pauschalen Lohnsteuern für begünstigte Bezüge zu ermitteln und an das zuständige Finanzamt abzuführen.

8.1.1 Lohnsteueranmeldung mit ELSTER erstellen

Von den Arbeitnehmern einbehaltene Steuern und der Solidaritätszuschlag sind regelmäßig dem Finanzamt mitzuteilen und in einer Summe zu überweisen. Die kumulierten Werte für alle Mitarbeiter sind in einer sogenannten Lohnsteueranmeldung dem Finanzamt mitzuteilen. Die pauschale Lohn- und Kirchensteuer sind getrennt auf der Lohnsteueranmeldung auszuweisen. Für Abschlagszahlungen und Vorschüsse, die im folgenden Lohnabrechnungszeitraum verrechnet werden, ist die Lohnsteuer erst bei der endgültigen Lohnabrechnung einzubehalten und zu melden.

Fristen für die Lohnsteueranmeldung

Der Rhythmus, nach dem die Lohnsteuer an das Finanzamt gemeldet und abgeführt werden muss, ist abhängig von der Höhe des betrieblichen Lohnsteueraufkommens. Die Tabelle gibt eine Übersicht.

Meldefristen für die Lohnsteueranmeldung		
Meldefrist	**Höhe des Lohnsteueraufkommens pro Jahr (Vorjahr)**	**Abgabetermin bis spätestens**
Monatlich	Mehr als 5.000 EUR	10. des Folgemonats
Vierteljährlich	Zwischen 1.080 EUR und 5.000 EUR	10. April, 10. Juli, 10. Oktober, 10. Januar
Jährlich	Bis 1.080 EUR	10. Januar

Entstanden im vergangenen Kalenderjahr oder entstehen bei neuen Unternehmen voraussichtlich im laufenden Kalenderjahr nicht mehr als **1.080 EUR Lohnsteuer**, werden alle zu meldenden Steuern des gesamten Kalenderjahres in einer Lohnsteueranmeldung zusammengefasst. Abgabetermin für diese »Jahresmeldung« ist spätestens der 10. Januar des folgenden Kalenderjahres. Lag oder liegt der Gesamtbetrag der jährlich einbehaltenen Lohnsteuer zwar **über 1.080 EUR, aber unter 5.000 EUR,** so muss die Lohnsteueranmeldung vierteljährlich erfolgen (vgl. §41a EStG). Abgabetermin in diesem Fall ist jeweils der 10. des dem Quartalsmonat folgenden Monats. Entstand im vergangenen Kalenderjahr für alle Arbeitnehmer eine Lohnsteuersumme von **mehr als 5.000 EUR**, muss die Lohnsteuer monatlich angemeldet werden und dem Finanzamt bis zum 10. des Folgemonats überwiesen sein. Bei der Bestimmung des Melderhythmus ist nur die Summe der Lohnsteuer maßgeblich. Die Kirchensteuer und der Solidaritätszuschlag werden für die Berechnung der Grenzen nicht berücksichtigt.

!

Beispiel

In einem Unternehmen sind im Vorjahr folgende steuerrechtliche Gesamtabzüge entstanden:

Steuer	Summe gesamt
Gesamtlohnsteuersumme 2017	4.800 EUR
Kirchensteuersumme 2017	324 EUR
Solidaritätszuschlagsumme 2017	254 EUR
Gesamt	5.378 EUR

Der Lohnsteueranmelderhythmus für das Kalenderjahr 2018 ist das Quartal, da die Summe der Lohnsteuer im Vorjahr über 1.080 EUR, aber unter 5.000 EUR lag. Ein monatlicher Melderhythmus ist nicht möglich. Der Quartalsrhythmus ist auch dann beizubehalten, wenn das Lohnsteueraufkommen im aktuellen Jahr voraussichtlich über 5.000 EUR liegen wird.

Bei einer monatlichen Entgeltabrechnung und quartalsweiser oder jährlicher Lohnsteuermeldung ist die Lohnsteuer zwar monatlich einzubehalten, wird jedoch erst zum Ende des Quartals bzw. des Jahres an das Finanzamt abgeführt.

Die Lohnsteueranmeldung muss bis zum **10. Tag** des dem Meldezeitraum folgenden Monats beim Betriebsstättenfinanzamt eingegangen sein. Die Meldefrist ist zugleich die Zahlungsfrist, bis zu der die einbehaltenen Steuerabzüge und der einbehaltene Solidaritätszuschlag beim Finanzamt eingegangen sein müssen. Es gibt jedoch für die Zahlung eine 3-tägige Schonfrist. Bei verspäteter Abführung entsteht ein Säumniszuschlag. Der Säumniszuschlag beträgt monatlich 1% des rückständigen Steuerschuldbetrags, also pro Jahr 12%. Für rückständige Beträge unter 50 EUR entsteht kein Säumniszuschlag. Für die Berechnung des Säumniszuschlages wird immer auf volle 50 EUR zugunsten des Schuldners abgerundet.

Keine Pflicht zur Übermittlung oder Abgabe einer Lohnsteueranmeldung besteht, wenn dem Betriebsstättenfinanzamt mitgeteilt wurde, dass keine Lohnsteuer einzubehalten oder zu übernehmen ist. Gleiches gilt, wenn nur Arbeitnehmer beschäftigt werden, für die lediglich die 2%-ige Pauschalsteuer an die Minijob-Zentrale abzuführen ist (geringfügig Beschäftigte).

- Bitte weiße Felder ausfüllen oder ☒ ankreuzen und Hinweise auf der Rückseite beachten

2018

Fallart	Steuernummer	Unterfallart
11		62

30 Eingangsstempel oder -datum

Lohnsteuer-Anmeldung 2018

Finanzamt

Arbeitgeber - Anschrift der Betriebsstätte - Telefonnummer - E-Mail

Anmeldungszeitraum

bei monatlicher Abgabe bitte ankreuzen

18 01	Jan.		18 07	Juli	
18 02	Feb.		18 08	Aug.	
18 03	März		18 09	Sept.	
18 04	April		18 10	Okt.	
18 05	Mai		18 11	Nov.	
18 06	Juni		18 12	Dez.	

bei vierteljährlicher Abgabe bitte ankreuzen

18 41	I. Kalender-vierteljahr	
18 42	II. Kalender-vierteljahr	
18 43	III. Kalender-vierteljahr	
18 44	IV. Kalender-vierteljahr	

bei jährlicher Abgabe bitte ankreuzen

18 19	Kalender-jahr	

Berichtigte Anmeldung (falls ja, bitte eine „1" eintragen)	10	
Zahl der Arbeitnehmer (einschl. Aushilfs- und Teilzeitkräfte)	86	
zu Zeile 23: Zahl der Arbeitnehmer mit BAV-Förderbetrag	90	

Zeile		Kz	EUR	Ct
18	Summe der einzubehaltenden Lohnsteuer 1) 2)	42		
19	Summe der pauschalen Lohnsteuer - ohne § 37b EStG - 1)	41		
20	Summe der pauschalen Lohnsteuer nach § 37b EStG 1)	44		
21	abzüglich an Arbeitnehmer ausgezahltes Kindergeld	43		
22	abzüglich Kürzungsbetrag für Besatzungsmitglieder von Handelsschiffen	33		
23	abzüglich Förderbetrag zur betrieblichen Altersversorgung nach § 100 EStG (BAV-Förderbetrag)	45		
24	Verbleiben 1)	48		
25	Solidaritätszuschlag 1) 2)	49		
26	pauschale Kirchensteuer im vereinfachten Verfahren	47		
27	Evangelische Kirchensteuer - ev 1) 2)	61		
28	Römisch-Katholische Kirchensteuer - rk 1) 2)	62		
29				
30				
31				
32				
33				
34	**Gesamtbetrag** 1)	83		

1) Negativen Beträgen ist ein **Minuszeichen** voranzustellen
2) Nach Abzug der im Lohnsteuer-Jahresausgleich erstatteten Beträge

Ein Erstattungsbetrag wird auf das dem Finanzamt benannte Konto überwiesen, soweit der Betrag nicht mit Steuerschulden verrechnet wird.
Verrechnung des Erstattungsbetrags erwünscht/Erstattungsbetrag ist abgetreten (falls ja, bitte eine „1" eintragen) 29
Geben Sie bitte die Verrechnungswünsche auf einem besonderen Blatt oder auf dem beim Finanzamt erhältlichen Vordruck „Verrechnungsantrag" an.

Das **SEPA-Lastschriftmandat** wird ausnahmsweise (z.B. wegen Verrechnungswünschen) für diesen Anmeldungszeitraum **widerrufen** (falls ja, bitte eine „1" eintragen) 26
Ein ggf. verbleibender Restbetrag ist gesondert zu entrichten.

Über die Angaben in der Steueranmeldung hinaus sind weitere oder abweichende Angaben oder Sachverhalte zu berücksichtigen (falls ja, bitte eine „1" eintragen) 23
Diese ergeben sich aus der beigefügten Anlage, welche mit der Überschrift „Ergänzende Angaben zur Steueranmeldung" gekennzeichnet ist.

Datum, Unterschrift

Hinweis nach den Vorschriften der Datenschutzgesetze:
Die mit der Steueranmeldung angeforderten Daten werden auf Grund der §§ 149, 150 der Abgabenordnung und des § 41a des Einkommensteuergesetzes erhoben.
Die Angabe der Telefonnummer und der E-Mail-Adresse ist freiwillig.

8.17 - **LStA** - Lohnsteuer-Anmeldung 2018 -

Abb. 5: Lohnsteueranmeldung 2018

Übermittlung der Lohnsteueranmeldung

Die Meldung der einbehaltenen Lohnsteuer ist nur noch elektronisch möglich. Verfügt das Lohnabrechnungsprogramm des Arbeitgebers bzw. der Rechner über einen Internetzugang, können die Daten direkt aus dem Programm heraus an die Clearingstelle der Finanzbehörden gemeldet werden. Die Datenübertragung erfolgt in einem verschlüsselten Format, für die Verschlüsselung müssen die Software-Anbieter sorgen. Die Verschlüsselung erfolgt nach einer von den Finanzbehörden festgelegten Form – dem ELSTER-Verfahren. Es besteht zusätzlich die Möglichkeit, über ein von den Finanzbehörden zur Verfügung gestelltes Programm die Lohnsteueranmeldung zu erstellen und diese online an die Clearingstelle zu übertragen.

Tipp !

Das Programm für die elektronische Steueranmeldung kann über das Internet kostenlos heruntergeladen werden (www.elsterformular.de). Die Programm-CD kann auch bei jedem Finanzamt kostenlos bezogen werden.

Die elektronische Übermittlung der Steuerdaten erfordert eine Authentifizierung des Arbeitgebers. §6 der Steuerdaten-Übermittlungsverordnung sieht vor, dass eine vom Arbeitgeber oder dessen Bevollmächtigten unterschriebene Erklärung dem Finanzamt eingereicht wird. Ein entsprechender Vordruck ist bei den Finanzämtern verfügbar und muss **einmalig** eingereicht werden. Zusätzlich ist eine Authentifizierung für die periodische Datenübermittlung erforderlich. Die Authentifizierung erfolgt über ein Zertifikat, welches bei der Datenübermittlung automatisch mitgesendet wird. Das Zertifikat muss vom Datenübermittler einmalig – möglichst frühzeitig – im ELSTER-Online-Portal (www.elsteronline.de/eportal) beantragt werden. Ohne Authentifizierung ist eine elektronische Übermittlung der Lohnsteueranmeldung bzw. der Lohnsteuerbescheinigung nicht möglich (siehe auch Kapitel 12.3.4). Werden die Daten von einem Lohnbüro oder einem Steuerberater übermittelt, ist die Authentifizierung des Datenlieferanten erforderlich. Ein zusätzliches Zertifikat für den Kunden oder Mandanten wird nicht benötigt.

Für jede Betriebsstätte und für jeden Anmeldezeitraum darf nur eine Lohnsteueranmeldung gesendet werden. Entstehen nachträglich Änderungen, sind diese in einer Korrekturmeldung sofort nach Bekanntwerden der Änderung zu melden. Das heißt: Entsteht bei einer Quartalsmeldung in den beiden Folgemonaten eine Änderung, welche die Quartalsmeldung betrifft, ist diese außerhalb des Zyklus zu korrigieren. Muss beispielsweise die Lohnsteueranmeldung des ersten Quartals im Mai korrigiert werden, so ist die korrigierte Meldung im Mai dem Finanzamt einzureichen. Durch die außerordentliche Korrekturmeldung verschiebt sich jedoch nicht der Melderhythmus. Nach der Korrekturmeldung ist die »regelmäßige« Meldung zum Quartalsende bzw. bis zum 10. des Folgemonats abzugeben. Ergibt sich aus der korrigierten Meldung ein Lohnsteuererstattungsanspruch, wird der Erstattungsbetrag auf einem mitzuteilenden Konto gutgeschrieben; Nachzahlungen müssen sofort mit der Meldung geleistet werden.

Eine Lohnsteueranmeldung ist selbst dann zu übertragen, wenn der Arbeitgeber in einem Lohnsteueranmeldezeitraum **keine** Lohnsteuer und keinen Solidaritätszuschlag einbehält und selbst keine pauschale Lohnsteuer übernommen hat. In diesem Fall erklärt der Arbeitgeber in einer **Nullanmeldung**, dass er keine Lohnsteuer für den Anmeldezeitraum einbehalten hat. Die Nullanmeldung kann entfallen, wenn der Arbeitgeber zukünftig keine Arbeitnehmer beschäftigt und dies dem Finanzamt schriftlich mitteilt.

Bestandteile der Lohnsteueranmeldung
Auf der Lohnsteueranmeldung sind zahlreiche Pflichtangaben vorzunehmen. Zu den wichtigsten Angaben einer vollständigen Meldung gehören:

a) Steuernummer des Unternehmens
Jeder Arbeitgeber bzw. jede Betriebsstätte erhält vom zuständigen Betriebsstättenfinanzamt eine Steuernummer und eine Steuer-Identifikationsnummer. Diese wird automatisch mit der Anmeldung der Betriebsstätte vergeben und ist in jedem Fall auf der Lohnsteueranmeldung zu melden. Wurde die Steuernummer noch nicht vergeben, ist eine Zuteilung der Steuernummer beim zuständigen örtlichen Finanzamt zu beantragen.

b) Zahl der beschäftigten Arbeitnehmer
In dieses Feld ist die Anzahl der Arbeitnehmer einzutragen, die zum Zeitpunkt der Meldung beschäftigt werden. Tritt ein Mitarbeiter während des Meldezeitraums aus, ist dieser in der Zahl der beschäftigten Arbeitnehmer noch zu berücksichtigen. Zu den beschäftigten Arbeitnehmern zählen Aushilfen ebenso wie Auszubildende und Praktikanten oder in Teilzeit beschäftigte Arbeitnehmer. Auch sozialversicherungsfreie kurzfristig Beschäftigte oder Gesellschafter-Geschäftsführer sind in den Angaben zu berücksichtigen. Jeder innerhalb dieser Personengruppen zählt als ein Beschäftigter, unabhängig von der Anzahl der wöchentlichen Arbeitsstunden. Ebenfalls zu melden sind passive Mitarbeiter, die beispielsweise in Elternzeit, nach Ende der Lohnfortzahlung bei Krankheit oder in der Passivphase der Altersteilzeit sind. Die Anzahl ist zum Stichtag der Meldung (Ende des Monats, Ende des Quartals) zu ermitteln.

c) Berichtigung der Anmeldung
Ergeben sich nach Abgabe der Lohnsteueranmeldung Änderungen in den Lohnabrechnungen, die Auswirkungen auf die Lohnsteuer haben, ist eine berichtigte Meldung für den entsprechenden Zeitraum abzugeben. Die berichtigte Meldung wird durch eine 1 im Feld 10 (Zeile 15) besonders gekennzeichnet. Auf der berichtigten Meldung sind nochmals alle (korrigierten) Angaben für den Meldezeitraum einzutragen – nicht nur die Korrekturwerte. Müssen aufgrund geänderter Lohnabrechnungen mehrere Meldezeiträume korrigiert

werden, ist für jeden Meldezeitraum eine gesonderte korrigierte Meldung einzureichen. Entsteht aus der Korrektur eine höhere Steuerschuld als aus der ursprünglichen Meldung, ist die Nachzahlung mit der korrigierten Meldung abzuführen.

d) Arbeitnehmer mit bAV-Förderbetrag
Durch die Einführung des Betriebsrentenstärkungsgesetzes zum 01.01.2018 ist die Zeile 16 »Zahl der Arbeitnehmer mit BAV-Förderbetrag« (Position 90) und die Zeile 23 »abzüglich BAV-Förderbetrag« neu in den Vordruck aufgenommen worden. Arbeitgeber dürfen vom Gesamtbetrag der einzubehaltenden Lohnsteuer, für jeden Arbeitnehmer mit einem ersten Dienstverhältnis, einen Teilbetrag des Arbeitgeberbeitrags zur kapitalgedeckten betrieblichen Altersversorgung (bAV-Förderbetrag) entnehmen und gesondert absetzen. Werden Beiträge zur betrieblichen Altersversorgung an den Arbeitgeber zurückgezahlt, ist der auf den Rückzahlungsbetrag entfallende bAV-Förderbetrag an die Finanzverwaltung zurückzuzahlen. Übersteigt der Rückzahlungsbetrag den im Lohnzahlungszeitraum zu zahlenden Betrag der Lohnsteuer, ist der »negative bAV-Förderbetrag« durch ein vorangestelltes Minuszeichen zu kennzeichnen.

e) Lohnsteuer
Die auf den Arbeitslohn erhobene Lohnsteuer hängt im Wesentlichen von drei Größen ab – der Höhe des Arbeitslohnes, der Lohnsteuerklasse und der anzuwendenden Lohnsteuertabelle. In Zeile 19 der Anmeldung ist die pauschale Lohnsteuer auszuweisen. Dabei ist es unerheblich, ob die pauschale Lohnsteuer vom Arbeitgeber oder vom Arbeitnehmer getragen wird. In Zeile 18 ist die Summe der einbehaltenen Lohnsteuer auf laufende und sonstige Bezüge auszuweisen. Ist die Lohnsteuer vierteljährlich oder jährlich dem Finanzamt zu melden, ist unter der Position 42 die Lohnsteuersumme **aller Arbeitnehmer** der letzten drei Monate bzw. des vergangenen Kalenderjahres anzugeben.

f) Kindergeld
Das Kindergeld wird von der Kindergeldkasse ausgezahlt. Eine Ausnahme von der Befreiung der Kindergeldzahlung besteht für Arbeitnehmer im öffentlichen Dienst; sie erhalten von ihrem Arbeitgeber das Kindergeld ausbezahlt.

g) Solidaritätszuschlag
In Zeile 25 der Lohnsteueranmeldung ist die Summe des von allen Arbeitnehmern einbehaltenen Solidaritätszuschlags auszuweisen. Der Solidaritätszuschlag ergibt sich als 5,5%-Aufschlag auf den Lohnsteuerbetrag. Bei der Ermittlung des Solidaritätszuschlags sind jedoch Kinderfreibeträge und der Altersentlastungsbetrag zu berücksichtigen. Außerdem besteht eine Freigrenze (81 EUR/162 EUR) pro Arbeitnehmer und eine Gleitregelung bei Überschreitung der Freigrenze (vgl.

Kapitel 5.5.2). Für sonstige Bezüge gilt, dass der Solidaritätszuschlag grundsätzlich 5,5% der Lohnsteuer auf den steuerpflichtigen Teil des einmaligen Bezuges ausmacht. Kinderfreibeträge und der Altersentlastungsbetrag werden bei sonstigen Bezügen nicht berücksichtigt. Auf der Lohnsteueranmeldung ist der tatsächlich einbehaltene Betrag auszuweisen, nicht etwa ein fiktiver ohne die Berücksichtigung von Frei- und Abzugsbeträgen.

h) Kirchensteuer

Kirchensteuer ist nur von den Arbeitnehmern einzubehalten, die einer steuerberechtigten Religionsgemeinschaft angehören. Nicht alle Religionsgemeinschaften sind bundeseinheitlich zur Erhebung von Kirchensteuer berechtigt. Welche Religionsgemeinschaften im Bundesland des Arbeitgebers kirchensteuerberechtigt sind, ist in den Zeilen 27 bis 32 auf der Lohnsteueranmeldung vermerkt. Gehört der Arbeitnehmer keiner kirchlichen Religionsgemeinschaft oder einer nicht steuerpflichtigen Religionsgemeinschaft an, ist er von der Kirchensteuer befreit. In Zeile 26 ist die vom Arbeitgeber zu leistende pauschale Kirchensteuer anzugeben. Die pauschale Kirchensteuer darf nicht in den Kirchensteuerbeträgen der Zeilen 27 bis 32 enthalten sein. Die Aufteilung der pauschalen Kirchensteuer auf die erhebungsberechtigten Glaubensgemeinschaften übernimmt die Finanzverwaltung. In Zeile 26 ist auch die pauschale Kirchensteuer auszuweisen, wenn der Arbeitnehmer keiner Kirche angehört, der Arbeitgeber jedoch aus Vereinfachungsgründen die pauschale Kirchensteuer ermittelt und trägt.

i) Arbeiter-/Angestelltenkammerbeiträge

Eine steuerliche Besonderheit gilt in den Bundesländern Saarland und Bremen. In diesen Bundesländern sind die Arbeitgeber verpflichtet, von jedem Arbeitnehmer einen Beitrag zur Arbeiter- bzw. Angestelltenkammer zu erheben. Der Kammerbeitrag ist vom Arbeitgeber im Lohnabzugsverfahren einzubehalten, an das Betriebsstättenfinanzamt abzuführen und mit der Lohnsteueranmeldung zu melden. Die Dokumentation erfolgt in Zeile 33 der Lohnsteueranmeldung.

Beachten Sie: In der Regel werden diese Werte automatisch vom Entgeltabrechnungsprogramm gebildet und können aus dem Programm heraus direkt mit einem Datensatz elektronisch an die Finanzverwaltung übermittelt werden.

8.1.2 Änderungen von Besteuerungsmerkmalen aus ELStAM übernehmen

Seit dem Jahr 2013 ist die Finanzverwaltung für die Übermittlung der Besteuerungsmerkmale an die Arbeitgeber zuständig. Alle für die Besteuerung der

Arbeitnehmer erforderlichen Daten sind beim Bundeszentralamt für Steuern (BZSt) aktuell gespeichert.

Geänderte Besteuerungsmerkmale
Haben sich beim Arbeitnehmer im laufenden Kalendermonat Besteuerungsmerkmale geändert, werden diese vom Bundeszentralamt in sogenannten Änderungslisten zusammengestellt. Die Änderungsliste steht spätestens bis zum **5. Werktag** des folgenden Monats zum Datenabruf bereit. Dies bedingt, dass möglichst monatlich vor der Lohnabrechnung eine ggf. vorhandene Änderungsliste in das Lohnabrechnungsprogramm übernommen wird. Die Abholung muss aktiv durch den Arbeitgeber erfolgen – ein Informationsdienst per E-Mail ist verfügbar. Diesen kann der Arbeitgeber mit seiner Steuernummer und der PIN-Nr. auf der Internetseite von ELSTER aktivieren. Bestandteil der »Änderungsdatei« ist eine Versionsnummer und für jeden Änderungssatz ein Gültigkeitsdatum. Ergeben sich rückwirkende Änderungen, wird dies zu einer Aufrollung der Lohnabrechnung für zurückliegende Monate führen. Die Änderungsliste beinhaltet alle Änderungen für die Arbeitnehmer, die bei der Finanzverwaltung der Steuer-ID des Arbeitgebers zugeordnet sind. Die Zuordnung erfolgt durch die Anmeldung der Arbeitnehmer bei der ELStAM–Datenbank. Die Änderungsliste wird in der Nacht zum 1. des laufenden Monats von der Finanzverwaltung erzeugt. Ein Abruf ist für den gesamten Monat verfügbar. Bei einem Jahreswechsel bleiben die Änderungen bis zum 28. Februar des Folgejahres in der Änderungsliste enthalten. Werden die Änderungen nicht im Monat des Entstehens abgerufen, sind sie Bestandteil der Änderungsliste des Folgemonats. Bei der Listenbereitstellung wird zuerst die Änderungsliste, bei der sich Auswirkungen für die Arbeitnehmer ergeben, zur Verfügung gestellt. Anschließend erfolgt die Bereitstellung leerer Änderungslisten für die übrigen Arbeitnehmer. (Hinweis: »Für Ihre Arbeitnehmer haben sich keine Änderungen ergeben.«). Dies kann bis zu einer Woche dauern. Wurde bis zum 6. Werktag keine monatliche Änderungsliste zum Abruf zur Verfügung gestellt, darf der Arbeitgeber unterstellen, dass keine Änderungen in den ELStAM-Daten seiner Arbeitnehmer vorliegen. Die Finanzverwaltung empfiehlt den Abruf der Monatslisten auch durchzuführen, wenn keine Änderungen per E-Mail mitgeteilt wurden. Hierdurch können frühzeitig etwaige technische Störungen erkannt werden. Der Datenabruf erfolgt in der Regel direkt aus dem Lohnabrechnungsprogramm heraus. Für den Datenabruf sind die Steuernummer des Arbeitgebers und das Elster-Zertifikat zur Authentifizierung erforderlich.

Wichtig: Muss die Finanzverwaltung aufgrund eines Änderungsantrags eines Arbeitnehmers eine Klärung der Daten herbeiführen, wird der ELStAM-Datensatz in der Regel für diesen Mitarbeiter bis zur Klärung gesperrt. Für die Durchführung des Lohnsteuerabzugs erstellt die Finanzverwaltung eine zeitlich befristete Ersatzbescheinigung, die dann für den Lohnsteuerabzug maßgeblich ist. Die Ersatzbescheinigung enthält auch eventuelle Änderungen in Kinderfreibeträgen, Lohnsteuerfreibeträgen oder einen Steuerklassenwechsel. Ansprechpartner für alle inhaltlichen Fragen ist das zuständige Finanzamt. Bei technischen Problemen sollten Sie sich zunächst an den Softwarehersteller/Dienstleister wenden. Bei Fragen zum ElsterOnline-Portal oder zum Elster-Formular steht Ihnen die ELSTER-Hotline unter der Telefonnummer 0800 52 35 099 zur Verfügung. Zusätzlich steht über das Internet ein Kontaktformular zur Verfügung, mit dem Sie sich direkt an die Mitarbeiter der ELStAM-Datenbank wenden können. Über den Link https://www.elster.de/elsterweb/elster-lohn-kontakt können Sie das Formular aufrufen.

Anmeldung/Abmeldung von Arbeitnehmern
Sobald ein Arbeitnehmer eine neue Stelle antritt und lohnsteuerpflichtig ist, muss der Arbeitgeber aus der Datenbank des BZSt die notwendigen Daten in sein Abrechnungsprogramm übernehmen. Für die Übernahme meldet der Arbeitgeber zunächst das Beschäftigungsverhältnis mit einer Meldeliste beim BZSt an. Die Übermittlung der Daten erfolgt nach einer Prüfung durch das BZSt spätestens innerhalb von **fünf Tage** nach der Anmeldung. Die Anmeldung kann in der Regel direkt aus dem Entgeltabrechnungsprogramm erstellt werden oder mithilfe des Programms »ELSTER-Formular«.

Sind im laufenden Abrechnungsmonat Mitarbeiter ausgeschieden oder haben sich sonstige steuerrechtlich relevante Änderungen ergeben, sind diese Angaben mit einer Meldeliste an die ELStAM-Datenbank zu übermitteln. Für den Abruf bzw. die Übermittlung der Daten muss sich der Arbeitgeber an der ELStAM-Datenbank anmelden. Als Authentifizierung sind die Steuernummer der Betriebsstätte und das Elster-Zertifikat mit der PIN-Nr. zu übermitteln.

Wichtig: Keine Datenübermittlung bzw. Datenabrufe sind für geringfügig beschäftigte Arbeitnehmer, deren Arbeitslohn pauschal versteuert wird (Minijobber), vorzunehmen. Führt ein Dritter, z.B. Steuerberater oder Lohnbüro, die Meldung bzw. den Datenabruf durch, muss dieser neben seiner eigenen Authentifizierung über Steuernummer und Zertifikat auch die Angaben des Arbeitgebers übermitteln. Dafür ist kein eigenes Zertifikat des Arbeitgebers erforderlich.

Damit ggf. weitere Arbeitgeber die Steuerdaten für einen Mitarbeiter aus der ELStAM-Datenbank abrufen können, muss der Arbeitgeber neben der Steuer-ID und Geburtsdatum unter anderem den **Beginn bzw. das Ende der Beschäftigung** und das Merkmal **»Hauptarbeitgeber oder Nebenarbeitgeber«** für neue Mitarbeiter melden. Ohne die Angabe, ob es sich um ein erstes oder weiteres Beschäftigungsverhältnis handelt, wird immer eine Zweitbeschäftigung mit Steuerklasse 6 unterstellt. Übermittelt der Arbeitgeber das Merkmal Hauptarbeitgeber, kann aus der ELStAM-Datenbank eine Steuerklasse 1-5 abgerufen werden bzw. wird an den Arbeitgeber zurückgemeldet. Handelt es sich um ein zweites oder weiteres Beschäftigungsverhältnis, erhalten die Arbeitgeber beim nächsten Datenabruf automatisch die Steuerklasse 6 übermittelt. Gilt für einen Arbeitnehmer aufgrund von Änderungen in den persönlichen Verhältnissen eine andere Steuerklasse, muss der Arbeitnehmer dies dem zuständigen Finanzamt melden. Meldet der Arbeitnehmer die Veränderung nicht, führt die Finanzverwaltung nach Meldung von Gemeinden und Behörden selbstständig eine Änderung der ELStAM-Daten durch.

Scheidet ein Arbeitnehmer im oder zum Ende des Abrechnungsmonats aus dem Unternehmen aus, muss der Arbeitgeber oder ein von ihm beauftragter Dienstleister den Arbeitnehmer bei der ELStAM-Datenbank **abmelden**. Die Abmeldung beinhaltet neben dem Enddatum der Beschäftigung die Steuer-ID und das Geburtsdatum des Mitarbeiters sowie die Steuernummer und Authentifizierung des Arbeitgebers bzw. des Datenübermittlers. Als Rückmeldung erhält der Arbeitgeber eine Abmeldebestätigung. Die Abmeldung wird auf den vom Arbeitgeber übermittelten Tag des Beschäftigungsendes erstellt. Auch wenn die Abmeldung wesentlich später erfolgt, als das Beschäftigungsverhältnis tatsächlich geendet hat, wird in der Abmeldebestätigungsliste immer das vom Arbeitgeber gemeldete Datum zurückgemeldet. Die Abmeldebestätigung wird innerhalb von fünf Tagen nach dem Eingang der Abmeldung von der ELStAM-Datenbank zurückgemeldet. In der Abmeldung ist immer nochmals das Anmeldedatum für das jeweilige Arbeitsverhältnis zu übermitteln.

Verstirbt der Arbeitnehmer, wird das Sterbedatum von der Gemeinde an die ELStAM-Datenbank übermittelt. Der Arbeitgeber erhält bei der Protokollabholung die Rückmeldung, dass kein Datenabruf für den ehemaligen Mitarbeiter mehr möglich ist. Eine Abmeldung ist auch dann zu übermitteln, wenn das Finanzamt für den Arbeitnehmer eine Sperre des Datenabrufs eingetragen hat (z. B. bei ausgestellter Ersatzbescheinigung). Keine Abmeldung ist für Grenzgänger und Arbeitnehmer im Diplomatischen Dienst im Ausland vorzunehmen. Diese Personen können aufgrund der fehlenden deutschen Steuer-ID nicht angemeldet und infolge auch nicht bei der ELStAM-Datenbank abgemeldet werden.

Nachzahlungen nach Austritt
Erhält der Arbeitnehmer nach einer Abmeldung noch Arbeitslohn (z. B. Nachzahlung oder Korrekturabrechnung), ist zu unterscheiden, ob es sich um laufenden Arbeitslohn oder eine Einmalzahlung handelt. Wird nach dem Austritt

noch laufender Arbeitslohn bezahlt (z.B. Nachzahlung von Überstundenvergütung), ist eine Korrektur des letzten Abrechnungszeitraums vorzunehmen. Für die Lohnsteuerberechnung muss der zu diesem Abrechnungszeitraum gültige ELStAM-Datensatz angewendet werden. Eine erneute Anmeldung mit anschließender Abmeldung ist nicht vorzunehmen. Die zusätzliche Lohnsteuer ist in die Lohnsteueranmeldung des Abrechnungsmonats aufzunehmen.

Wird eine Einmalzahlung nach dem Ausscheiden gewährt (z.B. Abfindung oder anteilige Prämie oder Bonuszahlung), muss der Arbeitnehmer erneut bei ELStAM angemeldet werden. Als Anmeldezeitraum ist der Monat der Entgeltabrechnung zu melden. Der Arbeitgeber muss die Anmeldung als »Nebenarbeitgeber« erstellen. Abhängig davon, ob der ehemalige Arbeitnehmer bereits eine neue Beschäftigung aufgenommen hat, erhält der Arbeitgeber als Steuerklasse (1-5) oder 6 zurückgemeldet. Wurde für den Arbeitnehmer zwischenzeitlich keine weitere Beschäftigung angemeldet, wird von der ELStAM-Datenbank die Steuerklasse entsprechend dem Familienstatus zurückgemeldet. Mit der zurückgemeldeten Steuerklasse ist die Abrechnung für die Einmalzahlung vorzunehmen. Außerdem ist der Mitarbeiter am Ende des Abrechnungsmonats wieder abzumelden.

Wechsel des Datenübermittlers

Werden die Daten von einem Lohn- oder Steuerbüro übermittelt und wechselt dieses im Laufe des Monats, ist eine neue Anmeldung vom zukünftigen Datenübermittler vorzunehmen. Der alte Datenübermittler erhält beim Versuch des Datenabrufs aus ELStAM die Rückmeldung »Keine Abrufberechtigung für Steuer-ID xxx«. Der alte Datenübermittler muss zuvor alle Mitarbeiter bei ELStAM abmelden. Die Abmeldung nimmt er in der Regel nach der letzten Lohnabrechnung vor. Der alte Datenübermittler erhält eine Abmeldebestätigung, der neue Datenübermittler eine Anmeldebestätigung für die Arbeitnehmer. Nach der Anmeldebestätigung können die Besteuerungsmerkmale für die neu angemeldeten Arbeitnehmer abgerufen werden. Alternativ besteht die Möglichkeit, dass der neue Datenübermittler eine Ummeldung vornimmt.

Eine Ummeldung ist im Prinzip identisch mit einer Neuanmeldung, aber mit dem Unterschied, dass der neue Datenübermittler keine Ummeldebestätigung erhält und die Arbeitgeberdaten/Arbeitgeberzuordnung erhalten bleiben. Der alte Datenübermittler erhält mit der nächsten Monatsliste den Hinweis, dass er nicht mehr abrufberechtigt ist. Nach der Ummeldung kann der neue Datenübermittler die ELStAM-Datensätze für die umgemeldeten Arbeitnehmer abrufen.

Arbeitgeberwechsel

Bei einem Arbeitgeberwechsel ist der Arbeitnehmer spätestens zum Monatsende abzumelden. Erfolgt die Abmeldung verspätet, erhält der Folgearbeitgeber dennoch die Besteuerungsinformationen gemäß dem Familienstand. Sofern der Folgearbeitgeber das Beschäftigungsverhältnis als »Hauptarbeitgeber« anmeldet, erhält der ursprüngliche Hauptarbeitgeber beim Abruf der Änderungsliste die Steuerklasse 6 für den ausgeschiedenen Mitarbeiter zurückgemeldet. Dieser Datensatz wird mit der Abmeldung des Arbeitnehmers wieder gelöscht. Außerdem gelten die zurückgemeldeten Besteuerungsmerkmale immer bis zum Ende des Abrechnungsmonats. Somit entsteht auch bei Aufnahme einer zweiten Beschäftigung kein Teillohnzahlungszeitraum.

Beispiel

!

Ein Arbeitnehmer ist bei Arbeitgeber A steuerpflichtig beschäftigt. Zum 15. April nimmt er eine zweite Beschäftigung bei Arbeitgeber B auf, die ebenfalls steuerpflichtig ist. Er bestimmt außerdem, dass zukünftig Arbeitgeber B der Hauptarbeitgeber sein soll.

Beurteilung

Arbeitgeber A wird per 15. April zum Nebenarbeitgeber. Beim Datenabruf Anfang Mai erhält er die Steuerklasse 6 per 01. April für diesen Mitarbeiter zurückgemeldet. Die Lohnabrechnung ist für den gesamten April nach den Merkmalen per Ende des Abrechnungsmonats durchzuführen. Im Beispiel wird dies ggf. zu einer Korrektur der April-Abrechnung führen, da der April von Arbeitgeber A wahrscheinlich bereits abgerechnet ist und nachträglich mit der Steuerklasse 6 erneut abzurechnen ist. Es entsteht **kein** Teillohnzahlungszeitraum bis 14. April.

Gesamtabruf (Bruttolisten)

In Fällen des Datenverlusts kann der Arbeitgeber einen Gesamtdatenabruf bei der zuständigen Finanzverwaltung beantragen. Der Arbeitgeber erhält beim nächsten Datenabruf der Änderungslisten eine sogenannte Bruttoliste mit allen Besteuerungsmerkmalen der aktuell unter der Arbeitgeber-Steuer-ID gespeicherten Arbeitnehmer. Die Bruttoliste enthält jedoch keinerlei Historie, sondern lediglich den aktuellen Status zum Zeitpunkt des Datenabrufs. Als Referenzdatum wird der Erste des aktuellen Monats gemeldet.

8.2 Was ist der Krankenkasse zu melden?

Die im Zuge der Entgeltabrechnung ermittelten Beiträge zur Kranken-, Pflege-, Renten- und Arbeitslosenversicherung sowie die Umlagen sind regelmäßig den Annahmestellen der Krankenkassen zu melden. Dabei ist zu beachten, dass der Stichtag für die Meldung und die Bezahlung der Beiträge auseinanderfallen.

8.2.1 Ermittlung der Beitragsschuld

Mit dem Gesetz zur vorgezogenen Beitragsfälligkeit wurde die Fälligkeit des Gesamtsozialversicherungsbeitrags neu geregelt. Durch die Neuregelung ist der **voraussichtliche Gesamtsozialversicherungsbeitrag** bis spätestens am **drittletzten Banktag** des Abrechnungsmonats an die Krankenkassen zu überweisen. Zur Überprüfung der Zahlung müssen die sogenannten Beitragsnachweise **2 Arbeitstage** vor der Zahlungsfälligkeit in elektronischer Form bei den Annahmestellen der Krankenkassen eingegangen sein. Der zum drittletzten Banktag fällige Gesamtsozialversicherungsbeitrag enthält

- die voraussichtlichen Beiträge aller Sozialversicherungszweige für den gesamten laufenden Abrechnungsmonat und
- die verbleibende Restzahlung aus dem Vormonat.

Die Problematik dieser Regelung liegt in der Ermittlung der »voraussichtlichen« Höhe der Beitragsschuld für den gesamten Abrechnungsmonat. Nach der gesetzlichen Regelung ist die voraussichtliche Höhe der Beitragsschuld so zu bemessen, dass eine Restzahlung im Folgemonat 10% der ursprünglichen Beitragsschuld nicht übersteigt. Dies führt zu einer »Schätzung« der Beitragsschuld zum Zeitpunkt der Entgeltabrechnung. Die Schätzung basiert auf dem voraussichtlichen beitragspflichtigen Arbeitsentgelt für den laufenden Monat. In die Schätzung müssen alle voraussichtlichen laufenden Bezüge und Einmalzahlungen bis zum Monatsende einbezogen werden. Für Mitarbeiter, die nach geleisteten Arbeitsstunden bezahlt werden, ist das Arbeitsentgelt für die Sollarbeitszeit sowie bereits bekannte Mehrarbeit der Schätzung zugrunde zu legen. Auch alle variablen Entgeltbestandteile, wie Umsatzprämien oder Boni, die zum Monatsende fließen, sind für die Schätzung zu berücksichtigen. Die Regelung führt ggf. zu einer vorgezogenen »Pro-Forma-Abrechnung« zur Ermittlung der Sozialversicherungsbeiträge. In einem zweiten Abrechnungslauf werden dann die tatsächlichen Beiträge zu den Sozialversicherungen und die Differenzen zu den gemeldeten Beiträgen ermittelt. Diese Differenzen sind dann auf den Folgemonat vorzutragen und für die »Schätzung« des Folgemonats mit zu berücksichtigen. Die Schätzung der Beiträge entfällt in der Regel, wenn nur Gehälter und fixe sonstige Bezüge bezahlt werden oder wenn zum Zeitpunkt der Erstellung der Beitragsnachweise bereits alle stundenabhängigen oder variablen Bezüge für den Monat bekannt sind. In diesen Fällen wird die tatsächliche Entgeltabrechnung (ohne Schätzung) bereits zwei Arbeitstage vor dem drittletzten Banktag durchgeführt und die sich ergebenden tatsächlichen Beiträge gemeldet. In der Praxis führt diese Anforderung der Krankenkassen dazu, dass die Entgeltabrechnung zwischen dem 21. und 24. Tag des Monats durchgeführt wird.

Beachten Sie: Die Berechnungsgrundlagen, nach denen die voraussichtliche Gesamtsozialversicherungsbeitragsschuld ermittelt wird, sind zu dokumentieren. Sie sind unter anderem Gegenstand einer Prüfung durch die Sozialversicherungsträger. Wird die voraussichtliche Beitragsschuld fahrlässig zu niedrig »geschätzt«, können Säumniszuschläge festgesetzt werden.

Vereinfachtes Schätzverfahren

Bei monatlich schwankenden Bezügen gibt es eine Vereinfachungsregelung für die Ermittlung der Beitragsschuld. Unternehmen mit einem regelmäßigen Mitarbeiterwechsel **oder** variablen Entgeltbestandteilen können als Schätzung des laufenden Monats die reale Abrechnung des Vormonats ansetzen. Ergeben sich zur Schätzung bei der finalen Entgeltabrechnung Abweichungen, sind diese in die Beitragsberechnung des Folgemonats aufzunehmen. Mit dem Bürokratie-Entlastungsgesetz vom November 2016 wurde festgelegt, dass ab dem Jahr 2017 keinerlei Bedingung mehr an die Anwendung des Vereinfachungsverfahrens geknüpft werden sollen. Somit kann die Vereinfachungsregel nur dann **nicht** angewendet werden, wenn

- es sich um den ersten Abrechnungsmonat einer neuen Unternehmung handelt (weil keine Vormonate für Schätzung vorhanden),
- erstmals Beiträge an eine bestimmte Krankenkasse zu melden sind (im Vormonat noch kein Mitarbeiter bei der entsprechenden Krankenkasse versichert war),
- alle im Unternehmen bzw. bei der Krankenkasse versicherten Mitarbeiter im aktuellen Monat kein Entgelt bezogen haben (z.B. alle beziehen Krankengeld von der Krankenkasse).

Die Sozialversicherungsbeiträge nach dem vereinfachten Verfahren ergeben sich somit aus:

	Beiträgen aus laufendem Arbeitsentgelt des Vormonats
+	Beiträgen aus Einmalzahlungen im aktuellen Abrechnungsmonat
+/–	Beiträgen aus Korrekturen des laufenden Arbeitsentgelts aus dem Vormonat
=	Summe der Sozialversicherungsbeiträge des aktuellen Abrechnungsmonats

! **Beispiel**

Ein Unternehmen hat sich ab Januar für das vereinfachte Schätzverfahren zur Erstellung der Beiträge entschieden. Das Unternehmen hatte im Dezember des Vorjahres 38.000 EUR an Beiträgen gezahlt. Folgende Entgelte und Beiträge werden abgerechnet bzw. gemeldet.

Beurteilung

Es erfolgt monatlich eine Ermittlung der Restschuld auf Basis des Vormonats.

	Jan	Feb	Mär	Apr	Mai
Beiträge aus tatsächlichem, laufenden Arbeitsentgelt	39.000 EUR	41.000 EUR	42.000 EUR	40.000 EUR	41.000 EUR
Beiträge aus Entgelt vom Vormonat	38.000 EUR	39.000 EUR	41.000 EUR	42.000 EUR	40.000 EUR
Restschuld aus Vormonat	--	1.000 EUR	2.000 EUR	1.000 EUR	– 2.000 EUR
Gemeldet im Beitragsnachweis laufender Monat	38.000 EUR	40.000 EUR	43.000 EUR	43.000 EUR	38.000 EUR

Ein Nachteil bei der Anwendung des Vereinfachungsverfahrens ist: Wenn ein Arbeitnehmer aus dem Unternehmen austritt und dieser der einzige im Unternehmen war, der bei der Krankenkasse XY versichert ist, muss im Folgemonat des Austritts ggf. nochmals ein Beitragsnachweis mit Restforderung/Resterstattung bei der Krankenkasse XY eingereicht werden.

Beachten Sie: Die Vereinfachungsregel kann nicht für Einmalzahlungen angewendet werden. Die Sozialversicherungsbeiträge für Einmalzahlungen sind für den Monat zu berechnen und im Beitragsnachweis zu melden, in dem sie bezahlt werden. Außerdem dürfen Einmalzahlungen im Folgemonat nicht in die Schätzung auf Basis des Vormonats einbezogen werden.

Die Spitzenverbände der Sozialversicherungen haben darauf hingewiesen, dass die Wahl des Vereinfachungsverfahrens für mindestens ein Kalenderjahr beizubehalten ist.

8.2.2 Fälligkeit der Beiträge

Sind mehrere Arbeitnehmer in der gleichen Krankenkasse versichert, sind deren kumulierte Beiträge bis zum **drittletzten Banktag** des laufenden Monats zu überweisen. Die Meldung der Beiträge erfolgt mit dem Beitragsnachweis. Dieser ist zwei Arbeitstage vor der Zahlfrist der Annahmestelle elektronisch zu übermitteln. Die Regelung gilt auch für Beiträge von geringfügig Beschäftigten, welche an die Minijob-Zentrale in Essen zu melden sind. Mit der Fälligkeit des Gesamtsozialversicherungsbeitrags werden auch die vom Arbeitgeber zu tragenden Umlagen (U1/U2-Umlage) und die Insolvenzgeldumlage fällig. Aus der Regelung des drittletzten Bankarbeitstags für die Fälligkeit der Zahlung ergeben sich für das Jahr 2018 folgende Zahlungsfristen für die Beiträge zu den Sozialversicherungen:

Monat	Fälligkeit Beitragsnachweis	Fälligkeit der Beiträge
Januar	24.01.2018	29.01.2018
Februar	21.02.2018	26.02.2018
März	22.03.2018	27.03.2018
April	23.04.2018	26.04.2018
Mai	23.05.2018	28.05.2018[1]
Juni	24.06.2018	27.06.2018
Juli	24.07.2018	27.07.2018
August	26.08.2018	29.08.2018
September	23.09.2018	26.09.2018
Oktober	24.10.2018	29.10.2018[1]
November	25.11.2018	28.11.2018
Dezember[*)]	18.12.2018	21.12.2018[2]

Tab. 27: Beitragsfälligkeitstermine in 2018

[1)] Der maßgebende Tag für die Zahlfrist ist der Banktag am Sitz der Einzugsstelle. Bedingt durch nicht bundeseinheitliche Feiertage kann es zu Verschiebungen dieser Fristen kommen.

[2)] Der 24.12. und der 31.12. gelten nicht als Banktag.

Beiträge von freiwillig gesetzlich Versicherten sind erst am 15. des Folgemonats fällig. Fällt der 15. auf einen Samstag, Sonntag oder Feiertag, genügt es, wenn die Zahlung am darauffolgenden Bankarbeitstag auf dem Konto der Krankenkasse eingeht. Aus Vereinfachungsgründen werden aber in der Praxis die Beiträge von freiwillig Versicherten gemeinsam mit denen der gesetzlich Pflichtversicherten ermittelt, gemeldet und bezahlt.

8.2.3 Meldung der Sozialversicherungsbeiträge

Einzugsstelle aller Sozialversicherungsbeiträge ist die jeweilige Krankenkasse des Arbeitnehmers. Das heißt: Ist der Arbeitnehmer beispielsweise bei der AOK versichert, werden Arbeitgeber- und Arbeitnehmeranteil für die Kranken- und Pflegeversicherung, Renten- und Arbeitslosenversicherung an die AOK abgeführt. Die Bankverbindung kann über die Internetseite der Krankenkasse ermittelt werden und ist in der Regel im Entgeltabrechnungsprogramm gespeichert. Die Krankenkassen überweisen anschließend die vereinnahmten Beiträge anteilig an die Deutsche Rentenversicherung und an die Bundesagentur für Arbeit (Arbeitslosenversicherung) weiter.

Um die Beitragssumme an die anderen Sozialversicherungsträger weiterleiten zu können, benötigen die Krankenkassen die Aufteilung der Beitragssumme auf Kranken-, Pflege-, Renten- und Arbeitslosenversicherung. Die Mitteilung erfolgt mit dem **Beitragsnachweis**. Der Beitragsnachweis enthält kumuliert alle Beiträge des Unternehmens für diejenigen Mitarbeiter, die bei der entsprechenden Krankenkasse krankenversichert sind. Ein Beitragsnachweis ist monatlich jeder Krankenkasse, an die Beiträge abgeführt werden, einzureichen. Die nachzuweisenden Beiträge setzen sich zusammen aus

- dem geschätzten Beitrag des laufenden Monats pro Sozialversicherungszweig und
- der Differenz zwischen Schätzung und Endabrechnung des Vormonats.

War die Schätzung des Vormonats im Vergleich zur tatsächlichen Abrechnung zu niedrig, ist die **Restschuld** pro Versicherungszweig (KV, RV, AV, PV) zusammen mit der »Beitragsschätzung« des laufenden Monats auszuweisen. War die Schätzung zu hoch, wird die Überzahlung von den Beiträgen im aktuellen Beitragsnachweis abgezogen. War im Unternehmen nur **ein** Mitarbeiter bei dieser Krankenkasse versichert und tritt dieser im laufenden Monat aus, so ist im nächsten Monat ein »Storno-Beitragsnachweis« einzureichen. Mit dem stornierten Beitragsnachweis ist ein neuer »korrigierter Beitragsnachweis« einzureichen. Führte die Schätzung zu einer Überzahlung, gilt der Beitragsnachweis mit negativen Werten als »Erstattungsantrag«. Sind für den ausgeschiedenen Mitarbeiter noch Beitragszahlungen zu leisten, ist deren Fälligkeit die Zahlungsfrist im Folgemonat des Austritts.

Beachten Sie: Über- bzw. Unterzahlungen können nur eintreten, sofern die Sozialversicherungsbeiträge aufgrund einer fiktiven Abrechnung geschätzt werden. Wird die »endgültige« Lohnabrechnung bereits z.B. am 21. des Monats durchgeführt, entstehen in der Regel keine Abweichungen. Diese können jedoch bei Korrekturen von Lohnabrechnungen für Vormonate auftreten. Eine möglicherweise entstehende Restschuld ist in den Beitragsnachweisen nicht getrennt ausgewiesen. Sie ist in den Summen des Folgemonats enthalten.

Die Verrechnung von Über- bzw. Nachzahlungen erfolgt in der Regel automatisch über das Entgeltabrechnungsprogramm. Für die Verrechnung sind jedoch zwei Fristen zu beachten.

- Stornierung des Beitragsnachweises und ggf. Verrechnung mit laufenden Beitragszahlungen/Beitragskorrekturen aus Vormonaten können über den aktuellen Beitragsnachweis innerhalbe von **6 Monaten** verrechnet werden, wenn die Beiträge an die Krankenkasse gar nicht zu zahlen gewesen wären (in voller Höhe). Alternativ besteht die Möglichkeit, den ursprünglich übermittelten Datensatz mit dem Beitragsnachweis zu stornieren und ggf. einen neuen »korrigierten« Beitragsnachweis für den Zeitraum elektronisch zu übermitteln.
- Verrechnung mit aktuellem Beitragsnachweis
  Ergeben sich aus einer Korrekturabrechnung geringere Beiträge können diese für maximal **24 Monate** in die Vergangenheit mit dem aktuellen Beitragsnachweisdatensatz verrechnet werden. Die Frist beginnt mit dem Kalendermonat, der dem »falschen« Beitragsnachweis folgt.

Selbstzahler/Firmenzahler

Arbeitnehmer, die freiwillig in einer gesetzlichen Krankenkasse versichert sind, haben die Möglichkeit, die Beiträge zur Kranken- und Pflegeversicherung selbst zu überweisen (Selbstzahler) oder der Arbeitgeber überweist und meldet die Beiträge zusammen mit den Pflichtbeiträgen (Firmenzahler). Überweist der Mitarbeiter die Beiträge selbst, sind der Krankenkasse nur die Renten- und Arbeitslosenversicherung für diesen Mitarbeiter auf dem Beitragsnachweis zu melden. In den Beitragsnachweis aufzunehmen sind aber die Beiträge, sofern die Firma diese überweist.

Aushilfen/Minijob

Die pauschalen Beiträge von geringfügig Beschäftigten (RV und ggf. KV) müssen an die Minijob-Zentrale in Essen gemeldet werden. Die Minijob-Zentrale hat für die Meldung der Beiträge einen eigenen Beitragsnachweis für geringfügig Beschäftigte.

Privat Krankenversicherte

Für Arbeitnehmer, die bei einem Versicherungsunternehmen kranken- und pflegeversichert sind, müssen nur die Renten- und Arbeitslosenversicherungsbeiträge der Krankenkasse gemeldet werden. Die zuständige Krankenkasse ist die, die eigentlich für die Krankenversicherung zuständig wäre. In der Regel ist es die Krankenkasse, bei der der Arbeitnehmer zuletzt pflichtversichert war. Ist diese nicht bekannt, können die Beiträge an eine vom Arbeitgeber gewählte Kasse gemeldet werden. Bei dieser Krankenkasse muss der Arbeitgeber den Mitarbeiter beim Eintritt anmelden (vgl. Kapitel 3.1.3).

Versorgungswerk

Ist der Arbeitnehmer in einem berufsständischen Versorgungswerk rentenversichert (z. B. Apothekerkammer, Architektenkammer, Ärztekammer), muss bei privater Krankenversicherung nur der Beitrag zur Arbeitslosenversicherung der gesetzlichen Krankenkasse gemeldet und überwiesen werden. Ist der Arbeitnehmer mit einer Rentenversicherung bei einem Versorgungswerk und in einer gesetzlichen Krankenkasse versichert (z. B. Barmer, Techniker etc.), sind die Kranken-, Pflege- und Arbeitslosenversicherung an die Einzugsstelle der Krankenkasse zu melden und die Beiträge zur Rentenversicherung an das Versorgungswerk abzuführen. Der Rentenversicherungsbeitrag fließt unter Angabe der Mitgliedsnummer der Ständeversorgung zu. Die nachfolgende Tabelle gibt einen Überblick, welche Beiträge der Krankenkasse zu melden sind.

Kranken-/Pflegeversicherung bei	Rentenversicherung bei	Der Krankenkasse ist zu melden
Gesetzlicher Krankenkasse (pflicht- oder freiwillig versichert)	Deutscher Rentenversicherung	KV-Beitrag PV-Beitrag AV-Beitrag RV-Beitrag
Gesetzlicher Krankenkasse (pflicht- oder freiwillig versichert)	Versorgungswerk	KV-Beitrag PV-Beitrag AV-Beitrag
Versicherungsunternehmen z. B. DKV	Deutscher Rentenversicherung	AV-Beitrag RV-Beitrag
Versicherungsunternehmen	Versorgungswerk	AV-Beitrag

Tab. 28: Zuständige Annahmestelle für Sozialversicherungsbeiträge

8.2.4 Meldung der Umlagen

Zuständige Umlage-Krankenkasse

Alle Krankenkassen müssen sowohl das U1- wie auch das U2-Umlageverfahren anbieten. Die Umlage U1 erstattet dem Arbeitgeber den fortgezahlten Lohn bei Krankheit von Mitarbeitern, die Umlage U2 erstattet einen ggf. zu zahlenden Zuschuss des Arbeitgebers zum Mutterschaftsgeld. Die Krankenkassen sind auch für den Einzug und die Abführung der Insolvenzgeldumlage zuständig. Somit sind die Umlagen immer an die Krankenkasse abzuführen, bei der der Mitarbeiter kranken- und pflegeversichert ist. Eine Ausnahme besteht bei der Landwirtschaftlichen Krankenkasse (LKK). Für Mitarbeiter, die bei der LKK krankenversichert sind, müssen die Umlagen an die AOK abgeführt werden. Für Mitarbeiter, die bei einem Versicherungsunternehmen krankenversichert sind (Privatversicherte), müssen die Umlagen an die letzte gesetzliche Krankenkasse des Arbeitnehmers abgeführt werden. War der Arbeitnehmer noch nicht gesetzlich krankenversichert, kann der Arbeitgeber die Umlagekasse wählen bzw. die Umlagen sind an die Krankenkasse zu entrichten, an welche die Renten- und Arbeitslosenversicherungsbeiträge gemeldet werden. Mit der Neuregelung der geringfügigen Beschäftigung wurde auch die Zuständigkeit der Umlagen neu geregelt. Zuständig für die Entgegennahme der Umlagen und alle Meldungen für Aushilfen (geringfügig/kurzfristig Beschäftigte) ist die Zweigstelle der Bundesknappschaft in Essen (Minijob-Zentrale). Die folgende Tabelle gibt einen Überblick über die zuständigen Krankenkassen:

Arbeitnehmer	Krankenversichert bei	U1-Umlage	U2-Umlage	Insolvenzgeldumlage
Arbeiter Angestellter Auszubildender	Ersatzkasse / AOK / BKK	Ersatzkasse / AOK / BKK	Ersatzkasse / AOK / BKK	Ersatzkasse / AOK / BKK
Arbeiter Angestellter Auszubildender	Privater Krankenversicherung	Letzte gesetzliche Krankenkasse, sonst freie Kassenwahl durch AG	Letzte gesetzliche Krankenkasse, sonst freie Kassenwahl durch AG	Letzte gesetzliche Krankenkasse, sonst freie Kassenwahl durch AG
Arbeiter Angestellter Auszubildender	Landwirtschaftlicher Krankenkasse (LKK)	AOK	AOK	AOK
Aushilfe / Minijobber	Gesetzlicher Krankenkasse (z.B. Techniker Krankenkasse)	Minijob-Zentrale Essen	Minijob-Zentrale Essen	Minijob-Zentrale Essen

Tab. 29: Zuständige Einzugsstelle für Umlagen

Beachten Sie: Die Umlage U1 ist nur dann zu entrichten, wenn das Unternehmen aufgrund seiner Betriebsgröße (bis 30 Vollzeitarbeitnehmer) am Umlageverfahren teilnehmen muss. Die U2-Umlage ist von allen Betrieben, unabhängig von der Betriebsgröße, zu entrichten. Die Insolvenzgeldumlage ist ebenfalls von allen Betrieben, mit Ausnahme der öffentlich-rechtlichen Betriebe und von privaten Haushalten, zu entrichten.

Die Beträge zur U1/U2-Umlage und die Insolvenzgeldumlage sind auf dem Beitragsnachweis den Krankenkassen zu melden. Ein besonderer Vermerk in den Meldungen zur Sozialversicherung ist nicht erforderlich.

8.2.5 Übermittlung der Beitragsnachweise

Die einbehaltenen Beiträge zur Kranken-, Pflege-, Renten- und Arbeitslosenversicherung sind bis zum drittletzten Banktag im Monat den Krankenkassen zu überweisen. Die Übermittlung des Beitragsnachweises muss mindestens zwei Arbeitstage vor dem drittletzten Banktag erfolgen. Die Datenübertragung erfolgt in der Regel direkt aus dem Entgeltabrechnungsprogramm. Als Alternative zum Abrechnungsprogramm oder bei manueller Abrechnung stellt die Informationstechnische Servicestelle der gesetzlichen Krankenkassen (ITSG) ein Programm für die Erfassung und Übermittlung der Beitragsnachweise zur Verfügung. Das Programm »sv.net/comfort« wird über das Internet bereitgestellt (www.itsg.de). Für die verschlüsselte Datenübermittlung ist ein Zertifikat von einem Trustcenter erforderlich. Das Zertifikat muss schriftlich bzw. via E-Mail bei der ITSG beantragt werden und ist in das Datenübermittlungsprogramm einzuspielen. Zuvor sind eine Anmeldung und ein **Zertifizierungsverfahren** von den Datenlieferanten zu durchlaufen. Wird die Datenübermittlung durch ein Lohnbüro oder einen Steuerberater vorgenommen, kann die Datenübermittlung mit deren Zertifikat erfolgen, es ist kein eigenes für den Arbeitgeber erforderlich.

Es gibt für jeden Krankenkassentyp (AOK, BKK, Ersatzkassen etc.) eine eigene Annahmestelle für die Entgegennahme der Datei mit den Beitragsnachweisen. Die Minijob-Zentrale unterhält zusätzlich eine eigene Annahmestelle.

Die Datenübertragung muss mit einem von Spitzenverbänden der Sozialversicherungen »systemgeprüften Abrechnungsprogramm« erfolgen. In der Regel erfolgt die Übertragung direkt aus dem Entgeltabrechnungsprogramm heraus. Die zu übertragenden Datensätze enthalten neben den Beitragsnachweisen auch eine

- PROD-ID (Programmkennung für das Abrechnungsprogramm),
- MOD-ID (Versionsnummer des Abrechnungsprogramms).

Nach der verschlüsselten Übertragung der Beitragsnachweise an einen sogenannten Kommunikationsserver erhält der Arbeitgeber eine technische Annahmebestätigung. Diese wird versendet, sobald die übertragene Datei identifiziert werden konnte. Die Annahmebestätigung gibt jedoch keine Auskunft darüber, ob die Datei entschlüsselt und verarbeitet werden konnte. Erst mit einer weiteren Statusanfrage des Abrechnungsprogramms wird die Verarbeitung und ggf. Fehlermeldungen an den Arbeitgeber zurückgemeldet. Die Statusabfrage wird in der Regel automatisch von den Abrechnungsprogrammen versendet. Sobald die Statusrückmeldung(en) an den Arbeitgeber übertragen wurden, werden diese auf dem Kommunikationsserver der Annahmestellen gelöscht. Die Annahmestelle prüft die Daten auf Vollständigkeit und Richtigkeit. Werden von den Prüfprogrammen der Annahmestellen Fehler in der übertragenen Datei festgestellt, wird die Meldung zurückgewiesen mit einem Fehlercode. Der oder die Beitragsnachweise müssen dann gegebenenfalls nach der Korrektur erneut versendet werden.

Die Beitragsnachweisdateien enthalten die Beitragssummen pro Versicherungszweig und erfüllen einen formalen Aufbau. Außerdem können Sie in den Beitragsnachweisen festlegen, ob es sich um einen Dauer-Beitragsnachweis oder eine Stornierung eines bereits gesendeten Beitragsnachweises handelt.

Aufbau des Beitragsnachweises

Im Beitragsnachweis sind nach Beitragsgruppen (1000, 0100, 0020 etc.) getrennt die Gesamtsummen der Kranken-, Pflege-, Renten- und Arbeitslosenversicherung auszuweisen. Die Gesamtsummen setzen sich aus den Arbeitnehmer- und Arbeitgeberanteilen zusammen. Bei einer manuellen Meldung der Beiträge über die Ausfüllhilfe »sv.net/comfort« sind folgende Angaben auf dem Beitragsnachweis erforderlich.

Arbeitgeber	Betriebsnummer des Arbeitgebers
03 - EEL, Gartenlaube 2, 79111 Freiburg	22222220

			Tag	Monat	Jahr
	Zeitraum	von	01	01	2018
BARMER		bis	31	01	2018

Rechtskreis * Ost: [ ] West: [X]

Beitragsnachweis	Beitrags-gruppe	Euro	Cent
Beiträge zur Krankenversicherung - allgemeiner Beitrag	1000	2.191	82
Beiträge zur Krankenversicherung - ermäßigter Beitrag	3000	210	00
Zusatzbeiträge zur Krankenversicherung		181	64
Beiträge zur Krankenversicherung für geringfügig Beschäftigte	6000		
Beiträge zur Rentenversicherung der Arbeiter - voller Beitrag	0100	4.150	12
Beiträge zur Rentenversicherung der Angestellten - voller Beitrag	0200		
Beiträge zur Rentenversicherung der Arbeiter - halber Beitrag	0300		
Beiträge zur Rentenversicherung der Arbeiter für geringfügig Beschäftigte	0500		
Beiträge zur Rentenversicherung der Angestellten für geringfügig Beschäftigte	0600		
Beiträge zur Arbeitsförderung - voller Beitrag	0010	639	38
Beiträge zur Arbeitsförderung - halber Beitrag	0020		
Beiträge zur Insolvenzgeldumlage	0050	13	39
Beiträge zur sozialen Pflegeversicherung	0001	436	11
Umlage nach dem Aufwendungsausgleichsgesetz (AAG) für Krankheitsaufwendungen	U1	468	56
Umlage nach dem Aufwendungsausgleichsgesetz (AAG) für Mutterschaftsaufwendungen	U2	100	41
Gesamtsumme		8.391	43

Es wird bestätigt, dass die Angaben mit denen der Lohn- und Gehaltsunterlagen übereinstimmen und in diesen sämtliche Entgelte enthalten sind.			
	Beiträge zur Krankenversicherung für freiwillig Krankenversicherte **		
	Zusatzbeiträge zur Krankenversicherung für freiwillig Krankenversicherte		
	Beiträge zur Pflegeversicherung für freiwillig Krankenversicherte **		
	abzüglich Erstattung gemäß §§ 1 - 3 AAG		
Datum, Unterschrift	zu zahlender Betrag/Guthaben	8.391	43

* Zutreffendes ankreuzen
** freiwillige Angabe des Arbeitgebers

Abb. 6: Muster – Beitragsnachweis 2018

Wichtige Informationen im Beitragsnachweis sind:

a) Dauer-Beitragsnachweis

Ergeben sich monatlich immer wiederkehrende gleiche Zahlungen, besteht die Möglichkeit, den Beitragsnachweis als Dauer-Beitragsnachweis zu kennzeichnen. Der Nachweis gilt für zukünftige Monate so lange, bis er durch erneute Einsendung eines Beitragsnachweises außer Kraft gesetzt wird. Es ist dann so lange kein Beitragsnachweis einzureichen, wie sich die Höhe der Zahlung nicht ändert.

b) Korrektur-Beitragsnachweis

Entstehen durch nachträgliche Änderungen der Entgeltabrechnung veränderte Sozialversicherungsbeiträge, müssen diese **nicht** in Korrektur-Beitragsnachweisen gemeldet werden. Vielmehr ist bei Korrekturen für jeden Sozialversicherungszweig der Differenzbetrag zum ursprünglichen Beitragsnachweis im Korrekturmonat zu verrechnen. Der Beitragsnachweis für den aktuellen Abrechnungsmonat enthält dann die Korrekturen. Eine gesonderte Kennzeichnung ist nicht erforderlich. Es besteht aber auch die Möglichkeit, den übermittelten Beitragsnachweis zu stornieren und für denselben Zeitraum einen neuen Beitragsnachweis an die Annahmestelle zu übertragen.

c) Beiträge zur Krankenversicherung

Unter der Angabe »Allgemeiner Beitrag – 1000« ist vom Lohnabrechnenden die Gesamtsumme der Krankenversicherungsbeiträge aller Arbeitnehmer des Unternehmens, die bei der jeweiligen Krankenkasse versichert sind, einzutragen. In diesem Feld sind also nicht nur die Summen der Arbeitnehmeranteile, sondern auch die Arbeitgeberanteile kumuliert anzugeben. Unter »Allgemeiner Beitrag« sind jedoch nur die Pflichtbeiträge auszuweisen. Die Beiträge von Arbeitnehmern, die freiwillig bei dieser gesetzlichen Krankenkasse versichert sind, müssen getrennt unter »Beiträge zur Krankenversicherung für freiwillig Krankenversicherte« ausgewiesen werden. Sie dürfen jedoch nur dann ausgewiesen werden, wenn die Beiträge vom Arbeitgeber überwiesen werden (Firmenzahler). Kein Ausweis erfolgt, sofern die Beiträge vom Mitarbeiter selbst bezahlt werden.

Die Summe der **Zusatzbeiträge** von krankenversicherungspflichtigen Arbeitnehmern ist ebenfalls gesondert auszuweisen. Der Ausweis ist unter »Zusatzbeitrag Pflichtbeiträge ZBP« vorzunehmen. Außerdem ist die Summe der Zusatzbeiträge von freiwillig versicherten Arbeitnehmern getrennt unter »Zusatzbeitrag KV-Freiw ZBF« auszuweisen. Der Ausweis erfolgt jedoch nur für Mitarbeiter, bei denen das Unternehmen die Überweisung an die Krankenkasse übernimmt (Firmenzahler).

Bei einem Arbeitsentgelt zwischen 450,01 EUR und 850,00 EUR trägt der Arbeitgeber einen höheren Beitragsanteil als der Arbeitnehmer (siehe Gleitzonenregelung in Kapitel 5.2). Der Gesamtbeitrag ist in der Zeile »Allgemeiner Beitrag – 1000« auszuweisen.

Gilt für einen Arbeitnehmer der **ermäßigte Beitragssatz zur Krankenversicherung**, ist die Summe aus Arbeitgeber- und Arbeitnehmeranteil unter »Ermäßigter Beitrag – 3000« auszuweisen. Dem ermäßigten Beitrag unterliegen Arbeitnehmer, die keinen Anspruch auf Krankengeld nach Ablauf der Lohnfortzahlung haben (vgl. Kapitel 2.2).

Die pauschalen Krankenversicherungsbeiträge für Minijobber dürfen nicht in der Zeile 1000 enthalten sein. Diese müssen in einem gesonderten »Beitragsnachweis für geringfügig Beschäftigte (einschließlich einheitlicher Pauschalsteuer)« an die Minijob-Zentrale gemeldet werden. Der Beitragsnachweis darf auch keine Beiträge von privat krankenversicherten Arbeitnehmern des Unternehmens enthalten.

d) Beiträge zur Pflegeversicherung

Die Summe aus Arbeitgeber- und Arbeitnehmeranteil zur Pflegeversicherung sind im Beitragsnachweis unter »Beiträge zur sozialen Pflegeversicherung – 0001« anzugeben. In dieser Zeile sind jedoch nur die Pflichtbeiträge auszuweisen. Arbeitnehmer, die freiwillig in der gesetzlichen Krankenkasse versichert sind, entrichten freiwillige Beiträge zur Pflegeversicherung. Diese sind getrennt unter »Beiträge für freiwillig Krankenversicherte zur Pflegeversicherung« auszuweisen.

Unter der Beitragsgruppe 0001 ist auch der Gesamtbeitrag zur Pflegeversicherung für Arbeitsentgelte in der Gleitzone (450,01 EUR bis 850,00 EUR) anzugeben. Ebenfalls enthält die Summe den Beitragszuschlag zur Pflegeversicherung für Arbeitnehmer ohne Kinder (0,25%).

e) Beiträge zur Rentenversicherung

Von Arbeitern, Auszubildenden und Angestellten sind die einbehaltenen Beiträge zur gesetzlichen Rentenversicherung zusammen mit dem Arbeitgeberanteil unter »Rentenversicherung für Arbeiter – 0100« einzutragen. Die Gesamtsumme aus Arbeitgeber- und Arbeitnehmeranteil wird von der Krankenkasse an die Deutsche Rentenversicherung weitergeleitet. Auch die Rentenversicherungsbeiträge von Arbeitsentgelten in der Gleitzone (450,01 EUR bis 850,00 EUR) sind unter der Beitragsgruppe 0100 auszuweisen.

Ist aufgrund des Status des Arbeitnehmers nur der Arbeitgeberanteil zur Rentenversicherung zu entrichten (z.B. in Vollzeit beschäftigte Arbeitnehmer mit einer gesetzlichen Altersrente), sind diese »halben Beiträge« getrennt in der Zeile 0300 auszuweisen (vgl. Kapitel 3.1). Die Beiträge dürfen **nicht** in den Beiträgen für Arbeiter und Angestellte (Zeile 0100) enthalten sein.

Beachten Sie: Bei der Zeile 0300 handelt es sich nicht generell um den Arbeitgeberanteil der Beiträge zur Rentenversicherung, sondern um die Arbeitgeberbeiträge, wenn keine Arbeitnehmeranteile entstehen.

Die pauschalen Beiträge für geringfügig Beschäftigte sind an die Minijob-Zentrale zu melden. Für die Meldung ist der gesonderte »Beitragsnachweis für geringfügig Beschäftigte (einschließlich einheitlicher Pauschalsteuer)« zu verwenden. Die Minijob-Zentrale ist auch dann zuständige Annahmestelle, wenn der Mitarbeiter den vollen Beitrag zur Rentenversicherung entrichtet (die Opt-out-Variante nicht gewählt) hat.

Die Beiträge von **Geringverdienern** (Auszubildenden) sind unter der Beitragsgruppe 0100 auszuweisen, obwohl der Gesamtsozialversicherungsbeitrag vom Arbeitgeber alleine getragen wird. Es ist also nicht nur der Arbeitgeberanteil zu melden.

f) Beiträge an die Bundesagentur für Arbeit
Die Summe aus Arbeitgeber- und Arbeitnehmeranteil zur Arbeitslosenversicherung ist unter »Bundesagentur für Arbeit – 0010« auszuweisen. Auch die ermäßigten Beiträge für Arbeitnehmer mit einem Arbeitsentgelt in der Gleitzone sind unter der Beitragsgruppe 0010 zu melden.

Wie bei der Rentenversicherung kann nur der Arbeitgeber beitragspflichtig zur Arbeitslosenversicherung sein – z. B. in Vollzeit beschäftigte Arbeitnehmer mit einer Altersrente. Für den Arbeitgeberanteil ist dann der halbe normale Beitrag vom Arbeitsentgelt zu ermitteln. Bei einer ausschließlichen Beitragspflicht des Arbeitgebers ist der Beitrag unter »Arbeitgeberanteil – 0020« zu melden. Unter der Beitragsgruppe 0020 sind auch die Beiträge auszuweisen, die nur vom Arbeitnehmer erhoben werden. Ein Beispiel finden Sie im Kapitel 3.1.2 im Abschnitt Arbeitslosenversicherung ALV. Dieser »Arbeitnehmeranteil« zur Arbeitslosenversicherung ist in Zeile 0020 getrennt auszuweisen und darf **nicht** in der Zeile 0010 enthalten sein.

Für Geringverdiener gilt, wie bei der Rentenversicherung, dass der Arbeitgeber den vollen Beitrag (3,0% des Arbeitsentgeltes) allein trägt. Der Beitrag ist in der Zeile »Bundesagentur für Arbeit – 0010« auszuweisen.

g) Insolvenzgeldumlage
In der **Zeile 0050** ist die kumulierte **Insolvenzgeldumlage** für alle Mitarbeiter, die bei der Krankenkasse versichert sind, auszuweisen. Die Insolvenzgeldumlage trägt ausschließlich der Arbeitgeber.

h) Umlagen für Lohnfortzahlung (U1) und Mutterschutzaufwendungen (U2)

Ist der Arbeitgeber aufgrund der Anzahl beschäftigter Arbeitnehmer (bis zu 30 Vollzeitbeschäftigte) berechtigt, am Ausgleichsverfahren U1 teilzunehmen, müssen von der Arbeitsentgeltsumme die Beiträge zu den Umlagen ermittelt werden (siehe Kapitel 2.2 – Umlage-Krankenkasse). Unabhängig von der Anzahl Beschäftigter ist die U2-Umlage zu ermitteln und auf jedem Beitragsnachweis der Krankenkasse zu melden. Gemeldet wird die Umlage, die sich für diejenigen Mitarbeiter ergibt, die bei der Krankenkasse versichert sind. Beispielsweise müssen auf dem Beitragsnachweis an die Techniker Krankenkasse die U2- und gegebenenfalls die U1-Umlage für alle Mitarbeiter des Unternehmens, die bei der Techniker Krankenkasse versichert sind, gemeldet werden. Für Mitarbeiter, die bei einem Versicherungsunternehmen privat krankenversichert sind, ist die Umlage an die Kasse zu melden, die für die Renten- und Arbeitslosenversicherung zuständig ist, in der Regel die letzte gesetzliche Krankenkasse des Arbeitnehmers bzw. die Krankenkasse, welche die Anmeldung des Mitarbeiters erhalten hat.

! **Beispiel**

Die 5 Mitarbeiter eines Unternehmens sind bei folgenden Krankenkassen versichert:

Mitarbeiter	Krankenkasse	RV-Entgelt
1) Gert Müller	AOK	2.500 EUR
2) Rita Heller	Techniker Krankenkasse	1.900 EUR
3) Lea Klein	Schwenninger BKK	2.100 EUR
4) Heinz Claasen	AOK	1.600 EUR
5) Ralf Werner	Techniker Krankenkasse	1.800 EUR

Der Umlagesatz der AOK soll beispielsweise in der U1-Umlage soll 2,1%, in der U2-Umlage 0,2% betragen. Die Umlagesätze der BKK sollen im Beispiel bei U1 = 1,9% und bei der U2 = 0,2% liegen. Die Umlagesätze der Techniker Krankenkasse betragen im Beispiel U1 = 2,4% und U2 = 0,2%.[48]

Beurteilung

Auf dem Beitragsnachweis an die AOK sind die Beiträge der Mitarbeiter 1 und 4 zu melden.

U1 (Entgeltsumme: 4.100 EUR × 2,1%) = 86,10 EUR

U2 (Entgeltsumme: 4.100 EUR × 0,2%) = 8,20 EUR

Auf dem Beitragsnachweis an die Schwenninger BKK ist die Umlage für Mitarbeiter Nr. 3 zu melden.

48 Die Umlagesätze sind Annahmen für das Beispiel und können von den tatsächlichen Umlagesätzen der Krankenkassen abweichen.

U1 (Entgeltsumme: 2.100 EUR × 1,9%) = 39,90 EUR
U2 (Entgeltsumme: 2.100 EUR × 0,2%) = 4,20 EUR
Auf dem Beitragsnachweis an die Techniker Krankenkasse ist die Umlage für die Mitarbeiter Nr. 2 und Nr. 5 zu melden.
U1 (Entgeltsumme: 3.700 EUR × 2,4%) = 88,80 EUR
U2 (Entgeltsumme: 3.700 EUR × 0,2%) = 7,40 EUR

Für Aushilfen (geringfügig/kurzfristig Beschäftigte) ist die Umlage getrennt auf dem »Beitragsnachweis für geringfügig Beschäftigte (einschließlich einheitlicher Pauschalsteuer)« auszuweisen. Umlagen für Aushilfen sind nicht im Beitragsnachweis an die AOK, IKK oder BKK anzugeben, sondern müssen der Minijob-Zentrale in Essen gemeldet werden.

i) Beiträge für freiwillig Kranken-/Pflegeversicherte
Arbeitnehmer, deren laufendes Arbeitsentgelt über der Versicherungspflichtgrenze liegt, sind nicht mehr Pflichtmitglieder in der gesetzlichen Krankenversicherung. Liegt das laufende Jahresarbeitsentgelt im Jahr 2018 voraussichtlich über 59.400 EUR und lag es im Jahr 2017 über 57.600 EUR, hat er die Möglichkeit, die gesetzliche Krankenversicherung per 01.01.2018 zu verlassen und sich stattdessen privat kranken- und pflegeversichern. Da bei Überschreitung der Versicherungspflichtgrenze keine Pflichtmitgliedschaft mehr besteht, kann der Arbeitnehmer auch als **freiwilliges Mitglied** in einer gesetzlichen Krankenkasse bleiben. Die Summe der Beiträge von freiwillig kranken- und pflegeversicherten Arbeitnehmern ist gesondert im Beitragsnachweis auszuweisen. Die Beitragssummen dürfen nicht in den »Allgemeinen Beiträgen – 1000« enthalten sein.

j) Erstattungen aus der U1/U2-Umlage
Nimmt der Betrieb am Ausgleichsverfahren für Entgeltfortzahlung (U1) und Mutterschutz (U2) teil, kann auf dem Beitragsnachweis ein Ausgleichsanspruch mit den abzuführenden Beiträgen verrechnet werden. Der Erstattungsbetrag von fortgezahltem Lohn infolge Krankheit oder Mutterschutzfrist richtet sich nach dem gewählten Erstattungssatz. Je nach Krankenkasse kann der Arbeitgeber Erstattungen von bis zu 80% des fortgezahlten Entgelts aus der U1-Umlagekasse erhalten. Zusätzlich erstatten sehr wenige Krankenkassen die Arbeitgeberbeiträge zu den Sozialversicherungen für das während der Krankheit fortgezahlte Arbeitsentgelt. Auch dieser Teil ist im Betragsnachweis unter der U1-Erstattung auszuweisen. Die Erstattungsansprüche ermittelt der Arbeitgeber und nimmt diese in Summe in den Beitragsnachweis auf.

Beachten Sie: Häufig wird eine Verrechnung direkt über den Beitragsnachweis vermieden und stattdessen ein Erstattungsantrag bei der Krankenkasse gestellt. Der Grund liegt oft in der Finanzbuchhaltung, die bei einer direkten Verrechnung unausgeglichene Verbindlichkeiten zurückbehält.

! **Tipp**

Der Erstattungsanspruch der Arbeitgeberbeiträge zu den Sozialversicherungen auf das fortgezahlte Entgelt kann von der Krankenkasse per Satzung ausgeschlossen werden. Die meisten Krankenkassen begrenzen außerdem für die Berechnung des fortgezahlten Entgelts die Höhe auf die Beitragsbemessungsgrenze in der Rentenversicherung. Sie sollten vor der Berechnung Rücksprache mit der erstattenden Krankenkasse halten.

»Null«-Beitragsnachweis

Ein Datensatz mit dem Beitragsnachweis ist der Datenannahmestelle für jeden Abrechnungszeitraum zu übermitteln. Eine Ausnahme von dieser Pflicht besteht zum Beispiel, wenn bereits ein Dauer-Beitragsnachweis übermittelt wurde. Eine weitere Ausnahme besteht, wenn in einem Monat keine Beiträge für versicherungspflichtige oder geringfügig entlohnte Beschäftigte entstehen (z.B. wegen Krankheit). Folglich wird ein Beitragsnachweis-Datensatz mit Nullbeträgen erstellt. Dieser sogenannte Null-Beitragsnachweis ist auch für Entgeltabrechnungszeiträume zu erstellen, in denen ausnahmsweise keine Beiträge anfallen. Hierdurch werden Beitragsschätzungen vermieden, die die Krankenkasse vornehmen muss, wenn der Arbeitgeber den Beitragsnachweis-Datensatz nicht oder nicht rechtzeitig übermittelt.

8.2.6 Beitragsnachweis für geringfügig Beschäftigte

Die Minijob-Zentrale (Bundesknappschaft-Bahn-See in Essen) ist für alle Meldungen und die Weiterleitung der Sozialversicherungsbeiträge von Aushilfen (geringfügig Beschäftigten) zuständig. Die vom Arbeitgeber zu leistenden Beiträge zur Kranken- und Rentenversicherung sowie die Umlage auf das beitragspflichtige Arbeitsentgelt sind auf einem besonderen »Beitragsnachweis für geringfügig Beschäftigte (einschließlich einheitlicher Pauschalsteuer)« zu melden. Der Beitragsnachweis enthält sowohl die pauschalen Beiträge zur Rentenversicherung, wie auch die allgemeinen Beiträge, sofern der Mitarbeiter nicht auf die Rentenversicherungspflicht verzichtet hat.

Die Kopfdaten entsprechen den Angaben des »Allgemeinen Beitragsnachweises«. Diese Angaben sind im vorausgegangenen Abschnitt dieses Kapitels erläutert.

Wichtig: Im Unterschied zu den Beitragsnachweisen an die Krankenkassen sind für alle Aushilfen, unabhängig bei welcher Krankenkasse diese versichert sind, die Beiträge in einem Beitragsnachweis an die Minijob-Zentrale zusammenzufassen.

Übermittlung des Beitragsnachweises

Die Beitragsnachweise für geringfügig Beschäftigte können nur noch durch eine elektronische Datenübertragung mittels zugelassener systemgeprüfter Programme oder über die Ausfüllhilfe »sv.net/comfort« übermittelt werden. In der Regel stellen die Lohnabrechnungsprogramme eine Funktion für die Datenübertragung zur Verfügung – z.B. über das Tool Dakota der ITSG. Die Übertragung der Daten in Papierform oder auf Datenträgern ist nicht mehr zulässig. Wie bei den allgemeinen Beitragsnachweisen werden die Daten an einen Kommunikationsserver übertragen und bei erfolgreicher Datenübermittlung erhält der Versender eine elektronische Rückmeldung.

Beträgt die Summe der monatlichen Abgaben maximal **7,00 EUR**, müssen Sie nicht monatlich den Beitragsnachweis übermitteln, sondern dürfen ihn viertel-, halb- oder jährlich übermitteln. Den gewünschten Zahlungszeitraum kann der Arbeitgeber formlos mit der Minijob-Zentrale vereinbaren. Der Beitragsnachweis sowie die Zahlungen sind dann jeweils zu Beginn des vereinbarten Zahlungszeitraums fällig. Ändert sich die Höhe des Gesamtbeitrags, ist der neue Beitrag der Minijob-Zentrale zum Ende des Zahlungszeitraums formlos mitzuteilen. Ein Gesamtbeitrag bis zu 7,00 EUR entsteht in der Regel nur, wenn ausschließlich die Umlagebeträge für kurzfristig beschäftigte Arbeitnehmer an die Minijob-Zentrale zu melden sind.

Bestandteile des Beitragsnachweises

Die nachfolgende Abbildung zeigt das allgemeine Muster eines Beitragsnachweises für geringfügig Beschäftigte. Auf dem Beitragsnachweis sind folgende Angaben vorzunehmen:

Arbeitgeber	Betriebs-Nr. des Arbeitgebers	Steuernummer des Arbeitgebers *
03 - EEL, Gartenlaube 2, 79111 Freiburg	22222220	63 001 00019

		Tag	Monat	Jahr
Zeitraum	von	01	01	2018
	bis	31	01	2018

Rechtskreis ** Ost: [ ] West: [X]

Knapp-B-S

Beitragsnachw eis für geringfügig Beschäftigte (einschließlich einheitlicher Pauschsteuer)	Beitrags-gruppe	Euro	Cent
Beiträge zur Krankenversicherung für geringfügig Beschäftigte	6000	21	84
Beiträge zur Rentenversicherung der Arbeiter - voller Beitrag	0100	31	25
Beiträge zur Rentenversicherung der Angestellten - voller Beitrag	0200		
Beiträge zur Rentenversicherung der Arbeiter für geringfügig Beschäftigte	0500		
Beiträge zur Rentenversicherung der Angestellten für geringfügig Beschäftigte	0600		
Beiträge zur Insolvenzgeldumlage	0050	0	10
Umlage nach dem Aufwendungsausgleichsgesetz (AAG) für Krankheitsaufwendungen	U1	1	51
Umlage nach dem Aufwendungsausgleichsgesetz (AAG) für Mutterschaftsaufwendungen	U2	0	40
einheitliche Pauschsteuer	St	3	36
Gesamtsumme		58	46
abzüglich Erstattung gemäß §§ 1 - 3 AAG			
zu zahlender Betrag/Guthaben		58	46

Es wird bestätigt, dass die Angaben mit denen der Lohn- und Gehaltsunterlagen übereinstimmen und in diesen sämtliche Entgelte enthalten sind.

Datum, Unterschrift

* Die Steuernummer ist nur anzugeben, sofern die einheitliche Pauschsteuer an die Bundesknappschaft abgeführt wird.

**Zutreffendes ankreuzen

Abb. 7: Beitragsnachweis für geringfügig Beschäftigte

a) Beiträge zur Krankenversicherung

In der Zeile »Beiträge zur Krankenversicherung für geringfügig Beschäftigte – 6000« ist der pauschale Arbeitgeberbeitrag (13%) zur Krankenversicherung auszuweisen. Keine pauschalen Beiträge zur Krankenversicherung entstehen für privat versicherte geringfügig Beschäftigte. Die Ermittlung der Beiträge ist in Kapitel 4.3 dargestellt.

b) Beiträge zur Rentenversicherung

Für geringfügig Beschäftigte besteht zunächst die allgemeine Beitragspflicht zur Rentenversicherung (18,6% des Arbeitsentgelts). Der Arbeitnehmer hat jedoch die Möglichkeit, schriftlich auf die Rentenversicherungspflicht zu verzichten. Widerspricht die Minijob-Zentrale nicht der Befreiung, ist nur der pauschale Beitrag zur Rentenversicherung (15%) durch den Arbeitgeber zu entrichten. Die pauschalen Beiträge zur Rentenversicherung sind in der Zeile »Beiträge zur gesetzlichen Rentenversicherung – 0500« auszuweisen.

Hat der geringfügig Beschäftigte **nicht** die Befreiung in der Rentenversicherung beantragt (sogenannte Option out), ist der gesamte Beitrag unter »Beiträge zur gesetzlichen Rentenversicherung – voller Beitrag (0100)« auszuweisen. Bei der Versicherungspflicht in der Rentenversicherung entsteht neben dem pauschalen Arbeitgeberbeitrag ein Arbeitnehmeranteil in Höhe von 3,6% des Arbeitsentgeltes (13,6% in Privathaushalten). Der Arbeitgeber- und Arbeitnehmeranteil ist unter der Beitragsgruppe 0100 zu melden, es erfolgt keine Aufteilung auf die Zeilen 0100 und 0500.

c) Insolvenzgeldumlage

Mit dem Unfallversicherungsmodernisierungsgesetz (UVMG) überträgt der Gesetzgeber den Einzug der Insolvenzgeldumlage auf die Krankenkassen bzw. die Minijob-Zentrale. Zur Weiterleitung der Insolvenzgeldumlage an die Bundesagentur für Arbeit muss die Umlage auf dem Beitragsnachweis ausgewiesen sein. In Zeile »Umlage zur Insolvenzgeldversicherung – INSO« ist die zu leistende Umlage im Beitragsnachweis auszuweisen. Ausgewiesen wird nur die Insolvenzgeldumlage auf **alle** geringfügigen Entgelte im Abrechnungsmonat.

d) Umlagen U1/U2

Die Minijob-Zentrale ist für alle geringfügig Beschäftigten die zuständige Lohnausgleichskasse, unabhängig davon, bei welcher Krankenkasse die Aushilfe krankenversichert ist. Am Ausgleichsverfahren bei der Bundesknappschaft nehmen gemäß §1 Aufwendungsausgleichsgesetz (AAG) grundsätzlich alle Arbeitgeber mit maximal 30 Vollzeitäquivalenten teil (Ausnahme: öffentlichrechtliche Arbeitgeber). Beitragspflicht zur U1-Umlage besteht für alle Aushilfen (Arbeiter und Angestellte), sofern das Unternehmen U1-umlagepflichtig ist. Die Pflicht zur U2-Umlage besteht unabhängig vom Status (Arbeiter/Angestellter) und von der Anzahl der beschäftigten Arbeitnehmer. Auch Unternehmen mit ausschließlich männlichen Arbeitnehmern unterliegen der U2-Umlage.

Die Umlagen sind auf das sozialversicherungspflichtige Arbeitsentgelt zu entrichten und in den Zeilen »Umlage Krankheitsaufwendungen – U1« bzw. »Umlage Mutterschaftsaufwendungen – U2« auf dem Beitragsnachweis auszuweisen.

e) Erstattungen für Lohnfortzahlung

Geringfügig Beschäftigte, die durch Arbeitsunfähigkeit infolge Krankheit oder infolge einer medizinischen Vorsorge- bzw. Rehabilitationsmaßnahme an ihrer Arbeitsleistung verhindert sind, haben grundsätzlich Anspruch auf Entgeltfortzahlung durch den Arbeitgeber für längstens 42 Kalendertage. Das vom Arbeitgeber fortgezahlte Entgelt kann von der Minijob-Zentrale zum Teil erstattet werden. Die Erstattung durch die Lohnausgleichskasse beträgt für alle Aushilfen **80%** des fortgezahlten Bruttoarbeitsentgelts ohne Einmalzahlungen. Des Weiteren gehören Leistungen nach dem Mutterschutzgesetz zu den erstattungsfähigen Arbeitgeberaufwendungen. Danach erstattet die Minijob-Zentrale für geringfügig beschäftigte Arbeitnehmerinnen **100%** des Arbeitgeberzuschusses zum Mutterschaftsgeld während der Schutzfristen vor und nach der Entbindung. Zusätzlich sind die pauschalen Kranken- und Rentenversicherungsbeiträge für den Zeitraum der Entgeltfortzahlung aus der U2-Kasse erstattungsfähig. Der Erstattungsanspruch entsteht sofort nach geleisteter Entgeltfortzahlung und kann im nächsten Beitragsnachweis in der Zeile »abzüglich Erstattung gemäß §1 AAG« ausgewiesen bzw. übermittelt werden.

f) Pauschale Steuer

In der Pauschalsteuer für Aushilfen (2%) sind die Kirchensteuer und der Solidaritätszuschlag enthalten. Die Pauschalsteuer trägt der Arbeitgeber. Die Pauschalsteuer ist auf dem Beitragsnachweis an die Minijob-Zentrale in der Zeile »einheitliche Pauschalsteuer – ST« auszuweisen. **Kein** Eintrag in diesem Feld ist vorzunehmen für die geringfügig Beschäftigten, welche nach einer Lohnsteuerklasse (nicht pauschal) besteuert werden. Bei einer Lohnsteuerermittlung nach den Angaben aus der ELStAM-Datenbank bzw. einer Ersatzbescheinigung, ist die Lohnsteuer auf der Lohnsteueranmeldung an das Finanzamt auszuweisen.

Beachten Sie: In der Zeile »Einheitliche Pauschalsteuer« ist nur die pauschale Abgeltungssteuer von 2% auszuweisen. Wird für einzelne Aushilfen eine pauschale Versteuerung mit 20% Lohnsteuer zuzüglich pauschaler Kirchensteuer und Solidaritätszuschlag durchgeführt oder die Lohnsteuer nach einer Steuerklasse (1-6) ermittelt, sind diese Steuern in der Lohnsteueranmeldung an das Finanzamt anzugeben.

8.2.7 Beitragserhebung für Mitglieder in einem Versorgungswerk

Angestellte Arbeitnehmer der freien Berufe (Ärzte, Apotheker, Rechtsanwälte, Architekten, Tierärzte, Steuerberater u.a.) können sich in ihrer Ständeversorgung rentenversichern. Grundsätzlich besteht dann für die Rentenversicherung ein Vertragsverhältnis zwischen dem Versorgungswerk und dem Arbeitnehmer – nicht zum Arbeitgeber. Die Zahlung der Beiträge an das Versorgungswerk erfolgt häufig durch den Versicherten selbst (Selbstzahler). Auch die ermittelten Rentenversicherungsbeiträge für in einem berufsständischen Versorgungswerk versicherte Aushilfen müssen elektronisch gemeldet werden. Die Meldepflicht ist unabhängig davon, ob der Arbeitgeber (Firmenzahler) oder der Arbeitnehmer (Selbstzahler) die Beiträge an das Versorgungswerk überweist. Der Arbeitgeber ist verpflichtet, für jeden Arbeitnehmer, der in einem berufsständischen Versorgungswerk versichert ist und Anspruch auf einen Arbeitgeberanteil gemäß § 172 Abs. 2 SGB VI hat, **monatlich eine arbeitnehmerbezogene** Meldung, die sogenannte Beitragserhebung, an die Datenannahmestelle DASBV[49] zu übermitteln. Die in der gesetzlichen Sozialversicherung vorgesehenen Beitragsnachweise sind für die berufsständischen Versorgungswerke nicht verwendbar und können deshalb auch nicht übermittelt werden. Stattdessen benötigen die Versorgungswerke mitgliedsbezogene Informationen. Die zu übermittelnden Daten sind:

- Abrechnungsmonat
- Rentenversicherungstage (RV-Tage)
- ungekürztes laufendes Rentenversicherungsbrutto (LAG)
- ungekürztes Rentenversicherungsbrutto aus Einmalzahlungen (EAG)
- rentenversicherungspflichtige Einmalzahlungen, aus denen tatsächlich der Beitrag bezahlt wurde
- Firmenzahler oder Selbstzahler
- gesamter Pflichtbeitrag ohne Höherversicherung
- Höherversicherungsfreibeitrag (sofern Eigenbetrag in der Rentenversicherung)

Der Datensatz zur Beitragserhebung beinhaltet alle Informationen, die das berufsständische Versorgungswerk zur Abwicklung des Beitragsverfahrens benötigt.

Teilweise ist der zu zahlende Beitrag aber auf volle Euro zu runden. In der Regel muss immer ein gewisser Mindestbeitrag gezahlt werden. Außerdem bieten einige Versorgungswerke für ihre Mitglieder auch Höherversicherungen an. Diese sind zusammen mit den Regelbeiträgen zu melden.

Die Meldung lässt sich in der Regel direkt aus dem Entgeltabrechnungsprogramm erstellen und übertragen. Alternativ besteht die Möglichkeit, die Ausfüllhilfe »sv.net/comfort« zu nutzen oder online über »sv.net/standard« die

49 Datenservice für berufsständische Versorgungseinrichtungen.

Meldungen an das Versorgungswerk zu erstellen und zu versenden. Für die Beitragserhebung stellt auch die DASBV eine Online-Meldemaske zur Verfügung. Diese kann über das Internet unter https://www.da.dasbv.de aufgerufen werden. Zuvor ist eine Anmeldung bzw. das Einrichten einer Benutzerkennung erforderlich.

8.2.8 Beitragsnachweise für Versorgungsbezüge

Unternehmen, die an ehemalige Arbeitnehmer Renten bzw. Versorgungsleistungen ausbezahlen, sind sogenannte **Zahlstellen**. Auf die Versorgungsleistungen an ehemalige Arbeitnehmer fallen Beiträge zur Kranken- und Pflegeversicherung an, die vom ehemaligen Arbeitgeber zu berechnen und an die Krankenkassen abzuführen sind. Neben der Berechnung und Abführung der Beiträge bestehen Meldepflichten für die Versorgungsbezüge. Die Meldepflichtigen sind im §202 SGB V geregelt:

Die Zahlstelle (der ehemalige Arbeitgeber) muss die zuständige Krankenkasse des Versorgungsempfängers (Rentner) über den Beginn, die Höhe, Veränderungen und das Ende der Versorgungsleistung informieren. Außerdem ist der Versorgungsempfänger verpflichtet, einen Wechsel der Krankenkasse oder die Aufnahme einer versicherungspflichtigen Beschäftigung mitzuteilen. Die zuständige Krankenkasse wird der Zahlstelle den Beitragssatz und die Höhe der Beitragspflicht aus Versorgungsbezügen mitteilen. Die Zahlstelle muss der zuständigen Krankenkasse einen Beitragsnachweis aus einem systemgeprüften Entgeltabrechnungsprogramm oder mittels der maschinellen Ausfüllhilfe »sv.net/comfort« erstatten.

Seit dem Jahr 2017 melden die Krankenkassen der Zahlstelle den »maximal beitragspflichtigen Versorgungsbezug« (VBmax). Dieser Betrag wird jedoch nur dann von der Krankenkasse übermittelt, sofern der Versorgungsempfänger (Rentner) durch die gesetzliche Rente, plus den/die Versorgungsbezüge und ggf. weitere Einkünfte die Beitragsbemessungsgrenze der Krankenversicherung (BBG-KV) überschreitet. Die Meldung erfolgt per Datenabruf von dem sogenannten Kommunikationsserver der Sozialversicherungen. Das Rückmeldeverfahren ist in das allgemeine Melde-/Rückmeldeverfahren integriert. Überschreitet die Summe aus Rente und Versorgungsbezug nicht die BBG-KV, wird keine VBmax-Meldung an das Unternehmen zurückgemeldet.

Versorgungsbezüge zählen zu den beitragspflichtigen Einnahmen. Sowohl bei den pflichtversicherten als auch bei den freiwillig versicherten Rentnern gilt für die Berechnung der Beiträge aus Betriebsrenten bzw. Versorgungsbezügen der allgemeine Beitragssatz (14,6%) in der gesetzlichen Krankenversicherung zuzüglich des kassenindividuellen Zusatzbeitrags. Die Beiträge aus Versorgungsbezügen sind von den freiwilligen und pflichtversicherten Versorgungsbeziehern in voller Höhe alleine zu tragen. Ist der Empfänger von Versorgungsbezügen Mitglied einer Krankenkasse, die einen kassenindividuellen Zusatzbeitrag erhebt, hat der Versorgungsbezieher auch den Zusatzbeitrag stets alleine zu tragen.

Beachten Sie: Für versicherungspflichtige Bezieher von Versorgungsbezügen (Betriebsrenten) wirkt sich eine Erhöhung des Zusatzbeitragssatzes erst mit einer zweimonatigen Verzögerung aus. Hintergrund für die spätere Änderung ist, dass den Zahlstellen von Versorgungsbezügen zur Systemumstellung eine Übergangsfrist von zwei Monaten eingeräumt wird.

Neben den Krankenversicherungsbeiträgen unterliegen Versorgungsbezüge den Beiträgen zur Pflegeversicherung. Für Personen, bei denen eine Elterneigenschaft vorliegt, beträgt der Beitragssatz zur Pflegeversicherung seit dem Jahr 2017 2,55%. Liegt keine Elterneigenschaft vor, beträgt der Beitragssatz 2,80% des Versorgungsbezugs. Für Versicherte, die vor dem 01.01.1940 geboren wurden, gilt ohne weitere Prüfung der Beitragssatz in Höhe von 2,55% des Arbeitsentgeltes. Die Ausnahmeregelungen für das Bundesland Sachsen sind zu beachten (siehe Kapitel 4.3.5).

Wichtig: Häufig werden geringe Versorgungsleistungen bei Renteneintritt als Kapitalabfindung anstelle einer laufenden Versorgungszahlung ausbezahlt (Kapitalabfindung). Auch Abfindungen für Versorgungsbezüge sind beitragspflichtig. Hierbei gilt als beitragspflichtige Einnahme pro Monat 1/120 des Abfindungsbetrags. Dies gilt für eine Dauer von 10 Jahren (d.h. 120 Monaten). Die Beitragserhebung für Versorgungsbezüge unterbleibt jedoch, wenn der errechnete monatliche Versorgungsbezug 1/20 der monatlichen Bezugsgröße nicht übersteigt. Für das Jahr 2018 gilt somit ein Grenzwert von monatlich 152,25 EUR.

Die Beiträge zur Kranken- und Pflegeversicherung von Versorgungsbezügen müssen, wie die von laufenden Arbeitsentgelten, an die Krankenkasse abgeführt und mit einem Beitragsnachweis gemeldet werden. Hierzu ist ein gesonderter Beitragsnachweis an die Krankenkasse, bei der der Versorgungsempfänger versichert ist, elektronisch zu übermitteln.

8.2.9 Beitragsnachweis im Insolvenzfall

Seit dem Jahr 2017 muss der Arbeitgeber bzw. die Insolvenzverwaltung bei Eintritt einer Insolvenz Besonderheiten bei den Beitragsnachweisen beachten. Für den Monat, in dem die Insolvenz eingetreten ist, und für alle folgenden Monate sind die Sozialversicherungsbeiträge für die **weiterbeschäftigten Arbeitnehmer** und für die **freigestellten Arbeitnehmer** getrennt an die Annahmestellen (Krankenkassen, Minijob-Zentrale) zu übermitteln. Zur Kennzeichnung der Beiträge für die freigestellten Arbeitnehmer wird im elektronischen Beitragsnachweis das Feld »KENNZEICHEN_INS_BN« mit übertragen. Der getrennte Ausweis ist mit dem Tag des Eintritts des Insolvenzverfahrens vorzunehmen. Da die Insolvenz in aller Regel während des laufenden Abrechnungsmonats eintritt, bedeutet dies, dass in diesem Monat ggf. drei Beitragsnachweise an die Annahmestelle zu übermitteln sind.

- Im ersten Beitragsnachweis sind die SV-Beiträge vom Beginn des Monats bis zum Tag des Eintritts der Insolvenz für alle Mitarbeiter an die jeweilige Annahmestelle der Krankenkasse zu melden.
- Ab dem Tag des Insolvenzeintritts ist ein zweiter Beitragsnachweis mit den Sozialversicherungsbeiträgen der weiterbeschäftigten Arbeitnehmer zu melden.
- Wurden Arbeitnehmer mit der Insolvenz freigestellt, sind die SV-Beiträge für diese Mitarbeiter in einem gesondert gekennzeichneten Beitragsnachweise (3. Beitragsnachweis) an die Annahmestelle(n) zu übermitteln.

Ab Januar 2018 muss der insolvente Arbeitgeber die Sozialversicherungsbeiträge für freigestellte Arbeitnehmer ab dem Tag des Insolvenzereignisses mit dem besonderen Kennzeichen im elektronischen Beitragsnachweis übermitteln. Die Verpflichtung zur getrennten Ausweisung der SV-Beiträge in separaten Beitragsnachweisen besteht während des gesamten Insolvenzverfahrens immer, so lange freigestellte und weiterbeschäftigte Arbeitnehmer im Unternehmen gleichzeitig beschäftigt sind.

!

Beispiel

Am 10. Februar 2018 wird per Eröffnungsbeschluss des Insolvenzgerichts das Insolvenzverfahren gegen den Arbeitgeber eröffnet und ein Insolvenzverwalter bestellt. Der Insolvenzverwalter kündigt allen Arbeitnehmern zum 31. März 2018 und stellt sie von der Arbeit frei.

Beurteilung

Die Beitragsberechnung für den Monat Februar 2018 ist zu splitten. Der Arbeitgeber bzw. der Insolvenzverwalter hat für den Monat Februar zwei Beitragsnachweise an die Annahmestellen der Krankenkassen zu übermitteln. Der erste Beitragsnachweis enthält die Sozialversicherungsbeiträge für den Zeitraum 01. Februar bis 09. Februar. Der zweite Beitragsnachweis enthält die Abgaben für den Zeitraum vom 10. bis 28. Februar. Beim zweiten Nachweis ist im Datensatz BW02 an der Stelle 105 das Feld »KENNZEICHEN-INS-NB« mit »1« zu kennzeichnen, da es sich um Abgaben für freigestellte Arbeitnehmer handelt. Für den Monat März 2018 ist hingegen nur ein

Beitragsnachweis-Datensatz zu übermitteln. Aufgrund der Freistellung aller Arbeitnehmer sind die weiteren Beitragsnachweise alle immer mit dem Kennzeichen »1« im Feld »KENNZEICHEN-INS-NB« zu melden.
Außerdem sind bei der Eröffnung des Insolvenzverfahrens für die freigestellten Arbeitnehmer Sozialversicherungsmeldungen zu erstellen und elektronisch zu übermitteln.

8.2.10 GKV-Monatsmeldung

Aus dem Gesetz zur nachhaltigen und sozial ausgewogenen Finanzierung der gesetzlichen Krankenversicherung entstanden neue Meldepflichten für **mehrfachbeschäftigte Arbeitnehmer**. Zur Prüfung der korrekten Beitragspflicht bei allen Arbeitgebern benötigt die zuständige Einzugsstelle die Information zum Entgelt von allen Beschäftigungen des Arbeitnehmers. Seit dem Jahr 2015 ist dazu die sogenannte GKV-Monatsmeldung bei einer Mehrfachbeschäftigung des Arbeitnehmers der Annahmestelle zu melden. Ausgenommen von der Meldepflicht sind Mehrfachbeschäftigungen von Arbeitnehmern, die Mitglied in der landwirtschaftlichen Krankenkasse sind, sowie von geringfügig entlohnten Beschäftigten, die den Minijob neben einer versicherungspflichtigen Hauptbeschäftigung ausüben. Dies gilt selbst dann, wenn für die geringfügige Beschäftigung die Versicherungspflicht in der Rentenversicherung besteht. Die Krankenkassen prüfen seit dem Jahr 2015, ob die erzielten (umgerechneten) laufenden Arbeitsentgelte aus **allen** versicherungspflichtigen Beschäftigungen des Arbeitnehmers in der Summe die Beitragsbemessungsgrenze (BBG) zumindest in einem Versicherungszweig überschreiten. In diesem Fall erhält der Arbeitgeber beim Datenabruf von dem sogenannten Kommunikationsserver eine Aufforderung zur Abgabe der GKV-Monatsmeldung (Meldegrund: 58).

Ziel des Verfahrens ist es, dass bei einer Mehrfachbeschäftigung von allen Arbeitgebern zusammen Beiträge bis maximal zur Beitragsbemessungsgrenze im jeweiligen Sozialversicherungszweig abgeführt werden. Ohne die Prüfung kann es vorkommen, dass bei den einzelnen Arbeitgebern die Beitragsbemessungsgrenze nicht überschritten wird, bei einer Kumulierung der Arbeitsentgelte jedoch Beiträge über die Bemessungsgrenze hinaus gezahlt werden. Die Krankenkasse ermittelt nach der Übersendung der GKV-Monatsmeldung die Summe der laufenden beitragspflichtigen Arbeitsentgelte (Gesamtarbeitsentgelt) von allen Arbeitgebern zusammen und meldet an alle Arbeitgeber das anteilige beitragspflichtige Arbeitsentgelt für alle Sozialversicherungszweige zurück. So können auch die Fälle berücksichtigt werden, in denen für die einzelnen Versicherungszweige unterschiedliche beitragsrechtliche Regelungen gelten, z.B. bei Kurzarbeit oder Altersteilzeit. Altersteilzeitfälle erfordern zusätzliche Angaben. Soweit Kurzarbeitergeld nach §95 SGB III gezahlt wird, ist in der GKV-Monatsmeldung als rentenversicherungspflichtiges laufendes Arbeitsentgelt 80% des Unterschiedsbetrages zwischen dem Soll-Entgelt und dem Ist-Entgelt zu melden. Ggf. gleichzeitig erzieltes tatsächliches laufendes Arbeitsentgelt ist ebenfalls zu berücksichtigen. Sofern Arbeitsentgelt aus Altersteilzeitarbeit vorliegt, gelten besondere Regelungen für die Ermittlung der beitragspflichtigen Einnahmen. Dazu wurde das Feld »Beitragsbemessungsgrundlage Entgelt Altersteilzeit« in die GKV-Monatsmeldung aufgenommen. Arbeitgeber müssen diese Angabe in allen Meldesachverhalten der GKV-Monatsmeldung mit Berücksichtigung von Altersteilzeit vornehmen.

Die Abgabe einer GKV-Monatsmeldung ist **nach** Beendigung eines Beschäftigungsverhältnisses nur dann erforderlich, sofern beitragspflichtige Einmalzahlungen nach dem Austritt gewährt werden. Die Beispiele zur Berechnung des beitragspflichtigen Entgelts finden Sie in Kapitel 5.16.

Die Arbeitgeber müssen nach einer erfolgten Aufforderung mit der nächsten Entgeltabrechnung, spätestens innerhalb von **sechs Wochen**, der Krankenkasse die GKV-Monatsmeldungen elektronisch übermitteln. Entsprechend den melderechtlichen Vorschriften müssen die Arbeitgeber die Meldungen über eine gesicherte und verschlüsselte Datenübertragung für **jeden Abrechnungsmonat** des angeforderten Zeitraums an die zuständige Einzugsstelle der Krankenkasse übermitteln.

Die Rückmeldung der Krankenkasse wird dann in aller Regel eine Korrektur der Entgeltabrechnungen für den gemeldeten Zeitraum zur Folge haben.

Die Prüfung der Krankenkasse und die Aufforderung zur Abgabe der GKV-Monatsmeldung kann immer erst nach der Übermittlung einer Sozialversicherungsmeldung mit Entgelt durchgeführt werden. Somit ist eine Prüfung erst nach der Übermittlung einer

- Jahresmeldung (Grund der Abgabe 50),
- Unterbrechungsmeldung (Grund der Abgabe 51),
- Abmeldung (Grund der Abgabe 30)

bei der Krankenkasse möglich. Für Arbeitnehmer, die freiwillig in einer gesetzlichen Krankenkasse krankenversichert sind, wird die Überprüfung der Beitragsbemessungsgrenze obligatorisch eingeleitet. Die Arbeitgeber erhalten spätestens mit der Übermittlung der Jahresmeldung die Aufforderung zur Abgabe der GKV-Monatsmeldung, sofern der Mitarbeiter von mehreren Arbeitgebern angemeldet wird.

Erstellen der GKV-Monatsmeldung

Arbeitgeber mit mehrfach sozialversicherungspflichtig beschäftigten Arbeitnehmern müssen nach Aufforderung durch die Einzugsstelle der Krankenkasse für **jeden Abrechnungsmonat** einen elektronischen Datensatz an die Annahmestelle übermitteln. Als Meldegrund ist der »Grund der Abgabe 58« – GKV-Monatsmeldung zu melden. In der GKV-Monatsmeldung sind der Annahmestelle zu melden:

- die Sozialversicherungsnummer des Arbeitnehmers
- Beitragsgruppe (in der Regel 1-1-1-1 oder 9-1-1-1)
- Kennzeichen für den Rechtskreis (Ost/West)
- Name und Vorname
- Name und Betriebsnummer des Beschäftigungsbetriebs
- das in der Rentenversicherung beitragspflichtige Arbeitsentgelt
- regelmäßiges Jahresarbeitsentgelt
- den Zeitraum, für den dieses Entgelt gezahlt wurde (von/bis)

Zu melden ist das auf die anteilige Beitragsbemessungsgrenze der Rentenversicherung begrenzte sozialversicherungspflichtige Entgelt im laufenden Monat. Auch Entgelte aus Einmalzahlungen sind zu melden, soweit sie den Rentenversicherungsbeiträgen unterliegen. Für Arbeitnehmer mit einem Arbeitsentgelt innerhalb der Gleitzone (450,01 – 850 EUR) ist in der GKV-Meldung als beitragspflichtiges Bruttoarbeitsentgelt die reduzierte beitragspflichtige Einnahme zu melden, sofern der Arbeitnehmer nicht die Aufstockung in der Rentenversicherung gewählt hat.

Die Krankenkassen melden in der Rückantwort das gesamte Arbeitsentgelt pro Versicherungszweig zurück und ein Kennzeichen, ob die Beitragsbemessungsgrenze im jeweiligen Versicherungszweig überschritten wurde. Aus dem rückgemeldeten Entgelt kann der Arbeitgeber seinen Anteil an den Sozialversicherungsbeiträgen für den jeweiligen Monat (neu) berechnen.

Die zurückgemeldeten Kennzeichen haben folgende Bedeutung:

N	Die Beitragsbemessungsgrenze wurde im entsprechenden Versicherungszweig nicht überschritten.
J	Die Beitragsbemessungsgrenze wurde im entsprechenden Versicherungszweig überschritten.
V	Im entsprechenden Versicherungszweig besteht Sozialversicherungsfreiheit.

Beispiel !

Ein Arbeitnehmer ist bei Arbeitgeber A mit einem monatlichen Arbeitsentgelt von 3.800 EUR beschäftigt. Ab 1. Mai 2017 nimmt er eine weitere Beschäftigung bei Arbeitgeber B auf. Er erhält ein monatliches Arbeitsentgelt von 1.450 EUR. Beide Arbeitgeber haben den Firmensitz in Hessen. Die Beschäftigung bei Arbeitgeber B endet per 31. Oktober desselben Jahres. Arbeitgeber B erstellt im November 2017 eine Abmeldung für den Arbeitnehmer und meldet das sozialversicherungspflichtige Entgelt in Höhe von 8.700 EUR.

Beurteilung

Schritt 1: Die Krankenkasse fordert beide Arbeitgeber zur Abgabe der GKV-Monatsmeldung im März 2018 (nach Vorliegen aller relevanten Entgeltmeldungen) auf. Arbeitgeber A hat zu diesem Zeitpunkt die Jahresmeldung (bis 15. Februar 2018) abgegeben, Arbeitgeber B hat die Abmeldung im November 2017 übermittelt.

Schritt 2: Sowohl Arbeitgeber A als auch Arbeitgeber B übermitteln für jeden Monat des Jahres 2017 eine GKV-Monatsmeldung (Datenbaustein DBKV).

Meldegrund	Bestandteil der Meldung	Gemeldet wird
58	KV Grund	00
	SV-Tage	30
	Beginn	20170101
	Ende	20170131
	Einmalzahlung	
	Betragsgruppe	1111
	Rechtskreis	W
	Laufendes Entgelt KV	3.800,00
	Laufendes Entgelt RV	3.800,00
	Laufendes Entgelt AV	3.800,00

Tab. 30: Datensatz GKV-Monatsmeldung für den Monat Januar (Beispiel)

Arbeitgeber A meldet 12 Datensätze für die Zeit von 01.01.2017 – 31.12.2017.

Meldegrund	Bestandteil der Meldung	Gemeldet wird
58	KV Grund	00
	SV-Tage	30
	Beginn	20170501
	Ende	20170531
	Einmalzahlung	
	Betragsgruppe	1111
	Rechtskreis	W
	Laufendes Entgelt KV	1.450,00
	Laufendes Entgelt RV	1.450,00
	Laufendes Entgelt AV	1.450,00

Tab. 31: Datensatz GKV-Monatsmeldung für den Monat Mai (Beispiel)

Arbeitgeber B meldet 6 Datensätze für die Zeit vom 01.05.2017 bis 31.10.2017.
Schritt 3: Die Krankenkasse meldet an Arbeitgeber A und B für jeden Monat des angefragten Zeitraums das Gesamtentgelt und die Überschreitung der Beitragsbemessungsgrenze pro Versicherungszweig zurück.

Meldegrund	Bestandteil der Meldung	Gemeldet wird
02	Laufendes Entgelt KV	5250,00
	Laufendes Entgelt RV	5250,00
	Laufendes Entgelt AV	5250,00
	Einmalzahlung KV	
	Einmalzahlung RV	
	Einmalzahlung AV	
	Beginn	20170501
	Ende	20170531
	Rechtskreis	W
	SV Tage	30
	Kennzeichen laufendes Entgelt KV	J
	Kennzeichen laufendes Entgelt RV	N
	Kennzeichen laufendes Entgelt AV	N
	Kennzeichen einmaliges Entgelt KV	
	Kennzeichen einmaliges Entgelt RV	
	Kennzeichen einmaliges Entgelt AV	

Tab. 32: Datensatz GKV-Rückmeldung für den Monat Mai (Beispiel)

Für die Monate Mai bis Oktober erhalten beide Arbeitgeber die Gesamtentgelte zurückgemeldet. Für die Monate Januar bis April und November bis Dezember erhält Arbeitgeber A nur sein Arbeitsentgelt zurückgemeldet. Die Arbeitgeber A und B können aus dem Gesamtentgelt das anteilige Entgelt bis zur Beitragsbemessungsgrenze ermitteln und ggf. die Beitragsberechnung korrigieren.
Im Beispiel wurden von beiden Arbeitgebern zu viele Beiträge zur Kranken- und Pflegeversicherung entrichtet. Für das Jahr 2017 liegt die jährliche Beitragsbemessungsgrenze bei 52.200 EUR. Von beiden Arbeitgebern wurden zusammen für 54.300 EUR Beiträge bezahlt und gemeldet (12 × 3.800 EUR + 6 × 1.450 EUR). Für eine korrekte Verbeitragung muss eine anteilige Berechnung der Beiträge auf Basis des anteiligen Arbeitsentgelts erfolgen. Das anteilige beitragspflichtige Entgelt ergibt sich für:

$$\text{Arbeitgeber A: } \frac{45.600 \text{ EUR} \times 52.200 \text{ EUR}}{54.300 \text{ EUR}} = 43.836{,}46 \text{ EUR}$$

$$\text{Arbeitgeber B: } \frac{8.700 \text{ EUR} \times 52.200 \text{ EUR}}{54.300 \text{ EUR}} = 8.363{,}54 \text{ EUR}$$

Im Beispiel sind bei Arbeitgeber A die Beiträge zur Kranken- und Pflegeversicherung nicht aus dem tatsächlichen Arbeitsentgelt von 45.600 EUR zu berechnen, sondern aus 43.836,46 EUR.

Die GKV-Monatsmeldung kann in der Regel direkt aus dem Entgeltabrechnungsprogramm heraus erstellt und übertragen werden. Alternativ besteht die Möglichkeit, die GKV-Monatsmeldung mit dem Programm sv.net/comfort der ITSG zu erstellen und zu versenden. Für die Rückantwort des GKV-Kommunikationsservers muss das Lohnabrechnungsprogramm in der Lage sein, maschinelle Rückantworten der Krankenkassen zu verarbeiten und deren Inhalte bei der Berechnung der Gesamtsozialversicherungsbeiträge zu berücksichtigen.

Rückmeldung vom Kommunikationsserver abholen

Der Arbeitgeber bzw. der Übermittler einer Sozialversicherungsmeldung erhält nach dem Versenden der elektronischen Meldung eine elektronische Rückmeldung von dem sogenannten GKV-Kommunikationsserver. Erkennt die Krankenkasse die Mehrfachbeschäftigung mit einem möglichen Überschreiten einer Beitragsbemessungsgrenze, erhalten alle Arbeitgeber dieses Mitarbeiters als Rückmeldung auf eine Entgeltmeldung die Aufforderung zur Abgabe der GKV-Monatsmeldung. Es werden Rückmeldungen für folgende Sachverhalte gegeben:

1. Die Aufforderung zur Abgabe von GKV-Monatsmeldungen bei einer Mehrfachbeschäftigung eines Arbeitnehmers und dem Überschreiten der Beitragsbemessungsgrenze zumindest in einem Sozialversicherungszweig.
2. Die Rückantwort des Gesamtentgelts pro Versicherungszweig bei Mehrfachbeschäftigung in Fällen der Überschreitung einer Beitragsbemessungsgrenze.

Liegt ein Mehrfachtatbestand vor, ohne dass der Arbeitgeber davon Kenntnis hat, wird dieser von der Krankenkasse beim nächsten Datenabruf über eine Rückmeldung informiert und aufgefordert, für den betroffenen Mitarbeiter und den vorgegebenen Zeitraum die GKV-Monatsmeldung zu übermitteln. Nach der Übermittelung berechnet die Krankenkasse das beitragspflichtige Gesamtentgelt für jeden Sozialversicherungszweig und meldet diesen wiederum an die beteiligten Arbeitgeber zurück. Ergibt sich aus der Rückmeldung der Krankenkasse ein geändertes beitragspflichtiges Entgelt in einem

Versicherungszweig, ist nach der Korrektur aufgrund der Rückmeldung nicht nochmals eine GKV-Monatsmeldung erforderlich. Zu beachten ist jedoch, dass ggf. die bereits versendete Sozialversicherungsmeldung mit dem gemeldeten Entgelt (Abmeldung, Jahresmeldung etc.) nach einer Korrektur ggf. geändert und neu gemeldet werden muss.

8.2.11 Korrektur von Meldungen – Bestandsrückmeldeverfahren

Die Umsetzung des Bestandsprüfungsverfahrens ermöglicht den Krankenkassen ab 01.01.2018 die selbstständige Korrektur von Arbeitgeber-Meldungen. Die Krankenkassen sind ab 2018 berechtigt, fehlerhafte Meldungen des Arbeitgebers vor der Weiterleitung an die Rentenversicherung zu korrigieren. Voraussetzung für die Veränderung der Meldung ist eine Abstimmung mit dem Arbeitgeber. Stimmt dieser der Korrektur zu, meldet die Krankenkasse der Rentenversicherung die korrigierte Meldung weiter. Zusätzlich sendet sie dem Arbeitgeber die fehlerhafte Meldung ergänzt um den korrigierten Wert zu.

Rahmenbedingungen für das Rückmeldeverfahren
Die Korrekturmöglichkeit bezieht sich auf fast alle DEÜV-Meldungen. Ab dem Jahr 2018 können korrigiert werden:

- Anmeldungen (Abgabegründe 10 bis 13)
- Jahresmeldungen (Abgabegrund 50)
- Unterbrechungsmeldungen (Abgabegründe 51 bis 53)
- Abmeldungen (Abgabegründe 30 bis 36 sowie 40 und 49)
- sonstige Meldungen sowie die GKV-Monatsmeldung (Abgabegründe 54 bis 58)

Ausgenommen von diesem Verfahren sind hingegen die UV-Jahresmeldung und die Sofortmeldung (Abgabegründe 92 und 20), da diese Meldungen nicht an die Krankenkassen zu melden sind. Zudem wurde festgelegt, dass fehlerhafte Adressdaten des Arbeitnehmers in den Meldungen nicht zu einem Abstimmungs- und Rückmeldeprozess führen. In diesen Fällen korrigiert die Krankenkasse ohne Einbindung des Arbeitgebers die Meldung. Eine Rückmeldung ist immer dann vorgesehen, sofern die Krankenkasse einen fachlichen Wert in der Meldung verändert. Neben der Veränderung des Meldezeitraumes oder des Arbeitsentgeltes können der Personengruppen- und Beitragsgruppenschlüssel sowie der Staatsangehörigkeits- und der Tätigkeitsschlüssel korrigiert werden. Ferner können die Kennzeichen zur Gleitzone, zur Mehrfachbeschäftigung und zum Rechtskreis in der Meldung des Arbeitgebers verändert werden. Die Rückmeldungen enthalten neben den geänderten Werten das Kennzeichen **»Änderung«**. Stimmt der Arbeitgeber der Korrektur durch die Krankenkasse zu, erhält er den elektronischen Rückmeldedatensatz mit der geänderten Meldung.

! **Beispiel**

Ein Mitarbeiter war während des Kalenderjahres länger als 6 Wochen erkrankt und es wurde eine Unterbrechungsmeldung erstellt. Am 17.10.2018 wird die Arbeit wieder aufgenommen. Die Krankenkasse hat aufgrund der Arbeitsunfähigkeitsbescheinigung als Ende des Krankengeldbezuges den 15.10.2018 gespeichert. In der Jahresmeldung wird für den Arbeitnehmer als Meldezeitraum 17.10.2017 – 31.12.2018 mit einem beitragspflichtigen Arbeitsentgelt von 7.850 EUR gemeldet.
Die Meldung zur Sozialversicherung an die Krankenkasse enthielt folgende Angaben:

Grund der Abgabe:	50
Meldezeitraum:	17.10.2018 – 31.12.2018
Personengruppe:	101
Rentenversicherungspflichtiges Entgelt:	7.850 EUR

Beurteilung

Die Krankenkasse korrigiert nach Rücksprache mit dem Arbeitgeber den Beginn des Meldezeitraums auf den 16.10.2018.
Rückmeldung der fehlerhaften Originalmeldung mit Angabe des veränderten Wertes: 16.10.2018 – 31.12.2018

Grund der Abgabe:	50
Meldezeitraum:	16.10.2018 – 31.12.2018
Personengruppe:	101
Rentenversicherungspflichtiges Entgelt:	7.850 EUR

Konsequenzen für die Entgeltabrechnung

Eine Verpflichtung zu einer abrechnungsrelevanten Übernahme der durch die Krankenkasse veränderten Daten besteht nicht. Werden die Daten in das Entgeltabrechnungsprogramm übernommen, dürfen im Anschluss keine Storno- und Neumeldung der entsprechenden DEÜV-Meldung erzeugt bzw. versendet werden. Diese könnten von der Annahmestelle nicht zugeordnet werden, weil die geänderte Meldung bereits korrekt im Bestand der Krankenkasse gespeichert ist. Aktuell kann nicht ausgeschlossen werden, dass alle Entgeltabrechnungssysteme bei einer Übernahme von Bestandsrückmeldungen eine Storno- und Neumeldung unterdrücken. Aus diesem Grund sollten fehlerhafte Meldungen in Abstimmung mit der Krankenkasse möglichst immer vom Arbeitgeber im Entgeltabrechnungssystem korrigiert, anschließend storniert und neu gemeldet werden. Wird die Entgeltabrechnung durch einen Dienstleister (Steuerberater, Rechenzentrum oder Lohnbüro) durchgeführt, müssen diese sicherstellen, dass der Arbeitgeber mit der Krankenkasse keine Korrektur eines gemeldeten Datensatzes vereinbart.

Beachten Sie: die Krankenkassen haben das sogenannte Bestandsprüfverfahren für Beitragsnachweise noch nicht realisiert. Die gesetzlichen Regelungen sehen jedoch vor, das Verfahren auch für Beitragsnachweise umzusetzen.

8.3 Meldungen bei Insolvenz

Bei einer Insolvenz des Unternehmens muss der Arbeitgeber oder der Insolvenzverwalter einige beitrags- und melderechtliche Besonderheiten beachten. Für das sozialversicherungsrechtliche Meldeverfahren ist der Tag, an dem

- das Insolvenzverfahren eröffnet,
- der Antrag auf Eröffnung des Insolvenzverfahrens mangels Masse abgewiesen oder
- die Betriebstätigkeit ohne Eröffnung eines Insolvenzverfahrens vollständig eingestellt wird

von Bedeutung. Die Zeit bis zu diesem Tag und die Zeit ab diesem Tag sind sowohl im Beitrags- als auch im Meldeverfahren zu trennen.

Der Eintritt einer Insolvenz beendet nicht das sozialversicherungsrechtliche Beschäftigungsverhältnis für den Arbeitnehmer. Das gilt sowohl für die Arbeitnehmer, die vom Insolvenzverwalter weiterbeschäftigt werden, wie auch für die Arbeitnehmer, deren Arbeitsverhältnis aus Anlass der Insolvenz gekündigt wird und die bis zum Ende der Kündigungsfrist von der Arbeit freigestellt werden. In diesen Fällen bleibt das Beschäftigungsverhältnis bis zum arbeitsrechtlichen Beschäftigungsende, längstens jedoch bis zur Aufnahme einer neuen Beschäftigung bei einem anderen Arbeitgeber bestehen. Nach Ablauf der Kündigungsfrist ist das Beschäftigungsverhältnis mit der Meldung zur Sozialversicherung (Meldegrund: 30) abzumelden.

Meldung zur Sozialversicherung für freigestellte Arbeitnehmer

Freigestellte Arbeitnehmer sind mit dem Tag **vor der** Insolvenz mit einer Meldung zur Sozialversicherung abzumelden. Als Meldegrund ist in der Abmeldung der Grund »71« zu melden. Bei der Abmeldung handelt es sich um eine Unterbrechungsmeldung. Die freigestellten Arbeitnehmer beziehen grundsätzlich kein Arbeitsentgelt mehr. Gleichwohl besteht aufgrund des in der Sozialversicherung für Beitragsansprüche geltenden Entstehungsprinzips ein Anspruch auf die Beiträge aus dem (nicht gezahlten) laufenden Arbeitsentgelt. Diese (fiktiven) Sozialversicherungsbeiträge sind nach dem arbeitsrechtlich zustehenden laufenden Arbeitsentgelt zu berechnen und zu melden.

Meldung zur Sozialversicherung für weiterbeschäftigte Arbeitnehmer
Auch weiterbeschäftigte Arbeitnehmer sind mit dem Tag vor dem Insolvenzereignis mit der Meldung zur Sozialversicherung abzumelden und ab dem Tag des Insolvenzereignisses wieder anzumelden. Als Meldegrund in der Abmeldung ist der Grund »33« zu melden, sofern die bisherige Betriebsnummer weiterverwendet wird bzw. der Grund »30«, wenn eine neue Betriebsnummer beantragt wurde. Für die Anmeldung ist der Meldegrund 13, wenn die bisherige Betriebsnummer erhalten bleibt, bzw. der Meldegrund 10, bei einer neuen Betriebsnummer, anzugeben.

Die Sozialversicherungsbeiträge sind vom tatsächlich zustehenden Arbeitsentgelt zu berechnen und an die zuständigen Einzugsstellen zu melden und abzuführen. Einzugsstellen sind in der Regel die Krankenkassen, Versorgungswerke und/oder die Minijob-Zentrale.

Gesonderte Beitragsnachweise im Insolvenzverfahren
Die für Arbeitnehmer zu zahlenden Gesamtsozialversicherungsbeiträge sind vom Arbeitgeber monatlich im Beitragsnachweis anzuzeigen, der durch Datenübertragung an die zuständigen Einzugsstellen zu übermitteln ist. Der insolvente Arbeitgeber bzw. der Insolvenzverwalter hat die Gesamtsozialversicherungsbeiträge vom Tag des Insolvenzereignisses an für freigestellte und weiterbeschäftigte Arbeitnehmer getrennt nachzuweisen. Aus diesem Grunde sind nach dem Eintritt einer Insolvenz monatlich jeweils ein Beitragsnachweis für die freigestellten und einer für weiterbeschäftigte Arbeitnehmer an die Einzugsstellen zu übermitteln.

Besondere Kennzeichnung im (Datensatz) Beitragsnachweis
Zur Kennzeichnung der Beiträge für die freigestellten Arbeitnehmer wurde im Beitragsnachweis-Datensatz das Feld »KENNZEICHEN_INS_BN« eingefügt. Das Feld ist mit »1« zu kennzeichnen, soweit die Beiträge für die freigestellten Arbeitnehmer für die Zeit ab Eintritt des Insolvenzereignisses nachzuweisen sind. Der Beitragsnachweis aller weiterbeschäftigten Arbeitnehmer ist entsprechend ohne das Kennzeichen zu übermitteln. Die Einzugsstellen können aus den getrennten Beitragsnachweisen eindeutiger erkennen, welche Beiträge den freigestellten Arbeitnehmern und welche den weiterbeschäftigten Arbeitnehmern zuzurechnen sind. Sie erhalten dadurch bereits mit dem Beitragsnachweis eindeutige Informationen über die voraussichtlich zu realisierenden Beitragsansprüche gegenüber dem insolventen Arbeitgeber bzw. Insolvenzverwalter. Ferner sollen die entstandenen Beiträge zu den Sozialversicherungen für Betriebsprüfungen genauer als bisher zeitlich zugeordnet werden können.

9 Wo werden die Bezüge/Abzüge dokumentiert?

Auf der Entgeltabrechnung sind unter anderem der Bruttolohn, steuerliche Lohnabzüge, sozialversicherungsrechtliche Abzüge, Urlaub, Krankheit und aufgelaufene Summenwerte dokumentiert. Zusätzlich ist der Arbeitgeber nach §41 Abs. 1 Einkommensteuergesetz (EStG) verpflichtet, die Einkünfte und Abzüge jedes Arbeitnehmers getrennt in Lohnkonten zu erfassen. Ein Lohnkonto ist eine kontenartige Übersicht aller Be- und Abzüge des Mitarbeiters. Eine besondere Form ist für das Lohnkonto nicht vorgeschrieben. Der Inhalt des Lohnkontos ergibt sich jedoch weitgehend aus den Vorschriften des §4 Abs. 1 und 2 der Lohnsteuer-Durchführungsverordnung (LStDV). Die in §4 vorgeschriebenen Angaben im Lohnkonto lehnen sich stark an die Angaben auf der Lohnsteuerbescheinigung an.

Bei mehreren Beschäftigten empfiehlt es sich, neben dem Lohnkonto für alle Arbeitnehmer eine Übersicht über die gesamten Lohn- und Sozialversicherungsverpflichtungen zu führen. Diese Übersichten sind in der Regel wie ein Buchhaltungsjournal aufgebaut, weshalb man in der Lohnbuchhaltung von einem Lohnjournal spricht. Eine gesetzliche Verpflichtung zum Führen eines Lohnjournals besteht nicht. Jedoch erleichtert eine Übersicht mit kumulierten Werten die Planung und Entscheidung von Personalfragen.

9.1 Entgeltbescheinigung mit dem Entgeltnachweis

Mit der im Jahr 2013 in Kraft getretenen Entgeltbescheinigungsverordnung wurde erstmals eine verbindliche Definition des Aufbaus und Inhalts von Entgeltnachweisen geschaffen. Die Entgeltbescheinigungsverordnung löste damit die freiwillig anzuwendende Entgeltbescheinigungsrichtlinie ab. Die rechtliche Grundlage zur Bescheinigungsverordnung ist der §108 Gewerbeordnung. Die Entgeltbescheinigung dient Arbeitnehmern auch als Nachweis gegenüber Dritten, insbesondere gegenüber Leistungsbehörden, wie zum Beispiel der Wohngeldstelle. Die Entgeltbescheinigung muss alle Angaben zur Identifikation des Arbeitgebers, des Arbeitnehmers sowie die relevanten Angaben, die ein Nachvollziehen der Abrechnung ermöglichen, enthalten. Dazu gehören:

- der Name und die Anschrift des Arbeitgebers
- der Name, die Anschrift und das Geburtsdatum der Arbeitnehmerin oder des Arbeitnehmers
- die Sozialversicherungsnummer der Arbeitnehmerin oder des Arbeitnehmers

- das Datum des Beschäftigungsbeginns
- das Datum des Endes der Beschäftigung (in der letzten Bescheinigungsperiode)
- der bescheinigte Abrechnungszeitraum sowie die Anzahl der darin enthaltenen Steuertage und Sozialversicherungstage
- die Steuerklasse, gegebenenfalls einschließlich des gewählten Faktors, die Zahl der Kinderfreibeträge und die Merkmale für den Kirchensteuerabzug sowie gegebenenfalls Steuerfreibeträge oder Steuerhinzurechnungsbeträge nach Jahr und Monat sowie die Steuer-Identifikationsnummer
- der Beitragsgruppenschlüssel und die zuständige Krankenkasse für den Gesamtsozialversicherungsbeitrag
- gegebenenfalls die Angabe, dass ein Beitragszuschlag für Kinderlose erhoben wird
- der Zusatzbeitrag zur gesetzlichen Krankenversicherung
- gegebenenfalls ein Kennzeichen für ein Beschäftigungsverhältnis in der Gleitzone
- gegebenenfalls die Angabe, dass es sich um eine Mehrfachbeschäftigung handelt

In der Entgeltbescheinigung sind mindestens folgende Entgeltbestandteile der Arbeitnehmerin oder des Arbeitnehmers gesondert darzustellen:

- die Bezeichnung und der Betrag sämtlicher Bezüge und Abzüge
- die Beiträge und Arbeitgeberzuschüsse zu einer freiwilligen oder privaten Kranken- und Pflegeversicherung
- gegebenenfalls den Arbeitgeberanteil zu einer berufsständischen Versorgungseinrichtung
- einzelner Ausweis pro Lohnbestandteil, ob es sich um steuerpflichtigen Arbeitslohn und sozialversicherungspflichtiges Arbeitsentgelt handelt und ob er sich auf das Gesamtbruttoentgelt auswirkt
- Ausweis, ob es sich um laufende oder einmalige Bezüge oder Abzüge handelt
- der Saldo der Bezüge und Abzüge vom steuerpflichtiger Arbeitslohn, getrennt nach laufenden und sonstigen Bezügen und Abzügen
- Sozialversicherungsbruttoentgelt, gegebenenfalls abweichend je Versicherungszweig und getrennt nach laufenden und einmaligen Bezügen und Abzügen
- Gesamtbruttoentgelt ohne Trennung nach laufenden und einmaligen Bezügen und Abzügen
- die gesetzlichen Abzüge vom steuerpflichtigen Arbeitslohn und Sozialversicherungsbruttoentgelt, getrennt nach laufenden und einmaligen Abzügen
- der Betrag der Lohnsteuer, der Kirchensteuer und des Solidaritätszuschlages
- Arbeitnehmerbeiträge zur gesetzlichen Kranken-, Renten-, und Pflegeversicherung, zur Seemannskasse sowie der Arbeitslosenversicherung

- das Nettoentgelt als Differenz des Gesamtbruttoentgeltes und den gesetzlichen Abzügen
- der Arbeitgeberzuschuss zu den Beiträgen zu einer freiwilligen oder privaten Kranken- und Pflegeversicherung sowie der Arbeitgeberanteil zu einer berufsständischen Versorgungseinrichtung
- die Bezeichnung und der Betrag von Netto-Bezügen und Netto-Abzügen sowie Verrechnungen und Einbehalte
- der Auszahlungsbetrag als Saldo zwischen Nettoentgelt und Nettoabzügen / Nettobezüge

Bei der Ermittlung des Gesamtbruttoentgeltes sind getrennt auszuweisen:
- das Bruttoentgelt erhöhende Werte für die Entgeltaufstockung nach dem Altersteilzeitgesetz
- geldwerte Vorteile und Sachbezüge
- Arbeitgeberzuschüsse zu Entgeltersatzleistungen wie Mutterschaftsgeld oder Krankengeld
- die von der Arbeitnehmerin/dem Arbeitnehmer übernommene bzw. auf ihn abgewälzte pauschale Lohnsteuer
- vom Arbeitnehmer verfügte Einstellungen in ein Wertguthaben
- Entgeltumwandlungen gemäß dem Betriebsrentenstärkungsgesetz;
- Beiträge des Arbeitgebers oder Arbeitnehmers zur Zukunftssicherung im öffentlichen Dienst sowie auch Umlagen und Sanierungsgelder

Außerdem ist die Entgeltbescheinigung als »Bescheinigung nach § 108 Absatz 3 Satz 1 der Gewerbeordnung« zu kennzeichnen, sofern sie den Anforderungen entspricht.

Der Arbeitgeber muss jedoch nur dann monatlich eine Entgeltbescheinigung erstellen, wenn sich gegenüber dem Vormonat eine Veränderung ergeben hat. Dies kann eine Änderung der Bezüge oder auch eine steuerliche oder sozialversicherungsrechtliche Änderung sein. Es ist auch zulässig, Entgeltnachweise in elektronischer Form zur Verfügung zu stellen, sofern der Arbeitnehmer die Möglichkeit hat, sich den Entgeltnachweis selbst auszudrucken. Dabei muss ggf. ein Drucker beim Arbeitgeber zur Verfügung gestellt werden.

9.2 Übersicht der Bezüge und Abzüge im Lohnkonto

Das Lohnkonto dient als Grundlage für die lohnsteuerliche Betriebsprüfung. Aus diesem Grund muss der Arbeitgeber für jeden Arbeitnehmer und jedes Kalenderjahr ein Lohnkonto führen. Bei der maschinellen Lohnabrechnung wird in der Regel für jeden Arbeitnehmer ein Stammblatt geführt, das alle für den

Steuer- und SV-Beitragsabzug maßgebenden Merkmale enthält. Unabhängig von der Form – manuell oder maschinell – ist zu Beginn eines Kalenderjahres ein neues Lohnkonto anzulegen.

a) Umfang des Lohnkontos

Jedes Lohnkonto muss gemäß §4 LStDV die nachfolgenden Daten des Arbeitnehmers beinhalten:

Persönliche Daten des Mitarbeiters:

- Familienname, Vorname, PLZ, Wohnort
- Geburtsdatum
- Gültigkeitszeitraum des Lohnkontos (z.B. von 01.01.2018 bis 31.12.2018 oder Austrittsdatum)

Beschäftigungsdauer von ... bis ... Steuerliche Daten des Mitarbeiters:

- Anschrift des Finanzamtes
- Steuerklasse (ggf. pauschale Versteuerung)
- Steueridentifikationsnummer (Steuer-ID)
- Kirchenzugehörigkeit
- Erhebung der Steuer nach der »allgemeinen« oder »besonderen« Lohnsteuertabelle
- Jährlicher, monatlicher und ggf. täglicher Steuerfreibetrag
- Zahl der Kinderfreibeträge
- Datum der Änderung von Steuerdaten wie Steuerklasse oder Freibeträge
- steuerlicher Hinzurechnungsbetrag
- steuerliche Besonderheiten (Großbuchstaben U, S, F, M, FR1, FR2, FR3)
- Zeiträume, für die keine ELStAM-Daten bzw. eine Ersatzbescheinigung vorgelegen haben

Lohnabrechnungsdaten des Mitarbeiters:

- Lohnzahlungszeitraum (Tag, Woche, Monat)
- Tag der Lohnzahlung
- Tag der Ermittlung des voraussichtlichen Arbeitslohnes
- steuerpflichtiger laufender Bruttoarbeitslohn (ohne Abzug von Freibeträgen)
- steuerpflichtige Sachbezüge
- sonstige Bruttobezüge
- Nettolohnzahlungen
- Zuschuss zu vermögenswirksamen Leistungen
- steuerfreie Bruttobezüge (z.B. Zuschuss zur Krankenversicherung) ohne Trinkgelder
- steuerfreie Verpflegungszuschüsse des Arbeitgebers bei Reisen
- sonstige Bezüge für mehrjährige Tätigkeit

- pauschal versteuerte Bezüge (z. B. Direktversicherung, Dienstwagen)
- ermäßigt besteuerte Bezüge
- einbehaltene Lohnsteuer (täglich, wöchentlich, monatlich)
- einbehaltene Kirchensteuer
- einbehaltener Solidaritätszuschlag
- pauschale Lohnsteuer
- pauschale Kirchensteuer
- Solidaritätszuschlag auf pauschale Lohnsteuer
- Zuschuss zum Mutterschaftsgeld
- Lohnersatzleistungen (z. B. Kurzarbeit-/Winterausfallgeld)
- Kammerbeiträge (nur im Saarland und in Bremen)
- Aufstockungsbetrag zum Altersteilzeitgeld
- Versorgungsbezüge einschließlich Sonderzahlungen
- Monat und Jahr des ersten Versorgungsbezugs
- Versorgungsfreibetrag
- Zuschlag zum Versorgungsfreibetrag
- Arbeitgeberanteil zur gesetzlichen Rentenversicherung

b) Angaben bei Lohnsteuerjahresausgleich

Führt der Arbeitgeber den Lohnsteuerjahresausgleich durch, sind zusätzlich die Steuererstattungen (Lohnsteuer, Kirchensteuer, Solidaritätszuschlag) auf dem Lohnkonto zu vermerken. Außerdem muss ein Hinweis auf den Lohnsteuerjahresausgleich im Lohnkonto enthalten sein.

c) Zusatzangaben für Minijobber

Auch für Aushilfen (kurzfristig/geringfügig Beschäftigte) ist die Führung eines Lohnkontos erforderlich. Der Arbeitgeber muss zusätzlich zum Zwecke der steuerlichen Dokumentation folgende Daten für jede Aushilfskraft schriftlich festhalten:

- Art der Beschäftigung (geringfügig/kurzfristig)
- allgemeiner Beitrag zur Rentenversicherung
- pauschale Beiträge zur Kranken- und Rentenversicherung
- pauschale Lohnsteuer, pauschale Abgeltungssteuer
- Beginn, Ende und Dauer der täglichen Arbeitszeit (§ 17 MiLoG)

d) Angaben nach dem Mindestlohngesetz

Mit dem Mindestlohngesetz sind weitere umfangreiche Dokumentationspflichten für geringfügig und kurzfristig Beschäftigte, sowie für Branchen, für die § 2a des Schwarzarbeitsbekämpfungsgesetzes gilt, hinzugekommen. § 17 des Mindestlohngesetzes enthält als Aufzeichnungspflichten:

- Beginn, Ende und Dauer der täglichen Arbeitszeit

- die Aufzeichnung muss bis spätestens zum Ablauf des siebten auf den Tag der Arbeitsleistung folgenden Kalendertages erfolgen
- die Aufzeichnungen müssen mindestens zwei Jahre, beginnend ab dem für die Aufzeichnung maßgeblichen Zeitpunkt, aufbewahrt werden

Für folgende Wirtschaftsbereiche gelten die Aufzeichnungspflichten für alle Arbeitnehmer:
- Baugewerbe
- Hotel- und Gaststättengewerbe
- Personenbeförderungsgewerbe
- Speditions-, Transport- und Logistik-Gewerbe
- Schaustellergewerbe
- Gebäudereinigungsgewerbe
- Forstwirtschaft
- Fleischwirtschaft
- Messe- und Ausstellungsbau Gewerbe

Darüber hinaus gelten für alle Wirtschaftsbereiche die Aufzeichnungspflichten für geringfügig und kurzfristig Beschäftigte.

! **Tipp**

Das Bundesministerium für Arbeit bietet eine App für die Erfassung und Übermittlung von Arbeitszeiten an. Die App mit dem Namen »einfach erfasst« kann vom Arbeitnehmer auf sein Handy geladen werden. Damit werden Beginn, Ende und Pausenzeiten erfasst. Die Daten werden an eine vom Arbeitgeber definierte Mail-Adresse versendet. Die App ist unter Google Play und im Apple App Store verfügbar.

Zum 01.08.2015 wurden die Aufzeichnungspflichten für die Arbeitgeber etwas gelockert. Keine Aufzeichnungen im Sinne des Mindestlohngesetzes sind zu führen, wenn:
- das verstetigte regelmäßige monatliche Bruttoentgelt mehr als 2.000 EUR beträgt und dieses Monatsentgelt jeweils für die letzten tatsächlich abgerechneten 12 Monate nachweislich gezahlt wurde,
- enge Familienangehörige beschäftigt werden. Darunter fallen Ehegatten, eingetragene Lebenspartner, Kinder und Eltern des Arbeitgebers.

Die Arbeitgeber haben die für die Kontrolle der Einhaltung der Verpflichtungen erforderlichen Unterlagen in Deutschland und in deutscher Sprache für die gesamte Dauer der Beschäftigung des Arbeitnehmers, mindestens jedoch für die Dauer von zwei Jahren, bereit zu halten. Auf Verlangen der Zollbehörde sind die Unterlagen auch am Ort der Beschäftigung bereitzuhalten. Nach §21 des Mindestlohngesetzes entsteht eine Ordnungswidrigkeit, wenn vorsätzlich oder fahrlässig die Aufzeichnung nicht, nicht richtig, nicht vollständig oder nicht rechtzeitig erstellt oder nicht mindestens zwei Jahre aufbewahrt wird. Diese Ordnungswidrigkeiten können mit einer Geldbuße bis zu 30.000 EUR geahndet werden.

e) Dokumentation von Arbeitsunterbrechungen

Im Lohnkonto muss die Anzahl der Arbeitsunterbrechungen ohne Anspruch auf Lohnzahlung unter dem Punkt **»Anzahl U«** vermerkt sein. Der **Buchstabe »U«** steht für Unterbrechungen und bedeutet, dass der Arbeitnehmer für mindestens fünf aufeinanderfolgende Arbeitstage keinen Anspruch auf Lohnzahlung durch den Arbeitgeber gehabt hat, obwohl das Arbeitsverhältnis fortbestand. Beispiele für Unterbrechungszeiten bei fortbestehendem Arbeitsverhältnis sind der Bezug von Mutterschaftsgeld ohne Arbeitgeberzuschuss, unbezahlter Urlaub, kurz- oder langfristige Pflegezeit oder der Bezug von Krankengeld oder Kind-Krankengeld ohne Arbeitgeberzuschuss. Für jedes Ereignis, das länger als **fünf aufeinanderfolgende Arbeitstage** dauert, ist die »Anzahl U« um einen Zähler zu erhöhen. Ein Wochenende zwischen den Arbeitstagen unterbricht nicht die zusammenhängende Arbeitszeit.

f) Dokumentation von Vorarbeitgeberdaten

In der Zeile 2a der Lohnsteuerbescheinigung und im Lohnkonto ist der **Buchstabe »S«** zu bescheinigen, sofern der Arbeitnehmer im laufenden Kalenderjahr eingestellt wurde und er in diesem Kalenderjahr sonstige Bezüge bzw. Einmalzahlungen erhält. Der Buchstabe S ist nur auszuweisen, sofern die Bezüge von einem Vorarbeitgeber nicht bekannt sind. Sind die Vorverdienste dem aktuellen Arbeitgeber nicht bekannt, so ist als Grundlage für die Besteuerung von Einmalzahlungen der voraussichtliche Jahresarbeitslohn beim aktuellen Arbeitgeber anzusetzen. In diesem Fall ist im Lohnkonto der Buchstabe »S« auszuweisen. Er ist selbst dann zu dokumentieren, wenn die Einmalzahlung im Dezember gezahlt wird und die tatsächliche Summe der Bezüge beim aktuellen Arbeitgeber bekannt ist. Außerdem darf für diesen Arbeitnehmer kein Unternehmens-Lohnsteuerjahresausgleich durchgeführt werden.

g) Dokumentation für französische Grenzgänger

Der Arbeitgeber hat für französische Grenzgänger, bei denen aufgrund des Lohnsteuerabzugs eine Bescheinigung nach § 39 Absatz 4 Nummer 5 EStG auszustellen ist, unter Nummer 2 der elektronischen Lohnsteuerbescheinigung die **Buchstaben »FR«** zu bescheinigen. Die Buchstaben sind um eine Ziffer für die Kennzeichnung des Bundeslands, in dem der Grenzgänger im Bescheinigungszeitraum zuletzt tätig war, zu ergänzen. Für Baden-Württemberg lautet die Kennung FR1, für Rheinland-Pfalz FR2 und für das Saarland FR3. Unter Grenzgängern oder Grenzpendlern versteht man Personen, die in einem Staat arbeiten und im anderen Staat wohnen und hierbei regelmäßig am gleichen Tag an ihren Wohnort zurückkehren. Weitere Voraussetzung ist, dass sich diese Orte im Grenzgebiet befinden. Sind diese Voraussetzungen erfüllt, erfolgt die Versteuerung der Einkünfte aus nichtselbstständiger Arbeit im Ansässigkeitsstaat (Ort des Wohnsitzes).

h) Steuerfreie Sammelbeförderung

Erhalten Mitarbeiter eine steuerfreie Sammelbeförderung zwischen Wohnung und Arbeitsstätte, ist diese auf der Lohnsteuerbescheinigung mit dem **Buchstaben »F«** kenntlich zu machen. Der Arbeitgeber wurde mit dem Steueränderungsgesetz (StÄndG) verpflichtet, sofern der Mitarbeiter eine kostenlose Beförderung zwischen Wohnung und Arbeitsplatz nutzt, diese im Lohnkonto aufzuzeichnen. Zu einer kostenlosen Beförderung kann eine vom Arbeitgeber angebotene Sammelbeförderung oder die kostenlose Nutzung eines Shuttleservice, der durch einen Dritten betrieben wird, fallen. Eine kostenlose Sammelbeförderung stellt auch die Überlassung von Bahn-, U-Bahn- oder Straßenbahnkarten dar.

i) Verpflegungszuschüsse

Seit dem Jahr 2014 muss der **Buchstabe »M«** im Lohnkonto aufgezeichnet und in der elektronischen Lohnsteuerbescheinigung bescheinigt werden, wenn der Arbeitnehmer anlässlich einer beruflichen Auswärtstätigkeit oder im Rahmen einer beruflichen doppelten Haushaltsführung eine mit dem Sachbezugswert zu bewertende Mahlzeit erhalten hat. Hintergrund ist die grundsätzlich erforderliche Kürzung der Verpflegungspauschalen, wenn dem Arbeitnehmer während einer beruflichen Auswärtstätigkeit eine vom Arbeitgeber veranlasste Mahlzeit zur Verfügung gestellt wurde. Die Eintragung muss auch erfolgen, wenn der Arbeitgeber die Mahlzeit individuell oder pauschal besteuert.

!

Beispiel

Ein Arbeitnehmer war auf einer beruflichen Weiterbildung (Seminar) am 10.01.2018. Das ganztägige Seminar (8:30 – 17:00 Uhr) beinhaltet ein Mittagessen, im Seminarpreis enthalten. Dieser wird durch den Arbeitgeber bezahlt.

Beurteilung

Der Arbeitnehmer hat auf Veranlassung des Arbeitgebers eine kostenlose Mahlzeit (Mittagessen) erhalten. Unabhängig davon, ob der Mitarbeiter eine Reisekostenabrechnung mit einer Anrechnung des Mittagessens auf die Spesenpauschale durchführt, ist für die kostenlose Mahlzeit der Großbuchstabe M zu bescheinigen.

Für den Kennbuchstaben »M« spielt die Anzahl der gewährten Mahlzeiten keine Rolle – er muss bereits ab der ersten Mahlzeit bescheinigt werden. Es gibt jedoch eine Übergangsregelung für die Fälle, dass der Arbeitgeber eine getrennte Lohn- und Reisekostenabrechnung durchführt und das Betriebsstättenfinanzamt für die Reisekostenabrechnung eine andere Aufzeichnung als im Lohnkonto zugelassen hat. Die Übergangsregelung sieht vor, dass in diesen Fällen bis Ende 2018 eine Bescheinigung des Großbuchstabens »M« im Lohnkonto nicht zwingend erforderlich ist.

Beachten Sie: Auch wenn das Lohnkonto über ein Lohnabrechnungsprogramm erstellt wird, müssen Sie auf die Vollständigkeit der Angaben achten. Lohnkonten sind relevant für die Steuer- und Sozialversicherungsprüfung. Im Fall der Gewährung von Mahlzeiten, die keinen Arbeitslohn darstellen (z.B. Geschäftsessen mit Geschäftspartnern) oder deren Preis 60 EUR pro Mahlzeit übersteigt (Belohnungsessen), besteht keine Pflicht, im Lohnkonto den Großbuchstaben »M« aufzuzeichnen.

9.3 Überprüfung des Lohnkontos durch die Deutsche Rentenversicherung

Die Angabe der Beiträge zu den Sozialversicherungen (KV/PV/RV/ALV) ist kein Pflichtbestandteil des Lohnkontos. Der Arbeitgeber hat jedoch nach §8 der Verordnung über die Berechnung, Zahlung, Weiterleitung, Abrechnung und Prüfung des Gesamtsozialversicherungsbeitrages (Beitragsverfahrensverordnung – BVV) für jeden Arbeitnehmer Lohnunterlagen zu führen, die die Beitragsberechnung der Sozialversicherungsbeiträge dokumentieren. Aus diesem Grund bietet es sich an, die sozialversicherungsrechtlichen Angaben in das Lohnkonto mit aufzunehmen. Die Mindestangaben entsprechen denen des Entgeltnachweises (vgl. Kapitel 9.1):

Neben den steuer- und sozialversicherungsrechtlichen Mindestangaben kann das Lohnkonto um weitere »Kennzahlen« erweitert werden. Als Ergänzung bieten sich Werte an, die für die Lohnabrechnung bereits ermittelt wurden. Beispielhaft könnten folgende Größen zusätzlich dokumentiert werden:

- Nettoverdienst
- Auszahlungsbetrag
- Summe der sozialversicherungsrechtlichen Abzüge
- Krankheits- und Urlaubstage
- Summe der monatlichen Arbeitsstunden (für die Berufsgenossenschaftsmeldung)
- Summe sonstiger Abzüge (z.B. Vorschusszahlungen)
- Sonstige Vermerke (z.B. Korrekturen, Lohnsteuerjahresausgleich etc.)

Das Lohnkonto ist beim Ausscheiden eines Arbeitnehmers, spätestens jedoch zum Jahresende abzuschließen. Nach dem Abschluss muss es für **sechs weitere Jahre** in gedruckter und leicht lesbarer Form aufbewahrt werden oder jederzeit aus dem Abrechnungssystem oder einem Archiv wiederherzustellen sein. Eine Archivierung auf optische Datenträger oder in einem Archivsystem ist zulässig.

Digitale Lohnschnittstelle (DLS)

Mit dem §147 Abgabe Ordnung (AO) wurde den Finanzbehörden das Recht eingeräumt, bei einer **Steuerprüfung** neben den gedruckten Belegen direkt auf die DV-Systeme zuzugreifen. Das Recht der Finanzverwaltung geht so weit, dass alle steuerrelevanten Daten in digitaler Form den Prüfungsdiensten überlassen werden müssen. Die steuerrelevanten Daten inklusive der notwendigen Angaben zu Datei- und Datenstrukturen sind auch dann zur Verfügung zu stellen, wenn sich die Daten bei einem Steuerberater oder Lohnbüro befinden oder in Archiven von Rechenzentren abgelegt sind. Von der Finanzverwaltung wurde die **Digitale Lohnschnittstelle (DLS)** veröffentlicht. Die DLS ist eine Beschreibung für den Export von Daten aus dem Lohnabrechnungssystem zur Übergabe an den Lohnsteuer-Außenprüfer. Die Beschreibung beinhaltet eine einheitliche Strukturierung und Bezeichnung der Dateien und Datenfelder gemäß den Anforderungen der GDPdU[50], unabhängig von dem beim Arbeitgeber eingesetzten Lohnabrechnungsprogramm. Die meisten Software-Anbieter haben diese Schnittstelle in ihr Abrechnungsprogramm integriert und die Finanzverwaltung kann darüber lesend auf die Daten zugreifen. Konkret regelt §4 Abs. 2a Lohnsteuerdurchführungsverordnung (LStDV), dass Arbeitgeber die aufzuzeichnenden lohnsteuerrelevanten Daten der Finanzbehörde nach der amtlich vorgeschriebenen einheitlichen digitalen Schnittstelle elektronisch bereitzustellen haben. Ab dem Jahr 2018 besteht eine Verpflichtung zur Bereitstellung der Schnittstelle für alle Arbeitgeber.

Elektronisch unterstützte Betriebsprüfung (euBP)

Mit dem seit dem Jahr 2014 angelaufenen Verfahren zur elektronisch unterstützten **Betriebsprüfung in der Sozialversicherung** (euBP) wird die Abgabe »der zur Durchführung einer Betriebsprüfung nach §28p Sozialgesetzbuch (SGB IV) notwendigen Arbeitgeberdaten im elektronischen Verfahren« geregelt. Die vom Arbeitgeber übermittelten Daten werden mithilfe einer Prüfsoftware analysiert und die Ergebnisse als Unterstützung für die Prüfung vor Ort genutzt. Ziel des Verfahrens ist es, die Prüfdauer vor Ort zu reduzieren. Gegebenenfalls kann eine Prüfung vor Ort auch gänzlich entfallen. Die elektronische Übermittlung kann nach Prüfungsanmeldung mit dem Prüfer

50 GDPdU steht für: Grundsätze zum Datenzugriff und zur Prüfbarkeit digitaler Unterlagen.

vereinbart werden. In der Regel bieten die Entgeltabrechnungsprogramme eine Möglichkeit, die Abrechnungsdaten (Lohnkonten) für den bei der Prüfung angeforderten Zeitraum zum elektronischen Versand zur Verfügung zu stellen. Seit dem Jahr 2016 besteht die Möglichkeit, die Ergebnisse der elektronisch unterstützten Betriebsprüfung auf digitalem Wege zurückzuerhalten. Die Ergebnisse können über den sogenannten Kommunikationsserver von der Deutschen Rentenversicherung Bund abgerufen werden. Zusätzlich wird das Prüfergebnis dem Arbeitgeber auf postalischem Wege zugestellt.

Ein mittels euBP übermittelter Datensatz umfasst für den Prüfungszeitraum grundsätzlich die folgenden Daten, für jeden im Prüfungszeitraum aktiv abgerechneten Mitarbeiter:

- Arbeitgeber-Stammdaten (Datensatz DSAG)
- Gewählte Erstattungssätze für die Umlagen U1/U2 (Datensatz DSEK)
- Übermittelte Beitragsnachweise (Datensatz DSBN)
- Arbeitnehmer-Stammdaten (Datensatz DSAN)
- Monatliche Lohnabrechnungen (Datensatz DSLA)

Der Prüfungszeitraum wird von der Rentenversicherung im Prüfungsanschreiben vorgegeben. Für die Erstellung des Datensatzes an die Rentenversicherung werden zusätzlich die Monatsabrechnungen aus den Vorjahren mitgeliefert, sofern im Prüfzeitraum Korrekturen und Rückrechnungen für Zeiträume außerhalb des Prüfzeitraums durchgeführt wurden. Hat der Arbeitgeber mehrere Betriebsstätten mit eigenen SV-Betriebsnummern, muss für jede Betriebsstätte ein eigener euBP-Datensatz übermittelt werden. Betriebsstätten ohne eigene SV-Betriebsnummer werden hingegen im Datensatz des Hauptbetriebs mit übermittelt.

Tipp !

Die Durchführung der euBP muss mit dem Prüfer der Rentenversicherung abgesprochen werden. Der Prüfer muss in der Software der Rentenversicherung pro Betriebsstätte ein Kennzeichen setzen, dass die Daten elektronisch übermittelt werden. Ohne den Kenner können übermittelte Daten von der Rentenversicherung nicht verarbeitet werden.

9.4 Die Jahresübersicht im Lohnjournal

Die meisten elektronischen Lohnabrechnungssysteme beinhalten neben dem Lohnkonto eine Abrechnungsübersicht für die gesamte Firma oder rechtlich selbstständige Einheiten in einem sogenannten Lohnjournal. Im Lohnjournal sind die kumulierten Werte der steuer- und sozialversicherungsrechtlichen

Be- und Abzüge über eine Gruppe von Mitarbeitern (oder aller) ausgewiesen. Die Führung eines Lohnjournals unterliegt keinen gesetzlichen Bestimmungen. Ob die/der Lohnabrechnende ein Lohnjournal führt und welche Größen darin ausgewiesen sind, hängt von den Zielen der Lohnbuchhaltung ab.

Um die gesamte Arbeitgeberbelastung durch Lohnkosten zu ermitteln, müssen neben laufenden und einmaligen Zahlungen pauschale Steuern, Arbeitgeberanteile zu den Sozialversicherungen, steuerfreie Zuschüsse und Erstattungen, Beiträge in Pensionskassen oder zu Direktversicherungen, Kindergeldzahlungen[51] und Beiträge zu Verbänden oder zur Künstlersozialkasse berücksichtigt werden. Es bietet sich an, diese Größen in ein Lohnjournal aufzunehmen.

Beachten Sie: Das Lohnjournal muss keinen gesetzlichen Vorschriften genügen, sondern soll sich an den Erfordernissen der Lohnbuchhaltung bzw. der Personalpolitik ausrichten. Kumulierte Werte, wie zum Beispiel die gesamten Arbeitsstunden pro Jahr, die Gesamtsumme des Bruttoarbeitslohnes oder die Summe der Fehlzeiten, erleichtern jährlich durchzuführende Meldungen an die Krankenkassen oder an die Berufsgenossenschaft (siehe Kapitel 12.4 und 12.5). Darüber hinaus dienen aufgelaufene Jahreswerte nicht nur dem Summenabgleich zur Buchhaltung, sondern sind in der Regel Grundlage für externe Prüfungen durch die Sozialversicherungsträger oder die Finanzbehörden.

Die Führung von Lohnjournalen ist mit einem hohen zusätzlichen Rechenaufwand verbunden. Sie bietet sich in der Regel also nur dann an, wenn ein maschinelles Lohnabrechnungssystem zum Einsatz kommt und dieses ein Lohnkonto für die Firma bzw. den Mandanten bietet. Wenn nur Abrechnungen für einige wenige Arbeitnehmer vorgenommen werden, können Abstimmungsarbeiten ohne Lohnjournal durchgeführt werden. Häufig werden Lohnjournale für die Abstimmung der Lohnbuchhaltung mit der Finanzbuchhaltung herangezogen.

9.5 Checkliste Entgeltabrechnung

Zur Vorbereitung der Entgeltabrechnung müssen Stundenlisten und abrechnungsrelevante Fehlzeiten (Abwesenheiten) in das Abrechnungssystem übernommen werden. Gegebenenfalls müssen Reisekostenabrechnungen durchgeführt werden, sofern diese mit der Entgeltabrechnung ausbezahlt werden. Neu eingetretene Mitarbeiter sind im Abrechnungssystem anzulegen, Austritte

51 Seit 1999 nur noch bei öffentlichen Arbeitgebern.

sind mit dem Austrittsdatum im System zu hinterlegen. Zu einer vollständigen Entgeltabrechnung gehören die Überarbeitung der Stammdaten(-blätter), die Anpassung von Bezügen, Abzügen, ergänzenden Zahlungen und die Durchführung der Entgeltabrechnung. Aus der Entgeltabrechnung ergeben sich die abzuführenden Steuern, Beiträge zu den Sozialversicherungen sowie die Umlagen. Diese Daten sind den Krankenkassen, der Minijob-Zentrale und dem Finanzamt zu melden. Sind Arbeitnehmer bei einem Versorgungswerk rentenversichert, erhält das Versorgungswerk eine Meldung mit der Summe der Beiträge. Die Meldungen können ausschließlich elektronisch vorgenommen werden. Bestehen Erstattungsansprüche aus Entgeltfortzahlungen, sind diese gegenüber der zuständigen Krankenkasse oder der Minijob-Zentrale geltend zu machen. Für die Mitarbeiter sind die Entgeltabrechnungen zu erstellen, der Zahlungslauf durchzuführen und das Meldewesen vorzunehmen. Zur Vervollständigung der Lohnunterlagen ist das Lohnkonto fortzuschreiben und gegebenenfalls ein Lohnjournal zu erstellen. An die Finanzbuchhaltung ist eine Buchungsliste mit den kumulierten Angaben der Lohnabrechnung weiterzugeben. Mit der vorgezogenen Beitragsfälligkeit ergeben sich zusätzliche Aufgaben. So sind die voraussichtlichen Arbeitsentgelte bis zum Monatsende zu schätzen. Für die korrekte Ermittlung des beitragspflichtigen Entgelts müssen abrechnungsrelevante Fehlzeiten, wie das Ende der Lohnfortzahlung, berücksichtigt werden. Gegebenenfalls sind Differenzen zur Schätzung des Vormonats zu ermitteln und in die neue Schätzung des Entgelts für den laufenden Monat aufzunehmen. Aus dem Mindestlohngesetz sind für geringfügig Beschäftigte Beginn, Ende und Dauer der Arbeitszeit aufzuzeichnen. Die Aufzeichnungspflicht gilt auch für Betriebe, die in §17 Mindestlohngesetz genannt sind. Im Folgenden ist eine Checkliste für die Entgeltabrechnung zusammengestellt.

Checkliste Entgeltabrechnung	Erledigt
Sind neue Mitarbeiter bei der Entgeltabrechnung zu berücksichtigen?	
Sind für neue Mitarbeiter Vorarbeitgeberdaten zu berücksichtigen?	
Wurden für neue Mitarbeiter die ELStAM-Daten abgerufen?	
Wurden die ELStAM-Änderungslisten abgerufen und übernommen?	
Liegen neue Ersatzbescheinigungen des Finanzamts vor?	
Haben sich Anschriften, Kostenstellen, Ansprechpartner oder andere Betriebsdaten im Unternehmen geändert?	
Sind Mitarbeiter im laufenden Abrechnungsmonat ausgetreten oder treten sie zum Monatsende aus?	

Wo werden die Bezüge/Abzüge dokumentiert?

Checkliste Entgeltabrechnung	Erledigt
Haben sich die Bankverbindungen, Anschriften etc. von Mitarbeitern geändert?	
Haben sich Bezüge von Mitarbeitern geändert?	
Sind Einmalzahlungen oder sonstige Bezüge zu berücksichtigen?	
Welche zusätzlichen Entgelte entstehen aus geplanten Überstunden, Mehrarbeit, Prämien, Boni etc. bis zum Monatsende?	
Sind Beiträge zu Pensionskassen, Direktversicherungen, Unterstützungskassen zu berücksichtigen?	
Sind neue VL-Verträge zu berücksichtigen oder laufen VL-Verträge aus?	
Haben sich bei Firmenwagen Änderungen ergeben?	
Sind Pfändungen zu berücksichtigen oder Pfändungen ausgelaufen?	
Müssen Vorschusszahlungen berücksichtigt werden?	
Sind Reisespesen abzurechnen oder noch zu berücksichtigen?	
Haben sich die sozialversicherungsrechtlichen Daten (Mitgliedschaft in der Krankenkasse, Beitragspflicht zur Kranken- oder Rentenversicherung etc.) bei Mitarbeitern geändert?	
Führt ein Wechsel in der Beschäftigung zu geänderten Arbeitszeiten, Lohnansprüchen, Sozialversicherungspflichten?	
Sind Differenzbeträge für die Ermittlung des voraussichtlichen Arbeitsentgelts aus dem Vormonat zu berücksichtigen?	
Haben sich die Umlagesätze von Krankenkassen geändert?	
Haben sich die Zusatzbeiträge von Krankenkassen geändert?	
Haben Mitarbeiter die Mitgliedschaft bei der Krankenkasse gewechselt?	
Ist der Zuschuss zur freiwilligen oder privaten Krankenversicherung anzupassen?	
Liegen Änderungen bei Kostenstellenzuordnungen vor?	
Sind für die Abrechnung Fehlzeiten, wie Krankheit, Kind krank, unbezahlte Freistellung etc., zu berücksichtigen?	
Wurden Vorerkrankungsanfragen bei Fehlzeiten durchgeführt?	
Endet die Lohnfortzahlung bei erkrankten Mitarbeitern?	
Sind Mitarbeiter(innen) in Mutterschutz oder Elternzeit gegangen?	
Sind die Entgeltbelege/Lohnabrechnungen erstellt?	

Checkliste Entgeltabrechnung	Erledigt
Wurden die Beitragsnachweise für jede Krankenkasse erstellt?	
Wurde der Beitragsnachweis für die Minijob-Zentrale erstellt?	
Wurde die Lohnsteueranmeldung erstellt?	
Wurden Abmeldungen für ausgeschiedene Mitarbeiter an die ELStAM-Datenbank übermittelt?	
Wurden die Sozialversicherungsmeldungen an die Krankenkassen nach dem DEÜV-Meldeverfahren durchgeführt (Anmeldung, Unterbrechungsmeldung, Abmeldung etc.)?	
Wurde ggf. die GKV-Monatsmeldung übermittelt?	
Wurde der Erstattungsantrag für fortgezahlten Arbeitslohn oder Zuschüsse zum Mutterschaftsgeld an die Krankenkasse übermittelt (U1/U2-Erstattung)?	
Wurden die Bescheinigungen für die Entgeltersatzleistungen (EEL) an die Annahmestellen der Krankenkassen übermittelt?	
Wurden die Zahlungsträger erstellt bzw. der Zahlungslauf durchgeführt?	
Sind die Lohnkonten fortgeschrieben?	
Wurde das Lohnjournal erstellt?	
Wurden die Lohnabrechnungsdaten an die Buchhaltung weitergegeben?	
Sind die Mitarbeiterstatistiken fortgeschrieben (z.B. FTE für Umlagen)?	

Tab. 33: Checkliste Entgeltabrechnung

10 Arbeitnehmer scheidet aus oder wechselt den Status

Mit dem Ausscheiden eines Arbeitnehmers aus dem Unternehmen sind auch in der Entgeltabrechnung einige administrative Aufgaben verbunden. Zum Austritt muss der Arbeitgeber dem Arbeitnehmer eine Steuerbescheinigung ausstellen, er ist bei seiner Krankenkasse oder der Minijob-Zentrale abzumelden und zugleich ist das aufgelaufene Arbeitsentgelt zu melden. Neben der Abmeldung bei den Sozialversicherungsträgern ist das Ende der Beschäftigung an die ELStAM-Datenbank zu übermitteln und eine Lohnsteuerbescheinigung zu erstellen. In den Lohnunterlagen ist das Lohnkonto abzuschließen und im Personaldatenblatt der Austritt zu vermerken. Außerdem ist zu prüfen, ob laufende Überweisungen, wie die vermögenswirksamen Leistungen (VwL), Zuschüsse zur betrieblichen Altersvorsorge, Fahrgeldpauschalen, Pfändungen oder Ähnliches storniert werden müssen. Zu prüfen ist auch, ob der Arbeitnehmer noch Anspruch auf einen Teil des Weihnachts- oder Urlaubsgeldes hat. Steht dem Arbeitnehmer noch anteiliger Jahresurlaub zu, kann dieser eventuell ausgezahlt werden. Hat der Arbeitnehmer ein Darlehen erhalten, kann die Rückzahlung mit der letzten Lohnzahlung verrechnet werden. Zu prüfen ist auch, ob eine letzte Reisekostenabrechnung durchzuführen ist. Gleiches gilt, wenn er beispielsweise einen Dauerreisekostenvorschuss erhalten hat. Scheidet der Arbeitnehmer zum Jahresende aus, ist unter Umständen ein Lohnsteuerjahresausgleich durchzuführen. In jedem Fall sind die im laufenden Kalenderjahr geleisteten Arbeitsstunden für die Meldung an die Berufsgenossenschaft zu vermerken. Für die Lohnsteuerbescheinigung ist die Anzahl der Unterbrechungen von mehr als 5 Tagen (Anzahl U) zu ermitteln und zu prüfen, ob vom Arbeitgeber veranlasste Mahlzeiten entstanden sind. Zahlt der Arbeitgeber dem Arbeitnehmer eine Abfindung, ist diese Zahlung in der letzten Lohnabrechnung zu berücksichtigen. Hat der Arbeitnehmer eine betriebliche Altersvorsorge, muss die Übertragung auf einen neuen Arbeitgeber vorbereitet werden. Gegebenenfalls ist ein Auszug aus dem Rentenkonto zu erstellen bzw. der Anspruch auf Versorgungsbezüge zu ermitteln. Aus der Übergangsregelung der vorgezogenen Beitragsfälligkeit ergeben sich weitere Aufgaben. Sind aus dem geschätzten Arbeitslohn noch Restzahlungen an die Krankenkasse vorhanden, müssen diese auf den Folgemonat vorgetragen werden. Erstattungsansprüche gegenüber der Krankenkasse werden im Folgemonat mit den Verbindlichkeiten verrechnet. Wichtige Unterlagen für alle Abschlussarbeiten sind die Personaldaten und das Lohnkonto des Arbeitnehmers.

Für die Vollständigkeit aller Abschlussarbeiten bietet es sich an, eine Checkliste »Austritt« anzufertigen, in der alle Aufgaben abgehakt werden können. Die folgende Tabelle zeigt beispielhaft, wie eine »Checkliste Austritt« aussehen könnte. Diese ist auch online unter den Arbeitshilfen verfügbar (www.haufe.de/mybook).

Checkliste Austritt	**Erledigt**
Verbleibende Zahlungen ermitteln	
▪ Urlaubsgeld	
▪ Weihnachtsgeld	
▪ Provision	
▪ Tantiemen	
▪ Arbeitslohn aus Vorjahr(en)	
▪ Abfindung	
▪ Abgeltung von Resturlaub	
▪ Abgeltung von Überstunden, Prämien	
▪ Sonstiges	
Verbleibende Rückzahlungen ermitteln (Vorschuss/Darlehen etc.)	
Verbleibende Urlaubstage ermitteln	
Letzte Reisekostenabrechnung durchführen	
Anzahl U-Tage ermitteln	
Anzahl Verpflegungspauschalen ermitteln	
Letzte Lohnabrechnung erstellen	
Lohnkonto abschließen	
Lohnsteuerbescheinigung erstellen	
Abmeldung bei der ELStAM-Datenbank erstellen	
Abmeldung/Jahresmeldung für die Krankenkasse erstellen	
Arbeitsstundenzahl für Berufsgenossenschaft ermitteln	
Laufende Zahlungen stornieren	
Zahlungen an VL-Träger stornieren	
Abschluss des Kontos für betriebliche Altersvorsorge	
Ermittlung der Versorgungsansprüche	

Checkliste Austritt	Erledigt
Rückgabe Fahrzeug und km-Stand festhalten	
Ggf. Rückgabe einer Lohnsteuer-Ersatzbescheinigung	
Fehlzeiten mit Erstattungsansprüchen prüfen	
Austritt im Personalstamm vermerken	

Tab. 34: Checkliste Austritt

10.1 Lohnsteuerbescheinigung an das Finanzamt

Bei Beendigung des Arbeitsverhältnisses während des laufenden Kalenderjahres ist dem Arbeitnehmer eine ggf. erhaltene Ersatzbescheinigung wieder auszuhändigen. Zusätzlich erhält er einen Ausdruck der elektronisch übermittelten Lohnsteuerbescheinigung. Vor dem Ausdruck der Lohnsteuerbescheinigung müssen die Daten elektronisch an die Finanzverwaltung übermittelt werden. Die Lohnsteuerbescheinigung ist **nicht** mit der Ersatzbescheinigung zusammenzuheften. Ist der Arbeitnehmer uneingeschränkt steuerpflichtig in der Bundesrepublik Deutschland, müssen im Austrittsmonat oder spätestens zum letzten Tag des Monats Februar im Folgejahr die steuerlichen Abzüge elektronisch per verschlüsselter Datenfernübertragung dem Finanzamt übermittelt werden. Sofern für den Arbeitnehmer kein ELStAM-Datensatz oder eine Ersatzbescheinigung des Finanzamts vorliegen, wird eine Versteuerung nach Steuerklasse 6 durchgeführt und die einbehaltenen Steuern im Ausdruck der elektronischen Lohnsteuerbescheinigung dokumentiert.[52]

52 Für Aushilfen (geringfügig/kurzfristig Beschäftigte), die pauschal versteuert werden, gibt es keine Lohnsteuerbescheinigung.

Ausdruck der elektronischen Lohnsteuerbescheinigung für 2018

Nachstehende Daten wurden maschinell an die Finanzverwaltung übertragen.

Korrektur/Stornierung

Datum:

eTIN:

Identifikationsnummer:

Personalnummer:

Geburtsdatum:

Transferticket:

Dem Lohnsteuerabzug wurden im letzten Lohnzahlungszeitraum zugrunde gelegt:

Steuerklasse/Faktor

Zahl der Kinderfreibeträge

Steuerfreier Jahresbetrag

Jahreshinzurechnungsbetrag

Kirchensteuermerkmale

Anschrift und Steuernummer des Arbeitgebers:

1. Bescheinigungszeitraum		vom - bis	
2. Zeiträume ohne Anspruch auf Arbeitslohn		Anzahl „U"	
Großbuchstaben (S, M, F, FR)			
		EUR	Ct
3. Bruttoarbeitslohn einschl. Sachbezüge ohne 9. und 10.			
4. Einbehaltene Lohnsteuer von 3.			
5. Einbehaltener Solidaritätszuschlag von 3.			
6. Einbehaltene Kirchensteuer des Arbeitnehmers von 3.			
7. Einbehaltene Kirchensteuer des Ehegatten/Lebenspartners von 3. (nur bei Konfessionsverschiedenheit)			
8. In 3. enthaltene Versorgungsbezüge			
9. Ermäßigt besteuerte Versorgungsbezüge für mehrere Kalenderjahre			
10. Ermäßigt besteuerter Arbeitslohn für mehrere Kalenderjahre (ohne 9.) und ermäßigt besteuerte Entschädigungen			
11. Einbehaltene Lohnsteuer von 9. und 10.			
12. Einbehaltener Solidaritätszuschlag von 9. und 10.			
13. Einbehaltene Kirchensteuer des Arbeitnehmers von 9. und 10.			
14. Einbehaltene Kirchensteuer des Ehegatten/Lebenspartners von 9. und 10. (nur bei Konfessionsverschiedenheit)			
15. (Saison-)Kurzarbeitergeld, Zuschuss zum Mutterschaftsgeld, Verdienstausfallentschädigung (Infektionsschutzgesetz), Aufstockungsbetrag und Altersteilzeitzuschlag			
16. Steuerfreier Arbeitslohn nach	a) Doppelbesteuerungsabkommen (DBA)		
	b) Auslandstätigkeitserlass		
17. Steuerfreie Arbeitgeberleistungen für Fahrten zwischen Wohnung und erster Tätigkeitsstätte			
18. Pauschal besteuerte Arbeitgeberleistungen für Fahrten zwischen Wohnung und erster Tätigkeitsstätte			
19. Steuerpflichtige Entschädigungen und Arbeitslohn für mehrere Kalenderjahre, die nicht ermäßigt besteuert wurden - in 3. enthalten			
20. SteuerfreieVerpflegungsuschlüsse bei Auswärtstätigkeit			
21. Steuerfreie Arbeitgeberleistungen bei doppelter Haushaltsführung			
22. Arbeitgeber-anteil/ -zuschuss	a) zur gesetzlichen Rentenversicherung		
	b) an berufsständische Versorgungs-einrichtungen		
23. Arbeitnehmer-anteil	a) zur gesetzlichen Rentenversicherung		
	b) an berufsständische Versorgungs-einrichtungen		
24. Steuerfreie Arbeitgeber-zuschüsse	a) zur gesetzlichen Krankenversicherung		
	b) zur privaten Krankenversicherung		
	c) zur gesetzlichen Pflegeversicherung		
25. Arbeitnehmerbeiträge zur gesetzlichen Krankenversicherung			
26. Arbeitnehmerbeiträge zur sozialen Pflegeversicherung			
27. Arbeitnehmerbeiträge zur Arbeitslosenversicherung			
28. Beiträge zur privaten Kranken- und Pflege-Pflichtversicherung oder Mindestvorsorgepauschale			
29. Bemessungsgrundlage für den Versorgungsfreibetrag zu 8.			
30. Maßgebendes Kalenderjahr des Versorgungsbeginns zu 8. und/oder 9.			
31. Zu 8. bei unterjähriger Zahlung: Erster und letzter Monat, für den Versorgungsbezüge gezahlt wurden			
32. Sterbegeld, Kapitalauszahlungen/Abfindungen und Nachzahlungen von Versorgungsbezügen - in 3. und 8. enthalten			
33. Ausgezahltes Kindergeld			—
34. Freibetrag DBA Türkei			
Finanzamt, an das die Lohnsteuer abgeführt wurde (Name und vierstellige Nr.)			

Abb. 8: Lohnsteuerbescheinigung 2018

Die Verpflichtung zur elektronischen Übermittlung der Lohnsteuerauszüge und der Lohnsteueranmeldung setzt fast zwangsweise den Einsatz eines Lohnabrechnungsprogramms voraus. Soll die Übermittlung der Daten nicht aus dem Abrechnungsprogramm heraus erfolgen, besteht die Möglichkeit, die Daten über das kostenlose Programm »ELSTER-Formular« der Finanzverwaltung zu übermitteln. Das Programm kann über die Finanzämter bezogen werden oder über das Internet (www.elsterformular.de) auf den Rechner heruntergeladen werden. Bei einer elektronischen Datenübermittlung sind die Möglichkeiten zur Kontrolle der Angaben nur noch eingeschränkt vorhanden. Umso wichtiger ist, die Angaben auf dem Ausdruck der Lohnsteuerbescheinigung zu überprüfen. Welche Angaben die Lohnsteuerbescheinigung enthalten muss, ist in Kapitel 12.3 beschrieben.

Auf dem Ausdruck der elektronischen Lohnsteuerbescheinigung sind in den Zeilen 1 bis 34 alle steuerlich relevanten Be- und Abzüge entsprechend § 41b Einkommensteuergesetz (EStG) aufgelistet. Zusätzlich sind Angaben zur Personalnummer, zur Steuer-Identifikationsnummer (Steuer-ID) sowie zur Steuerklasse, zu Steuerfrei- und Hinzurechnungsbeträgen und zu Kirchensteuermerkmalen anzugeben. Die Anschrift des Arbeitgebers und die sogenannte Transferticket-Nummer sind ebenfalls in das gedruckte Formular aufzunehmen.

Für die Übermittlung der elektronischen Lohnsteuerbescheinigung ist grundsätzlich die Steuer-ID als Identifikationsmerkmal des Mitarbeiters zu verwenden. Lohnsteuerbescheinigungen mit der eTIN (elektronische Transfer-Identifikations-Nummer) sind nur noch für **beschränkt steuerpflichtige** Mitarbeiter (Mitarbeiter ohne Steuer-ID) zulässig. Diese, in der Regel ausländischen Arbeitnehmer, erhalten entweder keine deutsche Steuer-ID oder erhalten zunächst eine eTIN und später eine Steuer ID. Für die Übertragung der Lohnsteuerbescheinigung muss der Arbeitgeber oder ein beauftragter Dienstleister autorisiert sein. Eine Authentifizierung mit dem Erhalt eines elektronischen Zertifikats kann über das ELSTER-Online-Portal der Finanzverwaltung vorgenommen werden (www.elsteronline.de).

Wird ein geringfügig beschäftigter Arbeitnehmer in eine steuerpflichtige Vollzeitbeschäftigung übernommen, ist der Abruf des ELStAM-Datensatzes oder eine Ersatzbescheinigung 2018 des Finanzamts erforderlich. Für den Abruf des ELStAM-Datensatzes müssen Sie die Steuer-ID und das Geburtsdatum kennen. Eine steuerrechtliche Ummeldung der Beschäftigung ist nicht erforderlich. Die pauschal versteuerten Bezüge der geringfügigen Beschäftigung sind der Bundesknappschaft-Bahn-See (Minijob-Zentrale) und nicht dem Finanzamt zu melden. Sie dürfen dementsprechend nicht in der Lohnsteuerbescheinigung bei einer elektronischen Datenübermittlung enthalten sein. Sollte der Arbeitslohn eines geringfügig Beschäftigten nach den persönlichen Besteuerungsmerkmalen besteuert worden sein, ist eine Lohnsteuerbescheinigung mit der Höhe des Bruttolohns zu übermitteln.

ELStAM-Abmeldung versenden

Seit der Einführung der ELStAM-Datenbank ist das Ende einer Beschäftigung mit einer Abmeldeliste dem Bundeszentralamt für Steuern zu melden. Die Abmeldeliste wird direkt aus dem Lohnabrechnungsprogramm erstellt und kann mittels Elster übertragen werden. Alternativ ist eine Übermittlung über Elster-Formular bzw. das ELSTER-Portal möglich, wenn der Mitarbeiter über diese Plattform angemeldet wurde. Mit der Abmeldung endet die »Hauptarbeitgeber«-Eigenschaft des Unternehmens. Somit kann ein Folgearbeitgeber zum »Hauptarbeitgeber« werden und die steuerlichen Merkmale des Mitarbeiters (Steuerklasse, Freibeträge, Kirchensteuerpflicht, etc.) aus der ELStAM-Datenbank abrufen. Ohne die Abmeldung können zukünftige Arbeitgeber nur bedingt Hauptarbeitgeber werden, in jedem Fall wird die Anmeldebestätigung nicht erstellt. Eine Abmeldung bei der ELStAM ist auch vorzunehmen, wenn der Datensatz durch das Finanzamt oder den Mitarbeiter gesperrt wurde. Eine Pflicht zur Abmeldung bei der ELStAM-Datenbank besteht auch dann, wenn der Mitarbeiter verstorben ist. Erben und Hinterbliebene, an die der Arbeitgeber noch Arbeitslohn auszahlt, erzielen Einnahmen aus nichtselbstständiger Tätigkeit aus dem früheren Dienstverhältnis des Verstorbenen und sind vom Arbeitgeber als Arbeitnehmer neu anzumelden, damit deren ELStAM gebildet und zum Abruf bereitgestellt werden können. Als »Referenzdatum Arbeitgeber« ist das Datum der ursprünglichen Abmeldung des Verstorbenen anzugeben. Bei einem zwischenzeitlich vorgenommenen Wechsel des Datenübermittlers ist das zu diesem Zeitpunkt gemeldete Datum zu übermitteln. Außerdem ist der verstorbene Mitarbeiter mit dem Entgeltprogramm, mit dem er angemeldet wurde, auch abzumelden. Eine Abmeldung über das Elster-Portal ist in diesem Fall nicht möglich.

Beachten Sie: Erfolgt die Abmeldung nicht zeitnah zum Austritt des Arbeitnehmers, kann eine Beschäftigung bei einem neuen Arbeitnehmer dazu führen, dass bei monatlichem Abruf der Änderungsliste für diesen Arbeitnehmer die Steuerklasse 6 übermittelt wird. In diesem Fall hat ein neuer Arbeitgeber den Mitarbeiter bereits mit der Kennung »Hauptarbeitgeber« angemeldet. Der Arbeitnehmer muss jedoch auch nach einer eventuell geänderten Steuerklasse noch bei der ELStAM-Datenbank abgemeldet werden.

Lohnzahlung nach Austritt

Entstehen Lohnzahlungen des Arbeitgebers an den ehemaligen Arbeitnehmer (z. B. Sonderzahlungen) nach der Abmeldung, muss diese versteuert und gemeldet werden. In diesem Fall ist zu unterscheiden, ob es sich bei der Zahlung um laufenden Arbeitslohn oder sonstige Bezüge handelt. Bei laufendem Arbeitslohn (z. B. Korrekturen eines abgerechneten Monats) ist der korrigierte Monat mit den zu diesem Zeitpunkt gültigen ELStAM-Daten zu versteuern.

Eine erneute Anmeldung oder eine verzögerte Abmeldung des Arbeitnehmers ist nicht erforderlich. Für sonstige Bezüge, z.B. Abfindungen, die nach dem Ausscheiden aus dem Arbeitsverhältnis gezahlt werden, sind für die Lohnsteuerermittlung die ELStAM-Daten zugrunde zu legen, die am Ende des Kalendermonats des Zuflusses Gültigkeit haben. Hierfür hat der Arbeitgeber neue ELStAM-Daten aus der Datenbank anzufordern und abzurufen. Hat der Arbeitnehmer zwischenzeitlich bereits eine neue Beschäftigung, wird die Steuerklasse 6 zurückgemeldet. Besteht keine Beschäftigung, wird die Steuerklasse 1-5 übermittelt. Nach dem Monat der Zahlung muss dann wieder eine Abmeldung erfolgen.

Als Rückmeldung auf die Abmeldung erhält der Arbeitgeber eine Abmeldebestätigung aus der ELStAM-Datenbank.

Korrektur von fehlerhaften oder unzutreffenden Lohnsteuerbescheinigungen
Mit dem §93c Abgabenordnung (AO) wurde im Jahr 2017 eine Korrekturmöglichkeit für bereits versendete Lohnsteuerbescheinigungen geschaffen. Stellt der Arbeitgeber nach dem Versenden der Lohnsteuerbescheinigung fest, dass

- unzutreffende Daten,
- fehlerhafte Daten,
- Daten, die nicht zu melden gewesen wären,

an die Finanzverwaltung übermittelt wurden, muss verpflichtend eine korrigierte Lohnsteuerbescheinigung übermittelt bzw. eine nicht zu meldende storniert werden. Die Verpflichtung besteht nicht, wenn die Lohnsteuerbescheinigung z.B. aufgrund eines Austritts nicht mehr korrigiert werden kann. In diesem Fall ist eine Mitteilung an das örtliche Finanzamt ausreichend. Eine Stornierung einer elektronisch gemeldeten Lohnsteuerbescheinigung ist vorzunehmen, wenn die Steuerbescheinigung (versehentlich) gesendet wurde oder die Übermittlung nicht stattfinden hätte dürfen. Eine Korrektur ist beispielsweise zu erstellen, wenn

- sich Änderungen bei den Besteuerungsgrundlagen (z.B. Bruttolohn) ergeben haben oder
- Änderungen bei den Besteuerungsmerkmalen (z.B. Steuerklasse, Freibeträge) nachträglich übermittelt wurden.

Eine Stornierung und Neumeldung kann beispielsweise durchgeführt werden, wenn

- sich der Beschäftigungszeitraum geändert hat oder
- Arbeitnehmerdaten wie IdNr, eTIN, Name, Vorname oder Geburtsdatum etc. falsch übermittelt wurden.

Wenn für einen Arbeitnehmer Gründe für eine Stornierung und zugleich Gründe für eine Korrektur vorliegen, muss die Lohnsteuerbescheinigung immer als Stornierung und Neumeldung behandelt werden.

Beachten Sie: Ein Arbeitnehmer kann nach Übermittlung der Lohnsteuerbescheinigung deren Berichtigung nicht mehr verlangen. Auch dann, wenn sich nach der Datenübermittlung noch Änderungen an der Lohnabrechnung ergeben. Die Lohnsteuerbescheinigung ist ein steuerlicher Nachweis über den Lohnsteuerabzug, wie er tatsächlich stattgefunden hat, und nicht, wie er hätte durchgeführt werden müssen. Wird der Lohnsteuerabzug jedoch nachträglich zugunsten des Arbeitgebers geändert, ist die erneute Übermittlung der korrigierten Lohnsteuerbescheinigung zulässig. Die Lohnsteuerbescheinigung ist dann mit dem Merker »Korrektur« zu versehen und entsprechend im elektronischen Datensatz zu melden.

10.2 Abmeldung bei der Krankenkasse

Endet das Arbeitsverhältnis eines Arbeitnehmers, muss die Beendigung seiner Krankenkasse mit einer Abmeldung mitgeteilt werden.

a) Zuständiger Empfänger für die Sozialversicherungsmeldung
Eine Abmeldung ist sowohl für Aushilfen als auch für Vollzeitbeschäftigte erforderlich. Geringfügig und kurzfristig Beschäftigte sind bei der Minijob-Zentrale an- und abzumelden. Vollständig sozialversicherungspflichtige Arbeitnehmer müssen bei der zuständigen Krankenkasse an- und abgemeldet werden. Die gesetzliche Krankenkasse ist auch für die Abmeldung von privat krankenversicherten Arbeitnehmern zuständig. Die Abmeldung ist für diesen Personenkreis an die Krankenkasse zur richten, an welche die Beiträge zur Renten- und Arbeitslosenversicherung entrichtet wurden. Die versicherungspflichtige Beschäftigung endet mit Ablauf des vertraglich letzten Arbeitstages. Das heißt: Sollte der Arbeitnehmer vor seinem Austritt noch Urlaub nehmen oder von der Arbeit freigestellt sein, besteht die Versicherungspflicht bis zum vertraglichen Arbeitsende weiter. Ist der Arbeitnehmer an seinem vertraglichen Arbeitsende erkrankt und liegt die Krankheit innerhalb der Lohnfortzahlungsfrist, endet die Versicherungspflicht nicht mit dem Ende des Arbeitsverhältnisses, sondern erst mit Ende der Entgeltfortzahlung.

b) Abmeldung bei Statuswechsel
Ist die Ausbildung eines Auszubildenden beendet, muss dieser ebenfalls bei seiner Krankenkasse abgemeldet und im Falle der Weiterbeschäftigung mit seinem neuen Status als Angestellter wieder angemeldet werden. Eine Abmel-

dung muss auch erfolgen, wenn die Voraussetzung für die Pflichtversicherung weggefallen ist. Das ist beim **Überschreiten** der **Jahresarbeitsentgeltgrenze** oder bei Erreichen des Rentenalters der Fall. Wechselt der Arbeitnehmer seine Krankenkasse bei fortbestehendem Arbeitsverhältnis, ist er ebenfalls bei seiner bisherigen Kasse abzumelden (Meldegrund: 31) und bei der neuen Krankenkasse mit dem Grund der Abgabe 11 anzumelden (Anmeldung wegen **Krankenkassenwechsel**). Weitere Gründe für eine Abmeldung bei der Krankenkasse können eine Arbeitsunterbrechung ohne Entgeltzahlung von mehr als einem Kalendermonat z.B. bei Krankheit (Meldegrund: 51), unbezahltem Urlaub von mehr als einem Monat, rechtmäßigem Streik, Beginn der Pflegezeit, Beginn der Elternzeit (Meldegrund: 52) oder dem Tod des Arbeitnehmers (Meldegrund: 49) sein.

c) Meldefrist und Meldeform

Die Abmeldung bei der zuständigen Krankenkasse sollte innerhalb von sechs Wochen nach dem vertraglichen Arbeitsende bzw. dem Ende der Entgeltfortzahlung, spätestens mit der **letzten Entgeltabrechnung** erfolgen. Die Meldungen können nur noch in elektronischer Form bei der Krankenkasse eingereicht werden. In der Regel erstellt das Abrechnungssystem die Meldung automatisch und bietet ein entsprechendes Übermittlungsmodul. Ersatzweise kann die Meldung mit der Ausfüllhilfe sv.net erstellt und elektronisch versendet werden. Die Krankenkassen stellen das Programm »sv.net/comfort« zur Verfügung. Bei **geringfügig und kurzfristig** beschäftigten Arbeitnehmern entsteht ggf. in der Renten- und Krankenversicherung beitragspflichtiges Entgelt. Mit dem Ende der Beschäftigung ist in der Abmeldung an die Minijob-Zentrale das Entgelt zu melden, von dem pauschale Beiträge zur Rentenversicherung entrichtet wurden. Hat der Minijobber nicht den Verzicht auf die Rentenversicherung beantragt (Opt-out-Variante), muss das Entgelt, von dem die vollen Beiträge zur Rentenversicherung (18,6%) berechnet wurden, gemeldet werden. Wichtig ist die Meldung des richtigen Beitragsgruppenschlüssels, so dass eine korrekte Zuordnung zum Rentenkonto durch die Minijob-Zentrale vorgenommen werden kann.

Tipp !

Das Programm sv.net kann über das Internet unter www.itsg.de in der Rubrik »sv-net → Downloads« auf den Rechner heruntergeladen werden.

Die sozialversicherungsrechtlichen Angaben wie Versicherungsnummer, Land, Tätigkeitsschlüssel, Betriebsnummer etc. unterscheiden sich nicht von den Angaben bei einer Anmeldung und sind in Kapitel 3 »Anmeldung eines vollzeitbeschäftigten Arbeitnehmers« erläutert. Die Felder Straße und Hausnummer, Land, Postleitzahl und Wohnort sind bei einer Abmeldung nicht mehr anzugeben.

d) Meldung der Berufsgenossenschaftsdaten an die Krankenkassen
Mit dem 5. SGB IV Änderungsgesetz hat sich eine Änderung der Meldepflichten durch das Unfallversicherungsmodernisierungsgesetz (UVMG) ergeben. Seit 2016 dürfen in den DEÜV-Meldungen mit Entgelt keine unfallversicherungspflichtigen Entgelte mehr enthalten sein. Als Ersatz wurde ab dem Jahr 2016 eine eigene UV-Jahresmeldung eingeführt. Eine detaillierte Beschreibung der UV-Jahresmeldung finden Sie in Kapitel 12.5.

10.2.1 Meldegründe für die Sozialversicherungsmeldung

Die Beendigung des Beschäftigungsverhältnisses muss der zuständigen Krankenkasse mit einer Abmeldung gemeldet werden. In der elektronischen Meldung ist unter anderem ein Meldegrund mitzuteilen. Als Meldegrund bzw. Abgabegrund für eine Abmeldung ist einer der folgenden Schlüssel zu melden

Schlüssel	Grund der Abgabe der Meldung
30	bei Abmeldung wegen Ende der Beschäftigung
31	bei Abmeldung wegen Krankenkassenwechsels
32	bei Abmeldung wegen Beitragsgruppenwechsels
33	bei Abmeldung wegen sonstiger Gründe / bei Änderung des Beschäftigungsverhältnisses
34	bei Abmeldung wegen Ende einer sozialversicherungsrechtlichen Beschäftigung nach einer Unterbrechung von länger als einem Kalendermonat
35	bei Abmeldung wegen rechtmäßigem Arbeitskampf von länger als einem Monat
36	bei Abmeldung wegen Wechsels des Entgeltabrechnungssystems[53]
40	bei gleichzeitiger An- und Abmeldung wegen Ende der Beschäftigung
49	bei Abmeldung wegen Tod
71	Meldung des Vortages des Insolvenzantrages (Abmeldung bei Freistellung)
72	Entgeltmeldung zum rechtlichen Ende der Beschäftigung (Abmeldung bei tatsächlicher Insolvenz)

Tab. 35: Meldegründe – Abmeldung

53 Keine Pflichtmeldung.

Eine Übersicht aller Meldegründe finden Sie bei den Arbeitshilfen unter www.haufe.de/mybook.

Meldegrund 30

Der Meldegrund 30 ist bei Beendigung des Arbeitsverhältnisses (Kündigung durch Mitarbeiter oder Arbeitgeber oder Aufhebungsvertrag) mit der nächsten Lohn- und Gehaltsabrechnung, spätestens innerhalb von 6 Wochen nach dem Ende der Beschäftigung, zu melden. Eine Abmeldung hat sowohl für geringfügig Beschäftigte, als auch für sozialversicherungspflichtige Arbeitnehmer zu erfolgen. Durch das Pflegezeitgesetz hat der Arbeitnehmer die Möglichkeit, sich bis zu 6 Monate für die Pflege eines nahen Angehörigen freistellen zu lassen. Bei einer Freistellung zur (Langzeit-)Pflege bleibt das Arbeitsverhältnis arbeitsrechtlich erhalten (Kündigungsschutz), der Arbeitnehmer ist jedoch zum Beginn der Aufnahme der Pflegezeit bei der Krankenkasse abzumelden. Die Abmeldung ist mit »Grund der Abgabe 30« zu melden. Da während der Pflegezeit das Arbeitsverhältnis ruht, muss sich der Arbeitnehmer selbst um den Krankenversicherungsschutz kümmern. Nach dem Ende der Pflegezeit ist der Arbeitnehmer wieder anzumelden mit Grund der Abgabe 10.

Meldegrund 31

Bleibt das Beschäftigungsverhältnis bestehen und wechselt der Arbeitnehmer seine Krankenkasse, ist er mit dem Meldeschlüssel 31 bei seiner »alten Kasse« abzumelden. Gleichzeitig muss er bei seiner neuen Krankenkasse angemeldet werden. Als Grund der Abgabe ist auf der Anmeldung dann der Meldeschlüssel 11 zu melden.

Meldegrund 32

Übersteigt nach einer Gehaltserhöhung das jährliche Arbeitsentgelt die Pflichtversicherungsgrenze, kann sich der Arbeitnehmer im **folgenden Kalenderjahr** (1+1 Regel) bei einem Versicherungsunternehmen privat krankenversichern oder als freiwilliges Mitglied in einer der gesetzlichen Krankenkassen verbleiben. In beiden Fällen kommt es zu einem Wechsel des Beitragsgruppenschlüssels (0-1-1-0 privat / 9-1-1-1 freiwillig gesetzlich versichert). Ein anderes Beispiel könnte die Versicherungspflicht einer Aushilfe wegen Überschreitung der Entgeltgrenze sein. Möglich ist auch das Erreichen der Altersgrenze (65 Jahre + x Monate im Jahr 2018)[54] mit einer Versicherungsfreiheit des Arbeitnehmers in der Renten- und Arbeitslosenversicherung. In diesen Fällen (und einigen mehr) ändert sich der Beitragsgruppenschlüssel. Der Arbeitnehmer ist

54 Für die Geburtsjahrgänge ab 1949 erhöht sich die Regelaltersgrenze zunächst um je einen weiteren Monat; ab 2023 wird die Grenze in Stufen von zwei Monaten pro Jahrgang angehoben. Für die Jahrgänge 1964 und jünger liegt die Regelaltersgrenze bei 67 Jahren.

mit dem ursprünglichen Beitragsgruppenschlüssel abzumelden und gleichzeitig mit seiner neuen Beitragsgruppe anzumelden. Als Grund für die Abgabe der Abmeldung ist der Meldeschlüssel 32 bzw. 12 (Anmeldung wegen Beitragsgruppenwechsel) zu melden.

Meldegrund 33

Wechselt ein Arbeitnehmer seinen Status, ist die Änderung des Beschäftigungsverhältnisses der Krankenkasse mitzuteilen. Bei einem Statuswechsel ist eine Abmeldung mit dem Meldegrund 33 und zusätzlich eine Anmeldung mit dem Meldegrund 13 bei der zuständigen Krankenkasse einzureichen. Ein Statuswechsel liegt z.B. vor, wenn ein geringfügig beschäftigter Arbeitnehmer (Aushilfe) in eine Vollzeitbeschäftigung übernommen wird. In diesem Fall ist er bei der Minijob-Zentrale abzumelden und bei seiner Krankenkasse anzumelden. Ist der Arbeitnehmer privat krankenversichert, ist die Kasse der letzten Pflichtversicherung zuständig. War noch keine Pflichtversicherung gegeben, kann die Anmeldung bei einer frei wählbaren Kasse erfolgen.

Beachten Sie: Wird der Auszubildende nach bestandener Prüfung in ein Angestelltenverhältnis übernommen und wechselt er gleichzeitig seine Krankenkasse, entstehen zwei Meldegründe – 31 und 33. Bei zwei oder mehreren Meldegründen ist die kleinste Schlüsselzahl der möglichen Abgabegründe anzugeben. Analoges gilt für eine eventuelle gleichzeitige Wiederanmeldung.

Meldegrund 34

Nimmt ein Arbeitnehmer unbezahlten Urlaub von mehr als einem Kalendermonat, endet mit Ablauf des Monats seine Versicherungspflicht. Der Arbeitgeber muss den Arbeitnehmer zum Ende der Vier-Wochen-Frist mit dem Meldegrund 34 abmelden. Eine Abmeldung mit Grund 34 ist auch abzugeben, wenn der Arbeitnehmer mehr als einen Monat unentschuldigt der Arbeit fernbleibt oder bei einem unrechtmäßigen Arbeitskampf. Ist der Streik widerrechtlich (»wilder Streik«), muss die Abmeldung nach einem Kalendermonat ohne Arbeitsentgelt durchgeführt werden. Eine Beschäftigung gegen Arbeitsentgelt gilt für die Sozialversicherung so lange als fortbestehend, wie das vertragliche Arbeitsverhältnis (auch ohne Arbeitsentgelt) besteht, jedoch längstens für einen vollen Kalendermonat. Diese »Beschäftigungsfiktion« gilt auch, wenn z.B. nach einem Krankengeldbezug das arbeitsrechtliche Beschäftigungsverhältnis zwar fortbesteht, die Beschäftigung gegen Arbeitsentgelt aber nicht wieder aufgenommen wird. In diesem Beispiel ist in der Abmeldung die einmonatige »fiktive« Beschäftigungszeit mit dem Abgabegrund 34 zu melden.

!

Beispiel

Ein Arbeitnehmer bezieht Krankengeld vom 01.02.2018 bis 31.03.2018. Nach dem Ende des Krankengeldbezugs erfolgt keine Aufnahme der Beschäftigung ab dem 01.04.2018. Das Arbeitsverhältnis endet am 31.07.2018 durch Kündigung.

Beurteilung

Es ist eine Abmeldung mit Grund der Abgabe 34 für den Meldezeitraum 01.04.2018 bis 30.04.2018 elektronisch die Krankenkasse des Arbeitnehmers zu übermitteln. Als Arbeitsentgelt ist für diesen Zeitraum 0 EUR Entgelt zu melden.

Beachten Sie: Maßgeblich ist immer ein voller Kalendermonat (erster bis letzter Kalendertag). Wird in einem Kalendermonat nur ein Tag gearbeitet bzw. besteht Entgeltanspruch (z.B. am Wochenende) für einen Kalendertag des Monats, ist die Voraussetzung für die Abmeldung mit Meldegrund 34 nicht erfüllt. Bei Arbeitsunterbrechung ohne Entgeltzahlung und ohne Entgeltersatzleistung von mehr als einem Kalendermonat ist die Abmeldung sowohl für versicherungspflichtig als auch für geringfügig Beschäftigte vorzunehmen.

Neben dem im Beispiel genannten Krankengeld gibt es weitere Entgeltersatzleistungen, die eine Abmeldung mit dem Meldegrund 34 erforderlich machen. Beispiele sind der Bezug von Verletztengeld, Übergangsgeld oder auch Elterngeld, bei denen nach Ende der Unterbrechung die Beschäftigung nicht wieder aufgenommen wird.

Meldegrund 35

Eine Abmeldung kann auch bei einem rechtmäßigen Arbeitskampf erforderlich werden. Bei einem rechtmäßigen Streik von mehr als einem Monat (30 zusammenhängende Tage) endet die Versicherungspflicht in der Renten- und Arbeitslosenversicherung. Die Regelungen zum Meldegrund 34 gelten analog – der Meldegrund 35 ist jedoch für den Arbeitskampf vorgesehen. Nach Wiederaufnahme der Beschäftigung muss der Kasse eine Anmeldung mit »Grund der Abgabe 13« eingereicht werden. Der Versicherungsschutz bleibt auch ohne Beiträge in der Kranken- und Pflegeversicherung bestehen, unabhängig davon, wie lange der Arbeitskampf andauert.

Meldegrund 40

Beginnt und endet eine Beschäftigung innerhalb der Meldefrist (in der Regel zwei Wochen bei einer Anmeldung), kann die Abmeldung zusammen mit der Anmeldung vorgenommen werden. Als Meldegrund ist der Grund 40 zu übermitteln. Der Meldegrund 40 ist beispielsweise für kurzfristig Beschäftigte zu melden, bei denen das Ende der Beschäftigung von vornherein feststeht.

Meldegrund 49
Bei Tod des Arbeitnehmers während des laufenden Monats kann das Beschäftigungsverhältnis erst zum Monatsende enden. Entsprechend ist der letzte Tag des Abrechnungsmonats als Ende der Beschäftigung auf der Meldung an die Sozialversicherung anzugeben.

10.2.2 Entgelt in der Gleitzone

Mit der Einführung der Gleitzonenregelung wurde die Meldung zur Sozialversicherung erweitert bzw. umgestellt. Neu in das Melderecht wurde das Feld »Entgelt in Gleitzone« aufgenommen. Somit gilt, dass bei allen Meldungen, in denen das monatliche beitragspflichtige Entgelt in der Gleitzone liegt (Unterbrechungsmeldung, Jahresmeldung, Abmeldung), das Kennzeichen für die »Gleitzone« zu melden ist. Das Kennzeichen hat folgende Ausprägungen:

0 keine Gleitzone

1 Gleitzone: die Arbeitsentgelte in allen Abrechnungszeiträumen lagen zwischen 450,01 EUR und 850 EUR.

2 teilweise Gleitzone: das gemeldete Entgelt umfasst sowohl Entgelt, auf das die Gleitzone angewandt wurde, wie auch Entgelt außerhalb der Gleitzone. Die Entgelte außerhalb der Gleitzone können über 850 EUR oder unter 450,01 EUR liegen.

Beachten Sie: Die Kennzeichnung der Gleitzone ist immer für Mitarbeiter, deren Arbeitsentgelt in der Gleitzone liegt, vorzunehmen. Für Mitarbeiter, deren durchschnittliches monatliches Arbeitsentgelt im Bereich von 450,01 EUR bis 850 EUR liegt, bei denen die Gleitzonenregelung jedoch nicht angewendet wurde, ist die 0 in der Jahresmeldung, Unterbrechungsmeldung oder Abmeldung zu melden.

Der **Meldeschlüssel 1** im Feld »Gleitzone« ist zu übermitteln, wenn seit der letzten Jahresmeldung oder Unterbrechungsmeldung das durchschnittliche beitragspflichtige Arbeitsentgelt immer zwischen 450,01 EUR und 850 EUR lag und die Gleitzonenregelung durchgehend angewendet wurde. Die Meldung zur Sozialversicherung enthält unter »Beitragspflichtiges Bruttoarbeitsentgelt« immer das rentenversicherungspflichtige Entgelt. Bei Anwendung der Gleitzonenregelung ist jedoch nur das reduzierte Entgelt, von dem die **Arbeitnehmerbeiträge** ermittelt wurden, anzugeben.

Eine **Sonderregelung** gilt für Arbeitnehmer, deren Arbeitsentgelt in der Gleitzone liegt und die eine Aufstockung in der Rentenversicherung gewählt haben. Verzichtet der Arbeitnehmer auf die Beitragsreduzierung in der Rentenversicherung (volle Arbeitnehmerbeiträge nur in der Rentenversicherung), ist das tatsächliche Arbeitsentgelt in der Meldung anzugeben. Das ungekürzte Arbeitsentgelt ist selbst dann zu melden, wenn in der Kranken-, Pflege- und Arbeitslosenversicherung die Gleitzonenregelung angewendet wurde.

Es gibt keine Sonderregelungen für den Eintritt oder Austritt in die Gleitzone. Wird für einen beschäftigten Mitarbeiter die Gleitzonenregelung während des laufenden Jahres erstmalig angewandt, ist keine gesonderte Meldung erforderlich. Dies gilt auch, wenn durch eine Entgelterhöhung das Arbeitsentgelt über die Gleitzonengrenze steigt und die Gleitzonenregelung nicht mehr angewendet werden darf. In beiden Fällen ist jedoch bei einer Abmeldung oder Jahresmeldung die entsprechende **Kennzeichnung 2** im Feld »Entgelt in Gleitzone« zu melden. Der Schlüssel kennzeichnet, dass das gemeldete Gesamtentgelt aus Monaten, zu denen die Gleitzonenregelung angewendet wurde, und aus Monaten, zu denen die Gleitzonenregelung nicht angewendet wurde, stammt.

10.2.3 Beitragspflichtiges Bruttoentgelt

Mit der Abmeldung bei der Krankenkasse ist die Summe des rentenversicherungspflichtigen Arbeitsentgeltes für das laufende Kalenderjahr bzw. während der Beschäftigungszeit des Arbeitnehmers zu melden. Cent-Beträge des Arbeitsentgeltes sind kaufmännisch zu runden.

Beachten Sie: Es handelt sich nicht um die Summe des Bruttoarbeitslohnes, sondern um die Summe der monatlichen Entgelte, von denen Beiträge zur Renten- und Arbeitslosenversicherung berechnet wurden (RV-Brutto). Im RV-Brutto sind also Einmalzahlungen enthalten, soweit diese beitragspflichtiges Arbeitsentgelt waren. Entgelte über der Beitragsbemessungsgrenze der Rentenversicherung dürfen nicht gemeldet werden. Ebenfalls nicht enthalten sind rentenversicherungsfreie Lohnbestandteile, die zum Beispiel in eine betriebliche Altersvorsorge einbezahlt wurden.

Ist das RV-Entgelt höher als das KV/PV-Entgelt, muss das höhere rentenversicherungspflichtige Entgelt gemeldet werden. Eine Abweichung kann entstehen, wenn der Arbeitnehmer ein laufendes Arbeitsentgelt über der Beitragsbemessungsgrenze für die Kranken- und Pflegeversicherung (KV/PV) hatte, also im Jahr 2018 über 53.100 EUR bzw. monatlich über 4.425 EUR verdiente. Der Höchstbetrag des zu bescheinigenden Arbeitsentgeltes darf für das gesamte Jahr 2018 den Betrag von 78.000 EUR (BBG-RV) bzw. 69.600 EUR (neue Bundesländer) nicht übersteigen.

Wurde das Arbeitsentgelt z. B. aufgrund einer Unterbrechung im laufenden Jahr bereits gemeldet, ist bei einer Abmeldung, Unterbrechungs- oder Jahresmeldung nur das Arbeitsentgelt zu melden, das seit der letzten Abmeldung/ Unterbrechungs- oder Jahresmeldung beitragspflichtig war. War der Arbeitnehmer vor der Beschäftigung in Ihrem Unternehmen bereits bei einem anderen Arbeitgeber beschäftigt, darf das dort verdiente Entgelt nicht bei Ihnen gemeldet werden.

10.2.4 Stornierung einer Meldung zur Sozialversicherung

Abmeldungen, Jahresmeldungen oder Unterbrechungsmeldungen sind zu stornieren, wenn der Inhalt nicht zutreffend war, sie bei der falschen Einzugsstelle eingereicht wurden oder der Grund der Erstattung der Meldung weggefallen ist. Die Stornomeldung kann in der Regel direkt aus dem Lohnabrechnungsprogramm erstellt und versendet werden. Alternativ besteht die Möglichkeit, abgegebene Meldungen über die manuelle Ausfüllhilfe »sv.net/ comfort« zu stornieren. Für eine Stornomeldung ist der Kopfteil der Meldung zur Sozialversicherung mit der Versicherungsnummer, Name und Anschrift zu melden. In der Stornomeldung nicht enthalten sind der Grund der Abgabe, die Gleitzonenregelung und die Angaben zu Namensänderung oder Änderung der Staatsangehörigkeit. Eine bereits vorgenommene Meldung muss storniert werden, wenn sie irrtümlich gemeldet wurde oder sie fehlerhafte Angaben enthält über:

- die Zeit der Beschäftigung
- das beitragspflichtige Arbeitsentgelt
- den Grund der Abgabe
- die Beitragsgruppen
- den Personengruppenschlüssel
- den Tätigkeitsschlüssel
- die Betriebsnummer

Zusätzlich ist für die Stornomeldung der Block »Stornierung« einer bereits abgegebenen Meldung zu übermitteln. Die Angaben sind entsprechend derer vorzunehmen, die fälschlicherweise gemeldet wurden.

Wurde eine fehlerhafte Meldung bei der richtigen Einzugsstelle abgegeben, ist sie ebenfalls zu stornieren. Die korrekte Meldung wird zusammen mit der zu stornierenden Meldung gesendet, es sind jedoch zwei getrennte Meldungen (Storno- und Neumeldung) erforderlich.

Beachten Sie: Für Sozialversicherungsmeldungen, die mit sv.net erstellt wurden, können Rückmeldungen nur mit sv.net abgeholt werden. Selbst wenn zwischenzeitlich ein Lohnprogramm eingesetzt wird, müssen die Antworten mit der Ausfüllhilfe vom Kommunikationsserver abgeholt werden. Gleiches gilt, sofern eine Meldung mit einem Entgeltabrechnungsprogramm erstellt wurde. Diese Daten können nur mit dem Entgeltabrechnungssystem vom Kommunikationsserver abgeholt werden.

10.3 Was ist bei einer Abmeldung von Aushilfen zu beachten?

Obwohl geringfügig/kurzfristig beschäftigte Arbeitnehmer sozialversicherungsfrei sind, ist der Arbeitgeber verpflichtet, Beginn und Ende jeder geringfügigen/kurzfristigen Beschäftigung der Minijob-Zentrale zu melden. Die Frist für die Abgabe der Abmeldung von Aushilfen beträgt sechs Wochen nach Ende der Beschäftigung. Wie bei Vollzeitbeschäftigten ist für die Abmeldung von geringfügig/kurzfristig Beschäftigten nur noch die elektronische Meldung per systemgeprüftem Programm oder die Meldung über die Ausfüllhilfe sv.net möglich.

Das Meldewesen für Aushilfen weicht **nicht** mehr von dem für Vollzeitbeschäftigte ab. So sind auch für kurzfristig Beschäftigte Unterbrechungen oder Jahresentgeltmeldungen vorzunehmen. Wird die Ausfüllhilfe sv.net genutzt, sind bei einer Abmeldung neben der Versicherungsnummer, dem Namen und Vornamen des Arbeitnehmers die gleichen Angaben wie bei einem Vollzeitbeschäftigten vorzunehmen (siehe Kapitel 10.2).

Als Besonderheiten bei kurzfristig Beschäftigten sind zu berücksichtigen:

Beschäftigung von ... bis ...
Als Beschäftigungszeit sind das vertragliche Beginn- und Enddatum der Beschäftigung anzugeben. Dabei ist es unerheblich, ob die Beschäftigung wegen eines Feiertages oder einer Krankheit erst später aufgenommen werden konnte. Bestand die Beschäftigung bereits im Vorjahr, ist als Beginn-Datum der 1.1. des laufenden Jahres anzugeben. Der erste Tag des laufenden Jahres ist deshalb zu wählen, weil zum 31.12. jedes Kalenderjahres eine Jahresmeldung durchgeführt werden muss. In der Abmeldung ist dann nur der Zeitraum seit der letzten (Jahres-)Meldung anzugeben. Wurden im laufenden Kalenderjahr bereits Meldungen mit einem Arbeitsentgelt für den Mitarbeiter durchgeführt (z.B. Unterbrechungsmeldung), ist die letzte Anmeldung für die Datumsan-

gabe »von« zu wählen. Als »bis-Datum« ist der letzte Tag der geringfügigen oder kurzfristigen Beschäftigung anzugeben.

Eine Besonderheit besteht, wenn während einer Unterbrechungszeit einmalig Arbeitsentgelt gezahlt wird. Erhält beispielsweise eine in Mutterschutz oder Elternzeit befindliche Mutter ein anteiliges Weihnachtsgeld, sind Beginn und Ende des Monats anzugeben, in dem die Einmalzahlung fließt (Sondermeldung – Grund der Abgabe 54).

Personengruppe
Für geringfügig/kurzfristig Beschäftigte ist der Schlüssel 109/110 zu melden. Er gilt auch, wenn die geringfügige Beschäftigung neben einer versicherungspflichtigen Hauptbeschäftigung ausgeübt wird. Ist die geringfügige Beschäftigung aufgrund des Überschreitens der Entgeltgrenze sozialversicherungspflichtig, ist der Personengruppenschlüssel 101 in der Sozialversicherungsmeldung abzugeben. Zuvor ist eine Abmeldung mit dem Personengruppenschlüssel 109 bei der Minijob-Zentrale vorzunehmen. Die Anmeldung ist dann bei der Krankenkasse des sozialversicherungspflichtigen Arbeitnehmers vorzunehmen.

Mehrfachbeschäftigung
Der Arbeitnehmer ist nach §28o SGB IV verpflichtet, dem Arbeitgeber die Aufnahme einer weiteren Beschäftigung oder den Bezug einer weiteren beitragspflichtigen Einnahme mitzuteilen. Eine Mehrfachbeschäftigung kann nur bei verschiedenen Arbeitgebern vorliegen. Übt ein Arbeitnehmer bei demselben Arbeitgeber gleichzeitig mehrere Beschäftigungen aus, werden diese für die Sozialversicherungen zu einem einheitlichen Beschäftigungsverhältnis zusammengefasst. War oder ist der Arbeitnehmer zusätzlich in einem weiteren Betrieb beschäftigt, ist auch auf der Abmeldung die Mehrfachbeschäftigung anzugeben (siehe Kapitel 3.1.2).

Beitragsgruppe
Ist der geringfügig Beschäftigte privat krankenversichert, wird in allen Fällen der Beitragsgruppenschlüssel 0 im Feld KV gemeldet. Die verschiedenen Beitragsgruppen sind in Kapitel 3.1 unter den Stichworten »Krankenversicherung« und »Rentenversicherung« ausführlich beschrieben. Für kurzfristig Beschäftigte sind generell vier Nullen als Beitragsgruppenschlüssel zu melden.

Angaben zur Tätigkeit
Auch bei der Abmeldung ist der 9-stellige Tätigkeitsschlüssel einzutragen. Den Aufbau und die einzutragenden Schlüsselziffern finden Sie in Kapitel 3.1.2 beschrieben.

Beitragspflichtiges Entgelt

Als beitragspflichtiges Entgelt ist das kumulierte Entgelt einzutragen, von dem Beiträge zur Rentenversicherung entrichtet wurden. Der Mindestbetrag für die monatliche Beitragsermittlung liegt bei **175 EUR**. Das bedeutet: Lag das monatliche Arbeitsentgelt z.B. bei 90 EUR und ist der Arbeitnehmer rentenversicherungspflichtig (kein Antrag auf Rentenversicherungsfreiheit gestellt), so ist als Arbeitsentgelt 175 EUR pro vollständigem Abrechnungsmonat zu melden. Wurde die Rentenversicherungsfreiheit vom Arbeitnehmer beantragt (Opt-out-Antrag), muss das tatsächliche beitragspflichtige Entgelt gemeldet werden (im Beispiel 90 EUR). Liegt das laufende Arbeitsentgelt aufgrund von Fehlzeiten/Arbeitsunterbrechungen unter der Grenze von 175 EUR, ist ebenfalls das tatsächliche Entgelt zu melden.

Beispiel 1 !

Ein Arbeitnehmer bezieht ein regelmäßiges monatliches Entgelt von 380 EUR. Das Arbeitsverhältnis endet am 10. Januar des Jahres und der Mitarbeiter erhält im Januar sein anteiliges monatliches Entgelt in Höhe von 126,67 EUR.

Beurteilung

Zum Beschäftigungsende ist eine Abmeldung an die Minijob-Zentrale zu übermitteln. Als Personengruppe ist der Schlüssel 109 zu melden. Als Beschäftigungszeit wird der Zeitraum 01.01.2018 bis 10.01.2018 gemeldet. Das beitragspflichtige Arbeitsentgelt wird mit 127 EUR gemeldet.

Beispiel 2 !

Ein Arbeitnehmer bezieht ein regelmäßiges monatliches Entgelt von 160 EUR. Das Arbeitsverhältnis endet am 31. Januar des Jahres.

Beurteilung

Zum Beschäftigungsende ist eine Abmeldung an die Minijob-Zentrale zu übermitteln. Als Personengruppe ist der Schlüssel 109 zu melden. Der Zeitraum für die Beschäftigung ist 01.01.2018 bis 31.01.2018. Das beitragspflichtige Arbeitsentgelt wird mit 175 EUR gemeldet.

Als betragspflichtiges Entgelt ist das im laufenden Kalenderjahr aufgelaufene rentenversicherungspflichtige Arbeitsentgelt zu melden. Cent-Beträge sind kaufmännisch zu runden. Für kurzfristig Beschäftigte ist grundsätzlich »000000« als Arbeitsentgelt zu melden.

11 Arbeitsunterbrechung wegen Krankheit oder Mutterschutz

11.1 Erstattung nach dem Aufwendungsausgleichsgesetz (AAG)

Sozialversicherungspflichtige Arbeitnehmer und geringfügig Beschäftigte haben bei Krankheit in der Regel Anspruch auf Lohnzahlung für 6 Wochen bzw. 42 Kalendertage (Lohnfortzahlungsanspruch). Zur Deckung der Kosten im Krankheitsfall bieten die Krankenkassen den Arbeitgebern ein Versicherungsverfahren, die sogenannte U1-Umlagekasse an. Nach dem AAG müssen am U1-Umlageverfahren alle Betriebe teilnehmen, die durchschnittlich nicht mehr als 30 Vollzeitäquivalente im Vorjahr beschäftigt hatten. Die Feststellung der Firmengröße erfolgt auf Grundlage der Beschäftigtenzahl innerhalb von mindestens **8 Kalendermonaten** im vorangegangenen Jahr. Für die Arbeitnehmergrenze werden folgende Personenkreise nicht mitgezählt:

- Auszubildende, Praktikanten, Volontäre
- schwerbehinderte Arbeitnehmer
- Mitarbeiter in Elternzeit
- Heimarbeiter und Hausgewerbetreibende
- Freiwilliges soziales/ökologisches Jahr/Bundesfreiwillige
- Bezieher von Vorruhestandsgeld
- Beschäftigte in der Freistellungsphase der Altersteilzeit
- mitarbeitende Familienangehörige eines landwirtschaftlichen Unternehmens
- ausländische Saisonkräfte mit einer E 101-Bescheinigung
- Ordensangehörige/Ordensgemeinschaften
- Arbeitnehmer, die in (Langzeit-)Pflegezeit sind
- Leiharbeitnehmer

War ein Arbeitnehmer im aktuellen Abrechnungsmonat erkrankt, ist zunächst die Höhe des fortgezahlten Lohnes zu ermitteln. Aus der Lohnfortzahlung ergibt sich bei Teilnahme am Umlageverfahren U1 ein Erstattungsanspruch (siehe Kapitel 5.1.4). Die Lohnfortzahlungsfrist beginnt grundsätzlich **am Tag nach dem Beginn** der Arbeitsunfähigkeit. Tritt die Arbeitsunfähigkeit aber (an einem Arbeitstag) vor Beginn der Arbeit ein, zählt der erste Tag als erstattungsfähig bzw. als Lohnfortzahlungstag. (Beispiel: Krankheit beginnt bereits am arbeitsfreien Sonntag).

!

Beispiel

Ein Mitarbeiter erleidet einen Unfall auf dem Weg zur Arbeit. Die Arbeit kann nicht angetreten werden.

Beurteilung

Da der Arbeitnehmer bereits vor Beginn der Arbeit arbeitsunfähig erkrankt ist, zählt der Tag für die Berechnung der 6-Wochen-Frist bereits mit. Außerdem hat der Arbeitgeber für diesen Tag bereits einen Erstattungsanspruch des fortgezahlten Arbeitslohns.

Erkrankt der Arbeitnehmer während des Arbeitstages, hat der Arbeitgeber für diesen Tag **keinen** Erstattungsanspruch. Ein angebrochener Arbeitstag zählt somit auch nicht in die 6-Wochen-Frist. Der Erstattungszeitraum beginnt immer mit dem ersten vollständig ausgefallenen Arbeitstag.

!

Beispiel

Ein Mitarbeiter erkrankt im Laufe eines Montags und legt die Arbeit ab 13:00 Uhr nieder.

Beurteilung

Der Arbeitgeber muss für die restliche Arbeitszeit des laufenden Tages das Arbeitsentgelt weiter bezahlen, ohne dafür eine Arbeitsleistung zu bekommen. Erst ab dem Folgetag (Dienstag) kann der Arbeitgeber Erstattungsansprüche geltend machen. Die 6-Wochen-Frist beginnt erst ab Dienstag.

11.1.1 Erstattungen aus den Umlagekassen

Erstattung bei Krankheit oder Kur

Erkranken Arbeitnehmer, ist der Arbeitgeber in der Regel verpflichtet, den Lohn bis zu einer Dauer von sechs Wochen (42 Kalendertage) fortzuzahlen (Entgeltfortzahlung). Die Ausnahmen sind im Abschnitt Krankenkassenbeitragssätze erläutert. Wenn der Arbeitnehmer nach Ablauf der Entgeltfortzahlung weiterhin erkrankt ist, erhält er Krankengeld von seiner Krankenkasse (nur gesetzlich und freiwillig bei einer Krankenkasse versicherte Arbeitnehmer). Erfüllt der Betrieb die Bedingungen für die Teilnahme am Umlage-Verfahren U1, erstattet die Krankenkasse dem Unternehmen bis zu 80% des fortgezahlten Bruttoarbeitsentgeltes. Die tatsächliche Erstattungsleistung aus der U1-Umlagekasse hängt von der Krankenkasse des Arbeitnehmers und vom gewählten Erstattungssatz des Unternehmens ab (50% bis 80%). Neben dem fortgezahlten Arbeitsentgelt sieht §1 Arbeitgeberaufwendungsausgleichsgesetz (AAG) vor, dass die Krankenkassen den Arbeitgeberanteil zu den Sozialversicherungen für den fortgezahlten Lohn ebenfalls erstatten müssen. Diese Aufwände können die Krankenkassen per Satzung jedoch ausschließen.

Darüber hinaus haben die Krankenkassen die Möglichkeit, die Erstattung der Lohnfortzahlung auf unter 80% der Beitragsbemessungsgrenze der Rentenversicherung (BBG-RV) per Satzung zu begrenzen.

Beachten Sie: Die Erstattung des Arbeitgeberanteils der Sozialversicherungsbeiträge auf den fortgezahlten Arbeitslohn kann von der Krankenkasse per Satzung ausgeschlossen werden. In diesen Fällen erstattet die Krankenkasse nur den fortgezahlten Arbeitslohn bis maximal 80%.

Die Krankenkassen sind angehalten, die Erstattungsanträge verstärkt zu prüfen. Stellt die Krankenkasse eine inhaltliche Abweichung zwischen ihrer Berechnung und dem Antrag des Arbeitgebers fest, hat sie die Abweichung dem Arbeitgeber zu melden. Der Arbeitgeber erhält in der Rückmeldung über den sogenannten Kommunikationsserver einen oder mehrere aus insgesamt 32 unterschiedlichen Abweichungsgründen zurückgemeldet. Abweichungsgründe können beispielsweise ein nicht korrekter Erstattungssatz oder das Abweichen des Erstattungszeitraumes vom Beschäftigungszeitraum sein.

Es wird aber voraussichtlich Fallkonstellationen geben, die nicht unter die 32 Abweichungsgründe fallen. Hierfür sieht der Rückmeldedatensatz das Kennzeichen »14 Sonstiges« vor. Außerdem sieht das Verfahren vor, dass die Kontaktdaten des für die Antragsbearbeitung zuständigen Mitarbeiters der Krankenkasse zurückgemeldet werden. Mit jeder Rückmeldung werden die Telefonnummer und die E-Mail-Adresse des zuständigen Sachbearbeiters mitgesandt.

Tipp !

Erstattungsanträge, die mit sv.net versendet wurden, erhalten die Rückmeldung immer über sv.net. Eine Übernahme der Rückmeldung oder ein erneuter Versand über das Lohnprogramm ist zur Zeit ausgeschlossen.

Erstattung bei Mutterschutz

Werdende Mütter dürfen sechs Wochen vor und acht Wochen nach der voraussichtlichen Geburt nicht mehr beschäftigt werden (Mutterschutzfrist). Für Mütter von behinderten Kindern wurde ab dem Jahr 2018 die Mutterschutzfrist mit der bei Mehrlingsgeburten gleichgestellt. Sie beträgt nun 12 Wochen nach der Geburt. Während des Mutterschutzes erhalten die Arbeitnehmerinnen keine Entgeltfortzahlung. Gesetzlich versicherte Arbeitnehmerinnen haben jedoch Anspruch auf Mutterschaftsgeld in Höhe von 13 EUR pro Kalendertag. Das Mutterschaftsgeld leistet die Krankenkasse, bei der die Arbeitnehmerin krankenversichert ist. Der Arbeitgeber ist verpflichtet, einen Zuschuss zum Mutterschaftsgeld zu bezahlen, wenn das durchschnittliche Nettoarbeitsentgelt der letzten 12 Wochen (bzw. drei Monate) vor der Mutterschutzfrist höher war als

390 EUR pro Monat. Der Zuschuss ist der Differenzbetrag zwischen dem durchschnittlichen täglichen Nettoarbeitsentgelt und dem Mutterschaftsgeld. Der Zuschuss zum Mutterschaftsgeld ist zu 100% aus der U2-Umlagekasse erstattungsfähig.[55] In die Durchschnittslohnberechnung sind einzubeziehen:

- alle laufenden sozialversicherungspflichtigen Arbeitsentgelte
- nicht nur vorübergehende Erhöhungen des Arbeitsentgeltes, die während der Schutzfristen wirksam werden, ab dem Zeitpunkt des Entstehens
- abzüglich dauerhafte Verdienstkürzungen, die während oder nach Ablauf des Berechnungszeitraums eintreten und nicht auf einem mutterschutzrechtlichen Beschäftigungsverbot beruhen

Einmalzahlungen sowie Lohnersatzzahlungen infolge von Kurzarbeit, Arbeitsausfällen oder unverschuldeter Arbeitsversäumnis bleiben außer Betracht. Ist eine Berechnung auf dieser Grundlage nicht möglich, so ist das durchschnittliche kalendertägliche Arbeitsentgelt einer gleichartig Beschäftigten im Betrieb zugrunde zu legen.

!

Beispiel

Eine Arbeitnehmerin geht ab 15.04. in Mutterschutz. Die voraussichtliche Geburt ist auf den 26.05. vom Arzt attestiert. Die Arbeitnehmerin hatte in den letzten **drei Monaten** vor der Geburt ein durchschnittliches Nettoarbeitsentgelt von 1.125,68 EUR pro Monat verdient. Die Mitarbeiterin ist bei der Barmer Ersatzkasse pflichtversichert.

Beurteilung

Die Arbeitnehmerin erhält von der Krankenkasse das Mutterschaftsgeld von 13 EUR kalendertäglich (maximal 30 Tage pro Monat). Die Differenz zum durchschnittlichen monatlichen Nettoentgelt muss der Arbeitgeber als Zuschuss zum Mutterschaftsgeld leisten. Im Beispiel ergibt sich für April und Mai:

Nettoentgelt der letzten drei Monate (1.125,68 EUR × 3)	3.377,04 EUR
Arbeitstägliches Nettoentgelt (3.377,04 EUR / 90 Tage)	37,52 EUR
Nettoentgelt minus Mutterschaftsgeld (37,52 EUR – 13 EUR)	24,52 EUR
Zuschuss zum Mutterschaftsgeld April (24,52 EUR × 16 Tage)	392,32 EUR
Zuschuss zum Mutterschaftsgeld Mai (24,52 EUR × 30 Tage)	735,60 EUR
Mutterschaftsgeld von der Krankenkasse für April (13 EUR × 16 Tage)	208,00 EUR
Mutterschaftsgeld von der Krankenkasse für Mai (13 EUR × 30 Tage)	390,00 EUR

55 Ausnahme: Mitarbeitende Familienangehörige in landwirtschaftlichen Betrieben und Angehörige von ausländischen Truppen.

Der Zuschuss zum Mutterschaftsgeld wird dem Arbeitgeber zu 100% von der Krankenkasse aus der U2-Umlagekasse erstattet. Die Erstattung ist durch die Übermittlung eines elektronischen Erstattungsantrags zu beantragen. Im Beispiel ist für den April eine Teillohnzahlungsberechnung durchzuführen. Das monatliche Bruttoentgelt für April ist anteilig auf die gearbeiteten Tage umzurechnen ([Bruttolohn / 30] × 14 Tage). Dieser Betrag ist steuer- und sozialversicherungspflichtiges Arbeitsentgelt.

Beachten Sie: Der Zuschuss zum Mutterschaftsgeld (den der Arbeitgeber leistet) ist sozialversicherungsfreies Arbeitsentgelt. Somit entsteht kein erstattungsfähiger Arbeitgeberanteil zu den Sozialversicherungen. Aber: Besteht für die Arbeitnehmerin ein **Beschäftigungsverbot vor** Beginn der Mutterschutzfrist, ist der Arbeitgeber während dieser Zeit zur Fortzahlung des Arbeitslohnes verpflichtet. In diesem Fall erzielt die Arbeitnehmerin während des Beschäftigungsverbots ein sozialversicherungspflichtiges Arbeitsentgelt und somit entsteht ein Erstattungsanspruch für das gesamte fortgezahlte Bruttoentgelt gegenüber der Krankenkasse.

Auch für Aushilfen (geringfügig/kurzfristig Beschäftigte) kann ein Erstattungsanspruch aus der U2-Umlagekasse entstehen. Der Zuschuss wird zu 100% von der Minijob-Zentrale erstattet. Darüber hinaus erbrachte Leistungen des Arbeitgebers werden nicht erstattet.

Bei der Entgeltfortzahlungsversicherung (U2-Umlagekasse) handelt es sich um eine Pflichtversicherung für Arbeitgeber. Eine Befreiung von der U2-Umlage ist nicht möglich. Somit ergibt sich ein Erstattungsanspruch unabhängig davon, bei welcher Krankenkasse/Krankenversicherung der Arbeitnehmer versichert ist. Für privat krankenversicherte Arbeitnehmerinnen besteht kein Anspruch auf Mutterschaftsgeld von einer Krankenkasse, sondern das Bundesversicherungsamt leistet ein »Ersatz-Mutterschaftsgeld«. Die maximale Höhe des Mutterschaftsgelds beträgt 210 EUR bzw. 13 EUR pro Tag. Entsprechende Informationen sowie Antragsformulare sind erhältlich bei der Mutterschaftsgeldstelle des Bundesversicherungsamt, Friedrich-Ebert-Allee 38, 53113 Bonn, erhältlich (E-Mail: mutterschaftsgeldstelle@bva.de oder Internet: www.mutterschaftsgeld.de). Liegt das Netto-Arbeitsentgelt von privat oder nicht gesetzlich krankenversicherten Aushilfen über 210 EUR während der gesamten Mutterschutzfrist, ist der Arbeitgeber verpflichtet, das Mutterschaftsgeld des Bundesversicherungsamtes bis zum durchschnittlichen Nettoentgelt der letzten drei Monate aufzustocken.

Beachten Sie: Während des Bezuges von Mutterschaftsgeld besteht in der privaten Krankenversicherung weiterhin Beitragspflicht. Für den Arbeitnehmer besteht aber kein Anspruch auf einen Arbeitgeberzuschuss zur privaten Krankenversicherung.

Antragsstellung auf Erstattungszahlungen

Die Erstattungsanträge aus dem Umlageverfahren können nur noch elektronisch der Annahmestelle der Krankenkassen übermittelt werden. Die Datenübermittlung kann in der Regel direkt aus dem Entgeltabrechnungsprogramm oder mittels der maschinellen Ausfüllhilfe »sv.net/comfort« erfolgen. Das elektronische Meldeverfahren umfasst:

- Erstattungsanträge für fortgezahltes Entgelt (U1)
- Erstattungsanträge für gezahltes Entgelt bei Beschäftigungsverbot (U2)
- Erstattungsanträge bei Zuschuss des Arbeitgebers zum Mutterschaftsgeld (U2)

Die Erstattungsanträge sind an die Datenannahmestelle der Krankenkasse des Mitarbeiters zu übermitteln. Für privat versicherte Arbeitnehmer sind die Anträge an die Krankenkasse zu übermitteln, an die die Renten- und/ oder Arbeitslosenversicherungsbeiträge abgeführt werden. Die Datenannahmestelle für geringfügig Beschäftigte bzw. kurzfristig Beschäftigte ist die Minijob-Zentrale. Die landwirtschaftlichen Krankenkassen nehmen an dem AAG-Erstattungsverfahren nicht teil. Für Mitglieder einer landwirtschaftlichen Krankenkasse ist der Erstattungsantrag an die Annahmestelle der AOK zu übermitteln.

Eine Anmeldung zum elektronischen Ausgleichverfahren ist nicht erforderlich. Sofern das Unternehmen am Umlageverfahren teilnimmt, können auch Erstattungsanträge übermittelt werden. Nach der Übermittlung eines Erstattungsantrags werden die Daten geprüft und, sofern der Datensatz fehlerfrei ist, an die Krankenkassen zur Bearbeitung weitergeleitet. Im Falle, dass die Daten fehlerhaft sein sollten, erhält der Arbeitgeber von der Datenannahmestelle eine Rückmeldung als elektronisches Protokoll von dem sogenannten Kommunikationsserver der gesetzlichen Sozialversicherungen. Der Arbeitgeber muss den korrigierten Datensatz dann erneut übermitteln. Auf Wunsch kann der Arbeitgeber auch bei fehlerfreien Datensätzen eine Eingangsbestätigung von der Datenannahmestelle erhalten. Soll keine Bestätigung gesendet werden, ist ein entsprechender Eintrag im Datensatz mitzusenden. Der Arbeitgeber versendet die maschinellen Anträge unter Angabe seiner Betriebsnummer und der Sozialversicherungsnummer des Arbeitnehmers. Alle für die Erstattung erforderlichen Daten sind in einem sogenannten Datenbaustein (DSER) zu übermitteln. Die Übermittlung erfolgt in einem gesonderten Meldeverfahren.

Ein Erstattungsantrag bezieht sich immer auf **einen** Abrechnungsmonat. Das heißt, ist ein Arbeitnehmer über die Monatsgrenze hinweg erkrankt, sind zwei Erstattungsanträge zu stellen. Der Erstattungsantrag darf erst dann gestellt werden, wenn dem Arbeitgeber die Aufwendungen tatsächlich entstanden sind. Die dem Arbeitgeber nach dem Aufwendungsausgleichsgesetz (AAG) zustehenden Erstattungen werden erst nach der Prüfung durch die Krankenkasse erstattet. Alternativ besteht die Möglichkeit, die Erstattung mit der nächsten Beitragszahlung verrechnen zu lassen. Hat die Krankenkasse die Erstattung auf die Beitragsbemessungsgrenze der Rentenversicherung begrenzt, ist ggf. eine anteilige Erstattungsrechnung erforderlich. Diese ist vorzunehmen für Lohnfortzahlungen an Arbeitnehmer mit einem monatlichen Entgelt über der Beitragsbemessungsgrenze der Rentenversicherung – im Jahr 2018 also über 6.500 EUR pro Monat.

Beispiel !

Ein Arbeitnehmer mit einem monatlichen Gehalt von 6.600 EUR ist eine Woche (5 Tage) erkrankt. Das Unternehmen nimmt aufgrund seiner Betriebsgröße am Umlageverfahren U1 teil. Der Arbeitnehmer ist freiwillig bei einer gesetzlichen Krankenkasse versichert. Die Krankenkasse hat in ihrer Satzung die Erstattung aus der U1-Kasse auf die Beitragsbemessungsgrenze der Rentenversicherung begrenzt. Die Firma hat mit der Krankenkasse eine Erstattung von 70% des fortgezahlten Entgelts bei Krankheit vereinbart.

Beurteilung

Zunächst ist aus dem monatlichen Gehalt die Höhe des fortgezahlten Lohnes zu ermitteln. In der Praxis wird dafür häufig die sogenannte Dreißigstel-Methode angewendet.

6.600 EUR / 30 = 220 EUR pro Tag

220 × 5 Tage = 1.100 EUR

Während der Krankheit zahlt der Arbeitgeber 1.100 EUR Arbeitsentgelt fort.

Die anteilige Beitragsbemessungsgrenze der Rentenversicherung für 5 Tage liegt im Jahr 2018 bei:

6.500 EUR / 30 = 216,67 EUR

216,67 × 5 Tage = 1.083,33 EUR

Durch die Begrenzung der Erstattung auf die Beitragsbemessungsgrenze der Rentenversicherung, ist der erstattungsfähige Höchstbetrag für 5 Krankheitstage 1.083,33 EUR. Aus diesem Höchstbetrag werden im Beispiel 70% erstattet. Die Erstattungsleistung aus der U1-Umlagekasse beträgt somit:

1.083,33 EUR × 70% = 758,33 EUR

Die Begrenzung auf die Beitragsbemessungsgrenze der Rentenversicherung ist eine satzungsabhängige Regelung der Krankenkasse. Ob und in welcher Art eine Begrenzung vorzunehmen ist, kann jede Krankenkasse individuell festlegen.

Erstattung von Arbeitgeberanteilen zu den Sozialversicherungen
Neben dem fortgezahlten Lohn sind ggf. die Arbeitgeberanteile der Sozialversicherungsbeiträge auf das fortgezahlte Entgelt erstattungsfähig.

!

Beispiel

Frau Waldmann war vom 07.05.2018 bis 11.05.2018 (eine Arbeitswoche) krank. Ihre regelmäßige wöchentliche Arbeitszeit beträgt 37,5 Stunden bei einer 5-Tage-Woche und einem Stundenlohn von 12 EUR. Frau Waldmann hat Anspruch auf Entgeltfortzahlung für sechs Wochen. Anrechenbare Vorerkrankungen liegen nicht vor. Die Krankenkasse hat einen Beitragssatz zur Krankenversicherung von 14,6% und gewährt einen Erstattungssatz von 80% in der Ausgleichskasse U1. Die Krankenkasse gewährt im Beispiel auch die Erstattung der Arbeitgeberanteile zu den Sozialversicherungen. Das Unternehmen nimmt am U1-Umlageverfahren teil.

Beurteilung

In der Krankheitswoche entstand eine Entgeltfortzahlung in Höhe von:
37,5 × 12 EUR = 450,00 EUR
Davon werden 80% erstattet.
450 EUR × 0,8 = 360,00 EUR
Für 450 EUR Entgelt entsteht folgender Arbeitgeberanteil zu den Sozialversicherungen:

Sozialversicherungsbeiträge – Arbeitgeberanteile		
	Krankenversicherung (7,3% von 450 EUR)	32,85 EUR
+	Pflegeversicherung (½ × (2,55% von 450 EUR))	5,74 EUR
+	Rentenversicherung (½ × (18,6% von 450 EUR))	41,85 EUR
+	Arbeitslosenversicherung (½ × (3,0% von 450 EUR))	6,75 EUR
=	**Summe Sozialversicherungsbeiträge (Arbeitgeber)**	**87,19 EUR**

Der Betrag von 87,19 EUR ist im Beispiel ebenfalls erstattungsfähig. Im Beispiel könnte das Unternehmen bei der Krankenkasse im Juni ein Erstattungsanspruch gemäß §1 AAG von 447,19 EUR geltend machen.

Die Krankenkassen haben die Möglichkeit, den Umfang der Erstattungen zu begrenzen. Änderungen an der Höhe des Erstattungssatzes oder der Bemessung der Erstattung müssen in der Satzung der Krankenkasse geregelt sein. Folgende Einschränkungen können die Krankenkassen treffen:

- Begrenzung der Erstattung in der U1-Umlage auf einen niedrigeren Satz, z.B. 60%, 70% etc.
- keine Erstattung der Arbeitgeberanteile zu den Sozialversicherungen
- Beschränkung der Arbeitgeberanteile zu den Sozialversicherungen auf einen festen Satz oder Betrag

- Begrenzung der Erstattung auf die Beitragsbemessungsgrenze in der Rentenversicherung
- Ausschluss oder Begrenzung der Erstattung von Entgeltfortzahlungen an freiwillig oder privat krankenversicherte Arbeitnehmer

Auch Kombinationen aus den Begrenzungsmöglichkeiten sind möglich.

Beispiel !

Frau Waldmann ist vom 01.04.2018 bis 30.04.2018 krank. Sie ist bei ihrer Krankenkasse freiwillig krankenversichert und hat Anspruch auf Entgeltfortzahlung für sechs Wochen. Das monatliche Gehalt beträgt 6.600 EUR. Der Beitragssatz zur Krankenversicherung liegt im Jahr 2018 bei 14,6%. Die Krankenkasse gewährt einen Erstattungssatz von 80% in der Ausgleichskasse U1. Die Krankenkasse gewährt im Beispiel auch die Erstattung der Arbeitgeberanteile zu den Sozialversicherungen und begrenzt die Erstattung nicht auf die Beitragsbemessungsgrenze (BBG) der Rentenversicherung. Allerdings soll eine Begrenzung der Arbeitgeberanteile zu den Sozialversicherungen auf pauschal 10% des fortgezahlten Entgelts bis maximal zur Beitragsbemessungsgrenze bestehen. Das Unternehmen nimmt am U1-Umlageverfahren teil.

Beurteilung

Frau Waldmann ist den gesamten Monat April krank, das fortgezahlte Entgelt beträgt somit 6.600 EUR. Die Erstattungsleistungen der Krankenkasse sind:
80% des fortgezahlten Arbeitsentgelts, nicht auf BBG begrenzt, Erstattung SV-Arbeitgeberanteile mit einem festen Pauschalsatz aus fortgezahltem Entgelt von 10%, begrenzt auf die BBG der Rentenversicherung.
Erstattung für fortgezahltes Entgelt:
6.600 EUR × 80% = 5.280,00 EUR
Erstattung SV-AG-Anteil von 10% maximal aus der BBG-RV:
6.500 EUR × 10% = 650,00 EUR

Beachten Sie: Der Umfang der Erstattungsleistungen ist bei jeder Krankenkasse unterschiedlich. Der Arbeitgeber muss jährlich mit der Krankenkasse den Erstattungssatz und ggf. die Erstattung der Arbeitgeberanteile zu den Sozialversicherungen festlegen.

Aber: die Teilnahme am U1-Erstattungsverfahren besteht nur für Betriebe mit durchschnittlich maximal 30 Vollzeitbeschäftigten.

Stornierung von Erstattungsanträgen

Erstattungsanträge nach dem Aufwendungsausgleichsgesetz sind zu stornieren, wenn

- sie nicht abzugeben waren, also zu Unrecht erstellt wurden,

- sie bei einer nicht zuständigen Einzugsstelle gestellt wurden,
- sie unzutreffende Angaben enthalten (in diesen Fällen ist eine Stornierung und eine Neumeldung erforderlich).

Bei Stornierung eines bereits übermittelten Antrags auf Erstattungen ist der ursprünglich übermittelte Datensatz mit dem Kennzeichen »Stornierung eines bereits abgegebenen Antrags« zu übermitteln. Zusätzlich ist im Falle von unzutreffenden Angaben der korrigierte Erstattungsantrag erneut zu übermitteln. Die Datenübermittlung erfolgt in der Regel direkt aus dem Lohnabrechnungsprogramm oder über die Ausfüllhilfe sv.net der ITSG.

11.1.2 Krankheit nach Ablauf der 42-Tage-Frist

Bei Krankheit des Arbeitnehmers endet nach 42 Kalendertagen die Lohnzahlungsverpflichtung des Arbeitgebers. Besteht die Krankheit weiter fort, erhält der Arbeitnehmer in der Regel Krankengeld von seiner Krankenkasse oder Krankentagegeld von der privaten Krankenversicherung.

Die 42-Tage-Frist beginnt mit Beginn der Arbeitsunfähigkeit. Tritt die Arbeitsunfähigkeit aber an einem Arbeitstag vor Beginn der Arbeit ein, zählt der erste Arbeitstag bereits für die 42-Tage-Frist. Tritt die Krankheit während eines begonnenen Arbeitstages ein, ist dieser weder erstattungsfähig noch zählt er für die 6-Wochen-Frist. Wird der Arbeitnehmer hintereinander wegen verschiedener Krankheiten arbeitsunfähig, so besteht für jeden Krankheitsfall ein Anspruch auf bis zu 42 Kalendertage Entgeltfortzahlung. Dies gilt auch dann, wenn eine Erkrankung unmittelbar nach Abschluss einer ersten Erkrankung eintritt. Führt allerdings dieselbe Krankheit innerhalb von zwölf Monaten wiederholt zur Arbeitsunfähigkeit, so wird die bisherige Arbeitsunfähigkeit auf den Entgeltfortzahlungsanspruch angerechnet. Liegen zwischen zwei Arbeitsunfähigkeiten mindestens sechs Monate, so entsteht ein neuer Anspruch auf sechs Wochen Entgeltfortzahlung.

Ermittlung der Lohnfortzahlung durch den Arbeitgeber																
	Jan	Feb	Mär	Apr	Mai	Jun	Jul	Aug	Sep	Okt	Nov	Dez	Jan	Feb	Mär	Apr
Krankheit			02.03. - 26.04.					07.08. - 19.08.			06.11. - 11.11.					04.04. - 08.04.
Lohnfortzahlung			02.03 - 12.04. (42 Kalendertage)					keine: da weniger als 6 Monate zur letzten gleichen Krankheit			keine: da weniger als 6 Monate zur letzten gleichen Krankheit					04.04. - 08.04. da mehr als 12 Monate zur 1. gleichen Erkrankung
Prüfung 12 Monate															01.03. Ende der 12 Monate Frist	

Abb. 9: Berechnung der Dauer der Lohnfortzahlung bei Krankheit

Besteht für einen **vollen Kalendermonat** kein Anspruch auf Entgelt(fort)zahlung, ist die Arbeitsunterbrechung der Krankenkasse mit einer **sogenannten Unterbrechungsmeldung** (Meldegrund 51) zu melden. Für privat krankenversicherte Arbeitnehmer ist die Unterbrechungsmeldung der Krankenkasse einzureichen, an die die Renten- und/oder Arbeitslosenversicherungsbeiträge entrichtet werden. Die Unterbrechungsmeldung ist eine besondere Form der Abmeldung. Ruht das Arbeitsverhältnis für mindestens einen vollen Kalendermonat und zahlt der Arbeitgeber in diesem Monat kein Arbeitsentgelt, ist innerhalb von zwei Wochen nach der Monatsfrist die Arbeitsunterbrechung der zuständigen Krankenkasse mit einer »Meldung zur Sozialversicherung« anzuzeigen.

Beachten Sie: Eine Unterbrechungsmeldung ist nicht nach einem Monat (4-Wochen), sondern erst nach Ablauf eines vollen Kalendermonats ohne Lohnzahlung einzureichen. Wird nur für einen Tag des Kalendermonats Entgelt gezahlt, ist die Meldung mit »Grund der Abgabe 51« nicht erforderlich.

Beispiel

!

Frau Monika Waldmann ist durch einen Skiunfall vom 5. Februar bis 19. Mai arbeitsunfähig gewesen. Sie hat monatlich ein Gehalt von 2.400 EUR und im Monat Mai eine Einmalzahlung von 2.000 EUR bezogen. Frau Waldmann ist gesetzlich krankenversichert und hat eine 5-Tage-Woche.

Beurteilung

Während der Krankheit wurde zunächst vom 5. Februar bis 18. März (sechs Wochen bzw. 42 Kalendertage) das Gehalt durch den Arbeitgeber fortgezahlt. Vom 19. März bis 19. Mai bezieht Frau Waldmann Krankengeld von ihrer Krankenkasse. Am 1. Mai ist ein voller Kalendermonat (April) ohne Entgeltzahlung des Arbeitgebers abgeschlossen. Dieser Monat ohne Entgeltzahlung muss der Rentenversicherung in Form einer Unterbrechungsmeldung mitgeteilt werden. Somit müsste spätestens bis 14. Mai bei der Krankenkasse für Frau Waldmann eine »Meldung zur Sozialversicherung« mit dem Meldegrund 51 – Unterbrechungsmeldung wegen Bezug von bzw. Anspruch auf Entgeltersatzleistungen« eingereicht werden. Als »beitragspflichtiges Bruttoentgelt« sind die bis zum 18. März aufgelaufenen Bezüge zu melden.

1.1.2018 – 28.2.2018	2 × 2.400 EUR	=	4.800,00 EUR
1.3.2018 – 18.3.2018	13 ÷ 23 × 2.400 EUR	=	1.356,52 EUR

Das fortgezahlte Entgelt im März wird nach der Methode »Arbeitstage« ermittelt. Zulässig wären auch die Dreißigstel-Methode oder eine Berechnung nach Kalendertagen. In der Meldung zur Sozialversicherung ist der Zeitraum 01.01. bis 18.03. zu melden und als beitragspflichtiges Entgelt 6.157 EUR.

Während das Arbeitsverhältnis ruht, bleibt der Arbeitnehmer weiter beschäftigt und auch Mitglied in der Krankenversicherung. Bei Wiederaufnahme der Beschäftigung ist nach einer Unterbrechungsmeldung keine Anmeldung bei der Krankenkasse einzureichen. Eine Ausnahme besteht bei einer Unterbrechung von mehr als 72 Wochen. In diesem Fall kommt es zu einer sogenannten Aussteuerung aus der Kranken- bzw. Rentenversicherung.

! **Tipp**

Arbeitgeber haben die Möglichkeit, über das elektronische Meldeverfahren eine sogenannte »Vorerkrankungsanfrage« (Meldeschlüssel 61) an die Krankenkasse zu richten. Die Anfrage darf jedoch nur dann gestellt werden, wenn es eine potenzielle Vorerkrankung (Erkrankung vergleichbar der aktuellen Erkrankung) innerhalb der letzten 6 Monate gab. Außerdem muss dem Arbeitgeber eine Arbeitsunfähigkeitsbescheinigung (AU-Bescheinigung) vorliegen. Vor der Anfrage muss der Arbeitgeber außerdem prüfen, ob mindestens für 30 Tage AU-Bescheinigungen vorliegen. Die Krankenkasse meldet dem Arbeitgeber im Wege der elektronischen Datenrückmeldung die Anzahl Tage für eine Lohnfortzahlung zurück. Die Datenrückmeldung erfolgt durch einen Datenabruf vom sogenannten Kommunikationsserver.

Beitragspflichtige Einnahmen während der Krankheit

Eine Besonderheit in Bezug auf das Meldewesen ist aus der Neuregelung des §23c SGB IV zu beachten. Eine Unterbrechungsmeldung bzw. eine Abmeldung ist nur dann abzugeben, wenn für Zeiten des Bezugs von Sozialleistungen keine beitragspflichtigen Einnahmen beim Mitarbeiter vorliegen. Zu beitragspflichtigen Einnahmen kann es kommen, wenn der Arbeitgeber zum Beispiel während des Bezugs von Krankengeld weiterhin Geld- oder Sachleistungen bezahlt. Eine Sachleistung kann sich z.B. auch durch die Nutzung eines Firmenwagens während des Krankengeldbezugs ergeben. Im Übrigen besteht aufgrund der Arbeitsentgeltzahlung weiterhin Versicherungspflicht, so dass die im Rahmen eines Beschäftigungsverhältnisses üblichen Meldungen (Jahresmeldung/Abmeldung) anfallen. In einer Klarstellung haben die Spitzenverbände der Sozialversicherungen festgelegt, dass wenn während des Bezugs von Sozialleistungen, wie beispielsweise Krankengeld, die Zuschüsse des Arbeitgebers und sonstige laufende Leistungen des Arbeitgebers zusammen mit den Sozialleistungen das Vergleichs-Nettoarbeitsentgelt um nicht mehr **als 50 EUR** übersteigen, es nicht zu einer beitragspflichtigen Einnahme kommt. Als Vergleichsnettoarbeitsentgelt ist das Nettoentgelt anzusetzen, was der Arbeitnehmer ohne den Arbeitsausfall erzielt hätte.

Die Regelungen des §23c SGB IV erfassen folgende Sozialleistungen, wenn diese neben Arbeitslohn von der Krankenkasse oder der Unfallversicherung bezahlt werden:

- Krankengeld und Kinderkrankengeld (gezahlt von der Krankenkasse)
- Verletztengeld und Kinderverletztengeld
- Krankentagegeld (private Krankenversicherung)
- Übergangsgeld
- Pflegeunterstützungsgeld bei Pflege eines Angehörigen
- Versorgungskrankengeld
- Erziehungsgeld oder Elterngeld
- Mutterschaftsgeld (von der Krankenkasse oder Bundesversicherungsamt)

Erhält der Arbeitnehmer während des Bezuges von diesen Sozialleistungen zusätzlich Lohnbestandteile durch den Arbeitgeber, sind folgende Schritte erforderlich:
- Ermittlung der Höhe der Sozialleistungen (EEL-Meldung an die Krankenkasse)
- Arbeitgeberseitige Leistungen bestimmen (Höhe der Bruttolohnzahlung)
- Berechnung des SV-Freibetrages
- Ermitteln des Nettoarbeitsentgelts aus fortgezahlter Leistung + Sozialleistung (Nettoentgeltsvergleich)

Beachten Sie: Die Vorschriften des §23c SGB IV gelten sowohl für in der gesetzlichen Krankenversicherung versicherte Arbeitnehmer, als auch für Arbeitnehmer, die privat krankenversichert sind.

Erhält der Arbeitnehmer während des Bezugs von Krankengeld oder Krankentagegeld einen Zuschuss des Arbeitgebers zu dieser Sozialleistung, so ist dieser Zuschuss steuerpflichtiger Arbeitslohn. Auch wenn der Lohn aufgrund des geringen Betrages ggf. nicht zu einer Lohnsteuer laut Monatslohnsteuertabelle führt, ist der Zuschuss in der Lohnsteuerbescheinigung als steuerpflichtiger Arbeitslohn in Zeile 3 auszuweisen.

11.2 Mutterschutz/Elternzeit

Werdende Mütter dürfen in den letzten sechs Wochen vor der voraussichtlichen Geburt und acht Wochen nach der tatsächlichen Geburt nicht beschäftigt werden. Bei Früh- oder Mehrlingsgeburten verlängert sich die Frist von acht auf bis zu zwölf Wochen nach der Entbindung. Während dieser Zeit erhalten die Arbeitnehmerinnen von ihrer Krankenkasse Mutterschaftsgeld in Höhe von **13 EUR pro Kalendertag**. Mit der Neuregelung des Mutterschutzgesetzes wurde unter anderem die Schutzfrist ab 01.01.2018 nach der Geburt eines behinderten Kindes auf 12 Wochen verlängert und es wird ein Kündigungsschutz nach einer Fehlgeburt eingeführt. Die Behinderung muss jedoch vor Ablauf von 8 Wochen nach der Entbindung ärztlich festgestellt und die

Verlängerung von der Mutter bei der Krankenkasse beantragt werden. Außerdem beinhaltet das Gesetz die Ausweitung des Personenkreises, der unter das Mutterschutzgesetz fällt, sowie neue Arbeitgeberpflichten zur Ausgestaltung des Arbeitsplatzes und der Arbeitsbedingungen mit einer neuen Gefährdungsbeurteilung sowie Änderungen beim Verbot von Nacht- und Sonntagsarbeit. Mit der Gesetzesänderung wurde auch neu geregelt, wie der Arbeitgeberzuschuss zum Mutterschaftsgeld bei einer Teilzeit in Elternzeit und erneuter Schwangerschaft zu ermitteln ist. Im Besonderen gilt die Ausweitung des Mutterschutzes für folgende Personengruppen:

- Frauen in betrieblicher Berufsbildung und Praktikantinnen im Sinne von § 26 des Berufsbildungsgesetzes
- Frauen mit Behinderung, die in einer Werkstatt für behinderte Menschen beschäftigt sind
- Frauen, die als Entwicklungshelferinnen tätig sind
- Frauen, die als Freiwillige nach dem Bundesfreiwilligendienstgesetz beschäftigt sind
- Frauen, die als Mitglieder einer geistlichen Genossenschaft, Diakonissen oder Angehörige einer ähnlichen Gemeinschaft auf einer Planstelle oder aufgrund eines Gestellungsvertrags für diese tätig werden, auch während der Zeit ihrer dortigen außerschulischen Ausbildung
- Frauen, die in Heimarbeit beschäftigt sind
- arbeitnehmerähnliche Selbstständige
- Schülerinnen und Studentinnen unter bestimmten Voraussetzungen, besonders soweit die Ausbildungsstelle Ort, Zeit und Ablauf der Ausbildungsveranstaltung verpflichtend vorgibt.

Nach § 14 Mutterschutzgesetz müssen Arbeitgeber für die Zeit der Schutzfrist sowie für den Entbindungstag einen Zuschuss in Höhe des Unterschiedsbetrages zwischen 13 EUR und dem um die gesetzlichen Abzüge verminderten kalendertäglichen Arbeitsentgelt (Nettoarbeitsentgelt) leisten. Bei einem kalendertäglichen Nettoarbeitsentgelt von bis zu 13 EUR besteht somit kein Anspruch auf einen Arbeitgeberzuschuss. Bei monatlich schwankenden Bezügen ist der kalendertägliche Durchschnitt aus den letzten **zwölf Abrechnungswochen** (drei Monate) zu ermitteln. Entsteht während der Mutterschutzfrist eine allgemeine Entgeltveränderung (z. B. Tarifanpassung), muss der Zuschuss des Arbeitgebers an die Veränderungen des Entgelts während der Schutzfristen angepasst werden. Wurde bei einer geringfügigen Beschäftigung das durchschnittliche Nettotagesentgelt von 13 EUR nicht überschritten, muss die Entgelterhöhung der Minijob-Zentrale gemeldet werden.

Arbeitnehmerinnen, die nicht in der gesetzlichen Krankenkasse versichert sind (z. B. privat Versicherte), erhalten kein Mutterschaftsgeld von der Krankenkasse. Sie können jedoch vom Bundesversicherungsamt auf Antrag ein Mutterschaftsgeld von 13 EUR pro Kalendertag, **maximal 210 EUR** für die gesamte Schutzfrist erhalten. Kein Mutterschaftsgeld vom Bundesversicherungsamt erhalten:

- Frauen, deren Arbeitsverhältnis in beiderseitigem Einvernehmen oder wegen Befristung vor Beginn der Schutzfrist endete
- Arbeitnehmerinnen ohne Beschäftigung
- Beamtinnen, es sei denn, sie üben eine Nebentätigkeit aus
- selbstständig Tätige
- beherrschende Gesellschafter-Geschäftsführerinnen
- Frauen in unbezahltem (Sonder-)Urlaub, der erst nach den Schutzfristen endet, und die während des Urlaubs kein weiteres Arbeitsverhältnis eingegangen sind
- Frauen in Elternzeit, die erst nach den Schutzfristen für das zu erwartende Kind abläuft, und die während der Elternzeit nicht teilzeit- oder geringfügig beschäftigt sind

Für die Berechnung des Zuschusses zum Mutterschaftsgeld gelten folgende Regelungen:

- Der Arbeitgeber berechnet das durchschnittliche Netto-Entgelt der letzten drei Monate (12 Wochen) vor Beginn der Mutterschutzfrist.
- In das durchschnittliche Nettoentgelt sind alle laufenden Arbeitsentgelte einzubeziehen (ohne Einmalzahlungen).
- Für das durchschnittlich erzielte Nettoentgelt sind geldwerte Vorteile und Sachbezüge (z.B. 1% des Dienstwagens) zu berücksichtigen.
- Tage, an denen infolge von Kurzarbeit, Arbeitsausfällen oder unverschuldeter Arbeitsversäumnis kein oder ein vermindertes Arbeitsentgelt erzielt wurde, werden nicht berücksichtigt.
- Dauerhafte Entgelterhöhungen während der Zeit der Durchschnittsberechnung sind in die Berechnung einzubeziehen.
- Dauerhafte Verdienstkürzungen, die während oder nach Ablauf des Berechnungszeitraums eintreten, fließen in die Durchschnittsberechnung mit ein.
- Besteht das Arbeitsverhältnis noch keine 12 Wochen oder 3 Monate, so ist der kürzere Zeitraum der Berechnung zugrunde zu legen.
- Der Zuschuss zum Mutterschaftsgeld ist steuer- und beitragsfrei.

Schließt die Elternzeit unmittelbar an die Mutterschutzfrist an, ist diese nicht gesondert durch eine Unterbrechungsmeldung der Krankenkasse mitzuteilen. Wird nach der Mutterschutzfrist die Beschäftigung jedoch nochmals aufgenommen und erst zu einem späteren Zeitpunkt die Elternzeit angetreten, ist dies der Krankenkasse mit einer Unterbrechungsmeldung (Meldegrund 52) mitzuteilen.

! **Beispiel**

Frau Waldmann hat am 20. Januar ein Kind geboren. Zuvor war sie sechs Wochen in Mutterschutz. Am 18. März nimmt sie ihre Beschäftigung für zehn Tage wieder auf, da dringende Abschlussarbeiten erledigt werden müssen. Am 1. April tritt Frau Waldmann die Elternzeit an.

Beurteilung

Während der Mutterschutzfrist (acht Wochen nach der Geburt) erhält Frau Waldmann steuer- und sozialversicherungsfreies Mutterschaftsgeld von ihrer Krankenkasse und ggf. den Zuschuss zum Mutterschaftsgeld von ihrem Arbeitgeber. Entsteht ein Zuschuss zum Mutterschaftsgeld (Nettolohn höher als 13 EUR pro Tag), ist dieser steuer- und sozialversicherungsfrei. Der Zuschuss zum Mutterschaftsgeld muss nicht gemeldet werden. Zum 1. April ist wiederum eine »Meldung zur Sozialversicherung« zu erstatten, mit dem »Meldegrund 52«. Diese Meldung sollte bis spätestens am 14. April an die zuständige Krankenkasse übermittelt sein. Als beitragspflichtiges Entgelt ist das Arbeitsentgelt seit der letzten Unterbrechungsmeldung, Abmeldung oder Jahresmeldung anzugeben. Im Beispiel wäre das rentenversicherungspflichtige Entgelt seit 18. März zu melden.

Die **Elternzeit** kann gleichzeitig von beiden Elternteilen in Anspruch genommen werden. Das bedeutet, dass beide Elternteile wegen der Erziehung des Kindes der Arbeit fernbleiben können. Sie haben aber auch die Möglichkeit, die Elternzeit abwechselnd für bestimmte Zeiträume zu nehmen. Während der Elternzeit ist eine Erwerbstätigkeit zulässig, wenn sich der Arbeitgeber und der Arbeitnehmer über die Arbeitszeit und ihre Ausgestaltung einigen und die vereinbarte wöchentliche Arbeitszeit **30 Stunden** nicht übersteigt. Erfolgt keine freiwillige Einigung, regelt §15 Abs. 7 des Bundeserziehungsgeldgesetzes (BErzGG) die Voraussetzungen, wann ein Arbeitgeber der Verringerung der Arbeitszeit trotzdem zustimmen muss.

Das Gesetz regelt, dass der Anspruch auf Elternzeit bis zum 3. Lebensjahr des Kindes besteht. Die insgesamt 36 Monate Elternzeit können flexibel genommen werden. Zu beachten ist jedoch die Altregelung vor 2015 und die Neuregelung ab 1. Juli 2015.

- Vor Juli 2015
  Für Kinder, die vor dem 1. Juli 2015 geboren wurden, können bis zu 12 Monate Elternzeit zwischen dem 3. und 8. Lebensjahr genommen werden. In diesem Fall ist die Zustimmung des Arbeitgebers erforderlich.

- Ab Juli 2015
  Für Kinder, die ab Juli 2015 geboren wurden, können bis zu 24 Monate Elternzeit zwischen dem 3. und 8. Lebensjahr genommen werden. Eine Zu-

stimmung des Arbeitgebers ist nicht erforderlich, er kann aber aus dringenden betrieblichen Gründen ablehnen.

- Seit 01.07.2016 ist bei Antritt der Elternzeit grundsätzlich eine Meldung zur Sozialversicherung (Meldegrund 52) abzugeben. Diese Meldung ist auch zu erstatten, wenn der Arbeitnehmer weniger als einen vollen Kalendermonat (z.B. nur 2 Wochen) in Elternzeit geht. Die Unterbrechungsmeldung ist sowohl für freiwillig in der gesetzlichen Krankenkasse versicherte Arbeitnehmer, wie auch für Pflichtversicherte zu erstatten.

Antragsstellung auf Erstattungszahlungen
Die Erstattung der Zuzahlung des Arbeitgebers zum Mutterschaftsgeld der Krankenkasse beträgt generell 100%. Erstattet werden der Zuschuss zum Mutterschaftsgeld und zusätzlich das vom Arbeitgeber bei einem Beschäftigungsverbot gezahlte Arbeitsentgelt (Mutterschutzlohn), sowie die auf dieses Arbeitsentgelt entfallenden Arbeitgeberbeiträge zu den Sozialversicherungen. Die Erstattung erfolgt aus der U2-Umlageversicherung, entsprechend ist ein U2-Erstattungsantrag zu stellen. Die detaillierte Beschreibung zum Erstattungsverfahren finden Sie in Kapitel 11.1.1.

11.3 Einmalzahlung während einer Arbeitsunterbrechung

Eine Besonderheit besteht im Melderecht für Einmalzahlungen, die während des Bezugs von Entgeltersatzleistungen – z.B. Krankengeld – gezahlt werden. Im Meldeverfahren nach der DEÜV hat der Arbeitgeber beitragspflichtige Einmalzahlungen gesondert zu melden. Eine gesonderte Meldung ist erforderlich, wenn
- im Kalenderjahr keine weitere Meldung mit laufendem Entgelt mehr erfolgt und
- für das beitragspflichtige laufende und einmalig gezahlte Arbeitsentgelt unterschiedliche Beitragsgruppen gelten.

Diese gesonderte Meldung ist nach der Gehaltsabrechnung, spätestens aber sechs Wochen nach der Auszahlung der Einmalzahlung der zuständigen Krankenkasse elektronisch zu übermitteln. Entsteht eine Einmalzahlung während einer Unterbrechungszeit ohne zukünftig laufenden Bezug im Kalenderjahr, ist die Einmalzahlung mit der Sondermeldung – Grund der Abgabe 54 – zu melden. Als Zeitraum ist der erste bis letzte Tag des Monats der Auszahlung anzugeben.

! **Beispiel**

Monika Waldmann ist seit 04.07.2018 erkrankt. Ab 15.08.2018 bezieht sie Krankengeld von ihrer Krankenkasse. Die Krankheit wird voraussichtlich bis 19.02.2019 fortbestehen. Im November 2018 erhält Frau Waldmann ein Weihnachtsgeld in Höhe von 1.500 EUR. Im Oktober 2018 wurde eine Unterbrechungsmeldung zum 15.08.2018 an die Krankenkasse übermittelt, da das Beschäftigungsverhältnis länger als einen Kalendermonat ohne Entgeltfortzahlung unterbrochen war.

Beurteilung

Aufgrund der Krankheit ist eine Unterbrechungsmeldung im Oktober zu melden.

04.07. – 14.08.	Entgeltfortzahlung durch Arbeitgeber
15.08. – 31.08.	Teilmonat ohne Entgeltbezug (Krankengeld)
01.09. – 30.09.	erster voller Kalendermonat o. Entgeltbezug
01.10. – 10.11.	Zeitraum für Abgabe Unterbrechungsmeldung
01.12. – 31.12.	Zeitraum für Abgabe der Sondermeldung (Einmalzahlung)

In der Meldung sind folgende Angaben zu machen.

Beschäftigungszeit:	01.01.2018 bis 14.08.2018
Grund der Abgabe	51

Weil die Krankheit über die Jahresgrenze hinweg besteht, ist für das Jahr 2018 **keine** Jahresmeldung (Grund der Abgabe 50) abzugeben. Somit entsteht für das Jahr 2018 keine weitere Sozialversicherungsmeldung mit zu meldendem Entgelt. Für die Einmalzahlung ist im Dezember eine Sondermeldung zu erstatten.

Beschäftigungszeit:	01.11.2018 bis 30.11.2018
Grund der Abgabe:	54
Beitragspflichtiges Entgelt:	1.500 EUR

Beachten Sie: Wird eine Einmalzahlung in den Monaten Januar bis März gezahlt und bestand im laufenden Jahr aufgrund einer Krankheit kein laufendes Arbeitsentgelt, ist die Einmalzahlung dem letzten Abrechnungszeitraum des Vorjahres zuzuordnen – Märzklausel. Wird eine Einmalzahlung erst nach Ende der Beschäftigung gezahlt, so ist diese dem letzten Abrechnungsmonat des Kalenderjahres zuzuordnen. Findet die Einmalzahlung ab April des Folgejahrs statt, so werden aus der Einmalzahlung keine Beiträge erhoben.

11.4 Elektronische Entgeltersatzleistung – EEL

Erhalten Arbeitnehmer Entgeltersatzleistungen wie beispielsweise Krankengeld, Kinderkrankengeld oder Verletztengeld, benötigen die Krankenkassen Angaben des Arbeitgebers zur Prüfung und Berechnung dieser Sozialleistungen. Die Angaben sind in einer elektronischen Meldung (Bescheinigung) an die Annahmestelle der Krankenkasse, bei der der Arbeitnehmer krankenversichert ist, zu übermitteln. Für privat krankenversicherte Arbeitnehmer ist die Meldung an die Krankenkasse zu richten, an die die Beiträge zur Renten- und/ oder Arbeitslosenversicherung übermittelt werden. Für geringfügig Beschäftigte ist die Meldung an die Minijob-Zentrale zu richten. Durch die maschinell zu erstellenden Entgeltbescheinigungen entfallen Papierbescheinigungen für Entgeltersatzleistungen bei Krankengeld, Verletztengeld, Übergangsgeld und Kinderpflegegeld.

Diese sogenannten **Entgeltbescheinigungen** können in der Regel direkt aus einem systemgeprüften Entgeltabrechnungsprogramm zusammen mit dem Arbeitgeberzertifikat oder über die Ausfüllhilfen (sv.net) erstellt und übermittelt werden. Die Datenannahmestellen der Krankenkassen leiten die Entgeltbescheinigungen an die unterschiedlichen Leistungsträger (wie z. B. Krankenkassen, Berufsgenossenschaften, Rentenversicherungsträger, Bundesagentur für Arbeit) weiter. Die Meldung ist vom Arbeitgeber **5 Arbeitstage** vor dem 42. Tag der Arbeitsunfähigkeit (einschließlich anrechenbarer Vorerkrankungen) zu übermitteln. Handelt es sich bei der Erkrankung um einen Arbeitsunfall, der in die Zuständigkeit der Unfallversicherung fällt, erhalten die Arbeitgeber vom jeweiligen Träger der Unfallversicherung ein Hinweisschreiben mit der Aufforderung, die Daten spätestens bis zum 6. Arbeitstag vor dem 42. Tag der Arbeitsunfähigkeit an den Versicherungsträger zu melden. In allen anderen Fällen versendet der Arbeitgeber den Datensatz unverzüglich nach Anforderung durch den Sozialversicherungsträger oder des Arbeitnehmers. Der Datensatz sieht derzeit 10 unterschiedliche Verdienstbescheinigungen an unterschiedliche Sozialversicherungsträger vor, die durch entsprechende elektronische Meldebausteine an die Annahmestellen der Krankenkassen zu übermitteln sind.

Mit der **elektronischen Entgeltbescheinigung** übermittelt der Arbeitgeber für den Arbeitnehmer in sogenannten Datenbausteinen alle erforderlichen Angaben zur Person und zur Höhe des Arbeitsentgelts. Wie bei den Sozialversicherungsmeldungen ist für Entgeltbescheinigungen der Grund der Abgabe als Schlüsselzahl zu melden. Abhängig vom zuständigen Versicherungsträger sind folgende Schlüsselzahlen zu melden.

Grund der Abgabe	Schlüssel
Krankenversicherung	
Krankengeld – Entgeltbescheinigung KV bei Krankengeld	01
Krankengeld bei Pflege eines erkrankten Kindes – Entgeltbescheinigung KV bei Kinderkrankengeld	02
Mutterschaftsgeld – Entgeltbescheinigung KV bei Mutterschaftsgeld	03
Rentenversicherung	
Übergangsgeld – Entgeltbescheinigung RV bei Übergangsgeld Leistungen zur medizinischen Rehabilitation	11
Übergangsgeld – Entgeltbescheinigung RV bei Übergangsgeld Leistungen zur Teilhabe am Arbeitsleben	12
Unfallversicherung (BG)	
Verletztengeld – Entgeltbescheinigung UV bei Verletztengeld	21
Übergangsgeld – Entgeltbescheinigung UV bei Übergangsgeld	22
Kinderpflegeverletztengeld – Entgeltbescheinigung UV bei Kinderverletztengeld	23
Bundesagentur für Arbeit	
Übergangsgeld – Entgeltbescheinigung für BA Übergangsgeld	31
Sonstige Meldungen	
Anforderung der Übermittlung von Vorerkrankungen des Arbeitnehmers	41
Anforderung Ende der Entgeltersatzleistung	42
Gesonderte Anforderung zur Übermittlung der beitragspflichtigen Einnahme (§23c SGB IV)	51
Sonstiges Ende – z. B. Änderung des Datenübermittlers	99
Rückmeldung der Sozialversicherungsträger	
Rückmeldung Vorerkrankungszeiten	61
Rückmeldung Ende Entgeltersatzleistung	62
Höhe der Entgeltersatzleistung	71
Höhe des Nettoarbeitsentgelts nach §14 Abs. 1 MuSchG	81

Tab. 36: Übersicht der Meldegründe für Entgeltbescheinigungen

Die Datenannahmestelle der Krankenkasse bestätigt dem Absender der Datenlieferung den Dateneingang mit einer elektronischen Eingangsbestätigung. Nach der Prüfung der Daten auf Plausibilität erhält der Datenlieferant eine Verarbeitungsbestätigung, diese steht auf einem Datenserver zum Abruf zur Verfügung. Seit dem Jahr 2016 müssen die Daten mindestens einmal wöchentlich abgerufen werden. Fehlerhaft zurückgemeldete Datensätze sind vom Datenversender zu korrigieren und erneut der Datenannahmestelle zu übermitteln. Falls eine Korrektur der Datensätze aus dem Entgeltabrechnungsprogramm nicht möglich ist, sind die Meldungen mit der Ausfüllhilfe sv.net erneut zu versenden. Die entsprechende Rückmeldung ist dann in diesem Fall nur über das Programm sv.net abrufbar.

Sonstige Meldung 99

Mit der Änderung des elektronischen Datensatzes für die Datenübermittlung an die Sozialversicherungsträger (Datensatzversion 9) wurden zum 01.01.2018 ein neuer Meldegrund und das sogenannte proaktive Rückmeldeverfahren in die Kommunikation der Krankenkassen mit den Arbeitgebern aufgenommen. Um sicherstellen zu können, dass die Sozialversicherungsträger die Rückantworten auch korrekt an den Arbeitgeber zurückzumelden, musste es möglich sein, dass der Arbeitgeber Veränderungen des Abrechnungssystems oder der Abrechnungsstelle der Krankenkasse meldet. Hierfür wird zukünftig der neue **Meldegrund 99** eingeführt. Mit dem neuen Meldegrund können Arbeitgeber während eines **laufenden Entgeltersatzleistungsbezugs** (z. B. Krankengeldbezug eines Mitarbeiters) alle relevanten Änderungen, wie zum Beispiel die Beauftragung eines Steuerberaters oder eines Lohnbüros oder schlicht eine Adressänderung des Arbeitgebers der Krankenkasse melden.

Ändert sich zukünftig die (elektronische) Adresse für eine Rückmeldung der Krankenkasse an den Arbeitgeber, kann während der laufenden Entgeltersatzleistung die »neue Adresse« dem Sozialversicherungsträger per DEÜV-Meldung mit dem Meldegrund 99 übermittelt werden.

Ende der Entgeltersatzleistung

Jede Entgeltersatzleistung hat einen bestimmten Zeitraum, für den sie gezahlt wird. So endet der Krankengeldbezug spätestens nach 72 Wochen. Krankengeld bei Pflege eines erkrankten eigenen Kindes wird pro Kind für maximal 10 Arbeitstage (20 bei Alleinerziehenden) pro Jahr bezahlt. Seit 2016 erfolgt zum Ende der Entgeltersatzleistung eine Rückmeldung der Krankenkasse über den sogenannten Kommunikationsserver. Übersendet der Arbeitgeber eine Anfrage mit dem Meldegrund 42 (Anforderung des Endes der Entgeltersatzleistung), erhält er eine Rückmeldung mit dem Meldegrund 62 und dem Ende-Datum der Entgeltersatzleistung. Bestandteil der Rückmeldung ist auch der Grund für die Beendigung der Entgeltersatzleistung. Die Schlüsselangaben haben folgende Bedeutung:

01 = Ende des Leistungsbezuges
02 = Ende wegen Aussteuerung
03 = Ende wegen Bezugs einer Erwerbsminderungsrente
04 = laufender Leistungsbezug
05 = kein Leistungsbezug
06 = Mutterschaftsgeld für 12 Wochen
99 = Sonstiges Ende (z. B. wegen fehlender Mitwirkung)

Nicht mehr elektronisch übermittelt werden:

- Bescheinigung über geleistete Einmalzahlungen eines vorherigen Arbeitgebers
- Veränderungen der Höhe der Entgeltersatzleistung
- Wegfall einer beitragspflichtigen Einnahme

Ab 01.01.2018 wird den Arbeitgebern automatisiert das Ende der Entgeltersatzleistung durch den Sozialversicherungsträger gemeldet. Die Rückmeldung erfolgt über die sogenannte Datenabholung vom Kommunikationsserver der Sozialversicherungsträger. Wenn die Leistungsdauer der Krankengeldzahlung endet (Aussteuerung), erhält der Arbeitgeber automatisiert eine EEL-Meldung mit dem Rückmeldegrund 02 – Ende wegen Aussteuerung. Gleiches gilt auch für Fälle, in welchen das Mutterschaftsgeld auf zwölf Wochen verlängert wird (Geburt eines behinderten Kindes). Hierfür wurde ein zusätzlicher **Rückmeldegrund 06** ab dem Jahr 2018 geschaffen. Sobald der Krankenkasse das entsprechende Attest des Arztes vorliegt, verlängert die Kasse die Zahlung des Mutterschutzgeldes und informiert den Arbeitgeber (ohne Anfrage) im Wege einer EEL-Rückmeldung über den Kommunikationsserver.

Anfrage von Vorerkrankungen

Die Lohnfortzahlungspflicht des Arbeitgebers bei Erkrankung oder Unfall endet nach 42 Kalendertagen. Ist der Arbeitnehmer wiederholt an derselben Krankheit erkrankt, werden die Vorerkrankungen innerhalb der letzten 12 Monate für die 42-Tagefrist zusammengerechnet. Liegen jedoch zwischen zwei gleichen Erkrankungen mindestens 6 Monate ohne die Erkrankung, so dürfen diese nicht zusammengerechnet werden (vgl. Kapitel 11.1.2).

Zur Prüfung von anrechenbaren Vorerkrankungen kann der Arbeitgeber bei einer aktuellen Erkrankung eine Vorerkrankungsanfrage mit dem EEL-Verfahren an die Annahmestelle der Krankenkasse richten. In Verbindung mit dem elektronischen Rückmeldeverfahren werden dem Arbeitgeber die Vorerkrankungszeiten für die aktuelle Erkrankung sowie der Beginn des Kranken- oder

Verletztengeldbezugs zurückgemeldet. In der Rückmeldedatei sind folgende Informationen enthalten:

- Vorerkrankungszeiten des Arbeitnehmers (nur Krankenkasse)
- Höhe der Entgeltersatzleistung
- Datenfehler mit Fehlerbeschreibungen
- teilweise Anrechnung, AU-Meldung liegt nur teilweise vor
- keine Anrechnung, AU-Meldung liegt nur teilweise vor
- AU-Meldung liegt vor, Prüfung nicht möglich

Mit den Rückmeldeinformationen kann die Berechnung der Frist für die Lohnfortzahlung (42 Kalendertage) ggf. erneut erfolgen. Die Rückmeldung der Höhe der Entgeltersatzleistung ist dann von Bedeutung, sofern mit dem Arbeitnehmer eine Aufstockung des Krankengelds auf das durchschnittliche Nettoarbeitsentgelt vereinbart wurde. Die freiwillige Sozialleistung des Arbeitgebers bleibt steuer- und sozialversicherungsfrei. Die Anfrage von Vorerkrankungszeiten darf ab 2018 erst dann ausgelöst werden, wenn im laufenden Kalenderjahr an mindestens 30 Kalendertage eine Krankheit bestand. Außerdem muss mindestens eine Vorerkrankung mit einer Arbeitsunfähigkeitsbescheinigung (AU) innerhalb der letzten 6 Monate vorliegen. Mit dem neuen elektronischen Rückmeldeverfahren ab 2018 wird auch das Ende des Krankengeldbezuges (Aussteuerung) nach 72 Wochen automatisch über das elektronische Rückmeldeverfahren den Arbeitgebern zurückgemeldet. Sollte die Krankenkasse auf eine entsprechende Anfrage keine Rückmeldung gesendet haben, darf der Arbeitgeber frühestens nach **56 Kalendertagen** eine entsprechende, gleichlautende Anfrage für diesen Arbeitnehmer an die Krankenkasse versenden.

Beachten Sie: Die Minijob-Zentrale nimmt nicht an dem Verfahren der Vorerkrankungsanfrage teil. Entsprechend dürfen für geringfügig und kurzfristig beschäftigte Arbeitnehmer (Personengruppe 109 und 110) keine Vorerkrankungsanfragen versendet werden. Auch für sozialversicherungsfreie Mitarbeiter und Arbeitnehmer, die nur in der gesetzlichen Unfallversicherung sozialversichert sind (Personengruppe 190), darf keine Anfrage von Vorerkrankungen elektronisch an die Krankenkasse versendet werden. Gleiches gilt für Mitarbeiter, die privat kranken- und pflegeversichert sind – Beitragsgruppe 0-1-1-0.

Bis zur Einführung der sogenannten proaktiven Datenrückmeldung durch die Krankenkassen im Jahre 2018 führte die Beurteilung der Anrechenbarkeit von Vorerkrankungen zu häufigen Rückfragen bei den Krankenkassen. Mit der Reduktion der Rückmeldung auf vier Rückmeldetatbestände soll zukünftig jede Vorerkrankung getrennt nach »Vorliegen der AU« und deren Anrechnung beurteilt werden. Liegt der Krankenkasse eine AU-Bescheinigung zum Zeitpunkt der Anfrage durch den Arbeitgeber noch nicht vor, muss der Arbeitgeber nicht erneut eine Anfrage versenden. Vielmehr prüfen die Krankenkassen fortlaufend deren Eingang und übermitteln bei Vorlage automatisch das Ergebnis der Prüfung an den Arbeitgeber zurück. Solange keine elektronische Rückmeldung der Krankenkasse vorliegt, ist davon auszugehen, dass keine AU-Bescheinigung eingegangen ist.

Regelung für Kinderkrankengeld

Kinderkrankengeld erhalten Arbeitnehmer die in einer gesetzlichen Krankenkasse versichert sind und die wegen einer Erkrankung ihres Kindes dieses beaufsichtigen, betreuen oder pflegen müssen. Die Kinder dürfen das 12. Lebensjahr noch nicht vollendet haben und müssen gesetzlich krankenversichert sein. Für den Zeitraum der Pflege erhält der Arbeitnehmer von seinem Arbeitgeber bis zu 5 Arbeitstage Lohnfortzahlung. Dieser Lohnfortzahlungsanspruch nach §616 BGB kann jedoch im Arbeitsvertrag oder per Betriebsvereinbarung ausgeschlossen werden. In diesem Fall besteht jedoch Anspruch auf »Krankengeld wegen Pflege eines kranken Kindes« von der Krankenkasse. An den Arbeitnehmer wird von der Krankenkasse anteilig das Netto-Arbeitsentgelt für die ausgefallene Arbeitszeit bezahlt.[56] Für die Zahlung von Krankengeld müssen unter anderem folgende Voraussetzungen erfüllt sein:

- Es muss eine ärztliche Bescheinigung vorliegen, dass Ihre Mitarbeiterin oder der Mitarbeiter zur Beaufsichtigung, Betreuung oder Pflege eines erkrankten Kindes der Arbeit fernbleiben muss.
- Eine andere, ggf. im Haushalt des Beschäftigten lebende Person kann die Beaufsichtigung, Betreuung oder Pflege nicht übernehmen.
- Das erkrankte Kind ist noch nicht zwölf Jahre alt. Diese Altersgrenze gilt nicht, wenn das Kind behindert und auf Hilfe angewiesen ist.

Pro Kalenderjahr hat jeder Elternteil folgenden Anspruch auf eine bezahlte Freistellung von der Arbeit:

- Für jedes Kind 10 Arbeitstage, bei Alleinerziehenden 20 Arbeitstage.
- Leben mehrere Kinder in der Familie, beträgt der maximale Anspruch 25 Arbeitstage, bei Alleinerziehenden 50 Arbeitstage.
- Ein unbegrenzter Freistellungsanspruch besteht bei schwerstkranken Kindern.

56 Das Krankengeld beträgt 90% des Nettoarbeitsentgelts. Einmalzahlungen werden berücksichtigt, wenn sie in den letzten 12 Kalendermonaten vor der Freistellung gezahlt wurden. Das Krankengeld beträgt dann unabhängig von der Höhe der Einmalzahlung 100% des ausgefallenen Nettoarbeitsentgelts. Das kalendertägliche Krankengeld darf 70% der kalendertäglichen Beitragsbemessungsgrenze in der Krankenversicherung nicht übersteigen.

Damit die Krankenkasse aber das Krankengeld berechnen kann, muss der Arbeitgeber der Krankenkasse mitteilen, wie viel Entgelt der Mitarbeiter ohne die Fehlzeit erhalten hätte. Dazu muss der Arbeitgeber der Annahmestelle nach Aufforderung eine elektronische »Entgeltbescheinigung zur Berechnung des Krankengelds bei Erkrankung des Kindes« einreichen (Meldegrund 02).

11.5 Geringfügige/kurzfristige Beschäftigung während einer Arbeitsunterbrechung

Wird während der Elternzeit eine geringfügige Beschäftigung ausgeübt, ist diese nicht mit den Leistungen Dritter zusammenzurechnen. Eine geringfügige Beschäftigung ist auch dann versicherungsfrei, wenn sie beim gleichen Arbeitgeber ausgeübt wird. Die ruhende Beschäftigung ist nicht von Bedeutung. Die geringfügige Beschäftigung ist jedoch mit »Grund der Abgabe 10« bei der Minijob-Zentrale anzumelden und nach Beendigung mit dem »Grund der Abgabe 30« wieder abzumelden. Bei der Aufnahme einer kurzfristigen Beschäftigung ist die sogenannte Berufsmäßigkeit der Beschäftigung durch den Arbeitgeber zu prüfen. Von einer berufsmäßigen Beschäftigung ist auszugehen, wenn der Arbeitnehmer seinen Lebensunterhalt ganz oder überwiegend durch die Beschäftigung finanziert.

Eine Prüfung der Berufsmäßigkeit ist nicht erforderlich, wenn das erzielte monatliche Arbeitsentgelt die Geringfügigkeitsgrenze von 450 EUR nicht überschreitet und/oder wenn die Beschäftigung durch ein Überschreiten der Zeitgrenzen als nicht geringfügig anzusehen ist. Die berufsmäßige Ausübung einer Beschäftigung wird unterstellt, wenn die Beschäftigung

- während dem ruhenden Arbeitsverhältnis (z.B. Elternzeit/Krankengeld-Bezug),
- während des Bezugs von Arbeitslosengeld I,
- während der Durchführung eines freiwilligen sozialen/ökologischen Jahres,
- zwischen Schulentlassung und einem freiwilligen sozialen/ökologischen Jahr oder dem Bundesfreiwilligendienst,
- zwischen Ende eines Studiums und vor sv-pflichtiger Beschäftigung,
- während eines unentgeltlichen Urlaubs

durchgeführt wird. Muss für die Beschäftigung die Berufsmäßigkeit unterstellt werden, ist diese als sozialversicherungspflichtig bei der Krankenkasse des Arbeitnehmers anzumelden (Personengruppe 101, in der Regel Beitragsgruppe 1-1-1-1).

Geringfügige Beschäftigung während der Elternzeit
Die Elternzeit ist eine vom Arbeitgeber unbezahlte Arbeitsfreistellung für Arbeitnehmern oder Arbeitnehmerinnen nach der Geburt eines Kindes. Jeder El-

ternteil, der in einem Arbeitsverhältnis steht, hat Anspruch auf die Elternzeit. Während der Elternzeit besteht der Arbeitsvertrag weiter. Wird während der Elternzeit ein Minijob bei einem anderen Arbeitgeber ausgeübt, handelt es sich um eine zweite Beschäftigung, die der Zustimmung des Hauptarbeitgebers bedarf. Außerdem muss der Elterngeldstelle die Aufnahme des Minijobs vom Arbeitnehmer selbst mitgeteilt werden, da das Elterngeld eventuell anders berechnet wird. Wie bei einer geringfügigen Nebenbeschäftigung neben einer Hauptbeschäftigung beträgt die Grenze für den Minijob während der Elternzeit 450 EUR pro Monat.

Beachten Sie: Auch für Minijobs ist der seit dem Jahr 2015 geltende Mindestlohn anzuwenden. Aus dem Mindestentgelt von 8,84 EUR pro Stunde ergibt sich eine maximale monatliche Arbeitszeit von 50,9 Stunden.

Geringfügige Beschäftigung während der Pflegezeit

Durch das Pflegezeitgesetz haben Beschäftigte bei einem Pflegefall in der Familie einen Anspruch auf unbezahlte vollständige oder teilweise Freistellung (Verringerung der Arbeitszeit) für maximal 6 Monate. Dieser Anspruch besteht im Unterschied zur kurzzeitigen Arbeitsbefreiung nur in Unternehmen mit regelmäßig mehr als 15 Beschäftigten. Für die Grenze von 15 Beschäftigten zählt jedes Beschäftigungsverhältnis, unabhängig davon, ob es in Teilzeit- oder Vollzeit ausgeübt wird. Auch Auszubildende und arbeitnehmerähnliche Personen sind in die Durchschnittsberechnung aufzunehmen.

Wird die Beschäftigung nur kurzzeitig (bis 10 Arbeitstage) zur Pflege eines Familienangehörigen unterbrochen, sind für diese Zeit keine Meldungen zu erstellen. Lässt sich der Arbeitnehmer für die Pflegezeit vollständig von der Beschäftigung freistellen, entfällt nach einem Kalendermonat ohne Entgelt die Versicherungspflicht. Der Arbeitnehmer ist mit dem Meldegrund 30 abzumelden. Nach Ende der Pflegezeit ist er mit dem Meldegrund 10 wieder anzumelden. Reduziert der Arbeitnehmer zur Pflege eines Angehörigen seine Arbeitszeit und arbeitet in Teilzeit, sind grundsätzlich keine Meldungen an die Sozialversicherungen erforderlich. Entsteht durch die Teilzeitbeschäftigung jedoch ein Entgelt in die Gleitzone (450,01 – 850 EUR), so ist die Anwendung der Gleitzone in den Meldungen mit Entgelt (Jahresmeldung, Unterbrechungsmeldung) zu kennzeichnen. Wird durch die Reduzierung der Arbeitszeit die Grenze der geringfügigen Beschäftigung (450 EUR pro Monat) unterschritten, besteht keine Sozialversicherungspflicht mehr. Der Arbeitnehmer ist bei seiner Krankenkasse abzumelden und die geringfügige Beschäftigung ist bei der Minijob-Zentrale anzumelden. Wird die geringfügige Beschäftigung bei einem anderen Arbeitgeber aufgenommen, so ist diese aus Sicht der Sozialversicherung die einzige Beschäftigung des Arbeitnehmers.

12 Welche Aktivitäten gehören zum Jahresabschluss?

Wie in der Finanzbuchhaltung sind in der Lohnbuchhaltung zum Jahreswechsel einige abschließende Arbeiten vorzunehmen.

Nach §42b Einkommensteuergesetz (EStG) muss in Betrieben mit mehr als **zehn** Arbeitnehmern der Lohnsteuerjahresausgleich durchgeführt werden. Bei weniger als zehn Arbeitnehmern kann der Arbeitgeber ihn durchführen. Von jedem Arbeitnehmer ist das Lohnkonto abzuschließen, indem die Summen pro Zeile bzw. Spalte ermittelt werden. Für alle Arbeitnehmer, von denen ein ELStAM-Datensatz oder eine Ersatzbescheinigung vorliegt, ist die Lohnsteuerbescheinigung durchzuführen. Das heißt: Die Summenwerte an Lohnsteuer, Kirchensteuer, Solidaritätszuschlag, Fahrgeld etc. sind aus dem abgeschlossenen Lohnkonto elektronisch der Clearingstelle der Finanzverwaltung zu melden.

Neben den steuerrechtlichen Abschlussarbeiten sind Jahresmeldungen an die Sozialversicherungsträger vorzunehmen. Für jeden Arbeitnehmer ist der Krankenkasse das beitragspflichtige Jahresarbeitsentgelt (JAE) zu melden.

Träger der gesetzlichen Unfallversicherung sind die Berufsgenossenschaften (BG). Für die jährliche Beitragsberechnung ist bei der BG eine elektronische Jahresmeldung und zusätzlich das Formblatt »Lohnnachweis« einzureichen. Sowohl die elektronische Meldung wie auch die Papiermeldung enthalten das Jahresarbeitsentgelt und die geleisteten Arbeitsstunden (ohne Urlaub, Krankheit etc.) aller Arbeitnehmer getrennt nach Gefahrenstellen. Die Werte können in der Regel dem Jahreslohnjournal entnommen werden.

Mit dem Gesetz zur Bekämpfung der Arbeitslosigkeit Schwerbehinderter sind die Vorschriften zur Beschäftigungspflicht von behinderten Arbeitnehmern und zur Ausgleichsabgabe geändert worden. Die Pflicht zur Beschäftigung schwerbehinderter Menschen besteht für Arbeitgeber, die über mindestens 20 Arbeitsplätze verfügen. Gleichzeitig wurde die Pflichtquote von 6% auf 5% gesenkt. Arbeitgeber müssen nicht mehr für jeden Betrieb bzw. jede Dienststelle eine getrennte Anzeige erstatten, sondern nur noch eine Gesamtanzeige mit einem Verzeichnis der beschäftigten schwerbehinderten Menschen. Die Meldung über die Anzahl der schwerbehinderten Arbeitnehmer im Betrieb ist an das Integrationsamt bei der Agentur für Arbeit zu richten.

Spätestens bis zum 31. März des Folgejahres ist die Jahresmeldung an die Künstlersozialkasse einzureichen. In diesem Papierformular ist die Summe der Entgelte, die das Unternehmen an selbstständig tätige Künstler oder Publizisten gezahlt hat, zu melden. Sofern keine Entgeltzahlungen erfolgt sind, ist eine Nullmeldung abzugeben.

Abschließend sollten die Personalstammblätter mit allen Neuerungen aktualisiert und eventuell bestehende Urlaubsansprüche der Arbeitnehmer vorgetragen werden. Für freiwillig in einer gesetzlichen Krankenkasse versicherte Arbeitnehmer oder für privat versicherte Mitarbeiter ist die Versicherungspflichtgrenze zu prüfen. Übersteigt das voraussichtliche Arbeitsentgelt im Jahr 2018 nicht mehr die Versicherungspflichtgrenze von 59.400 EUR Jahresentgelt und war der Arbeitnehmer nicht bereits im Jahr 2002 privat versichert und ist es seither durchgehend, wird der Arbeitnehmer wieder Pflichtmitglied in der gesetzlichen Krankenversicherung. Im Fall der freiwilligen Versicherung bei einer gesetzlichen Krankenkasse ist eine Ab-/Anmeldung wegen Beitragsgruppenwechsel durchzuführen. Privat krankenversicherte Arbeitnehmer werden wieder Pflichtmitglied in einer gesetzlichen Krankenkasse – entsprechend ist das Kassenwahlrecht und die Anmeldung bei der Kasse durchzuführen.[57]

12.1 Checkliste Jahresabschluss

In der Checkliste Jahresabschluss sind die wichtigsten Abschlussarbeiten zusammengestellt. Diese finden Sie zur Bearbeitung bei den Arbeitshilfen unter www.haufe.de/mybook.

Checkliste Jahresabschluss	Erledigt
Mitarbeiterdaten/Stammdaten prüfen	
Austritte prüfen	
Ermittlung der Resturlaubsansprüche und Übertragung ins Folgejahr	
Erreichen der Pflichtversicherungsgrenze in der KV/PV prüfen	
Ersatzbescheinigung für Lohnsteuermerkmale prüfen	
Wechsel von Bankverbindungen prüfen	
Wechsel von Krankenkassen prüfen	

57 Eine Ausnahme besteht für Arbeitnehmer, die 55 Jahre oder älter sind und in den letzten fünf Jahren nicht gesetzlich oder freiwillig in einer gesetzlichen Krankenkasse versichert waren.

Checkliste Jahresabschluss	Erledigt
Aktualisierung der Zusatzbeiträge von den Krankenkassen	
Ermitteln des Erreichens des Rentnerstatus prüfen	
Lohnpfändungs- und Vermögensbildungsverträge prüfen	
Überprüfung Arbeitnehmerdarlehen	
Kostenstellenzuordnung prüfen	
Zuschuss zur Vermögensbildung prüfen	
Zuschuss zur betrieblichen Altersvorsorge prüfen	
Abrechnung	
Abrechnung von Provisionen und Jahresboni	
Ermittlung der Bemessungsgrundlage für Dienstwagenabrechnung	
Lohnsteuer-Jahresausgleich durchführen (wo möglich)	
Ermittlung von Arbeitsunterbrechungen für »Anzahl U«	
Ermittlung der Pauschalierungsmöglichkeit für Fahrtkostenzuschüsse und Zuschüsse zur betrieblichen Altersvorsorge	
Ermittlung kostenloser Mahlzeiten durch den Arbeitgeber Großbuchstabe »M«	
Ermittlung Grenzgänger Frankreich und Dokumentation der Großbuchstaben »FR«	
Lohnkonten abschließen	
Überprüfung Minijob und Gleitzonenregelung	
Meldungen/Bescheinigungen	
Lohnsteuerbescheinigungen für Mitarbeiter erstellen	
Jahresmeldung an die Krankenkassen erstellen (falls erforderlich)	
Archivierung von Lohnsteuer-Ersatzbescheinigungen 2017	
Erstellung der Meldung für die Schwerbehinderten-Ausgleichsabgabe	
Stammdatenabgleich mit der Berufsgenossenschaft durchführen	
Zweimal Lohnnachweis an die Berufsgenossenschaft erstellen (in Papierform und elektronisch)	
Erstellen der DEÜV-Jahresmeldung an die Berufsgenossenschaft	
Erstellen der Jahresmeldung an die Künstlersozialkasse	

Checkliste Jahresabschluss	Erledigt
Sonstiges	
Einrichten neuer Lohnkonten	
Überprüfung der Teilnahme am Umlageverfahren U1 (8 von 12 Monaten über 30 FTE)	
Überprüfung des Erstattungssatzes bei den Krankenkassen (ggf. niedere Erstattung wählen – abhängig vom Krankenstand)	
Aktualisieren der Beitragsbemessungsgrenzen	
Aktualisierung der Sachbezugswerte für Mahlzeiten und Wohnung	
Aktualisierung der Sachbezugswerte für Reisekostenerstattungen	
Aktualisierung Steuerfreibeträge für betriebliche Altersvorsorge	
Archivierung der Lohnunterlagen	
Ermittlung der Berechnungsgrundlage für die Gewerbesteuer	
Jahresmeldung an das statistische Landesamt erstellen	
Bildung von Rückstellungen für Jubiläen, Urlaubsgeld, Pensionen	
Überprüfung der Gültigkeit des Zertifikats für die Sozialversicherungsmeldungen (z. B. ITSG Zertifikat)	
Überprüfung der Gültigkeit des Zertifikats für die Lohnsteueranmeldung (ElsterOnline)	
Überprüfung Arbeitgeberzuschuss zur privaten Krankenversicherung	
Insolvenzsicherung für Rückstellung durchführen	

Tab. 37: Checkliste Jahresabschluss

12.2 Lohnsteuerjahresausgleich

Die Lohnsteuer für laufende Bezüge wird aus der Tages-, Wochen- oder Monatslohnsteuertabelle ermittelt. Hingegen ist die Lohnsteuer für sonstige Bezüge bzw. Einmalzahlungen aus der Jahressteuertabelle zu entnehmen. Grundlage für die Besteuerung ist der voraussichtliche Jahresbruttoarbeitslohn. Der voraussichtliche Jahresbruttolohn (VJBL) errechnet sich nach der folgenden Formel:

$$\text{VJBL} = \frac{\text{Summe steuerpflichtige Bezüge} \times 360}{\text{bisherige Steuertage}} + \text{gezahlte sonstige Bezüge}$$

Die Summe der steuerpflichtigen Bezüge sind alle im Kalenderjahr aufgelaufenen **regelmäßigen** steuerpflichtigen Bezüge. Diese sind mit den gesamten Steuertagen pro Jahr (360) zu multiplizieren. Aus dem steuerpflichtigen Jahresbruttolohn sind bereits gezahlte sonstige Bezüge herauszurechnen. Erfolgte Lohnerhöhungen und Steuerfreibeträge sind jedoch einzubeziehen. Künftige Lohnerhöhungen oder bereits zum Zeitpunkt der Ermittlung des geschätzten Jahresbruttolohnes feststehende künftige Bezüge (z.B. Weihnachtsgeld) dürfen hingegen in diese Schätzung nicht einfließen. Werden im kommenden Jahr Prämien für das zurückliegende Jahr gezahlt, dürfen diese nicht in die Schätzung einfließen, auch dann nicht, wenn deren Höhe schon bekannt ist. Hat der Arbeitnehmer im laufenden Kalenderjahr bei einem anderen Arbeitgeber bereits steuerpflichtigen Arbeitslohn bezogen, ist dieser ebenfalls in die Schätzung des Jahresbruttolohnes einzubeziehen – sofern er bekannt ist. Für die bisherigen Steuertage ist jeder volle Beschäftigungsmonat mit 30 Tagen zu rechnen. Bei Eintritt oder Austritt nach Monatsbeginn bzw. Monatsende ist von den beschäftigten Kalendertagen im Eintritts-/Austrittsmonat als Steuertage auszugehen. Zur Ermittlung der Steuertage siehe Kapitel 5.7.

Wenn sich die Schätzung des Jahresbruttoarbeitslohnes durch weitere Einmalzahlungen oder durch Lohnerhöhungen im Dezember als unzutreffend herausstellt, kann bzw. muss bei mehr als **zehn Arbeitnehmern** der Arbeitgeber einen Abgleich der bereits gezahlten Lohnsteuer mit der Jahreslohnsteuer für jeden Arbeitnehmer vornehmen. Dieser Lohnsteuerjahresausgleich durch den Arbeitgeber muss bis spätestens 28. Februar (29.02. bei Schaltjahren) des Folgejahres durchgeführt werden. Die Frist für die Durchführung des betrieblichen Lohnsteuer-Jahresausgleichs entspricht der spätesten Übermittlungspflicht für die Lohnsteuerbescheinigung.

Tipp !

In der Regel wird der interne betriebliche Lohnsteuerjahresausgleich nach Eingabe der Dezember-Bezüge durchgeführt. Mit der Dezember-Lohnabrechnung erfolgt ggf. eine Verrechnung von zu viel bezahlter Lohnsteuer während des laufenden Kalenderjahres.

Stichtag für die Arbeitnehmerzahl und die Überprüfung ist der 31. Dezember des Jahres. Die Differenz aus der periodisch einbehaltenen Lohnsteuer und der Jahreslohnsteuer wird mit der im Dezember zu zahlenden Lohnsteuer verrechnet. Ergibt sich im Dezember, wenn alle gezahlten Bezüge bekannt sind, aus der Jahreslohnsteuerformel eine geringere Steuer als die Summe der periodisch bereits gezahlten Lohnsteuer, wird die Differenz mit der Lohnsteuer auf den Dezemberbezug verrechnet. Parallel ist ein Abgleich der bereits entrichteten Kirchensteuer und des bereits einbehaltenen Solidaritätszuschlags vorzunehmen. Beim Lohnsteuerjahresausgleich sind für die Kirchensteuer und den Solidaritätszuschlag die Werte der Jahressteuertabelle maßgeblich. Die Berechnung der Summendifferenz ergibt sich nach folgendem Schema:

	Bruttoarbeitslohn des Jahres laut Lohnkonto (steuerpflichtig)
+	ermäßigt besteuerte Arbeitsentgelte für mehrere Jahre
+	Arbeitslohn aus vorhergehenden Arbeitsverhältnissen des laufenden Jahres
–	Versorgungsfreibetrag
–	Altersentlastungsbetrag
=	**maßgeblicher Jahresarbeitslohn**
	Lohnsteuer aus Jahreslohnsteuertabelle für den maßgeblichen Jahresarbeitslohn
–	tatsächlich einbehaltene und abgeführte Lohnsteuer im laufenden Jahr
=	**Lohnsteuererstattung/Lohnsteuernachzahlung im Dezember**
	Solidaritätszuschlag auf Lohnsteuer des maßgeblichen Jahresarbeitslohnes
–	tatsächlich einbehaltenem und abgeführtem Solidaritätszuschlag
=	Solidaritätszuschlagserstattung/Solidaritätszuschlagsnachzahlung
	Kirchensteuer auf Lohnsteuer des maßgeblichen Jahresarbeitslohnes
–	tatsächlich einbehaltener und abgeführter Kirchensteuer
=	**Kirchensteuererstattung/Kirchensteuernachzahlung**

Tab. 38: Schema zur Ermittlung des Lohnsteuer-Jahresausgleichs

Bruttoarbeitslohn

Für die Ermittlung des Jahresarbeitslohns ist der steuerpflichtige Bruttoarbeitslohn inklusive Sachzuwendungen und geldwerte Vorteile für das gesamte Kalenderjahr heranzuziehen. Nicht in den steuerpflichtigen Arbeitslohn sind pauschal versteuerte Lohnbestandteile und steuerfreier Arbeitslohn einzubeziehen (z.B. Zuschuss zur betrieblichen Altersvorsorge). Außerdem muss der Arbeitslohn lückenlos für das gesamte Kalenderjahr vorliegen. Bei steuerrechtlichen Fehlzeiten, z.B. durch einen Arbeitgeberwechsel, darf der Lohnsteuerjahresausgleich nicht durchgeführt werden. Der Lohnsteuerjahresausgleich ist nur dann möglich, wenn die Vorarbeitgeberdaten vorliegen und bei der Ermittlung von Einmalzahlungen berücksichtigt wurden.

Versorgungsfreibetrag/Altersentlastungsbetrag
Arbeitnehmer, die Ruhegehälter aus dem öffentlichen Dienst, Witwenrente, Waisenrente, Erwerbsunfähigkeitsrente oder Hinterbliebenenrente erhalten, sowie Arbeitnehmer, die von ihrem ehemaligen Arbeitgeber eine Betriebsrente erhalten, beziehen Versorgungsbezüge. Versorgungsbezüge sind dem steuerpflichtigen Arbeitslohn gleichgestellt und unterliegen dem Lohnsteuerabzug. Von den Versorgungsbezügen bleiben 40% der Bezüge, höchstens jedoch ein Betrag von 3.000 EUR im Kalenderjahr, von der Lohnsteuer befreit (**Versorgungsfreibetrag**).

Mit dem Alterseinkünftegesetz wurde im Jahr 2005 eine schrittweise Verringerung der Prozentsätze und Freibeträge beschlossen. Seit 2006 sinkt für jeden neuen Jahrgang von Versorgungsempfängern der Satz um **1,6%** bzw. **120 EUR** bis zum Jahre 2040. Dies bedeutet: Arbeitnehmern, die im Jahr 2006 erstmalig einen Versorgungsbezug von ihrem ehemaligen Arbeitgeber erhalten haben, steht nur noch ein Versorgungsfreibetrag von 38,4% des Bezuges, höchstens jedoch 2.880 EUR pro Jahr zu. Der Prozentsatz bzw. der Höchstbetrag muss dann jedoch für die Gesamtdauer des Versorgungsbezuges beibehalten werden. Für Arbeitnehmer, die im Jahr 2018 erstmalig einen Versorgungsbezug erhalten, gilt für die Gesamtdauer des Bezuges ein Freibetrag von **19,2%,** höchstens jedoch **1.440 EUR pro Jahr.**

Einen **Altersentlastungsbetrag** erhalten Arbeitnehmer, die vor Beginn des Kalenderjahres das Renteneintrittsalter erfüllt haben. Er beträgt 40% des Arbeitslohnes, höchstens jedoch 1.900 EUR im Kalenderjahr. Auch für den Altersentlastungsbetrag gilt ab 2006 die **Senkung um jährlich 1,6%** bzw. **76 EUR** für jeden neuen Jahrgang. Bis zum Jahre 2040 sollen beide Freibeträge für neue Generationen auf 0% abgeschmolzen sein. Der Altersentlastungsbetrag liegt somit für das Jahr 2018 bei 912 EUR.

Mit dem Alterseinkünftegesetz aus dem Jahre 2005 wurde auch eine Anhebung des Renteneintrittsalters beschlossen. Seit 2012 dürfen alle ab 1947 geborenen Arbeitnehmer erst einen Monat später in Rente gehen, wenn sie keine Abschläge in Kauf nehmen wollen. Bis 2023 wird jeder Jahrgang jeweils einen weiteren Monat später in Rente gehen können. Ab 2024 steigt das Renteneintrittsalter pro Jahrgang um jeweils zwei Monate. Im Jahr 2029, also ab dem Jahrgang 1964, wird der stufenweise Anstieg des Renteneintrittsalters abgeschlossen sein. Ab diesem Jahr kann jeder Arbeitnehmer erst mit 67 Jahren den Altersentlastungsbetrag in Anspruch nehmen. Der spätere Rentenanspruch hat somit auch Auswirkungen beim Anspruch auf den Altersentlastungsbetrag. Eine Übersicht der Altersentlastungsbeträge finden Sie in den Online-Arbeitshilfen unter www.haufe.de/mybook.

Beachten Sie: Der Abzug des Altersentlastungsbetrags ist bei Versorgungsbezügen nicht anzuwenden.

Gebot/Verbot des Lohnsteuerjahresausgleichs
Ergeben sich beim Lohnsteuerjahresausgleich Erstattungen, sind diese Erstattungsbeträge mit der für den Dezember ermittelten Lohn- und Kirchensteuer sowie dem Solidaritätszuschlag zu verrechnen. Ist der Erstattungsbetrag höher als die sich aus den Dezemberbezügen ergebende Lohnsteuer, kann der Arbeitgeber dem Arbeitnehmer den übersteigenden Betrag erstatten und diesen bei der Lohnsteueranmeldung mit dem Finanzamt verrechnen. Erstattungen von Lohn- und Kirchensteuer müssen auf dem Lohnkonto gesondert ausgewiesen sein. Außerdem sind die Erstattungen bei der elektronischen Meldung der Lohnsteuer bzw. bei der Lohnsteuerbescheinigung zu berücksichtigen. Ergeben sich beim Lohnsteuerjahresausgleich Nachzahlungen, müssen diese zusätzlich mit der Lohnsteuer aus Dezember vom Arbeitslohn einbehalten und abgeführt werden.

Der Arbeitgeber ist nur dann berechtigt, einen betrieblichen Lohnsteuerjahresausgleich durchzuführen, wenn der unbeschränkt einkommensteuerpflichtige Arbeitnehmer während **des gesamten Kalenderjahres** bei ihm beschäftigt war bzw. der Bruttolohn des Vorarbeitgebers bekannt ist. Der Lohnsteuerjahresausgleich ist jedoch nur unter bestimmten **Voraussetzungen** möglich. Er darf **nicht** durchgeführt werden, wenn **einer** der folgenden Punkte zutrifft, also wenn:

- der Arbeitnehmer den Verzicht beantragt hat
- der Arbeitnehmer nicht im Inland wohnt
- der Arbeitnehmer im Laufe des Jahres die Steuerklasse gewechselt hat
- für den Arbeitnehmer ein Freibetrag oder Hinzurechnungsbetrag von der ELStAM-Datenbank übermittelt wurde oder auf der Ersatzbescheinigung eingetragen ist
- sich für den Arbeitnehmer im Ausgleichsjahr der Zusatzbeitrag der Krankenkasse geändert hat
- der Arbeitnehmer nicht das ganze Jahr beim gleichen Arbeitgeber beschäftigt war bzw. die Bezüge eines Vorarbeitgebers nicht aus der Steuerbescheinigung des Vorarbeitgebers hervorgehen
- der Arbeitnehmer im laufenden Kalenderjahr Lohnersatzleistungen (Kurzarbeitergeld, Schlechtwettergeld, Winterausfallgeld, Zuschuss zum Mut-

terschaftsgeld, Aufstockung zum Altersteilzeitgeld oder Entschädigungen nach dem Bundesseuchengesetz) erhalten hat

- dem Arbeitgeber die ELStAM-Daten oder eine Ersatzbescheinigung des Finanzamts vorliegen mit der Steuerklasse 5 oder 6
- der Arbeitnehmer im laufenden Kalenderjahr nach der allgemeinen und der besonderen Lohnsteuertabelle besteuert wurde (beides)
- der Arbeitnehmer U-Tage auf dem Lohnkonto hat
- die Steuerklasse 4 mit Faktor ist
- der Arbeitnehmer begünstigte Einkünfte nach dem Auslandstätigkeitserlass oder einem Doppelbesteuerungsabkommen bezogen hat

Beschäftigt der Arbeitgeber zum 31.12. des Kalenderjahres mindestens **zehn** uneingeschränkt steuerpflichtige Arbeitnehmer, ist er gemäß §42b EStG verpflichtet, den betrieblichen Lohnsteuerjahresausgleich durchzuführen. Dabei ist es unerheblich, ob er für einzelne Arbeitnehmer, die die oben genannten Bedingungen erfüllen, keinen Lohnsteuerjahresausgleich vornehmen darf. Beschäftigt der Arbeitgeber zu diesem Stichtag weniger als zehn uneingeschränkt steuerpflichtige Arbeitnehmer, kann er den Lohnsteuerjahresausgleich durchführen.

Beachten Sie: Aus der Einführung des elektronischen Meldeverfahrens für die Lohnsteuer hat sich eine Änderung für den Lohnsteuerjahresausgleich ergeben. Gemäß dem Einführungsschreiben zum Steueränderungsgesetz darf der Arbeitgeber keinen Lohnsteuerjahresausgleich durchführen, wenn der Arbeitnehmer im laufenden Jahr den Arbeitgeber gewechselt hat und dem neuen Arbeitgeber keine Lohnsteuerbescheinigung aus dem vorangegangenen Dienstverhältnis vorlegen kann.

12.3 Elektronische Lohnsteuerbescheinigung

12.3.1 Erstellen der elektronischen Lohnsteuerbescheinigung

Für jeden Mitarbeiter muss zu Beginn des Jahres der steuerpflichtige Arbeitslohn sowie die einbehaltenen Lohn- und Lohnzuschlagssteuern des Vorjahres gemeldet werden. Bis **28. Februar** (29. Februar in Schaltjahren) des Folgejahres ist die sogenannte Lohnsteuerbescheinigung elektronisch an die Annahmestellen der Finanzverwaltung zu melden. Auch bei Austritten unter dem Jahr ist die Meldung in elektronischer Form zu übermitteln. Eine Frist für die unterjährige Übermittlung bei Austritt ist nicht gegeben. Die Daten werden in der Regel verschlüsselt aus einem Entgeltabrechnungsprogramm über das Internet direkt an die Clearingstellen der Finanzverwaltung übertragen. Außerdem besteht die Möglichkeit, die kumulierten steuerrechtlichen Abzüge mit dem Programm »ELSTER-Formular« an die Finanzverwaltung zu übermitteln. Das kostenlose Programm kann über das Internet (www.elster.de/eportal) auf den Rechner heruntergeladen werden. Es steht auch eine Online-Eingabemöglichkeit unter der WEB-Seite zur Verfügung. Der Arbeitnehmer erhält einen Ausdruck der übertragenen Daten, die Lohnsteuerbescheinigung. Die Lohnsteuerbescheinigung sollte vor der Weitergabe durch den Arbeitgeber geprüft werden. Bei der Datenübermittlung ist für jeden Mitarbeiter die Steuer-ID mitzusenden. Liegt dem Arbeitgeber die Steuer-ID vor, ist die elektronische Lohnsteuerbescheinigung seit dem Jahr 2016 zusätzlich mit einer eindeutigen, durch den Arbeitgeber bzw. Datenlieferanten zu vergebenden ID (KmId) zu übermitteln. Außerdem ist die Datenübermittlung mit einem authentifizierten Verfahren durchzuführen. Für die Authentifizierung muss der Arbeitgeber einmalig ein Zertifikat über das Elster-Online-Portal beantragen. Ohne eine Authentifizierung ist die Übermittlung von Lohnsteuerbescheinigungen nicht mehr möglich. Bei der Übermittlung können maximal 999 Bescheinigungen auf einmal übermittelt werden. Hat das Unternehmen mehr steuerpflichtige Arbeitnehmer, muss das Entgeltsystem den Versand in mehreren Blöcken durchführen.

Bei der Datenübermittlung wird auch der abgerufene ELStAM-Datensatz automatisch wieder an das Finanzamt mitgesendet. Liegen mehrere ELStAM-Datensätze für den zu bescheinigenden Zeitraum vor, werden alle übermittelt. Zusammen mit dem ELStAM-Datensatz wird das »gültig ab«-Datum in der elektronischen Meldung zurück übermittelt. Beim Ausdruck der Lohnsteuerbescheinigung gibt es hingegen eine Vereinfachungsregelung. Für die Lohnsteuerbescheinigungen ab dem Jahr 2016 müssen nur die Lohnsteuerabzugsmerkmale bescheinigt werden, die dem letzten Lohnzahlungszeitraum zugrunde gelegt wurden. Das »gültig ab«-Datum entfällt.

Beachten Sie: Für geringfügig Beschäftigte (Minijobber) und Arbeitnehmer, deren Arbeitslohn nur nach §40 bzw. 40b pauschal versteuert wird, ist keine Lohnsteuerbescheinigung zu übermitteln bzw. zu erstellen.

12.3.2 Stornierung und Korrektur von Lohnsteuerbescheinigungen

Das Verfahren zur Lohnsteuerbescheinigung wurde im Jahr 2016 weitreichend geändert bzw. erweitert; es wurde um ein Stornierungsverfahren ergänzt.

Korrekturverfahren

Die Korrektur einer fehlerhaften Lohnsteuerbescheinigung darf nach der Übermittlung an die Finanzverwaltung grundsätzlich nicht mehr erfolgen. Müssen aufgrund von Änderungen bei den Bezügen, Stunden oder Arbeitnehmerdaten rückwirkend Änderungen für das Vorjahr vorgenommen werden, sind die steuerrelevanten Änderungen in die Lohnsteuerbescheinigung für das Folgejahr zu übernehmen. Eine Ausnahme von dieser Grundsatzregelung ist jedoch möglich, wenn es sich um eine Berichtigung eines fehlerhaften Datensatzes handelt. Beispielhaft nennt die Finanzverwaltung einen Fehler bei der Übernahme der Daten aus dem Lohnkonto in die Lohnsteuerbescheinigung. Wurde beispielsweise ein Bruttolohn von 12.210 EUR statt 21.210 EUR übermittelt, so kann dieser offensichtliche Fehler mit einer Korrekturmeldung berichtigt werden. Die korrigierte Lohnsteuerbescheinigung muss immer

- mit der gleichen Steueridentifikationsnummer wie die ursprünglich übermittelte Lohnsteuerbescheinigung erfolgen.
- Zur Kennzeichnung der korrigierten Lohnsteuerbescheinigung muss ab dem Jahr 2016 das zusätzliche Kennzeichen »Korrektur« in der Korrekturmeldung übermittelt werden.

Die Korrektur muss auch auf der ausgedruckten Lohnsteuerbescheinigung für den Arbeitnehmer ersichtlich sein.

Eine weitere Ausnahmeregelung besteht bei sogenannten **»veruntreuten Beträgen«**. Der Arbeitgeber muss einen berichtigten Datensatz für die Lohnsteuerbescheinigung übermitteln, wenn es aufgrund einer korrigierten Lohnsteueranmeldung auch zu einer Korrektur in der Lohnsteuerbescheinigung kommt. In diesen Sonderfällen, in denen sich der Arbeitnehmer widerrechtlich Arbeitslohn (z.B. durch Unterschlagung) verschafft hat, darf eine Korrektur der Lohnsteuerbescheinigung vorgenommen und der geänderte Datensatz an die Annahmestelle der Finanzverwaltung übermittelt werden. Die Korrektur ist ebenfalls auf der ausgedruckten Lohnsteuerbescheinigung mit dem Merker »Korrektur« kenntlich zu machen.

Erfolgen Zahlungen von **laufendem Arbeitslohn** nach dem Ausscheiden des Arbeitnehmers (Nachzahlung nach Beendigung) noch im selben Kalenderjahr des Austritts, ist eine bereits übermittelte und gedruckte Lohnsteuerbescheinigung zu korrigieren. Die berichtigte elektronische Lohnsteuerbescheinigung muss mit dem Merker »Korrektur« erneut an die Finanzverwaltung übermittelt werden. **Sonstige Bezüge** (Einmalzahlungen), die nach einem Austritt oder in den folgenden Kalenderjahren gezahlt werden, sind in einer gesonderten Meldung zu bescheinigen. Zur Übermittlung der Bescheinigung ist der ehemalige Arbeitnehmer ggf. nochmals bei der ELStAM-Datenbank anzumelden. Als Dauer des Dienstverhältnisses ist in diesen Fällen der Monat der Zahlung in der Bescheinigung anzugeben. Es erfolgt **keine** Korrektur einer bereits abgegebenen Bescheinigung bzw. Datenübermittlung.

Stornierungsverfahren

Für die Lohnsteuerbescheinigungen 2016 wurde erstmals ein Stornierungsverfahren eingeführt. Seit dem Jahr 2017 ist eine Stornierung von bereits übermittelten Lohnsteuerbescheinigungen möglich, wenn

- ein falsches Kalenderjahr in der Bescheinigung angegeben wurde,
- die Steueridentifikationsnummer oder eTIN, der Name oder Vorname oder das Geburtsdatum falsch übermittelt wurden,
- mehrere Einzel-Bescheinigungen zu einem Arbeitsverhältnis durch eine zusammenfassende Bescheinigung ersetzt werden.

Im Unterschied zur Korrektur wird bei einer Stornierung die ursprüngliche Bescheinigung verworfen und eine neue, geänderte elektronische Bescheinigung übermittelt. Der Datensatz an die Annahmestelle der Finanzverwaltung muss ein »Storno-Kennzeichen« enthalten. Auch die Stornierung eines Bescheinigungsdatensatzes muss auf der ausgedruckten Lohnsteuerbescheinigung an den Mitarbeiter ersichtlich sein. Ein Stornierungsdatensatz storniert immer nur genau eine Lohnsteuermeldung bzw. Lohnsteuerbescheinigung.

Ausdruck der elektronischen Lohnsteuerbescheinigung für 2018

Nachstehende Daten wurden maschinell an die Finanzverwaltung übertragen.

Korrektur/Stornierung
Datum:
eTIN:
Identifikationsnummer:
Personalnummer:
Geburtsdatum:
Transferticket:

Dem Lohnsteuerabzug wurden im letzten Lohnzahlungszeitraum zugrunde gelegt:

Steuerklasse/Faktor

Zahl der Kinderfreibeträge

Steuerfreier Jahresbetrag

Jahreshinzurechnungsbetrag

Kirchensteuermerkmale

Anschrift und Steuernummer des Arbeitgebers:

1. Bescheinigungszeitraum	vom - bis	
2. Zeiträume ohne Anspruch auf Arbeitslohn	Anzahl „U"	
Großbuchstaben (S, M, F, FR)		
	EUR	Ct
3. Bruttoarbeitslohn einschl. Sachbezüge ohne 9. und 10.		
4. Einbehaltene Lohnsteuer von 3.		
5. Einbehaltener Solidaritätszuschlag von 3.		
6. Einbehaltene Kirchensteuer des Arbeitnehmers von 3.		
7. Einbehaltene Kirchensteuer des Ehegatten/Lebenspartners von 3. (nur bei Konfessionsverschiedenheit)		
8. In 3. enthaltene Versorgungsbezüge		
9. Ermäßigt besteuerte Versorgungsbezüge für mehrere Kalenderjahre		
10. Ermäßigt besteuerter Arbeitslohn für mehrere Kalenderjahre (ohne 9.) und ermäßigt besteuerte Entschädigungen		
11. Einbehaltene Lohnsteuer von 9. und 10.		
12. Einbehaltener Solidaritätszuschlag von 9. und 10.		
13. Einbehaltene Kirchensteuer des Arbeitnehmers von 9. und 10.		
14. Einbehaltene Kirchensteuer des Ehegatten/Lebenspartners von 9. und 10. (nur bei Konfessionsverschiedenheit)		
15. (Saison-)Kurzarbeitergeld, Zuschuss zum Mutterschaftsgeld, Verdienstausfallentschädigung (Infektionsschutzgesetz), Aufstockungsbetrag und Altersteilzeitzuschlag		
16. Steuerfreier Arbeitslohn nach a) Doppelbesteuerungsabkommen (DBA)		
b) Auslandstätigkeitserlass		
17. Steuerfreie Arbeitgeberleistungen für Fahrten zwischen Wohnung und erster Tätigkeitsstätte		
18. Pauschal besteuerte Arbeitgeberleistungen für Fahrten zwischen Wohnung und erster Tätigkeitsstätte		
19. Steuerpflichtige Entschädigungen und Arbeitslohn für mehrere Kalenderjahre, die nicht ermäßigt besteuert wurden - in 3. enthalten		
20. Steuerfreie Verpflegungszuschüsse bei Auswärtstätigkeit		
21. Steuerfreie Arbeitgeberleistungen bei doppelter Haushaltsführung		
22. Arbeitgeber-anteil/-zuschuss a) zur gesetzlichen Rentenversicherung		
b) an berufsständische Versorgungs-einrichtungen		
23. Arbeitnehmer-anteil a) zur gesetzlichen Rentenversicherung		
b) an berufsständische Versorgungs-einrichtungen		
24. Steuerfreie Arbeitgeber-zuschüsse a) zur gesetzlichen Krankenversicherung		
b) zur privaten Krankenversicherung		
c) zur gesetzlichen Pflegeversicherung		
25. Arbeitnehmerbeiträge zur gesetzlichen Krankenversicherung		
26. Arbeitnehmerbeiträge zur sozialen Pflegeversicherung		
27. Arbeitnehmerbeiträge zur Arbeitslosenversicherung		
28. Beiträge zur privaten Kranken- und Pflege-Pflichtversicherung oder Mindestvorsorgepauschale		
29. Bemessungsgrundlage für den Versorgungsfreibetrag zu 8.		
30. Maßgebendes Kalenderjahr des Versorgungsbeginns zu 8. und/oder 9.		
31. Zu 8. bei unterjähriger Zahlung: Erster und letzter Monat, für den Versorgungsbezüge gezahlt wurden		
32. Sterbegeld; Kapitalauszahlungen/Abfindungen und Nachzahlungen von Versorgungsbezügen - in 3. und 8. enthalten		
33. Ausgezahltes Kindergeld		—
34. Freibetrag DBA Türkei		
Finanzamt, an das die Lohnsteuer abgeführt wurde (Name und vierstellige Nr.)		

3.17

Abb. 10: Elektronische Lohnsteuerbescheinigung

12.3.3 Wichtige Angaben auf der Lohnsteuerbescheinigung

Zeile 1: Bescheinigungszeitraum

Zahlt der Arbeitgeber nach dem Ausscheiden des Arbeitnehmers aus dem Dienstverhältnis sonstige Bezüge, sind für die Lohnsteuerberechnung die

Lohnsteuerabzugsmerkmale zu verwenden, die zum Ende des Kalendermonats des Zuflusses gelten. In der Anleitung zum Erstellen der Lohnsteuerbescheinigung 2016/2017 wird klarstellt, dass in der Bescheinigung unter der Nummer 1 die Dauer des **Arbeitsverhältnisses** während des Kalenderjahres bzw. der Monat der Auszahlung von sonstigen Bezügen nach Beendigung des Arbeitsverhältnisses zu bescheinigen sind.

Zeile 2: Zeiträume ohne Anspruch auf Arbeitslohn – Anzahl »U«
Mit diesem Eintrag soll das Finanzamt darauf hingewiesen werden, dass der Arbeitnehmer Lohnersatzleistungen wie Krankengeld, Mutterschaftsgeld, Verletztengeld oder Ähnliches oder für bestimmte Zeiten keinen Arbeitslohn erhalten hat. Diese Einkünfte unterliegen zunächst nicht der Lohnsteuer, müssen aber vom Arbeitnehmer in der Einkommensteuererklärung angegeben werden (Progressionsvorbehalt).

Bei »Anzahl U-Tage« ist nur dann ein Eintrag vorzunehmen, wenn der Arbeitnehmer im Bescheinigungszeitraum für **fünf zusammenhängende Tage** keinen Anspruch auf Arbeitslohn hatte bzw. für **mindestens fünf zusammenhängende Tage** eine Lohnersatzleistung bezogen hat. Es sind also in folgenden Fällen Eintragungen bei »Anzahl U« vorzunehmen:

- bei unbezahltem Urlaub von fünf oder mehr Arbeitstagen
- wenn der Mitarbeiter in Elternzeit war
- bei Wehrübungen von fünf oder mehr Arbeitstagen ohne Lohnfortzahlung
- bei unberechtigtem Fernbleiben oder unrechtmäßigem Streik
- bei Pflege eines kranken Kindes (Kinder-Krankengeld) von fünf oder mehr zusammenhängende Arbeitstagen
- bei Krankheit über die Lohnfortzahlung hinaus von fünf oder mehr Arbeitstagen (Krankengeldbezug)
- bei Kurzzeit- oder Langzeitpflege ohne Lohnfortzahlung

Beachten Sie: Die Anzahl der U-Tage ist auch zu bescheinigen, wenn lediglich vermögenswirksame Leistungen oder Krankengeldzuschüsse während der Abwesenheit (weiter-)gezahlt werden oder wenn während unbezahlter Fehlzeiten (z. B. Elternzeit) eine Beschäftigung mit reduzierter Arbeitszeit aufgenommen wird. Wird Kurzarbeitergeld, Winterausfallgeld, ein Zuschuss zum Mutterschaftsgeld oder werden Aufstockungsbeträge nach dem Altersteilzeitgesetz gezahlt, ist kein Großbuchstabe U in das Lohnkonto einzutragen.

! **Beispiel**

Frau Monika Waldmann hat einen Skiunfall erlitten und war vom 05.02.2018 bis zum 08.04.2018 krank. Am 09.04.2018 tritt sie ihre Arbeit wieder an.

Beurteilung

Auf der Lohnsteuerbescheinigung ist für jeden Fall von fünf zusammenhängenden Arbeitstagen ohne Lohnzahlung eine 1 einzutragen.

Für die Ermittlung der Fehlzeiten von Frau Waldmann ergibt sich Folgendes:

05.02. bis 18.03.

Für die ersten sechs Wochen entstehen keine U-Tage. Die ersten sechs Wochen (42 Kalendertage) hat der Arbeitnehmer in der Regel Anspruch auf Entgeltfortzahlung.

19.03. bis 31.03.

Am 18.03. endet die Lohnfortzahlung des Arbeitgebers. Bis zum 31.03. sind es 10 zusammenhängende Arbeitstage. Auf der Lohnsteuerkarte ist unter »Anzahl U« eine 1 einzutragen. Die zusammenhängenden Arbeitstage werden durch Samstag, Sonn- und Feiertage nicht unterbrochen.

01.04. bis 08.04.

Im April besteht noch die gleiche Arbeitsunterbrechung wie im März fort. Aus diesem Grund ist für die gleiche Abwesenheit kein zusätzlicher Zähler bei der Anzahl U in das Lohnkonto aufzunehmen oder in der Lohnsteuerbescheinigung zu melden.

Beachten Sie: Unter »Anzahl U« ist nicht der genaue Zeitraum oder die Anzahl der Tage ohne Anspruch auf Arbeitslohn einzutragen, sondern nur die Anzahl der Fälle, in denen an fünf oder mehr zusammenhängenden Arbeitstagen kein Anspruch auf Lohnfortzahlung bestand. Tritt im laufenden Kalenderjahr ein weiterer Fall von 5 oder mehr Tagen Krankengeldbezug ein, ist als Zähler 2 unter Anzahl U zu bescheinigen.

Zeile 2: Großbuchstaben S, M, F, FR1, FR2, FR3

In die zu erstellende Lohnsteuerbescheinigung sind verschiedene Kennzeichen für Besonderheiten der Lohnsteuererhebung aufgenommen worden, sie werden mit den sogenannten Großbuchstaben der Finanzverwaltung übermittelt.

Großbuchstabe S

Der Großbuchstabe »S« ist zu bescheinigen, wenn die Lohnsteuer von einem **sonstigen Bezug** im ersten Dienstverhältnis berechnet wurde und dabei der Arbeitslohn aus früheren Dienstverhältnissen des Kalenderjahres außer Betracht geblieben ist. Dies ist der Fall, wenn der Arbeitnehmer bei einem Arbeitgeberwechsel keine Lohnsteuerbescheinigung des Vorarbeitgebers vorlegt und der Mitarbeiter beim neuen Arbeitgeber Einmalzahlungen wie Urlaubsgeld oder Weihnachtsgeld erhält. Ohne Einmalzahlungen beim aktuellen Arbeitgeber sind die Bezüge des Vorarbeitgebers unerheblich – der Eintrag kann dann auch bei Nichtvorlage der Bescheinigung des Vorarbeitgebers unterbleiben. Der Eintrag muss auch dann unterbleiben, wenn der Arbeitgeberwechsel zum 01.01. des laufenden Jahres erfolgt ist.

Großbuchstabe M

Hat der Arbeitgeber dem Arbeitnehmer während einer beruflichen Auswärtstätigkeit oder im Rahmen einer doppelten Haushaltsführung eine mit dem amtlichen Sachbezugswert zu bewertende **Mahlzeit** zur Verfügung gestellt, muss im Lohnkonto der Großbuchstabe »M« aufgezeichnet und in der elektronischen Lohnsteuerbescheinigung bescheinigt werden. Zur Erläuterung der mit dem Großbuchstaben »M« bescheinigten Mahlzeitengestellungen sind neben den Reisekostenabrechnungen keine weiteren detaillierten Arbeitgeberbescheinigungen erforderlich. Diese Aufzeichnungs- und Bescheinigungspflicht gilt unabhängig von der Anzahl der Mahlzeitengestellungen an den Arbeitnehmer im Kalenderjahr (eine Mahlzeit führt zur Bescheinigungspflicht). Es kommt auch nicht darauf an, ob eine Besteuerung der Mahlzeiten ausgeschlossen ist oder die Mahlzeit pauschal nach §40 EStG versteuert werden kann oder individuell besteuert wurde. Im Fall der Gewährung von Mahlzeiten, die keinen Arbeitslohn darstellen oder deren Preis 60 EUR übersteigt und die daher nicht mit dem amtlichen Sachbezugswert zu bewerten sind, besteht keine Pflicht, im Lohnkonto den Großbuchstaben »M« aufzuzeichnen und zu bescheinigen.

! **Beispiel**

Frau Monika Waldmann war im November auf einer beruflich veranlassten Weiterbildung. Der Seminarpreis beinhaltet neben den Seminarunterlagen ein Mittagessen für die Teilnehmer. Der Arbeitgeber übernimmt die Seminarkosten vollständig ohne Abzug.

Beurteilung

Durch die Teilnahme an der beruflichen Weiterbildung erhält Frau Waldmann eine kostenlose Mahlzeit durch einen Dritten gestellt. Der Arbeitgeber muss in die Lohnsteuerbescheinigung den Großbuchstaben M aufnehmen.

Sofern das Betriebsstättenfinanzamt für die steuerfrei gezahlten Vergütungen eine andere Aufzeichnung als im Lohnkonto zugelassen hat, ist für eine Übergangszeit (bis max. Ende 2017) eine Bescheinigung des Großbuchstabens »M« nicht zwingend erforderlich.

Die Bescheinigung des Großbuchstaben kann unterbleiben, sofern die Reisekostenabrechnung und die Entgeltabrechnung mit unterschiedlichen Systemen durchgeführt werden.

Großbuchstabe F

Der Großbuchstabe »F« ist zu bescheinigen, wenn der Arbeitgeber eine steuerfreie Sammelbeförderung gemäß §3 Nr. 32 EStG für den Mitarbeiter durchgeführt hat. Mit diesem Eintrag wird den Finanzbehörden signalisiert, dass keine Werbungskosten für die **Fahrten** zwischen Wohnung und Arbeitsstätte geltend gemacht werden können bzw. der Arbeitgeberaufwand in Abzug gebracht werden muss.

Großbuchstaben FR

Der Arbeitgeber hat für **französische Grenzgänger,** bei denen kein Lohnsteuerabzug durchzuführen ist, unter der Nummer 2 in der elektronischen Lohnsteuerbescheinigung die Großbuchstaben »FR« zu bescheinigen. Die Großbuchstaben müssen um das Bundesland, in dem der Grenzgänger zuletzt tätig war, ergänzt werden. Für Baden-Württemberg lautet die Kennung »FR1«, für Rheinland-Pfalz »FR2« und für das Saarland »FR3«. Für alle weiteren Bundesländer ist keine Kennung vorgesehen.

Grenzgängerin oder Grenzgänger sind Arbeitnehmer, die ihre Berufstätigkeit in einem anderen Staat ausüben, als der, in dem sie wohnen und in der Regel täglich, mindestens aber einmal wöchentlich an ihren Wohnort zurückkehren. Im Bereich des Steuerrechts müssen sie als Grenzgänger oder Grenzgängerin besondere Voraussetzungen erfüllen und in der Regel die Lohnsteuer im Wohnsitzland entrichten. Französische Arbeitnehmer in Deutschland müssen innerhalb einer definierten Zone arbeiten, um den Grenzgängerstatus zu erhalten:

Wohnhaft in Frankreich in den Departements Bas-Rhin, Haut-Rhin und Moselle; Beschäftigungsort in Deutschland: alle Städte und Gemeinden in einer Zone von 30km ab der Grenze sowie im gesamten Saarland.

Zusätzlich muss die Arbeitnehmerin oder der Arbeitnehmer in der Regel täglich an seinen Wohnsitz zurückkehren, also zwischen Wohn- und Arbeitsort pendeln. Nach dem deutsch-französischen Doppelbesteuerungsabkommen gilt der Arbeitnehmer auch als Grenzgänger, wenn sie/er maximal 20% der Arbeitstage im Kalenderjahr nicht an den Wohnsitz zurückkehrt (45-Tage-Regelung). Entfällt im Laufe des Kalenderjahres die Grenzgänger-Eigenschaft wegen Umzug oder Überschreitung der 45-Tage-Grenze, muss die Lohnsteuer für das gesamte Kalenderjahr nacherhoben werden. Außerdem muss der Arbeitgeber eine »Aufstellung der Tätigkeitsorte« in Deutschland zu den Lohnunterlagen nehmen und dem Arbeitnehmer auf sein Verlangen eine entsprechende Bescheinigung ausstellen.

Zeile 3: Bruttoarbeitslohn

In dieser Zeile ist die Summe des Bruttoarbeitslohnes einzutragen, den der Arbeitnehmer während der Dauer des Arbeitsverhältnisses bzw. während des Kalenderjahres erhalten hat. Zum steuerpflichtigen Bruttoarbeitslohn gehören der laufende Arbeitslohn (Bruttolohn) und sonstige Bezüge wie Weihnachtsgeld, Urlaubsgeld, Tantiemen etc. Ebenfalls zum laufenden Arbeitslohn gehören Sachbezüge und geldwerte Vorteile wie Dienstwagen, Essenzuschüsse u.a. Netto gezahlter Arbeitslohn ist mit dem Bruttobetrag anzusetzen.

Bei der Ermittlung des Bruttoarbeitslohnes sind steuerfreie Lohnbestandteile wie Reisekostenerstattung, Zuschläge für Sonn- und Feiertagsarbeit oder Ähnliches nicht zu berücksichtigen. Ebenfalls nicht zum Bruttoarbeitslohn gehören Lohnbestandteile, die der Arbeitgeber pauschal versteuert hat. Aus der ELStAM-Datenbank übermittelte Freibeträge (Monat/Jahr) dürfen nicht bei der Dokumentation des Bruttoarbeitslohnes berücksichtigt werden.

Hat der Arbeitgeber steuerpflichtigen Arbeitslohn zurückgefordert (z.B. durch eine Korrekturabrechnung), ist unter der Nummer 3 bei fortbestehendem Dienstverhältnis nur der gekürzte (korrigierte) steuerpflichtige Bruttoarbeitslohn zu bescheinigen. Dies gilt auch für zurückgeforderten Arbeitslohn, der im Zuflussjahr ermäßigt besteuert worden ist. Ergibt die Verrechnung von ausgezahltem und zurückgefordertem Arbeitslohn einen negativen Betrag, so ist der auszuweisende Betrag mit einem Minuszeichen zu versehen.

Zeilen 4–7: Lohnsteuer, Kirchensteuer, Solidaritätszuschlag
In Zeile 4 ist die Lohnsteuersumme aus der Beschäftigungszeit bzw. während des Kalenderjahres ausgewiesen. Pauschale Lohnsteuer, die der Arbeitnehmer übernommen hat (z.B. für eine Direktversicherung), ist in dieser Zeile nicht enthalten. Die Summe der Lohnsteuer ergibt sich durch Kumulierung der Lohnsteuer pro Abrechnungsperiode bzw. als Gesamtwert aus dem Lohnkonto. In Zeile 5 ist die Summe der einbehaltenen Solidaritätszuschläge während der Beschäftigungszeit bzw. des Kalenderjahres ausgewiesen.

Die Summe der einbehaltenen Kirchensteuer wird in Zeile 6 und 7 bescheinigt. Bei konfessionsverschiedenen Ehen (z.B. ein Ehegatte/Lebenspartner ev, der andere rk) ist der auf den Ehegatten entfallende Teil der Kirchensteuer in Zeile 7 bzw. in Zeile 14 des Ausdrucks anzugeben (Halbteilung der Kirchensteuer). Diese Halbteilung der Kirchensteuer gilt nicht für die Bundesländer Bayern, Bremen und Niedersachsen. In diesen Ländern erfolgt keine Aufteilung, sondern die Kirchensteuer wird auch bei konfessionsverschiedener Ehe in voller Höhe der Glaubensgemeinschaft des jeweiligen Arbeitnehmers zugewiesen. Für die Anwendung des Halbteilungsgrundsatzes ist maßgebend, in welchem Bundesland die lohnsteuerliche Betriebsstätte des Arbeitgebers liegt. Auf den Wohnsitz des kirchensteuerpflichtigen Arbeitnehmers kommt es dabei nicht an.

Beispiel

!

Monika Waldmann wohnt in Bayern und ist bei einem Arbeitgeber in Baden-Württemberg beschäftigt. Frau Waldmann gehört der römisch-katholischen Kirche und ihr Ehepartner der evangelischen Kirche an. Von Frau Waldmanns Bruttolohn wurden im Kalenderjahr 2018 Kirchensteuern in Höhe von 800 EUR einbehalten.

Beurteilung

In Baden-Württemberg gilt der Halbteilungsgrundsatz. Somit ist im Beispiel für die römisch-katholische bzw. evangelische Kirche jeweils getrennt ein Betrag von 400 EUR in den Zeilen 6 bzw. 7 der Lohnsteuerbescheinigung zu übermitteln. Wäre die Betriebsstätte des Arbeitgebers in Bayern, müsste dagegen der Betrag von 800 EUR vollständig in Zeile 6 ausweisen werden.

Zeilen 8–9: Versorgungsbezüge

In Zeile 8 sind vom Arbeitgeber gezahlte Pensionen/Werksrenten oder ähnliche Versorgungsleistungen an den ehemaligen Arbeitnehmer anzugeben. Empfänger dieser Versorgungsbezüge müssen ihrem (ehemaligen) Arbeitgeber zur Durchführung des Lohnsteuerabzuges eine Steuer-ID zum ELStAM-Datensatz-Abruf zur Verfügung stellen oder eine Ersatzbescheinigung vorlegen. Versorgungsbezüge sind steuerpflichtiger Arbeitslohn und werden nach Abzug des Versorgungsfreibetrages der Einkommensteuer unterworfen. Als Versorgungsfreibetrag stehen dem Arbeitnehmer, der im Jahr 2018 erstmalig einen Versorgungsbezug erhält, 19,2% des Versorgungsbezuges, höchstens jedoch jährlich 1.440 EUR bzw. 120 EUR monatlich zu. Hat die Versorgungsleistung bereits 2005 bestanden, liegt der Versorgungsfreibetrag bei 40% des Versorgungsbezugs, höchstens jedoch bei 3.000 EUR pro Jahr (vgl. Kapitel 12.2). Versorgungsfreibeträge sind nicht über den ELStAM-Datenabruf verfügbar, der Arbeitgeber hat sie jedoch bei der Ermittlung der Lohnsteuer auf Versorgungsleistungen zu berücksichtigen. Erfolgt die Zahlung der Versorgungsbezüge nachträglich für mehrere Jahre (Zeile 9), sind diese steuerlich begünstigt (vgl. Kapitel 6.4). Sie dürfen nicht im Bruttolohn (Zeile 3) enthalten sein. Hingegen sind Versorgungsleistungen für das laufende Kalenderjahr im Bruttolohn enthalten und in Zeile 8 nur getrennt ausgewiesen.

Beachten Sie: Leistungen, die ein Rentner aus der gesetzlichen Rentenversicherung einer Alters-, Witwen- oder Waisenrente bezieht, sind keine Versorgungsbezüge.

Zeile 10: Arbeitslohn für mehrere Kalenderjahre und ermäßigt besteuerte Entschädigungen

Wird Arbeitslohn für mehrere Kalenderjahre einmalig ausgezahlt, kann der sonstige Bezug nach der Fünftel-Methode ermäßigt versteuert werden. Bei der Fünftel-Methode wird nur ein Fünftel des steuerpflichtigen Teiles der

Zahlung als sonstiger Bezug versteuert. Die sich ergebende Steuer ist dann zu verfünffachen. Die Fünftel-Methode ist jedoch nur anzuwenden, wenn sie gegenüber einer Versteuerung als sonstiger Bezug vorteilhafter ist. Abhängig davon, ob die Fünftel-Methode angewandt wird, ist in Zeile 10 der mit der Fünftel-Methode ermäßigt besteuerte Arbeitslohn für mehrere Jahre getrennt von sonstigen Bezügen auszuweisen (siehe auch Kapitel 6.4).

Ebenfalls in Zeile 10 ist der steuerpflichtige Teil einer Abfindung einzutragen, sofern diese ermäßigt versteuert wurde. Der steuerpflichtige Teil einer Abfindung kann unter bestimmten Voraussetzungen mit der Fünftel-Methode versteuert werden und ist dann in Zeile 10 mit dem Gesamtbetrag der Abfindung auszuweisen (vgl. Kapitel 6.3). Abfindungen und Entschädigungen, die nicht mit der Fünftel-Methode besteuert wurden, sind in Zeile 19 der Bescheinigung auszuweisen. Außerdem müssen sie im Bruttolohn in Zeile 3 enthalten sein.

Zeilen 11–14: Lohnsteuer, Kirchensteuer, Solidaritätszuschlag
Die auf die ermäßigt besteuerten Lohnbestandteile der Zeilen 9 bis 10 entfallende Lohn- und Kirchensteuer sowie der Solidaritätszuschlag für diese Zahlungen sind in den Zeilen 11 bis 14 anzugeben.

Wie in Zeile 5 wird bei konfessionsverschiedener Ehe die Kirchensteuer auf die beiden Religionsgemeinschaften der Eheleute je zur Hälfte aufgeteilt (Halbteilungsgrundsatz). In Zeile 14 ist die Kirchensteuerhälfte des Ehegatten anzugeben.

Zeile 15: Kurzarbeit, Winterausfallgeld, Mutterschaftszuschuss, Altersteilzeit
Das Kurzarbeitergeld oder Saison-Kurzarbeitergeld, der Zuschuss zum Mutterschaftsgeld, die Verdienstausfallentschädigung nach dem Infektionsschutzgesetz, Aufstockungsbeträge und Altersteilzeitzuschläge sind in einer Summe in Zeile 15 des Ausdrucks zu bescheinigen. Hat der Arbeitgeber Kurzarbeitergeld zurückgefordert, sind nur die so gekürzten Beträge zu bescheinigen. Ergibt die Verrechnung von ausgezahlten und zurückgeforderten Beträgen einen negativen Betrag, so ist dieser Betrag mit einem deutlichen Minuszeichen zu bescheinigen. In Zeile 15 ist der tatsächlich gezahlte Bruttobetrag dieser Lohnersatzleistungen einzutragen. Außerdem ist der Aufstockungsbetrag zur gesetzlichen Rentenversicherung anzugeben. Der Aufstockungsbetrag bei Altersteilzeit ist zwar steuerfrei, er unterliegt jedoch nach §32b EStG dem Progressionsvorbehalt. D. h. die Bezüge sind in der Einkommensteuererklärung anzugeben und müssen deshalb vom Arbeitgeber bescheinigt werden.

Zeile 16: Steuerfreier Arbeitslohn nach Doppelbesteuerungsabkommen/Auslandstätigkeitserlass

In der Doppelzeile 16 ist der Arbeitslohn einzutragen, der entsprechend einem Doppelbesteuerungsabkommen nicht dem Lohnsteuerabzug unterworfen wurde. Im zweiten Teil der Zeile 16 sollten Sie den Bruttoarbeitslohn eintragen, wenn der Arbeitnehmer im Ausland tätig war. Einträge in dieser Zeile dürfen nur vorgenommen werden, wenn mit dem ausländischen Staat kein Doppelbesteuerungsabkommen besteht (Beispiel: Irak, Nigeria u. a.).

Arbeitslohn kann ausschließlich im Ansässigkeitsstaat des Arbeitnehmers besteuert werden, es sei denn, die Tätigkeit wird in einem anderen Staat ausgeübt. Wird die unselbstständige Arbeit im anderen Staat ausgeübt, steht auch diesem Staat das Besteuerungsrecht für den Arbeitslohn zu. Vom Arbeitgeber ist zu prüfen, ob trotz der Auslandstätigkeit dem Staat des Wohnsitzes das ausschließliche Besteuerungsrecht des Arbeitslohns zusteht. Im Rahmen dieser Prüfung werden unter anderem die Aufenthalts- oder Ausübungstage im Ausland nach der 183-Tage-Klausel geprüft. Der Arbeitnehmer hat den Nachweis über die Ausübung der Tätigkeit im Ausland und deren Zeitdauer durch Vorlage geeigneter Aufzeichnungen (z. B. Stundenprotokolle, Terminkalender, Reisekostenabrechnungen) zu führen.

Ist der Arbeitslohn in Deutschland nach einem DBA freizustellen, ist zunächst zu prüfen, inwieweit die Vergütungen unmittelbar der Auslandstätigkeit oder der Inlandstätigkeit zugeordnet werden können. Soweit eine unmittelbare Zuordnung nicht möglich ist, ist der verbleibende tätigkeitsbezogene Arbeitslohn aufzuteilen. Die Aufteilung hat bereits der Arbeitgeber im Lohnsteuerabzugsverfahren vorzunehmen. Darüber hinaus hat er den steuerfrei belassenen Arbeitslohn in der Lohnsteuerbescheinigung anzugeben. Das Lohnsteuerabzugsverfahren ist zwar ein Vorauszahlungsverfahren, jedoch ist zu berücksichtigen, dass der Arbeitgeber auch nach Erstellung der Lohnsteuerbescheinigung für die Richtigkeit der Anmeldung und Abführung verantwortlich ist. Ein nicht direkt zuordenbarer Teil Arbeitslohn ist aufzuteilen. Zum nicht direkt zuordenbaren Arbeitslohn gehören z. B. neben den laufenden Vergütungen auch Zusatzvergütungen, die auf die nichtselbstständige Arbeit des Arbeitnehmers innerhalb des gesamten Berechnungszeitraums entfallen (z. B. Weihnachts- und Urlaubsgeld). Hat sich das vereinbarte Gehalt während des Kalenderjahres verändert, so ist dieser Veränderung Rechnung zu tragen. Grundlage für die Berechnung des steuerfreien Arbeitslohns ist die Zahl der tatsächlichen Arbeitstage innerhalb eines Kalenderjahres. Den tatsächlichen Arbeitstagen ist das für die entsprechende Zeit bezogene und nicht direkt zugeordnete Arbeitsentgelt gegenüberzustellen.

Zeilen 17–18: Fahrten zwischen Wohnung und Arbeitsstätte
Ein Eintrag in Zeile 17 ist dann vorzunehmen, wenn für den Arbeitnehmer die Fahrten zwischen Wohnung und Arbeitsstätte vom Arbeitgeber steuerfrei bezahlt wurden (Beispiel: Jobticket bis 44 EUR). Bei Fahrgelderstattung ist in dieser Zeile die Bruttosumme des Fahrgeldzuschusses für das Kalenderjahr bzw. die Beschäftigungsdauer anzugeben.

Beachten Sie: Die Steuerfreiheit des Fahrgeldzuschusses für öffentliche Verkehrsmittel ist im Prinzip aufgehoben. Somit darf in Zeile 17 nur noch die steuerfreie Sammelbeförderung (z. B. Firmenbus) oder die steuerfreie Sachleistung (z. B. Straßenbahnkarte bis 44 EUR) eingetragen werden.

Bei steuerfreien, durch den Arbeitgeber finanzierten Sammelbeförderungen nach §3 Nr. 32 EStG, ist zusätzlich der **Großbuchstabe »F«** in Zeile 2 einzutragen.

Waren die Fahrten zwischen Wohnung und Arbeitsstätte steuerpflichtig, weil sie beispielsweise mit einem Dienstwagen oder mit dem privaten Pkw unternommen wurden, besteht die Möglichkeit, diesen geldwerten Vorteil pauschal zu versteuern. Hat der Arbeitgeber die pauschale Steuer übernommen, ist der steuerpflichtige Bruttobetrag in **Zeile 18** auszuweisen. Eine pauschale Versteuerung des Fahrgelds durch den Arbeitgeber ist nur insoweit möglich, wie der Arbeitnehmer Werbungskosten in seiner Einkommensteuererklärung geltend machen kann (vgl. Kapitel 5.12).

Zeile 19: Steuerpflichtige Entschädigungen und Arbeitslohn für mehrere Jahre
In Zeile 19 sind Abfindungen und Arbeitslohn für mehrere Jahre dann einzutragen, wenn sie nicht mit der Fünftel-Methode versteuert werden konnten. Hat die Günstigerprüfung ergeben, dass es für den Arbeitnehmer vorteilhafter ist, die Abfindung als sonstigen Bezug zu behandeln, ist der steuerpflichtige Teil in Zeile 3 einzutragen. Der Arbeitnehmer hat dann die Möglichkeit, im Rahmen der Einkommensteuererklärung die ermäßigte Besteuerung durchführen zu lassen. Dies ist jedoch nur mit dem Eintrag der Abfindung in Zeile 19 und/oder einer formlosen Arbeitgeberbescheinigung möglich.

Zeilen 20–21: Steuerfreie Verpflegungszuschüsse/Zuschüsse zur doppelten Haushaltsführung
Unter Nummer 20 der Bescheinigung sind nur noch die steuerfreien Verpflegungszuschüsse und geldwerte Vorteile aus gestellten Mahlzeiten bei beruflich veranlassten Auswärtstätigkeiten zu bescheinigen. Werden dem Arbeitnehmer anlässlich einer beruflichen Auswärtstätigkeit Mahlzeiten vom

Arbeitgeber gewährt, kann der Arbeitgeber die Mahlzeit mit dem tatsächlichen Wert oder dem Sachbezugswert bewerten, sofern es sich um eine übliche Beköstigung (Wert der Mahlzeit bis zu 60 EUR) handelt. Hat der Arbeitgeber die anlässlich einer beruflichen Auswärtstätigkeit gestellte Mahlzeit mit dem tatsächlichen Wert bewertet, ist nur der steuerfreie Anteil der Mahlzeit zu bescheinigen. Die Steuerfreiheit setzt jedoch voraus, dass eine steuerfreie Verpflegungspauschale vom Arbeitgeber gewährt wurde. Wird die anlässlich einer beruflichen Auswärtstätigkeit gestellte und mit dem Sachbezugswert bewertete Mahlzeit aufgrund eines Einbehalts durch den Arbeitgeber nicht als Arbeitslohn versteuert, ist der ungekürzte steuerfreie Verpflegungszuschuss zu bescheinigen. In Fällen, in denen die Mahlzeit mit dem Sachbezugswert bewertet und trotz eines Einbehalts durch den Arbeitgeber als Arbeitslohn versteuert wird, ist der tatsächlich steuerfrei ausgezahlte Verpflegungszuschuss zu bescheinigen.

Tipp !

Die Finanzverwaltung hat im Anwendungsschreiben vom 30.09.2013 den Hinweis aufgenommen, dass eine Bescheinigung dieser steuerfreien Zuschüsse unterbleiben kann, wenn das Betriebsstättenfinanzamt hierfür eine andere Aufzeichnung als im Lohnkonto zugelassen hat. Dies betrifft die Fälle mit getrennter Lohn- und Reisekostenabrechnung.

Musste der Arbeitnehmer bedingt durch seine Arbeit eine Zweitwohnung am Beschäftigungsort beziehen, kann der Arbeitgeber ihm ohne Nachweis eine Pauschale je Übernachtung in Höhe von bis zu 20 EUR steuerfrei erstatten oder die tatsächliche Miete bis zu einem Höchstbetrag von 1.000 EUR pro Monat. Die Pauschale von 20 EUR gilt nur für die ersten drei Monate, danach beträgt sie 5 EUR pro Monat. Die Summe der steuerfreien Zuschüsse zur doppelten Haushaltsführung muss in Zeile 21 vermerkt werden. In dieser Zeile sind auch vom Arbeitgeber übernommene (steuerfreie) Umzugskosten und Trennungsentschädigungen auszuweisen.

Zeilen 22–23: Arbeitgeber-/Arbeitnehmeranteil zur Rentenversicherung

Mit dem Alterseinkünftegesetz wurde die steuerrechtliche Behandlung der Beiträge zur Rentenversicherung neu geordnet. Ziel der Änderung ist es, sukzessive von einer Besteuerung der Beiträge zur Rentenversicherung auf eine nachgelagerte Besteuerung der Rente umzustellen. Für das Jahr 2018 können 76 % des Beitrags zur Rentenversicherung abzüglich des steuerfreien Arbeitgeberzuschusses in der Einkommensteuererklärung steuerreduzierend geltend gemacht werden. Der steuerfreie Rentenanteil steigt in Schritten von 2 % von 50 % im Jahre 2005 auf 80 % im Jahr 2020 an. Ab dem Jahr 2021 ist der jährliche Anstieg nur noch 1 % bis auf 100 % im Jahre 2040. Die Lohnsteuerbescheinigung wurde aus diesem Grund um die Zeilen 22 bis 23 erweitert. In den Zeilen sind der Arbeitgeber- und der Arbeitnehmerbeitrag zur gesetzlichen Rentenversicherung auszuweisen.

Gleiches gilt für Beiträge, die aufgrund von ausländischen Gesetzen an ausländische Sozialversicherungsträger geleistet werden.

Zusätzlich sind die Beiträge an berufsständische Versorgungswerke getrennt von den Beiträgen an die gesetzliche Rentenversicherung auszuweisen. Die Zeile 22 und 23 ist deshalb entsprechend in:
a) gesetzliche Rentenversicherung und
b) berufsständisches Versorgungswerk
unterteilt. Die Anteile ergeben sich jeweils aus 9,3% des gesamten jährlichen beitragspflichtigen Arbeitsentgeltes. In den Zeilen 22 und 23 sind auch Beiträge zur umlagefinanzierten hüttenknappschaftlichen Zusatzversicherung im Saarland sowie Rentenversicherungsbeiträge bei geringfügiger Beschäftigung auszuweisen. Der pauschale Arbeitgeberbeitrag (15% bzw. 5%) und eventuell der Arbeitnehmerbeitrag (bei Verzicht auf die Rentenversicherungsfreiheit) sind ebenfalls zu bescheinigen.

Beachten Sie: Hat der Arbeitnehmer die Regelaltersgrenze der Rentenversicherung überschritten[58] und wird weiter mehr als geringfügig beschäftigt, unterliegt der Mitarbeiter nicht mehr den Rentenversicherungsbeiträgen – wohl aber der Arbeitgeber. Die Arbeitgeberbeiträge dürfen in diesem Fall nicht in Zeile 22 bescheinigt werden. Seit dem Jahr 2017 hat der Arbeitnehmer jedoch die Möglichkeit, wieder den vollen Beitrag zur Rentenversicherung aus seinem Arbeitsentgelt zu entrichten (Opt-in). Wird vom beitragspflichtigen Arbeitsentgelt sowohl der Arbeitgeber- wie auch der Arbeitnehmeranteil berechnet, ist der entsprechende Beitrag in Zeile 22 auszuweisen.

Zahlt der Arbeitgeber die Beiträge nicht unmittelbar an eine berufsständische Versorgungseinrichtung, sondern an den Arbeitnehmer einen steuerfreien Arbeitgeberzuschuss, darf der Arbeitgeber unter Nummer 22b und Nummer 23b weder einen Arbeitgeber- noch einen Arbeitnehmeranteil bescheinigen. Der steuerfreie Arbeitgeberzuschuss kann in den nicht amtlich belegten Zeilen mit der Beschreibung »Steuerfreier Arbeitgeberzuschuss zu berufsständischen Versorgungseinrichtungen« bescheinigt werden. Im Falle, dass der

58 Die Regelaltersgrenze erreichen im Jahr 2017 Arbeitnehmer, die vor 1952 geboren wurden oder vor 1954 geboren wurden und mindestens 45 Pflichtbeitragsjahre in der Rentenversicherung haben.

Arbeitgeber die Beiträge einbehält und an das Versorgungswerk überweist (Firmenzahler), sind die Beiträge in den Zeilen 22b und 23b auszuweisen.

Zeile 24: Arbeitgeberzuschuss zur Kranken- und Pflegeversicherung
Überschreitet das laufende Arbeitsentgelt die jährliche Versicherungspflichtgrenze der Krankenversicherung, kann sich der Arbeitnehmer privat versichern oder als freiwilliges Mitglied in der gesetzlichen Krankenversicherung verbleiben. In beiden Fällen hat er Anspruch auf den Arbeitgeberzuschuss zur Kranken- und Pflegeversicherung.

Steuerfreie Zuschüsse des Arbeitgebers zur gesetzlichen Krankenversicherung bei **freiwillig** in der gesetzlichen Krankenversicherung versicherten Arbeitnehmern, soweit der Arbeitgeber zur Leistung gesetzlich verpflichtet ist, sind unter Nummer 24a der Bescheinigung einzutragen. Entsprechend sind die Zuschüsse zur privaten Krankenversicherung unter Nummer 24b zu bescheinigen. Unter Nummer 24c sind steuerfreie Zuschüsse des Arbeitgebers zu **gesetzlichen und privaten** Pflegeversicherungen einzutragen. Bei Beziehern von Kurzarbeitergeld ist der gesamte vom Arbeitgeber gewährte Zuschuss zu bescheinigen. Zu bescheinigen sind auch Zuschüsse des Arbeitgebers an ausländische Versicherungsunternehmen und an ausländische Sozialversicherungsträger. Werden von ausländischen Sozialversicherungsträgern Globalbeiträge erhoben, ist eine Aufteilung der Zuschüsse vorzunehmen. In diesen Fällen ist unter Nummer 24 der Teilbetrag zu bescheinigen, der auf die Zuschüsse zur Kranken- und Pflegeversicherung entfällt. **Nicht** einzutragen ist der Arbeitgeberanteil zur gesetzlichen Kranken- und sozialen Pflegeversicherung bei **pflichtversicherten** Arbeitnehmern.

Zeilen 25–26: Arbeitnehmerbeiträge zur gesetzlichen Kranken- und Pflegeversicherung
Der Arbeitnehmerbeitrag zur inländischen gesetzlichen Krankenversicherung bei pflichtversicherten Arbeitnehmern ist unter Nummer 25 einzutragen. Es sind die an die Krankenkasse abgeführten Beiträge zu bescheinigen, das heißt mit Beitragsanteilen für Krankengeld. Die Arbeitnehmerbeiträge beinhalten auch den Zuschlag zur Pflegeversicherung für kinderlose Arbeitnehmer (0,25%) bzw. den **Zusatzbeitrag** zur Krankenversicherung, den nur der Arbeitnehmer trägt.

Die Beiträge des Arbeitnehmers zur inländischen sozialen Pflegeversicherung sind unter Nummer 26 des Ausdrucks zu bescheinigen.

Bei freiwillig versicherten Arbeitnehmern ist unter Nummer 25 und 26 der gesamte Beitrag zu bescheinigen, wenn der Arbeitgeber die Beiträge an die

Krankenkasse abführt (sog. Firmenzahler). Arbeitgeberzuschüsse sind nicht von den Arbeitnehmerbeiträgen abzuziehen, sondern gesondert unter Nummer 24 zu bescheinigen. In Fällen, in denen der freiwillig versicherte Arbeitnehmer und nicht der Arbeitgeber die Beiträge an die Krankenkasse abführt (sog. Selbstzahler), sind unter Nummer 25 und 26 **keine** Eintragungen vorzunehmen. Arbeitgeberzuschüsse sind unabhängig davon unter Nummer 24 zu bescheinigen. Beiträge an ausländische Sozialversicherungsträger sind nicht zu bescheinigen

Zeile 27: Arbeitnehmerbeiträge zur Arbeitslosenversicherung
Der Arbeitnehmeranteil des Beitrags zur Arbeitslosenversicherung ist in Zeile 27 zu bescheinigen. Kein Eintrag erfolgt, wenn der Arbeitnehmer aufgrund des Überschreitens der Altersgrenze (65 Jahren + X Monate) nicht mehr der Beitragspflicht zur Arbeitslosenversicherung unterliegt.

Beachten Sie: Unter den Nummern 22 bis 27 dürfen keine Beiträge oder Zuschüsse bescheinigt werden, die mit steuerfreiem Arbeitslohn in unmittelbarem Zusammenhang stehen, z.B. Arbeitslohn, der nach dem Auslandstätigkeitserlass oder aufgrund eines Doppelbesteuerungsabkommens steuerfrei, aber sozialversicherungspflichtig ist. Gleiches gilt in den Fällen, in denen Beiträge oder Zuschüsse des Arbeitgebers für steuerfreien aber sozialversicherungspflichtigen Arbeitslohn bezahlt werden. Dies kann beispielsweise der Fall sein, wenn Arbeitslohn über die Höchstgrenze von 6.240 EUR pro Jahr (im Jahr 2018) in eine betriebliche Altersvorsorge einbezahlt wird. Dies gilt auch für Rentenversicherungsbeiträge des Arbeitgebers, die im Zusammenhang mit steuerfreiem Kurzarbeitergeld stehen. In diesen Fällen sind die auf den steuerfreien Teil entfallenden Sozialversicherungsbeiträge **nicht** zu bescheinigen.

Beachten Sie: Hat der Arbeitnehmer steuerfreie und steuerpflichtige Arbeitslohnteile, ist nur der Anteil der Sozialversicherungsbeiträge zu bescheinigen, der sich nach dem Verhältnis des steuerpflichtigen Arbeitslohns zum gesamten Arbeitslohn des Lohnzahlungszeitraums ergibt. Hierbei sind steuerpflichtige Arbeitslohnanteile, die nicht der Sozialversicherungspflicht unterliegen (z.B. Entlassungsabfindungen), nicht in die Verhältnisrechnung einzubeziehen.

! **Beispiel**

Frau Waldmann hat ein Gehalt von 2.100 EUR. Sie hat Steuerklasse 1 und keine Kinder. Außer dem Gehalt erhält sie zusätzlich monatlich 284 EUR als Zuschuss zu einer Pensionskasse steuerfrei von ihrem Arbeitgeber. Außerdem hat sie im aktuellen Monat eine Sachzuwendung in Höhe von 400 EUR erhalten, die nach §37b pauschal versteuert wird und sozialversicherungspflichtig ist. Die Krankenkasse erhebt einen Zusatzbeitrag von 0,9%.

Beurteilung

Der steuerfreie, aber sozialversicherungspflichtige Anteil zur Pensionskasse ergibt sich aus dem Höchstbetrag von 3.120 EUR pro Jahr bzw. 260 EUR pro Monat (im Jahr 2018). Der übersteigende Anteil (24 EUR pro Monat) ist zu berücksichtigen.

Bezug	Steuerpflicht	Sozialversicherungspflicht
Gehalt	2.100 EUR	2.100 EUR
Zuschuss zur Pensionskasse		24 EUR
Sachbezug		400 EUR
Summen	2.100 EUR	2.524 EUR

Steuerpflichtiger Arbeitslohn	2.100 EUR
Sozialversicherungspflicht. Arbeitsentgelt	2.524 EUR
Verhältnis Arbeitslohn zu Arbeitsentgelt	0,832
Krankenversicherungsbeitrag Arbeitnehmer 8,2% von 2.524 EUR	206,97 EUR
Pflegeversicherungsbeitrag Arbeitnehmer 1,525% von 2.524 EUR[59]	38,49 EUR
Zu bescheinigender Arbeitnehmeranteil (KV+PV × 0,832) 245,46 EUR × 0,832 in der LSt-Bescheinigung	204,22 EUR

Ist der Mitarbeiter im Beispiel das gesamte Jahr mit diesen gleichbleibenden Bezügen beschäftigt, müssen die Monatswerte für die Lohnsteuerbescheinigung mit 12 multipliziert werden.

Zeile 28: Beiträge zur privaten Kranken- und Pflegeversicherung

In Zeile 28 des Ausdrucks sind die vom Arbeitnehmer nachgewiesenen Beiträge zur privaten Krankenversicherung und privaten Pflege-Pflichtversicherung in einer Summe zu bescheinigen. Bescheinigt werden dürfen nur die vom Versicherungsunternehmen dokumentierten Beiträge über die Basisabsicherung für den Arbeitnehmer und ggf. die Angehörigen. Legt der Arbeitnehmer keine Bescheinigung der Krankenversicherung vor, muss eine Bescheinigung unterbleiben. Soweit Beiträge zur privaten Krankenversicherung und Pflege-Pflichtversicherung nachgewiesen werden, jedoch kein Arbeitslohn gezahlt wird, ist keine Lohnsteuerbescheinigung auszustellen.

Beachten Sie: In Zeile 28 ist der für das laufende Kalenderjahr kumulierte Monatswert der Kranken- und Pflegeversicherung zu bescheinigen. Dies gilt

59 Im Bundesland Sachsen beträgt der Beitragsanteil des Arbeitnehmers 2,025 %.

auch dann, wenn beim Lohnsteuerabzug in einzelnen Kalendermonaten die Mindestvorsorgepauschale zu berücksichtigen war oder bei fortbestehendem Dienstverhältnis kein Arbeitslohn gezahlt wurde (z.B. Krankheit ohne Anspruch auf Lohnfortzahlung). Unterjährige Beitragsänderungen sind zu berücksichtigen. Bei der Bescheinigung sind immer die Beiträge für volle Kalendermonate anzugeben, auch wenn das Arbeitsverhältnis nicht den ganzen Monat bestand.

Bei geringfügig Beschäftigten, bei denen die Lohnsteuer nach den Besteuerungsmerkmalen aus der ELStAM-Datenbank oder einer Ersatzbescheinigung erhoben wird, ist anstelle des Betrags für die gesetzliche Krankenversicherung die Mindestvorsorgepauschale von 1.900 EUR anzusetzen und unter Nummer 28 des Ausdrucks zu bescheinigen. Entsprechendes gilt für andere Arbeitnehmer (z.B. Praktikanten, Schüler, Studenten), sofern kein Arbeitnehmeranteil zu entrichten ist.

Nicht bescheinigt werden dürfen Beiträge zur Kranken- und Pflegeversicherung, die an ausländische Versicherungsunternehmen bezahlt werden.

Zeilen 29–31: Bemessungsgrundlage für Versorgungsbezüge

In **Zeile 29** ist der hochgerechnete gesamte Versorgungsbezug pro Jahr (z.B. Betriebsrente) für den ehemaligen Mitarbeiter zu bescheinigen, zuzüglich etwaiger Sonderzahlungen. Der hochgerechnete Betrag ist Grundlage für die Ermittlung des Versorgungsfreibetrags.

Durch die Neuregelung des Alterseinkünftegesetzes hängen der Altersentlastungsbetrag und der Versorgungsfreibetrag vom Jahr des erstmaligen Eintritts der Versorgungsleistung ab. Der Versorgungsfreibetrag von 40% der Jahresversorgungsleistung, jedoch höchstens 3.000 EUR pro Jahr, wird bis zum Jahr 2040 für Neufälle vollständig abgebaut. Die Reduzierung beträgt jährlich 1,6% bzw. 120 EUR bis zum Jahr 2020 und danach 0,8% bzw. 60 EUR bis zum Jahr 2040. Der zum Eintritt des Versorgungsfalls gültige Freibetrag ist aber für die gesamte Dauer der Rentenleistung beizubehalten. Somit ist in **Zeile 30** auf der Lohnsteuerbescheinigung das Jahr des Beginns der Versorgungszahlung vierstellig zu bescheinigen. Aus dem Kalenderjahr ergibt sich der für den Versorgungsempfänger gültige jährliche Freibetrag. Dieser ist jährlich wiederkehrend anzugeben.

In der **Zeile 31** ist nur bei unterjährigem Beginn oder Ende der Zahlung eines laufenden Versorgungsbezugs der erste und letzte Monat einzutragen. Der Eintrag ist zweistellig mit Bindestrich, z.B. »02-12« oder »01-08« vorzunehmen. Dies gilt auch bei unterjährigem Wechsel des Versorgungsträgers.

Zeile 32: Versorgungsbezug, der einen sonstigen Bezug darstellt
Sterbegelder, Kapitalauszahlungen/Abfindungen von Versorgungsbezügen und die als sonstige Bezüge zu behandelnden Nachzahlungen von Versorgungsbezügen, die in Nr. 3 und Nr. 8 des Ausdrucks enthalten sind, sind in Zeile 32 gesondert zu bescheinigen. Nach §34 EStG ermäßigt zu besteuernde Versorgungsbezüge für mehrere Jahre sind dagegen in Zeile 9 des Ausdrucks zu bescheinigen. Zusätzlich ist zu den in Zeile 9 oder Zeile 29 bescheinigten Versorgungsbezügen jeweils unter der Nr. 30 des Ausdrucks das Kalenderjahr des Versorgungsbeginns anzugeben. Bei mehreren als sonstige Bezüge gezahlten Versorgungsbezügen mit unterschiedlichem Versorgungsbeginn sind die Angaben jeweils getrennt zu bescheinigen (gegebenenfalls auf einem Zusatzblatt).

Zeile 33: Kindergeld
Mit dem Jahressteuergesetz 1996 hatte der Gesetzgeber die Auszahlung des Kindergeldes teilweise den Arbeitgebern übertragen. Seit 01.01.1999 ist diese Regelung ausgesetzt und die Auszahlung des Kindergeldes erfolgt wieder durch die Kindergeldkasse.

Diese Regelung gilt nicht für öffentliche Arbeitgeber. Arbeiter und Angestellte im öffentlichen Dienst erhalten auch im Jahr 2018 das Kindergeld vom Arbeitgeber und entsprechend der Auszahlung ist dann der Ausweis auf der Lohnsteuerbescheinigung erforderlich.

Zeile 34: Freibetrag DBA Türkei
In der Zeile 34 des Ausdrucks ist der beim Lohnsteuerabzug verbrauchte Betrag nach dem Abkommen zwischen der Bundesrepublik Deutschland und der Republik Türkei zur Vermeidung der Doppelbesteuerung und der Steuerverkürzung auf dem Gebiet der Steuern vom Einkommen zu bescheinigen. In dieser Zeile sind im Besonderen die Versorgungsbezüge von Mitarbeitern mit einem Hauptwohnsitz in der Türkei auszuweisen. Diese Versorgungsbezüge sind in Deutschland steuerpflichtig, sofern sie einen Freibetrag überschreiten. Die Steuerberechnung erfolgt anhand einer gesonderten Steuerberechnungsformel.

Neben den Angaben zur Steuerbemessung, dem Steuerabzug und den Beiträgen zu den Sozialversicherungen müssen das Steuerordnungsmerkmal und die Steuer-ID bescheinigt werden. Der Arbeitgeber muss sich bei der Einstellung die **Steuer-ID** von seinem Mitarbeiter geben lassen. Er ist jedoch nicht verpflichtet, die Richtigkeit zu prüfen. Die Steuer-Identifikationsnummer ist auf die Lohnsteuerbescheinigung zu übernehmen. Ebenfalls auf die Lohnsteuerbescheinigung sind das Transferticket von der elektronischen Datenübermittlung an die Finanzverwaltung und die Personalnummer zu übernehmen.

Transferticket
Bei der Datenübertragung des Arbeitgebers zu den Annahmestellen der Finanzverwaltung wird eine elektronische Quittungsnummer zurückgemeldet. Diese ist auf der Lohnsteuerbescheinigung für den Arbeitnehmer anzugeben.

Die meisten Angaben auf der Lohnsteuerbescheinigung können direkt aus dem Lohnkonto und dem Personalstamm des Arbeitnehmers übernommen werden. Teilzeitbeschäftigte und Aushilfen (geringfügig/kurzfristig Beschäftigte), deren Bezüge pauschal versteuert wurden (2%, 5%, 20%, 25%,), brauchen keine elektronisch übermittelten Lohnsteuermerkmale (ELStAM) oder eine Ersatzbescheinigung. Für geringfügig beschäftigte Arbeitnehmer ist somit beim Austritt bzw. zum Jahresende keine Lohnsteuerbescheinigung zu erstellen, es sei denn, es wurde eine Versteuerung des Arbeitslohns nach einer Steuerklasse durchgeführt bzw. ein ELStAM-Datenabruf vorgenommen.

Identifikationsnummer
Mit dem §39 EStG wurde die Voraussetzung für ElsterLohn II geschaffen. Gleichzeitig wurde die Steuer-Identifikationsnummer eingeführt. Die Steuer-ID-Nr. besteht aus zehn zufällig gebildeten Ziffern, die keinen Rückschluss auf Daten des Steuerpflichtigen zulassen, und einer zusätzlichen Prüfziffer (11 Ziffern). Die Identifikationsnummer vergibt das Zentralamt für Steuern auf Antrag durch den Arbeitnehmer. Für den Abruf der Daten benötigt der Arbeitgeber das Geburtsdatum und die Identifikationsnummer. Außerdem ist für die Anmeldung die Information erforderlich, ob weitere Beschäftigungsverhältnisse bestehen (Hauptarbeit- oder Nebenarbeitgeber).

12.3.4 Übermittlung der Lohnsteuerbescheinigung

Die Lohnsteuerbescheinigung kann nur in elektronischer Form an die Finanzverwaltung übertragen werden. Für die Übermittlung stellt die Finanzverwaltung das Programm Elster-Formular zur Verfügung. In der Regel verfügen jedoch alle Entgeltabrechnungsprogramme über das sogenannte Elster-Modul für die Datenübermittlung an die Finanzämter. Die Übertragung muss zwingend mit einer Authentifizierung erfolgen. Die Authentifizierung ist über ein elektronisches Zertifikat möglich, das bei jeder Übertragung an die Finanzverwaltung mitgesendet wird. Das Zertifikat kann über das Elster-Online-Portal beantragt werden (www.elsteronline.de/eportal). Die Lohnsteuerbescheinigung ist Grundlage für die Einkommensteuererklärung des Mitarbeiters und muss bis spätestens **28.02.** des Folgejahres (29.02. in Schaltjahren) der Finanzverwaltung übermittelt sein.

Der Ausdruck der Lohnsteuerbescheinigung kann von Folgearbeitgebern für die Besteuerung von Einmalzahlungen berücksichtigt werden. Eine Kopie ist auch in sein Lohnkonto aufzunehmen und sechs Jahre aufzubewahren. Die Aufbewahrungspflicht gilt auch für geringfügig Beschäftigte Arbeitnehmer, sofern diese nach einer Lohnsteuerklasse besteuert wurden.

Beachten Sie: Nach Übermittlung der elektronischen Jahreslohnsteuerbescheinigung ist eine Änderung des Lohnsteuerabzugs nicht mehr zulässig. Scheidet der Arbeitnehmer während des Kalenderjahres aus, kann ggf. bis Ende Februar des Folgejahres eine Korrektur vorgenommen werden.

Ändert sich nach der Übermittlung der Jahreslohnsteuerbescheinigung an die Finanzverwaltung nochmals das Arbeitsentgelt oder besteuerungsrelevante Merkmale des Arbeitnehmers, muss der Arbeitgeber dies unverzüglich dem Betriebsstätten Finanzamt anzeigen (§41c EStG). In der schriftlichen Anzeige sind Name, Anschrift, Steuer-Identifikationsnummer, die Besteuerungsmerkmale, der Anzeigegrund, sowie die Steueränderung mitzuteilen. Gleiches gilt, wenn eine Änderung der Besteuerung wegen des Austritts des Mitarbeiters nicht mehr durchgeführt werden kann. Erfolgen nach einem Austritt noch Lohnzahlungen, ist eine Korrektur der Bescheinigung nach einer Datenübermittlung nur dann möglich, wenn zusätzlicher laufender Arbeitslohn gezahlt wird.

12.4 Jahresmeldung an die Krankenkasse

Für alle Arbeitnehmer, deren Beschäftigung über den Jahreswechsel hinaus besteht, ist per 31.12. eine Jahresmeldung für den Beschäftigungszeitraum und das beitragspflichtige Entgelt an die Krankenkasse zu übermitteln. Mit der Jahresmeldung wird dem Rentenversicherungsträger bzw. der Krankenkasse abschließend das rentenversicherungspflichtige Arbeitsentgelt für das vergangene Jahr gemeldet. Diese Meldung dient den Sozialversicherungsträgern zum Abgleich mit den entrichteten Beiträgen für den gemeldeten Beschäftigungszeitraum. Die Rentenversicherung baut anhand der Jahresmeldung für jeden versicherungspflichtigen Beschäftigten ein Rentenkonto auf. Ist der Arbeitnehmer rentenversicherungsfrei oder bei einem Versorgungswerk rentenversichert, ist als Arbeitsentgelt 000000 zu bescheinigen. Die Abgabe der Jahresmeldung ist nur noch in elektronischer Form möglich und wird in der Regel direkt aus dem Entgeltabrechnungsprogramm erstellt und versendet. Es besteht jedoch die Möglichkeit, mit der manuellen Ausfüllhilfe (sv.net) den Krankenkassen die Meldung zu übermitteln.

Grund der Abgabe und Arbeitsentgelt

Die Mehrzahl der Einträge entspricht denen der Abmeldung (siehe Kapitel 10.2). Als »Grund der Abgabe« ist bei manueller Erstellung die Option »Jahresmeldung« **Meldeschlüssel 50** anzugeben. Als Beschäftigungszeitraum wird im Allgemeinen das gesamte Kalenderjahr (01.01. bis 31.12.) ausgewiesen. War der Arbeitnehmer nicht das ganze Jahr im Unternehmen beschäftigt, ist der Zeitraum des vertraglichen Arbeitsbeginns bis zum Ende des Kalenderjahres zu melden. Wurde der Arbeitnehmer im Laufe des Kalenderjahres einmal abgemeldet und wieder angemeldet (z.B. wegen unbezahltem Urlaub), ist nur der Zeitraum seit der letzten Anmeldung in der Jahresmeldung zu berücksichtigen. War das Beschäftigungsverhältnis im Kalenderjahr wegen des Bezugs von Entgeltersatzleistungen (z.B. Bezug von Krankengeld von der Krankenkasse) unterbrochen, sind nur Zeitraum und Entgelt seit der letzten Unterbrechungsmeldung zu melden. Keinesfalls darf ein Zeitraum und/oder gezahltes Entgelt doppelt gemeldet werden.

Auf der Jahresmeldung ist das Entgelt in vollen Euro anzugeben. Cent-Beträge sind kaufmännisch zu runden.

Beachten Sie: Es darf nur das in der Rentenversicherung beitragspflichtige Arbeitsentgelt gemeldet werden, das seit der letzten Jahresmeldung, Abmeldung oder Unterbrechungsmeldung aufgelaufen ist. Das beitragspflichtige Entgelt beinhaltet auch Einmalzahlungen, die in der Beschäftigungszeit bzw. seit der letzten Entgeltmeldung gezahlt wurden. Bei durchgängiger Beschäftigung liegt die Obergrenze des zu bescheinigenden Arbeitsentgeltes für das Jahr 2018 bei 78.000 EUR (West) bzw. 69.600 EUR (neue Bundesländer), was der Beitragsbemessungsgrenze in der Rentenversicherung entspricht. Bruttoentgelte über dieser Grenze dürfen nicht gemeldet oder bescheinigt werden.

Für Aushilfen (geringfügig Beschäftigte) sind ebenfalls Jahresentgeltmeldungen zu erstellen. Geringfügig beschäftigte Aushilfen unterliegen (außer in der Rentenversicherung) nicht der Versicherungspflicht zu den Sozialversicherungen. Der Arbeitgeber ist jedoch verpflichtet, mindestens pauschale Beiträge zur Rentenversicherung zu entrichten. Hat die Aushilfe keinen Antrag auf Verzicht der Versicherungspflicht zur Rentenversicherung gestellt, ist das Entgelt zu melden, von dem der (volle) Rentenversicherungsbeitrag berechnet wurde. In der Jahresmeldung ist das Arbeitsentgelt, von dem pauschale Rentenversicherungsbeiträge entrichtet wurden, zu melden. Maximal kann das beitragspflichtige Entgelt 5.400 EUR betragen.[60]

60 Das monatliche Arbeitsentgelt kann bei einem unvorhersehbaren Arbeitseinsatz auf über 450 EUR pro Monat steigen. In diesem Fall liegt der zu bescheinigende Höchstbetrag über 5.400 EUR. Ein unvorhergesehenes Überschreiten des Arbeitseinsatzes darf max. dreimal pro Jahr stattfinden.

Beachten Sie: Liegt das regelmäßige monatliche Arbeitsentgelt unter 175 EUR und hat der Arbeitnehmer keinen Antrag auf Befreiung von der Rentenversicherungspflicht gestellt, ist das beitragspflichtige und nicht das tatsächlich geleistete Entgelt zu melden. Erhält der Arbeitnehmer beispielsweise regelmäßig monatlich 140 EUR und unterliegt der vollen Rentenversicherungspflicht, sind bei durchgängiger Beschäftigung zum Jahresende 2.100 EUR als Entgelt zu bescheinigen. Für jeden vollen Beschäftigungsmonat muss das Mindestentgelt von 175 EUR mit Rentenversicherungsbeiträgen belegt werden und in der Jahresmeldung gemeldet werden.

Meldungsempfänger/Meldefrist

Die Jahresmeldung sollte bis **spätestens 15.02.** des Folgejahres an die Krankenkasse des Arbeitnehmers bzw. an die Annahmestelle für den Krankenkassentyp gemeldet sein. Für privat krankenversicherte Arbeitnehmer ist die Meldung bei der Krankenkasse einzureichen, die für die Entgegennahme der Renten- und Arbeitslosenbeiträge zuständig ist. In der Regel ist dies die AOK oder IKK bzw. die Krankenkasse, bei der der Arbeitnehmer zuletzt pflichtversichert war. War der Arbeitnehmer noch nie Mitglied einer gesetzlichen Krankenkasse, kann der Arbeitgeber die Kasse für die Anmeldung frei wählen. Die Meldung ist dann an die Krankenkasse zu richten, bei der der Arbeitnehmer angemeldet wurde. Zuständig für die Jahresmeldungen von geringfügigen und kurzfristig Beschäftigten ist die Minijob-Zentrale. Eine Abgabe der Jahresmeldung kann entfallen, wenn

- der 31.12. in eine Unterbrechungszeit fällt und bereits eine Unterbrechungsmeldung abgegeben wurde,
- die Beitragsgruppe sich zum 01.01. des Folgejahres ändert (Abmeldung wegen Beitragsgruppenwechsel),
- das Arbeitsverhältnis zum 31.12. des Jahres endet (Abmeldung zum 31.12.).

Der Arbeitnehmer erhält einen Ausdruck von der elektronisch übermittelten Meldung zur Sozialversicherung zur Dokumentation des verbeitragten Entgelts. Ein Ausdruck ist auch in sein Lohnkonto aufzunehmen und sechs Jahre aufzubewahren. Die Aufbewahrungspflicht gilt auch für geringfügig beschäftigte Arbeitnehmer.

Wichtig: Für kurzfristig beschäftigte Aushilfen ist seit 2017 die DEÜV-Jahresmeldung entfallen. Eine DEÜV-Jahresmeldung ist damit nicht mehr fällig, wenn die kurzfristige Beschäftigung über den Jahreswechsel hinaus weiterbesteht. Für die Jahresmeldungen zur Unfallversicherung ändert sich für diesen Personenkreis jedoch nichts. Die DEÜV-Meldung mit Grund der Abgabe 92 ist auch weiterhin zu erstellen und bei der Minijob-Zentrale einzureichen.

Beachten Sie: Wird die Jahresmeldung aus einem Entgeltabrechnungsprogramm erstellt, ist ein Zertifikat eines sogenannten Trust Centers erforderlich. Die Hersteller der Entgeltabrechnungsprogramme arbeiten in der Regel mit einem Unternehmen für die Datenverschlüsselung und -übertragung zusammen. Die Datenverschlüsselung geschieht mit einem elektronischen Zertifikat, welches die Trust Center zur Verfügung stellen. Dieses Zertifikat muss beantragt und in das Abrechnungssystem bzw. Übertragungsmodul eingelesen werden. Außerdem muss das Zertifikat regelmäßig erneuert werden. Genauere Informationen stellen die Hersteller der Entgeltabrechnungssysteme zur Verfügung.

12.5 Meldungen an die Berufsgenossenschaft

Die Berufsgenossenschaft ist Träger der Unfallversicherung und gehört zu den gesetzlichen Sozialversicherungen. Es gibt 9 verschiedene Berufsgenossenschaften (BG). Jeder Arbeitgeber ist kraft Gesetzes verpflichtet, Mitglied in der für seinen Gewerbezweig errichteten Berufsgenossenschaft (BG) zu werden. Die Zuständigkeit einer Berufsgenossenschaft ergibt sich aus der Branchenzugehörigkeit des Unternehmens und kann über den Bundesverband der Deutschen gesetzlichen Unfallversicherung (Glinkastraße 40, 10117 Berlin, Tel.: 030 / 288 763 800) erfragt werden.

In der Berufsgenossenschaft sind alle Arbeitnehmer der Firma, unabhängig von Alter, Tätigkeit, Dauer der Betriebszugehörigkeit, Einkommen etc. unfallversichert. Auch Praktikanten und Aushilfen (geringfügig/kurzfristig Beschäftigte) sind bei Arbeitsunfällen über die Berufsgenossenschaft versichert. Nicht zu den unfallversicherten Personen gehören:

- Vorstände einer AG/eines Konzernunternehmens
- beherrschende Gesellschafter-Geschäftsführer einer GmbH

12.5.1 Meldepflichten zur Unfallversicherung

Bis zum Jahr 2016 war die Entgeltmeldung an die Unfallversicherung Bestandteil der elektronischen DEÜV-Meldung. Mit Sozialversicherungsmeldungen, in denen Entgelt gemeldet wurde, musste auch das Berufsgenossenschaftsentgelt gemeldet werden. Dieses integrierte Verfahren wurde ab dem Jahr 2016 zugunsten einer eigenen Jahresmeldung zur Unfallversicherung (UV-Jahresmeldung) aufgegeben. Zusätzlich müssen seit dem Jahr 2017 für eine Übergangszeit der zuständigen Berufsgenossenschaft einmal jährlich ein Nachweis der UV-Entgelte pro Gefahrenstelle und die geleisteten Arbeitsstunden gemeldet werden. Diese Meldung, der sogenannte Lohnnachweis, ist in Papierform der zuständigen Berufsgenossenschaft einzureichen. Ab dem Jahr 2017 ist zusätzlich auch der Lohnnachweis elektronisch an die Berufsgenossenschaft zu senden (dritte Meldung). Zur Vorbereitung wurde seit 2016 der sogenannte UV-Stammdatendienst verpflichtend eingeführt. Auch dieser elektronische Datenabgleich mit einer Voranzeige des elektronischen Lohnnachweises ist verpflichtend an die Annahmestelle der Deutschen Gesetzlichen Unfallversicherung (DGUV) zu senden.

UV-Stammdatendienst

Im November 2016 wurde von den Unfallversicherungen (BGs) ein Abgleich der im Unternehmen vorhandenen Gefahrenstellen mit dem Datenbestand der Unfallversicherung eingeführt. Dieser sogenannte UV-Stammdatendienst verpflichtet die Arbeitgeber, mindestens einmal pro Jahr die im Entgeltsystem gepflegten Gefahrenstellen an die Unfallversicherung zu übermitteln. Die Unfallversicherung prüft die Daten und meldet dem Unternehmer die gültigen Gefahrenstellen und die Mitgliedsnummer zurück.

Das neue UV-Meldeverfahren besteht aus vier Prozessschritten. Im **ersten Schritt** meldet der Arbeitgeber den Betrieb für den Stammdatenabruf bei der Unfallversicherung an. In der elektronischen Anfrage an die Annahmestelle der Berufsgenossenschaften sind folgende Daten zu übermitteln:

- die Betriebsnummer des Beschäftigungsbetriebs der Arbeitnehmer
- die Betriebsnummer des Betriebs, der die Lohnabrechnung durchführt
- die Betriebsnummer des UV-Trägers (BG Betriebsnummer)
- die Mitgliedsnummer
- eine PIN (Authentifikation als Zugangsvoraussetzung)

Mit der Anfrage an den UV-Stammdatendienst meldet das Unternehmen gleichzeitige den elektronischen Lohnnachweis an. Ohne die Stammdatenanfrage kann der elektronische Lohnnachweis nicht von der Unfallversicherung bearbeitet werden. Es erfolgt eine Abweisung mit Fehler, sollte ein Lohnnachweis ohne vorherige Stammdatenabfrage übermittelt werden. Im **zweiten Prozessschritt** erhält das Unternehmen alle für seinen Betrieb gültigen Gefahrenstellen als Gefahrtarif zurückgemeldet. Die Rückmeldung erfolgt über einen Datenabruf vom sogenannten Kommunikationsserver der Sozialversicherungen. Im **dritten Prozessschritt** ist jedem Arbeitnehmer entsprechend seiner Tätigkeit eine dieser Gefahrenstellen aus dem übermittelten Gefahrtarif zuzuordnen bzw. eine bestehende Zuordnung im Entgeltabrechnungssystem zu überprüfen. Erst nachdem der Datenabruf und die Zuordnung durchgeführt wurden, muss der **vierte Prozessschritt,** die Übermittlung des elektronischen Lohnnachweises durchgeführt werden. Dabei ist zu beachten, dass der Stammdatenabruf und der elektronische Lohnnachweis eine Einheit bilden. Soll beispielsweis der Lohnnachweis nicht oder mit einem anderen System übermittelt werden, ist der Stammdatenabruf zunächst zu stornieren.

Beachten Sie: die landwirtschaftlichen Unfallversicherungen, die Feuerwehrunfallkasse und die Unfallversicherung der öffentlichen Hand nehmen nicht am Verfahren des UV-Stammdatendienstes teil.

Für den ersten Prozessschritt, die Stammdatenanforderung bzw. der Stammdatenabruf hat jedes Unternehmen mit einer eigenen Betriebsnummer eine 5-stellige PIN-Nr. von der Deutschen Gesetzlichen Unfallversicherung (DGUV) erhalten. Wurde das Unternehmen im Laufe des Jahres 2018 neu gegründet, erfolgt die Vergabe der PIN-Nummer nach der Vergabe der Betriebsnummer durch die Arbeitsagentur bzw. einer Weiterleitung an die Deutsche Gesetzliche Unfallversicherung. Die zuständige Berufsgenossenschaft (BG) vergibt eine Mitgliednummer und eine PIN-Nr. und sendet diese schriftlich dem Unternehmen zu. Der Stammdatenabruf kann danach in der Regel direkt aus dem systemgeprüften Entgeltabrechnungssystem durchgeführt werden. Alternativ besteht die Möglichkeit, den Stammdatenabruf mit der manuellen Ausfüllhilfe sv.net comfort durchzuführen.

Die elektronische Anfrage zum Abruf der Gefahrenstellen muss die Betriebsnummer des Unternehmens, das die Arbeitnehmer beschäftigt, beinhalten – z. B. die Hauptniederlassung. Zusätzlich ist die Betriebsnummer des Unternehmens, welches die Lohnabrechnung durchführt, zu melden. Beide Nummern können identisch sein, wenn das Unternehmen die Lohnabrechnung selbst durchführt. Liegen die Lohnunterlagen bei einem Steuerberater oder bei einem externen Dienstleister, ist die Betriebsnummer des Steuerberaters oder des externen Dienstleisters anzugeben. Zur Identifikation, an welche BG die Anfrage von der Annahmestelle weitergereicht werden muss, ist in der Anfrage die Betriebsnummer der BG, bei der das Unternehmen Mitglied ist, anzugeben. Diese Nummer kann z. B. dem Schreiben für die Vergabe der PIN-Nr. entnommen werden. Zur Authentifizierung muss die Anfrage die fünfstellige PIN-Nr. des Mitgliedsunternehmens beinhalten. Wird der Stammdatenabruf durch den Steuerberater oder einen Dienstleister durchgeführt, muss dieser über die PIN-Nr. verfügen.

Beachten Sie: Hat ein Unternehmen mehrere meldende/abrechnende Stellen (z. B. Niederlassung mit eigener Betriebsnummer), ist für jede dieser Stellen ein Stammdatenabruf erforderlich. Pro Stammdatenabruf wird dann ein elektronischer Lohnnachweis erwartet, der die gültigen Angaben für den Betriebsteil enthält.

!

Tipp

Wird die Stammdatenabfrage über das Programm sv.net durchgeführt, kann die anschließend zu versendende UV-Jahresmeldung ebenfalls nur mit sv.net durchgeführt werden. Auch wenn die Gefahrenstellen den Mitarbeitern im Entgeltsystem korrekt zugeordnet werden, erfolgt eine Abweisung der Meldung durch die Annahmestelle der DGUV, sofern der Lohnnachweis mit einem anderen System gesendet wird. Soll dennoch die UV-Jahresmeldung mit dem Entgeltsystem gemeldet werden, ist zunächst die Stammdatenabfrage mit dem Programm sv.net zu stornieren und erneut eine Stammdatenabfrage mit dem Entgeltabrechnungsprogramm zu erstellen. Nach der Stammdatenrückantwort kann dann die UV-Jahresmeldung versendet werden.

In der Rückmeldung der Berufsgenossenschaft erhält das Unternehmen die für die jeweilige Mitgliedsnummer gültigen Gefahrenstellen (Prozessschritt 2). Nach der Zuweisung der Gefahrenstellen zu den Mitarbeitern (Schritt 3) ist der Lohnnachweis an die Annahmestelle der Unfallversicherung zu versenden. Grundsätzlich wird zu jedem Stammdatenabruf ein digitaler Lohnnachweis von der Unfallversicherung erwartet. Wenn nach einem Stammdatenabruf kein digitaler Lohnnachweis gemeldet werden soll, ist der Abruf durch die sendende Stelle zu stornieren. Wurde eine Stammdatenabfrage wegen Fehler zurückgewiesen, ist jedoch keine Stornierung erforderlich.

Die Rückmeldung der Berufsgenossenschaft auf die Stammdatenanfrage enthält folgende Informationen:

- Gültigkeit der Mitgliedsnummer Arbeitgeber
- Beitragsmaßstab
  - 01 — Entgelt
  - 02 — Arbeitsstunden
  - 03 — Versicherte
  - 04 — Einwohnerzahlen
- Gültige Gefahrentarifstellen

Der Beitragsmaßstab wird anhand der Arbeitgeberdaten von den Berufsgenossenschaften festgelegt. Ab dem Jahr 2018 wird für das Meldejahr 2017 auch der Beitragsmaßstab 02 – Arbeitsstunden elektronisch zurückgemeldet. In diesem Fall sind im Lohnnachweis pro Gefahrenstelle nicht die kumulierten Entgelte, sondern die im Jahr geleisteten »Sollarbeitsstunden« zu melden. Maßgeblich sind hier die (tarif-)vertraglich vereinbarten Sollarbeitsstunden, aufgerundet auf volle Stunden (§ 187 Abs. 2 SGB VII). Die Arbeitsstunden spiegeln die Anzahl der versicherten Personen und deren Tätigkeit wieder und berücksichtigen auch Teilzeitbeschäftigungen sowie personelle Fluktuationen.

Übermittlung der Lohnnachweise

Zur Feststellung des Umlageanteils zur Unfallversicherung muss der Arbeitgeber der Berufsgenossenschaft einen sogenannten Lohnnachweis übermitteln. Ab dem Jahr 2017 sind für das vorangegangene Kalenderjahr ein elektronischer Datensatz mit dem Lohnnachweis und ein Lohnnachweis in Papierform zu übermitteln. Dieses »Doppelmeldeverfahren« ist bis Ende 2018 beizubehalten. Das Papierformular für den Lohnnachweis erhalten Sie auf Anfrage bei der zuständigen Berufsgenossenschaft. Wurde einmal ein Lohnnachweis eingereicht, wird das Formular in der Regel automatisch spätestens im Januar zugestellt. Im Allgemeinen sind auf dem Lohnnachweisformular folgende Angaben erforderlich:

- Zahl der beschäftigten Arbeitnehmer je Gefahrklasse
- Lohnsumme je Gefahrklasse/Stundensumme je Gefahrenklasse (bei Beitragsmaßstab 02)
- Summe der durch Unfälle ausgefallenen Arbeitsstunden (ggf. Vollarbeiterrichtwert 1.580 Std./Vollzeitbeschäftigte in 2018, 1.570 Std. in 2017)
- Zahl der deutschen und ausländischen Arbeitnehmer
- Zahl der Vollzeit-/Teilzeitbeschäftigten (einzelne BGs)

Für die Berechnung der Beiträge benötigen die Unfallversicherungsträger die Lohnnachweise der Unternehmen. Grundsätzlich wird der Lohnnachweis einmal jährlich an den Unfallversicherungsträger übermittelt. Bei der Übermittlung des digitalen Lohnnachweises sind Meldegründe anzugeben. Sie geben dem Unfallversicherungsträger Aufschluss darüber, um was für eine Meldung es sich handelt. Neben dem Lohnnachweis ist zu folgenden Anlässen eine elektronische UV-Meldung zu erstellen und zu versenden:

Meldegrund	Beschreibung
UV01	Umlagelohnnachweis
UV05	▪ Lohnnachweis bei Einstellung des Unternehmens Lohnnachweis bei Unternehmerwechsel
UV06	▪ Lohnnachweis bei Beendigung einer abrechnenden Stelle ▪ Lohnnachweis bei Beendigung aller Beschäftigungsverhältnisse
UV08	Lohnnachweis bei Insolvenzverfahren
UV10	Stammdaten Anfrage und Voranzeige des elektr. Lohnnachweises

Beachten Sie: Tritt eines dieser Ereignisse unterjährig ein, ist die Erstellung und Versendung eines sogenannten Teillohnnachweises erforderlich. Für die Übermittlung von Teillohnnachweisen ist keine vorausgehende Stammdatenanfrage erforderlich.

In den Jahren 2017 und 2018 ist zusätzlich zum elektronischen Lohnnachweis das papiergebundene Formular einzureichen. Sowohl die elektronische Meldung wie auch das Formular enthalten weitgehend identische Angaben. Im Lohnnachweis sind je Gefahrklasse die kumulierten beitragspflichtigen Jahresentgelte über alle Arbeitnehmer des Unternehmens, die in dieser Gefahrklasse arbeiten, zu melden. Die Lohnsumme ist unter Berücksichtigung der Höchstentgelte je Arbeitnehmer zu bilden. Außerdem ist in der Lohnsumme je Gefahrenstelle zu berücksichtigen, ob der Arbeitnehmer ggf. mehreren Gefahrenstellen im Kalenderjahr zugeordnet war oder ist. Dies kann aufgrund eines Wechsels seiner Tätigkeit der Fall sein (z.B. 3 Monate Büroarbeit, 9 Monate Außendienst).

Beachten Sie: die Mitarbeiter der Personengruppen 997 (i.d.R. beherrschende Gesellschafter-Geschäftsführer) und 108 (Mitarbeiter mit Bezug von Vorruhestandsgeld) sind im Lohnnachweis nicht zu berücksichtigen. Für diese Personengruppen sind auch keine DEÜV-Meldungen mit dem Meldegrund 92 zu erstellen.

Der Lohnnachweis ist bis **16.02.** nach Ablauf eines Kalenderjahres bei der zuständigen Berufsgenossenschaft einzureichen. Diese Frist gilt sowohl für den papiergebundenen Lohnnachweis und den elektronischen Lohnnachweis. Für die Datenübermittlung und die Rückmeldung des elektronischen Lohnnachweises wird der Kommunikationsserver der Krankenversicherungen genutzt. Spätestens bis Ende April erhält der Arbeitgeber von der Berufsgenossenschaft den Beitragsbescheid (in Papierform) für das abgelaufene Kalenderjahr. Der sich aus dem Beitragsbescheid ergebende Beitrag ist spätestens bis zum 15. des dem Bescheid folgenden Monats zu zahlen. Spätester Fälligkeitstermin ist somit der 15. Mai.

Übermittlung der UV-Jahresmeldung

Für die Betriebsprüfung durch die Rentenversicherungsträger muss ab dem Jahr 2016 für jeden unfallversicherungspflichtigen Arbeitnehmer eine sogenannte UV-Jahresmeldung an die zuständige Berufsgenossenschaft übermittelt werden. Die UV-Jahresmeldungen sind in einem elektronischen Verfahren den Annahmestellen der Unfallversicherung bis zum 16. Februar des Folgejahres zu melden. Für die zu meldenden Jahre 2017 und 2018 hat das zur Folge, dass die Unternehmen sowohl den herkömmlichen (Papier-)Lohnnachweis, den elektronischen Lohnnachweis und auch die elektronische Jahresmeldung erstatten müssen. In der UV-Jahresmeldung sind für jeden Arbeitnehmer alle beitragspflichtigen UV-Entgelte, bezogen auf das Kalenderjahr, zu melden. Somit ist als Meldezeitraum stets der »01.01. bis 31.12.« anzugeben. Unterjährige Unterbrechungen (z.B. Krankengeldzahlung) dürfen bei der UV-Jahresmeldung nicht berücksichtigt werden. Der Meldezeitraum 01.01. – 31.12. ist auch für unterjährig eingetretene und unterjährig ausgeschiedene Mitarbeiter zu melden.

Die UV-Jahresmeldung ist Bestandteil des DEÜV-Meldeverfahrens der Krankenkassen. Wie die Jahresmeldung zur Kranken- und Rentenversicherung ist sie an die für den Arbeitnehmer zuständige Annahmestelle der Krankenkasse elektronisch zu senden. Als Meldegrund ist der **»Grund der Abgabe 92«** zu übermitteln. In der UV-Jahresmeldung sind der Unfallversicherung folgende Angaben für jeden Arbeitnehmer zu melden:

- Mitgliedsnummer des Unternehmens bei der Berufsgenossenschaft
- Betriebsnummer des Unfallversicherungsträgers (BG)
- das Kalenderjahr der Versicherungspflicht (Meldezeitraum)
- UV-Grund (siehe untenstehende Tabelle)
- Unfallversicherungspflichtiges Entgelt jedes Arbeitnehmers
- Zuordnung jedes Arbeitnehmers zu einer Gefahrtarifstelle

Für nicht in der Unfallversicherung versicherte Arbeitnehmer darf keine UV-Jahresmeldung erstattet werden (Personengruppe 997 – beherrschende Gesellschafter-Geschäftsführer und Personengruppe 108). Die UV-Jahresmeldung gilt jedoch auch für sozialversicherungsfreie Praktikanten, Studenten und unständig Beschäftigte. Zuständige Annahmestelle für geringfügig und kurzfristig Beschäftigte ist die Minijob-Zentrale.

Bestandteil der UV-Jahresmeldung ist der UV-Grund. Mit dem Feld »UV-Grund« sind jedoch nur dann Daten zu senden, wenn es sich um Besonderheiten handelt, die bei der Beitragsberechnung von der Unfallversicherung zu berücksichtigen sind. Liegen keine Besonderheiten vor, ist im Feld »UV-Grund« der Schlüssel 000 zu melden. Das Feld UV-Grund ist relevant für Fälle, bei denen die Beiträge zur Unfallversicherung nicht aus dem Arbeitsentgelt berechnet werden können (A07 bis A09). In diesen Fällen wird das gemeldete UV-Entgelt auch nicht von der Rentenversicherung geprüft. Mit dem Datenfeld UV-Grund sind auch die Fälle zu melden, bei denen die Meldung nicht vom Arbeitgeber, sondern von einer anderen Stellen zu melden ist (B01, B06 und B09). Die nachstehende Tabelle enthält eine Übersicht aller UV-Gründe und deren Erläuterungen sowie den jeweils erforderlichen bzw. entbehrlichen Daten in der Meldung zur Unfallversicherung.

UV-Grund	Hinweis	Zu melden sind	Nicht gemeldet werden müssen
A07	Meldungen für Arbeitnehmer des Trägers der Unfallversicherung (bisher Gefahrtarifstelle 77777777)	Betriebsnummer des UV-Trägers	Mitgliedsnummer; der Gefahrtarif, der angewendet wird; Gefahrtarifstelle; UV-Entgelt und Arbeitsstunden
A08	Beitragsbemessung bei landwirtschaftlicher Berufsgenossenschaft (bisher Gefahrtarifstelle 88888888)	Betriebsnummer des UV-Trägers	Mitgliedsnummer; der Gefahrtarif, der angewendet wird; Gefahrtarifstelle; UV-Entgelt und Arbeitsstunden
A09	Beitragsbemessung nicht nach dem Entgelt, z.B. Kopfpauschale (bisher Gefahrtarifstelle 99999999)	Betriebsnummer des UV-Trägers	Mitgliedsnummer; der Gefahrtarif, der angewendet wird; Gefahrtarifstelle; UV-Entgelt und Arbeitsstunden
B01	Entsparung[61] von ausschließlich sozialversicherungs-pflichtigem Wertguthaben; Beitragspflicht in der UV bereits in der Ansparphase	Betriebsnummer des UV-Trägers und Mitgliedsnummer	Mitgliedsnummer; der Gefahrtarif, der angewendet wird; Gefahrtarifstelle; UV-Entgelt und Arbeitsstunden
B06	UV-Entgelt wird in einer anderen Gefahrtarifstelle dieser Entgeltmeldung angegeben	Betriebsnummer des UV-Trägers, Mitgliedsnummer, dessen Gefahrtarif, Gefahrtarifstelle	UV-Entgelt und Arbeitsstunden
B09	Sonstige Sachverhalte, die kein UV-Entgelt in der Meldung erfordern	Betriebsnummer des UV-Trägers, Mitgliedsnummer, dessen Gefahrtarif, Gefahrtarifstelle	UV-Entgelt und Arbeitsstunden

Tab. 39: SV-Meldegründe Unfallversicherung für die Berufsgenossenschaft

Wird der Beitrag zur Unfallversicherung vom zuständigen Unfallversicherungsträger nicht nach dem Arbeitsentgelt berechnet, enthält das Datenfeld »A09« einen Eintrag für den Beitragsmaßstab in der Stammdatenrückmeldung. Dies gilt beispielsweise für Unternehmen der öffentlichen Hand, die im Stammdatendienst mit den Beitragsmaßstäben 2 (Beitrag auf Basis von Arbeitsstunden) oder Beitragsmaßstab 3 (Beitrag auf Basis der Anzahl der Versicherten) zu melden sind.

61 Entsparung: Reduzierung eines Wertguthabens bei Altersteilzeit.

Beachten Sie: Auch wenn unterjährig oder zum Ende des Jahres das Lohnabrechnungssystem gewechselt wird, ist dennoch die UV-Jahresmeldung für das gesamte Kalenderjahr zu melden. Für diesen Fall sind die UV-Entgelte pro Mitarbeiter in das neue Abrechnungssystem zu übernehmen.

! **Tipp**

Der UV-Grund 000 ist standardmäßig zu melden. Für Unternehmen, die Mitglied einer landwirtschaftlichen Berufsgenossenschaft oder eines Unfallversicherungsträgers der öffentlichen Hand sind, werden die Beiträge nicht auf Grundlage des Arbeitsentgelts der Arbeitnehmer berechnet. Somit sind diese Unternehmen von der Prüfung durch die Rentenversicherungsträger ausgenommen. Für die Mitarbeiter in diesen Unternehmen ist neben der Betriebsnummer des zuständigen Unfallversicherungsträgers ausschließlich der UV-Grund A08 bzw. A09 zu melden. Die Meldung eines UV-Entgelts ist nicht erforderlich (0,00 EUR). Außerdem sind die fiktiven Gefahrtarifstellen 88888888 bzw. 99999999 in der Jahresmeldung anzugeben.

Korrektur von UV-Jahresmeldungen

War eine bereits erstattete UV-Jahresmeldung mit dem **Meldegrund 92** nicht abzugeben bzw. enthielt die Meldung falsche Angaben, ist diese unabhängig vom Meldezeitraum zu stornieren und ggf. neu zu melden.

Muss im Jahr 2018 eine Entgeltmeldung (z.B. Abmeldung, SV-Jahresmeldung) für Zeiträume vor 2018 korrigiert werden, ist zunächst eine Stornierung dieser DEÜV-Meldung (z.B. SV-Jahresmeldung 2017) vorzunehmen. Bei der Neumeldung sind dann zwei neue Meldungen zu übermitteln:

- die stornierte und geänderte Meldung für die Sozialversicherung (Meldegrund 50) und
- die neue Jahresmeldung für die Unfallversicherung (Meldegrund 92).

Dies gilt selbst dann, wenn mit der Stornierung der Meldung nur Angaben zur Sozialversicherung (z.B. SV-Jahresmeldung) korrigiert werden müssen.

Sollten die Änderungen nur die UV-Daten betreffen, dann gilt Folgendes:

- Waren in der ursprünglichen SV-Meldung UV-Daten nicht zu melden oder wurden falsch gemeldet, sind die korrekten UV-Daten erstmalig mit einer UV-Jahresmeldung zu übermittelt. Eine Stornierung der bereits abgegebenen Entgeltmeldung zur Sozialversicherung (Meldegrund 50) ist in diesem Fall nicht erforderlich.
- Wurde bereits eine UV-Jahresmeldung für das betroffene Kalenderjahr erstattet, dann muss diese storniert und neu gemeldet werden.

Eine Änderung in den Arbeitsstunden ist nie stornorelevant bzw. neu zu melden. Der Grund für das besondere Verfahren bei der SV-Jahresmeldung ist, dass die gesamte ursprüngliche Entgeltmeldung einschließlich der UV-Daten mit der Stornierung gelöscht wird. Ohne eine erneute Meldung fehlen diese im Datenbestand.

Die Korrektur (Stornierung + Neumeldung) wird in der Regel direkt aus dem Entgeltabrechnungsprogramm heraus erstellt. Sollte dies nicht möglich sein, kann die Storno- und Neumeldung mit der Ausfüllhilfe sv.net erstellt und übermittelt werden.

12.5.2 Berechnung des Entgelts für die UV-Jahresmeldung

Sowohl mit der UV-Jahresmeldung wie auch mit dem Lohnnachweis ist das UV-beitragspflichtige Arbeitsentgelt zu melden. Das beitragspflichtige Entgelt im Sinne der Unfallversicherung ist nicht identisch mit dem betragspflichtigen Arbeitsentgelt für die Renten- und/oder Krankenversicherung. Zum **rentenversicherungspflichtigen** Entgelt gehören:

- steuerpflichtige Bruttobezüge (einschließlich eventueller Lohnsteuerfreibeträge)
- Lohnfortzahlung im Krankheitsfall
- Urlaubs- und Weihnachtsgeld
- vermögenswirksame Leistungen
- Jubiläumsgelder
- steuerpflichtige Heirats- und Geburtshilfen
- Gewinnanteile als Tätigkeitsvergütung (Tantiemen), Provisionen, Ertragsbeteiligungen, Trennungsentschädigungen, Prämien, Boni etc.
- steuerpflichtige Auslösungen und Reisekosten
- Lohnzuschläge einschließlich der steuerpflichtigen Zuschläge zu Sonn-, Feiertags- und Nachtarbeit
- Steuerpflichtige Sachbezüge und geldwerte Vorteile (z.B. Kfz-Überlassung, Miete, etc.)
- RV-pflichtige Entgeltzahlungen an Aushilfskräfte, unabhängig von der Art der Besteuerung
- Altersteilzeitentgelte auch während der Freistellungsphase, d.h. wenn dem Arbeitnehmer das Entgelt erst nach Ablauf der Beschäftigung zufließt (ohne Aufstockungsbeträge)
- Beiträge zu Direktversicherungen, soweit sie die sozialversicherungsfreien Höchstgrenzen übersteigen

Im **unfallversicherungspflichtigen** Entgelt sind über das rentenversicherungspflichtige Arbeitsentgelt hinaus enthalten:

- Arbeitsentgelt oberhalb der Beitragsbemessungsgrenze der Rentenversicherung
- Zuschläge für Sonn-, Feiertags- und Nachtarbeit, auch wenn diese sozialversicherungsfrei sind
- Arbeitsentgelte von geringfügig Beschäftigten (pauschale RV)

! **Tipp**

Die Unfallversicherungen veröffentlichen eine Übersicht des »Beitrags- und nachweispflichtigen Entgelts in der gesetzlichen Unfallversicherung«. Diese Übersicht ist in der Regel über die Internetseite der Unfallversicherung oder über den Hauptverband der Unfallversicherungen erhältlich. Entsprechend können die Lohnarten für die Entgeltabrechnung geschlüsselt werden, zum UV-Entgelt zählend oder nicht.

Nicht zum beitragspflichtigen Arbeitsentgelt im Sinne der Unfallversicherung gehören:

- Zuschüsse zum Mutterschaftsgeld
- Erholungsbeihilfen
- Beiträge zu Direktversicherungen, Pensionskassen, Pensionsfonds, soweit sie 4% der BBG (West) pro Jahr nicht übersteigen
- Zuwendungen aus Anlass einer Betriebsveranstaltung
- Arbeitsentgelt oberhalb der Unfallversicherungsentgelthöchstgrenze

Nicht zum meldepflichtigen Entgelt gehören Arbeitsentgelte, die den **Höchstbetrag** des unfallversicherungspflichtigen Entgelts überschreiten. Der Höchstbetrag des BG-Entgelts unterscheidet sich je nach Berufsgenossenschaft. Der Höchstbetrag ist jedoch nicht anteilig zu zwölfteln. Das bedeutet: Tritt der Arbeitnehmer erst im laufenden Kalenderjahr in das Unternehmen ein, gilt für diesen Arbeitnehmer **die gesamte** (Jahres-)Entgelthöchstgrenze. In die Berechnung der gesamten Entgeltsumme sind auch die Entgelte von im Laufe des Jahres ausgeschiedenen Mitarbeitern zu berücksichtigen.

! **Beispiel**

Die Entgelthöchstgrenze der Berufsgenossenschaft liegt bei 72.000 EUR pro Jahr. Der Arbeitnehmer scheidet zum 31.10. des Jahres aus und hatte ein monatliches beitragspflichtiges Entgelt in Höhe von 7.000 EUR.

Beurteilung

Als beitragspflichtiges Entgelt für die Berufsgenossenschaft sind 70.000 EUR zu melden. Eine anteilige Kürzung (10/12 = 60.000 EUR) ist nicht zulässig.

Eine weitere Besonderheit ist bei Arbeitnehmern, deren Arbeitsentgelt über der Beitragsbemessungsgrenze der Rentenversicherung liegt, zu beachten. Beginnt der Mitarbeiter während eines laufenden Monats oder scheidet vor dem Monatsende aus, darf für das Entgelt zur Berufsgenossenschaft keine anteilige Beitragsbemessungsgrenze berechnet werden.

Beispiel

!

Ein Arbeitnehmer hat ein laufendes Arbeitsentgelt von 6.800 EUR. Er scheidet zum 15. Juni aus. Sein anteiliges Arbeitsentgelt für Juni beträgt 3.400 EUR. Das Unternehmen ist bei einer BG unfallversichert, die eine Jahresarbeitsentgeltgrenze von 84.000 EUR pro Mitarbeiter festgelegt hat.

Beurteilung

Die anteilige monatliche Beitragsbemessungsgrenze liegt im Beispiel für Juni in der Rentenversicherung bei 3.250 EUR (216,67 EUR × 15 Tage). Somit sind für die Renten- und Arbeitslosenversicherung für den Juni nur 3.250 EUR an Entgelt zu berücksichtigen. Für das beitragspflichtige Entgelt zur Berufsgenossenschaft sind jedoch die gesamten 3.400 EUR zu berücksichtigen und zu melden. Als Beitragsbemessungsgrenze der BG ist immer die volle monatliche bzw. jährliche Beitragsbemessungsgrenze der Berufsgenossenschaft anzuwenden, auch bei einem Austritt während des Kalendermonats.

Entgelthöchstgrenze für das meldepflichtige Entgelt

Vereinzelt haben die Berufsgenossenschaften in ihrer Satzung einen Entgelthöchstbetrag festgelegt, der maximal in die Entgeltsumme des Lohnnachweises einbezogen werden muss. Der Entgelthöchstbetrag ist vergleichbar der Beitragsbemessungsgrenze bei den Sozialversicherungen. Für die BG Holz Metall liegt dieser beispielsweise für 2017 bei 84.000 EUR pro Mitarbeiter pro Jahr. Das heißt, für Mitarbeiter mit einem Bruttoarbeitslohn von über 84.000 EUR pro Jahr (in diesem Beispiel) wird als zu meldende Bruttolohn-Gesamtsumme maximal der Höchstbetrag herangezogen. Besteht eine Entgelthöchstgrenze, ist sie in der Regel über die Internetseite der Berufsgenossenschaft abrufbar. Die Entgelthöchstgrenze kann auch bei der zuständigen Berufsgenossenschaft erfragt werden. Besteht keine Regelung in der Satzung der Berufsgenossenschaft, so ist als Höchstgrenze der doppelte Betrag der Bezugsgröße, also 73.080 EUR (West) bzw. 64.680 EUR (neue Bundesländer) heranzuziehen.

Tipp

!

Die Deutsche Gesetzliche Unfallversicherung veröffentlicht im Internet eine Übersicht der Entgelthöchstgrenzen für jede Berufsgenossenschaft. Die Übersicht finden Sie unter: http://www.dguv.de.

Sonderregelungen für die Entgeltberechnung

a) Märzklausel

Bei Anwendung der **Märzklausel** ist zu berücksichtigen, dass die Unfallversicherung **keine** Märzklausel kennt. In der Unfallversicherung gilt ausschließlich das Zuflussprinzip; das heißt, die Meldung und Verbeitragung erfolgt in dem Monat, in dem die Zahlung fließt. Erfolgt beispielsweise eine Einmalzahlung im Februar 2018, die aufgrund der Märzklausel dem Abrechnungsmonat Dezember des Vorjahres zuzuordnen ist, unterliegt diese dennoch der Beitragspflicht zur Unfallversicherung im aktuellen Abrechnungsjahr (2018). Die Einmalzahlung ist für die Sozialversicherungen dem Abrechnungsjahr 2017 zuzuordnen, jedoch in die UV-Jahresmeldung und den Lohnnachweis für das Jahr 2018 aufzunehmen.

b) Gleitzonenentgelt

Zu beachten ist auch, dass die Unfallversicherung keine **Gleitzonenregelung** kennt. Somit ist für Mitarbeiter mit einem Arbeitsentgelt zwischen 450,01 EUR und 850 EUR das tatsächliche Arbeitsentgelt und nicht etwa das ermäßigte Gleitzonenentgelt zu melden.

c) Mehrere Gefahrenstellen

Ist ein Mitarbeiter **zwei oder mehr Gefahrenstellen** zugewiesen, erfolgt die Aufteilung seines jährlichen Arbeitsentgelts entsprechend auf die Gefahrklassen.

!

Beispiel

Ein Arbeitnehmer wechselt zum 01.05. vom Außendienst in den Innendienst. Für Mitarbeiter im Außendienst gilt beispielhaft bei der BG die Gefahrklasse 6.32, im Innendienst gilt die Gefahrklasse 2.74. Der Arbeitnehmer bezieht ein Gehalt von 3.200 EUR in den Monaten Januar bis April und 3.500 EUR von Mai bis Oktober. Zum 31.10. scheidet der Arbeitnehmer aus dem Unternehmen aus. Der Arbeitnehmer hat eine vertragliche Arbeitszeit von 40 Stunden pro Woche.

Beurteilung

Die UV-Jahresmeldung – Meldegrund 92 – muss für die Unfallversicherung folgende Sätze enthalten:

UV-Träger	Mitgliedsnummer bei der BG	UV-Grund	Unfallvers. Entgelt	Gefahrklasse/ Gefahrenstelle
14066582	774689736	000	12.800 EUR	0000 0632
14066582	774689736	000	21.000 EUR	0000 0274

Für den Arbeitnehmer ist nur eine Meldung mit zwei Sätzen für die Unfallversicherung zu erstellen. Die Gefahrklasse ist ein 8-stelliges Feld. Ist der Schlüssel der Gefahrklasse kürzer, werden führende Nullen in die Meldung aufgenommen.

d) Studenten an Dualen Hochschulen

Eine weitere Ausnahmeregelung gilt für das Arbeitsentgelt von Studenten in **dualen Studiengängen**. In der Studienphase sind die Studenten durch die Hochschule unfallversichert. Den Teilnehmern der praxisintegrierten dualen Studiengänge wird jedoch in der Regel das Entgelt durchgängig – auch in den schulischen Lernphasen – gewährt. Soweit das Entgelt auf die schulische Lernphase entfällt, ist es dann allerdings zur Unfallversicherung grundsätzlich **nicht** beitragspflichtig, da bereits die Versicherung durch die Hochschule besteht. Dies ist auch im Meldeverfahren zu beachten: Entgeltbestandteile, die in der Studienphase an der Hochschule gezahlt werden, sind kein beitragspflichtiges Entgelt zur Unfallversicherung und somit nicht in den Lohnnachweis und die UV-Jahresmeldung aufzunehmen.

e) Mitarbeiter in der Land- und Forstwirtschaft

Eine Besonderheit gilt für Mitarbeiter in der Land- und Forstwirtschaft. Die Landwirtschaftliche BG berechnet die Beiträge nicht nach dem unfallversicherungspflichtigen Entgelt, sondern nach dem Hektarwert. In der Meldung zur Sozialversicherung ist für diese Mitarbeiter kein Entgelt und als UV-Meldegrund A08 zu melden.

f) Arbeitsentgelt bei Freistellung

Scheidet ein Arbeitnehmer endgültig und unwiderruflich aus dem Unternehmen aus und verzichtet der Arbeitgeber bis zum Ende des Arbeitsverhältnisses auf die geschuldete Arbeitsleistung, besteht kein beitragspflichtiges Beschäftigungsverhältnis mehr im Sinne der Unfallversicherung. Somit ist das für diese Zeit gezahlte Entgelt nicht in das beitragspflichtige Entgelt für den Arbeitnehmer aufzunehmen.

g) Geringfügige und kurzfristig Beschäftigte

Es sind auch für kurzfristig und geringfügig beschäftigte Arbeitnehmer UV-Jahresmeldungen zu erstatten. In den Jahresmeldungen ist für Minijobber (geringfügig Beschäftigte) das Bruttoarbeitsentgelt anzugeben. Dabei ist es unerheblich, ob von dem Arbeitsentgelt Pauschalbeiträge oder der volle Rentenversicherungsbeitrag gezahlt wurden. Bei einem Verzicht auf die Rentenversicherungsfreiheit (Rentenversicherungspflicht; Beitragsgruppe 6-1-0-0) ist dabei die Mindestbeitragsbemessungsgrundlage von monatlich 175 EUR zu berücksichtigen. Für ausschließlich in der gesetzlichen Unfallversicherung versicherte Beschäftigte mit beitragspflichtigem Arbeitsentgelt (Personengruppe 190) ist das UV-beitragspflichtige Entgelt zu ermitteln.

In der UV-Jahresmeldung für kurzfristig Beschäftigte ist das unfallversicherungspflichtige Entgelt aus den oben genannten Entgeltbestandteilen zu ermitteln. In der Regel handelt es sich um das Bruttoentgelt.

12.5.3 Ermittlung der geleisteten Arbeitsstunden

Für das Formular »Lohnnachweis« sind auch im Jahr 2018 die Betriebsgröße bzw. die geleisteten Arbeitsstunden zu melden. Die Betriebsgröße des Unternehmens bezieht sich auf die Summe der geleisteten Arbeitsstunden und die im abgelaufenen Kalenderjahr gezahlte Summe an Löhnen und Gehältern. Unter Arbeitsstunden sind die **tatsächlich geleisteten** Arbeitsstunden aller Arbeitnehmer zu verstehen. War ein Arbeitnehmer nicht das gesamte Jahr beschäftigt, sind nur die Stunden der Beschäftigungszeit zu ermitteln. Von den Beschäftigungsstunden sind Krankheitsstunden, Urlaubsstunden, Feiertagsstunden und Fehlzeiten abzuziehen. Bei Gehaltsempfängern ist für den Abzug der Fehlzeiten von der regelmäßigen wöchentlichen Arbeitszeit auszugehen. Bei wöchentlich geregelter Arbeitszeit ergibt sich der Abzug für Fehlzeiten nach der folgenden Formel:

$$\text{Fehlzeiten} = \frac{\text{Wochenarbeitszeit}}{\text{Arbeitstage pro Woche}} \times \text{Fehltage}$$

!

Beispiel

Frau Waldmann hat eine vertraglich geregelte Wochenarbeitszeit von 37,5 Stunden mit fünf Arbeitstagen pro Woche. Im August war sie an sechs Arbeitstagen krank.

Beurteilung

Bei einer Wochenarbeitszeit von 37,5 Stunden und einer 5-Tage-Woche ergibt sich eine Tagesarbeitszeit von 7,5 Stunden. Die Tagesarbeitszeit multipliziert mit sechs Fehltagen ergibt als Summe der »Fehlstunden« 45 Stunden. Somit sind bei der Ermittlung der Jahresarbeitsstunden im Beispiel die Soll-Stunden für August um 45 zu kürzen.

Für die Beitragsermittlung hat die Gesamtzahl der Arbeitsstunden jedoch eher statistischen Wert. Sollte es keinerlei Aufzeichnungen – weder maschinell noch schriftlich – geben, können die arbeits- bzw. tarifvertraglichen Sollwerte gemeldet werden. Nur wenn auch dies nicht möglich ist, kann auf den Vollarbeiterrichtwert zurückgegriffen werden. Dieser Wert ist von der Deutschen Gesetzlichen Unfallversicherung für das Kalenderjahr 2018 auf 1.580 Stunden (1.570 Stunden für das Jahr 2017) festgelegt worden. Zu melden ist der Anteil des Arbeitnehmers an diesem Richtwert, d.h. bei nicht ganzjähriger Beschäftigung oder einer Teilzeitbeschäftigung ist ein entsprechender prozentualer Anteil des Vollarbeiterrichtwertes zu melden (z.B. Teilzeitkraft 60%). Dabei ist zu beachten, dass der Vollarbeiterrichtwert bereits um einen pauschalen Wert für Krankheits- und Urlaubsstunden gekürzt ist. Entscheidenden Einfluss auf die Beitragshöhe hat jedoch die Gesamtsumme der gezahlten Arbeitsentgelte und nicht die Betriebsgröße.

12.5.4 Beitragserhebung der Unfallversicherung

Die Berufsgenossenschaften erheben von ihren Mitgliedsunternehmen Beiträge zur Deckung von Schadensfällen und ihrer laufenden Betriebskosten. Die Beitragshöhe richtet sich nach:

- Gefahrklasse/Gefahrenstelle des Unternehmens
- Lohnsumme pro Jahr
- Schadenshäufigkeit (Schadensaufschlag/Schadensrabatt)

Die Beitragserhebung erfolgt nachträglich im Umlageverfahren. Dies bedeutet: Die BG ermittelt die Summe ihrer Aufwendungen plus 5% Rücklagepolster und legt diesen Betrag auf ihre Mitglieder entsprechend der Betriebsgröße und Gefahrklasse um. Der Arbeitgeber erhält von seiner Berufsgenossenschaft im Wege der Stammdatenanfrage eine Rückmeldung der zulässigen Gefahrenklassen für das Unternehmen. Die Gefahrklassen ergeben sich zum einen aus einer vermuteten Unfallgefahr, zum anderen aus der Belastungsziffer. Die Belastungsziffer wiederum ermittelt sich aus den tatsächlichen Aufwendungen für Unfälle und der Summe der Arbeitsentgelte eines bestimmten Zeitraumes.

Jeder Mitarbeiter ist einer Gefahrenstelle bzw. Gefahrklasse zuzuordnen. Die Zuordnung erfolgt in der Regel in den Mitarbeiterstammdaten des Abrechnungssystems. Sein jährliches Arbeitsentgelt fließt in die Summe des beitragspflichtigen Berufsgenossenschaftsentgelts für diese Gefahrenklasse ein.

Teil III – Zuteilung der Unternehmensarten zu den Gefahrklassen

Gefahr-tarifstelle	Unternehmensarten dazu gehören auch (keine abschließende Aufzählung)	Gefahrklasse
01	**Finanzdienstleistungen** Aktienhandel – Banken – Bausparkassen – Börse – Börsenhandel – Devisenhandel – Factoringunternehmen – Finanzdienstleistungsinstitute – Finanzportfolioverwaltungen – Franchisegebende – Girozentralen – Holdinggesellschaften – Kreditgenossenschaften – Komplementärgesellschaften – Leasingunternehmen – Lizenzverwaltungen – Terminhandel – Urheberrechtsverwaltungen – Vermögensverwaltungen – Verwaltungs- und Beteiligungsunternehmen – Wechselstuben – Wertpapierhandel **Versicherungsunternehmen** Pensionskassen – Versicherungsunternehmen – Sozialversicherungsträger – Unterstützungskassen	**0,41**
02	**Ingenieurwesen und Architekturunternehmen** Arbeitssicherheitsbüros – Architekturbüros – Bauleitung – Bauplanung – Baustatikbüros – beratende Ingenieurinnen und Ingenieure – Fachkräfte für Arbeitssicherheit – Innenarchitekturbüros – Ingenieurbüros – Städte-, Landschafts- und Gartenplanung – technische Gutachterinnen, Gutachter und Sachverständige – technische Projektplanung – technische Überwachung und Prüfung, Materialprüfung – technisches Zeichnen – Vermessungsbüros – Vermessungsingenieurinnen und -ingenieure	**0,82**
03	**Information, Kommunikation und Medien** Anbieten von Internetdiensten – Betreiben von Netzwerken – Bildberichterstattung – Bildjournalistinnen und -journalisten – Call-Center – Hallen- und Standvermietung – Hörfunk- und Fernsehunternehmen – Internetcafés – Journalistinnen und Journalisten – Konzert-, Sport- und andere Veranstaltungsunternehmen – Landesmedienanstalten – Messe- und Ausstellungsunternehmen – Messeorganisationen – Presse- und Nachrichtenagenturen – Rechenzentren – Redaktionsbüros – Telekommunikationsunternehmen – Unternehmen der Hörfunk- und Fernsehwerbung – Unternehmen für Softwareerstellung, -handel, -entwicklung und -consulting **Werbung und Gestaltung** Designerinnen und Designer – Mustergestaltung – Plakatieren – Propagandistinnen und Propagandisten – Unternehmen der Außenwerbung – Unternehmen für Öffentlichkeitsarbeit – Werbeagenturen – Werbeberatungen – Werbetexterinnen und Werbetexter – Werbeunternehmen **Forschung** Forschungseinrichtungen – Forschungsvorhaben (z.B. Natur-, Geistes-, Sozialwissenschaften) – Markt- und Meinungsforschung	**0,46**
04	**Bildungseinrichtung** Berufsbildende Schulen – Dozentinnen und Dozenten – Einrichtungen der beruflichen Bildung – Fernschulen – Musikschulen – Nachhilfen – private allgemeinbildende Schulen – private Hochschulen – Schülerhilfen – Sprachunterrichte – sonstige Bildungseinrichtungen (z.B. Computer-, Konversations-, Rhetorikkurse) – Volkshochschulen	**1,00**
05	**Beratung und Auskunft** Ablesung und Abrechnung (Energieverbrauch) – Auskunfteien – Beratungsunternehmen – Buchführungen – Buchprüfungen – Gebühreneinzugszentralen – Gerichtsvollzieherinnen und Gerichtsvollzieher – Inkassounternehmen – Insolvenzverwaltungen – Kontierungen – nichttechnische Gutachterinnen, Gutachter und Sachverständige – Notarinnen und Notare – Patentanwältinnen und Patentanwälte – Rechtsanwältinnen und Rechtsanwälte – Rechtsbeistände – Rentenberatungen – Steuerberatungen – Unternehmens-, Organisations-, Personal-, EDV-, Ernährungsberatungen – Wirtschaftsprüfungen **Interessenvertretung und Religionsgemeinschaft** Abgeordnetenbüros – Arbeitgeberverbände – Architektenkammern – Automobilclubs – Berufs- und Wirtschaftsverbände – Botschaften – Bürgerinitiativen – Diplomatische und konsularische Vertretungen – Fraktionen – Gewerkschaften – Haus- und Grundeigentümerverbände – Industrie- und Handelskammern – Handwerkskammern – Innungen – Innungsverbände – Kirchen – Klöster – Kreishandwerkerschaften – Mietervereinigungen – Orden – Parteien – Rechtsanwaltskammern – Religionsgemeinschaften – Spitzenorganisationen des Sports – Sportverbände – Steuerberaterkammern – Stifte – tarif- und parteipolitische Organisationen – verbandsmäßige Organisationen von Religionsgemeinschaften – Verbände der Sozialversicherungsträger – Verbraucherschutzzentralen – Vertretung und Förderung von Interessen politisch-gesellschaftlicher, allgemein-gesellschaftlicher oder kultureller Art – Vereine und Einrichtungen zur Entspannung, Erholung, Belehrung, Unterhaltung, Geselligkeit – Weltanschauungsgemeinschaften – wirtschaftliche und politische Interessenvertretungen – Zusammenschlüsse zur Verfolgung gemeinsamer Interessen	**0,60**
06	**Immobilienwirtschaft** Baubetreuungen – Baugenossenschaften – Bauträgerunternehmen – Campingplatzbetriebe – Ferienwohnungsvermietungen – Gebäudemanagement – Immobilienverwaltungen, -vermietungen und -bewirtschaftungen – Parkplatzvermietungen – Siedlungsunternehmen – Wohnungsunternehmen	**1,53**
07	**Sicherheitsunternehmen** Alarmzentralen – Betriebsfeuerwehren – Betrieb von Leitstellen – Bewachungen – Bewachungen bei Einlagerung von Werten – Detekteien – Kaufhausdetektivinnen und Kaufhausdetektive – Notruf-Service-Leitstellen – Notrufverfolgungen – Observationen – Ordnungsdienste – Pförtner- und Empfangsdienste – Revier- und Streifendienste – Sicherheitsdienstleistungen im öffentlichen Personennahverkehr, in kerntechnischen Anlagen, Justizvollzugsanstalten, militärischen Einrichtungen – Unternehmen für Werk-, Objekt- und Personenschutz – Transportbegleitungen – Werks- und Zugangskontrollen nur für „Schutz der öffentlichen Ordnung" (aus ehemaliger Gefahrtarifstelle 22):	**4,05** 2017: **1,74** 2018: **2,24** 2019: **2,74** 2020: **3,24** 2021: **3,74** 2022: **4,05**

MuB 112 M/5 (3) – 07.16 – 1/0/E

Abb. 11: Beispiel für einen Gefahrentarif

Im Unterschied zur Kranken-, Pflege-, Renten- und Arbeitslosenversicherung trägt der Arbeitgeber die Beiträge zur Unfallversicherung allein, es besteht keine Halbteilung.

12.6 Jahresmeldung an das Integrationsamt

Jeder Arbeitgeber mit **20** und mehr Arbeitnehmern ist nach den Vorschriften des Schwerbehindertengesetzes verpflichtet, mindestens **5%** der Arbeitsplätze mit behinderten Arbeitnehmern zu besetzen. Wird diese Quote nicht erreicht, ist eine Ausgleichsabgabe an das sogenannte Integrationsamt zu entrichten. Für die Ermittlung der Anzahl der Beschäftigten sind Auszubildende nicht zu berücksichtigen.

Der Arbeitgeber ist verpflichtet, bis zum **31.03. des Jahres** die Anzahl der behinderten Beschäftigten zu melden und bei einer Unterbesetzung die Ausgleichsabgabe zu ermitteln und diese dem Integrationsamt mitzuteilen. Zuständiges Integrationsamt ist die für den Hauptsitz des Arbeitgebers zuständige Agentur für Arbeit.

Arbeitgeber, die im Laufe des Jahres ihre Betriebstätigkeit aufnehmen bzw. beenden, haben nur für die Monate Daten zu melden, in denen die Unternehmens-/Betriebstätigkeit mindestens an einem Tag bestanden hat. Maßgeblicher Zeitpunkt der Gründung bzw. des Erlöschens ist die tatsächliche Betriebsaufnahme/-stilllegung eines Unternehmens, einer Handelsfirma oder eines sonstigen Betriebes. Die Ausgleichsabgabe beträgt seit 01.01.2016:

125 EUR monatlich	pro unbesetzter Stelle, wenn die Quote zwischen 3% und 5% der Beschäftigten liegt
220 EUR monatlich	pro unbesetzter Stelle, wenn die Quote zwischen 2% und 3% liegt
320 EUR monatlich	pro unbesetzter Stelle, wenn die Quote unter 2% der durchschnittlich monatlich Beschäftigten liegt

Tab. 40: Übersicht der Ausgleichsabgaben an das Integrationsamt

Eine Ausnahmeregelung besteht für Kleinbetriebe mit bis zu 39,9 bzw. bis zu 59,9 Arbeitnehmern.

Ein Unternehmen mit weniger als 40 Arbeitnehmern muss
- monatlich 125 EUR pro unbesetzter Stelle entrichten, wenn im Jahresdurchschnitt weniger als eine Stelle besetzt wird.

Ein Unternehmen mit weniger als 60 Arbeitnehmern muss
- monatlich 125 EUR pro unbesetzter Stelle entrichten, wenn im Jahresdurchschnitt weniger als zwei Stellen besetzt werden bzw.
- monatlich 220 EUR pro unbesetzter Stelle entrichten, wenn im Jahresdurchschnitt weniger als eine Stelle besetzt wird.

Die Anzahl der durchschnittlich Beschäftigten pro Monat ergibt sich, indem die Zahl der Arbeitnehmer jeden Monat über das gesamte Jahr kumuliert und die Summe durch 12 dividiert wird. Die Zahl der durchschnittlich besetzten Stellen ergibt sich, wenn die Monate, in denen behinderte Menschen beschäftigt werden, addiert werden und die Summe durch 12 dividiert wird.

! **Beispiel**

Ein Unternehmen beschäftigt im Jahresdurchschnitt 44,6 Mitarbeiter. Im laufenden Jahr wurde seit 1. Mai ein schwerbehinderter Mitarbeiter beschäftigt.
Beurteilung
Die Mitarbeiterzahl ergibt sich durch die Addition der Mitarbeiter aller Monate, dividiert durch 12 Monate. Für die Berechnung der Ausgleichsabgabe ist die Anzahl der beschäftigten Arbeitnehmer und der behinderten Mitarbeiter pro Monat festzustellen. Die Pflichtquote beträgt 5% der Beschäftigten, also 2 Mitarbeiter durchgängig das gesamte Jahr. Somit ergibt sich im Beispiel zum 31.12.

Pflichtmonate:	2 × 12 Monate	24 Monate
Unbesetzt:	1 × 12 Monate	12 Monate
	1 × 4 Monate	4 Monate
Unbesetzte Pflichtmonate gesamt		16 Monate

Im Jahresdurchschnitt wird weniger als 1 Pflichtplatz besetzt. Somit ist bei einer Firmengröße bis 59,9 Mitarbeiter pro unbesetztem Pflichtmonat eine Ausgleichsabgabe von 220 EUR pro unbesetztem Pflichtmonat zu entrichten.
Ausgleichsabgabe: 16 Monate × 220 EUR = 3.520 EUR

Die Ausgleichsabgabe ist vom Arbeitgeber selbst zu errechnen und in einer Summe bis spätestens 31.03. für das vorangegangene Jahr an das Integrationsamt abzuführen. Für rückständige Beträge erhebt das Integrationsamt Säumniszuschläge (1% für jeden angefangenen Monat nach der Fälligkeit). Haben die Zahlungen mehr als drei Monate Verzug, erlässt das Integrationsamt einen Feststellungsbescheid und leitet, falls die Zahlung nicht unmittelbar erfolgt, eine Pfändungsklage ein.

In die Anzahl der monatlich beschäftigten Arbeitnehmer bzw. in die Durchschnittsberechnung der Mitarbeiterzahl sind folgende Personen einzurechnen:

- Arbeiter, Angestellte (auch leitende Angestellte)
- Beamtenanwärter, Beamte, Richter
- Teilnehmer an einer Einstiegsqualifizierung
- andere zu ihrer beruflichen Bildung Eingestellte (z.B. Fortzubildende, Praktikanten, Volontäre)

- Arbeitsplätze von ruhenden Arbeitsverhältnissen (wegen Elternzeit, unbezahltem Urlaub oder Bezugs einer Rente auf Zeit oder bei Altersteilzeit in der Freistellungsphase)
- Ersatzkräfte (Vertretungen), die für die o.g. ruhenden Arbeitsverhältnisse beschäftigt werden
- freigestellte Betriebs- und Personalräte
- alle weiteren in §73 SGB IX Abs. 2 und 3 aufgeführten Personengruppen (z.B. Teilzeitarbeitskräfte über 18 Wochenstunden)

Auch **Teilzeitkräfte**, die sich einen Arbeitsplatz teilen, werden einzeln als Arbeitnehmer gezählt.

Die Ausgleichsabgabe ist vom Arbeitgeber (oder dessen Beauftragten) selbstständig zu ermitteln und auf dem Formular »Verzeichnis nach §80 Abs. 1 SGB IX der beschäftigten Schwerbehinderten, ihnen gleichgestellten behinderten Menschen und sonstigen anrechnungsfähigen Personen« zu melden. Der Vordruck kann bei jeder Agentur für Arbeit bezogen werden. Sofern die Anzeige mithilfe eines Computers erstellt wird, müssen auf dem Vordruck alle Angaben entsprechend dem Originalvordruck der Agentur für Arbeit enthalten sein.

Beachten Sie: Für die Ermittlung der zu besetzenden Stellen wird ab 60 Mitarbeitern ein Jahresdurchschnitt von 0,5 und höher aufgerundet, unter 0,5 wird abgerundet.

Anrechnung

Arbeitgeber können durch Aufträge an anerkannte Werkstätten für behinderte Menschen zu deren Beschäftigung beitragen. Deshalb dürfen bis zu 50% des Rechnungsbetrages solcher Aufträge (Gesamtrechnungsbetrag abzüglich Materialkosten) auf die Ausgleichsabgabe angerechnet werden. Dabei wird die Arbeitsleistung des Fachpersonals zur Arbeits- und Berufsförderung berücksichtigt, nicht hingegen die Arbeitsleistung sonstiger nichtbehinderter Arbeitnehmerinnen und Arbeitnehmer. Die Werkstätten bestätigen das Vorliegen der Anrechnungsvoraussetzungen in der Rechnung. Für die Anrechnung gelten jedoch zwei weitere Voraussetzungen:

1. Die Auftragsvergabe muss dem Jahr der Ausgleichsabgabe zurechenbar sein und die Zahlung der Rechnung muss spätestens bis zum 31.03. des Folgejahres erfolgt sein.

2. Die Werkstätte für behinderte Menschen muss eine rechtlich selbstständige Einrichtung sein.

! **Tipp**

Eine genaue Anleitung für die Berechnung erhalten Sie von der zuständigen Agentur für Arbeit. Das Institut der deutschen Wirtschaft in Köln stellt eine kostenlose Meldesoftware »REHADAT-Elan« zur Verfügung. Diese kann bestellt oder im Internet unter www.rehadat.de/elan bezogen werden. Mit dieser Software kann die Meldung erstellt, übertragen und die Höhe der Pflichtabgabe ermittelt werden.

Der Autor

Claus-Jürgen Conrad ist Wirtschaftsinformatiker und Volkswirtschaftler. Er ist bei verschiedenen Industrie- und Dienstleistungsbetrieben für die Erstellung und Betreuung von Entgeltabrechnungssystemen verantwortlich. Seit 1998 ist er auch als Autor und Referent für die Haufe-Gruppe tätig.

Stichwortverzeichnis